里耶秦簡

叁

下

湖南省文物考古研究院　編著

文物出版社

第十三層簡牘圖版

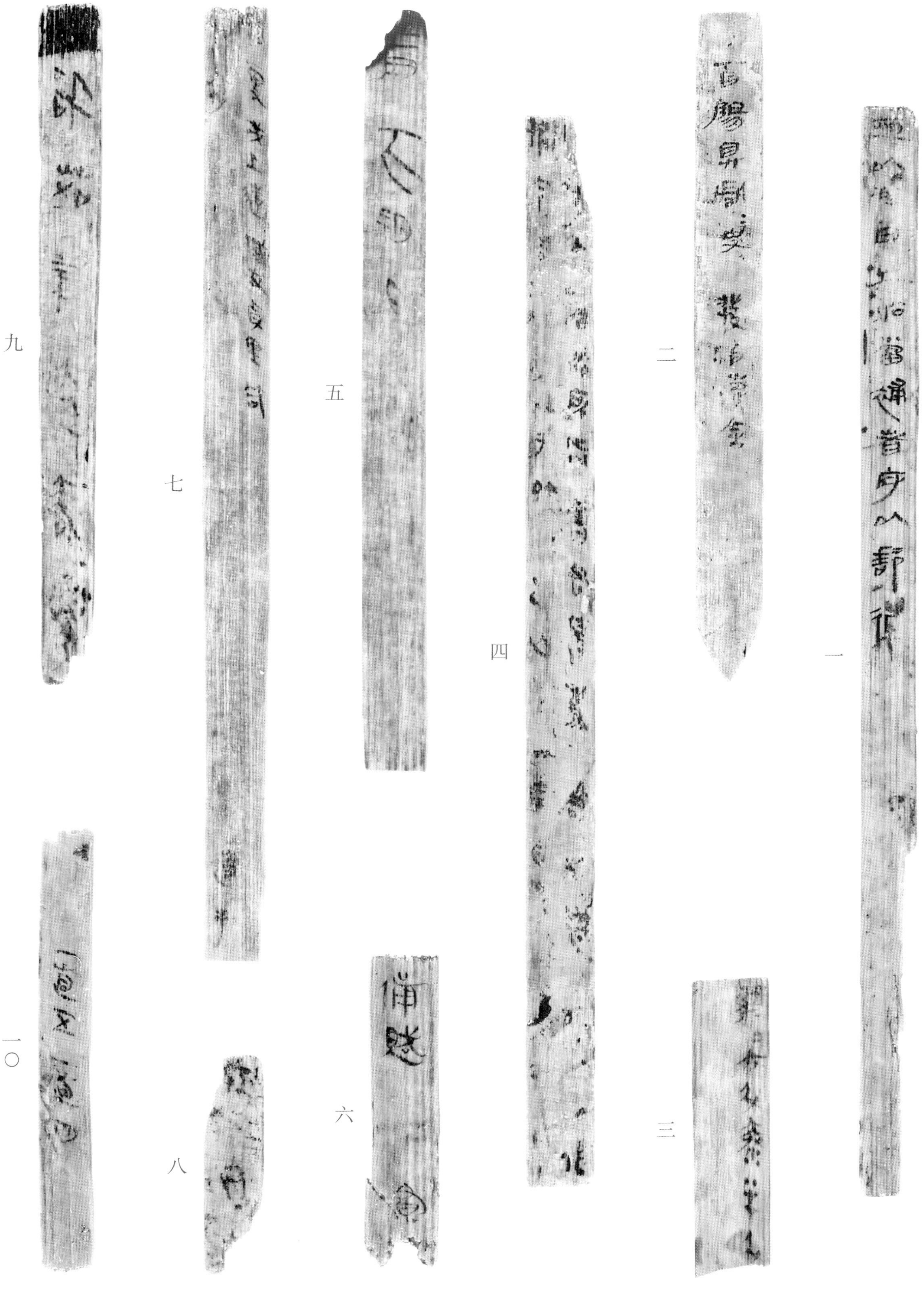

一、13-1 二、13-2 三、13-3 四、13-4 五、13-5 六、13-6 七、13-7 八、13-8 九、13-9 一〇、13-10

一一

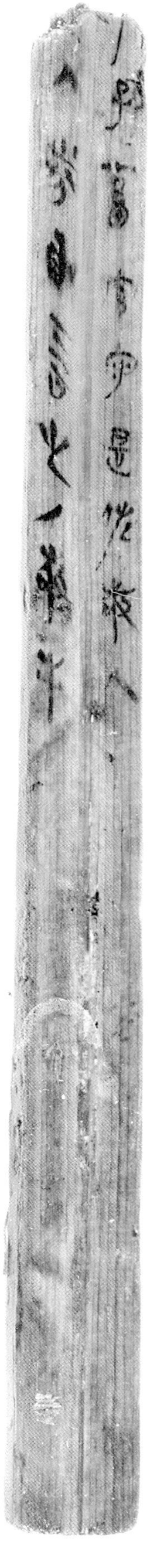
一二

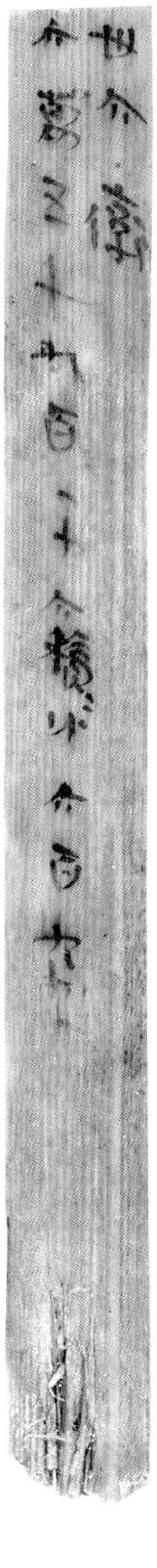
一三

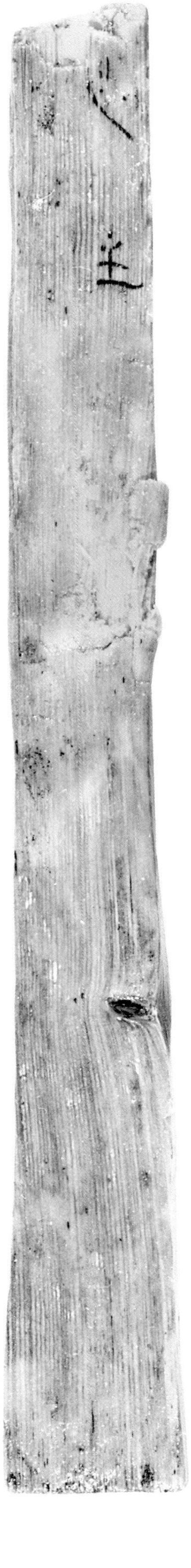
一四

一五

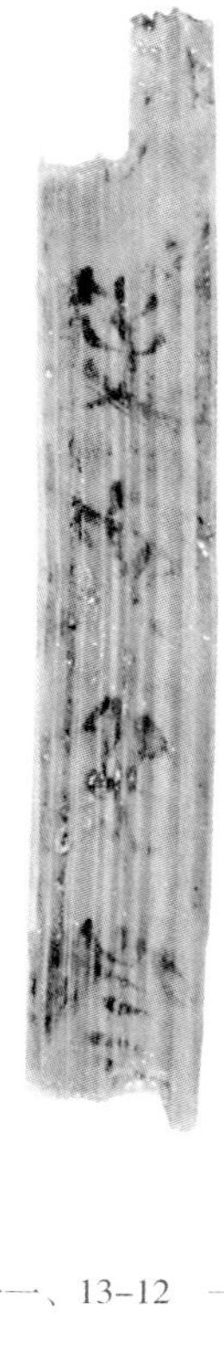
一六

一一、13-12　一二、13-11　一三、13-13　一四、13-14　一五、13-15　一六、13-16

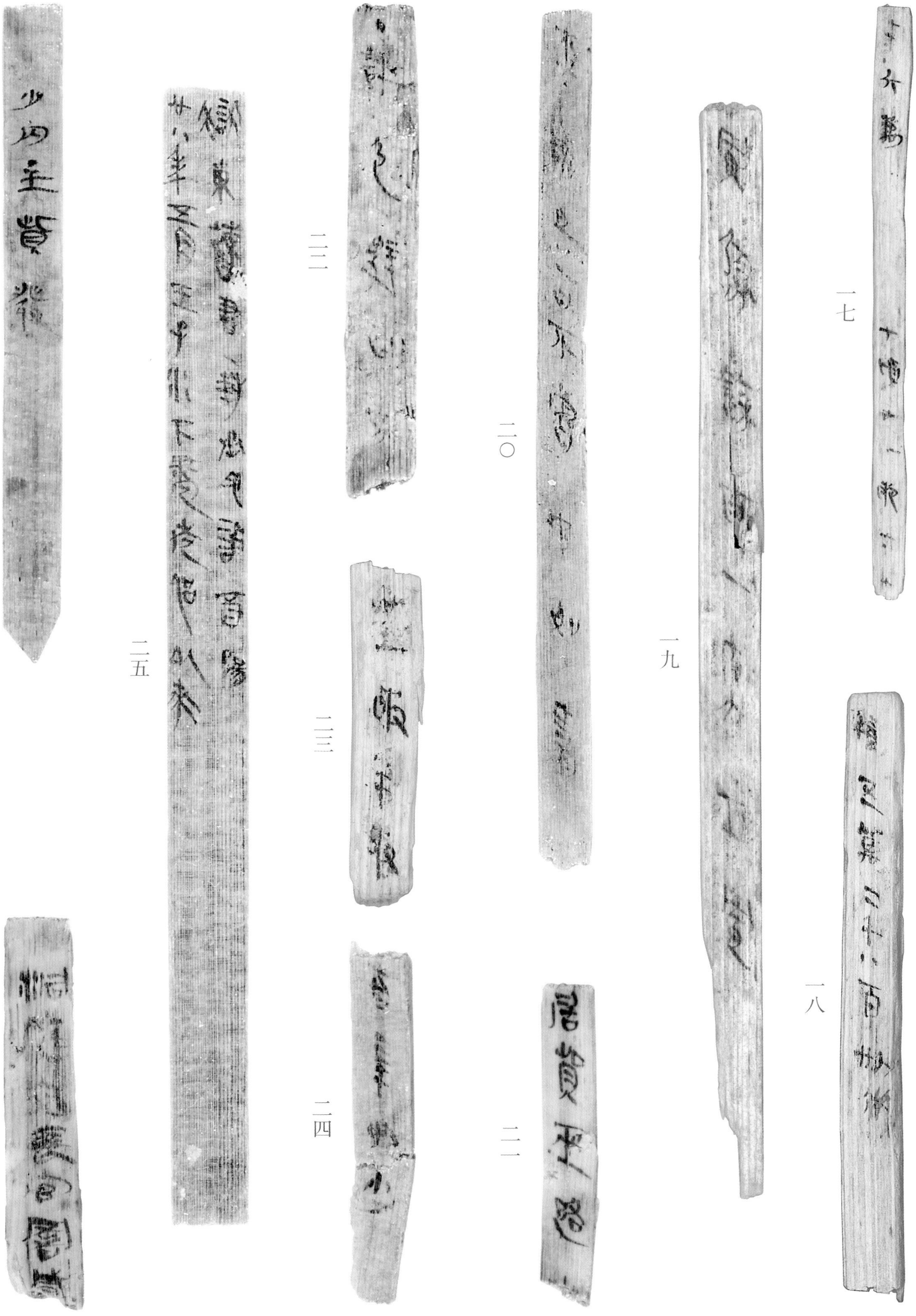

一七、13-17　一八、13-18　一九、13-21　二〇、13-19　二一、13-20　二二、13-22　二三、13-23　二四、13-24
二五、13-28　二六、13-25　二七、13-26

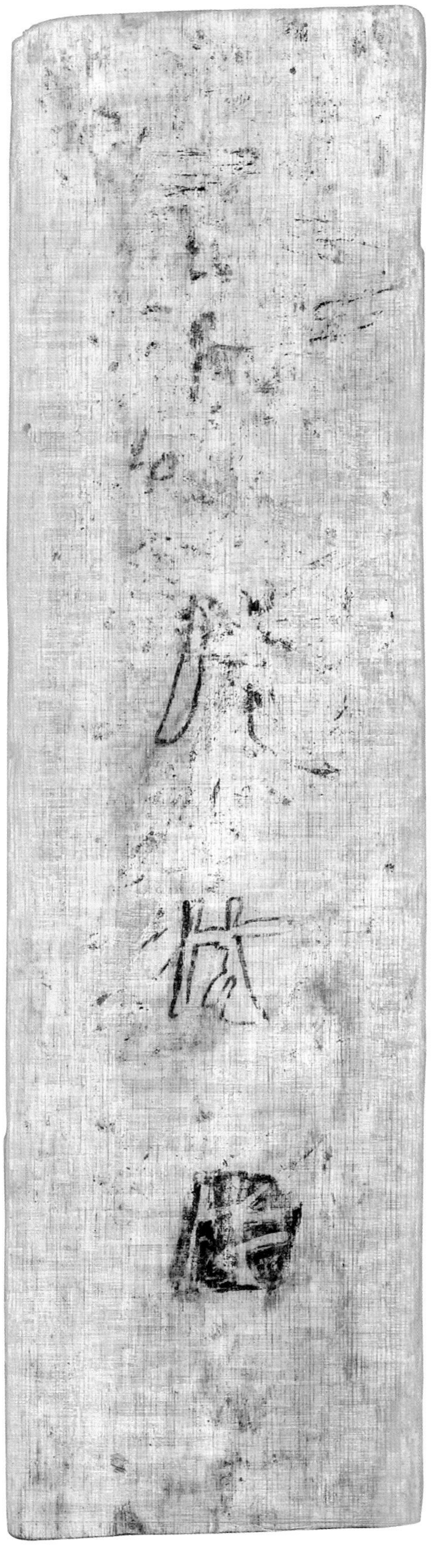

二八正

二八背

二八、13-27

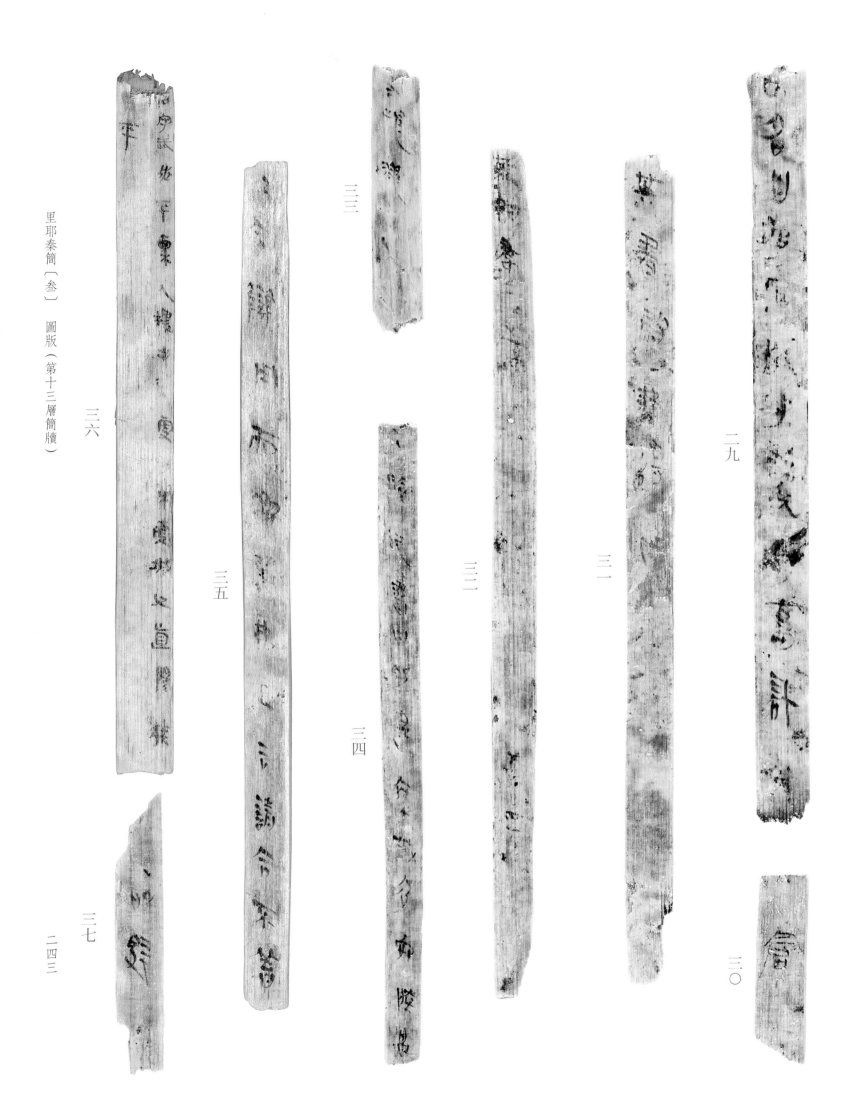

二九、13–30 三〇、13–35 三一、13–29 三二、13–31 三三、13–32 三四、13–33 三五、13–34 三六、13–36 三七、13–38

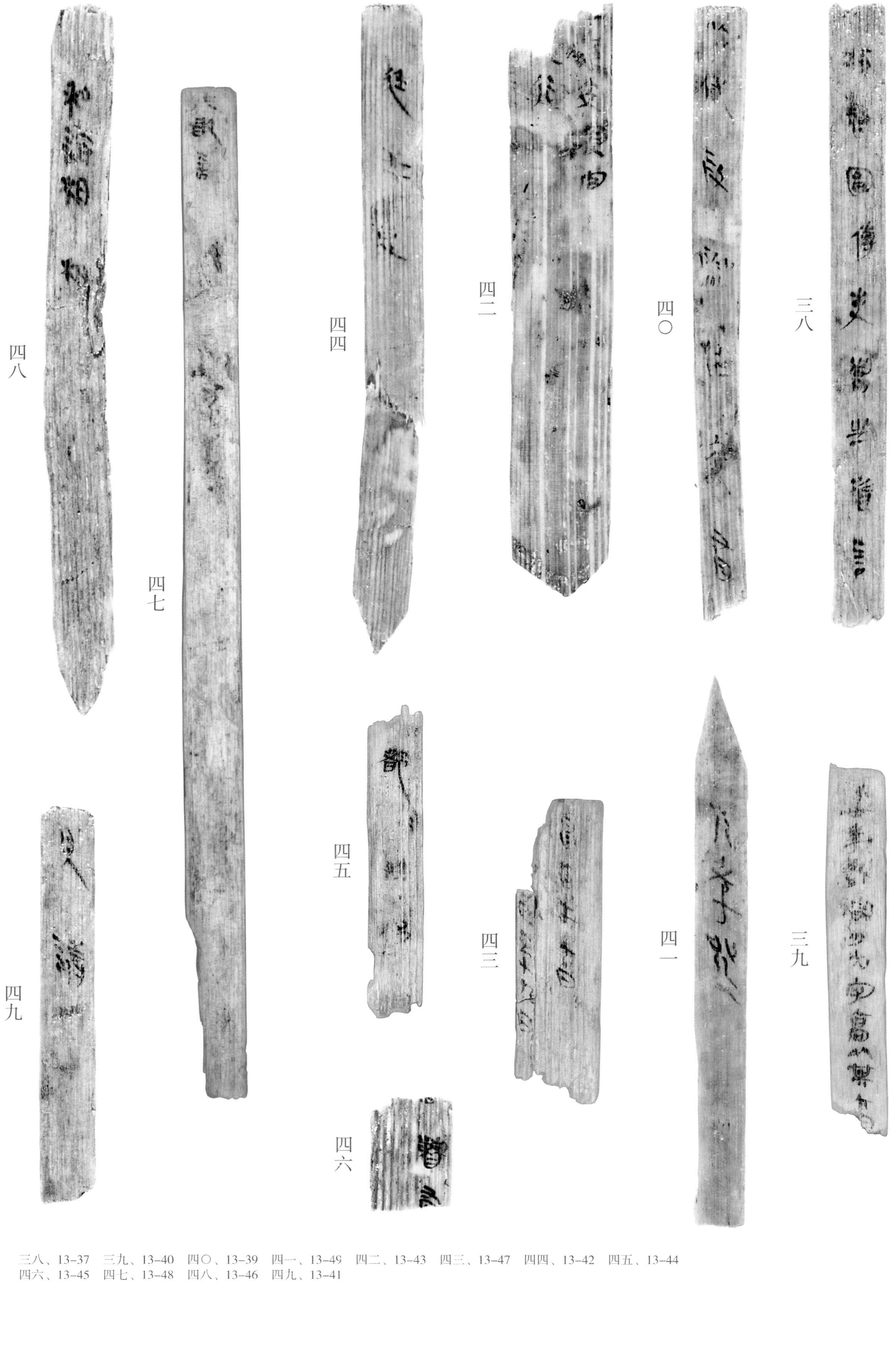

三八、13-37　三九、13-40　四〇、13-39　四一、13-49　四二、13-43　四三、13-47　四四、13-42　四五、13-44
四六、13-45　四七、13-48　四八、13-46　四九、13-41

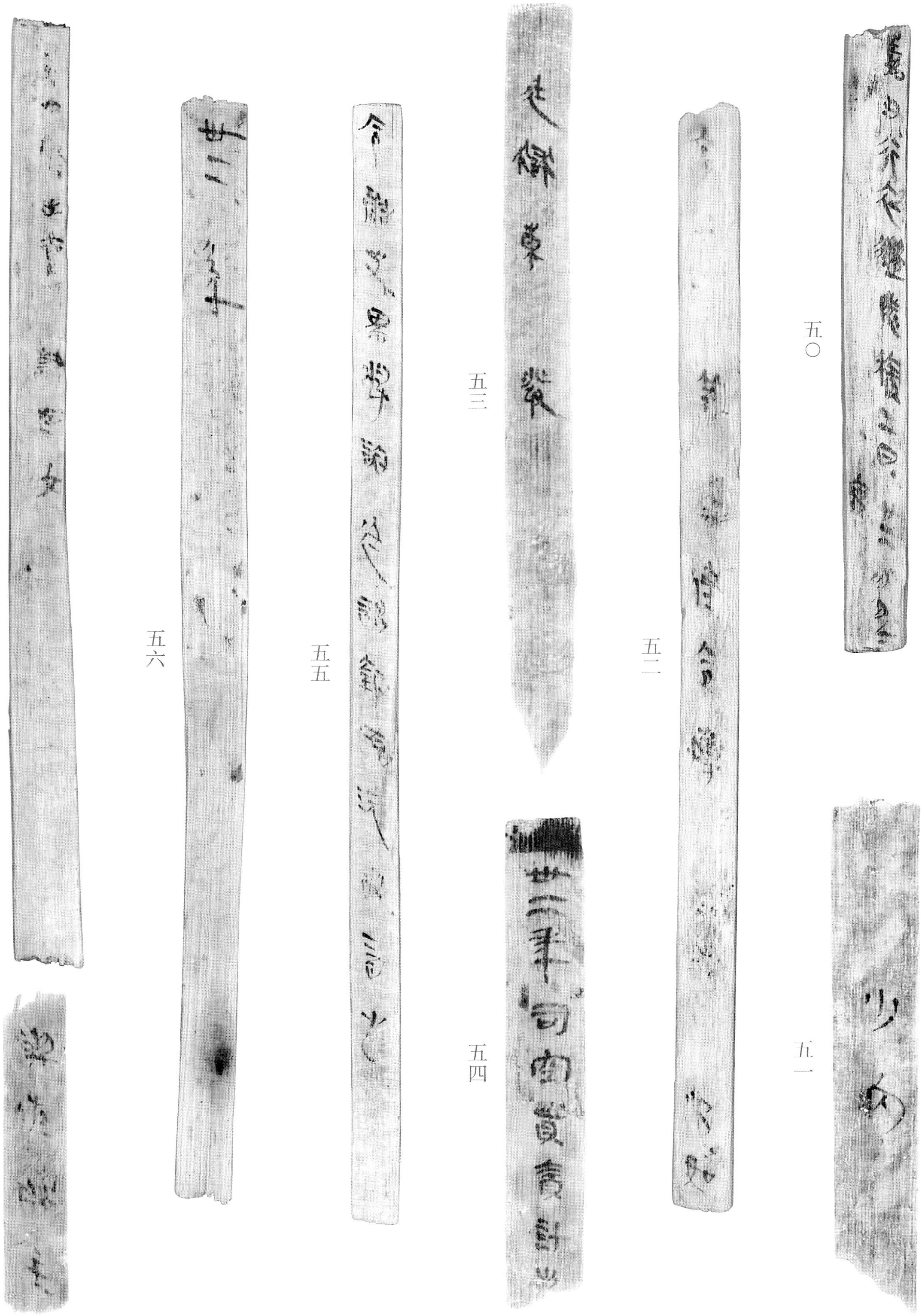

五〇 五一 五二 五三 五四 五五 五六 五七 五八

五〇、13-50　五一、13-57　五二、13-53　五三、13-51　五四、13-58　五五、13-54　五六、13-55　五七、13-56
五八、13-52

五九、13-59　六〇、13-62　六一、13-60　六二、13-64　六三、13-61　六四、13-63　六五、13-65　六六、13-66
六七、13-68　六八、13-67　六九、13-69　七〇、13-70

七一、13-71　七二、13-72　七三、13-78　七四、13-73　七五、13-74　七六、13-75　七七、13-76　七八、13-77
七九、13-79　八〇、13-82　八一、13-80　八二、13-81

八三 八四 八五 八六 八七正 八七背 八八正 八八背 八九 九〇 九一 九二

八三、13-86　八四、13-87　八五、13-83　八六、13-84　八七、13-85　八八、13-88　八九、13-89　九〇、13-92
九一、13-90　九二、13-91

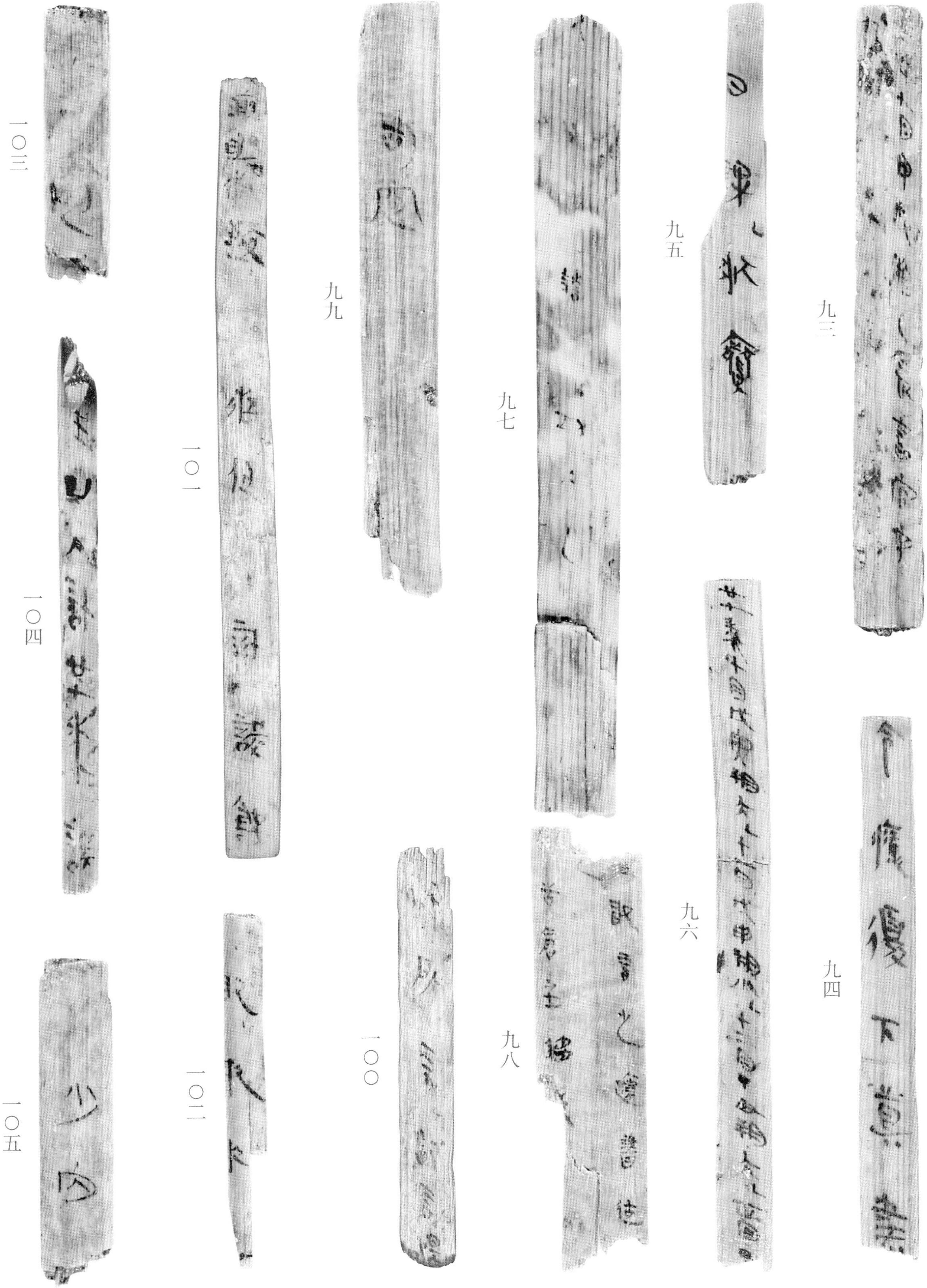

九三、13-93　九四、13-94　九五、13-95　九六、13-96　九七、13-97　九八、13-103　九九、13-99
一〇〇、13-100　一〇一、13-101　一〇二、13-102　一〇三、13-98　一〇四、13-104　一〇五、13-105

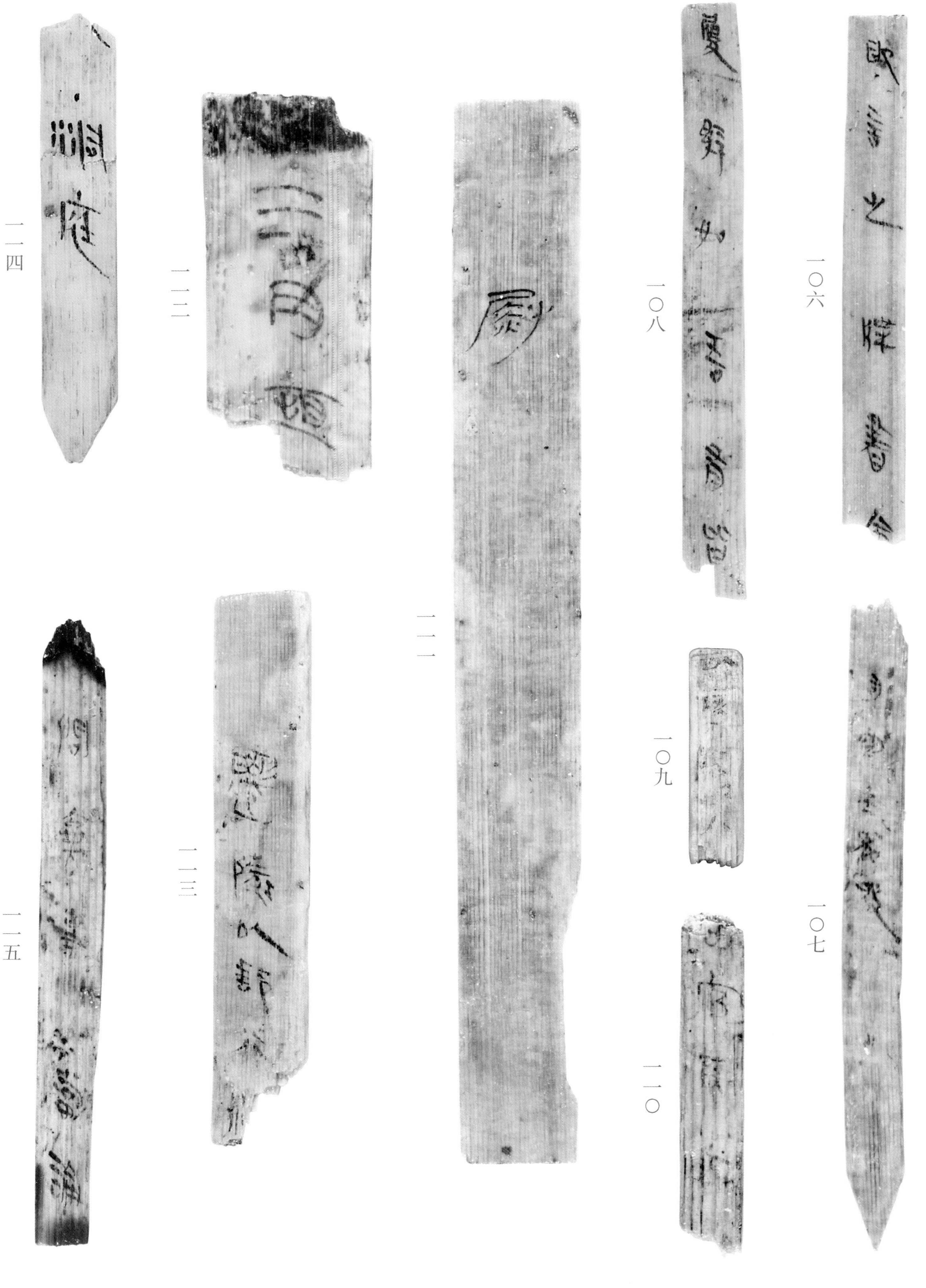

一〇六、13-106　一〇七、13-108　一〇八、13-112　一〇九、13-107　一一〇、13-109　一一一、13-110
一一二、13-111　一一三、13-114　一一四、13-115　一一五、13-113

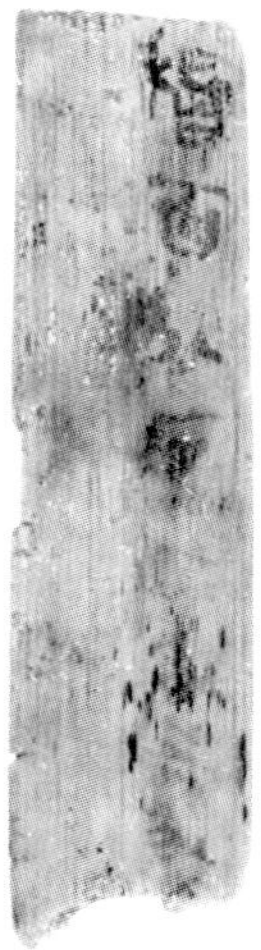

一二四

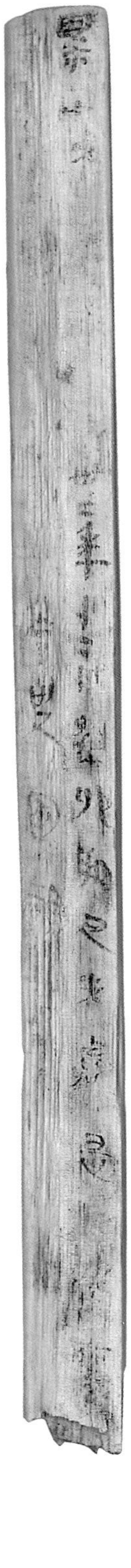

一二五

一二一

一二二

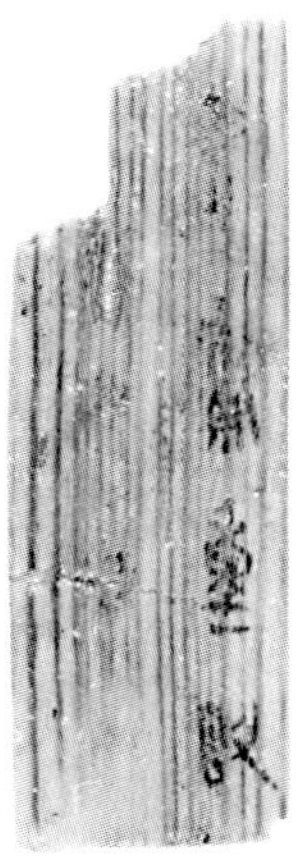

一二三

一二〇

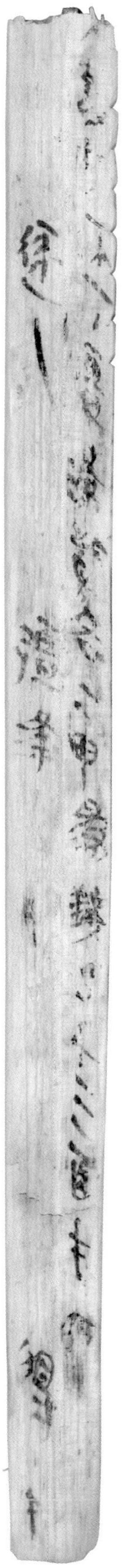

一一九

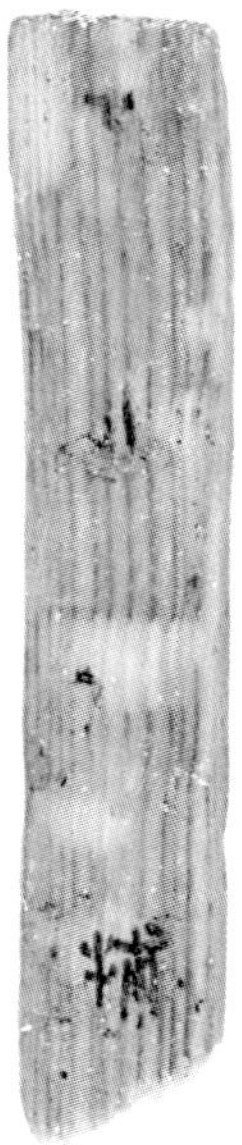

一一六

一一七

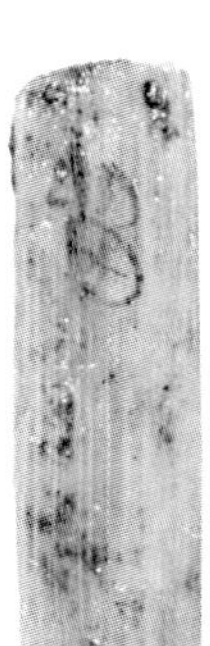

一一八

一一六、13-121　一一七、13-124　一一八、13-125　一一九、13-116　一二〇、13-117　一二一、13-118
一二二、13-123　一二三、13-120　一二四、13-119　一二五、13-126

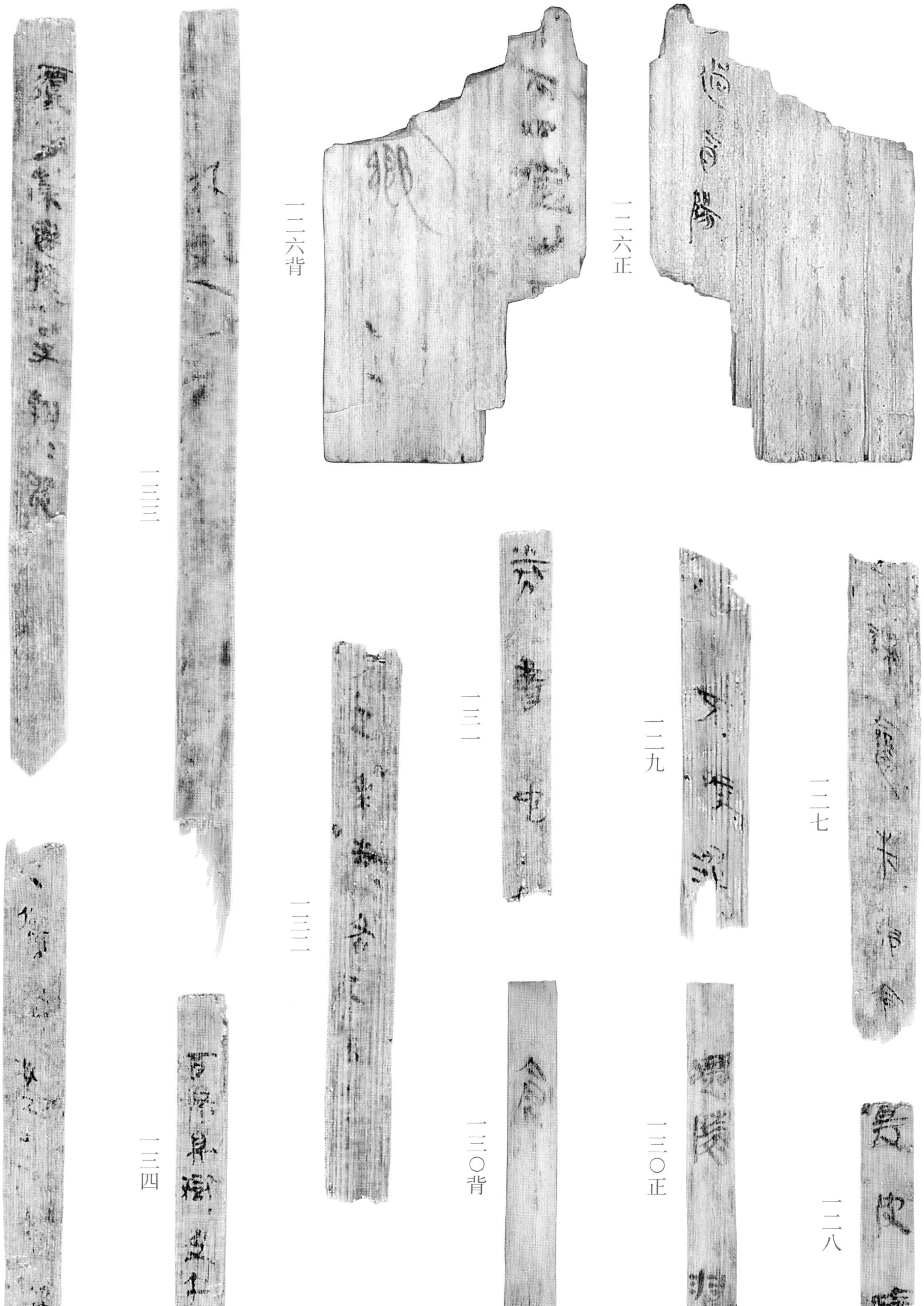

一三五 一三三 一二六背 一二六正 一三一 一二九 一二七 一三二 一三六 一三四 一三〇背 一三〇正 一二八

一二六、13-122　一二七、13-127　一二八、13-131　一二九、13-128　一三〇、13-129　一三一、13-130
一三二、13-132　一三三、13-133　一三四、13-134　一三五、13-135　一三六、13-136

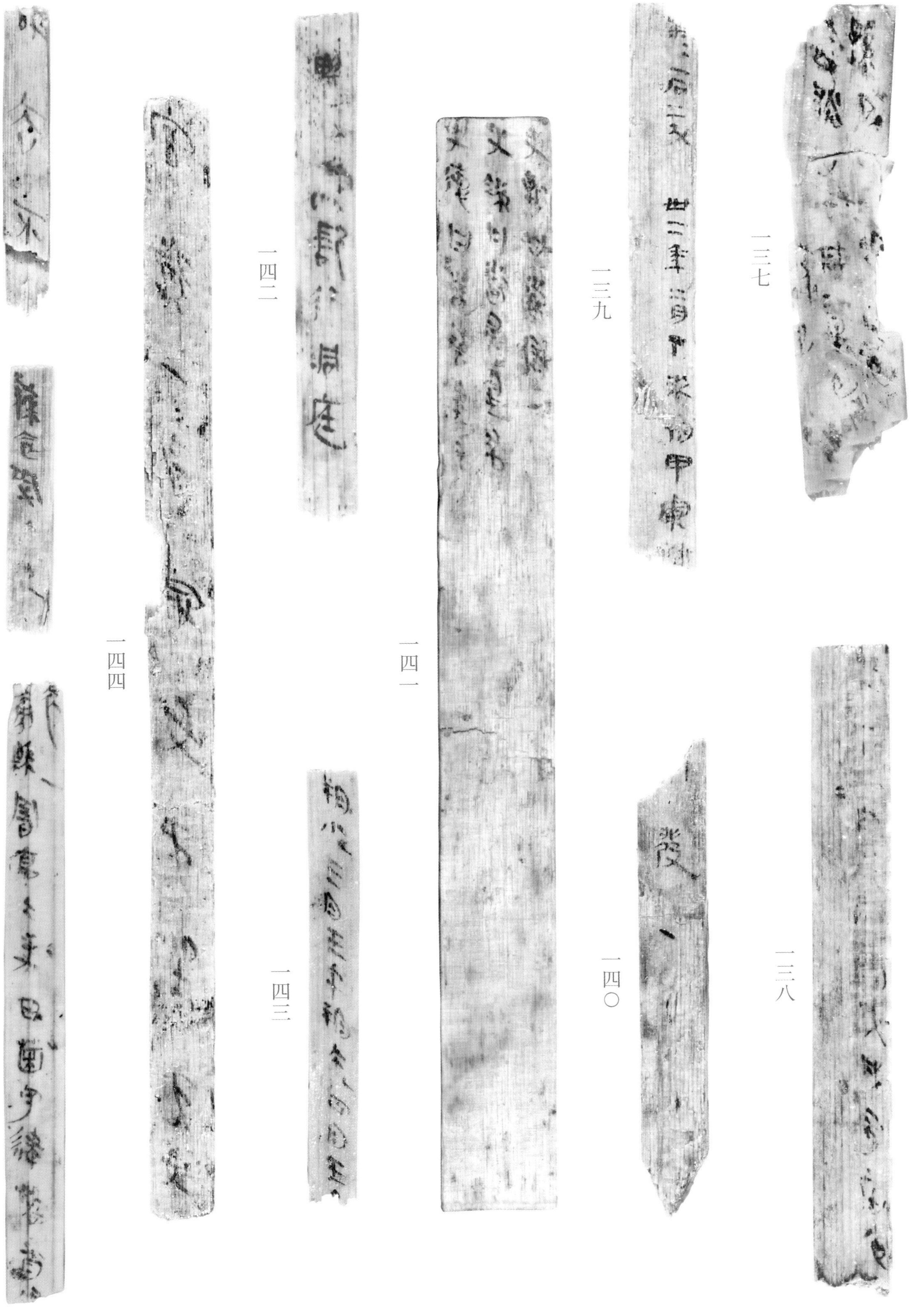

一四五 一四六 一四七 一四四 一四二 一四三 一四一 一三九 一四〇 一三七 一三八

一三七、13-137　一三八、13-147　一三九、13-138　一四〇、13-139　一四一、13-142　一四二、13-144
一四三、13-146　一四四、13-145　一四五、13-140　一四六、13-141　一四七、13-143

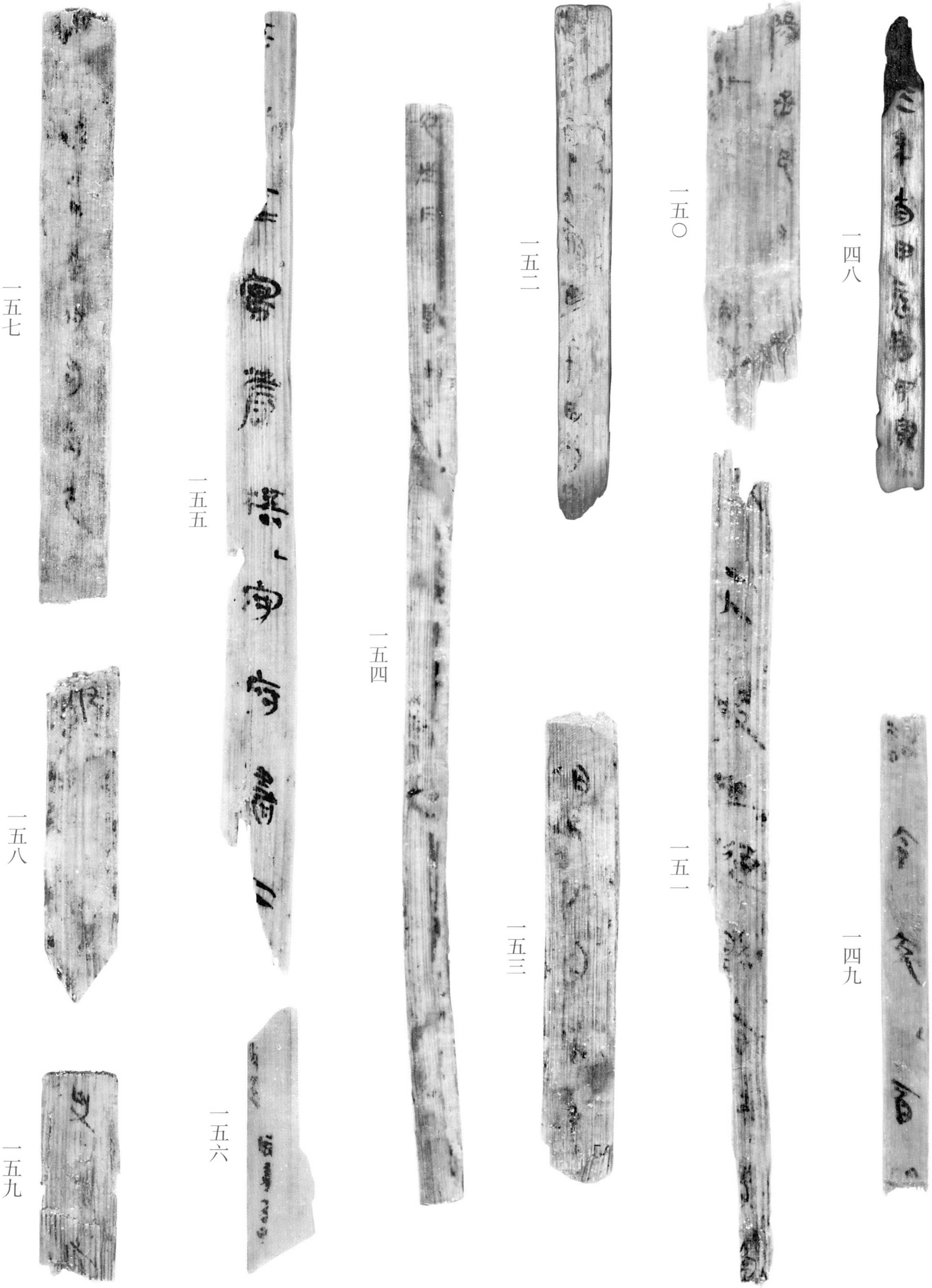

一四八、13-148　一四九、13-151　一五〇、13-150　一五一、13-154　一五二、13-156　一五三、13-158
一五四、13-160　一五五、13-153　一五六、13-149　一五七、13-152　一五八、13-155　一五九、13-157

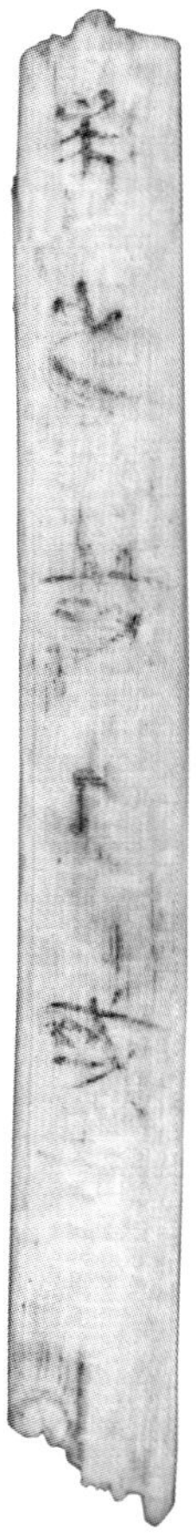
一六〇

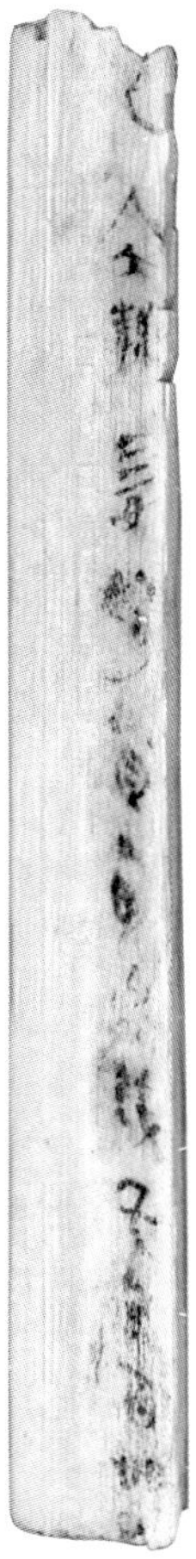
一六一

一六二

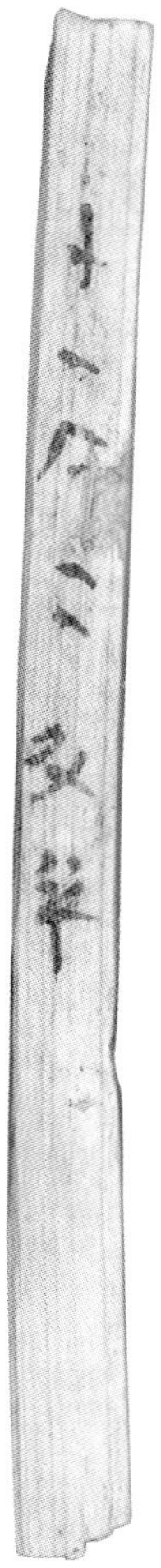
一六三

一六四

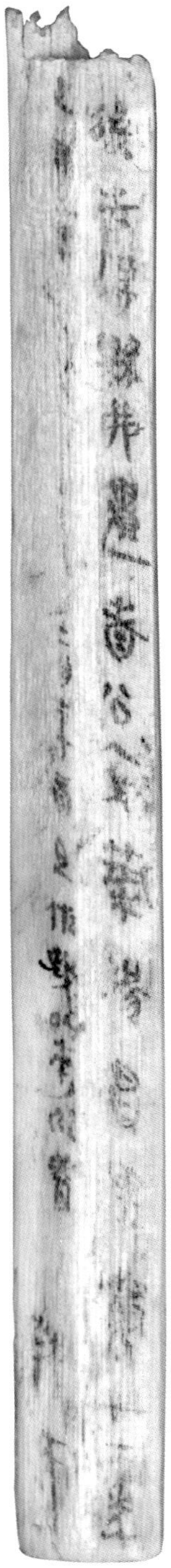
一六五

一六六

一六七

一六八

一六九

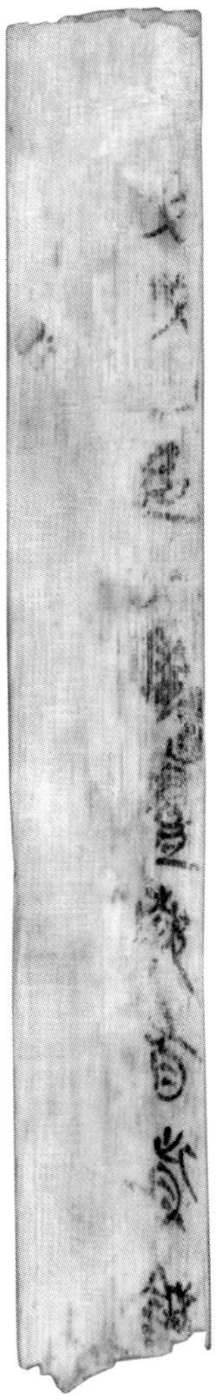
一七〇

一七一

一六〇、13-162　一六一、13-163　一六二、13-161　一六三、13-164　一六四、13-159　一六五、13-165
一六六、13-166　一六七、13-169　一六八、13-168　一六九、13-176　一七〇、13-167　一七一、13-170

一七二

一七三

一七四

一七五

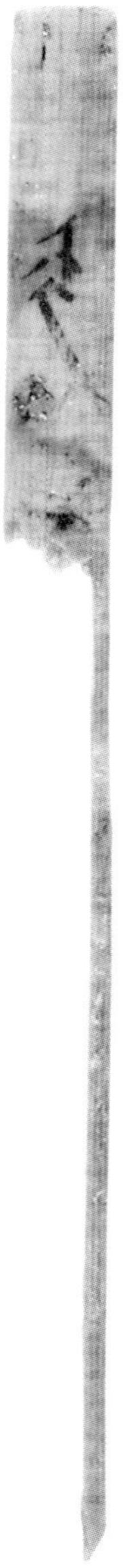

一七六

一七七

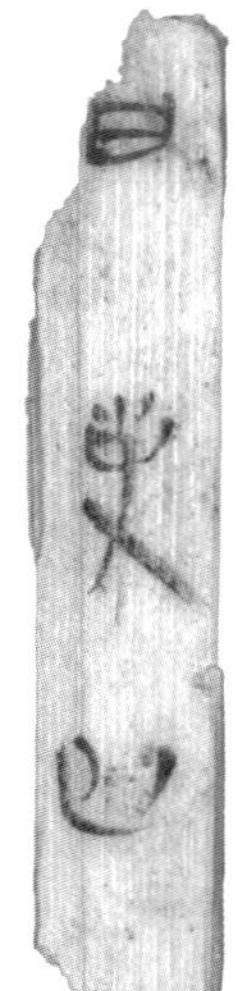

一七八

一七九

一八〇

一八一

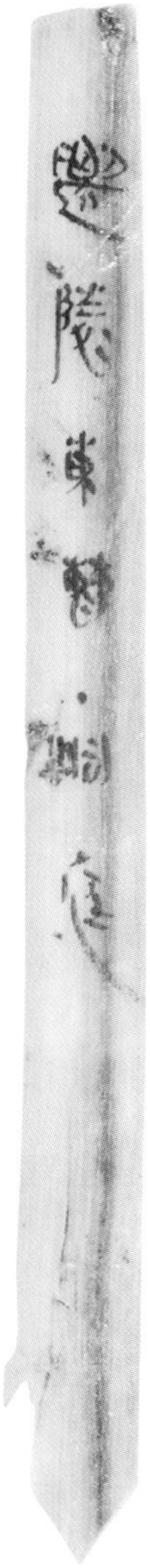

一八二

一八三

一七二、13–172　一七三、13–178　一七四、13–171　一七五、13–174　一七六、13–175　一七七、13–173
一七八、13–179　一七九、13–180　一八〇、13–181　一八一、13–182　一八二、13–177　一八三、13–184

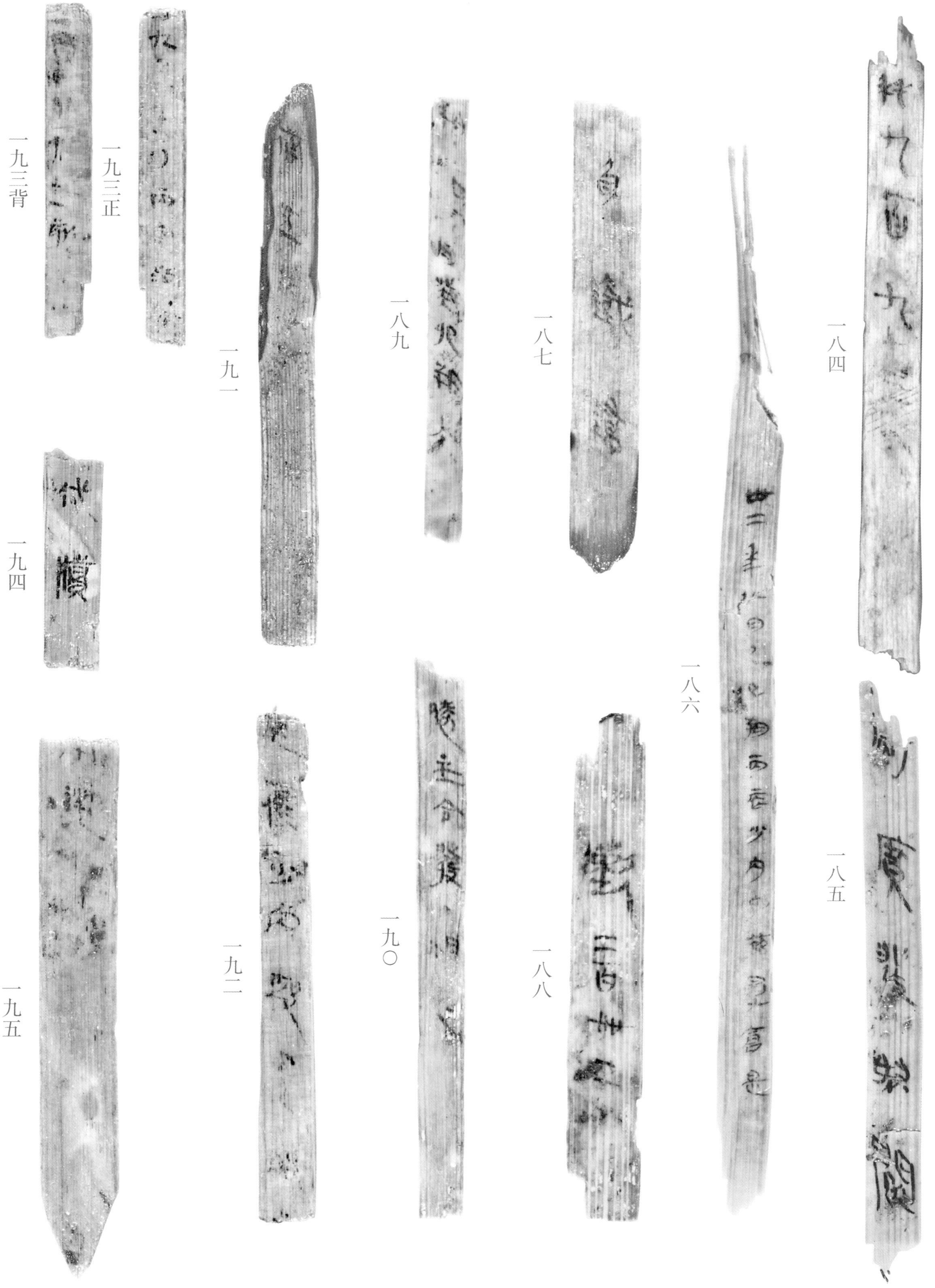

一八四、13-183　一八五、13-186　一八六、13-185　一八七、13-187　一八八、13-188　一八九、13-193
一九〇、13-190　一九一、13-191　一九二、13-195　一九三、13-192　一九四、13-194　一九五、13-189

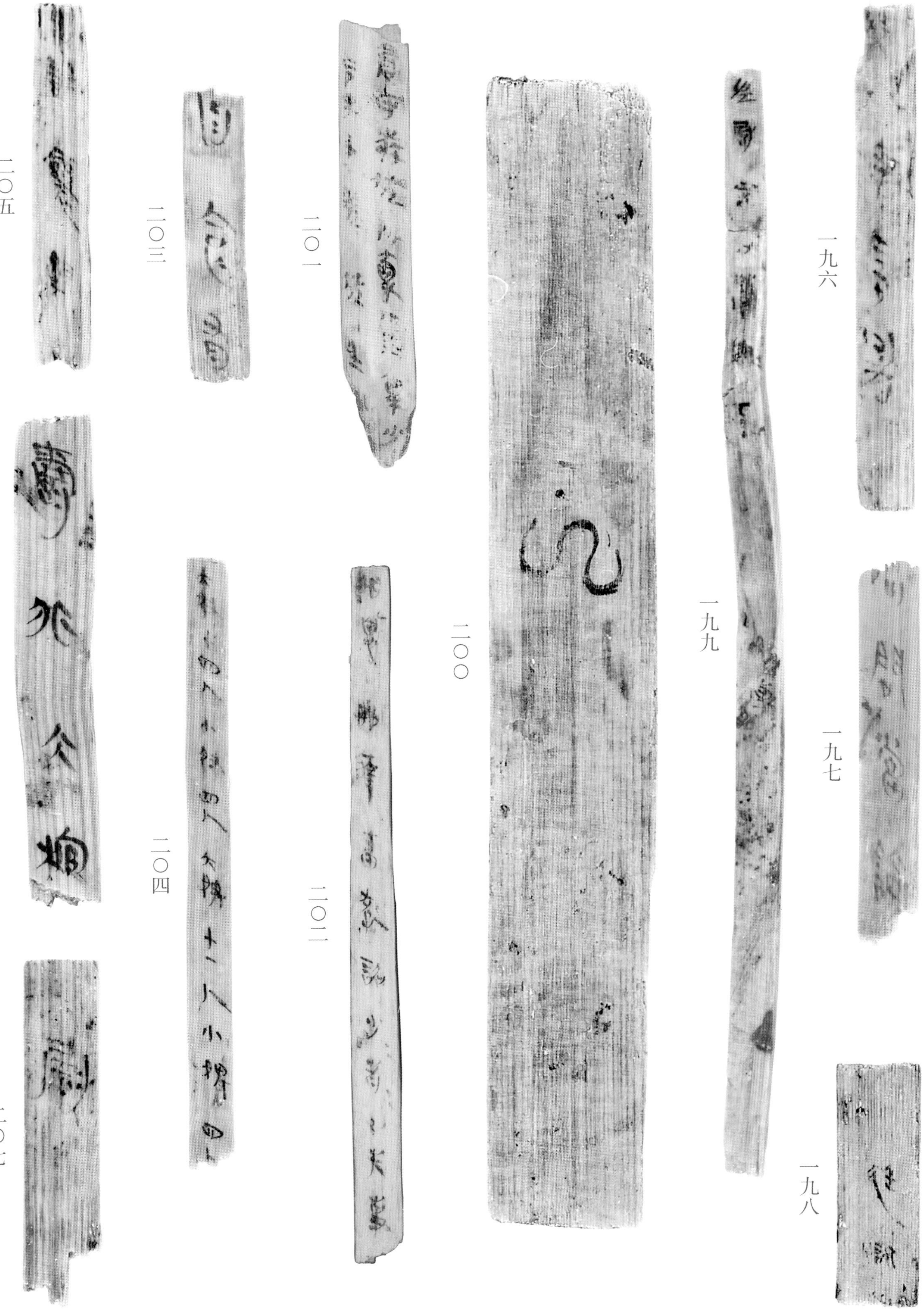

二〇五 二〇三 二〇一 二〇〇 一九九 一九六
二〇六 二〇四 二〇二 一九七
二〇七 一九八

一九六、13-196　一九七、13-198　一九八、13-199　一九九、13-197　二〇〇、13-206　二〇一、13-200
二〇二、13-201　二〇三、13-205　二〇四、13-208　二〇五、13-202　二〇六、13-203　二〇七、13-204

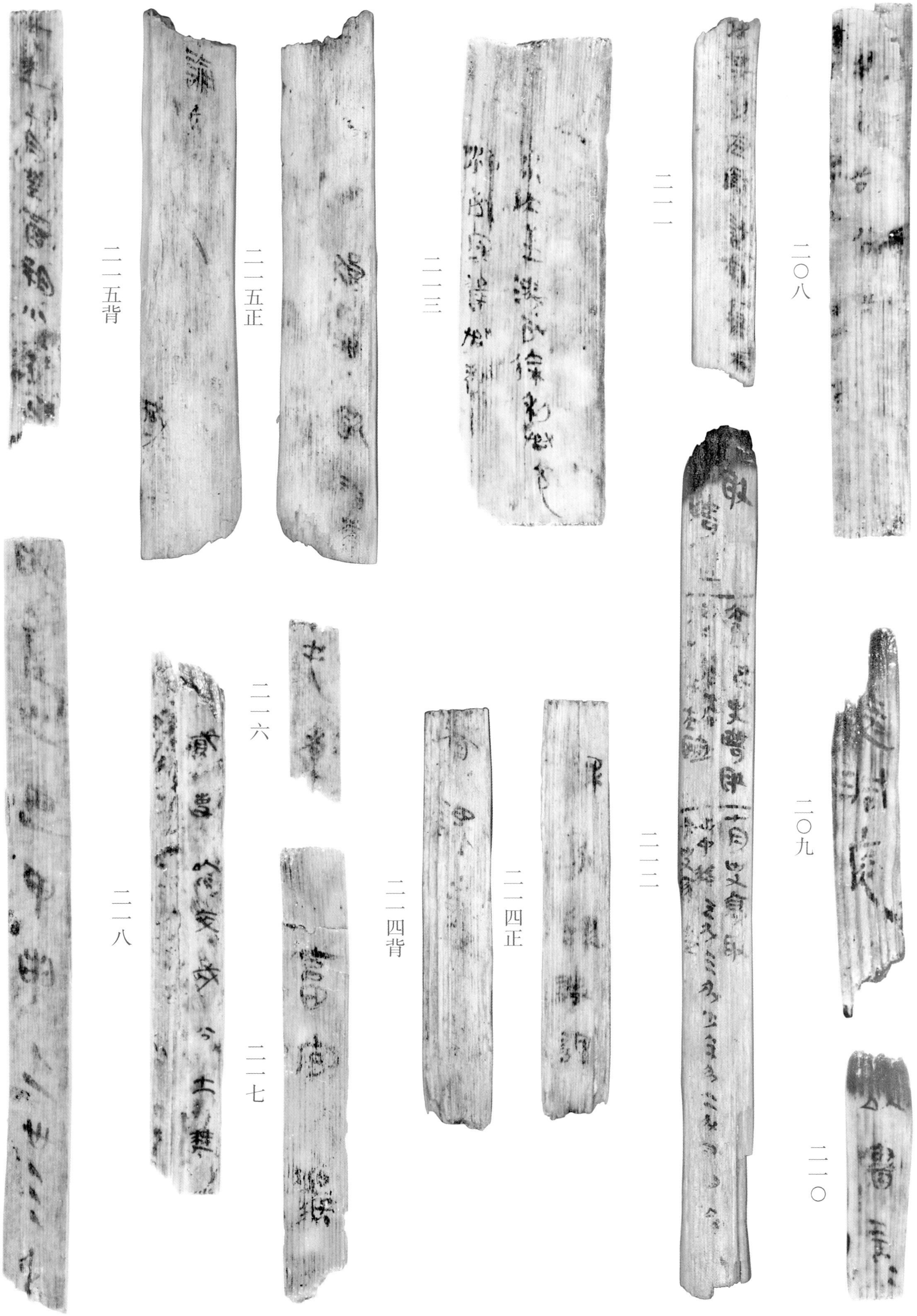

二一九　二一五背　二一五正　二一三　二一一　二〇八

二二〇　二一八　二一六　二一七　二一四背　二一四正　二一二　二〇九　二一〇

二〇八、13-209　二〇九、13-210　二一〇、13-214　二一一、13-212　二一二、13-213　二一三、13-207
二一四、13-216　二一五、13-215　二一六、13-217　二一七、13-218　二一八、13-221　二一九、13-211
二二〇、13-219

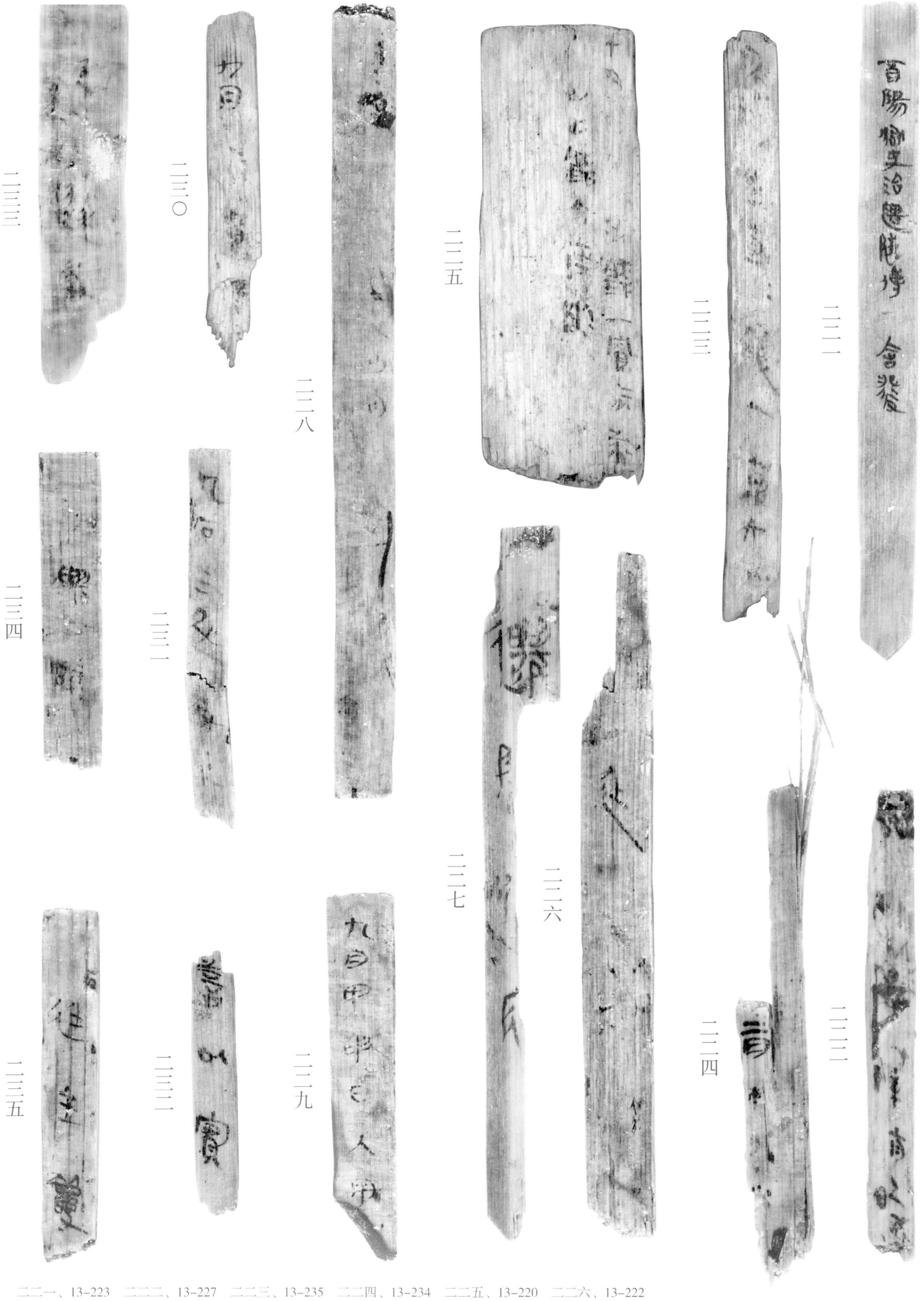

二二一、13-223　二二二、13-227　二二三、13-235　二二四、13-234　二二五、13-220　二二六、13-222
二二七、13-228　二二八、13-225　二二九、13-224　二三〇、13-230　二三一、13-233　二三二、13-226
二三三、13-229　二三四、13-231　二三五、13-232

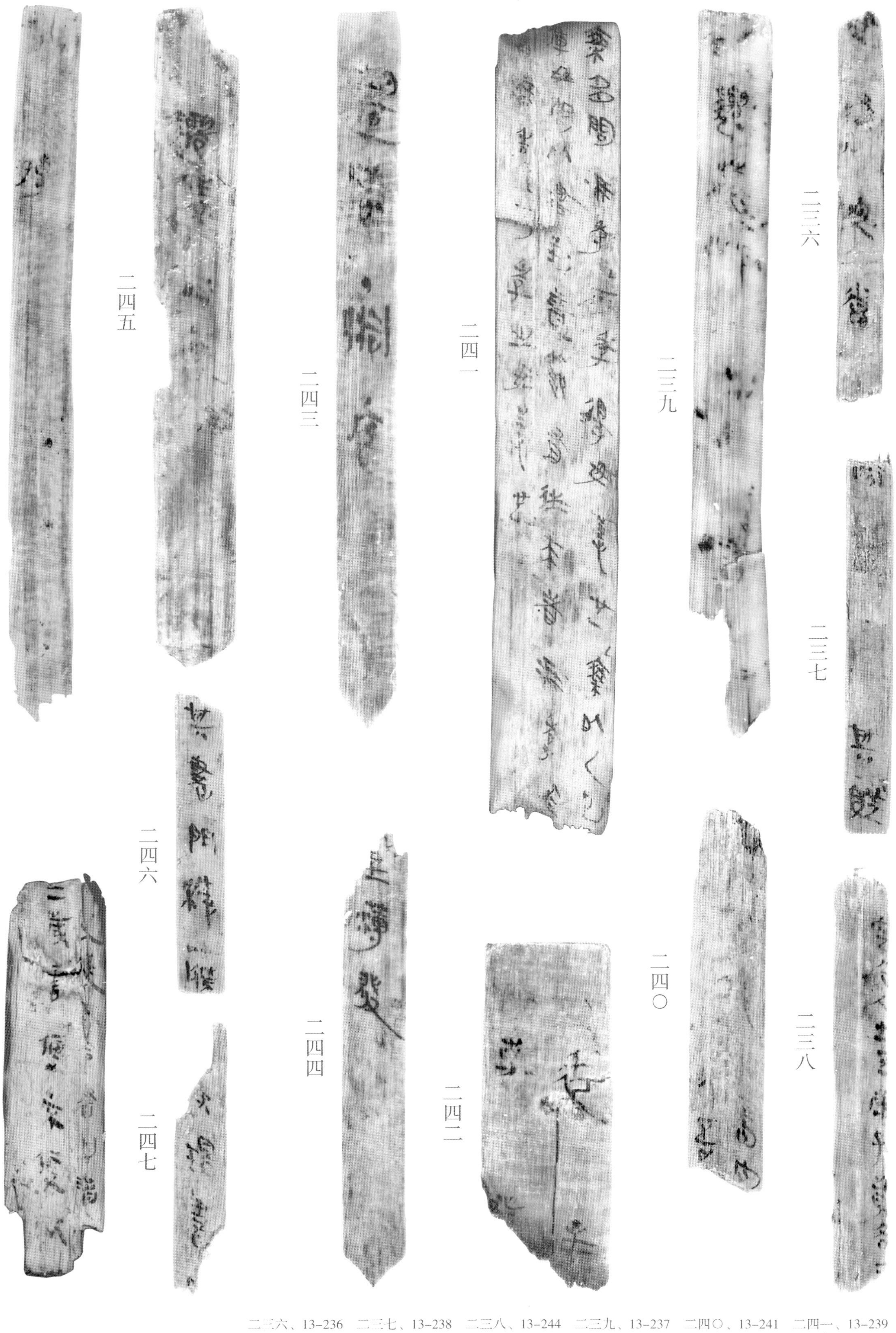

二三六、13-236　二三七、13-238　二三八、13-244　二三九、13-237　二四〇、13-241　二四一、13-239
二四二、13-240　二四三、13-242　二四四、13-245　二四五、13-243　二四六、13-249　二四七、13-250
二四八、13-246　二四九、13-247

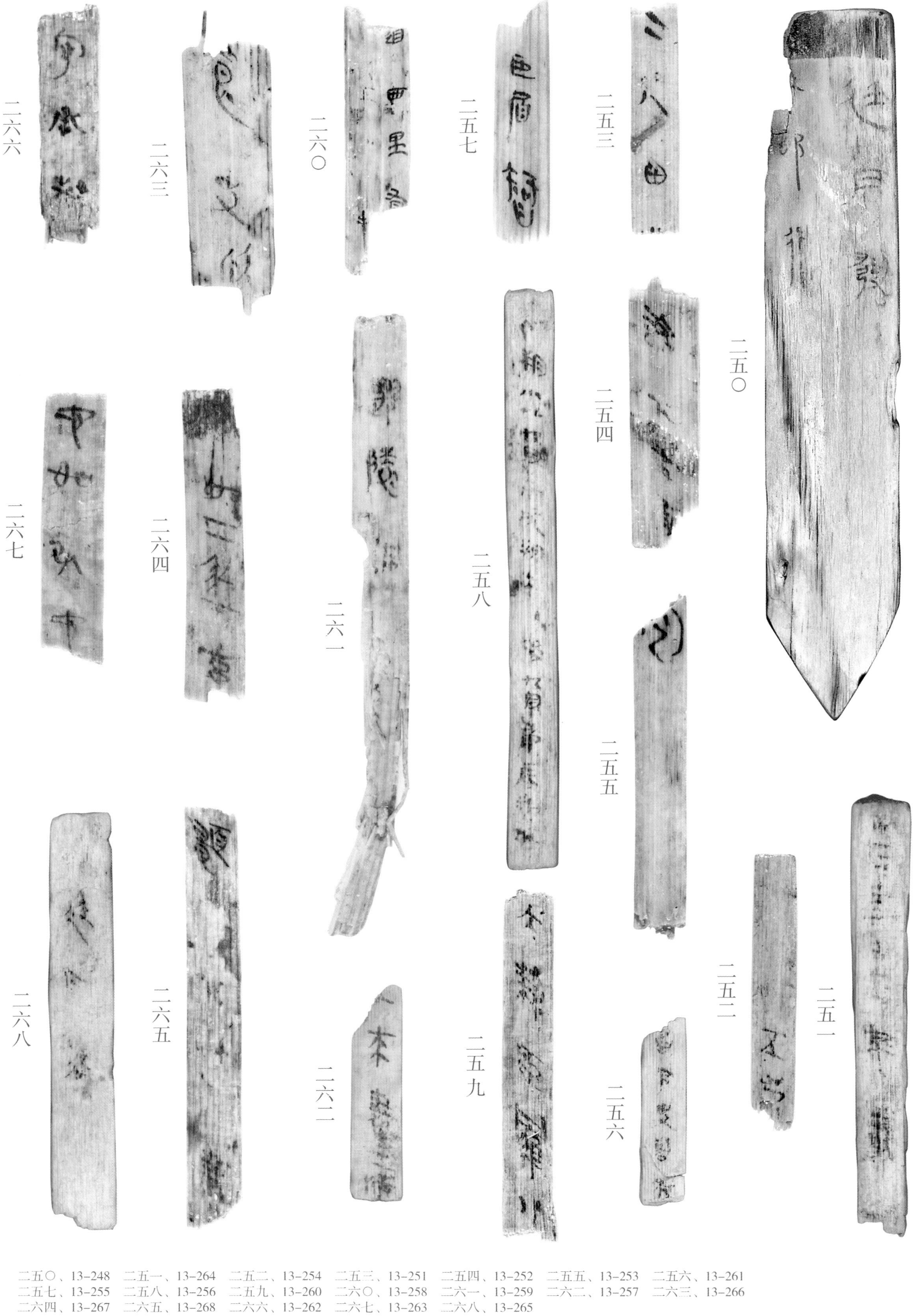

二五〇、13-248　二五一、13-264　二五二、13-254　二五三、13-251　二五四、13-252　二五五、13-253　二五六、13-261
二五七、13-255　二五八、13-256　二五九、13-260　二六〇、13-258　二六一、13-259　二六二、13-257　二六三、13-266
二六四、13-267　二六五、13-268　二六六、13-262　二六七、13-263　二六八、13-265

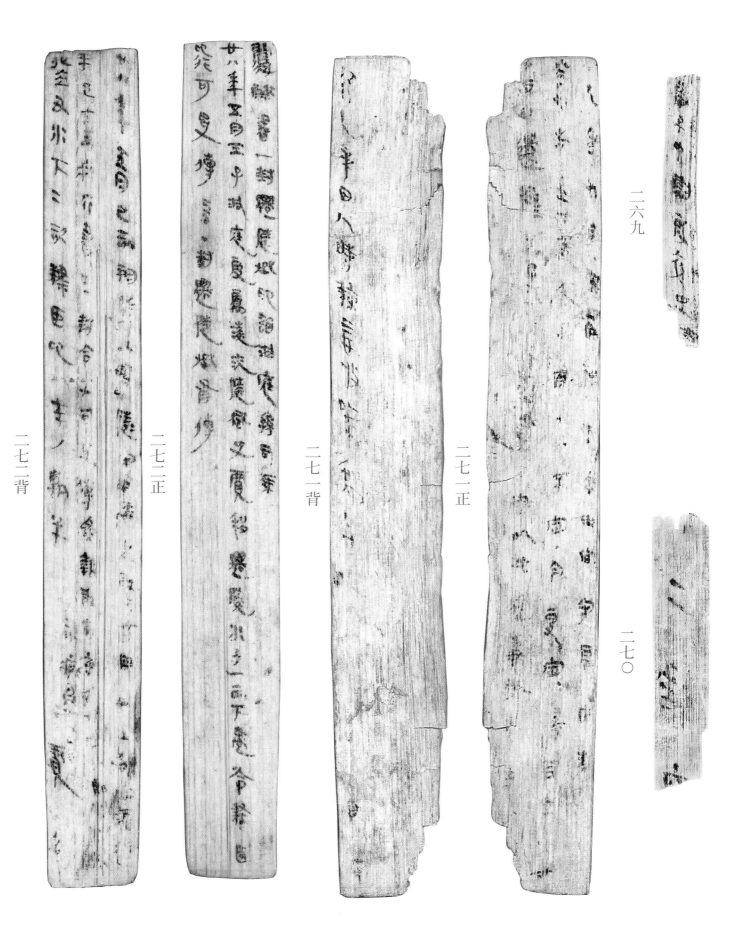

二六九

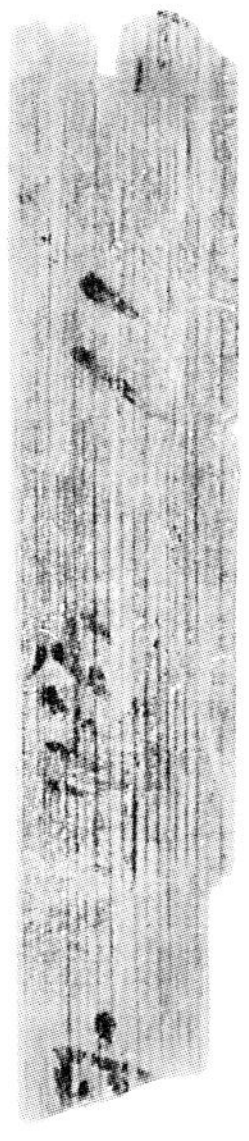

二七〇

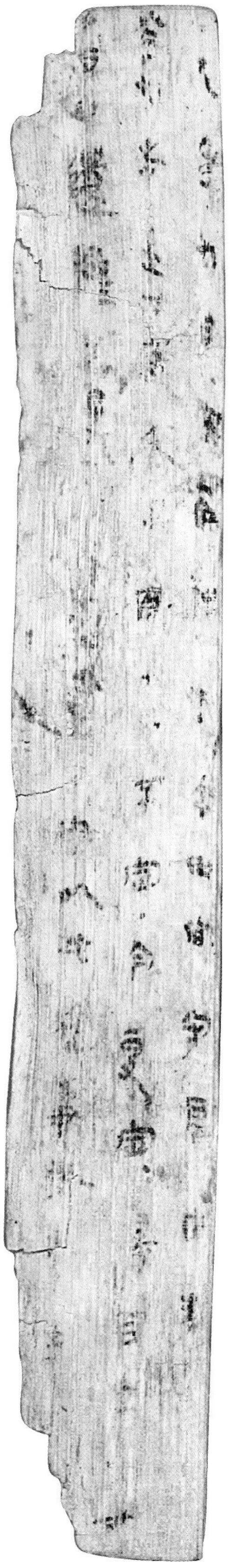

二七一正

二七一背

二七二正

二七二背

二六九、13-269　二七〇、13-270　二七一、13-271　二七二、13-272

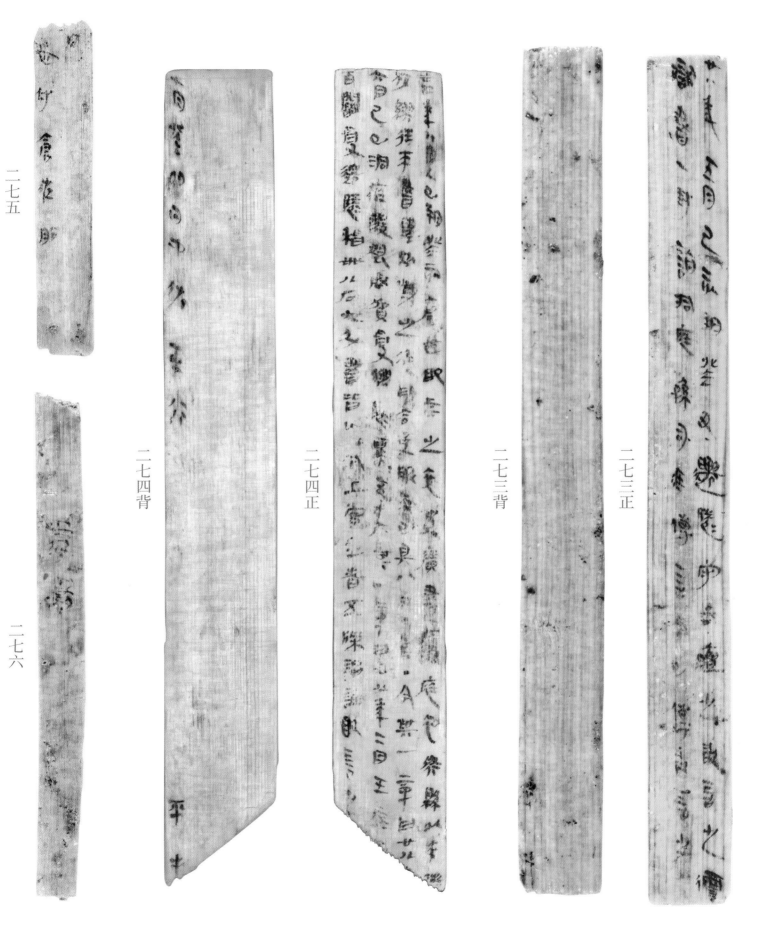

二七三正

二七三背

二七四正

二七四背

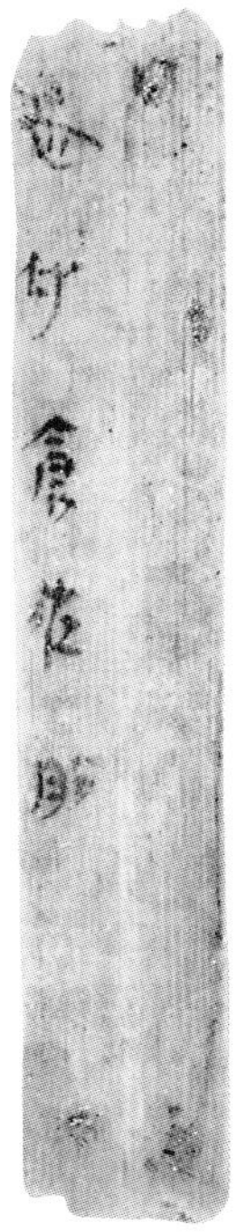
二七五

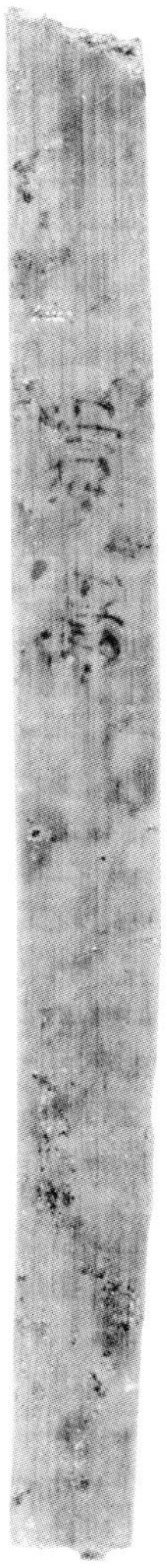
二七六

二七三、13-273 二七四、13-274 二七五、13-275 二七六、13-276

二七七、13-277 二七八、13-278 二七九、13-279 二八〇、13-317 二八一、13-281 二八二、13-282
二八三、13-280 二八四、13-284 二八五、13-285 二八六、13-286 二八七、13-287 二八八、13-283
二八九、13-288 二九〇、13-316

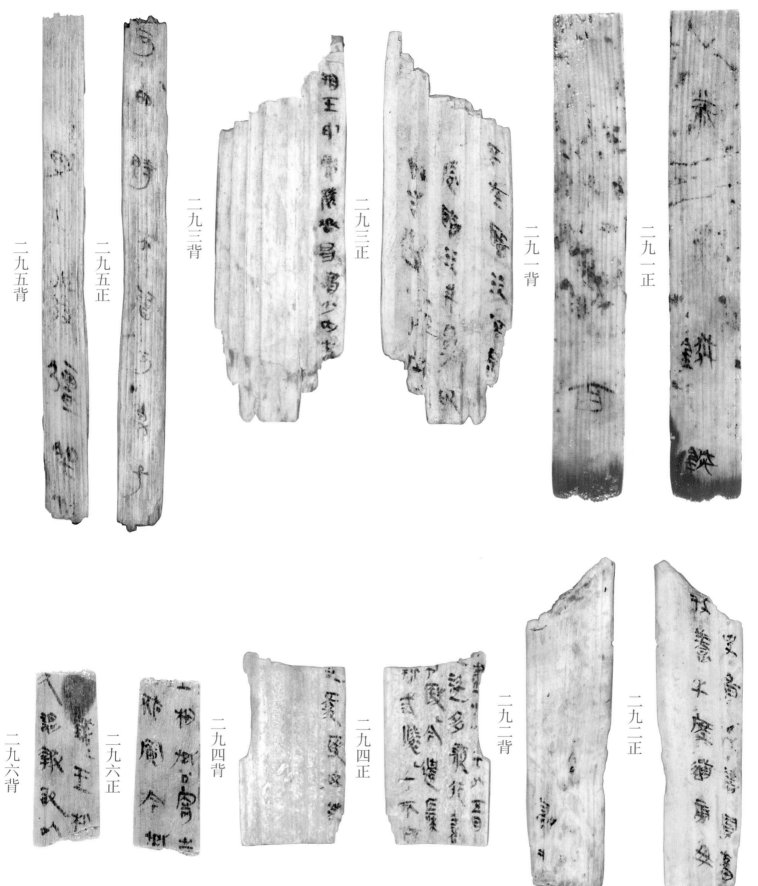

二九一正

二九一背

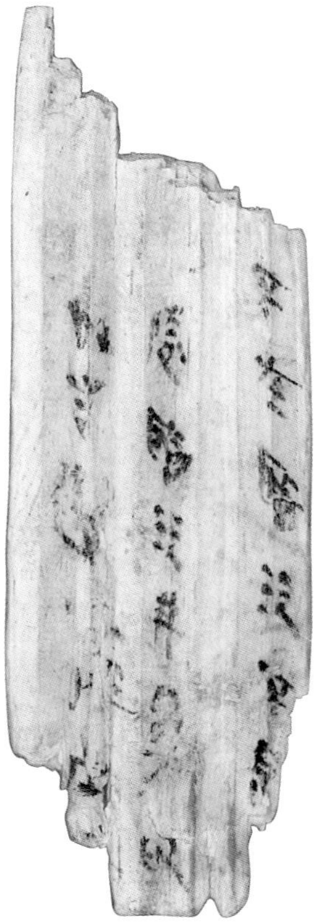
二九三正

二九三背

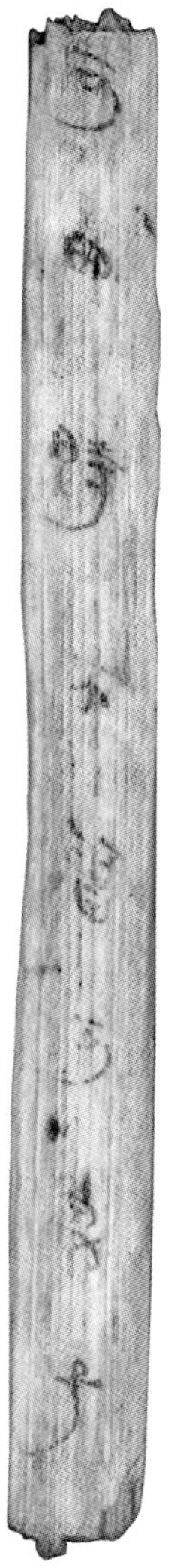
二九五正

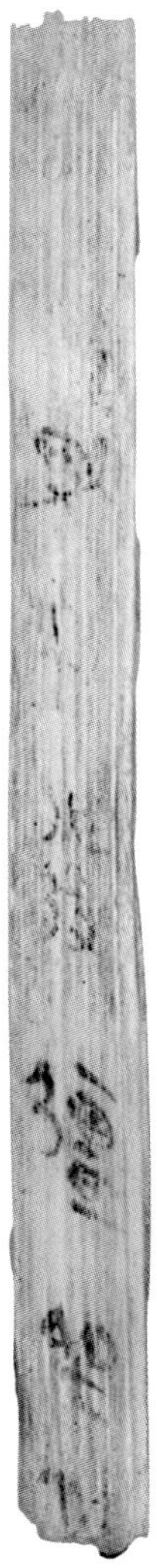
二九五背

二九二正

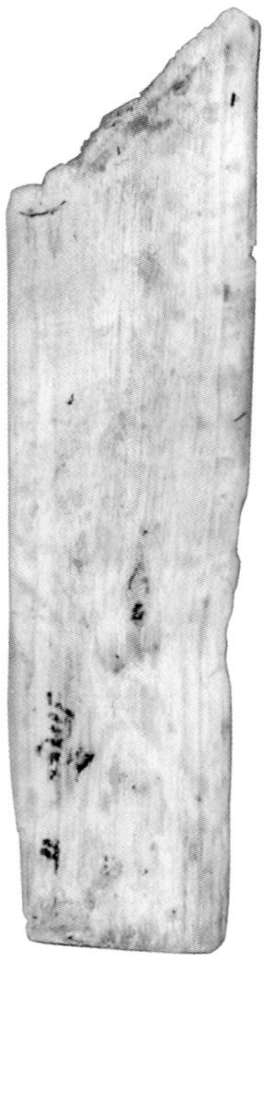
二九二背

二九四正

二九四背

二九六正

二九六背

二九一、13-292　二九二、13-290　二九三、13-293　二九四、13-295　二九五、13-294　二九六、13-291

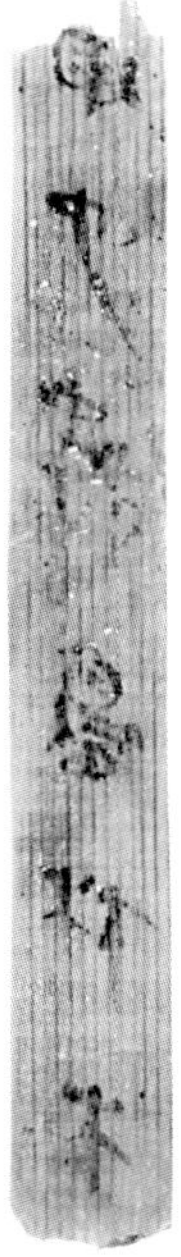
二九七

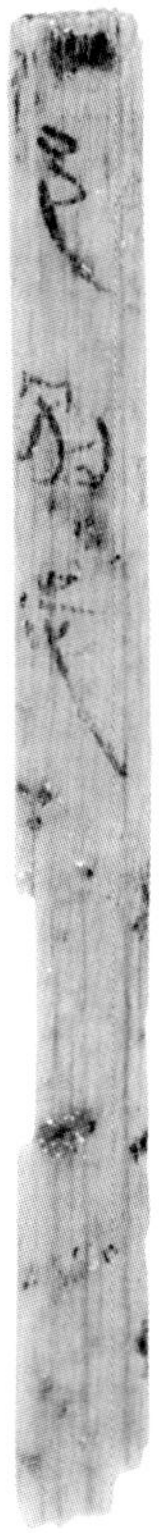
二九八

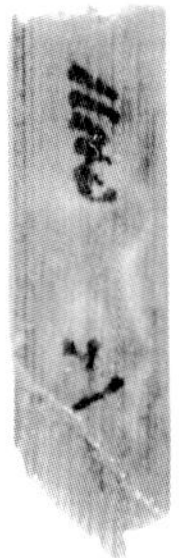
二九九

三〇〇正

三〇〇背

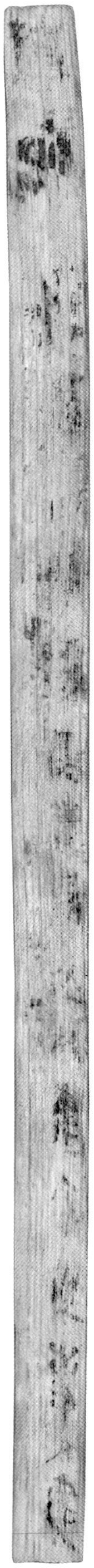
三〇一正

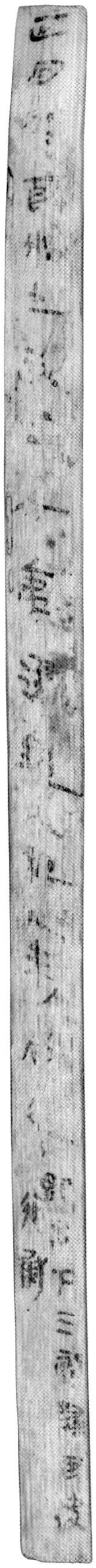
三〇一背

三〇二

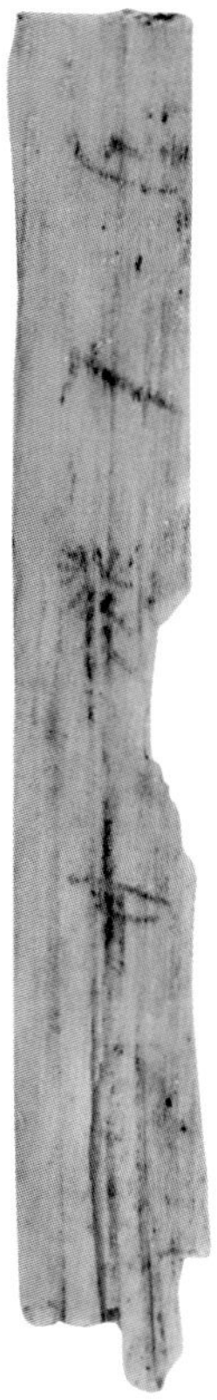
三〇三

三〇四

二九七、13-297　二九八、13-298　二九九、13-302　三〇〇、13-289　三〇一、13-296　三〇二、13-299
三〇三、13-300　三〇四、13-301

三〇五、13-303　三〇六、13-305　三〇七、13-307　三〇八、13-315　三〇九、13-304　三一〇、13-306
三一一、13-308　三一二、13-309　三一三、13-310　三一四、13-311　三一五、13-312　三一六、13-313
三一七、13-314　三一八、13-320　三一九、13-319　三二〇、13-318

三二一正 三二一背 三二四正 三二四背 三二六正 三二六背 三二九正 三二九背

三二二正 三二二背 三二七正 三二七背 三三〇正 三三〇背

三二三正 三二三背 三二五正 三二五背 三二八正 三二八背 三三一正 三三一背

三二一、13-322 三二二、13-326 三二三、13-324 三二四、13-321 三二五、13-327 三二六、13-325
三二七、13-323 三二八、13-332 三二九、13-328 三三〇、13-329 三三一、13-330

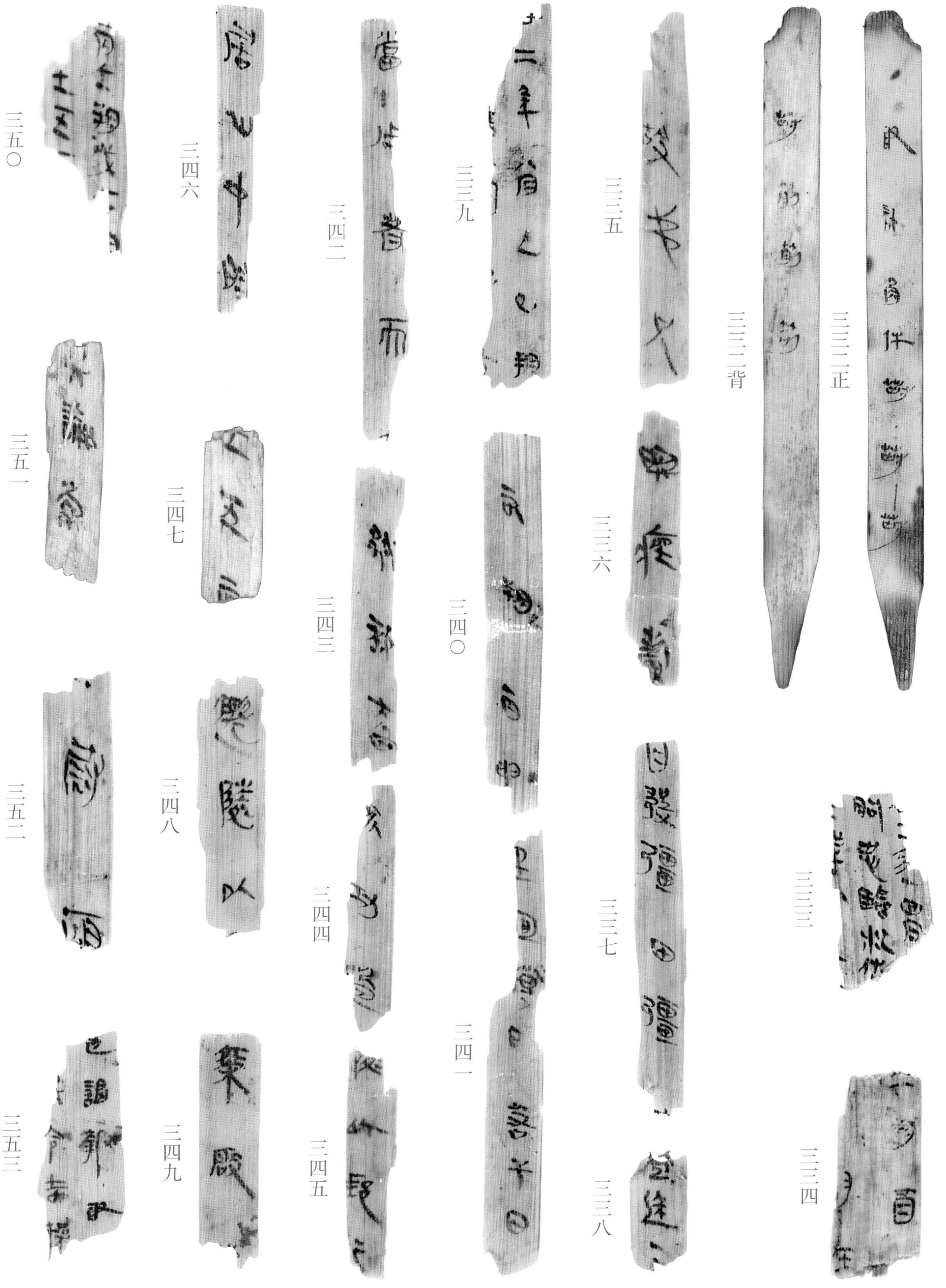

三三二、13-331　三三三、13-345　三三四、13-348　三三五、13-333　三三六、13-334　三三七、13-335　三三八、13-347　三三九、13-336
三四〇、13-339　三四一、13-341　三四二、13-337　三四三、13-338　三四四、13-340　三四五、13-346　三四六、13-344　三四七、13-349
三四八、13-350　三四九、13-352　三五〇、13-351　三五一、13-353　三五二、13-342　三五三、13-343

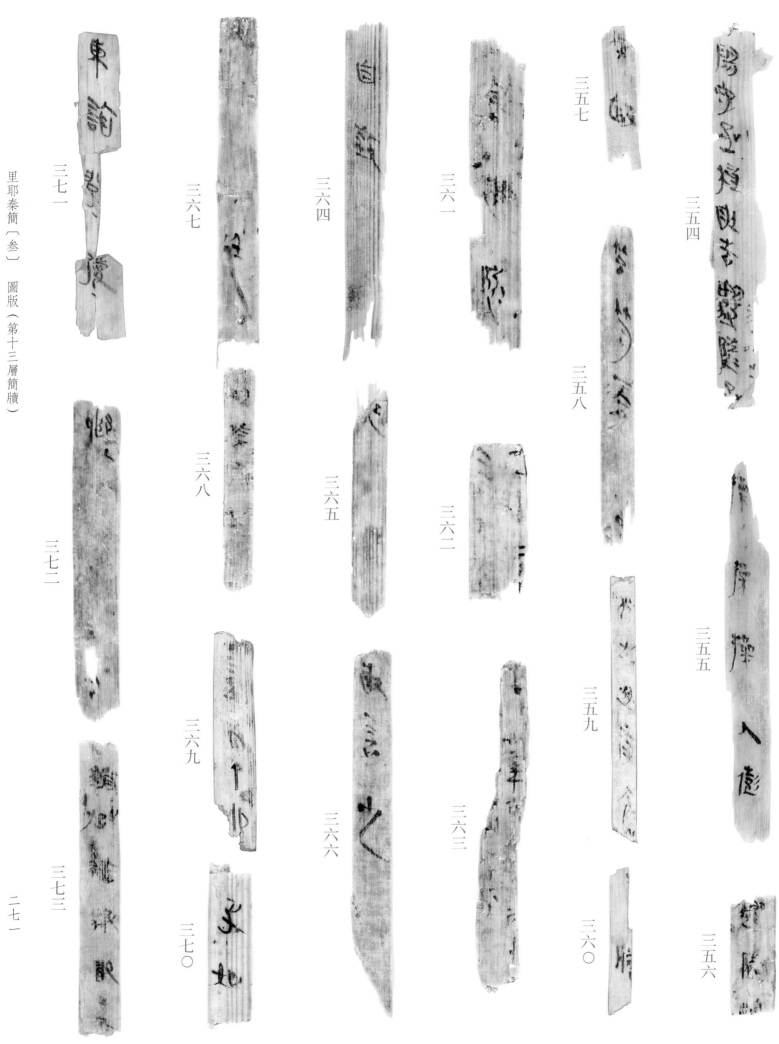

三五四、13-354　三五五、13-355　三五六、13-368　三五七、13-356　三五八、13-360　三五九、13-364　三六〇、13-370
三六一、13-357　三六二、13-362　三六三、13-366　三六四、13-358　三六五、13-359　三六六、13-361　三六七、13-363
三六八、13-365　三六九、13-367　三七〇、13-373　三七一、13-369　三七二、13-371　三七三、13-372

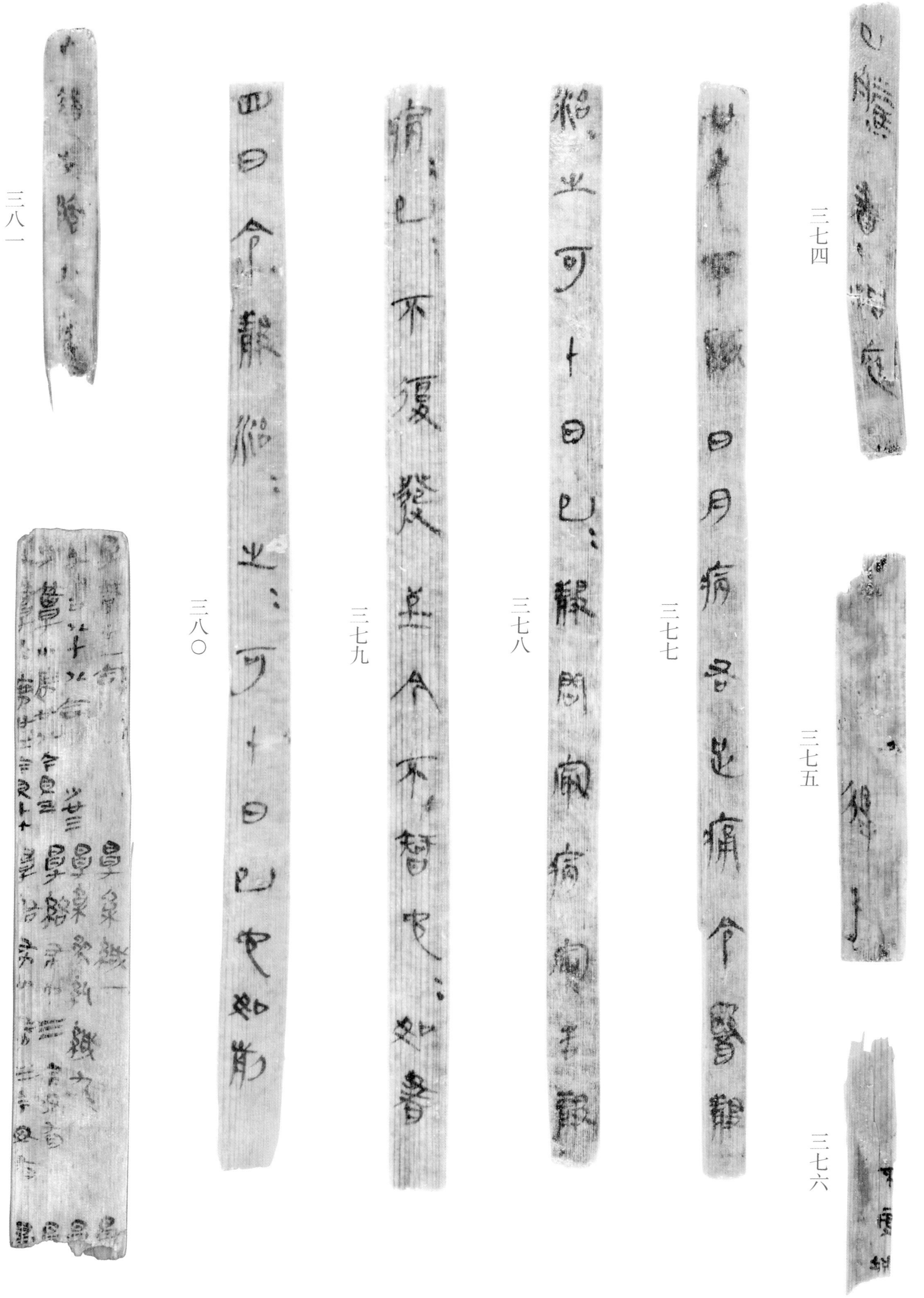

三七四 三七五 三七六 三七七 三七八 三七九 三八〇 三八一 三八二

三七四、13-374　三七五、13-375　三七六、13-376　三七七、13-377　三七八、13-378　三七九、13-379
三八〇、13-380　三八一、13-382　三八二、13-381

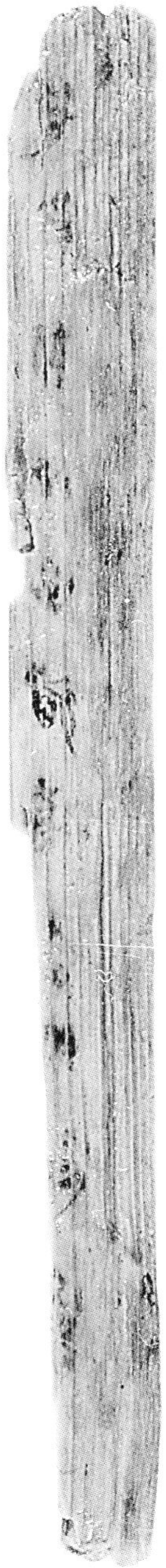
三八三

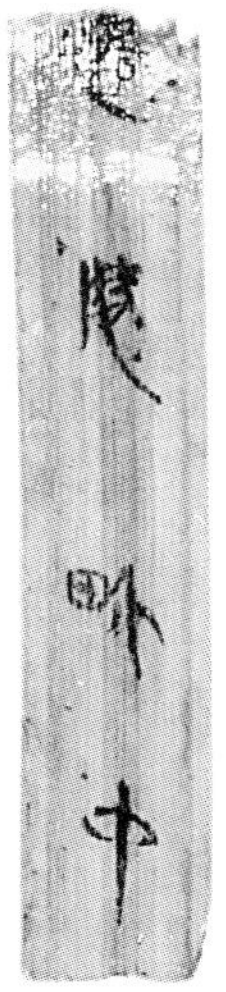
三八四

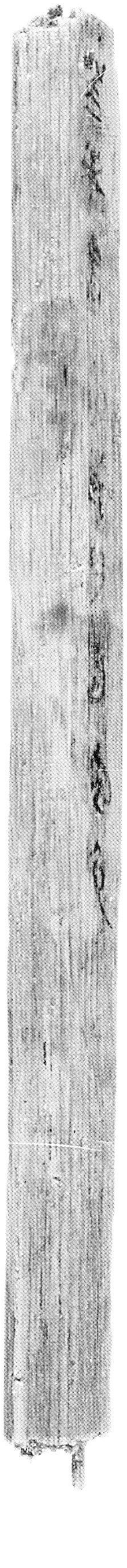
三八五

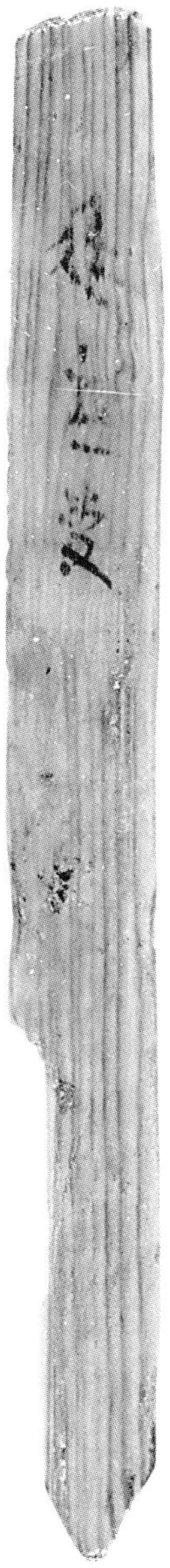
三八六

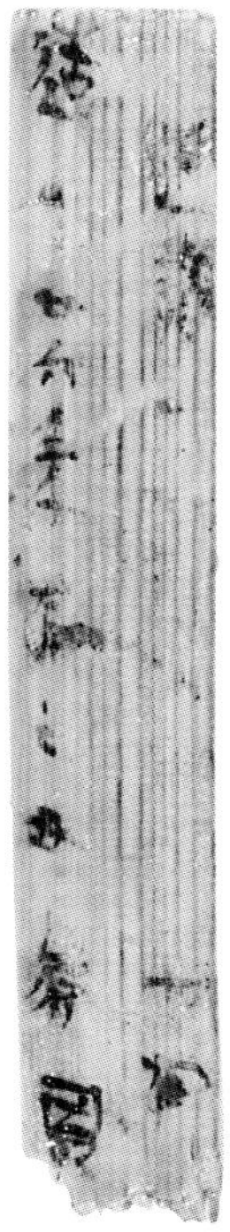
三八七

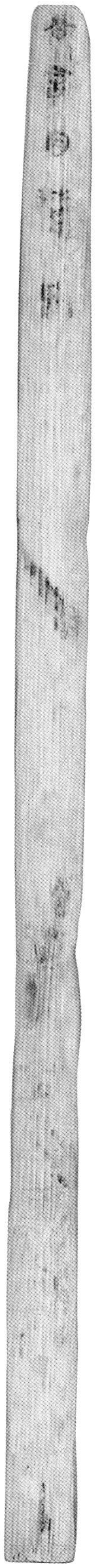
三八八

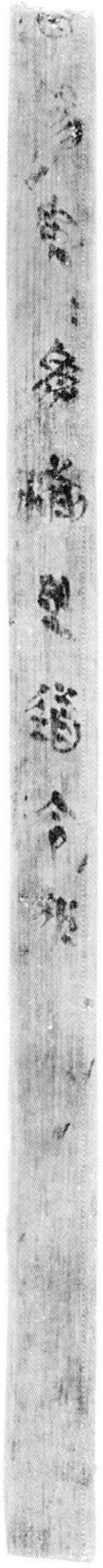
三八九

三九〇

三九一

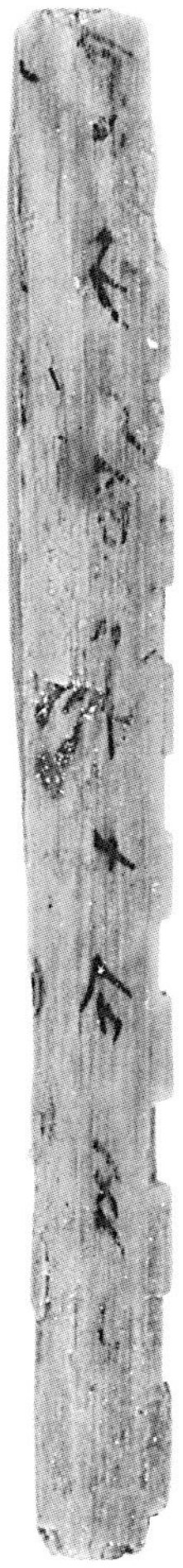
三九二

三八三、13-384　三八四、13-385　三八五、13-383　三八六、13-386　三八七、13-387　三八八、13-388
三八九、13-391　三九〇、13-392　三九一、13-389　三九二、13-390

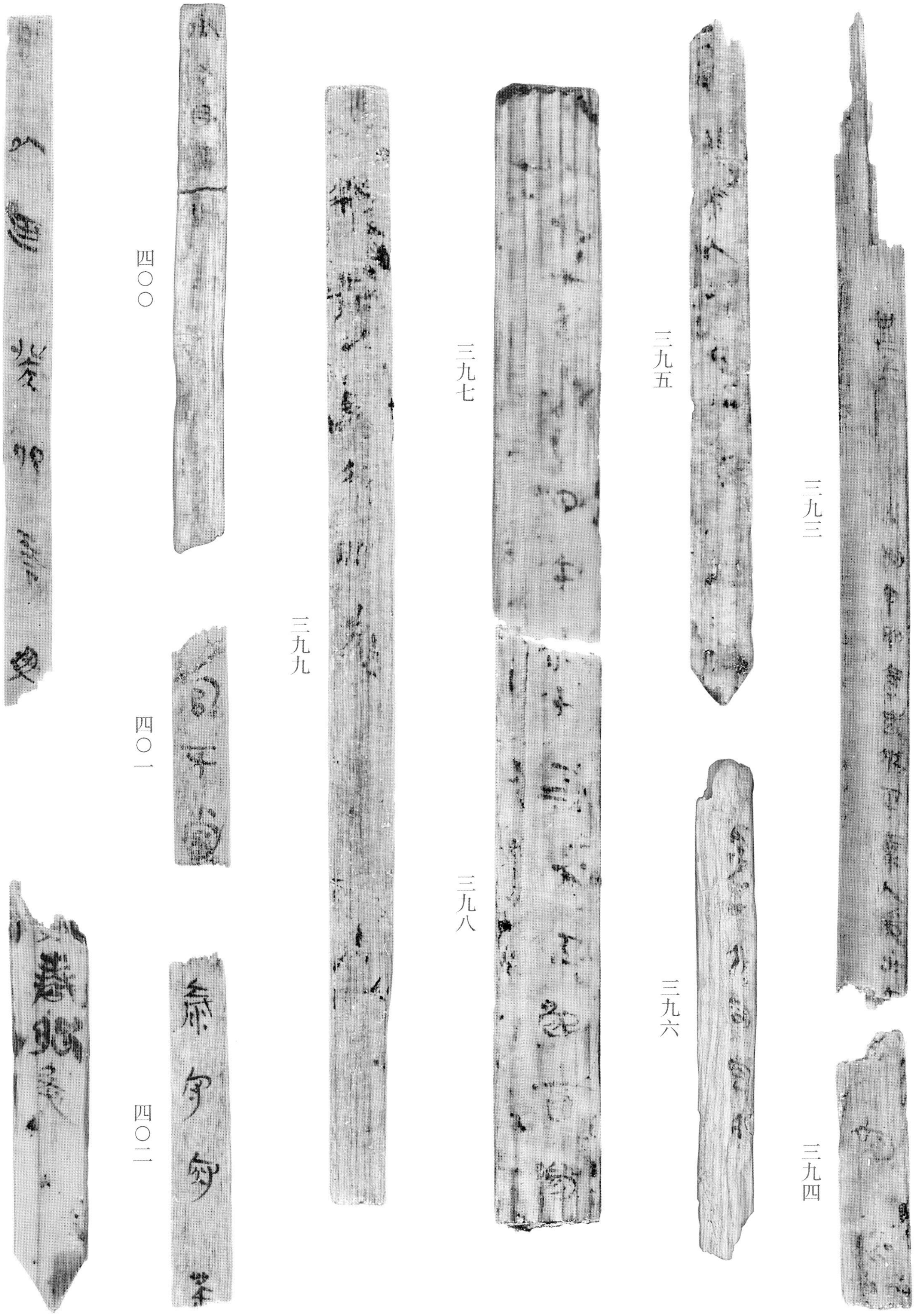

三九三、13-393　三九四、13-394　三九五、13-395　三九六、13-398　三九七、13-400　三九八、13-397
三九九、13-399　四〇〇、13-396　四〇一、13-401　四〇二、13-402　四〇三、13-406　四〇四、13-404

四〇五正

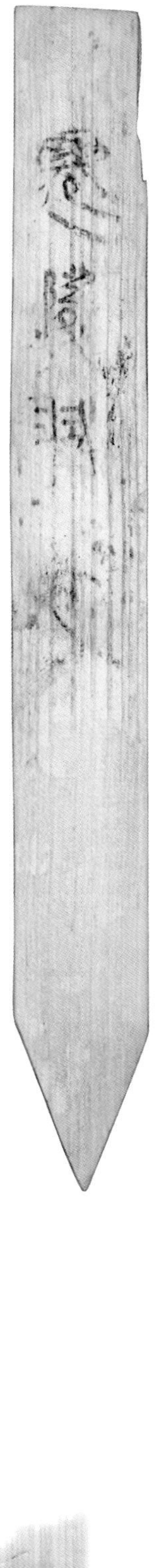

四〇五背

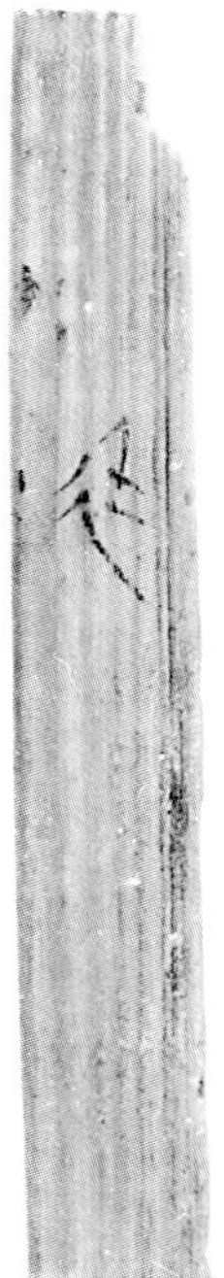

四〇六

四〇七

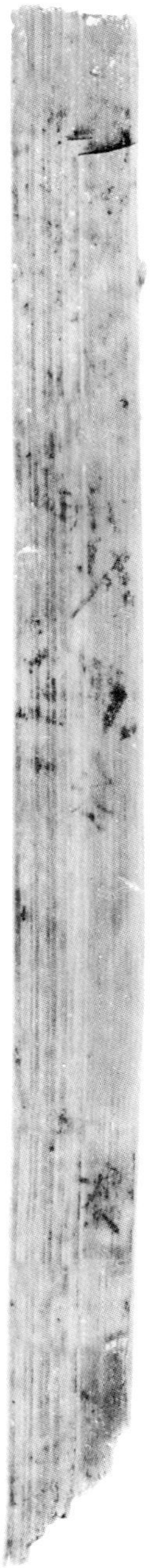

四〇八

四〇九

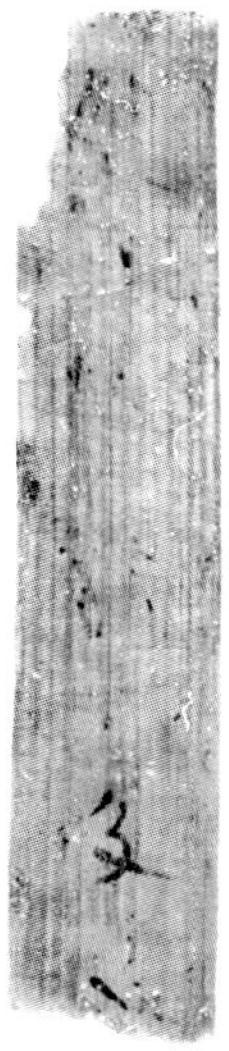

四一〇

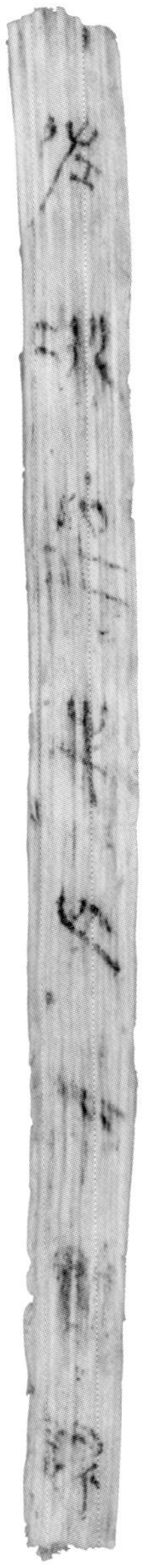

四一一

四一二

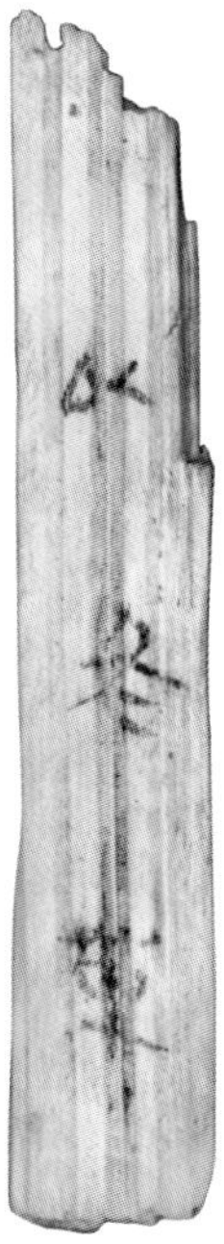

四一三

四一四

四〇五、13-403　四〇六、13-405　四〇七、13-407　四〇八、13-409　四〇九、13-408　四一〇、13-410
四一一、13-411　四一二、13-414　四一三、13-412　四一四、13-413

四一五

四一六

四一七

四一八

四一九

四二〇

四一五、13-419　四一六、13-420　四一七、13-417　四一八、13-418　四一九、13-421　四二〇、13-416

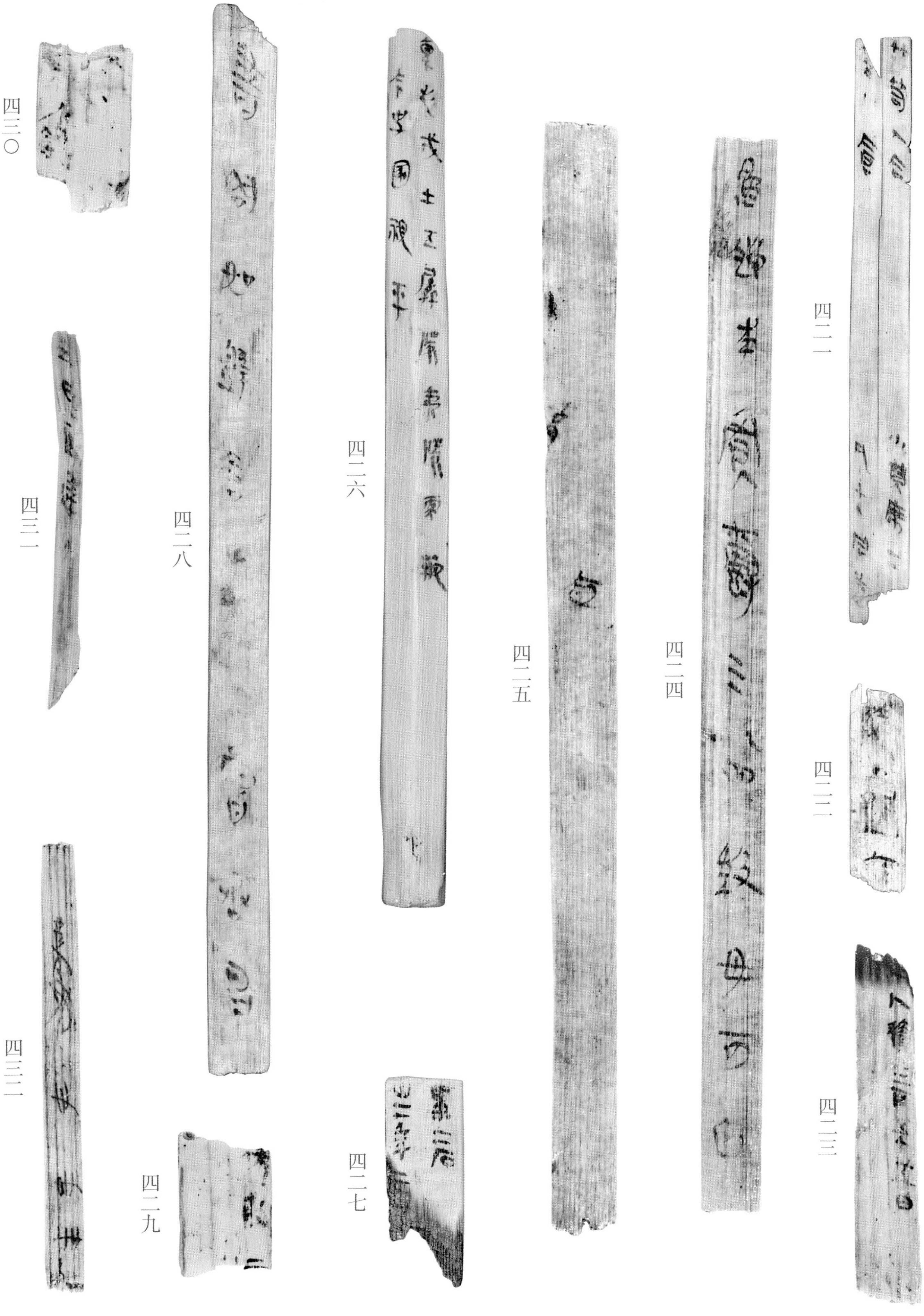

四二一、13-426　四二二、13-427　四二三、13-431　四二四、13-422　四二五、13-423　四二六、13-424
四二七、13-425　四二八、13-430　四二九、13-428　四三〇、13-429　四三一、13-432　四三二、13-433

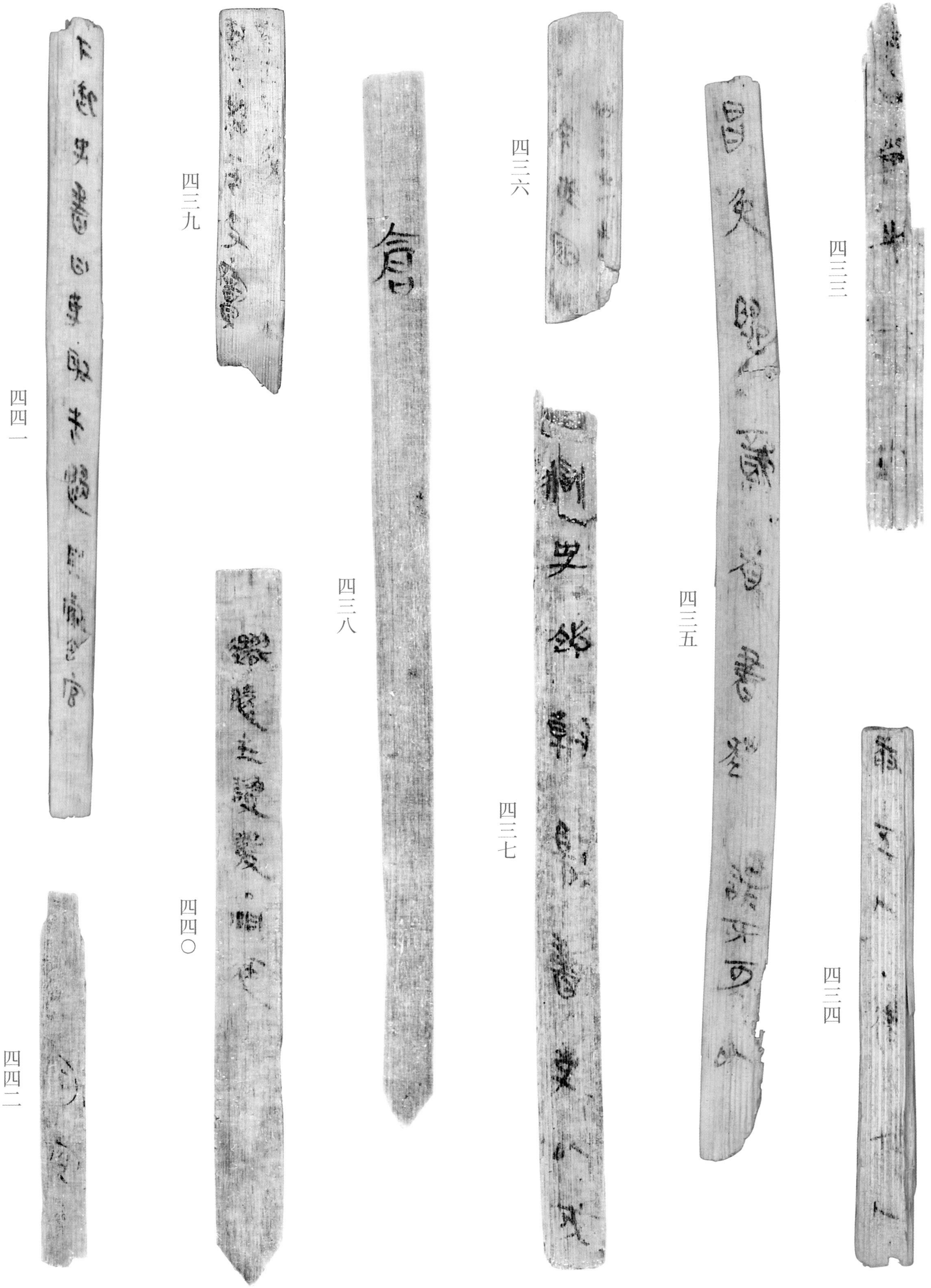

四三三、13–435　四三四、13–437　四三五、13–434　四三六、13–436　四三七、13–440　四三八、13–439
四三九、13–438　四四〇、13–444　四四一、13–442　四四二、13–443

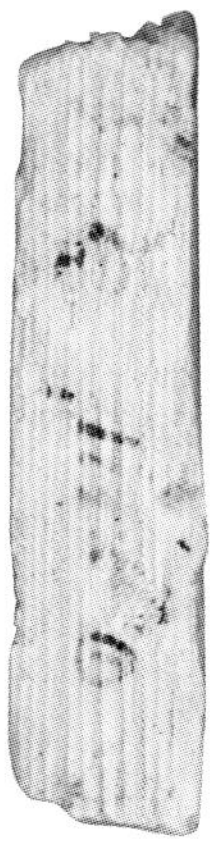
四四三

四四五

四四八

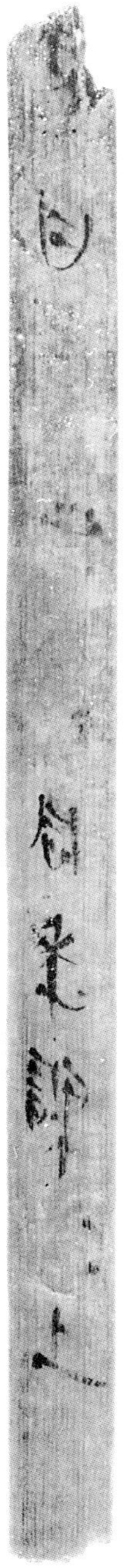
四五〇

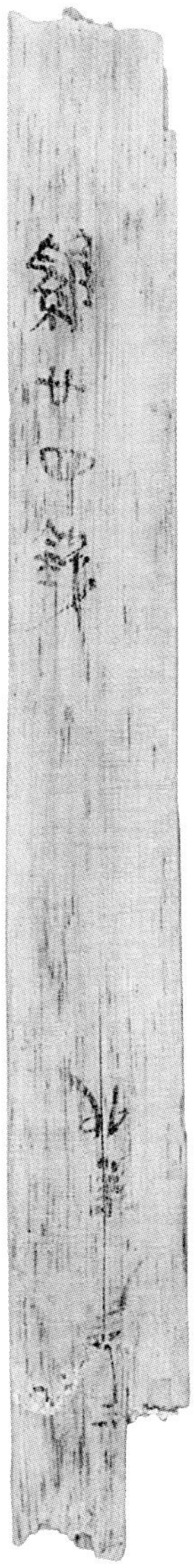
四五二正

四五二背

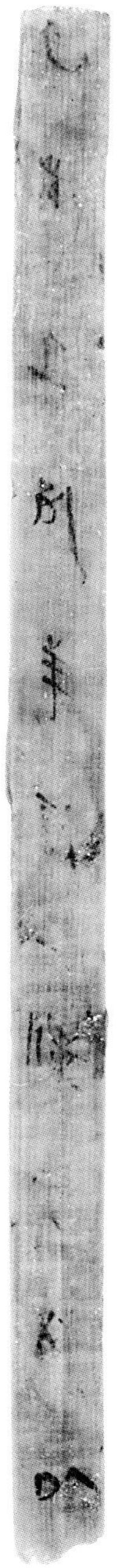
四四四

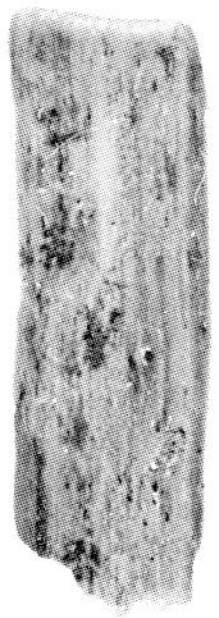
四四六

四四七

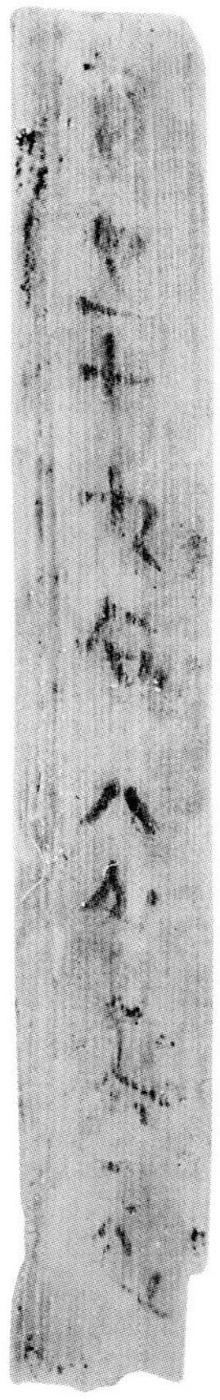
四四九

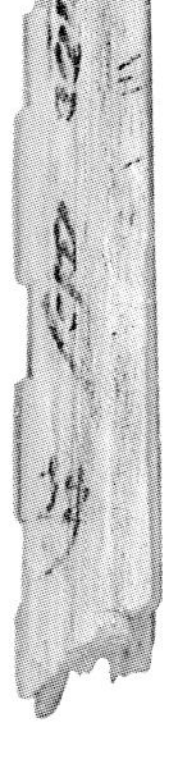
四五一

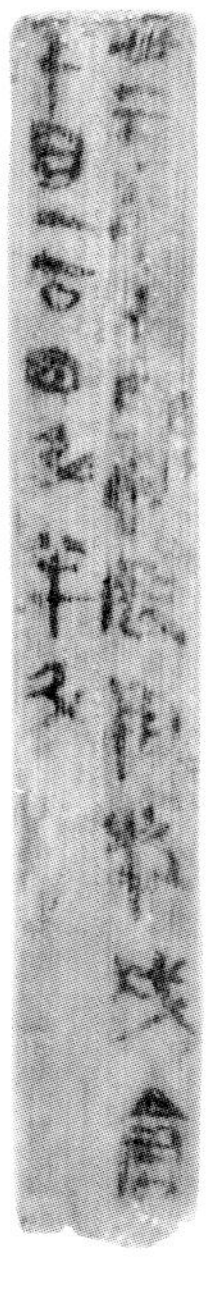
四五三

四五四

四四三、13-441　四四四、13-446　四四五、13-445　四四六、13-447　四四七、13-449　四四八、13-448
四四九、13-455　四五〇、13-450　四五一、13-451　四五二、13-452　四五三、13-453　四五四、13-454

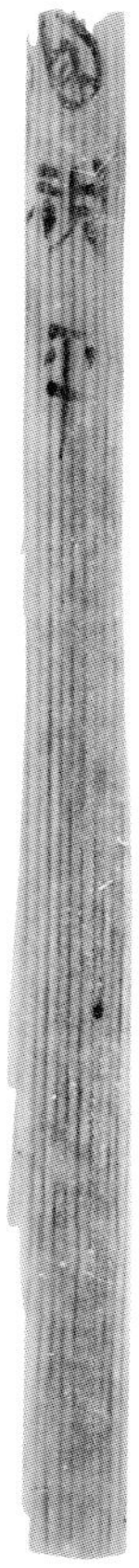
四五五

四五六

四五七

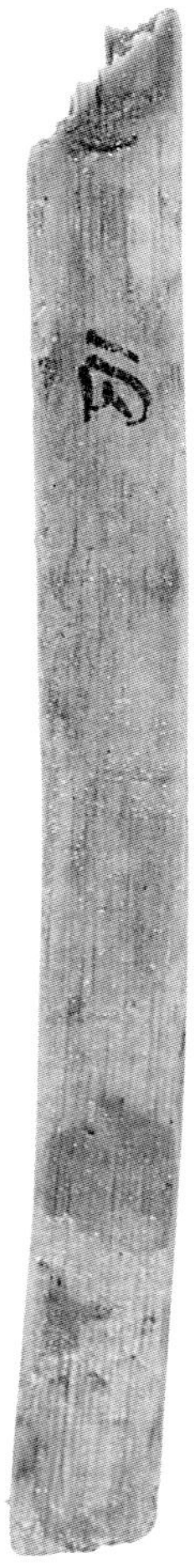
四五八

四五九

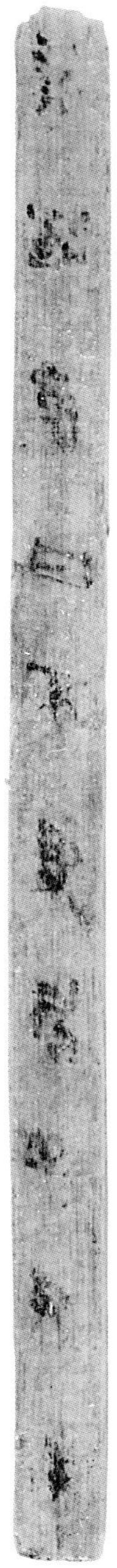
四六〇

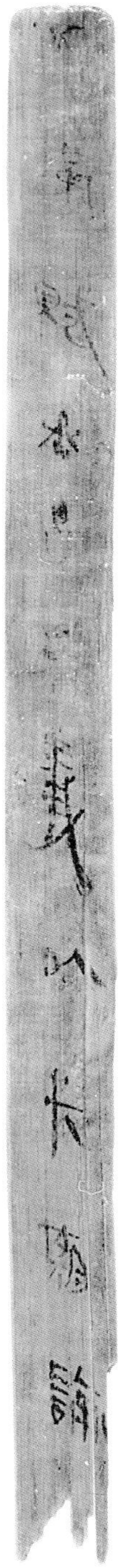
四六一正

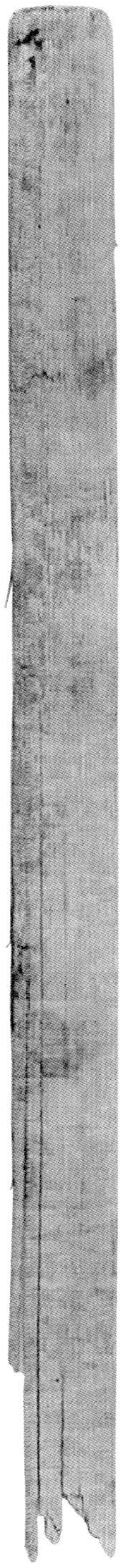
四六一背

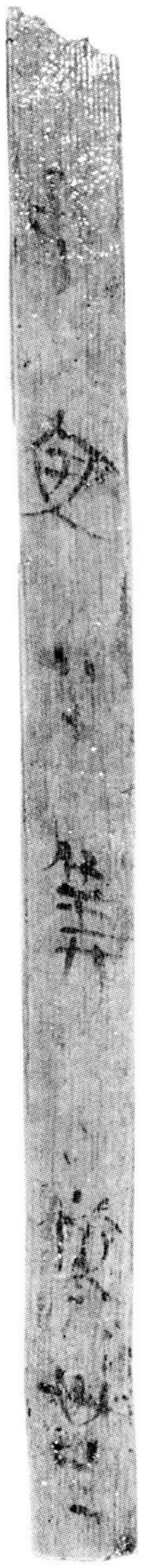
四六二

四六三

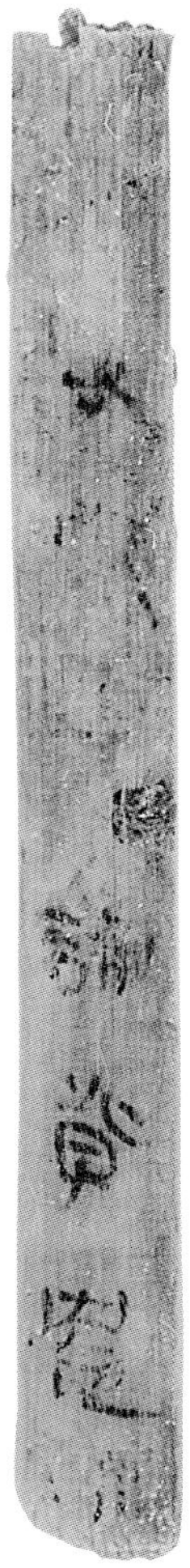
四六四

四六五

四五五、13-456　四五六、13-457　四五七、13-460　四五八、13-463　四五九、13-459　四六〇、13-458
四六一、13-466　四六二、13-464　四六三、13-465　四六四、13-461　四六五、13-462

四六六

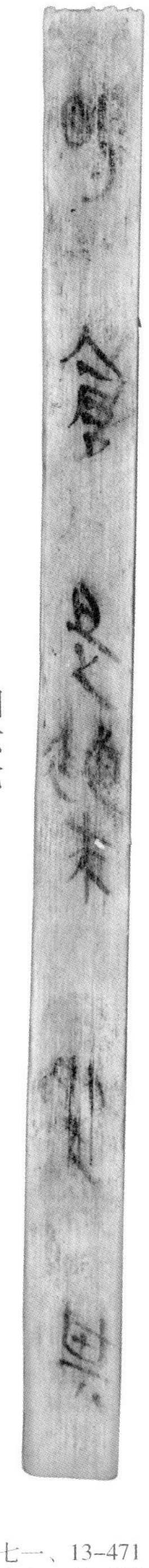
四六七

四六八

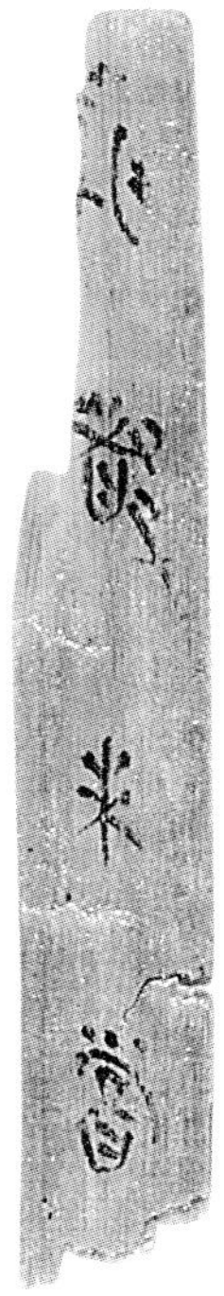
四六九

四七〇

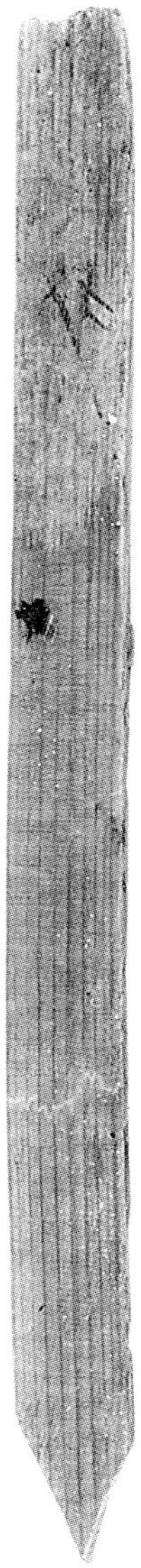
四七一

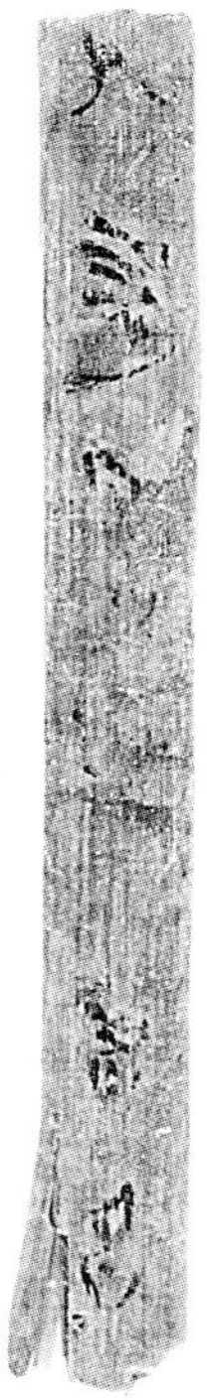
四七二

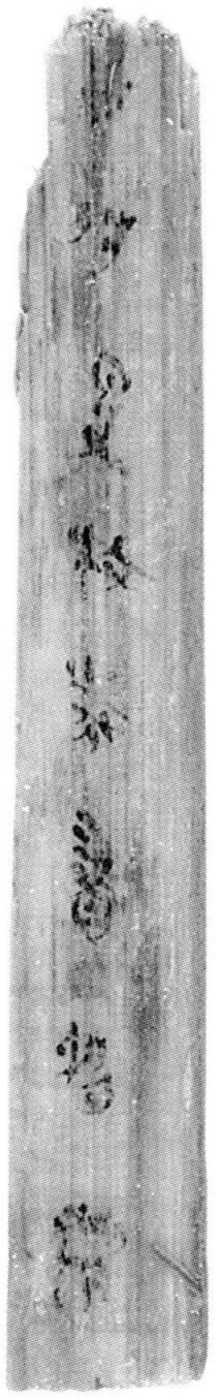
四七三

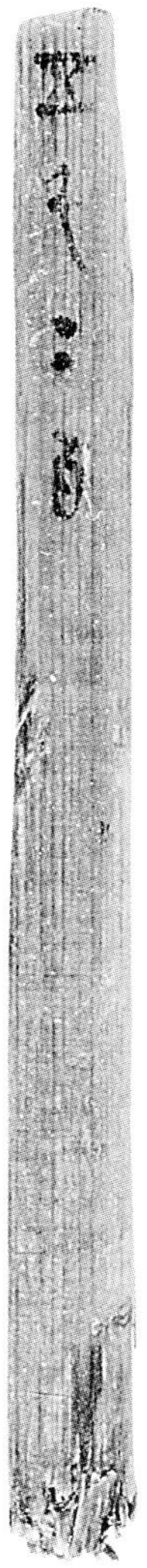
四七四

四七五

四七六

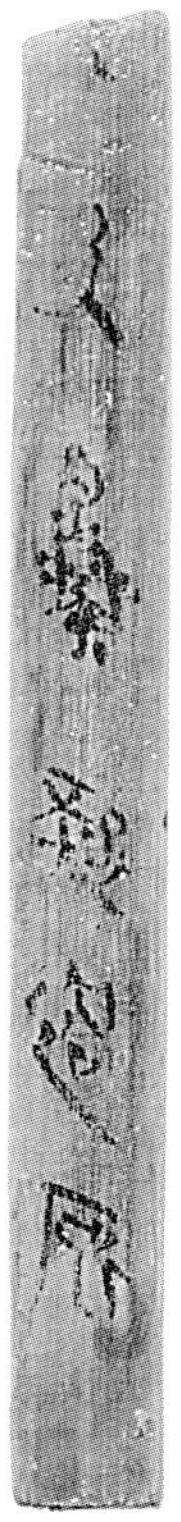
四七七

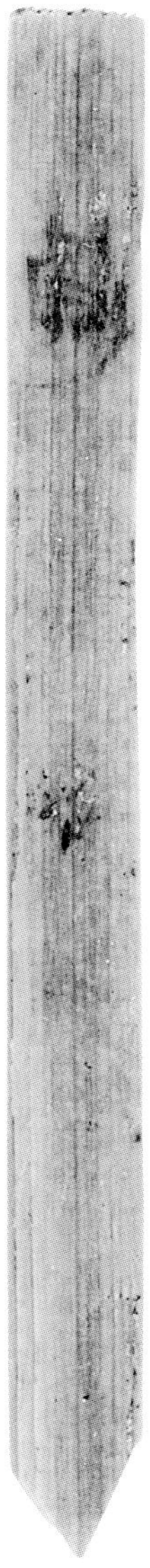
四七八

四六六、13-469　四六七、13-468　四六八、13-467　四六九、13-470　四七〇、13-472　四七一、13-471
四七二、13-475　四七三、13-473　四七四、13-474　四七五、13-476　四七六、13-477　四七七、13-478
四七八、13-479

四七九、13-480 四八〇、13-483 四八一、13-482 四八二、13-481 四八三、13-484 四八四、13-485
四八五、13-486 四八六、13-487 四八七、13-488 四八八、13-489 四八九、13-490

四九〇、13-493　四九一、13-494　四九二、13-491　四九三、13-492　四九四、13-495　四九五、13-497
四九六、13-496　四九七、13-498　四九八、13-415

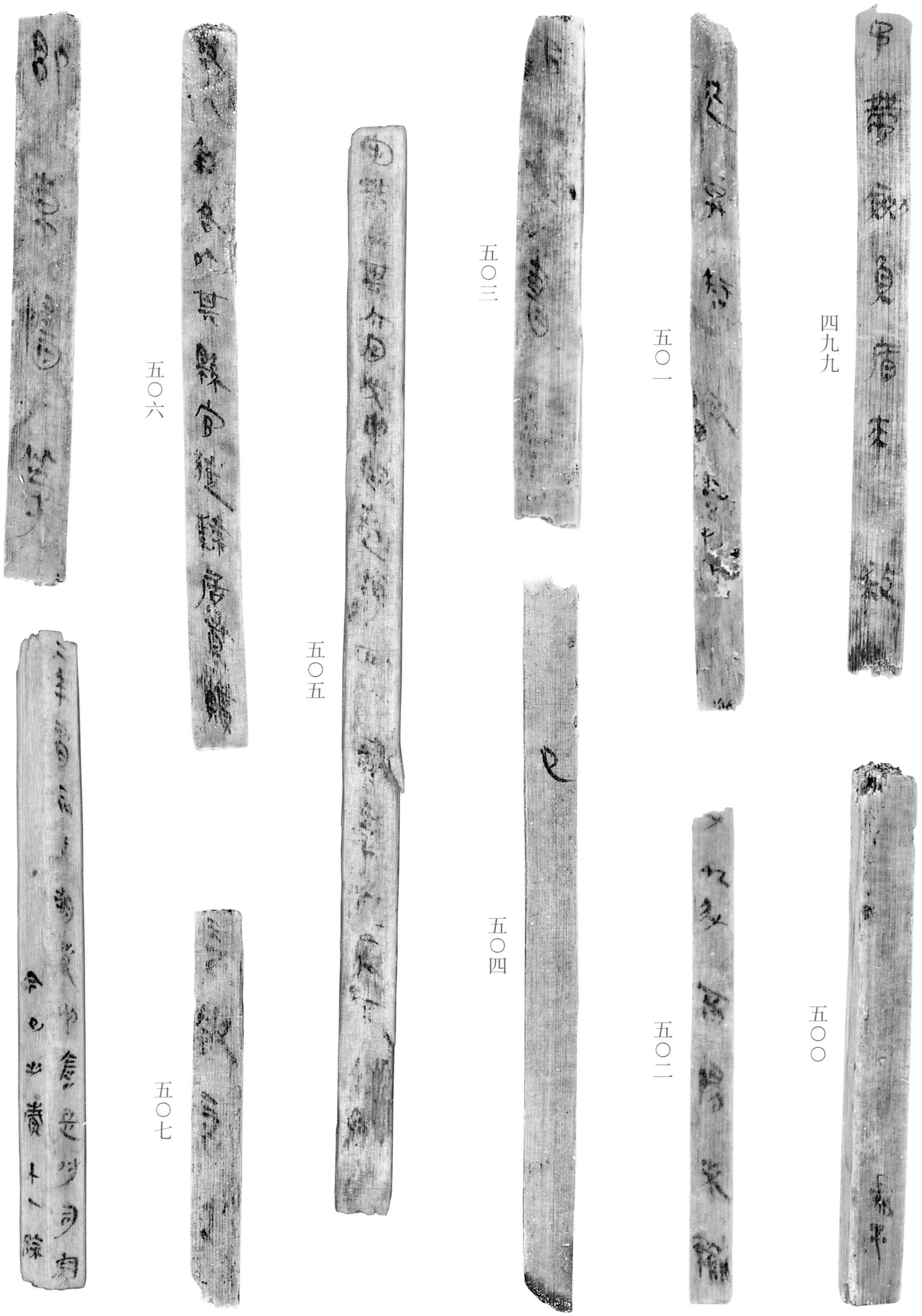

四九九　五〇〇　五〇一　五〇二　五〇三　五〇四　五〇五　五〇六　五〇七　五〇八　五〇九

四九九、13-499　五〇〇、13-500　五〇一、13-501　五〇二、13-505　五〇三、13-502　五〇四、13-506
五〇五、13-509　五〇六、13-507　五〇七、13-508　五〇八、13-504　五〇九、13-503

五二〇 五一八 五一六 五一五 五一三 五一〇

五一一 五一四 五一二

五二一 五一九 五一七

五一〇、13-510 五一一、13-518 五一二、13-516 五一三、13-512 五一四、13-521 五一五、13-514
五一六、13-515 五一七、13-520 五一八、13-517 五一九、13-511 五二〇、13-519 五二一、13-513

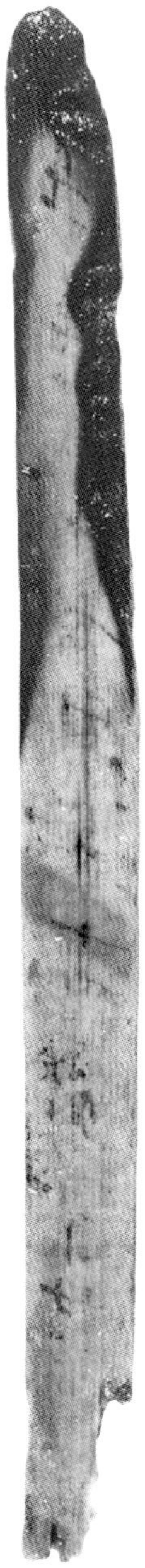
五二二

五二四正

五二四背

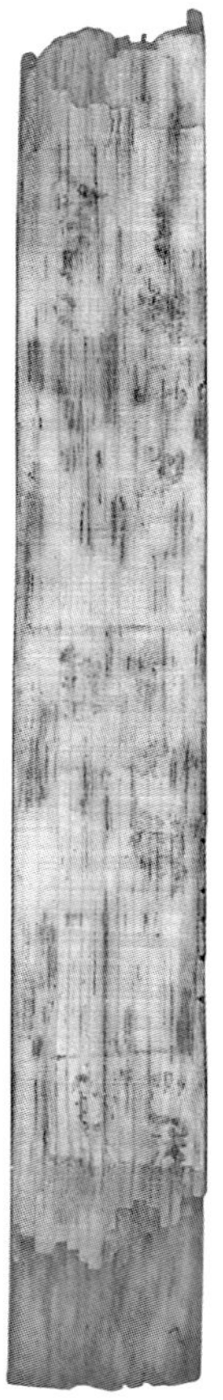
五二六

五二八

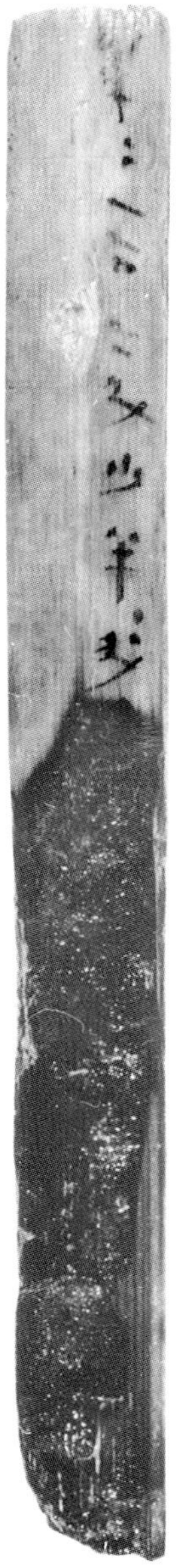
五三〇

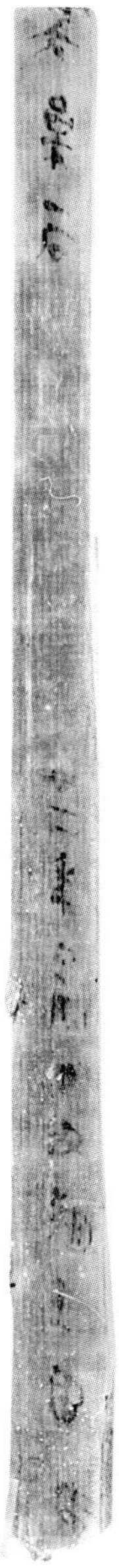
五三一

五二三

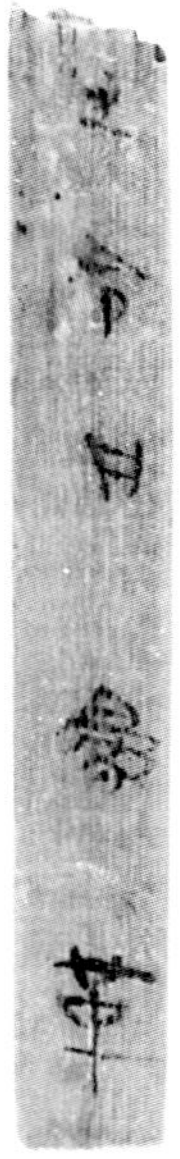
五二五正

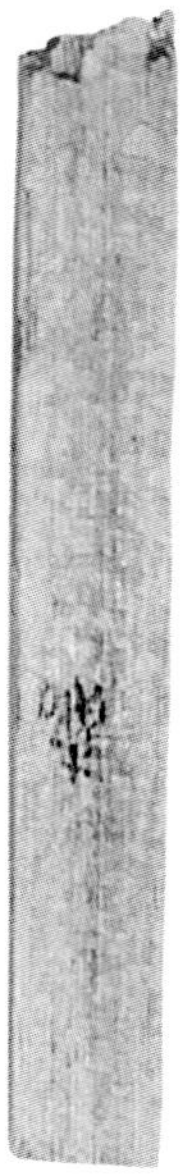
五二五背

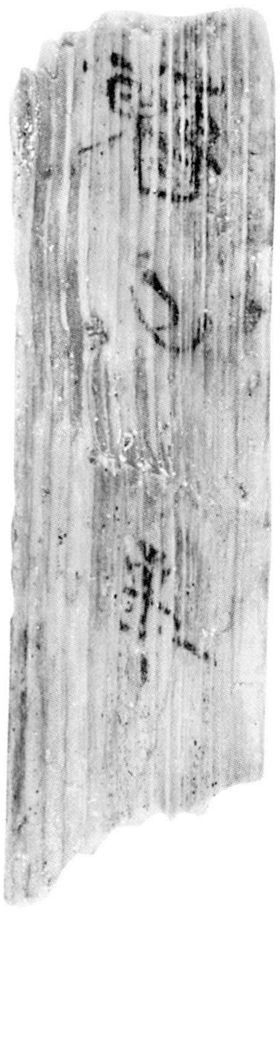
五二七

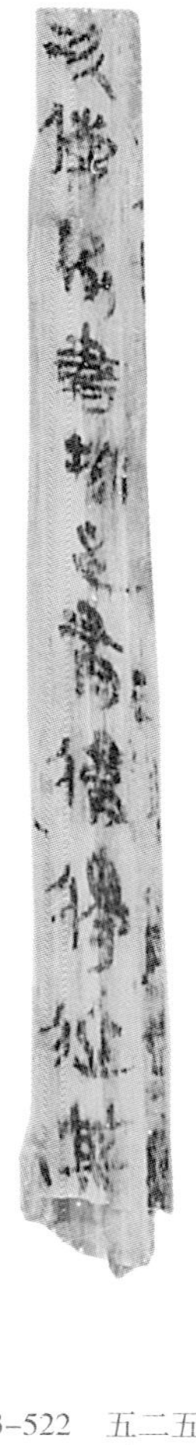
五二九

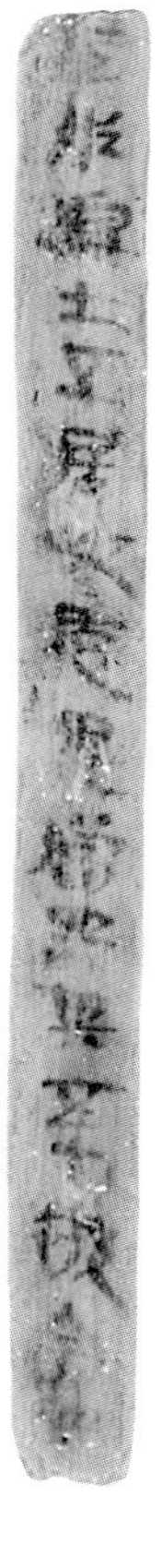
五三二

五二二、13-531　五二三、13-532　五二四、13-522　五二五、13-528　五二六、13-524　五二七、13-523
五二八、13-525　五二九、13-527　五三〇、13-526　五三一、13-529　五三二、13-530

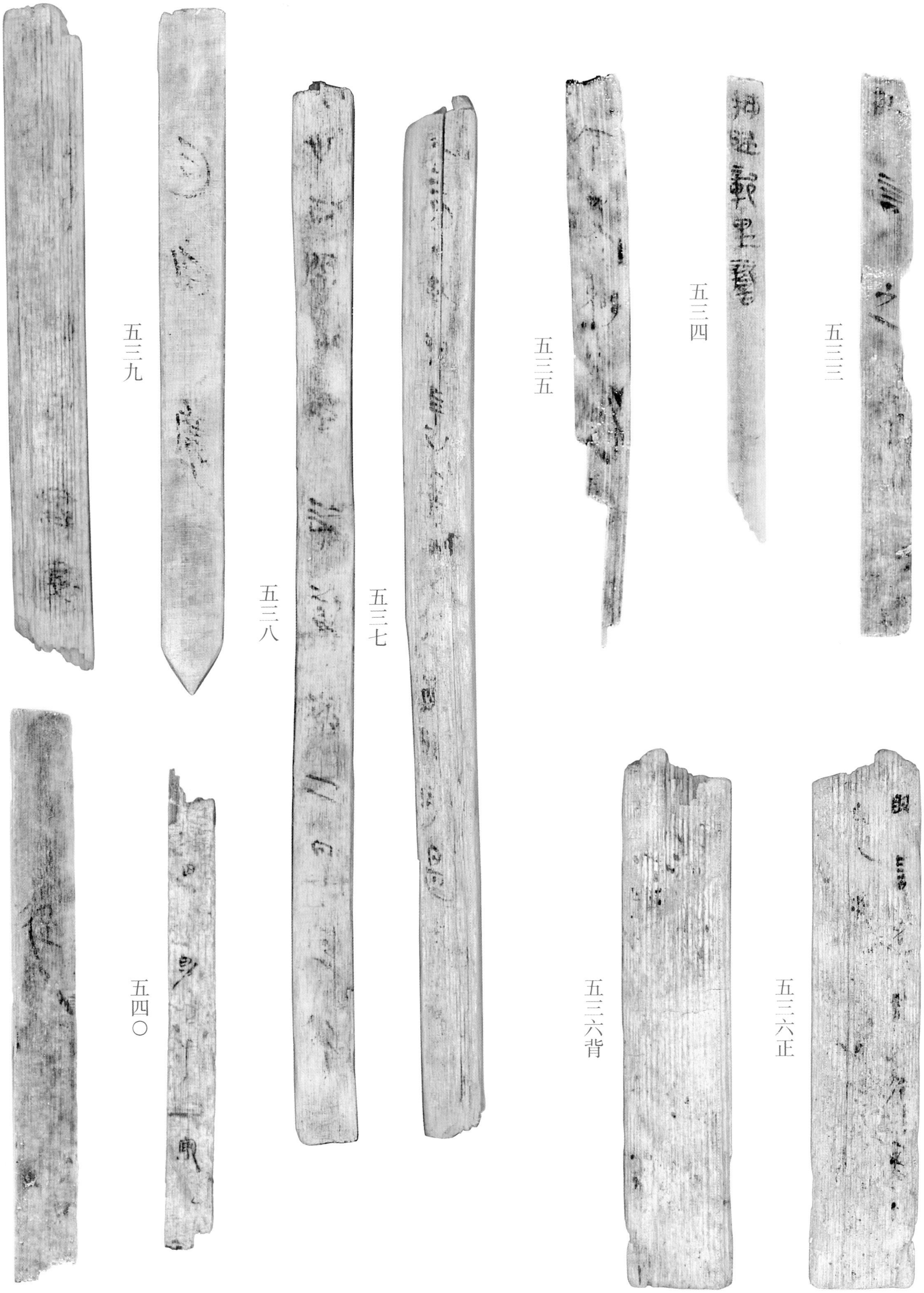

五四一 五三九 五三八 五三七 五三五 五三四 五三三

五四二 五四〇 五三六背 五三六正

五三三、13-533 五三四、13-534 五三五、13-535 五三六、13-536 五三七、13-556 五三八、13-557
五三九、13-552 五四〇、13-553 五四一、13-554 五四二、13-555

五四三正上

五四三正下

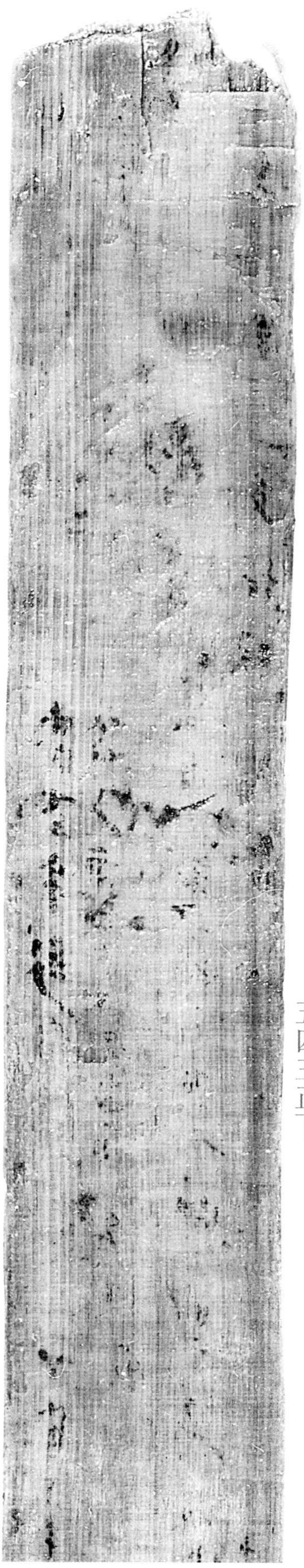
五四三背上

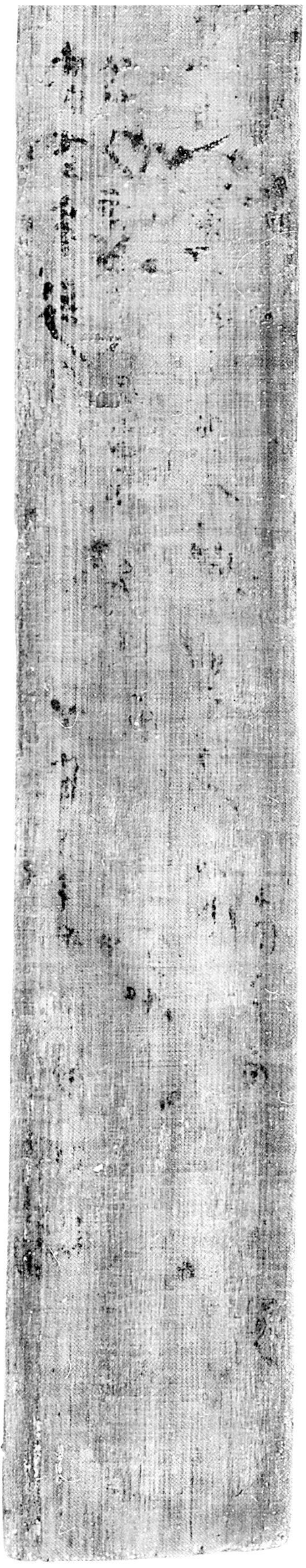
五四三背下

五四三、13-538

五四九背

五四九正

五四六背

五四六正

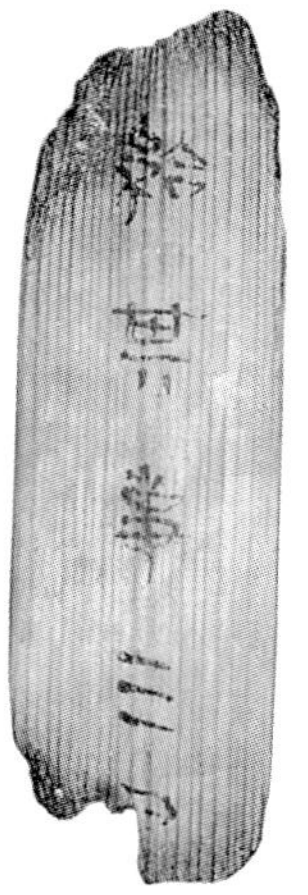

五四四背

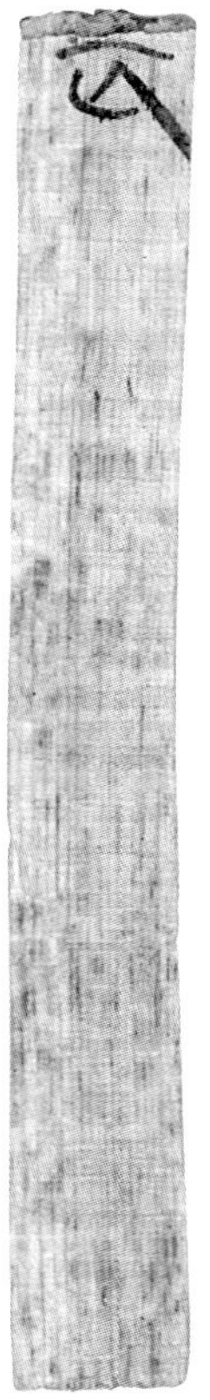

五四四正

五四七背

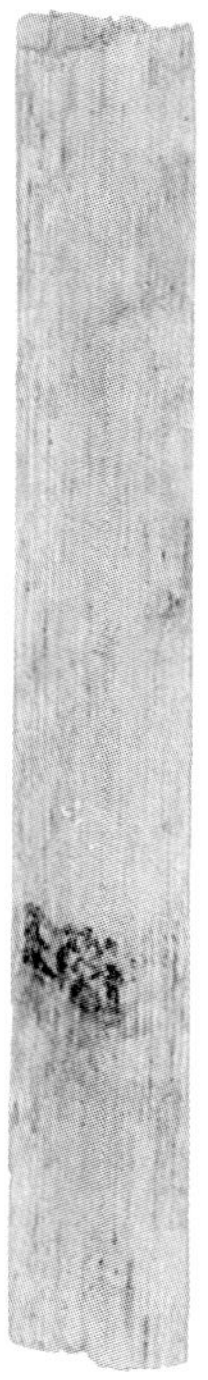

五四七正

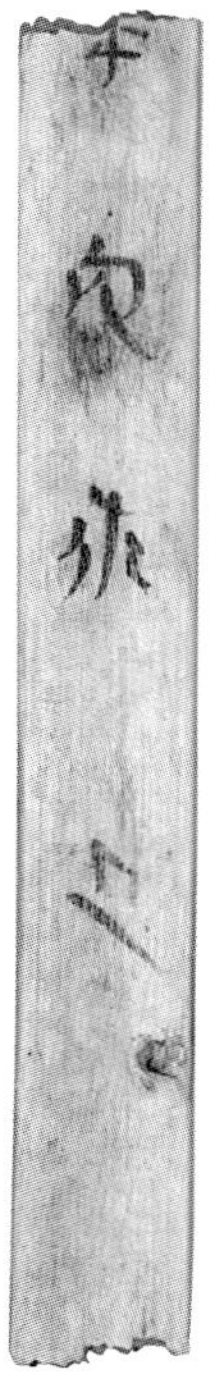

五四五背

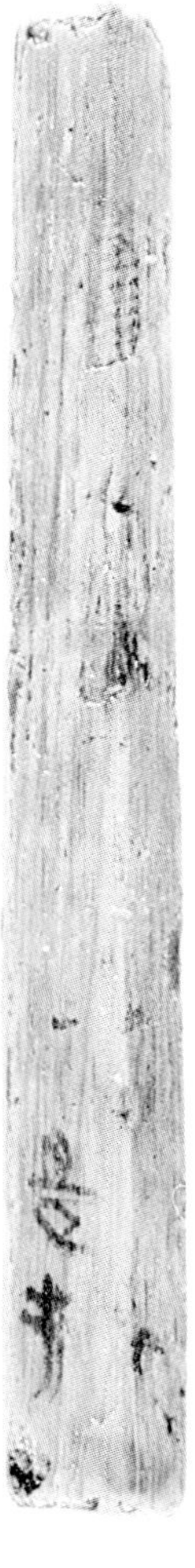

五四五正

五五〇背

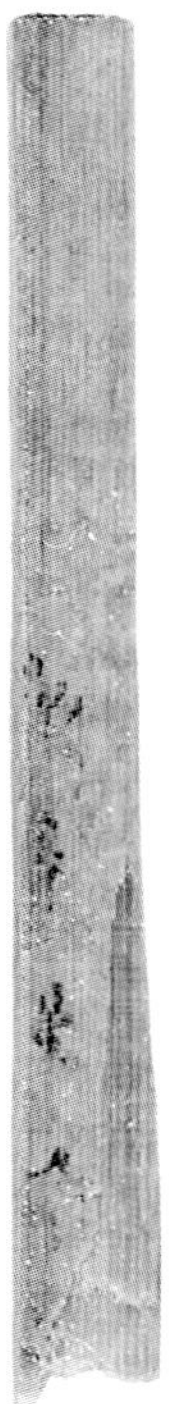

五五〇正

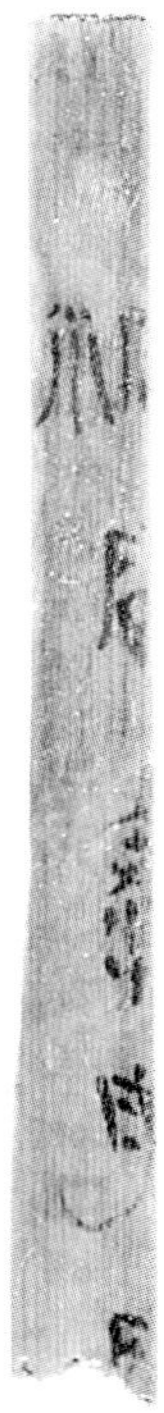

五四八背

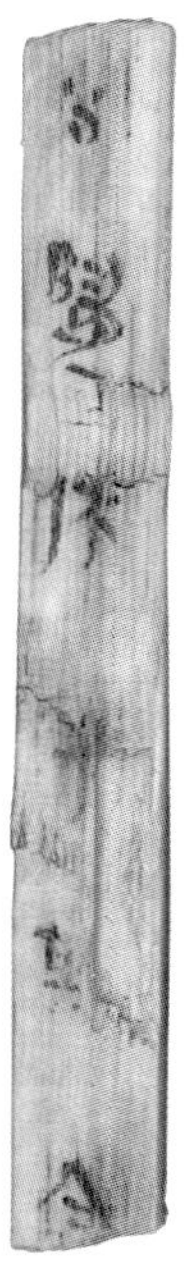

五四八正

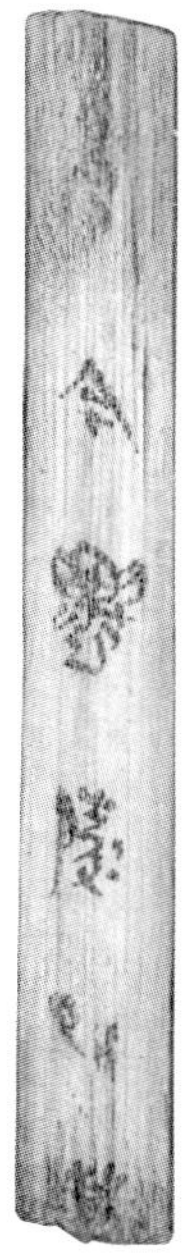

五四四、13-537　五四五、13-543　五四六、13-539　五四七、13-540　五四八、13-544　五四九、13-541
五五〇、13-542

五五一正

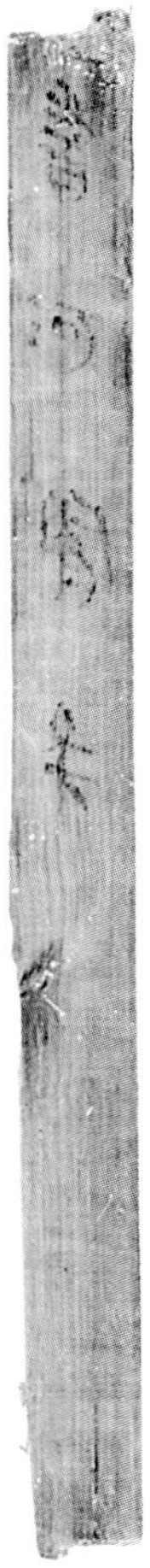

五五一背

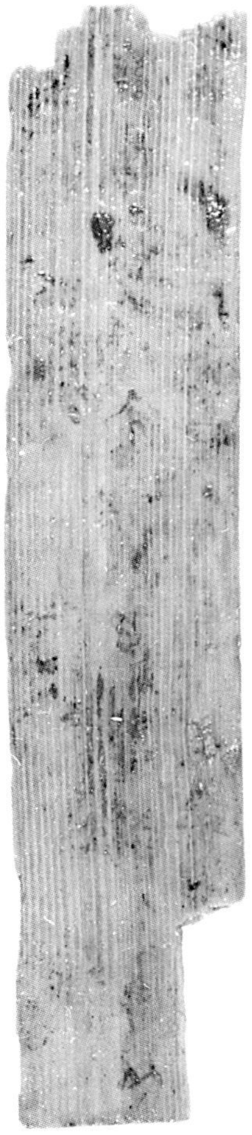

五五四正

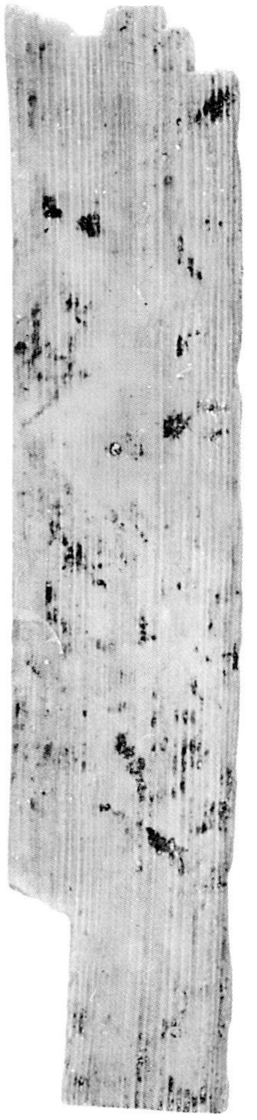

五五四背

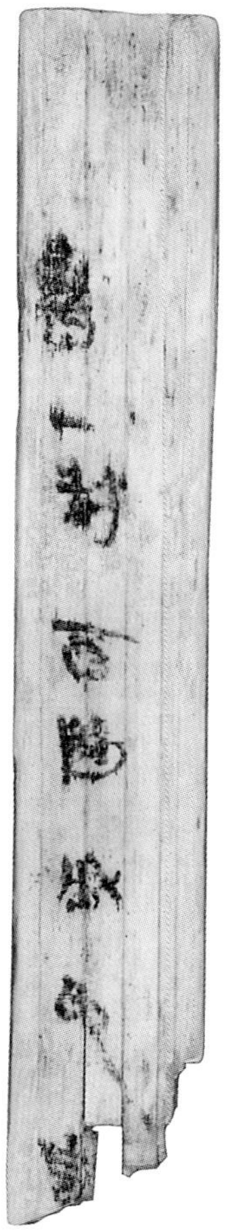

五五六正

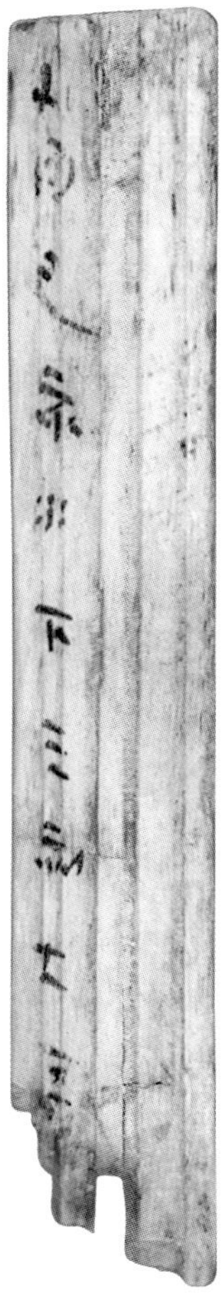

五五六背

五五二正

五五二背

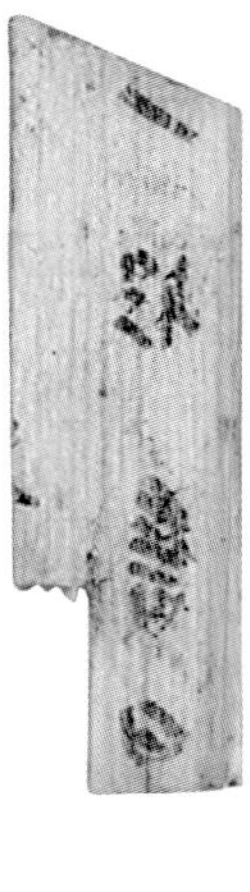

五五三正

五五三背

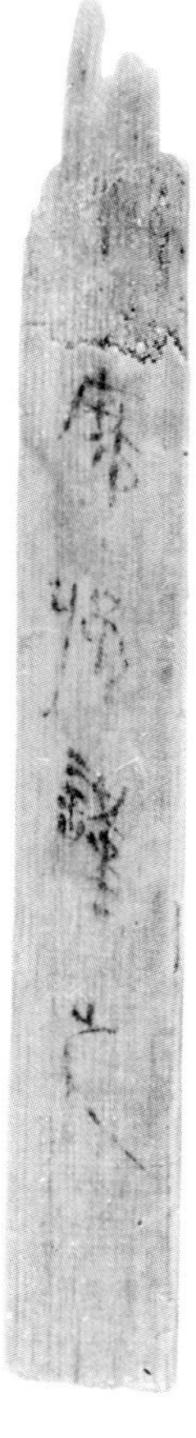

五五五正

五五五背

五五七正

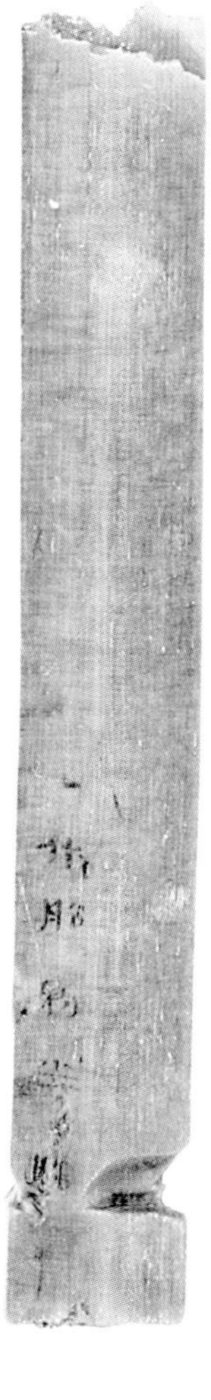

五五七背

五五一、13-545　五五二、13-546　五五三、13-547　五五四、13-550　五五五、13-551　五五六、13-548
五五七、13-549

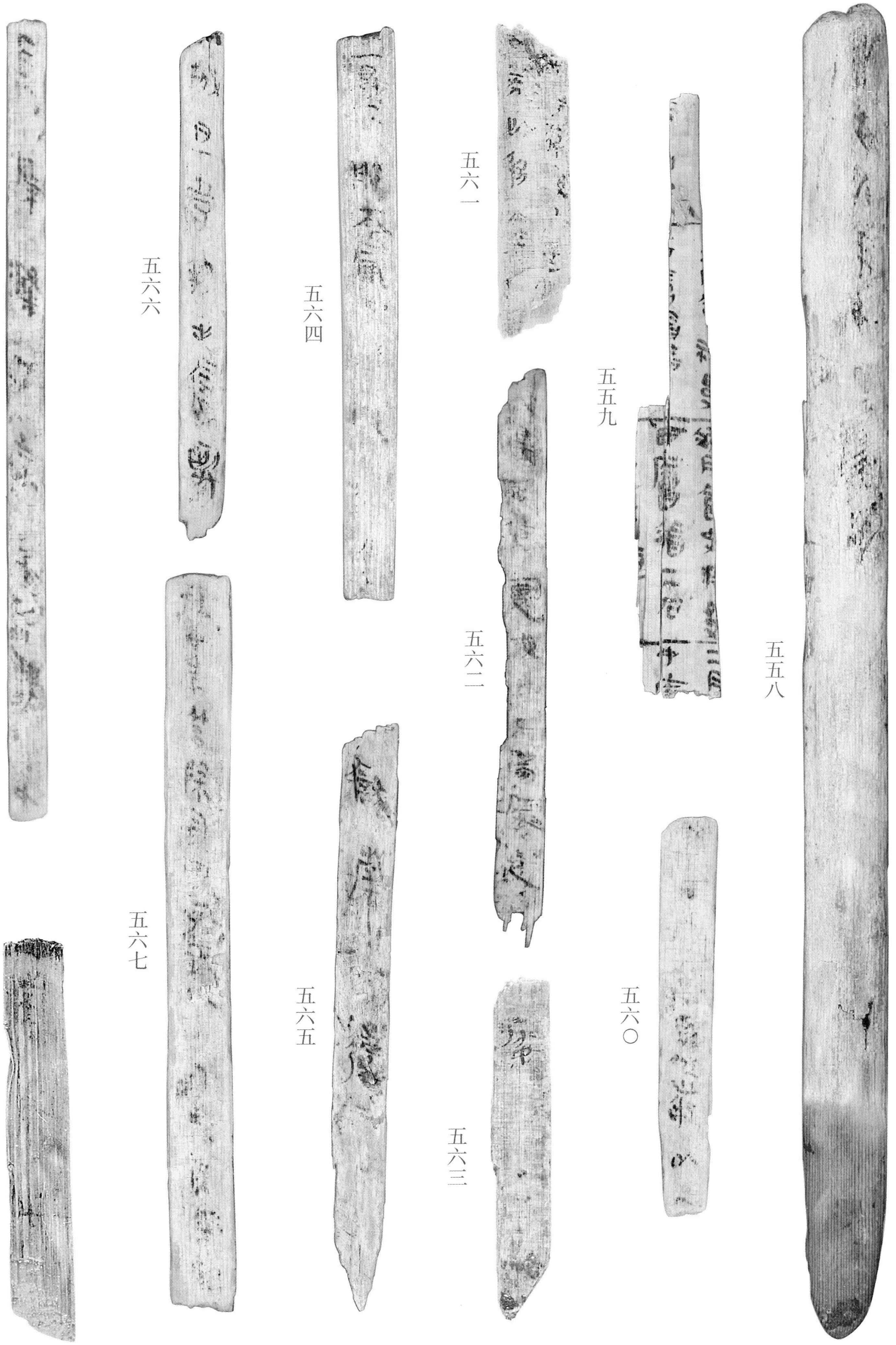

五五八、13-558　五五九、13-562　五六〇、13-569　五六一、13-561　五六二、13-560　五六三、13-559
五六四、13-563　五六五、13-565　五六六、13-564　五六七、13-568　五六八、13-566　五六九、13-567

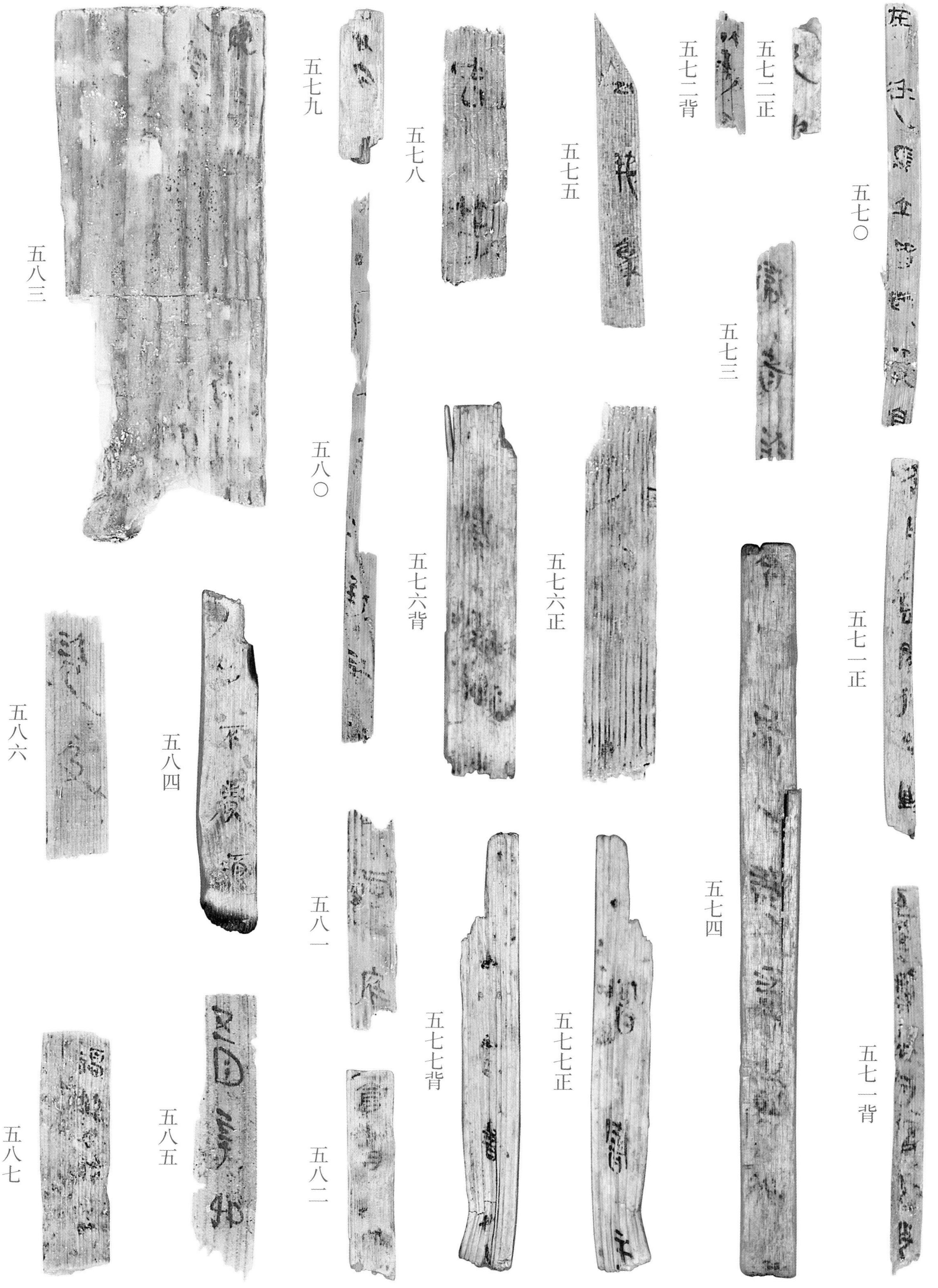

五七〇、13-571　五七一、13-572　五七二、13-573　五七三、13-580　五七四、13-570　五七五、13-588
五七六、13-574　五七七、13-575　五七八、13-583　五七九、13-579　五八〇、13-581　五八一、13-577
五八二、13-578　五八三、13-582　五八四、13-584　五八五、13-585　五八六、13-586　五八七、13-576

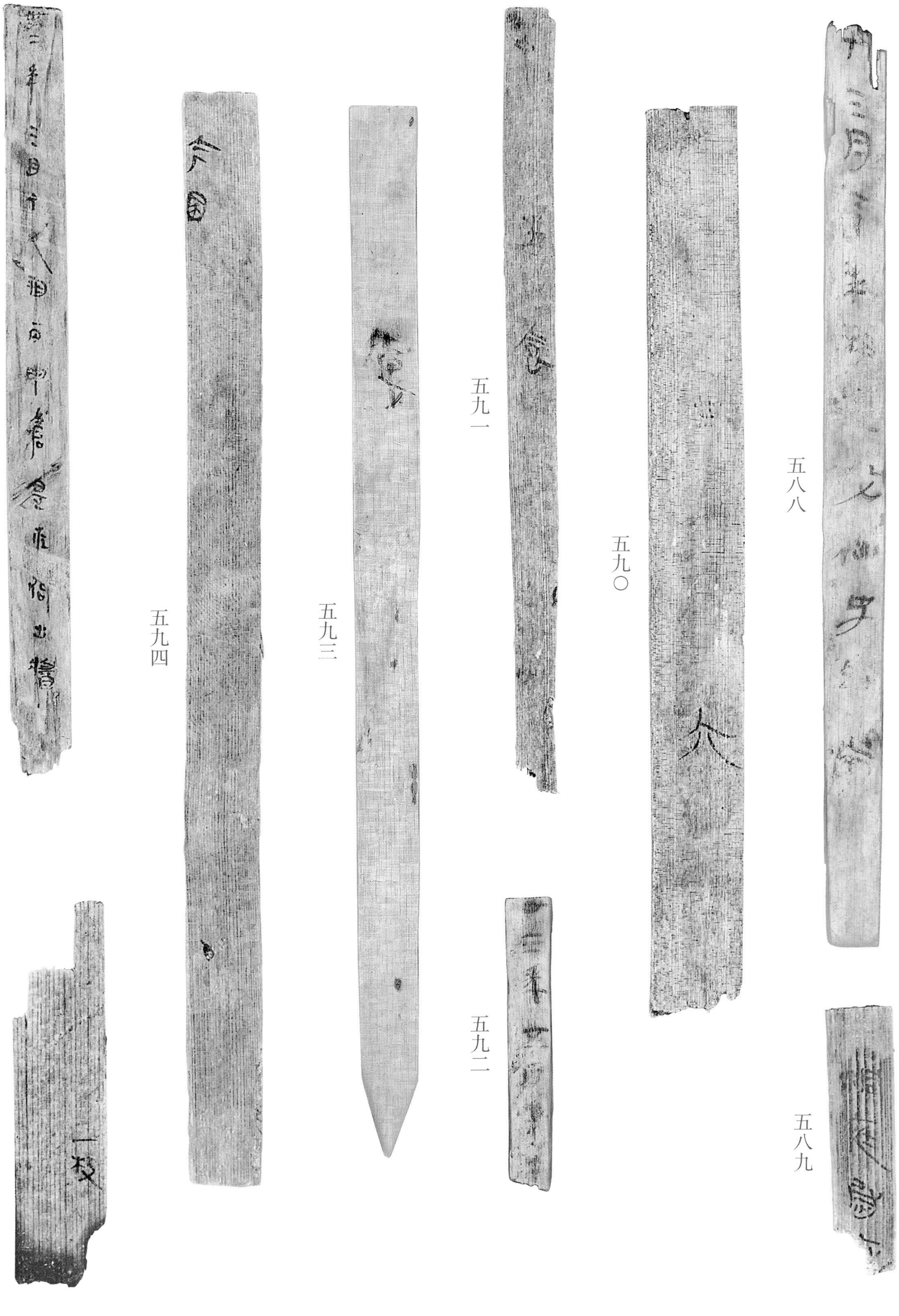

五八八、13-589　五八九、13-590　五九〇、13-587　五九一、13-591　五九二、13-592　五九三、13-595
五九四、13-596　五九五、13-593　五九六、13-594

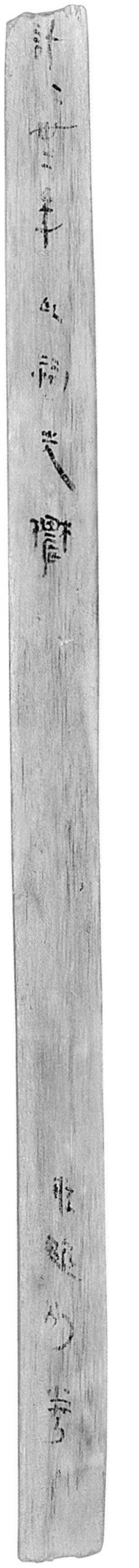
五九七

五九八

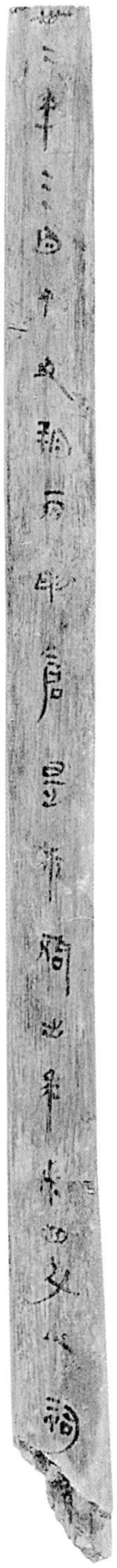
五九九

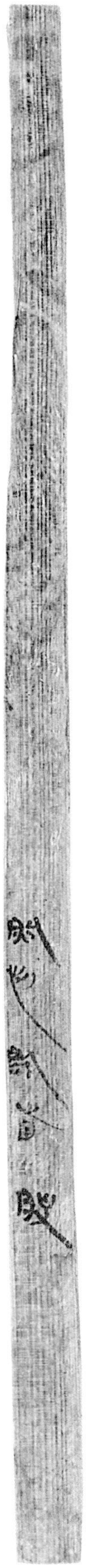
六〇〇

六〇一

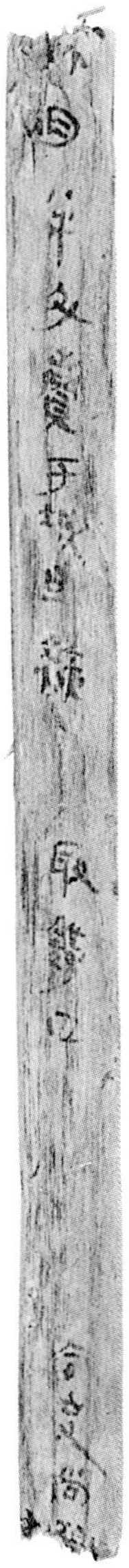
六〇二

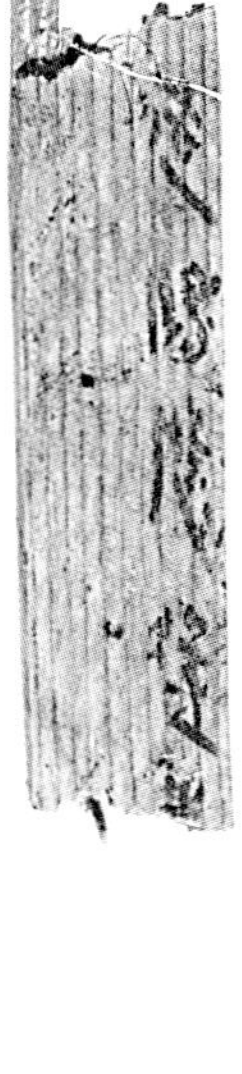
六〇三

六〇四

六〇五

五九七、13-597　五九八、13-599　五九九、13-598　六〇〇、13-600　六〇一、13-601　六〇二、13-602
六〇三、13-603　六〇四、13-604　六〇五、13-605

六〇六、13-606　六〇七、13-613　六〇八、13-607　六〇九、13-610　六一〇、13-608　六一一、13-612
六一二、13-609　六一三、13-617　六一四、13-611　六一五、13-629　六一六、13-614　六一七、13-615

六一八、13-618　六一九、13-619　六二〇、13-616　六二一、13-628　六二二、13-621　六二三、13-622
六二四、13-631　六二五、13-620　六二六、13-623　六二七、13-624　六二八、13-625　六二九、13-626
六三〇、13-627　六三一、13-630

六三二

六三三

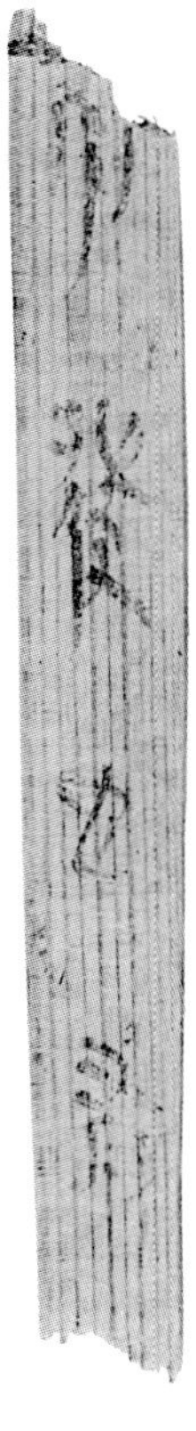
六三四

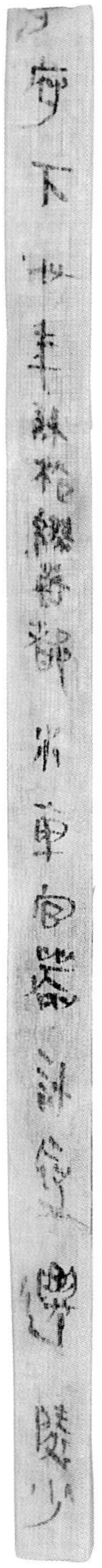
六三五

六三六

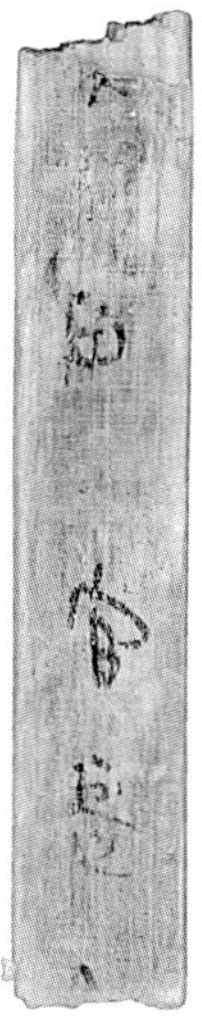
六三七

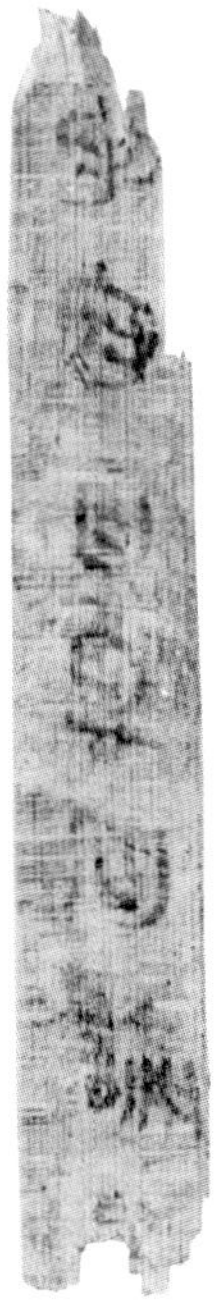
六三八

六三九

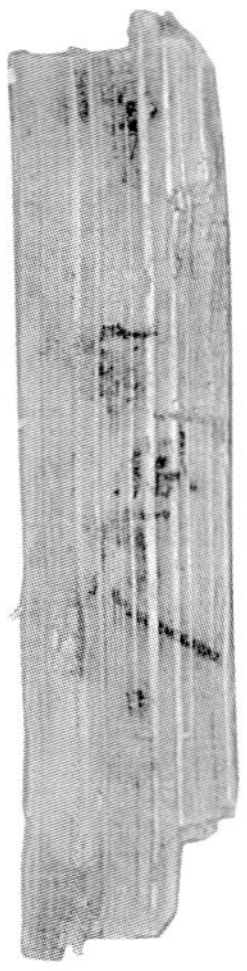
六四〇

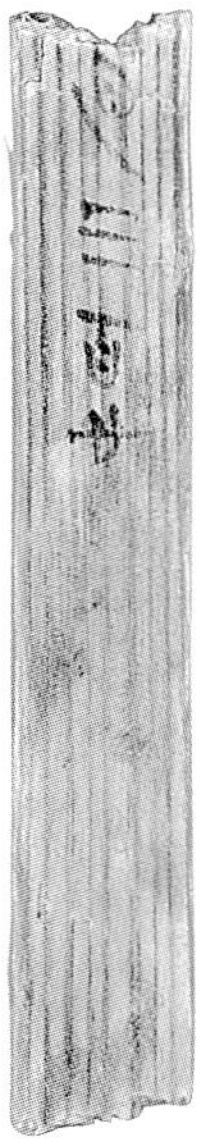
六四一

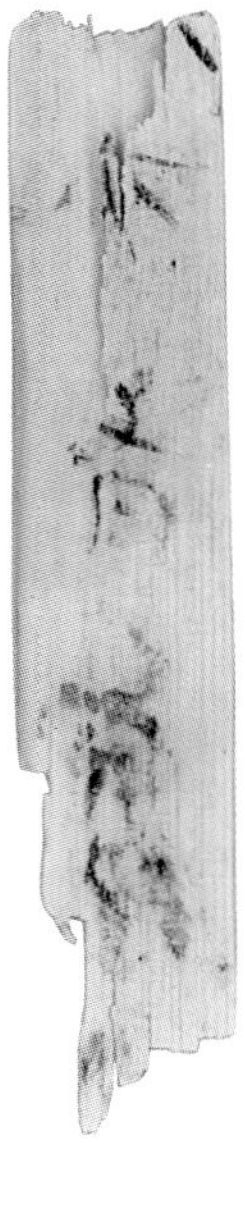
六四二

六四三

六四四

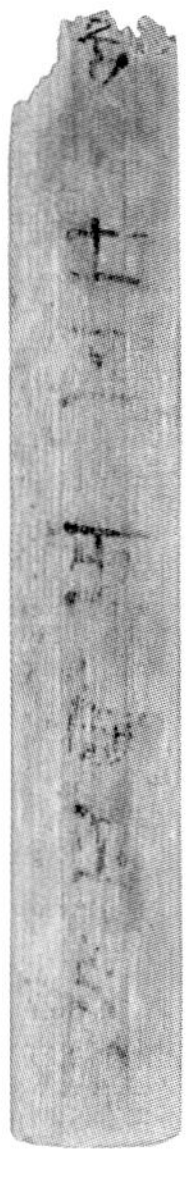
六四五

六四六

六四七

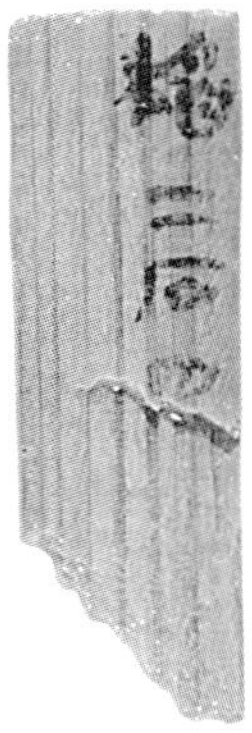
六四八

六四九

六三二、13-632　六三三、13-635　六三四、13-633　六三五、13-634　六三六、13-636　六三七、13-637
六三八、13-638　六三九、13-639　六四〇、13-640　六四一、13-641　六四二、13-642　六四三、13-643
六四四、13-644　六四五、13-645　六四六、13-646　六四七、13-648　六四八、13-649　六四九、13-650

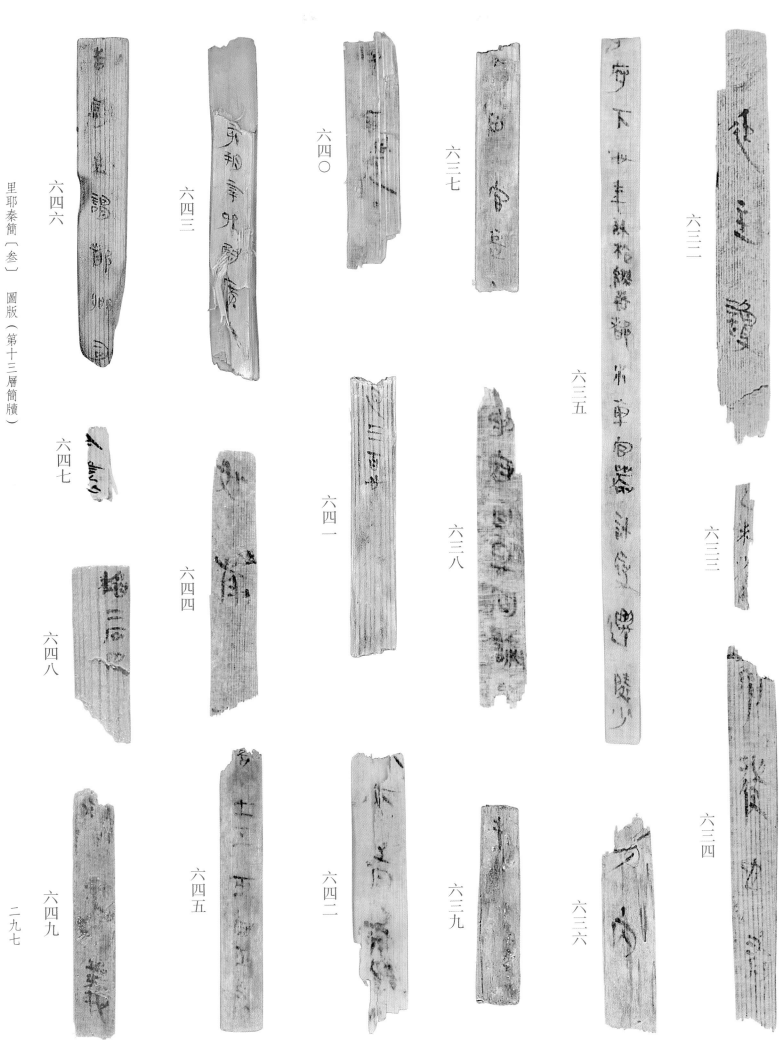

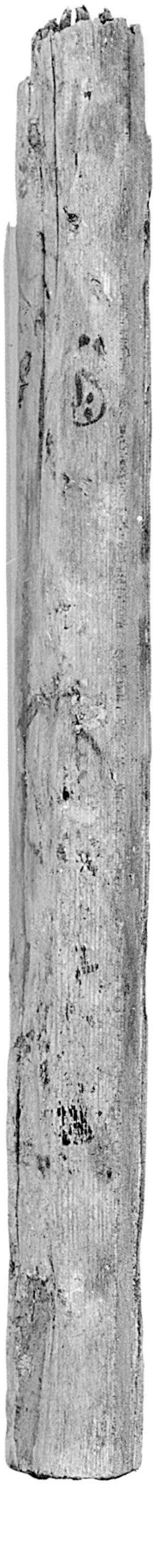
六五〇正

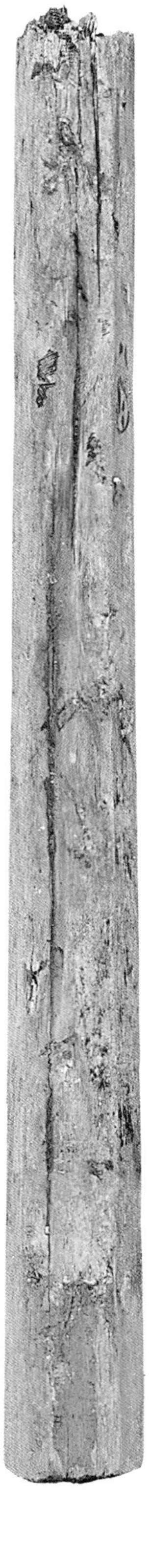
六五〇側一

六五〇側二

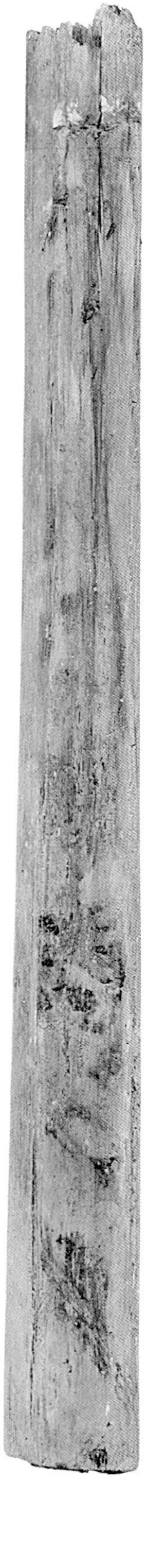
六五〇背

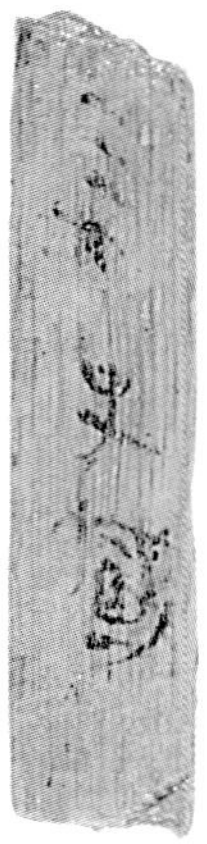
六五一

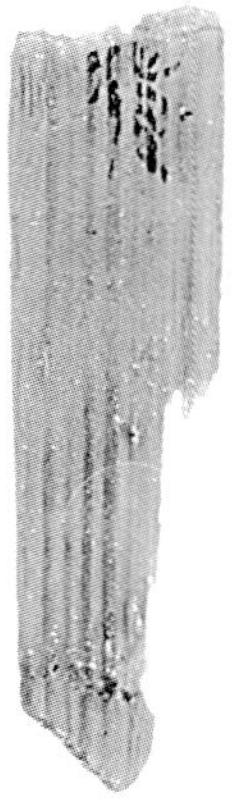
六五二

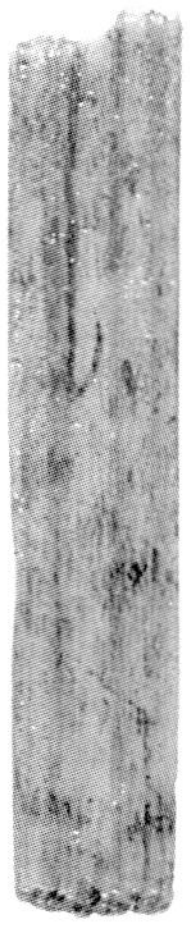
六五三

六五四

六五五

六五六

六五七

六五八

六五〇、13-647　六五一、13-651　六五二、13-652　六五三、13-653　六五四、13-654　六五五、13-655
六五六、13-656　六五七、13-657　六五八、13-658

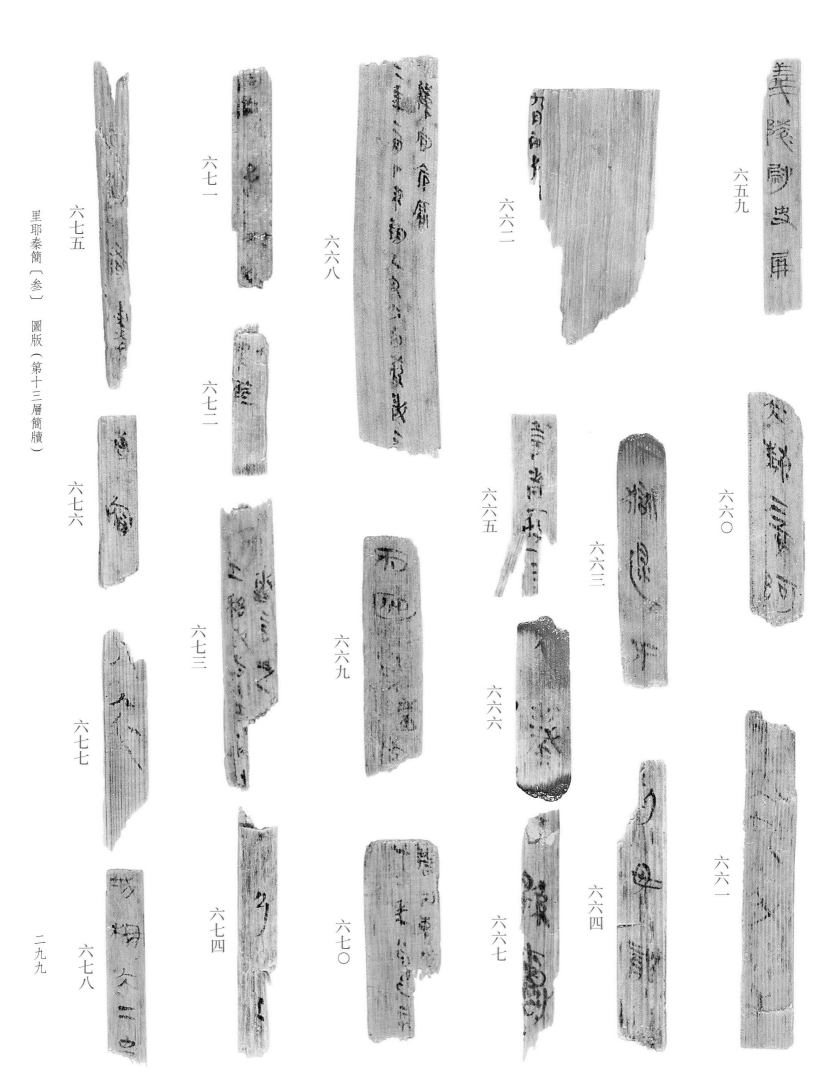

六五九、13-659　六六〇、13-660　六六一、13-661　六六二、13-662　六六三、13-663　六六四、13-673　六六五、13-668
六六六、13-669　六六七、13-670　六六八、13-664　六六九、13-665　六七〇、13-666　六七一、13-671　六七二、13-672
六七三、13-667　六七四、13-674　六七五、13-675　六七六、13-676　六七七、13-677　六七八、13-678

六七九、13-679　六八〇、13-680　六八一、13-681　六八二、13-682　六八三、13-683　六八四、13-684　六八五、13-685　六八六、13-686
六八七、13-689　六八八、13-687　六八九、13-688　六九〇、13-690　六九一、13-691　六九二、13-692　六九三、13-693　六九四、13-697
六九五、13-695　六九六、13-696　六九七、13-694　六九八、13-698　六九九、13-699　七〇〇、13-700

七〇一、13-701 七〇二、13-702 七〇三、13-704 七〇四、13-710 七〇五、13-703 七〇六、13-705 七〇七、13-708 七〇八、13-709
七〇九、13-706 七一〇、13-707 七一一、13-716 七一二、13-717 七一三、13-718 七一四、13-723 七一五、13-711 七一六、13-712
七一七、13-713 七一八、13-714 七一九、13-715 七二〇、13-719 七二一、13-720 七二二、13-721 七二三、13-722

七二四、13-724　七二五、13-725　七二六、13-727　七二七、13-728　七二八、13-726　七二九、13-729
七三〇、13-730　七三一、13-731　七三二、13-732　七三三、13-733　七三四、13-734　七三五、13-735
七三六、13-736　七三七、13-737　七三八、13-738　七三九、13-739　七四〇、13-740　七四一、13-741
七四二、13-742

七四三、13-743	七四四、13-745	七四五、13-748	七四六、13-749	七四七、13-750	七四八、13-744	七四九、13-746
七五〇、13-747	七五一、13-751	七五二、13-752	七五三、13-753	七五四、13-754	七五五、13-755	七五六、13-757
七五七、13-756	七五八、13-758	七五九、13-759	七六〇、13-760	七六一、13-761	七六二、13-762	七六三、13-763
七六四、13-764	七六五、13-770	七六六、13-766	七六七、13-767	七六八、13-768	七六九、13-769	七七〇、13-765

七七一、13–771　七七二、13–772　七七三、13–773　七七四、13–775　七七五、13–776　七七六、13–782　七七七、13–777　七七八、13–781
七七九、13–779　七八〇、13–780　七八一、13–778　七八二、13–774　七八三、13–783　七八四、13–784　七八五、13–785　七八六、13–786
七八七、13–787　七八八、13–788　七八九、13–789　七九〇、13–790　七九一、13–791　七九二、13–792　七九三、13–793　七九四、13–794
七九五、13–795　七九六、13–796　七九七、13–797　七九八、13–798　七九九、13–799

八〇〇、13-800　八〇一、13-801　八〇二、13-802　八〇三、13-803　八〇四、13-804　八〇五、13-805　八〇六、13-806　八〇七、13-807
八〇八、13-808　八〇九、13-809　八一〇、13-810　八一一、13-811　八一二、13-812　八一三、13-813　八一四、13-814　八一五、13-815
八一六、13-816　八一七、13-817　八一八、13-818　八一九、13-819　八二〇、13-820　八二一、13-821　八二二、13-822　八二三、13-823
八二四、13-824　八二五、13-825　八二六、13-826　八二七、13-827　八二八、13-828　八二九、13-829　八三〇、13-830　八三一、13-831

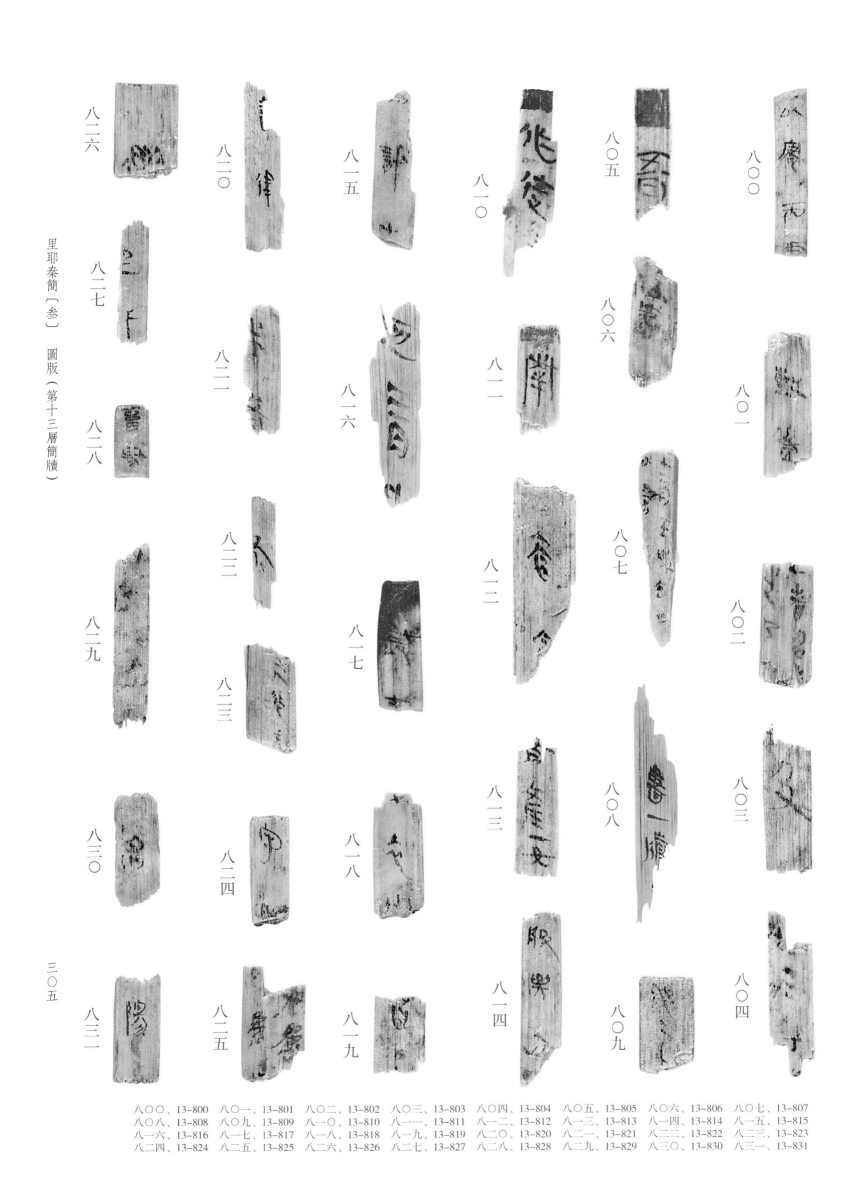

八三二、13-832　八三三、13-833　八三四、13-834　八三五、13-835　八三六、13-836　八三七、13-837　八三八、13-838　八三九、13-839
八四〇、13-840　八四一、13-841　八四二、13-842　八四三、13-843　八四四、13-844　八四五、13-845　八四六、13-846　八四七、13-847
八四八、13-848　八四九、13-849　八五〇、13-850　八五一、13-851　八五二、13-852　八五三、13-853　八五四、13-854　八五五、13-855
八五六、13-856　八五七、13-857　八五八、13-858　八五九、13-859　八六〇、13-860　八六一、13-861　八六二、13-862　八六三、13-863

八六四、13-864 八六五、13-865 八六六、13-866 八六七、13-867 八六八、13-868 八六九、13-869
八七〇、13-870 八七一、13-871 八七二、13-872 八七三、13-873 八七四、13-874 八七五、13-875
八七六、13-876 八七七、13-877 八七八、13-878 八七九、13-879 八八〇、13-880 八八一、13-881
八八二、13-882 八八三、13-883 八八四、13-884 八八五、13-885

八八六正

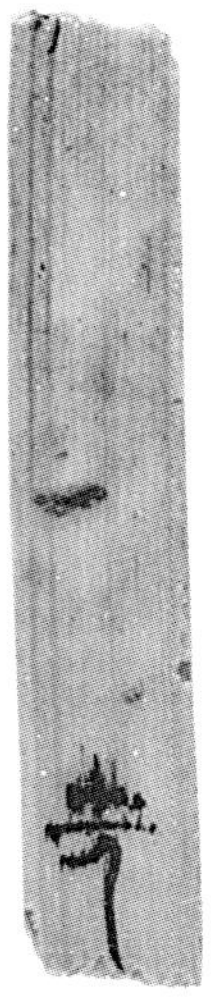
八八六背

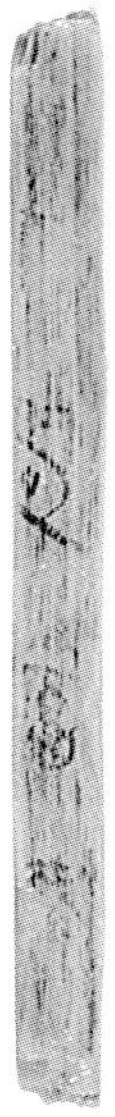
八八七正

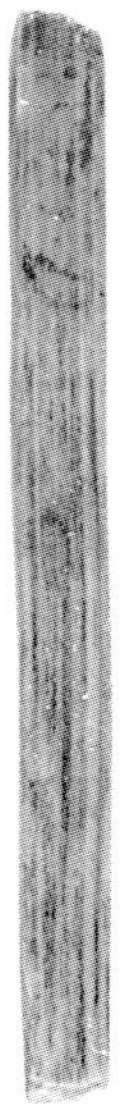
八八七背

八八八正

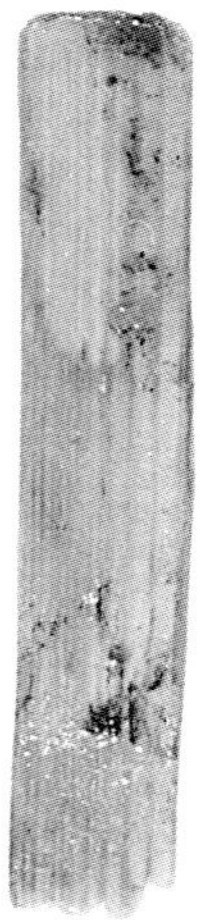
八八八背

八八九正

八八九背

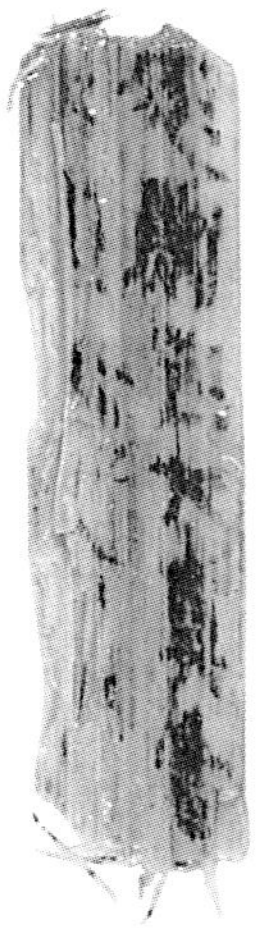
八九〇正

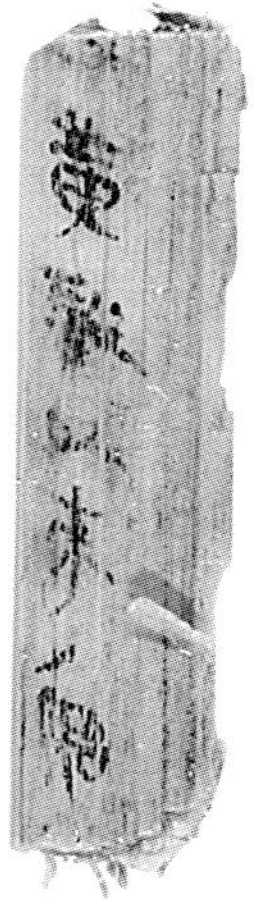
八九〇背

八九一正

八九一背

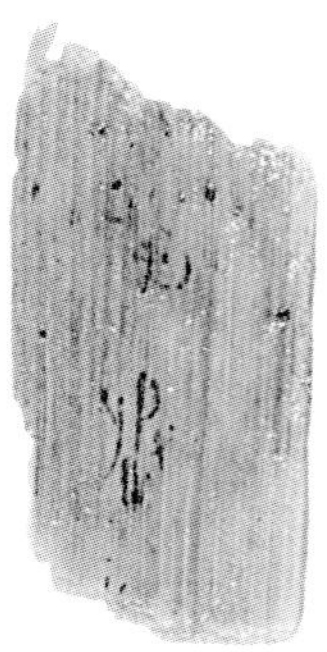
八九四正

八九四背

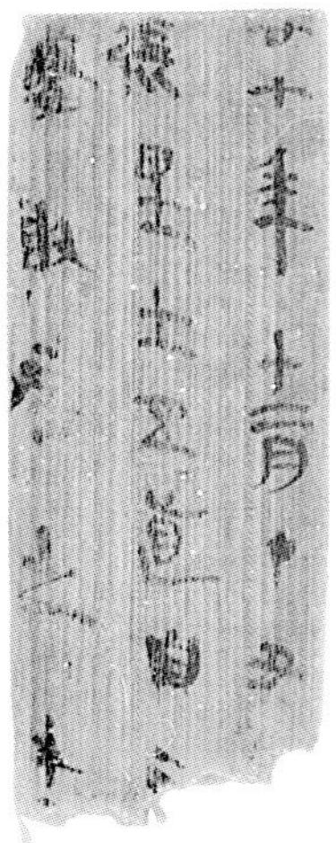
八九二正

八九二背

八九三正

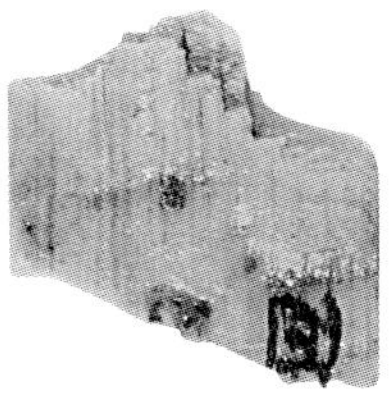
八九三背

八九五正

八九五背

八八六、13-886　八八七、13-887　八八八、13-893　八八九、13-891　八九〇、13-892　八九一、13-894
八九二、13-888　八九三、13-889　八九四、13-890　八九五、13-895

八九六正　八九六背　九〇五正　九〇五背　九〇九正　九〇九背

八九七正　八九七背　九〇二正　九〇二背　九〇六正　九〇六背　九一〇正　九一〇背

八九八正　八九八背　九〇三正　九〇三背　九〇七正　九〇七背　九一一正　九一一背

八九九正　八九九背

九〇〇正　九〇〇背　九〇四正　九〇四背　九〇八正　九〇八背　九一二正　九一二背

九〇一正　九〇一背　九一三正　九一三背

八九六、13-896　八九七、13-898　八九八、13-899　八九九、13-900　九〇〇、13-901　九〇一、13-911
九〇二、13-905　九〇三、13-906　九〇四、13-907　九〇五、13-903　九〇六、13-904　九〇七、13-908
九〇八、13-910　九〇九、13-909　九一〇、13-902　九一一、13-912　九一二、13-913　九一三、13-897

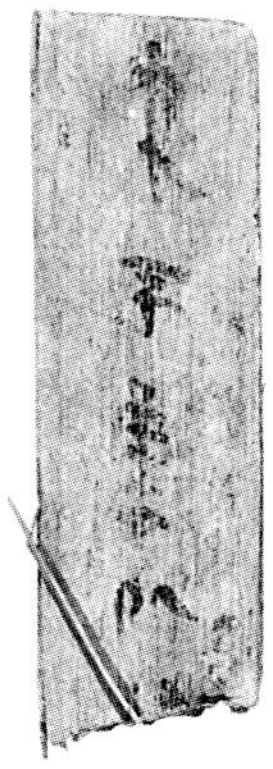
九一四正

九一四背

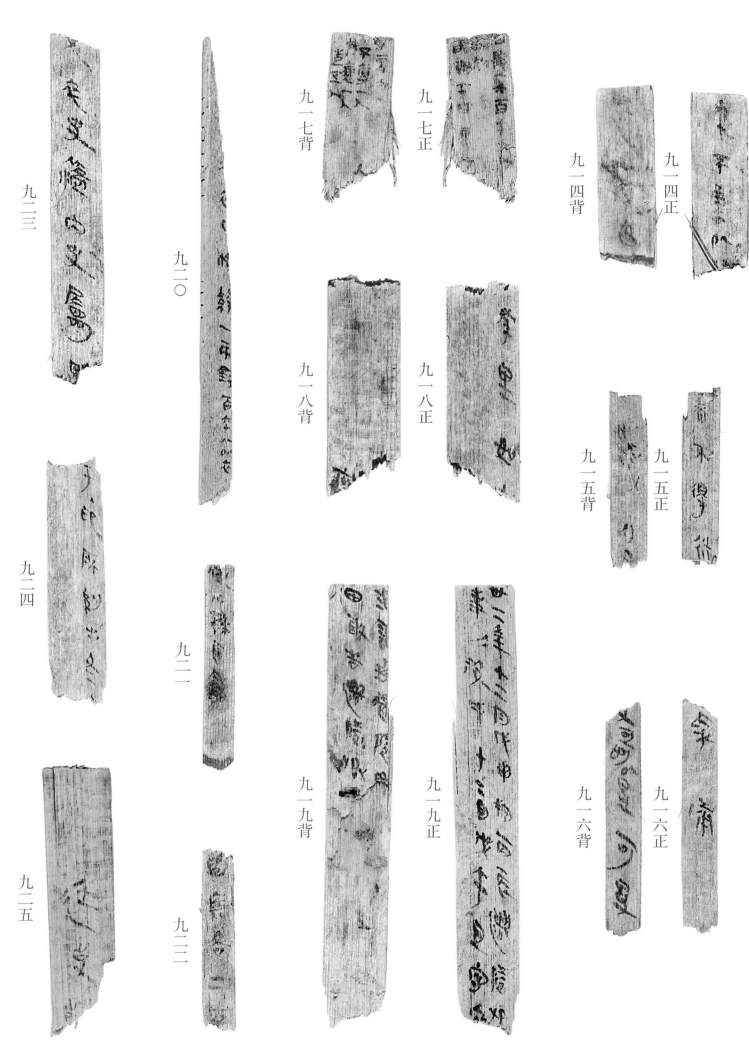

九一五正

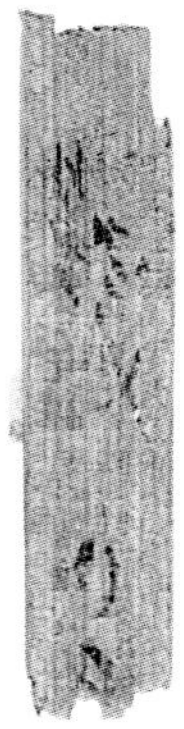
九一五背

九一六正

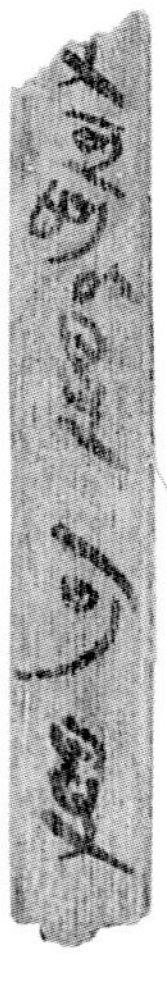
九一六背

九一七正

九一七背

九一八正

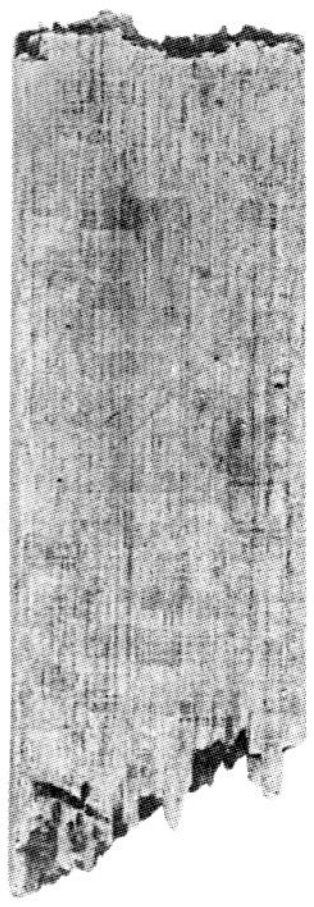
九一八背

九一九正

九一九背

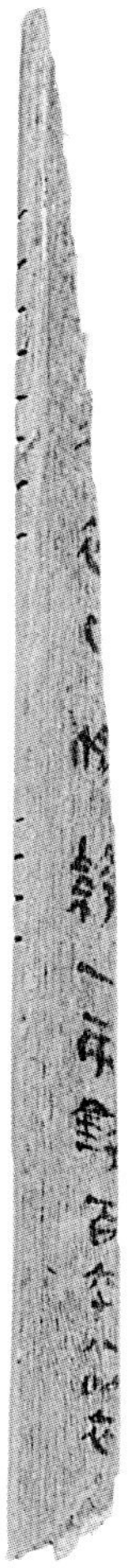
九二〇

九二一

九二二

九二三

九二四

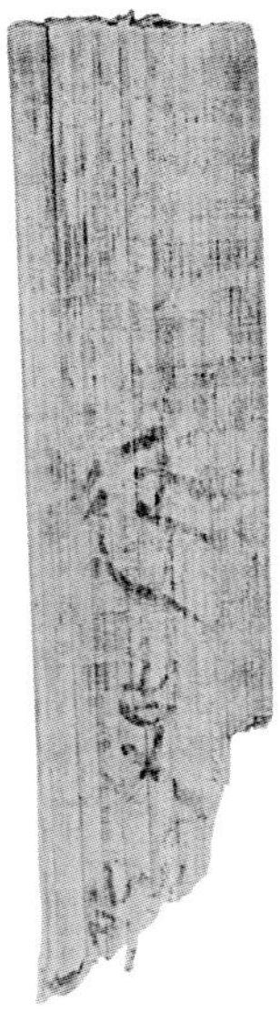
九二五

九一四、13-914　九一五、13-917　九一六、13-919　九一七、13-915　九一八、13-916　九一九、13-918
九二〇、13-920　九二一、13-921　九二二、13-922　九二三、13-923　九二四、13-924　九二五、13-925

九二六、13-926　九二七、13-927　九二八、13-928　九二九、13-929　九三〇、13-930　九三一、13-931
九三二、13-932　九三三、13-933　九三四、13-934　九三五、13-935　九三六、13-936　九三七、13-937
九三八、13-938　九三九、13-939　九四〇、13-940　九四一、13-941

九四二、13–942　九四三、13–943　九四四、13–944　九四五、13–945　九四六、13–946　九四七、13–947　九四八、13–948
九四九、13–949　九五〇、13–950　九五一、13–951　九五二、13–952　九五三、13–953　九五四、13–954　九五五、13–955
九五六、13–956　九五七、13–957　九五八、13–958　九五九、13–959　九六〇、13–960

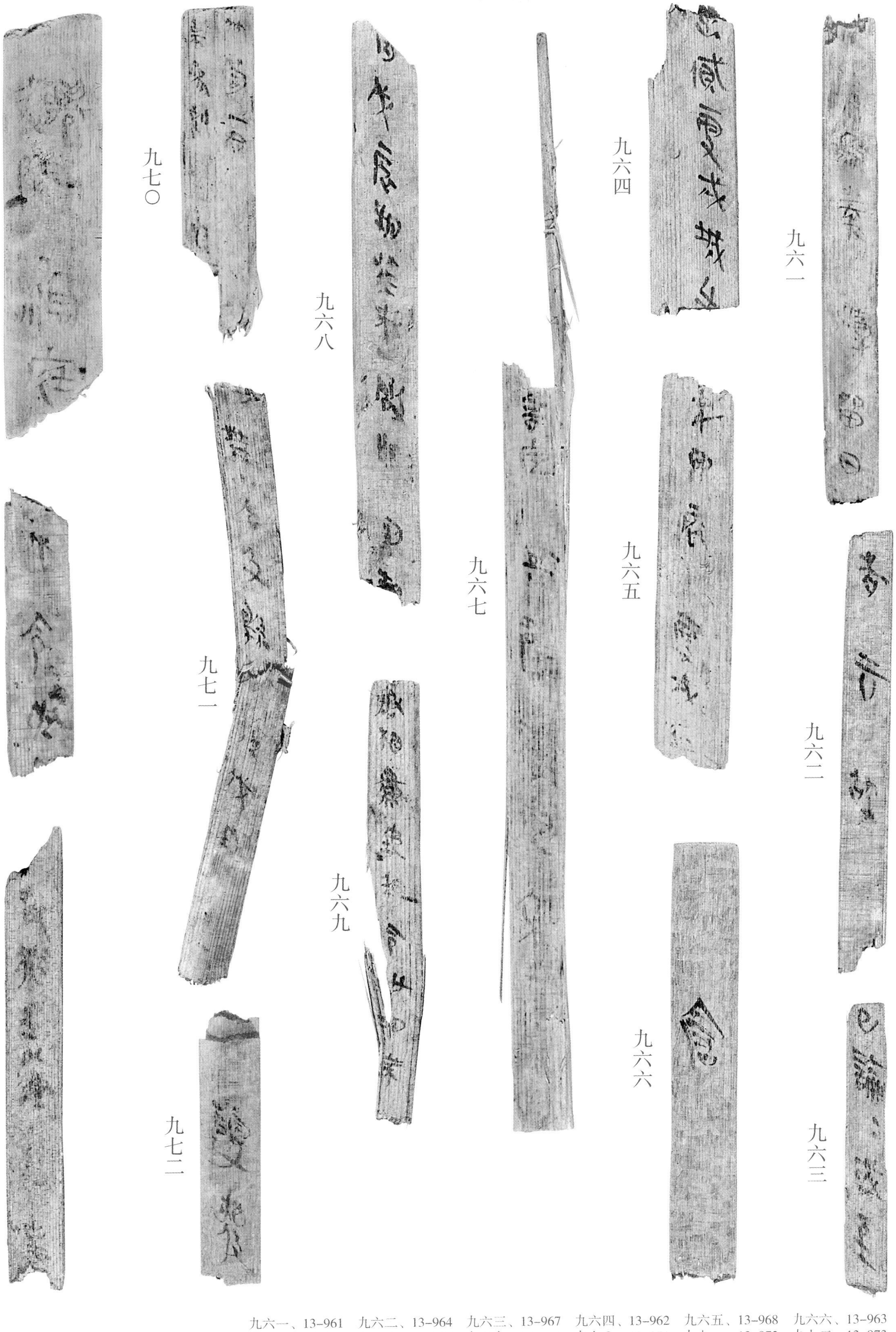

九七三 九七〇 九六八 九六七 九六四 九六一
九七四 九七一 九六九 九六五 九六六 九六二
九七五 九七二 九六三

九六一、13-961 九六二、13-964 九六三、13-967 九六四、13-962 九六五、13-968 九六六、13-963
九六七、13-965 九六八、13-966 九六九、13-969 九七〇、13-971 九七一、13-972 九七二、13-973
九七三、13-970 九七四、13-974 九七五、13-975

九七六、13-976 九七七、13-977 九七八、13-978 九七九、13-979 九八〇、13-980 九八一、13-981 九八二、13-982
九八三、13-983 九八四、13-984 九八五、13-996 九八六、13-985 九八七、13-987 九八八、13-995 九八九、13-988
九九〇、13-989 九九一、13-990 九九二、13-991 九九三、13-992 九九四、13-993 九九五、13-994 九九六、13-986

九九七、13-997　九九八、13-998　九九九、13-1000　一〇〇〇、13-999　一〇〇一、13-1001　一〇〇二、13-1002　一〇〇三、13-1003　一〇〇四、13-1014
一〇〇五、13-1005　一〇〇六、13-1018　一〇〇七、13-1007　一〇〇八、13-1008　一〇〇九、13-1009　一〇一〇、13-1011　一〇一一、13-1010
一〇一二、13-1012　一〇一三、13-1013　一〇一四、13-1004　一〇一五、13-1015　一〇一六、13-1016　一〇一七、13-1017　一〇一八、13-1006

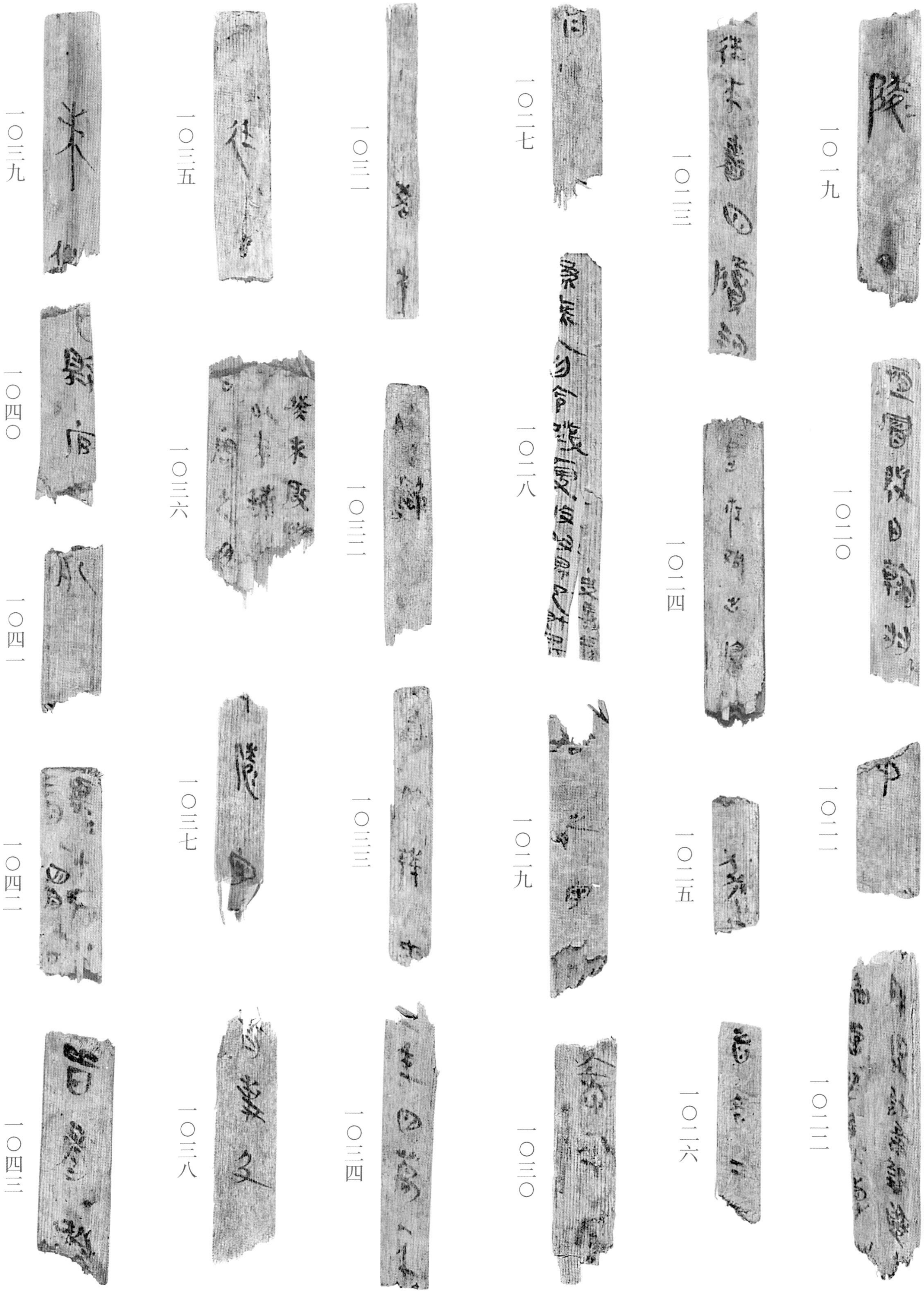

一〇一九、13-1019　一〇二〇、13-1020　一〇二一、13-1021　一〇二二、13-1022　一〇二三、13-1023　一〇二四、 13-1024　一〇二五、13-1025
一〇二六、13-1026　一〇二七、13-1027　一〇二八、13-1028　一〇二九、13-1029　一〇三〇、13-1030　一〇三一、13-1031　一〇三二、13-1032
一〇三三、13-1033　一〇三四、13-1034　一〇三五、13-1035　一〇三六、13-1036　一〇三七、13-1037　一〇三八、13-1038　一〇三九、13-1039
一〇四〇、13-1040　一〇四一、13-1041　一〇四二、13-1042　一〇四三、13-1043

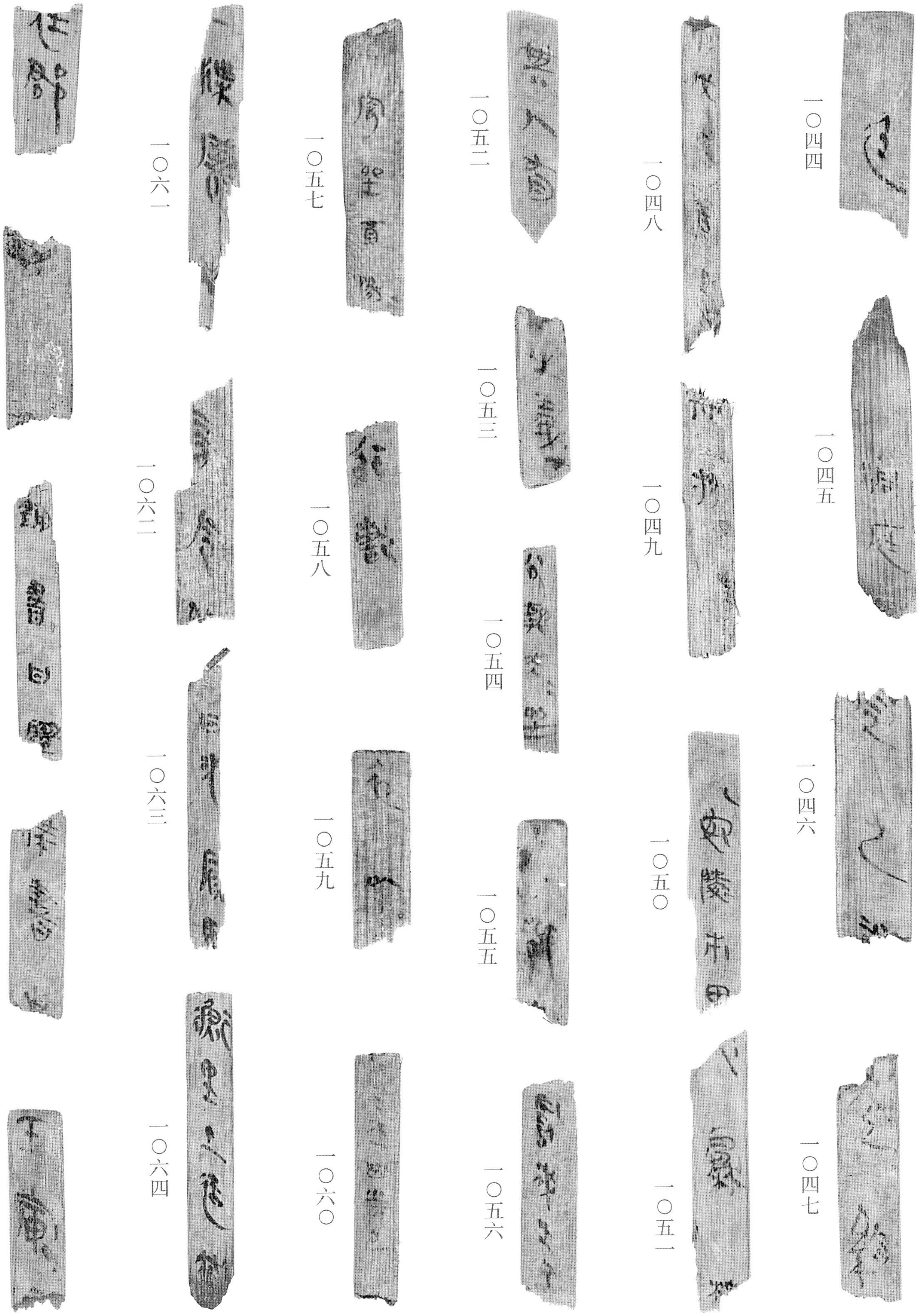

一〇四四
一〇四五
一〇四六
一〇四七
一〇四八
一〇四九
一〇五〇
一〇五一
一〇五二
一〇五三
一〇五四
一〇五五
一〇五六
一〇五七
一〇五八
一〇五九
一〇六〇
一〇六一
一〇六二
一〇六三
一〇六四
一〇六五
一〇六六
一〇六七
一〇六八
一〇六九

一〇四四、13-1046　一〇四五、13-1047　一〇四六、13-1048　一〇四七、13-1052　一〇四八、13-1045　一〇四九、13-1044　一〇五〇、13-1049
一〇五一、13-1050　一〇五二、13-1051　一〇五三、13-1053　一〇五四、13-1054　一〇五五、13-1055　一〇五六、13-1057　一〇五七、13-1056
一〇五八、13-1058　一〇五九、13-1059　一〇六〇、13-1060　一〇六一、13-1061　一〇六二、13-1062　一〇六三、13-1063　一〇六四、13-1064
一〇六五、13-1065　一〇六六、13-1066　一〇六七、13-1067　一〇六八、13-1068　一〇六九、13-1069

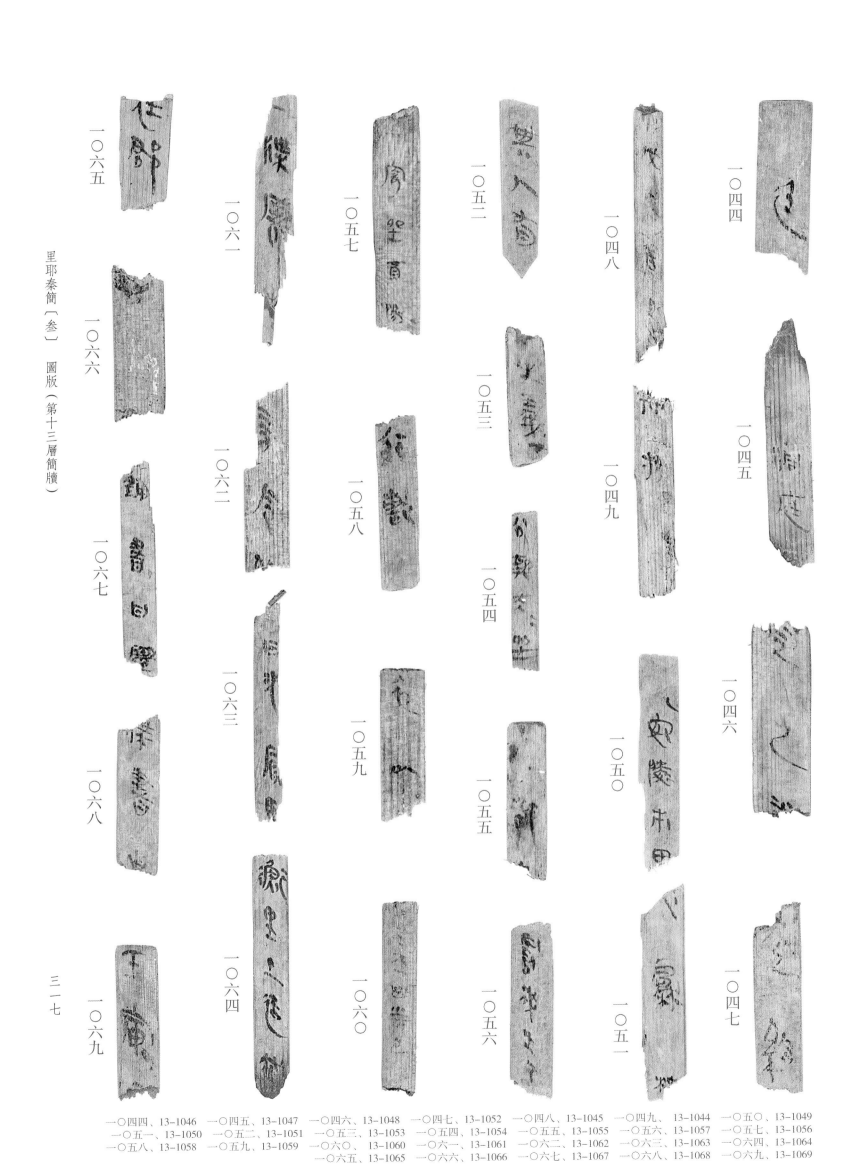

一〇七〇、13-1070　一〇七一、13-1071　一〇七二、13-1072　一〇七三、13-1073　一〇七四、13-1074　一〇七五、13-1075　一〇七六、13-1076
一〇七七、13-1077　一〇七八、13-1078　一〇七九、13-1079　一〇八〇、13-1080　一〇八一、13-1081　一〇八二、13-1082　一〇八三、13-1083
一〇八四、13-1084　一〇八五、13-1085　一〇八六、13-1086　一〇八七、13-1087　一〇八八、13-1088　一〇八九、13-1089　一〇九〇、13-1090
一〇九一、13-1091　一〇九二、13-1092　一〇九三、13-1093　一〇九四、13-1094　一〇九五、13-1095　一〇九六、13-1096

一〇九七、13–1097 一〇九八、13–1098 一〇九九、13–1099 一一〇〇、13–1100 一一〇一、13–1101 一一〇二、13–1102 一一〇三、13–1103
一一〇四、13–1104 一一〇五、13–1105 一一〇六、13–1106 一一〇七、13–1107 一一〇八、13–1108 一一〇九、13–1109 一一一〇、13–1110
一一一一、13–1111 一一一二、13–1112 一一一三、13–1113 一一一四、13–1114 一一一五、13–1115 一一一六、13–1116 一一一七、13–1117
一一一八、13–1118 一一一九、13–1119 一一二〇、13–1120 一一二一、13–1121 一一二二、13–1122 一一二三、13–1123 一一二四、13–1124
一一二五、13–161封 一一二六、13–162封

附圖

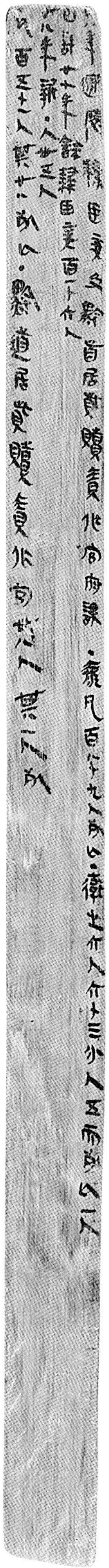

三〇四正

三〇四背

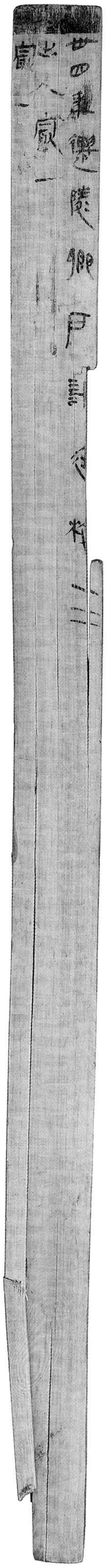

三〇五

三一三

以上第七層，圖像縮小百分之四十

一一六二

以上第十層，圖像縮小百分之四十

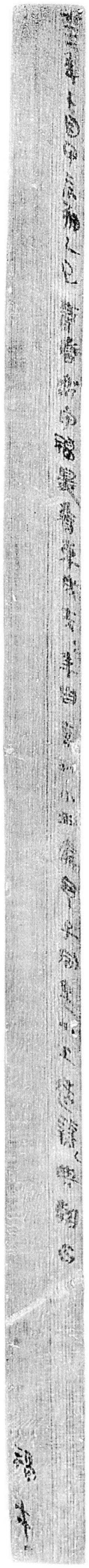

一一五二

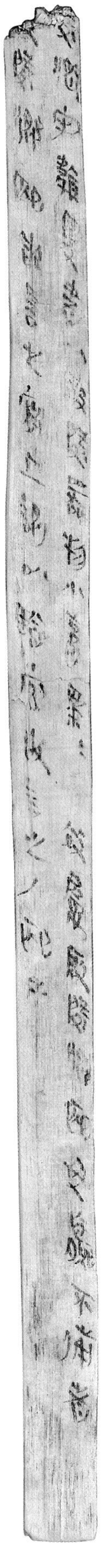

一一五三

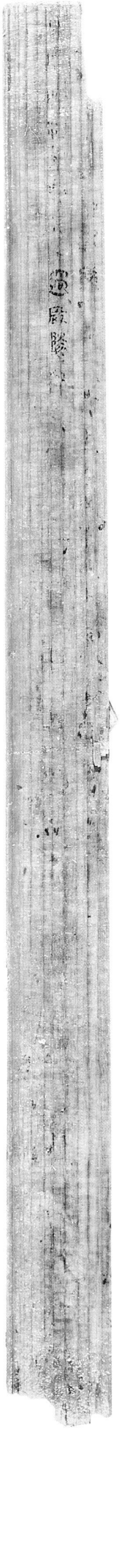

一一五四正

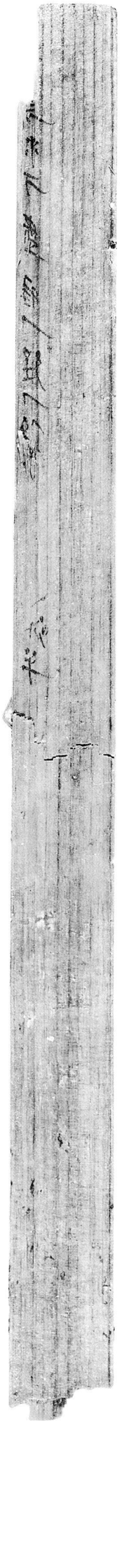

一一五四背

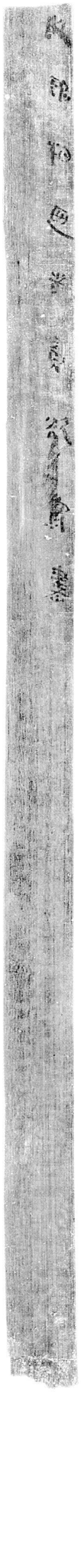

一一五五

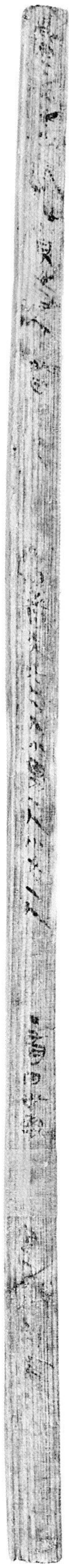
二一五六

二一五七正

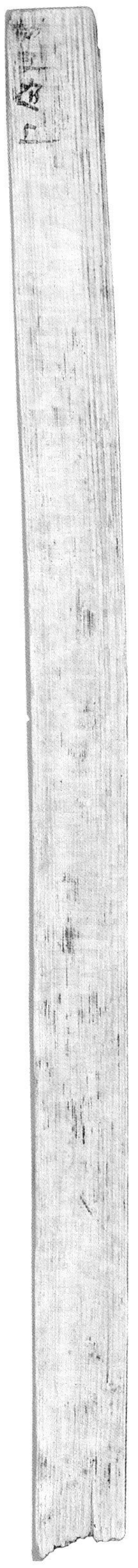
二一五七背

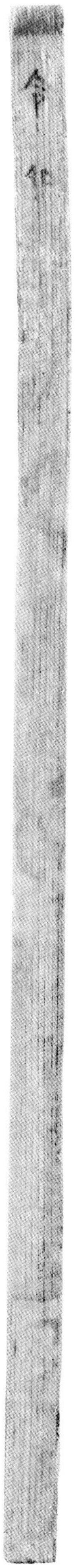
二一五八

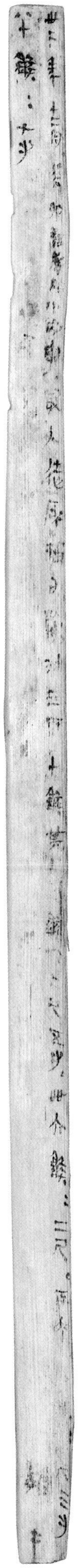
二一五九

二一六一

二一六三

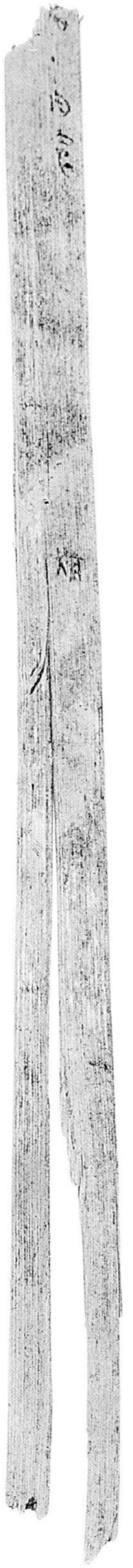

一三八八

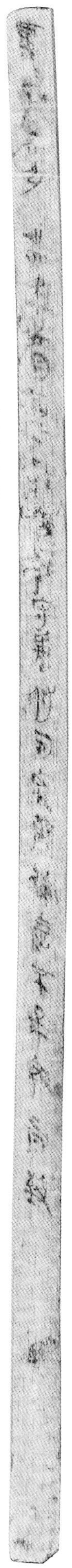

一三八九

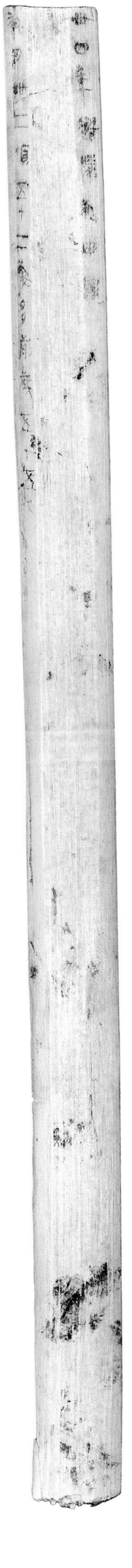

一三九〇

以上第十層，圖像縮小百分之三十

五四三正

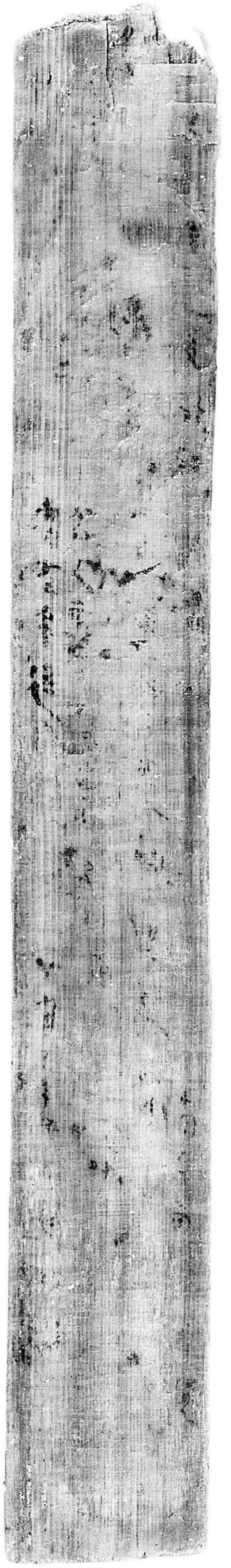

五四三背

以上第十層，圖像縮小百分之二十

二七四正

二七四背

二七五正

二七五背

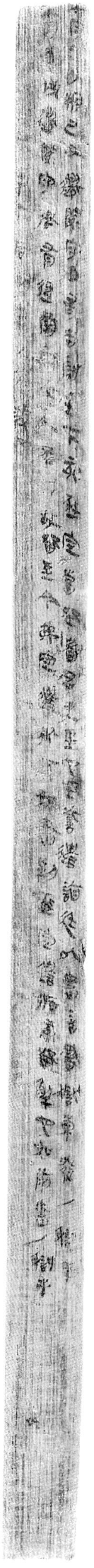

二七六

以上第十一層，圖像縮小百分之四十

第七層簡牘釋文

廿五年二月戊午朔辛未洞庭叚守竈敢言之洞庭縣食皆少略地軍
節歸謁令南郡軍大守以洞「庭吏卒數軍吏卒後備敬者數令治粟
大府輸食各足以卒歲便謁報敢言之／二月癸丑「丞相啓移南郡
軍叚守主略地固當輒輸令足竈歲唯勿乏傳書洞庭「守／顯手／
五月癸巳「南郡軍叚守殷敢告洞庭主謂南郡治粟大府前日固已
以縣吏卒用食數告大府輸（正）
亭次行署急勿留長沙言書到起以洞庭邦尉印行吏」恒署
十一月壬寅遷陵守丞罣敢告尉告倉啓陵貳春鄉主聽書尉薄卒鄉
各薄吏備敬「卒徒隸食足不足數善薄上皆會戊申旦廷唯勿留尉
下倉＝傳二鄉／丞手
十一月壬寅水下九刻秭歸奴橋士五襄以來／夫半／即令□□
行尉（背）　一

卅年七月丁巳朔＝日貳春鄉守帶敢言之疏書日食者牘北上
謁令倉以從事鄉以副食敢言之（正）
城旦一人
春一人
七月丁丑水十一刻＝下八佐寬以來／信發　敦狐手（背）　二

卅年三月己未朔戊寅貳春鄉守帶敢言之廷下都鄉追貳「春鄉繇
課曰日夜上而定失期者二・問之已以迺辛未移都「鄉敢言之（正）
三月己卯遷陵丞昌告都□▨
手／三月己卯日中時守府快行
三月戊寅水下盡佐貝以來／敞半　貝手（背）　三

欣敢多問呂柏得毋病柏幸賜欣一牘欣辟席再拜及拜者柏求筆及
黑今敬進（正）
如柏令寄芍敢謁之（背）　四

婏道問縣有盧青者　五

遷陵請革信符　六

遷陵大隸妾均會逮它縣求逮書弗得　▨
卅六年十二月甲戌洞庭守叚丞酉行縣劾移遷陵以律令▨
・封遷陵丞　▨　七

遷陵請膠信符　▨　八

廿七年吏致走書已▨　九

卅年六月丁亥朔＝日貳春鄉守帶作□▨
受司空城旦鬼薪五人▨
仗城旦一人　▨
春白粲二人　▨　一〇

亡公鞮脊若干（正）
廷（背）　一一

□□年十月戊□洞庭叚守武謂縣丞下真謾聽書從吏以書到時令
毋害獄史□▨
□故唯毋令蒼等過居其界中而不得＝弗得各報離石它如律令長
沙布三道▨
書到＝相報不報者追下雋報孱陵書到皆以門亭行忠手以長沙印
行▨
書從吏以書到時令毋害獄史令史分曹以智巧微謙求讂問者民歸▨
令新武陵布四道各以道次傳別書都官軍吏在縣界中者各傳別書
焉□▨
之皆以門亭行／悍手・以新武陵印行吏　▨（正）
十一月壬寅遷陵守禄　告尉官主聽書從吏☒▨
十一月壬寅遷陵守禄以此報酉陽□已□□□☒▨
十一月辛丑水十刻＝下盡秭歸逆春公卒山以來☒▨（背）　一二

☑陵丞昌敢言之令曰上見博盾
☑□木城毀□柱椽連弩恒會八月朔日守府毋有亦言·問
之毋當令者敢言之
九月戊戌遷陵丞昌敢言之令追寫重敢言之／渠手（正）
☑□行　尚手（背）　一三

☑縣用足
☑□□□□縣用足
白布帷四堵度給縣用足
縵衣廿一度給縣用足
縵幭六度給縣用足（第一欄）
絡錦八尺六寸度給縣用足
縵繒二百廿一丈一尺一寸度給縣用足
白布五十六丈四尺五寸度給縣用足
布幭十一度給縣用足
蒲席十四度給縣足
莞席十三度給縣用足（第二欄）　一四

☑能得雨爲澍及已蠭蟲賜衣有律令天旱
☑□病黔首禾稼而各以道次傳別書皆以郵
☑它如律令·道一書以采丹印行事（正）
☑　綏手（背）　一五

卅五年九月丁亥朔＝□☑
爰亶計志十一牒敢☑　一六
☑□┛福（第一欄）
一人與田建市工用少十一月乙酉行　☑
一人牢司寇少

二人守囚寅┛育
一人舂治米參盧
……☑（第二欄）　一七

☑司空徒隸黔首居貲贖責積萬六千☑
☑□十四　在赦前
☑六千三百八十分錢五十四（第一欄）
司空佐上造渴課☑
視事百一十七日☑（第二欄）　一八

遷陵大隸妾女行書蓬毋行書＝求書弗得　☑
卅六年十二月甲戌洞庭守叚丞酉行縣劾移遷陵以律令☑
·封遷陵丞　一九

廷以郵
行戶曹　二〇

言敢謁桃□＝尚有緣及縑毋有＝欲爲丞公
買之以爲裼有毋有賜書＝□□□□
緣及縑已索矣敢謁之　二一

少七十二人　二二

粟＝十三石五斗少半斗　卅二年九月甲戌朔己卯倉守武佐平稟☑
欣朝履　凡七人八月九月食　令史圂視□☑
【說明】左側殘存刻齒爲「三斗」。　二三

☑□□魃實都鄉甸東西南北輿田比地□☑
☑斗斛□一斗三升奇不分十六石三斗三升☑　二四

廷令曹發　二五

遷陵·洞庭　二六

廷戶發　二七

二八 □五年七月戊子朔壬子啓陵鄉狐受□☑
二九 尉入□事少內除勿購鄉以副
・今餘□□□
前上木柧弩卅六
……弩在遷陵界中（第一欄）
前上弦三千一百五十九 ☑
三〇 其二百一十二叚乘城卒求盜在☑（第二欄）
三一 遷陵洞庭
三二 ☑子朔乙巳倉守言受都鄉守沈　强手
三三 廷
三四 同有薄酒七斗玄季可步馬☑
三五 ☑令史可論上校卅☑
☑六尺五寸族唐氏
三六 ☑子朔戊申倉守横佐平符遷陵守☑
卅五年七月戊子朔壬貳春☑
三七 受倉隸妾一人 ☑
卅五年七月戊子朔乙卯□☑
三八 【說明】右側刻齒爲「七」。
三九 ☑父士五言里不害七月
☑窨餘徹酒二斗八升于隸臣始☑
四〇 ☑　令史歡監　☑
☑守獲佐瘁購□☑
四一 ☑　令史蜀視平☑
☑八十五斗賣於隸臣犺等所取錢二千五百六
☑□角脣筋＝各一件𡿺一升付其付庫工用計

四二 ☑　令史□監
四三 廷倉曹
四四 十月己巳日失守府良以來☑
四五 ☑□　得手
☑倉妃史感稾人窯出稾大隸妾㜷☑
四六 ☑史扁視平　☑
☑筋一件　☑
四七 ☑□筋一入　☑
書一封酉陽丞印☑
四八 廿八年二月乙未水十一□☑
四九 貳春鄉
卅五年七月戊子朔甲☑
五〇 受倉隸妾一人　☑
五一 徹・徹☑
五二 ☑□見此書☑
五三 ☑受走者及免徒已事
☑□□□□□絽絽□□□□□□☑
五四 ☑四朱久一籥一牡三印卅七綬卅二乚斤□☑
五五 ☑毋坐奸而論者
五六 ☑倉曹
五七 廷吏曹
五八 付歸德須報☑
五九 廿五年三月□□　☑
卅四年後九月癸☑

笱與廣約□☑　六〇

☑丙申庫守瞫受少内沈　交受☑　六一

☑……事已以乙未□□遣□□以律令從事
以洞庭尉印行事　六二

☑朔□寅遷陵守丞枯敢☑
☑牒敢言之　☑　六三

☑庭　☑　六四

遷陵洞庭　六五

遷陵吏志　☑
吏員百三人　☑
令史廿八人　☑
□□人繇使　☑
☑十八人　☑　六六

遷陵洞庭　六七

☑庭郡　六八

粟＝一石　卅五年九月丁亥朔戊戌倉茲佐臂出貸更戍士五☑　六九

☑徐魚□　☑　七〇

☑貳春鄉　七一

☑四千八十人（第一欄）
倉佐士五誘課
視事卌日（第二欄）　七二

☑書　七三

廷金布發☑　七四

☑件未輸追　七五

☑□二斗斗升斗☑　七六

☑□　七七

臨沅丞印靡□☑　七八

它坐遺詣遷陵☑　七九

卅六年正月乙酉朔庚□☑
沅界中食盡十☑
投宿齎當☑
正月乙酉朔庚☑　八〇

麗山園麗山食令官信宮律令☑
恒以二月庚午下丞相□信宮□☑　八一

九月倉稟人鼠券　☑　八二

☑□陵　☑　八三

啓陵鄉　八四

☑敢言之治所書曰□☑　八五

粟＝二石　卅五年九月丁亥朔☑
令史□☑　八六

☑具論當坐者言名夬守府　☑　八七

卅五年九月丁亥朔＝日叚丞茲田守唐令佐僕□☑
頃卌七畝其廿□畝新貇草不租定租・二百卌一石一☑
【說明】左側刻齒爲「二百四十一」。　八八

粟＝六石四斗　廿七年☑
凡六人十二月各一石泰☑
【說明】左側刻齒爲「六石一斗」，以下殘斷。　八九

廷户曹發　☑　九〇

☒端月丁未倉武佐壬稟陵出□☒
☒半斗　☒　九一
☒遷陵界中☒　九二
☒□佐卻受券　泱手　九三
廷　九四
卅二年十一月己卯☒
□□積五十八人☒　九五
☒□⌊訾⌊窅⌊肥所取錢百廿衛之斗{卌}錢付其
☒守丞□□　船手　九六
敢敢☒　九七
莞席一　笥一合　卅五年八月丁巳朔＝日獄牢人文付少內□☒　九八
一排十七人廿六年十二月☒
西陽將粟鄉漕佐衡☒　九九
☒洞庭　一〇〇
☒□□滑人
☒□嘉⌊良朱⌊郤⌊圂⌊狡
☒律⌊快⌊奨　一〇一
粟＝二石　卅五年九月丁亥朔甲辰倉茲稟人☒
令史　視平　一〇二
☒廷　☒　一〇三
遷陵☒　一〇四
☒求藥天下其縣所有☒　一〇五
☒□貣……□□　一〇六
令史可受數錢千六百　一〇七

都鄉　☒　一〇八
卅五年遷陵醫靜所治黔☒
衛之一人得六十八筭　☒　一〇九
☒・有田廿畝　里吏丹占　一一〇
□遷遷☒
【説明】有塗抹墨迹。　一一一
☒食春宛等卌五人積卌五日＝四升六分升一　☒　一一二
書二封遷陵丞印一詣索☒
三月庚申日入走昭以來☒　一一三
遷陵弗得即問主吏{令}☒　一一四
☒其八十斗＝卅其五斗☒　一一五
洞　一一六
☒□佐般出賣☒　一一七
廷金布發☒　一一八
廷☒　一一九
尉　一二〇
郵船丈名曰午　☒　一二一
☒膽令書以□☒　一二二
☒庭☒　一二三
桂娶☒　一二四
☒卅六年十二月乙☒　一二五
廷金布發　一二六
遷陵洞☒　一二七
遷陵洞庭　一二八

☒　智手 一二九
☒歎佐薄各一盾　丨 一三〇
☒陵鄉趙□☒
☒□佐麃都鄉☒ 一三一
遷陵請筋信☒ 一三二
☒建敢言之上
☒□（正）
☒　般手（背） 一三三
獄 一三四
廷 一三五
令佐欣死　卅一年☒ 一三六
☒卒史
☒□ 一三七
☒□坐當□書當貲二甲在丙寅 一三八
☒……☒
☒人字件道　☒
☒人司寇□　☒
☒助穫　☒
☒取角青　☒
☒□笥齊　☒ 一三九
☒□十二月乙卯朔丁卯少内□☒
☒□其九[腸]郤日上[等]□□☒
□嘉平不治今署視事□□☒
十二月乙卯朔己巳遷陵丞□□□☒ 一四〇

☒□長十 一四一
☒私詣令史毛季
☒自發 一四二
☒□面年可六十歲故魏梁 一四三
卅一年二月癸□朔☒
[見]博盾□□[城]☒
者敢言之☒（正）
七月甲寅水下□[刻]☒（背） 一四四
倉☒ 一四五
尉 一四六
☒□積六十六　☒
☒□各二寸□□☒ 一四七
廷☒ 一四八
蒼梧卒☒
治傳舍☒ 一四九
☒=宸急謝所以遠去母自棄☒ 一五〇
書忘忘它☒（正）
如☒（背） 一五一
☒⊠□⊠☒
☒□□⊠寫□□⊠☒
☒⊠敢言⊠☒（正）
☒報之丿□□☒
☒□以來丿華發☒（背） 一五二
敢言之廷七☒（正）

寫七☑（背）　一五三

☑□其□□☑　一五四

廿九年七月癸巳朔＝日遷☑
□□城毀柱椳□□☑（正）
七月癸巳旦隷臣臧☑（背）　一五五

☑春鄉守華敢言之□☑
☑□□☑（正）
☑□以來丿□☑（背）　一五六

☑□□□□□□☑
☑□可去官謁日夜令司☑（正）
☑□壬辰朔丙午遷陵☑
☑……☑（背）　一五七

元年八月☑
八月丁亥☑（正）
八月丁亥少内□☑
受倉大隷☑（背）　一五八

李柏爲温封☑（正）
令人爲温☑（背）　一五九

卅七年後九月乙巳朔丙寅洞□☑
□將計丞下真守叚守□☑
書到謹寫□以爲真□☑（正）
□課上□□□□戊辰旦□☑
治課□丿得手　☑
□□□丙寅日中佐□以來☑（背）　一六〇

租粟＝四石五斗　卅六年正☑
□□☑（正）
癘　☑（背）
【説明】右側刻齒爲「四石五斗」。　一六一

遷陵☑（正）
令史佗☑（背）　一六二

卅二年八月乙巳朔＝日遷陵守丞都☑
上傳輸虜及收人不到者辟□☑
毋當令者敢言之☑（正）
八月乙巳旦食時郵人恒行　☑（背）　一六三
【説明】與第七層一六三綴合。　一六四

☑斗少半斗貸均佐□☑
☑告遷陵以展約☑
☑言之丿七月甲申□☑（正）
☑□半丿即走徒☑（背）　一六五

☑敢言之令曰（正）
☑　圂手（背）　一六六

☑前日言侍工膳
☑□徒有書司
☑毋吏華蜀
☑言之（正）
☑□事報
☑　華手（背）　一六七

☑□郡尉備☑

☐□謁令宮☐（正）
☐□　十月丁未☐
☐……☐（背）
一六八

☐辤牒以律☐（正）
☐皆辤爲洞庭☐
☐沅陵不□今☐（背）
一六九

☐酈山禁
☐□□□□下左丞相∟廷曰
☐□外四方樹＝一行環□（正）
☐庭手（背）
一七〇

不備□錢三千□☐
□□□計元☐
不相應□□☐（正）
嫪敢言之☐
五月辛丑朔丁□☐（背）
一七一

卅七年後九月乙巳☐
□□年用錢課一☐（正）
後九月□寅令佐恬行☐（背）
一七二

☐□　☐
☐旦二人隸妾居貲☐
☐□∟章∟它∟收☐（正）
☐以來ノ嘉☐（背）
一七三

☐貸貸貸貣☐（正）
☐□□□□☐（背）
一七四

廿六年六月辛亥朔辛酉倉☐
臣妾後∟有減益及不□☐（正）
六月辛酉走嬰以來ノ夫半☐（背）
一七五

卅五年七月丁亥朔戊子朔日☐
隸□酈□☐（正）
者☐（背）
【說明】正面第二行書寫順序相反。
一七六

卅五年☒□☒賁官
中□☒受它如律
令（正）
如意手（背）
一七七

☐□敢言之□□（正）
☐□□□□
☐□□□□（背）
一七八

☐啓陵鄉見　已　☐（正）
☐□　□☐
☐庠□□□☐（背）
一七九

卅六年二月甲寅☐（正）
三月乙酉□□司☐（背）
一八〇

蜀　☐（正）
□　☐（背）
一八一

☐啓陵鄉守☐
一八二

卅五年九月丁亥朔己酉田守唐□☐
酈山園酈山食官信宮律☐（正）

九月己酉日中庭行　☒（背）　一八三

☒當□☒（正）

☒月□未朔□☒（背）　一八四

☒獲　☒

☒　獲□☒（正）

☒□　☒（背）

【說明】正背面文字書寫順序相反。　一八五

廷主吏☒（正）

遷陵洞庭☒（背）　一八六

□□□□□☒　一八七

蒼梧☒

治傳舍☒　一八八

☒黔首□☒　一八九

廷獄東發☒　一九〇

卅七年後☒

上☒（正）

□□□☒（背）　一九一

☒　隤　一九二

☒□五人　一九三

以縣官☒　一九四

☒少半斗　卅二年六月乙巳朔☒　一九五

☒　□□☒　一九六

☒守亭二甲田虎七甲☒　一九七

啓陵鄉☒　一九八

遷陵卅二年黔首室屋路☒

見户□□三室屋毋路☒　一九九

☒□庚寅□☒

☒一牒黔☒

☒敢言之☒　二〇〇

□襄甲十一被令益當增志

□襄甲究五當增志

甲札五石令當增志　二〇一

言令史言　☒　二〇二

☒□家□□□□□書爲　二〇三

廷☒　二〇四

遷☒　二〇五

稻廿八石七斗半斗・卅一年二月癸未朔＝日啓☒

小賢乚夫薊乚宂作大女子戠乚大隸妾茝乚育乚☒

【說明】右側刻齒爲「二十八石」，以下殘斷。　二〇六

☒空貳☒　二〇七

☒□言泰　二〇八

☒□佐宛九甲☒　二〇九

☒發敢言之　☒　二一〇

☒九月壬子遷陵守☒　二一一

☒千八百卅　二一二

敢言之廷下令書曰郡縣或☒　二一三

卅七年遷陵獄☒

不負筭　☒　二一四

☐□□□步足□吴
☐□□季
☐分　繆
【説明】「繆」書寫順序相反。　二一五

充獄史治傳舍　二一六

☐女子變可受數□□☐
☐□户計〓卅五年貳☐　二一七

☐前三日☐　二一八

☐□□□☐　二一九

遷陵洞☐　二二〇

□☐　二二一

乙廥粟〓八□少半升☐
卅年八月戊戌貳春鄉守帶出□☐　二二二

今可卅歲衣素復袍☐
產存所及有父母□☐　二二三

☐□朔戊子啓陵鄉守觚爰☐
☐□里賜病温今死敢告╱☐
☐□□　☐　二二四

☐上衍丞□□☐
☐□奪人首者☐
☐□□主尉☐　二二五

☐蒼梧尉府一屬☐　二二六

廷金☐　二二七

☐已☐　二二八

卅五年六月戊午朔己巳庫建☐　二二九

☐到時嗇夫必身　二三〇

元年少☐　二三一

☐□□泰守□
☐□□□今　二三二

☐遷陵☐　二三三

☐内具□☐　二三四

☐□□主薄☐　二三五

☐半兩以上此☐　二三六

☐適啓□□　☐　二三七

尉　二三八

書三封丞☐
吏曹☐　二三九

☐謹令告黔□☐　二四〇

☐黔首病者一人得六十八筭　二四一

☐□陽一善無十一月甲☐　二四二

☐□　☐
☐□丈六寸　☐　二四三

卅一年八月辛巳朔□☐
□□□□□☐　二四四

☐之行衣蒼梧卒史闕
☐□中者以尺牒〓書上·　二四五

日□□☐　二四六

庫☐　二四七

⧄□敢告⧄ 二四八

⧄通食⧄ 二四九

⧄顯中□⧄
□□□⧄ 二五〇

言之⧄
⧄壬申 ⧄ 二五一

⧄傳西陽□⧄
⧄傳 ⧄ 二五二

⧄陵丞昌告⧄
卅五年八月丁巳朔戊⧄ 二五三

□□□□□□⧄
廿七 ⧄ 二五四

糞韋⧄ 二五五

⧄自發洞庭 二五六

⧄□各及 二五七

矛八十八 ⧄
⧄……宮 二五八

⧄問之前令書田傳司空即弗副 二五九

⧄……⧄ 二六〇

⧄□分人八而死亡□⧄
□二⧄ 二六一

長八⧄
⧄□⧄ 二六二

⧄□輸 ⧄ 二六三

⧄□茲今案之□□⧄
⧄□⧄
牒□⧄ 二六四

聳⧄ 二六五

⧄□ ⧄
⧄□ ⧄
⧄□ ⧄ 二六六

⧄亥朔壬⧄ 二六七

⧄□三百五十⧄ 二六八

掾遷陵廷譖□⧄
……⧄ 二六九

⧄□䎃傷及産⧄
⧄□上宦歐山到□⧄
⧄□日□得罷不□⧄ 二七〇

⧄□□□⧄ 二七一

廷⧄ 二七二

⧄以書言丿敞 二七三

【說明】與第七層二六八綴合。 二七四

⧄□⧄ 二七五

□⧄
九月丁亥⧄
治書□⧄ 二七六

⧄……⧄
⧄□發……⧄（正）

☐……☐
☐……☐
☐……☐（背） 二七七
☐□……☐
☐……☐ 二七八
卌六年十一月甲申朔☐ 二七九
☐□卒史□□☐
☐□乘使□☐ 二八〇
☐陵守丞都敢☐
☐……☐ 二八一
☐庭 二八二
☐繒　☐ 二八三
卅七年☐
絲一斤☐
白布六☐ 二八四
☐以書□□☐ 二八五
☐□出器計中并☐
☐□□十一月己未☐ 二八六
☐　廿九 二八七
☐□其□☐
☐獄有何☐
☐□□□☐ 二八八
☐丨☐
☐□革三☐

☐革三☐
☐四丨☐ 二八九
☐□首二
☐□二
☐□一（第一欄）
□☐（第二欄） 二九〇
☐木柧弩一
☐□ 二九一
☐□□□□☐（正）
☐節庫□□□☐（背） 二九二
☐戍旦走☐ 二九三
☐□☐
☐錢五☐
☐□□☐ 二九四
☐洞庭☐ 二九五
☐正月乙酉朔戊戌遷陵守丞☐
☐□曰問都官及執灋屬□□☐ 二九六
當□☒☐ 二九七
☐□□☐
☐□八十三☐
☐□□☐（正）
☐□□☐（背） 二九八
卅二年九月甲戌朔癸卯□☐
□有不定者謁□□☐（正）

九月癸……☒（背）　二九九
良□☒（正）
□□☒
有秩□□⊠□☒（背）　三〇〇
☒譈駕□☒（正）　三〇一
☒□鉗□□☒（背）
☒革☒（正）　三〇二
……☒（背）
……卅七年　三〇三
廿八年遷陵隷臣妾及黔首居貲贖責作官府課·泰凡百八十九
人死亡·衛之六人六十三分人五而死亡一人
已計廿七年餘隷臣妾百一十六人
廿八年新·入卅五人
·凡百五十一人其廿八死亡·黔道居貲贖責作官卅八人其
一人死（正）
令拔丞昌守丞膻之倉武令史上=逐∟除倉佐尚司空長史郤
當坐（背）　三〇四
卌四年遷陵鄉户計廷校三
出入寅一
寅一　三〇五
☒一石五斗　☒
☒　□□□□☒　三〇六
☒九月乙卯　三〇七
☒□爲課　三〇八
☒到嬈☒　三〇九

☒史□☒　三一〇
☒□洞庭□☒　三一一
☒草蔡☒　三一二
米一斗泰半斗　卅五年八月丁巳朔辛未廚曹佐忌受其禾稼
佐臂
臂手　三一三
☒洞庭　三一四
☒　要　☒　三一五
☒□解卻貲□☒　三一六
☒□□官☒
☒以郵行☒　三一七
☒是付求菌叚□☒　三一八
☒謁居罯□□☒　三一九
☒擽言何兄子虜娶故□☒
☒□□□軍□毋擇即□☒　三二〇
以告不☒　三二一
☒嘗亡　☒　三二二
☒□守漻☒
☒□□□☒
☒□□☒　三二三
☒七月辛卯☒　三二四
☒山谿□它毋☒　三二五
☒□蘭　三二六
☒·凡五□券□　☒　三二七

☐□□□□盈□☐　三一八
☐□□□☐　三一九
☐□令焉在　☐　三二〇
☐　事　☐　三二一
☐遷陵吏☐　三二二
☐爲爲爲□☐　三二三
☐□倉　三二四
☐□嬰□□□□☐　三二五
告上衍責計□☐　三二六
☐一牒　爲旁☐　三二七
☐車　☐　三二八
謁者走馬臣起柏死再☐
□□未來□詣□虜籍□☐
□□請□□卅三年七月己酉□☐　三三九
☐□已事☐　三四〇
☐遷陵☐　三四一
☐將清☐　三四二
☐　貳春鄉　☐
☐……　☐　三四三
☐□嘗有□☐　三四四
☐□已騰書在所☐　三四五
尉史翕　☐　三四六
☐□□□☐　三四七
☐今未報□☐　三四八

四百
☐□三千　困
廿五　三四九
蘇□☐　三五〇
・凡十八☐　三五一
☐□豚腦□☐　三五二
☐書□以☐　三五三
☐□錢☐　三五四
☐別治☐　三五五
☐昌謂☐
☐廷☐　三五六
☐如辤□☐　三五七
期何☐　三五八
它如故獄☐　三五九
☐寅旦☐　三六〇
遷陵☐　三六一
☐陵・洞☐　三六二
可☐　三六三
☐曰☐　三六四
卌四☐　三六五
☐□復☐　三六六
☐事□☐　三六七
☐私詣遷陵☐
☐副□□☐　三六八

☒事☒　三六九
☒庭☒　三七〇
中□☒　三七一
☒徼　三七二
吏□☒　三七三
☒臣東＝成☒　三七四
☒□戊□☒　三七五
獄□□□☒　三七六
☒　必謁　三七七
☒黔賈□☒　三七八
☒令　□☒　三七九
☒得盜賊☒　三八〇
☒曰上服牛□☒　三八一
☒封令印□☒　三八二
☒律令☒　三八三
遷陵☒　三八四
☒齊軍☒　三八五
☒非敢☒　三八六
☒月庚寅☒　三八七
☒□降☒　三八八
☒□□□□　三八九
遷☒　三九〇
☒□□□☒　三九一
☒能智☒　三九二

☒□中☒
☒過盈☒　三九三
☒曰隸☒
☒□寇一☒　三九四
☒□將☒　三九五
☒充守丞☒
☒南□☒
☒□☒　三九六
☒□
☒春（第一欄）
☒☒
一人守船☒
一人作□☒
一人付☒（第二欄）　三九七
☒庭☒　三九八
☒洞庭泰☒　三九九
☒□陵☒
☒洞庭☒　四〇〇
☒□卯以□　四〇一
☒廿女☒　四〇二
☒尚☒　四〇三
☒遷☒　四〇四
☒□□☒　四〇五
☒一牒上□☒　四〇六

☒謾非☒　四〇七

☒□者輒□☒　四〇八

☒八石□☒　四〇九

☒覆案☒　四一〇

☒鄉落☒　四一一

☒□婧它如☒　四一二

☒寫朐忍☒　四一三

☒□今ノ　☒

☒□□出計□☒　四一四

☒尚手☒　四一五

☒□遷陵☒　四一六

☒□☒　四一七

☒佩☒　四一八

☒遷☒　四一九

☒已□☒　四二〇

☒令壬徒☒　四二一

☒□半錢□☒　四二二

☒□□□☒　四二三

☒遷☒　四二四

☒□子☒

☒史□☒　四二五

☒□敢告☒　四二六

☒轙☒　四二七

☒言☒　四二八

☒□之ノ□手☒　四二九

☒章乚　☒　四三〇

☒　是☒　四三一

☒[貣]□☒　四三二

☒□用未　四三三

☒ノ幸☒

☒毋恙☒　四三四

☒□坐☒　四三五

☒　吏☒　四三六

☒□ノ乙☒　四三七

☒當☒

☒□☒　四三八

☒□□□☒　四三九

☒大女子☒　四四〇

☒赤☒　四四一

☒□□☒

☒□□☒　四四二

☒□受□☒　四四三

☒之遷☒　四四四

☒□□□☒

☒□□☒　四四五

☒□[営]☒　四四六

☒益　四四七

☒□□☒　四四八

☒□□氣☒ 四四九

☒畜☒ 四五〇

☒劾☒ 四五一

倉☒ 四五二

☒謁之☒ 四五三

☒秏☒ 四五四

☒斗泰半斗☒ 四五五

☒實不☒ 四五六

☒□廿六年八月☒ 四五七

☒庭☒（正）
☒守府☒（背） 四五八

☒□司□☒
☒五月□☒
☒□盈夷☒（正）
☒□□□☒
☒□□□☒
☒言之☒（背） 四五九

遷陵☒
行洞☒（正）
☒☒
☒☒
□☒（背） 四六〇

☒□□□□☒
☒□少分卒令軍☒

☒敬多少及在所☒
☒……☒（正）
☒……□□□☒
☒□令□部司□☒
☒……令能□☒（背） 四六一

☒季旌疏☒（正）
☒陽都亭□☒
☒……☒（背）
【説明】正背面文字書寫順序相反。 四六二

☒□□……☒
☒必智其□葆□☒（正）
☒……☒
☒論[出]□[尉]具爲☒（背） 四六三

☒四人□臧三☒（正）
☒長差☒（背） 四六四

☒有逮當傳☒
☒□□□守☒ 四六五

☒□貲☒ 四六六

☒襄稟人援☒ 四六七

☒言令時□☒ 四六八

尺六寸□□遷陵☒ 四六九

☒有亦[牒]☒ 四七〇

☒發弩卅二年☒ 四七一

☒其事 四七二

四七三　徒死亡☒

四七四　☒　卅二年七月乙亥☒

四七五　☒誤論☒
粟＝一石九斗少半□☒

四七六　卅二年八月乙巳朔辛□☒

四七七　☒□□養

四七八　☒年戌

四七九　☒戌少內　受孱陵少內遬　☒

四八〇　☒升食田☒
☒□□有律令洞庭☒

四八一　☒□卒史及軍＝吏＝丞□☒

四八二　☒　輸稻☒

四八三　☒癸卯司空付☒

四八四　☒□衣＝錢即大買酒肉

四八五　☒□輕重報

四八六　廷主令□　☒

四八七　遷☒
三石于□☒

四八八　二石□　☒

四八九　☒任擇夫＝

四九〇　☒人＝食四□☒
大隸臣☒

四九一　使小隸☒

四九二　☒下四☒

四九三　・凡八百☒

四九四　八升十六籥膝　前　☒

四九五　☒□梧郡☒

四九六　錢守□☒

四九七　□□□□□□☒

四九八　日下餔☒

四九九　求□☒

五〇〇　南里不更黃□☒

五〇一　☒□□　□☒

五〇二　遷陵畜官以□☒

五〇三　☒□報書☒

五〇四　☒辤如□☒

五〇五　☒空主器發☒

五〇六　☒□都☒

五〇七　☒　卅四年九月癸亥朔丙☒

五〇八　☒恒程

五〇九　☒九人　☒

五一〇　☒酉□獄☒

五一一　卅二年八月乙巳朔癸☒

五一二　☒造□　☒
☒　六月□☒

五一三　【說明】簡面有墨畫分欄綫。

五一四　☒遷陵少內☒

五一五　☒□入十月☒

□□□十人☒
□□□□□☒ 五一六

☒八日=二而當☒
☒□百六十七月□☒
☒……☒ 五一七

☒□錢 ☒ 五一八

☒平敢告☒ 五一九

☒可☒ 五二〇

☒□貲責計☒ 五二一

☒□尉府令□☒ 五二二

☒日中佐卻以來／圂半☒ 五二三

☒月乚九月食 ☒ 五二四

☒□佐奢稾☒ 五二五

☒江獄校遷陵計☒ 五二六

☒它□☒ 五二七

☒□之☒ 五二八

☒□券 ☒ 五二九

☒書□☒ 五三〇

☒子尉守☒ 五三一

☒問求菌☒ 五三二

☒辭讎☒ 五三三

☒若干乚其☒ 五三四

倉☒ 五三五

☒女□☒ 五三六

☒處去夸（正）
☒端手（背） 五三七

卅三年☒（正）
□☒（背） 五三八

☒到司空☒（正）
☒它坐☒（背） 五三九

☒器曹發（正）
☒……（背） 五四〇

☒□□□☒ 五四一

☒廷☒ 五四二

☒將之蒼☒ 五四三

第十層簡牘釋文

少內畜員
牝彘一 丨
□□少
牝犬一 丨（第一欄）
雌雞五少
雄雞一（第二欄）
丨（第三欄） 一

☒□十三人皆辤曰遷陵少黔首不足☒
☒顯調益予黔首令足以給縣事敢☒ 二

☒春鄉守履受倉是 ·今校之倉毋左 ·已劾 華手 三

人在所縣言問之適戍署遷陵 佐 除☒ 四

不利以食即解其縛而□☒ 五

貳春鄉畜員
牝彘一
豶一
豭一（第一欄）
牝犬一
牡犬一
雌雞五
雄雞一（第二欄） 六

啓陵到界逕道十二里 七

遺說書下乙矣何故乃謝☒ 八

☒徒簿（第一欄）
其一人稟人
一人行書（第二欄）
一人捕羽 ☒（第三欄） 九

官畜員 ☒ 一〇

□□□內史 □ 一一

顯夫＝勿罪敢言之 一二

☒三月癸酉日中過☒ 一三

倉 一四

⋯⋯ 一五

都死它如劾論除都敢言之遷陵□□ 一六

☒□
☒□（第一欄）
凡作□四
爲官佐六歲
爲縣令佐一歲十二日
爲縣斗食四歲五月廿四日
爲縣司空有秩乘車三歲八月廿二日
守遷陵丞六月廿七日
凡十五歲九月廿五日凡功三乚 三歲九月廿五日（第二欄）
□□□鄉十二年□□
□功二
□勞四三九月十五日
□□凡功六三歲九月廿五日
□□遷陵六月廿七日定□□□月廿一
□□可□屬洞庭
□五十歲居內史□歲□□（第三欄） 一七

☒亡者縛 今布等詣□□能遂☒ 一八
☒ 凡五人

☑　其一人稾人（第一欄）
一人行書
一人治守府（第二欄）
一人捕羽
一人歸司空（第三欄）　一九

盈二日以到盈三日贖耐耐盈三日以上耐之□□札校書☑　二〇

詣廷謁言□□敢言之☑　二一

詣虒廷不然毋它解它如前　二二

……
□□□□　二百六□　二三

陽里夫＝蔡興貧毋穜以田　·田者大男一人大女一人　·
有☑　二四

☑付尉守配　二五

☑季□左季□☑
☑船小□□尉主已☑
☑□問賜可出季□☑　二六

☑當出芻稾薄牒　二七

☑梟二石四鈞廿六斤☑　二八

卅三年庚午朔＝日獄史義□☑　二九

印真書環可自辟論爲☑　三〇

☑已行一日　鼻☑　三一

☑綌弗綌令過時者皆　三二

庭庭庭洞洞　☑　三三

☑追□□□☑　三四

☑□下決少內敢言之☑　三五

☑履者皆已到矣𥁕負及兄姊　三六

☑憖寸　三七

二月令平中舍
【說明】右側刻齒爲「四十千三」。　三八

☑陵鄉守亭佐操稾人瘁以貸貧毋種者貞陽夫＝□
☑　自受　操手　三九

錢萬四千五百九☑
卅四年三月丙寅朔☑
【說明】右側刻齒爲「一萬二千」，以下殘斷。　四〇

☑　牝犬一丨
☑　牡犬一丨
☑　雌雞五□丨（第一欄）
雄雞一丨
豭　少（第二欄）
見豚三丨（第三欄）
【說明】刻劃綫分欄。　四一

☑尺二寸　☑
☑就探遷陵守丞配前爲☑　四二

☑南里上造寛　四三

☑賈錢二百除
☑□錢乃去　四四

☑　欣手
【說明】右側刻齒爲「二百四十」，以上殘斷。　四五

☑將粟佐嘉付倉是　☑　四六

☑梬武責券負效不備真☑　四七

四八 ☒可以問者☒
四九 廷金布發
五〇 ☒端論除都☒
五一 私進鍾離季少者
五二 ☒隱□☒
五三 遷陵洞庭
五四 ☒□兩六朱賈□☒
十月乙卯少内作徒薄受司空仗小城□☒
其一人求羽冑　☒
三人級哀嬗環　☒
五五 一人繕官扁　卅三☒
□□□□有罪其☒
慶吏庶□笞之其其欲☒
五六 ……□□□□有罪當□☒
五七 ☒未到上書漢中☒
五八 ☒□前節☒
五九 □□上□□□有□□會九□□□
☒□毀☒
六〇 【說明】背面有三個墨書横道。
☒□二甲寫□□□☒
☒□主吏發　☒（正）
六一 ☒□□□□☒（背）
六二 廿七年遷陵□☒
廷主户☒

六三 發　☒
六四 臨沅監御史☒
六五 ☒洞庭☒
☒□子洞庭卒長□☒
書＝履手∟問之卒署遷陵當屬卒□☒
卌八人足爲卌五人田令史可問令卒長☒
官田而令以備盗賊爲事∟卒長□☒
律令從事卒長官不田敢告主☒
丞都敢告尉主以律令□☒（正）
六六 ☒下六刻居貲巫☒（背）
六七 啓陵鄉其以書到時☒
令吏徒故行☒
六八 發洞庭郡☒
六九 ☒陵洞庭郡
令佐欣辤曰耀南里夫＝蔡□☒
敢辤☒
七〇 卅三年二月壬寅朔庚戌□☒
八
月盡九月
恒署書笥
七一 廷金布
七二 ☒年二月丁丑御史
☒□□書□□新黔首求盗□☒
☒敢言之　☒

七三 ☑□□□ノ□手☑

金布卅□年□□
縣官相付受計
校書圓□此笥中
七四 （圖案）□□

廿七年廷
倉廚
七五 當計

七六 曹次户曹周扁復屬其次它如律令☑

禾租粟＝卌四石四斗八升☑
七七 【説明】右側刻齒爲「四石二斗」，以下殘斷。

七八 ☑□以給事

七九 諸有祠囙有☑

八〇 □□□輒舉□□□次□☑

八一 ☑牛羊上勿留它如律令

八二 ☑賦城旦䪼等六十人夏衣出券三其☑

八三 ☑當令者毋囿□當☑

畜官畜員
牝彘一
牝犬一（第一欄）
牡犬一
雌雞四
雄雞一（第二欄）
豭一（第三欄）
八四 【説明】刻劃綫分欄。

八五 ☑　餘見城旦司寇一人

☑□行書一封遷陵丞印
八六 ☑敢告主ノ封

遷陵以郵
八七 行洞庭

□陵□☑
八八 丨☑

八九 ☑應律令・□沈□具効

九〇 遷陵洞庭

髹課得錢過程四分一賜令丞令史官嗇夫吏各糯徒人酒一斗肉少
半斗過四分一到四分二賜糯」綺徒酒二斗肉泰半斗過四分二賜
衣徒酒三斗肉一斗
・得錢不及程四分一以下貲一盾笞徒人五十過四分一到四分
九一 二貲一甲笞徒百過四分二貲二甲」笞徒百五十

九二 有欲年九月……年年後□年正月年

九三 ☑之□□□□□買勭☑

稻卌□石四……☑
九四 【説明】右側刻齒爲「四十三石」，以下殘斷。

九五 ☑史□人□□□史□□□

☑……金……☑
九六 【説明】簡背可見十四個横道。

九七 弗得□死□已坐官貲一甲遣

九八 田

九九 ☑丙＝寅＝箅＝□＝即行☑

藉曰南里小男子代荅二畝半・今丈之八畝☑
一〇〇 卌三年八月己亥朔丙午圂從令佐信貳春鄉守□☑

☒斗五錢
☒　感手　一〇一
☒朔壬寅遷陵守丞　一〇二
臣而弗輪殹今☒　一〇三
☒朔癸亥田守宦受倉是廚畜計＝卅三年
☒　襄手　一〇四
今□□□□老弱及□吏不□□□□□☒　一〇五
卅□□　☒　一〇六
課副亡已論□坐□□☒　一〇七
☒□□□以□獻歲□☒　一〇八
叀五十四……☒　一〇九
廿□年……
來券□□已
行　一一〇
☒獄史晉與洞庭□☒　一一一
☒爲大隸妾□……　一一二
……
□司廷□
□□官□□　一一三
廷金
布期
□□　一一四
廷主令發　一一五
☒□銜之𩀂三令史氣監　☒　一一六
☒庭屬誠覆獄移☒　一一七

☒……四□☒　一一八
卅□年□
……
……　一一九
事變毋以問□書☒　一二〇
☒卅三年七月丙戌☒　一二一
啓陵鄉　一二二
卅一年四月癸未朔己酉啓陵鄉守逐作☒
受倉大隸妾三人　☒　一二三
……辛……☒
……☒
□月辛未旦佐平以來／横半……☒　一二四
鄉獨至今未上其日夜上唯毋失＝期＝　一二五
☒出稟大隸臣賢　一二六
已□□□□□□唯勿留　一二七
☒□□貳春……
☒　過手
【説明】右側殘存刻齒五百。　一二八
以牢☒　一二九
史匄上衍獄圖脩以　一三〇
尉（正）
廷主吏□（背）　一三一
☒謝議　一三二
縣官　☒　一三三
□□□男子□□有貲錢三百八十四弗能入　一三四

一三五　☐曰廷令貳[春]鄉至今弗上失期
主倉書二封丞印一詣西陽一□☐

一三六　……☐

一三七　毛敬□□□☐

一三八　西陽以郵行□庭

一三九　廷金布☐

一四〇　☐□守配受畜官
【説明】右側刻齒爲「四十四」，以上殘斷。

一四一　·議□除□□[署]☐

一四二　少内

一四三　☐□□

一四四　錢七百六十　☐
……已丑少内殷付……☐
【説明】左側刻齒爲「七百六十六」，以下殘斷。

一四五　商適☐

一四六　☐等不應律

一四七　有餘錢七百以誰予告信☐

一四八　☐留□☐

一四九　啓陵

一五〇　廷金布發

一五一　☐□聞王偃宋

一五二　☐[徒]治它　傳詣
與庫吏[龍]以□□□☐

一五三　□月戊戌朔乙丑遷陵☐

一五四　脩㚢軺□☐
忌以卅一年四月……□□□□☐

一五五　求之　☐

一五六　☐未備六百八□☐

一五七　☐　……鄉見粟即尚幾何□☐

一五八　洞庭屬宜治遷　急
陵傳舍

一五九　☐□年四月□□

一六〇　□三年三月丁酉日入時守府陽以來　☐
【説明】左側刻齒爲「三百四十」，以下殘斷。

一六一　☐[戌]日初行卻☐

一六二　☐□□
☐　欣手☐
【説明】左側刻齒爲「三百四十」，以上殘斷。

一六三　☐[八]月己亥朔☐

一六四　☐以下奪爵

一六五　錢……☐

一六六　☐詣廷

一六七　☐内□□□敢☐（正）
☐□之□□☐（背）

一六八　□得毋□……☐
廿卅八月斿游游☐（正）
遷陵守丞武敢言之□□□☐（背）
【説明】正背面文字書寫順序相反。
☐　如意手（正）

⧄官（背）　一六九

遷陵以郵行洞庭　一七〇

遷陵洞庭　⧄　一七一

⧄□都官軍在縣界中者各傳別書焉勿留脱長□⧄　一七二

⧄□　隸妾⧄　一七三

令＝佐聲獻枝枸・卅三年十一月□⧄　一七四

⧄□石十⧄　一七五

司空徒□□出□⧄　一七六

⧄□曹書三封丞印⧄　一七七

⧄通食□⧄　一七八

⧄七月丙子到即下吏恒　一七九

⧄鄉守唐　唐手　一八〇

⧄府有不定者謁令□⧄　一八一

司寇□□□……⧄
□□　⧄　一八二

⧄□午庫武佐⧄
【説明】左側刻齒爲「三」，以上殘斷。　一八三

⧄□私卒敦長
⧄悍手　一八四

錢三百八十□□年□月乙亥朔□子少内殷⧄
【説明】左側刻齒爲「三百六十五」。　一八五

廷主倉發　一八六

⧄□出此錢以付連⧄　一八七

⧄空守扁敢言之廷下宂佐上□⧄

⧄□・歸家＝環曰不能入乚廷曰⧄
⧄□□□□□□校券⧄　一八八

⧄□它如律令ノ尚手　一八九

廷　一九〇

廷倉曹　⧄　一九一

廷　一九二

沅陵洞庭⧄　一九三

畜官主□□⧄　一九四

遷陵洞庭　一九五

卅一年充未備七千⧄（正）
司空色敢言之□□⧄（背）　一九六

⧄陵守丞銜敢言⧄
⧄……⧄（正）
⧄來ノ慶發　⧄（背）　一九七

弩臂……　⧄
矢三……　⧄
盾二百卌五・⧄
衡鼔五・⧄　一九八

⧄□未朔＝日發弩□佐□□貸更戍士五□里□　⧄
⧄　令佐□視平　⧄　一九九

⧄洞庭　⧄　二〇〇

廿九年賦遷陵白⧄
・少府守嘉賦　⧄　二〇一

⧄□胡廐⧄　二〇二

☒□横與庫嗇夫上造旬陽都☒ 二〇三

卒卒卒☒ 二〇四

☒司空守配敢言☒
☒□榱連弩會八月☒ 二〇五

☒九十人白粲一人□□□□☒ 二〇六

☒□寧䍐寧□ 二〇七

☒□爲遷陵令佐守田以□
【説明】簡文「令佐」補寫，二字右左并列。 二〇八

安安安□☒ 二〇九

☒已□守府令縣十二月徒者益□（正）
☒ □（背） 二一〇

五樓辟它縣 ☒ 二一一

☒倉守翥敢言之☒
☒□爲買工官所賦☒ 二一二

☒詷 ☒ 二一三

遷陵洞庭 二一四

☒□甲寅少内守配受啓陵□☒
【説明】右側刻齒爲「六十」，上下殘斷。 二一五

廷 二一六

卅三年九月戊辰朔☒
丞主令居貲安陵士五☒（正）
九月…… ☒（背） 二一七

☒繇幾何 ☒ 二一八

☒及□□☒

☒ 之□☒ 二一九

☒年□月己亥朔癸卯遷☒
下其以律令□□☒
它如律令 ☒ 二二〇

☒□粟數何故不☒ 二二一

☒年四月中燔乚 田卅三 二二二

☒大犯令□以☒ 二二三

☒遷陵金布發☒

☒洞庭 ☒ 二二四

☒ 卅三年八月己亥☒
【説明】右側刻齒爲「四十」。 二二五

□□□□ ☒ 二二六

獻白翰羽二尺五寸以上者……一百入☒
賦二尺六寸以上者五十九鍭 ☒
二尺□□以上者卌三鍭乚 二尺卌□鍭乚 二尺者十二鍭☒ 二二七

☒□即與令（正）
☒ 襄手（背） 二二八

☒司空守昌敢言☒
☒□敢言之 ☒（正）
☒小城旦□人☒
☒小春二人☒
☒……人☒（背） 二二九

☒□翰羽□求書 二三〇

遷陵以郵行☒ 二三一

☒司空 二二三二

☒敢言之東姆卒史武書曰發遷陵徒 二二三三

令史就　將徒 二二三四

☒郵行☒ 二二三五

令進□　主遣史□□□□ 二二三六

☒萬一千三百九……
☒十□□死一（第一欄）
吏徒費萬七千九百廿九
息子得三千廿四錢
相除負費萬四千九百四（第二欄）
丞昌課（第三欄） 二二三七

☒……子朔……☒
☒……首□□□□☒
☒□□　☒ 二二三八

隸居貲贖責丁壯者百人詣湑沅陽庾 二二三九

☒斤□=□=當□□□更以下□簪裹☒（正）
☒□　☒（背）
【說明】正背面文字書寫順序相反。 二二四〇

以□□□以□☒ 二二四一

☒弘☒ 二二四二

令史所有及今☒（正）
臂手　☒（背）
【說明】正背面文字書寫順序相反。 二二四三

者具上治所言今已☒ 二二四四

廷令曹發 二二四五

卅四年十月戊戌朔朔甲寅啓☒ 二二四六

卅四年十月戊戌朔甲寅□☒
☒行繇二百五日贏負百九□☒ 二二四七

尉 二二四八

☒其問何年遣武及埶令將之節□☒（正）
☒□□　☒（背） 二二四九

卅三年八月己亥朔辛酉啓陵鄉守□敢告尉主=傳月診史□☒
病書已到敢告主☒（正）
佐平　☒（背） 二二五〇

志□□與詿偕 二二五一

☒不智不以故今□遣式書一牘 二二五二

居貲士五成里廣晳色長□尺□寸年廿六歲☒ 二二五三

☒□閉☒ 二二五四

敢□之東晦卒史武書曰悉發遷陵☒ 二二五五

劾奏遷陵守丞□□□☒ 二二五六

司空　☒ 二二五七

當吏請者吏邑以 二二五八

田官主徒發 二二五九

☒□守府☒ 二二六〇

☒書遷陵 二二六一

遷陵□當薄五☒
弩十六　☒
……☒ 二二六二

☒□嬰芋□□□其□毆□☒ 二二六三

取薪□□□□☒　二六四

入　二六五

☒涪陵・臨□　二六六

尉　二六七

☒畏之□□□可□　二六八

卅四年六月甲午朔丙申令史連☒　二六九

啓陵鄉稾人謹養食而亟令其餘徒將☒　二七〇

☒□勿□□及募黔□䝉□☒（正）
☒　顧顧　☒（背）　二七一

□買□狀連置□☒　二七二

☒□啓陵鄉守雜
☒　雜手　二七三

私詣用興＝自發　☒　二七四

☒作務錢八十　卅二年十一月□☒
☒　令□☒
【説明】左側刻齒爲「七十」，以上殘斷。　二七五

☒當入千五百廿今已四百卅未備千九十犺自期　二七六

☒都鄉（正）
☒印（背）　二七七

縣上甲兵當薄者會九月朔☒　二七八

☒　□□□　☒
☒　雌雞五　少　☒
☒　雄雞□□少　☒
【説明】刻劃綫分欄。　二七九

遷陵以郵行洞庭　二八〇

☒□實毆☒　二八一

☒啓鄉　二八二

☒年八月己卯朔甲申少内□☒
【説明】左側刻齒爲「八十四」，以上殘斷。　二八三

遷陵洞庭　二八四

☒敗當段爲田器☒　二八五

☒□以貸貧毋穜者成里大女子□
☒盅監　自受　□手　二八六

致詣嗇夫以吏主者它有律　二八七

錢以買勳毛毋私……　二八八

遷陵言已前遣武詣治所今□不　二八九

庫畜員
牝彘一　毋有
豮一少（第一欄）
豭一少
雄雞一□□丨
雌雞一□□丨（第二欄）
【説明】刻劃綫分欄。　二九〇

☒　到牒　二九一

卅三年五月庚午朔壬午遷陵守丞有☒　二九二

洞庭尉府　二九三

☒☒倉武付少内守爽☒
【説明】左側刻齒爲「一百六十」，以上殘斷。　二九四

☒傳送徒皆工及（正）
解于牒上它別言敢言☒（背）

【說明】正背面文字書寫順序相反。 二九五
☑□□廷歸 二九六
☑監御史壬移劾一牒曰掾遷 二九七
故□□今☑ 二九八
卅卅木番□□　☑（正）
□□　☑（背） 二九九
前史☑ 三〇〇
□□□傳□□☑ 三〇一
□〓五斗　☑ 三〇二
粟〓百卅五石□斗少半斗　卅三年七月己巳朔壬辰遷☑
【說明】右側刻齒爲「一百四十三」。 三〇三
☑二石　☑
【說明】右側刻齒爲「二」。 三〇四
☑□它如☑ 三〇五
出錢五百五十五　卅五年六月戊午朔癸亥□☑
卒士五成都少𪙿芮牛一襍夬賈臨沅守丞□☑
【說明】左側刻齒爲「五百五十四」，以下殘斷。 三〇六
何以自明白不然☑ 三〇七
□乏用食行☑ 三〇八
廷主吏　過手 三〇九
☑……□□□□☑
☑□□□□　☑ 三一〇
☑　一人付田官☑
☑　□□□□□☑ 三一一

問□柏乚　□□□申徒柏乚　☑ 三一二
☑□□□直錢三百廿六司空□☑ 三一三
☑□城父□里申　☑
☑□□☑ 三一四
參衡鼓二其一汧　☑ 三一五
遷陵廷 三一六
☑今案□其副☑ 三一七
☑廖…… 三一八
☑勳毛〓有私□□☑ 三一九
☑□□尉令☑ 三二〇
☑獄史☑ 三二一
☑等卻弗能審智 三二二
☑卅三年四月壬子☑ 三二三
☑　𢑆手 三二四
會覆者毋〓有〓徒執見傳之☑ 三二五
酉陽獄史　□☑ 三二六
倉嗇夫宂佐上造旬陽□□吏主廿七年工官□□白翰羽翠羽勳
鴈毛」襍輸乚今已罷歸 三二七
☑□□月□□朔庚辰倉☑
【說明】左側刻齒爲「二十」。 三二八
稟各一石二鈞廿二斤半斤乚大☑ 三二九
倉□宂史士五□宜都薄書□廿七年□所□白翰羽翠羽勳鴈毛
襍輸乚今已罷歸 三三〇
□犯令丞都令佐□ 三三一
☑□□☑ 三三二

為私家使之日數以益其成 ☑ 三三三

☑傳□□付☑ 三三四

……來即論訊□□□□ 三三五

臾□☑ 三三六

鐔成 三三七

☑有病謁之令節

☑□之季錢財 三三八

☑ 義手 三三九

☑□即□所求捕而賣縣官毆吏 三四〇

☑隸妾□行書…… 三四一

☑論非令更☑ 三四二

少内付貳春鄉

令席二

簞席一（第一欄）

竹笥三合

竹筥九十四合

絇枲緘一（第二欄）

金龠二 ☑

金牡三☑

金印二絲綬☑（第三欄） 三四三

☑□□□☑ 三四四

金布發（正）

□□□□（背） 三四五

☑之耐令贖☑ 三四六

田畜員

牝豨一

牡犬一（第一欄）

雌雞五

雄雞一（第二欄）

皆出 ☑（第三欄）

【說明】刻劃綫分欄。 三四七

廿八年□月

丙辰水十

刻=下七囚

城旦□□居

貲□到

司空戊午

旦食起□

陵司空

壬戌日入

時到酉

陽司空

水多

癸亥水□ 三四八

卅一年九月丙辰遷陵少內守建付枳少內 ☑

錢五千六百六十四 ☑

【說明】左側刻齒爲「五千三百」，以下殘斷。 三四九

吏不盈十人□☑

兵其便與☑ 三五〇

☑□毋也得毋爲寒温暑㷻變乚處□☑ 三五一

☑鄉上會☑ 三五二

⍁少半升・卅二年正月戊寅朔乙巳貳春⍁ 三五三
⍁□妾嬰兒□ 三五四
⍁……
⍁□養　壬手 三五五
⍁爲僕多取⍁ 三五六
⍁□＝安□ 三五七
司空　⍁ 三五八
⍁□論色言﹂ 三五九
粟＝四升　卅三年三月辛未朔＝日倉武佐平⍁
　令史圂視⍁ 三六〇
遷陵洞庭令若丞自發⍁ 三六一
廷 三六二
⍁蓝盬各一升半升 三六三
梟弦六百卅四　⍁ 三六四
告歸及繇使縣官各以其事⍁（正）
⍁主吏發……（背）
【説明】正背面文字書寫順序相反。 三六五
⍁府廷令⍁ 三六六
棄系就大事不可⍁ 三六七
⍁武自詣 三六八
□重□有□□□□□⍁ 三六九
□□□與未可□⍁ 三七〇
書上衍治所言問之義騰⍁ 三七一
毋出七月到守⍁ 三七二

⍁子＝未報書到謁報＝畀盧⍁ 三七三
⍁史李季左右　⍁ 三七四
⍁四分升一醬四分升一酒一⍁ 三七五
廷　⍁ 三七六
廷 三七七
……□□□□□□⍁
餘見粟百七十九石□斗⍁ 三七八
⍁庚申司空守配⍁ 三七九
⍁□□　⍁ 三八〇
啓陵鄉畜員
□□□
□一
□一　（第一欄）
牝犬一⍁
牡犬□⍁
雌□□⍁
雄雞一⍁（第二欄）
【説明】刻劃綫分欄。 三八一
遷陵⍁ 三八二
⍁□遷陵信符 三八三
卅　⍁ 三八四
⍁□爲夫＝置一斗酒令史
⍁平舍在者各自署（正）
⍁□　司空主

三八五 ☒☐　倉主（背）
廿六年七月庚辰朔☐☒
女子燎貲錢二千☒
之　☒（正）
三八六 ☐☐水☐☐……☒（背）
覆獄西陽獄史
三八七 治傳發
三八八 ☒☐歜敢言之疏書☐☒
三八九 遷陵・洞庭
三九〇 ☒☐廿九年充☒
三九一 ☒益僕☒
三九二 ☒所益爲志式一牒曰有
三九三 ☒券皆☐☒
三九四 廷
遷陵☒
三九五 ☐☐☒
☒入城旦九十三人白粲一人舂卅☐人城旦☐☒
三九六 ☒十二人居貲……☒
三九七 ☒☐嗇☐☐☐賜☐☐☐☐　卅三年工官所賦白翰羽勳☒
遷陵以以郵郵☐行以洞☐庭
三九八 【說明】文字爲兩次書寫。
卅五年十二月☒
三九九 ……☒
四〇〇 ☒倉主以律令從事　尚手

四〇一 ☒官閉門☐☒
四〇二 ☒貳春鄉
四〇三 ☒　主中吏卒退☐☒
四〇四 ☒☐牒其以☐爲直當論負☐論負☐☐☒
雄雌一☒
四〇五 ☐☐一☐☒
☒新都
☒∟☐（正）
四〇六 ☒☐手（背）
☒繫小城旦纑卅三年夏衣
四〇七 ☒史橫監　敬手
四〇八 ☒☐官☐……
☒……☒
☒……☒（正）
☒☐☐☒（背）
四〇九 【說明】正背面文字書寫順序相反。
四一〇 人☐賦☐　☒
四一一 ☒造城父☐里狗　☒
☒☐過☐簇　☒
四一二 ☒☐☐☐☐☒
四一三 ☒八年八月癸未
四一四 遷陵蒼梧☒
四一五 遷陵及報符到守府不令縣☐☒
四一六 子皆得毋恙也☒

六月甲戌田徒薄受司空城旦一人倉□☒
卅二年六月乙巳朔甲戌田守犯敢言之☒（正）
六月甲戌旦史遬以来／圂發　☒（背）　四一七
☒□□之
☒遷陵丞昌敢告上衍零陽丞主寫☒
☒空曹發敢告主／尚手　☒　四一八
☒徥真不更瓦黑色長可七尺一寸年廿九歲衣禪衣一☒　四一九
臨沅☒　四二〇
☒□□□罷不羅卅三年九月（正）
☒□□□　四□□□……（背）　四二一
令申道變□☒　四二二
☒□羽八十一鍭　四二三
☒主倉發　四二四
☒朔丙戌遷☒　四二五
校□三年□☒　四二六
☒□□□□□☒　四二七
☒〓千□□未□□☒　四二八
□□端　☒　四二九
☒𠠘問如辤☒　四三〇
少内　犬
【説明】簡文「犬」爲原簡殘留。　四三一
廷倉☒　四三二
☒乙巳畜官守𨚵出雌雞一☒　四三三
【説明】左側殘留刻齒爲「一」。

粟〓十二石□斗☒　四三四
【説明】左側刻齒爲「十」，以下殘斷。
☒智它〓如　四三五
☒卅三年八月己亥朔乙巳畜官守𨚵　四三六
【説明】左側刻齒爲「三十」，以上殘斷。
駠鴈毛𠃊雞輔□□□　四三七
郡除道所者多☒　四三八
遷陵洞庭　四三九
☒白□羽二尺八寸二□□二尺□寸……☒
☒二尺六……　☒　四四〇
【説明】左側刻齒爲「二百六十」。
☒□□□夫〓免老烏不□☒　四四一
☒□奄如宫士夫〓　四四二
☒是佐平爲□□□適☒　四四三
☒□受校券令　四四四
司空　☒　四四五
安受☒　四四六
☒買遷陵司空□□□☒　四四七
☒𠃊爲買之安取錢☒　四四八
尉　☒　四四九
處放盜□☒　四五〇
洞庭尉府　四五一
☒□丗六斤效不備直錢三百廿六司空☒　四五二
廷　四五三
・三乘繫米五斗脯六朐☒　四五四

☒空薄卅三年十二月□☒　四五五
□□丙申☒　四五六
司空　☒　四五七
孟皆得毋恙多問□□☒　四五八
☒季少者☒　四五九
☒守丞昌□□□☒
☒兼　☒
☒□□兼　☒
☒□□☒　四六〇
高里大女子復亡□□□□☒　四六一
☒倉☒　四六二
☒收責留不□責登
☒□□□□襄手　四六三
卅四年五月丙子　四六四
逐令□☒　四六五
遷陵以郵行·洞庭　四六六
陽都萑丘☒　四六七
廷金布
……　四六八
遷陵洞庭　四六九
☒曰大守府即移會七月朢庫=集上會七月不　四七〇
☒訊賜辤　四七一
☒奴□□鉏芋西水度□☒　四七二
☒□弗受　□□☒　四七三

☒戊朔甲子少內守信出買牡羊☒
☒□前　令史㱿監　☒　四七四
卅□年□月□☒　四七五
☒□書不署其☒　四七六
☒∟今貳春田官☒　四七七
☒告貳春鄉主☒　四七八
守=府=令☒　四七九
☒□□□□有它□□☒　四八〇
☒年十月辛亥告貳春☒　四八一
☒□戍卒擅☒　四八二
一盾三百八十四⊠□□百八　四八三
廷金□發　☒　四八四
少內　☒　四八五
☒　卻手　四八六
【說明】右側刻齒爲「二百六十六」。
☒一一一一一一一　☒　四八七
☒不還□　卅四　四八八
十一月己丑水十一……☒　四八九
☒而共殺朱　四九〇
☒□及□□□□□如前□□□□　四九一
大男子定爲人□色長可七尺☒　四九二
今視故獄矐前☒　四九三
☒□□□□史匄□□☒　四九四
弩百七十九·　☒　四九五

☒寇罷歸□□☒　四九六

☒□其爲熒□□色□☒　四九七

☒陽里大女子榑來□□……　四九八

金鉦二　☒　四九九

☒□成里□□　☒

【説明】左側刻齒爲「二百六十六」，以上殘斷。　五〇〇

隸臣毆當收☒　五〇一

諂司馬謁者而☒　五〇二

☒□□□□□□☒　五〇三

洞庭□□□□☒　五〇四

☒徙爲作務錢☒　五〇五

☒陵令丞☒

☒行洞庭☒　五〇六

遷陵以郵行　☒

洞庭郡　☒　五〇七

☒□它如告　五〇八

☒徒薄貳春☒　五〇九

☒覆□□□得　五一〇

☒强爲處求之　五一一

☒出十一月稟之□☒　五一二

□以縣☒　五一三

☒律反☒　五一四

☒□尚掾☒　五一五

付□印扁錢八十☒　五一六

☒貲……☒　五一七

☒道吏□☒　五一八

錢……□□□□□☒

錢　☒

【説明】左側刻齒爲「一百三十一」，以下殘斷。　五一九

☒以書言所輸石斗數　五二〇

☒□百頃　☒　五二一

卅年三月丁亥啓陵鄉守☒

凡責廿九日　☒

十六日爲北積　☒

十三日治□　☒　五二二

☒□買之所　五二三

☒□□曰黔　五二四

☒卅卅卅　五二五

☒毋擇乚等乚　☒　五二六

☒□□□□□☒　五二七

訊童律曰童☒　五二八

□□□☒　五二九

☒□□□□　五三〇

☒心再搩☒　五三一

禾稼☒　五三二

☒鶩强爲☒　五三三

☒臨沅□□　五三四

☒□來出　五三五

遷陵已計⧄ 五三六

⧄□□斗⧄ 五三七

堪論失⧄ 五三八

其事狀辤⧄ 五三九

洞庭監御史府⧄ 五四〇

廷 ⧄ 五四一

⧄朔戊戌倉是付司⧄ 五四二

⧄空色佐敬分負□⧄ 五四三

⧄□□□⧄（正）
⧄……⧄
⧄各……□⧄（背） 五四四

廿八年五月壬戌司空守昌等作□⧄
□人學輪零陽
□□□□廟牧馬武□□□
⧄……乚悍乚狠乚謹乚處乚（第一欄）
九人⧄（第二欄）
【說明】分欄綫爲刻劃綫。 五四五

⧄……⧄ 五四六

昌不發□⧄ 五四七

以錢千⧄ 五四八

書爲□⧄ 五四九

不細□⧄ 五五〇

⧄有□□⧄ 五五一

⧄廷□倉發⧄ 五五二

⧄□□□⧄ 五五三

⧄□悉發官□⧄ 五五四

⧄□之守⧄ 五五五

啓陵鄉佐奢⧄ 五五六

卅二年十二月壬子⧄
倉乚庫乚□□⧄
少內乚司⧄
□□乚田⧄
畜官乚尉⧄ 五五七

⧄□□鋪□□□樛□
⧄…… 五五八

⧄書 五五九

⧄□發 五六〇

⧄遷陵・洞庭⧄（正）
⧄□ ⧄（背） 五六一

⧄受邯鄲五⧄ 五六二

⧄□書□⧄ 五六三

⧄□五十⧄ 五六四

⧄……⧄
⧄□□受司空□⧄ 五六五

尉廣佐式□⧄ 五六六

遷陵廿□⧄
城旦□□□⧄ 五六七

⧄□丞發 ⧄ 五六八

⍁洞庭⍁　五六九
⍁□□⍁　五七〇
⍁□⍁　五七一
⍁□史可以律令從事⍁
⍁□□□⍁　五七二
留日當騰勿留⍁　五七三
⍁□月戊午朔己卯叚少⍁　五七四
⍁□斷　五七五
⍁還陵　⍁　五七六
⍁舍公見犢召再與⍁　五七七
廷⍁　五七八
卅一年七月辛亥朔□⍁
其一人以卅一年二月丙午⍁
□人行書咸陽□⍁　五七九
卅五年六月戊午朔甲□⍁
獻品上恒會七月□⍁　五八〇
⍁發　⍁　五八一
⍁罪爲□⍁　五八二
南里户人士五贅　⍁
妻大女子娋　⍁　五八三
⍁還陵獄東發⍁　五八四
⍁□□三百卌八　五八五
⍁□以□⍁　五八六
⍁斷獄定治二日⍁　五八七

⍁□子辛巳下丞　五八八
九月丁酉旦佐敬以來／横發⍁　五八九
⍁家當受⍁　五九〇
⍁⊠廿四□乚其五十五斗〓廿卅〓斗〓廿九⍁
【說明】右側刻齒爲「二十」，以上殘斷。　五九一
⍁齎還陵田能自食　五九二
⍁⊠得⍁
⍁⊠□⊠□渠⍁　五九三
卅五年八月丁巳朔□⍁
治所遞廿八年丞令〓史⍁
□□……⍁　五九四
□□丞⍁
廥□□□⍁　五九五
⍁卅八年⍁　五九六
⍁□清〓曰亡⍁　五九七
甲六十被⍁　五九八
⍁□戍卒⍁　五九九
亟令⍁　六〇〇
⍁□癸亥⍁　六〇一
⍁得⍁　六〇二
⍁其四人付貳⍁
⍁七人庫工　⍁　六〇三
⍁戊子朔庚子啓陵鄉⍁　六〇四
⍁陵⍁　六〇五

六〇六 ☒快☒
☒□☒
六〇七 ☒遷陵☒
六〇八 ☒□□□□☒
六〇九 ☒□若言云何☒
六一〇 廷主倉發☒
六一一 ☒□毋食☒
廿七☒
六一二 □□☒
☒　一人行書　☒
六一三 ☒　二人□革☒
六一四 ☒□子調自占皇帝十七年　☒
六一五 【說明】與第十層六一四綴合。
☒□□榎□☒
六一六 ☒□□幺☒
六一七 ☒洞庭☒
六一八 ☒□行書守府食盡
六一九 ☒鄉☒
六二〇 ☒□等☒
六二一 ☒□□□□☒
六二二 ☒□二甲以此☒
六二三 ☒御史☒
六二四 □□□□各五石　☒
六二五 ☒出錢百七　卅五年六☒

六二六 ☒守府□☒
六二七 ☒佐壬行官□☒
六二八 ☒吏亦何☒
六二九 徒服來還☒
六三〇 ☒辤曰迺正月☒
六三一 ☒廷論報書到☒
☒□□□☒
六三二 ☒謁言　☒
六三三 ☒……☒
六三四 ☒即翥☒
六三五 ☒鐵牡一　元年☒
六三六 ☒□曰當☒
六三七 ☒□事☒
六三八 ☒□□守武佐平稾人藍出稾☒
六三九 ☒卅卅卌☒
六四〇 ☒升泰半升以緉爲鞫□☒
☒□□□□☒
☒大婢一人直□☒
六四一 ☒大婢一人有☒
☒城=旦=司寇鬼薪☒
六四二 ☒□□百人☒
六四三 ☒此獄不☒
六四四 ☒□□☒
六四五 ☒問當論☒

☑　□☑
☑卅三年☑
☑[萬]一千九百☑
☑□主失□☑　六四六
一人□☑
二人作□　☑
一人與□□　☑　六四七
☑□□□☑
☑□□□☑（正）
☑□□□☑
☑□□□☑
☑□之□☑（背）　六四八
☑□戊朔壬寅☑　六四九
木㰖四有□☑　六五〇
□□☑
丞發☑　六五一
☑……☑　六五二
☑獄遷☑
☑未乚辛丑言廿九年小畜□
☑盡已遣吏定乚尉都鄉
☑□故至今不上謁令尉都
☑夜遣吏定它如前後
☑□謁追勿留敢言之（正）
☑謂都□嗇夫前書已　六五三

☑……ノ九月丙寅旦食
☑……且☑（背）　六五四
廿七年二月丙子朔己亥庫□敢言之□□☑
泰柢在貳春鄉謁令貳春鄉以書到日＝夜☑
急敢言之　☑
二月庚子水下二刻佐赿以來ノ□半☑（正）
二月己亥遷陵守丞敦狐告貳春鄉主庫☑
木櫝其以書到時以盛主鄉弦當輸者有☑
内史者以屬佐□□ノ爽半ノ即水□□☑（背）　六五五
☑廷權縣官吏事它（正）
☑之廷它官及外使（背）　六五六
□止毋恙也公勉力戒慎事必張弦羛勝之　六五七
☑酉朔辛亥倉守囗敢告都鄉主＝曰嗇夫缺
☑毋養走謁假令與它官共養走有書
☑少内共養走它如律令敢告主（正）
☑……以來ノ囗發　臂手（背）　六五八
卅四年十二月丁酉朔丁巳遷陵守丞配敢告尉告少内田官主牒書
吏徙官者二牒下尉定籍故遣新官言視事日以「次傳別書它如律
令（正）
忠手（背）　六五九
倉曹未下官　六六〇
☑[令]佐平守司空治吏曹　六六一
☑陵陽里司寇□□☑　六六二
如窋及鄉書
……㝡受叚三月責錢卌（正）　六六三

□□□九百廿當負錢千四百廿六（背）
【說明】右側刻齒爲「四十」。 六六四
安居所與偕吏徒幾何人 六六五
令爲叚司馬兼□召遣言卒行者數・問之毋當 六六六
☑工乚卒＝張乚申□ 六六七
尉 六六八
鬼薪蒼輸鐵官廿八年三月丙辰斷戊午行　☑ 六六九
☑……☑
☑□□高里一 六七〇
卅三年五月庚午朔□子獄史義 六七一
廷主吏發 六七二
廷 六七三
吏曹書五封丞☑
二洞庭泰守☑
一梓潼　一臨沅☑
……☑ 六七四
☑□安在日作出入薄及☑ 六七五
☑鐔鈇子小女子壬眀赤色長可三尺五寸年六歲衣襌衣一☑ 六七六
☑□恒以朔日上
☑□當令者敢 六七七
廷主吏發 六七八
☑入□□□□☑
☑入□□□□☑ 六七九
卅四年十二月癸丑司空不上作徒薄　☑
……□劾奏遷陵□□曰移獄圄當□☑

☑□敢言之寫上圖以臨夬敢言之☑ 六八〇
☑令佐履受倉守武佐平　☑ 六八一
有坐去署☑ 六八二
☑□斗鹽半升芻 六八三
☑誣它如☑ 六八四
廷戶發 六八五
沈取薄書☑ 六八六
☑傳送徒令繕治爲今☑（正）
☑□之　☑（背）
【說明】正背面文字書寫順序相反。 六八七
它如校書 六八八
遷陵洞庭 六八九
十月丁巳少內作徒薄受☑
其一人求羽胃　☑
三人級□□環　☑ 六九〇
☑□□☑ 六九一
廿八年□
□□及
稟致臨 六九二
廷 六九三
卅四年二月☒ 六九四
□□發遷陵時受 六九五
曹卅四年
當計
甲 六九六

☑中時申與嘉偕汲渚 六九七
不優事獻輪者恒先期一月它盡如 六九八
爰書□□□□□□曰□□□☑ 六九九
寄此書戍□ 七〇〇
遷陵・洞庭☑ 七〇一
上=造=妻以上有罪〕 ☑ 七〇二
☑爲札書其節輒刷復用毋費 ☑ 七〇三
身自將官屬豫求捕先畜善養食 七〇四
年☒所輸☒賦白翰羽乚翠羽 七〇五

倉畜員
牝彘二少ノ
豶一丨
豭一 少（第一欄）
牝犬一 丨
牡犬一
雌雞一少
雄雞二少（第二欄）
牡□二見
丨（第三欄）
【說明】刻劃綫分欄。 七〇六

入家節弗能入道是□□☑ 七〇七
東平陵☑ 七〇八
廷 七〇九
☑鄙何爲□□□☑ 七一〇
遷陵・洞庭 七一一
如前 七一二

・守府下竹官史笥書言闌外 七一三
訊卻買鴈毛毋有令也卻□□□☑ 七一四
・多問鄭=慶=丈人鄭柏慶所寄書問履（正）
孟（背）
【說明】正背面文字書寫順序相反。 七一五
☑耐二凡贖耐三 七一六
啓□□□□☑ 七一七
及□□皆□毋恙也□□□□ 七一八
衛上造受受報之如三人錢（正）
受受受受報（背） 七一九
【說明】與第十層七一九綴合。 七二〇
☑□毛何年出訊其 七二一
☑唯毋失期☑ 七二二
☑令佐應上當令者一編它 七二三
☑卅三年八月已備乚 ☑ 七二四
粟=十□石八斗□☑
卅□年九月戊辰☑
【說明】左側刻齒爲「十」，以下殘斷。 七二五
☑曰□□□ 賢主
☑□居責隸臣獲牧畜☑ 七二六
【說明】左側刻齒爲「三十四」，以上殘斷。 七二七
☑……☑ 七二八
☑□卻辤☑ 七二九
・卅三年五月庚午朔乙未司空☑ 七三〇
☑所衛羊百錢雜

☑　處手　七三一

廷主倉　七三二

☑……☑　七三三

☑主爲薄誤少一人它如劾問如辭丞□令　七三四

廷金布發☑　七三五

☑卯田官守敬入胡傷☑　七三六

☑……　七三七

☑倉□月癸未付□☑　七三八

☑□腩二朐臘羹半☑　七三九

☑□□責卅　隷妾　☑　七四〇

廷主吏　七四一

☑☒萬☑　七四二

處ᒪ□問□☑　七四三

☑□□坐□☑　七四四

☑不智它=如書　七四五

卅四年十一月丁卯□☑　七四六

☑論嗇夫吏主者已輸☑　七四七

……□□□巳田官建出船一袤四丈七尺賣☑

【説明】左側刻齒模糊，不能辨識。　七四八

☑□廣上造□☑　七四九

遷陵　洞庭　七五〇

·令曹發　七五一

☑八倉是佐襄負☑　七五二

粟=八斗　廿七年□□己未啓陵鄉☑　七五三

廷户發　七五四

☑□捕群盜　七五五

☑□□啓陵傳舍櫰□□　七五六

☑如書敢言之　七五七

遷陵所自趣□☑　七五八

☑　□手　七五九

廷主吏發　七六〇

☑□□□□謁毋□遷陵☑　七六一

□等以買此鳥☑　七六二

·凡弩百卌九　☑　七六三

□□□以□捕之　☑　七六四

☑……　七六五

枳□問庯□☑　七六六

啓陵到界水道十四□☑　七六七

☑戊戌朔甲子少内守信出買牡羊五☑　七六八

☑……☑

☑□許司寇隷臣妾奴　☑

☑□□隸其當耐□☑　七六九

☑□牒市者徒一牒名吏

☑所它別言敢言

☑□　七七〇

☑中里牧童胡所☑　七七一

卅□年□月己巳朔癸巳☑　七七二

☑□□不上……　七七三

尉☐　七七四
十一月戊辰□□啓□　七七五
廷令曹　七七六
居貲士五成里廣年廿六歲皙色長七尺☐
司空守義丞配符卅四年正月丁卯朔戊令史☐　七七七
□□年□月□□朔癸巳遷陵守☐
糴便曰亟更言粟☐
□□遷陵粟貴糴□☐　七七八
☐心及急☐（正）
☐□心□手☐（背）　七七九
☐□又月□□　☐　七八〇
六月己酉□□☐　七八一
☐養　七八二
鄉輸羽寬即將徒求□☐　七八三
☐遝贛☐　七八四
遷陵洞庭　七八五
☐　説手☐　七八六
☐□李季南舍　七八七
☐□□□吏□☐　七八八
☐□隸以其七月丁酉☐　七八九
式□□其☐　七九〇
吏可☐　七九一
☐□□失期□☐　七九二
☐□□九□□☐　七九三

☐午司空佐沈□□☐
☐物故沈戍不行責□☐　七九四
☐智□□□□☐　七九五
☐遷陵書牒☐　七九六
出船一稷亡已☐　七九七
☐毋它□☐　七九八
☐亡贖耐一坐將人☐　七九九
警敢☐
備責☐
□□□☐　八〇〇
☐成都主移敢☐　八〇一
☐秖罪大☐　八〇二
☐寬得☐　八〇三
☐卅二年九月甲☐
☐　令☐　八〇四
☐□恒皆☐　八〇五
☐年七月庚辰行　☐　八〇六
☐六稷輸索陽安☐　八〇七
司空畜員　☐
牝彘一丨☐
豶一少　☐　八〇八
☐獄　（正）
☐洞庭（背）　八〇九
鬭　☐（正）

城旦□□□□☐（背） 八一〇

亡人□☐ 八一一

☐朔庚午庫武作徒☐ 八一二

☐□貳春鄉守□敢☐ 八一三

☐□嗇夫吏 八一四

☐言毆庭不聞公來□不☐ 八一五

☐不□□□☐ 八一六

啓☐ 八一七

☐室有亂罷必☐ 八一八

☐□銜員百六十☐ 八一九

☐□□□□☐ 八二〇

☐旗　☐ 八二一

廷吏曹發 八二二

☐酒六斗半斗 八二三

☐上造成都壹志武☐ 八二四

☐具此中　☐ 八二五

覆獄=史脩治所脩發 八二六

卅二年倉廚☐ 八二七

遷陵以郵行洞庭 八二八

廷　☐ 八二九

☐路里蒼死・廿☐ 八三〇

少内（正）
廷曰……（背） 八三一

尉满□☐（正）
酉陽・☐（背） 八三二

☐它如前　☐ 八三三

☐・問之已以十月已未過☐ 八三四

☐到爲報敢告主丿茝手　☐（正）
☐廷倉曹☐（背）
【説明】正背面文字書寫順序相反。 八三五

☐□之尉非見此人 八三六

☐敢言之覆獄遝☐ 八三七

☐□□書□□對請 八三八

☐不□不□☐ 八三九

☐失共爲校☐ 八四〇

☐□弗……☐ 八四一

☐不足二乘　☐ 八四二

☐屬屬□書言 書屬☐（正）
☐邦屬邦☐（背） 八四三

【説明】與第十層八四三綴合。 八四四

☐都□郭　☐ 八四五

遷陵主倉發洞庭☐ 八四六

☐空□言署倉曹發☐ 八四七

卅一年□月辛□朔☐
錢二……☐ 八四八

☐□以□次更□□☐ 八四九

☐□□□ 八五〇

☐造旬陽宜秋上計未來 八五一

遷陵　洞庭☐ 八五二

☐□器計出卅□年…… 八五三

☐□☐ 八五四

☐……□□戊午……四治□已繇□□□……☐
☐木增弩□……取□□□榮乚總乚□乚□□☐ 八五五

屬舉□遷陵□□□□□ 八五六

☐陵券乚爰乚□乚 八五七

☐□佐署□□ 八五八

☐敢言之守□☐ 八五九

告尉司空倉畜官三鄉主☐ 八六〇

☐□ 八六一

☐月　壬申黄 八六二

☐□□□□□□□□□少內 八六三

□□□主……☐ 八六四

☐署主倉發…… 八六五

☐賈令☐ 八六六

☐爲□☐（正）
☐不……☐（背） 八六七

☐不應式具論□☐ 八六八

☐用令史式□以季時爲□☐ 八六九

☐－－－－－－－－－☐ 八七〇

西□□獄史□〓發□☐ 八七一

遷陵洞庭 八七二

☐吏曹☐ 八七三

☐□得令尉☐ 八七四

☐……□寸六十二鍭
☐……□□□□□百金錢計付器□　☐ 八七五

☐吏史者而不從軍者☐ 八七六

☐覆獄遝亢佐☐ 八七七

☐□倉是
☐　慶手 八七八

☐廣辟曰☐ 八七九

遷陵卅年十一月朔日見兵產☐
鐵劍九十八　☐ 八八〇

書廿八年九月□□□丁未起留一日具治而留☐ 八八一

二月壬子□☐ 八八二

☐陵主符發☐
☐　洞庭☐ 八八三

遷陵洞庭　☐ 八八四

☐☒□□☐
☐☒後上☐
☐☒□☐ 八八五

☐符□☐（正）
☐吏☐（背） 八八六

予□□□　☐
予□□□□　☐
予庫□□廿二　☐ 八八七

雒陽☐ 八八八

☐言之令佐式自言去家過☐
八八九 ☐□謁告枳期盡遺之☐
八九〇 （圖案）☐
八九一 ☐□倉發洞庭☐
八九二 ☐年囚𣪠者縣副
八九三 ☐□□興……☐
八九四 ☐急及急急
八九五 廷金布發
八九六 ☐□□盎購萬
八九七 遷陵以郵行洞庭
八九八 ☐主倉發
八九九 ☐敢言之沅陵☐
九〇〇 ☐庭
令曹□☐
九〇一 九月丁酉日☐
九〇二 ☐當環千三百六十六
九〇三 訊魋=買勆毛□☐
九〇四 ☐又有有有有
九〇五 ☐洞庭　☐
九〇六 ☐□般
九〇七 □遷陵洞□☐
九〇八 都鄉☐
☐十二　☐
☐戊辰司空守義貲責計受□☐
九〇九 【説明】右側刻齒爲「二千五百五十」，上下均有殘缺。
九一〇 ☐□乚□工□□☐
九一一 寫上謁以臨計敢☐
九一二 ☐尉☐
粟=一石　卅三年□☐
九一三 【説明】左側刻齒爲「一」。
九一四 ☐□☐
九一五 報署主府發敢告主☐
九一六 廷金☐
九一七 ☐空守𨛭佐應出大枲□☐
九一八 廷主吏發
九一九 ☐□城父桃里□☐
九二〇 ☐遷陵守丞某敢告辰陽丞主或詣大男□☐
☐□□□當□☐
☐以貲一盾以當過☐
九二一 ☐□當城旦舂耐以☐
九二二 ☐□洞庭☐
九二三 令者敢言之　☐
☐……☐
☐……☐
☐充……☐
九二四 ☐……☐
☐……
☐直三

⧄□三（第一欄）
·雄一⧄
·雌四⧄
⧄午朔戊午□□⧄（第二欄）　九二五

⧄□□瞉過□□令史　九二六

⧄年九月倉曹已⧄　九二七

遷陵獄東曹發以　⧄
郵行洞庭　⧄　九二八

⧄府　九二九

⧄□笞緘屬守府隸臣[印]不備者疏　九三〇

⧄□少内守許□錢四萬□⧄　九三一

遷陵洞庭　九三二

⧄轡裹□□城宗□□
⧄　黑手　九三三

斂飧苙謾□⧄（正）
□食餽⧄（背）　九三四

⧄　四人取芒挾阮道粲
⧄　三人病兹箴女巳（第一欄）
一人□⧄（第二欄）　九三五

⧄□買牛徒一人與⧄　九三六

⧄以歸　⧄　九三七

⧄□畔守丞□□□等　九三八

⧄陽陽⧄　九三九

九月癸未入□□□□□□⧄　九四〇

私謁令史蒲[中]　九四一

更戍卒死者札□□⧄　九四二

⧄木志心不□⧄　九四三

⧄□石上謁令司⧄
⧄已還陵守⧄　九四四

□□⧄
□志⧄
各令⧄
□⧄　九四五

⧄者卅九人官司空□□□□□□⧄
⧄□□□□□□□□□□以□⧄
⧄治屬□□□□□□□□□⧄
⧄□計□□□□□□□□⧄　九四六

⧄一人爲里典三人　捕⧄　九四七

⧄曰組陽令史□⧄　九四八

尉　九四九

⧄尉府令縣□　⧄　九五〇

⧄⊠□⊠毋龍亭到⧄
⧄⊠給申亭到□⧄　九五一

都鄉畜員
牝彘一少
豭一少（第一欄）
牝犬一丨⧄
雌雞三少⧄

雄雞一少⧄（第二欄）　九五二

⧄遷陵丞□□⧄（正）

⧄……⧄（背）　九五三

⧄□□陵□□□不備□□□百卅

（圖案桃人）　九五四

⧄　□手　九五五

⧄書言□寅　九五六

司空⧄　九五七

⧄□弗收有弗令以令　九五八

⧄□□□□□⧄（正）

⧄□□□□□⧄（背）　九五九

令史逐等　⧄　九六〇

倉　⧄　九六一

上□□□□□□□泰守府以　九六二

倉　九六三

五月壬申倉荅敢言之遷⧄　九六四

⧄夜今□食食食食　⧄（正）

⧄食夜食食食　⧄（背）　九六五

⧄縣道官通□⧄

⧄□其九□已置□⧄

⧄□謁報敢言之⧄　九六六

⧄養斂斂☒□□⧄（正）

⧄☒□□⧄（背）　九六七

遷陵洞庭　九六八

及及及急及　⧄　九六九

笞除計　⧄　九七〇

⧄□□□□□□□□□□□□⧄（正）

⧄……⧄（背）　九七一

廷户發⧄　九七二

⧄□敬□□⧄　九七三

⧄陵守□⧄　九七四

⧄□朔甲寅尉守□敢言之□⧄

⧄□□□鐔□□⧄

⧄□□⧄　九七五

⧄□未日中牢人同以來　⧄　九七六

⧄遷陵・⧄　九七七

廷⧄　九七八

遷陵洞庭　九七九

⧄□木⧄

⧄□□⧄

⧄□□⧄　九八〇

⧄□律曰祠□⧄　九八一

⧄數五月辛卯　九八二

⧄韭四百一十九畦⧄　九八三

臨沅＝陵言書到索零陽⧄

尚出　⧄　九八四

户曹書一封遷陵丞印詣⧄

元年七月乙卯旦居貲起⧄　九八五

書卅□年□□甲子□□☑　九八六
可可𪗋斷斷可斷者不斷斷☑　九八七
☑……☑
☑七十一鍭芥五升㯼一☑　九八八
遷陵洞庭　九八九
告啓陵鄉主牛節病□☑　九九〇
☑陵令佐□守造敢□□□☑　九九一
☑庭　九九二
遷陵主倉☑　九九三
次金布次吏☑　九九四
廷主户發　☑　九九五
☑之所至今不☑　九九六
☑□未遣　九九七
☑　令佐宧監☑　九九八
【説明】左側刻齒爲「一百」，上部殘斷。
五月丁未日中過啓陵鄉☑　九九九
司空（正）
裹城父傫里□（背）
【説明】正背面文字書寫順序相反。　一〇〇〇
☑壬佐課付庫平佐狐☑　一〇〇一
☑□　一〇〇二
☑給申亭徑道十九里
☑□亭徑道卅里
☑……里　一〇〇三
☑－－－－☑　一〇〇四

☑榦□□□案之☑　一〇〇五
☑□□禪帬各一☑　一〇〇六
☑□洞庭　☑　一〇〇七
廿五年八月戊辰貳□☑
□錢二百　□☑
【説明】左側刻齒爲「四十二」，以下殘斷。　一〇〇八
☑六十□段□六百廿□□□☑　一〇〇九
廿九年遷陵畜牛積☑
死十四牛☑
衔之八百一十三有十四☑　一〇一〇
尉☑　一〇一一
☑□洞庭　一〇一二
☑親□□□☑　一〇一三
☑獄史□與洞庭監御史　一〇一四
☑自致獄☑　一〇一五
☑□甲戌遷陵稾司馬□☑　一〇一六
☑□羊□□藍☑　一〇一七
☑□□問之聲耐爲司☑　一〇一八
□七月甲子貳春鄉守□☑　一〇一九
☑洞庭郡　一〇二〇
覆獄☑　一〇二一
☑官一牒署□□□☑　一〇二二
☑朔癸酉隸臣□□□　☑　一〇二三
☑一人牧鴈☑　一〇二四

廷倉曹☑　一〇二五

☑……曰毋馬□□□　一〇二六

·遷陵敞可爲繕者予洞庭☑　一〇二七

遷陵洞庭☑　一〇二八

陽□□□□☑
卅四年十二月丁酉朔□□□令佐☑　一〇二九

十二月丁酉朔甲寅遷□□□☑　一〇三〇

☑　辨手　一〇三一

☑辤及　一〇三二

☑□一杜一衍陵一酉陽☑　一〇三三

☑武□☑　一〇三四

☑失期□□☑　一〇三五

☑廷☑　一〇三六

☑守府　一〇三七

遷陵☑　一〇三八

遷陵洞庭　☑　一〇三九

☑□□廿八石夫=三人之☑　一〇四〇

☑□守府下☑　一〇四一

☑□以問以　☑
遷陵□☑　一〇四二

發洞☑　一〇四三

廷倉曹☑　一〇四四

上見諱盜☑　一〇四五

遷陵洞庭　一〇四六

……☑　一〇四七

☑□□□……
☑陵□□□☑　一〇四八

☑□庭☑
☑虜能爲☑
☑牒丿廿四年☑　一〇四九

☑□□丞主讀□☑
敢言之丿……☑
□寅尉守□敢□□□□☑（正）
……☑　一〇五〇

□手　☑（背）　一〇五一

☑公田印　一〇五二

☑□□□☑　一〇五三

☑痤　☑　一〇五四

尉☑　一〇五五

☑二年工官□☑　一〇五六

☑問孟乚　☑　一〇五七

幾何鋌☑　一〇五八

☑陵守丞銜前爲☑
卅三年三月□□☑（正）　一〇五九

卅三年七月己□☑（背）
卅一年四月癸未朔甲辰啓☑　一〇六〇

受倉大隸妾三人☑
☑□□佐秦稟人□☑　一〇六一

▨　令史▨ 一〇六二
▨從吏以書到時令毋 一〇六三
▨□令下將乘甬・巫尉史志書
▨椎質遷陵爲校券一上謁告
▨□廿六年謁報遷陵敢言之
▨可以從吏敢告主ノ僉手　丨（正）
▨　夫手（背） 一〇六四
卅年十月□▨
反者收□▨（正）
十月辛卯旦▨（背） 一〇六五
▨年四月戊□□……　▨
□人□□□□□□□　▨
□□□……　▨
二人□□□　▨
四人□菌□□□□□∟□　▨
廿五人付田□　▨
□□□□□　▨
……□∟□　▨
□人……悍　▨
……□□∟謹　▨（正）
四月戊子司空　▨
戊子旦佐□以來　▨（背） 一〇六六
廿六年五月辛巳朔□申倉守年敢言□遷……胊□□□
□□二人貸粟一石六□端賈石七十錢眾等□□▨□□校券

三告……倉貸「□□□∟今案之券署西陽∟析故一券□□
▨□□□□□□□□□室□「□□□斗付西陽倉貣計=
廿六年□報敢言之ノ□□戊申西陽守丞宜敢……「□□□
□□□敢告主ノ□手（正）
六月己未遷陵守丞敦狐告倉主下券以律令從事言ノ逐手
□□□卯□□以來ノ□半　己未水下盡走丙行　□手（背） 一〇六七
【説明】與第十層一〇六七綴合。 一〇六八
廿九年後九月辛酉朔壬戌倉趙敢「言之己廥粟以壬戌索出
備敢言「之（正）
後九月壬戌水十一刻=下……　□手（背） 一〇六九
▨□年□月□□朔癸巳啓陵鄉守唐受鄉畈　唐手
【説明】右側刻齒爲「四十四」，以上殘斷。 一〇七〇
▨八千□百卅一 一〇七一
白翰羽及諸賦□▨ 一〇七二
遷陵金布發洞庭 一〇七三
尉 一〇七四
三月戊午水下八刻夷渠郵人辰以來ノ氣半・事已具不下
司空 一〇七五
▨事佐泱棄其官不告嗇夫問瘳曰 一〇七六
倉曹五月　已事 一〇七七
槽　▨ 一〇七八
▨毋言∟摩□所有頃意=
▨□ 一〇七九
木杼一今見　少内
【説明】左側刻齒爲「二十」，右側刻齒爲「三十」。 一〇八〇
▨□八升 一〇八一

☒徒薄 ⧄
☒☐遷陵☐⧄
十二月丁酉朔甲☒言之☐ ⧄（正）
十二月丁酉朔乙卯倉曹令佐壬移☐⧄（背） 一〇八二
☐☐書一☐⧄
卅四年☐☐☐⧄（正）
☐月丙申日中☐☐⧄（背） 一〇八三
⧄☐丞印☐洞庭尉府 ⧄
⧄……⧄（正）
⧄☐☐☐☐☐☐⧄（背） 一〇八四
☐☐年三月壬午朔戊戌倉定敢言之前日☐出稻廿六石六☐⧄
☐上☐往涇濕成會等卅八人稗校券三予遷陵☐☐⧄
石☐六十三錢ㄥ令計用故方謁告遷陵以從事☐☐⧄
陵倉☐計問何官署付☐☐☐☐☐報司⧄（正）
☐☐☐敢言之……遷陵☐令☐⧄
廿七年……有……新武陵校☐令☐☐☐☐⧄
☐從事……之ノ陽手ノ戊辰新☐☐守丞⧄
令史可以從☐☐☐☐ノ逐手ノ八月丙戌丞配下☐以律從
事ノ☐ ⧄（背） 一〇八五
⧄配敢言之廿八年歲紅用染
⧄空爲伐稍輸毋出四月醬已
⧄臚之告司空主以律令從事（正）
⧄☐半 它人手（背） 一〇八六
卅一年五月壬子朔⧄
之令曰上麥穜數⧄
問之毋當令者敢⧄（正）
五月壬子日中時隸臣快⧄（背） 一〇八七

【說明】與第十層一〇八七綴合。

廿六年☐☐月癸丑朔☐子司空守武敢言之☐☐☐☐☐」芋三
百☐☐九斗☐升輸司空☐☐倉☐敢言之 一〇八八
十二月戊辰遷陵守丞敦狐告倉☐以律令從吏ノ戎夫手（正）
……十一刻下者九刻佐……壬午水……☐行 ☐手（背） 一〇八九
及又☐☐☐☐不☐☐☐☐⧄（正）
☐以☐☐☐☐☐☐☐☐☐☐⧄（背） 一〇九〇
⧄☐貳春鄉窯敢言之令
⧄錢八百謁令宫受敢（正）
⧄以律令從事・爽手ノ即水下
⧄ 爽半 尚手（背） 一〇九一
⧄言之泰守☐當繇
⧄守府今上當令（正）
⧄ 積手（背） 一〇九二
⧄☐後言貳春鄉多故荆盛☐
⧄☐輸亶櫝四且以盛弦當輸
⧄四刻佐赽行 赽手（正）
⧄輸内史者多皆當以木櫝盛☐
⧄☐輸輕木櫝四唯毋乏輸＝（背） 一〇九三
⧄庚辰酉陽守丞罣敢告遷陵
⧄☐捐行書六封令史可受爲（正）

☑　□手（背）　一〇九四
尉☑（正）
廷户曹發☑（背）　一〇九五
☑=日遷陵守丞武敢言
☑□恒會六月朔日泰守府
☑□言之（正）
☑□□□□　尚手（背）　一〇九六
啓陵鄉　☑（正）
廷掾曹發☑（背）　一〇九七
廿六年□月□□朔□□發弩守[相]如敢言☑
……□□□十三人一牒上謁令倉稟☑
……陵□□□□□□□[倉]主以律□☑（正）
□月□□亀以來□□□如意□倉☑（背）　一〇九八
□□□十二月丁酉朔乙丑遷陵守丞配敢告襄武丞乚主令曰
洞庭郡欲自除有秩以下不備其縣官員者許之令乚冗佐士五
襄武□□賀[署]遷陵日備因除爲遷乚陵吏令史可以律令從事
敢告主（正）
□□月丁卯旦守府□讎□　□手（背）　一〇九九
福敢謁變☑（正）
問夫=在上者敬☑（背）　一一〇〇
☑陵丞昌敢言之令曰恒以
☑□繇徒爲□毋有亦言·問（正）
☑　扁手（背）　一一〇一
☑守丞有敢言之守府卻遷陵言

☑貴賤賈論當坐者言夬·今
☑便謁除□□[衣]用詣史（正）
☑□
☑　□半（背）　一一〇二
☑壬申遷陵丞昌敢言之律曰☑
☑人乚[奇]不盈二□者勿益·今遷陵十一☑
☑益定員令史□□有不定者謁令朝定☑（正）
☑先言謁朝□以定員☑（背）　一一〇三
卅年十一月庚申朔甲午倉是敢言之□☑縣籍錢不備☑
二石七斗□分升五直錢三百卌·凡錢☑□問故倉上造☑
佐同[縣]公士上□蔡□主□能歐□□□歟四百卅三茹四☑
□言謁令家人□□□□及爲校券各一皆上謁告□□☑
家而定以受鄉□[書]□錢計問何官計付署計年☑
……□□□□恐備書不到寫重敢言之手☑
☑□謁追敢言之ノ適手六月癸卯☑
☑□卅一年十月乙酉朔戊子倉守☑
☑之ノ富手十月乙酉朔辛卯遷☑（正）
☑署倉曹發敢告主　☑
☑……主[亟]言署金布□☑
☑……□□□□之□□□書□□□☑
[上]真書謁□□□陵□□□□□□手　☑
卅一年五月壬子朔乙□□守丞□敢告遷陵丞□□☑
騰□倉曹發□　☑
九月庚戌朔癸亥遷陵丞昌謂倉嗇夫以律令☑□言署倉曹☑

甲子□□□□隸臣快行九月癸☑□陽佐渭以來／嘉發☑（背） 一一〇四

【説明】與第十層一一〇四、一一〇六綴合。 一一〇五

【説明】與第十層一一〇五綴合。 一一〇六

平得爲夫=使☑
官嗇夫會□☑（正）
忠敬若 ☑
𦐇敬若 ☑
唐敬若 ☑（背） 一一〇七

☑□□年四月□□朔戊子少內□敢言之□□☑
敢言之／□手道一書四月戊子臨沅丞顯□☑
巳遷陵丞昌□追尉□□田司空少內倉□☑
☑□數□追□□□者□乏駿☑（正）
☑……金布發它如律□☑
☑月己未水十一刻=下□隸妾役□☑（背） 一一〇八

☑年五月壬子朔=日倉是敢言☑
☑□上麥穜數・問之毋當令☑（正）
☑壬子旦□□以來□發 ☑（背） 一一〇九

☑恒以朔日
☑問之毋（正）
☑□□☑
☑□手（背） 一一一〇

廿九年二月□□朔□□□□丞□□□□□……
……
……
……
……
……今史……（正）
……
□□□□刻……（背） 一一一一

□□年□月辛卯朔□□司空□敢言之令曰☑
上反者□□□適辠毋有亦言・□☑
當令者謁言泰守府敢言之 ☑（正）
□月辛卯□隸臣□以來／□□ ☑（背） 一一一二

☑□□□應少內校牒徵□=物=未來=問□ㄥ尉毋解
□□（正）
有……☑（背）
【説明】正背面文字書寫順序相反。 一一一三

□□年□月□□朔丙子田官佐獨敢言之廷書曰「[遣]佐
□廷言・今以丙子旦[遣]敢言之／主吏發（正）
□手（背） 一一一四

☑☒獄問者[謁]☒☑
☑☒敢言之／壬手 ☑（正）
☑……□□□上守府／壬手 ☑（背） 一一一五

遷陵☒爲☑（正）
□☑（背） 一一一六

☑□離☑（正）
☑彑家家家☑（背） 一一一七

追ㄥ今以辟書案致其籍平昌□☑（正）
一人織 ☑（背） 一一一八

一一一九
☐寅朔丁☐（正）
☐☐☐☐（背）

一一二〇
洞庭叚守丞☐謂縣嗇夫其以律令從☐（正）
事敢言之它縣它縣嗇夫其以　☐（背）

一一二一
卌四年年（正）
☐安聞之（背）

一一二二
☐三月壬午朔☐☐倉守不害敢言之佐亭☐
☐市謁令倉以乙未☐食倉以☐從事敢言（正）
☐☐水十一刻＝下☐佐亭以來☐半　敬手（背）

一一二三
廿八年四月庚午朔乙未☐☐
牘北上副已移倉☐（正）
城旦八十一人　☐
居貲責☐☐☐　☐
舂卌九人　☐（背）

一一二四
☐等禾稼數☐（正）
☐空田官☐（背）

一一二五
少内　☐（正）
☐洞庭（背）
【說明】正背面文字書寫順序相反。

一一二六
錢四萬一千☐百☐☐　卌三☐
【說明】左側刻齒爲「四萬一千」，以下殘斷。

一一二七
遷陵勻☐☐船司空☐☒☐（正）
☐☐☐☐輸失期☐☐（背）

一一二八
庚午☐☐☐宿黔……☐（正）
庚午起起　☐（背）

一一二九
☐巳朔丁☐遷陵守丞茲敢告☐
☐☐☐☐☐☐報之☐☐☐（正）
☐☐☐成里小上造☐☐☐☐
☐夜遣詣庫署庭起時令可課☐（背）

一一三〇
廿六年八月庚戌朔戊午貳☐
☐☐☐付……☐（正）
……以來ノ☐☐（背）

一一三一
☐乙酉畜官☐☐（正）
☐☐☐☐☐（背）

一一三二
☐除☐侍令臨沅遷陵
☐陵少内貲責計問何官（正）
☐　郤手（背）

一一三三
☐☐年六月……☐
☐☐式一牒☐……☐
☐☐牒謁☐☐泰守府敢言之☐（正）
六月☐☐水十一九　田五巫半荼校以來ノ行半　☐（背）

一一三四
☐年五月☐☐
☐☐尚輸☐
☐之　☐（正）
☐月乙亥遷陵拔☐
☐刻走稚行☐
☐☐丙子日中☐（背）
☐年十二月癸卯朔庚戌采鐵☐

上謁令倉稟敢言☒（正）
城旦十一人　☒
春六人　☒（背）　一一三五

☒□□□□□□□
☒□□入爲錢校券（正）
☒……校券☒
☒□□□
☒□主□□敢告主□（背）　一一三六

☒……□□
☒□□從事□□（正）
☒　忠手（背）　一一三七

☒色二百一十六四　☒（正）
☒□□□□金　□一　☒（背）　一一三八

☒□年七月己巳朔□☒☒
☒□□婺任□□□□☒（正）
卅三年七月己巳朔甲戌☒
七月甲戌□□□以來／☒（背）　一一三九

尉（正）
廷獄南發（背）　一一四〇

☒兵計校繆智（正）
☒三百鏃以爲☒（背）　一一四一

☒□　一一四二
☒少内段敢言之問之偏佐☒
☒沅責偏定以受遷☒（正）

☒以來／履　☒（背）　一一四三

☒□輸皆未備寫下謁令縣日夜輸如賦
☒□零陽涓固有前書／弘手／四月癸未□□
☒□□白啓陵鄉□□□☒（正）
☒□□□……
☒來吾發（背）　一一四四

☒困朔戌☒（正）
☒□食□☒（背）　一一四五

☒詭□起□都（正）
☒□□可以□（背）　一一四六

☒及及壬手及手壬手☒（正）
☒急急卅心卅□□☒（背）　一一四七

☒吏／廿六年十一月壬戌穎川守澲（正）
☒主／忠手（背）　一一四八

☒計□入廿九年九百六☒（正）
☒……☒
☒之……□□□□☒（背）　一一四九

☒受令／季脯檢在趙柏舍者乚　福巳耤之矣（正）
☒季福顒辟矣季□欲寄言有（背）　一一五〇

【說明】與第十層一一五〇綴合。

一一五一
卅三年十月甲辰朔乙巳貳春鄉守福爰書東成夫＝年自言
以小奴處予子同里小上造辨乚　典朝占
福手　一一五二
☒陵鄉守雜爰書以啓陵器物小畜粟＝效屬啓陵鄉瓬毋羸

不備者
☐□陵鄉叚敢言之寫上謁以臨官敢言之ノ叚手　一一五三
……☐
……過啓陵……☐（正）
☐辰水下盡郵人郢人以來　ノ犯半　☐（背）　一一五四
敢謁柏迺者責欲寫書　☐　一一五五
高里大女子□ㄴ貧毋穜以田　·田者大女二人小男一人
小女一人　·有田卅畝　里吏丹占
□七年四月丁酉發弩守蒼薄冗戍四人　一一五六
其一人求盜
一人居責司空（第一欄）
一人行書夷鄗亭　☐
見一人得付司空　☐（第二欄）（正）
冗史阬上　☐（背）
【説明】分欄綫爲刻劃綫，右側有四個契口。　一一五七
令卯　一一五八
卅三年十二月癸卯朔庚戌少内守㝡入徒所捕白翰羽三百
□十鍭其八十□鍭＝二尺五寸ㄴ卌六鍭＝二尺ㄴ百六十……
尺三寸」八十鍭＝七寸　雜手
【説明】左側刻齒爲「二百一十」。　一一五九
☐……首居貲贖責作官府與徒同作務不繇□者薄
☐……八日五十人
☐……（第一欄）
百日伐榦
百八日取萅
……（第二欄）
四百六日吏僕☐
五百五十九日取□☐
二百日伐材　☐（第三欄）
【説明】第二欄與第三欄爲刻劃綫。　一一六〇
都鄉金宛一　卌四年六月甲午朔戊申令佐連受少内守□
□□一　卻手
【説明】右側刻齒爲「二」。　一一六一
卅四年十二月倉徒薄㝡
大隸臣積九百九十人
小隸臣積五百一十人
大隸妾積二千八百七十六
·凡積四千三百七十六
其男四百廿人吏養
男廿六人與庫武上省（第一欄）
男七十二人牢司寇
男卅人輸鐵官未報
男十六人與吏上計
男四人守囚
男十人養牛
男卅人廷守府
男卅人會逮它縣
男卅人與吏男具獄（第二欄）
男百五十人居貲司空
男九十人毄城旦
男卅人爲除道通食

男十八人行書守府
男卅四人庫工
・小男三百卅人吏走
男卅人廷走
男九十人亡（第三欄）
男卅人付司空
男卅人與史謝具獄
・女五百一十人付田官
女六百六十人助門淺
女卌四人助田官穫
女百卌五人毄舂
女三百六十人付司空
女三百一十人居貲司空（第四欄）
女六十人行書廷
女九十人求菌
女六十人會逮它縣
女六十人□人它縣
女九十人居貲臨沅
女十六人輸服弓
女卌四人市工用
女卅三人作務（第五欄）
女卌四人付貳春
女六人取薪
女廿九人與少內殷買徒衣
女卅人與庫佐午取桼
女卅六人付畜官
女卌九人與史武輸鳥
女六十人付啓陵（第六欄）
女卅人牧鴈
女卌人爲除道通食
女卅人居貲無陽
女廿三人與吏上計
女七人行書酉陽
女卅人守船
女卅人付庫（第七欄）　一一六二

錢六萬二千三百卌三　卅四年十一月丁卯朔庚午司空守唐
受少內守連
　卻手
【説明】右側刻齒爲「六萬二千三百四十三」。　一一六三

雞雡四　▨
卅三年十一月癸酉朔己亥尉廣受倉　▨（正）
履　▨（背）
【説明】右側刻齒爲「四」。簡首有「V」形切口。　一一六四

廷▨　一一六五

▨……陽發▨　一一六六

……四
……四寸
……　一一六七

作□簿具此
……
第甲……　一一六八

及書此告毆尉具爲讂　一一六九

具上治□署亡□□當令□□□□　一一七〇

☒……☒　一一七一

☒□佐□☒　一一七二

☒·洞庭　一一七三

廷☒　一一七四

☒□□□□□☒　一一七五

遷陵洞☒　一一七六

☒……丞□……□
☒……公車司馬□□獻而
☒□解何□……□□陽司馬謁者皆具爲
☒……它如律（正）
☒　□手（背）　一一七七

遷陵洞庭　一一七八

☒行詣□□☒　一一七九

☒……□毋……☒　一一八〇

☒□□□□☒　一一八一

☒陵　洞庭　一一八二

☒□□之□（正）
☒□手（背）　一一八三

獄南曹書三封丞印一詣漢中□☒　一一八四

毛毛毛毛☒（正）
毛毛毛毛毛☒（背）　一一八五

☒□定署□定志名皆以書言
☒□發它如律令□一書　一一八六

□□□☒　一一八七

卅四年十二月丁酉☒　一一八八

☒……☒
☒令若丞自發洞庭□☒　一一八九

……☒
弗上案言·今問之已□☒　一一九〇

☒倉曹　☒　一一九一

☒人
☒□□□人（第一欄）
一人行☒
二人□☒（第二欄）　一一九二

卅三年六月☒
【説明】右側刻齒爲「三千」。　一一九三

☒□府　☒　一一九四

廷☒　一一九五

☒□水十一刻=下一隷☒　一一九六

☒群盜☒　一一九七

☒□百……☒　一一九八

鄰□☒　一一九九

□□年三月丙午朔□☒
官以來令以下到□□名☒
月于牒兩編□□縣☒
□□□□☒　一二〇〇

遷陵□□☒　一二〇一

遷陵以□☒　一二〇二

遷陵洞☐　一二〇三
☐巨瓦與叚倉☐　一二〇四
遷陵・洞庭　一二〇五
☐□守丞□□□□☐
☐□□□□□□□□☐　一二〇六
☐□血ㄥ冶□□温酒□☐
☐辟□・嘗試　☐　一二〇七
☐□利足行洞庭　一二〇八
☐☒□☒☐
☐☒憂☐　一二〇九
傳　一二一〇
☐毋□　一二一一
☐可□茲□□予□☐　一二一二
□非是□言□☐　一二一三
☐□僞・☐　一二一四
遷陵☐　一二一五
……令……☐　一二一六
☐洞庭☐　一二一七
遷□☐　一二一八
☐……　一二一九
□□□□☐　一二二〇
☐稟□□☐　一二二一
□□　☐　一二二二
☐□有□獻上☐　一二二三

☐□□□□□□□□□□□☐
☐禪緘□　☐　一二二四
尉☐　一二二五
都鄉　☐　一二二六
事已日入遣自☐　一二二七
訊敬辭曰失不☐　一二二八
訊闖□☐　一二二九
☐令啓☐　一二三〇
□三年七月己巳☐
……☐　一二三一
☐□盈夷鄉　一二三二
☐□倉隸臣二人隸妾一☐　一二三三
☐□□□□☐　一二三四
☐□守建課☐　一二三五
【說明】與第十層一二三五綴合。　一二三六
☐通食及☐　一二三七
☐出二人☐　一二三八
☐慎毆敢再□☐　一二三九
☐五ㄥ五ㄥ五ㄥ二　凡□☐　一二四〇
☐□朔壬子遷☐　一二四一
☐□守義□上衍司☐　一二四二
☐□之有曰所□☐　一二四三
☐三牢人餽以來☐（正）
☐……☐（背）　一二四四

☒卅四年（正）
☒□寇司（背） 二二四五
☒□移所
☒□□□□（正）
☒□已移（背） 二二四六
遷陵・洞庭 ☒（正）
少内 ☒（背） 二二四七
☒ 少内（正）
☒□□□使□□□□其卌□（背） 二二四八
☒□言之☒ 二二四九
☒告遷陵主騰養（正）
☒□□ □手（背） 二二五〇
☒……（正）
☒□之□敢言……（背） 二二五一
☒卯朔＝日遷陵丞昌敢言之□☒
☒□□得毋有亦言・□之☒（正）
☒□庫丙行 ☒（背） 二二五二
日治 二二五三
☒大枲一鈞 □□守雜受少内守☒ 二二五四
☒二人乚發追逐先發有□ □☒ 二二五五
八月壬寅旦過酉陽☒ 二二五六
稻一石□□年九月□亥倉守趙佐□稟人□出稟□□□□
□□□者數□☒
令史□監 ☒

【説明】左側刻齒模糊，不能辨識。 二二五七
材司寇賜將今案之賜弗將有毋吏將 二二五八
遷陵洞庭 二二五九
☒遷陵洞庭 二二六〇
☒□辰稟人案稟□☒
☒足 ☒ 二二六一
☒年八月□酉□□□□□□等四人□□□十五乚□□□□
□□□□上其 二二六二
廷 二二六三
所求菌云病足非泰劇毆日夜求唯以 二二六四
☒稗入券束□ 二二六五
遷陵守丞□☒ 二二六六
廷金布發 二二六七
☒……□少内守狐
☒ 華手 二二六八
言之 户發 二二六九
問之□□令佐氣當坐昌 ☒ 二二七〇
武陵卅三年十一萬四百六十九 二二七一
☒更戍城父重華上造過書
☒……公幸勿忘爲書 二二七二
☒ 尺一寸 二二七三
尉 ☒ 二二七四
都鄉 ☒ 二二七五
莞席蒲席各四 卅四年七月甲子朔戊□☒
凡八

【說明】右側刻齒爲「八」。

☐□四　一二七六

☐　卻手　一二七七

横石□□其□入□□☐　一二七八

付其貸☐　一二七九

☐□佐瘳受獄牢人文　一二八〇

☐年卅一歲　一二八一

☐成里☐　一二八二

☐洞庭　一二八三

☐　窴手　一二八四

☐□聞之也害蜀下□☐　一二八五

出☐

出出者□☐　一二八六

☐贛

☐　□手　一二八七

☐□夫=寛收粟毆已以稟吏徒出券卌一年八月□

☐□倉　一二八八

頌囚男子☐　一二八九

☐□佐□稟人□出稟大隸□□四月五月□

☐　□手　一二九〇

☐陵洞庭　☐　一二九一

☐冠罷歸□已騰書數問良☐　一二九二

租□□☐　一二九三

粟=□□□斗少半斗　卅四年後九月壬辰朔丁未倉□☐

九月廿三日食　☐　一二九四

【說明】左側刻齒爲「三十九」。

☐爲書歸　一二九五

☐少半斗　一二九六

敢言之守府☐　一二九七

稻一石　元年三月壬寅☐

令佐□☐　一二九八

【說明】左側刻齒爲「一」。

☐□將卒𣪠反寇敦□☐　一二九九

☐一縵緣倉受此　一三〇〇

☐□斎署　☐　一三〇一

少内　一三〇二

☐感稟人援出稟屯戍士五□☐　一三〇三

薄廿七年七　一三〇四

千二百

八十

九

六百（第一欄）

卅二☐

五千☐

六百☐

卌九☐（第二欄）（正）

乳　☐（背）

卅四年六月甲午朔庚戌啓陵鄉守唐□☐　一三〇五

受司空仗城旦一人繕官府☐

受倉隸妾一人級　⧄ 一三〇六
⧄言之令曰上□□
⧄令者□□府 一三〇七
盈𥟝稻一石九斗少半斗　令史咎視平
卅二年五月丙子朔壬辰倉守過佐偏稟人㚣出稟吏以卒戍
士五醴陽□⧄ 一三〇八
⧄陵守丞茲下□⧄
⧄□□□⧄ 一三〇九
⧄曹 一三一〇
⧄□□耀見□□□=⧄
⧄□□□以巳即言三⧄ 一三一一
·陽于　⧄ 一三一二
⧄酒者⧄（正）
⧄□三⧄（背） 一三一三
廷　卅卅五年五月⧄ 一三一四
⧄六年衣用□ 一三一五
責⧄ 一三一六
丞公趣田器薪□□□之□章令田吏必令□□ 一三一七
尉 一三一八
廷利足行⧄ 一三一九
⧄□過縮家　⧄ 一三二〇
⧄□⧄ 一三二一
敢言之卅三年□□⧄ 一三二二
⧄☒□倉守辨受少內⧄ 一三二三

⧄□　⧄ 一三二四
⧄□過啓鄉 一三二五
⧄□少半斗 一三二六
四時品及守府□⧄ 一三二七
少內器⧄ 一三二八
廷 一三二九
尉　⧄ 一三三〇
⧄□陽=□不到　問死□⧄ 一三三一
⧄泰牢祠二 一三三二
⧄……除 一三三三
⧄□□□□⧄ 一三三四
⧄廷之之 一三三五
廷倉曹發　⧄ 一三三六
言令史⧄ 一三三七
⧄遷陵洞庭⧄ 一三三八
⧄髤木短邪　⧄ 一三三九
⧄廷倉曹⧄ 一三四〇
及□□⧄ 一三四一
⧄廷　⧄ 一三四二
⧄司空守赤受少內守　⧄ 一三四三
且上□□□⧄ 一三四四
⧄六十七鍭　⧄ 一三四五
廿六年七月庚戌𤸫舍守宣佐秦出稻粟=八斗半斗以貸居
貣士五巫⧄

令史慶監　☐ 一三四六
【説明】左側刻齒爲「七」。
卅三年七月己巳朔☐ 一三四七
包□□□物及令□□☐ 一三四八
遷陵☐ 一三四九
☐進□ 一三五〇
☐□武 一三五一
☐　伍長☐ 一三五二
☐　處手 一三五三
☐廷　☐ 一三五四
☐之 一三五五
☐□用者及别□洞庭☐
☐當騰＝□手・以沅陽印行☐ 一三五六
白布卅一丈□尺半尺　☐ 一三五七
【説明】右側刻齒爲「四十九」，以下殘斷。
次巫南郡 一三五八
米三石九斗少半斗　卅四年後九月□□□□□倉守□☐
後九月□□□□　☐ 一三五九
☐□□午朔壬申發弩☐ 一三六〇
☐芋取可二斗☐ 一三六一
☐……□無蘆□里 一三六二
更戍卒城父士五□□☐
卅四年六月甲午朔甲辰□☐ 一三六三
木坐牀一有韍一☐ 一三六四

☐□十三□　☐ 一三六五
☐博望己案廿三日乚其十三日＝少半斗其二日＝半斗 一三六六
☐賜錢百　☐ 一三六七
廷　☐ 一三六八
☐□□□□□□□□發者□□□雜□ 一三六九
謁補遷陵所□☐ 一三七〇
更戍簪褭□□☐ 一三七一
廷金布□☐ 一三七二
☐司空傳倉傳畜☐ 一三七三
☐□　典兔占　☐ 一三七四
☐□□□☐ 一三七五
卅三年十七萬六千六☐ 一三七六
雄雞一　☐ 一三七七
司空　☐ 一三七八
☐□敢言之☐ 一三七九
☐□年四月　☐（正）
☐□□史□□□☐（背） 一三八〇
☐……（正）
☐發（背） 一三八一
☐　狐手 一三八二
爰求李夫＝何☐（正）
□☐（背） 一三八三
欸卅一年二月□☐（正）
刻□□□☐（背） 一三八四

☒洞庭（正）
☒聞（背）　一三八五

☒　□☒　一三八六

陽年酉酉陽年☒
酉陽□□□☒　一三八七

☒□□三月食　犺　☒　一三八八

粟=□石六斗　卅四年六月丙□啓陵鄉守唐付司寇□輸
倉不求報有致　一三八九

卅四年遷陵貇田課　☒
貇田卌二頃五十二畝多前歲五十五□□□　☒　一三九〇

☒慶∟王安∟解志∟彊∟□☒
☒□□□☒　一三九一

丹子大男☒　一三九二

□三石□☒　一三九三

☒□□□□☒（正）
☒□□□☒（背）　一三九四

卅三年四月辛丑朔□☒　一三九五

酉陽☒　一三九六

☒亥還陵丞昌□☒
☒牒有不定☒　一三九七

☒□旁☒　一三九八

☒萬□☒
☒石四☒
☒七十二人☒　一三九九

☒稾　☒
☒當出訇訇☒
☒□□□☒　一四〇〇

☒□和□　☒　一四〇一

☒□☒
☒令曹ノ□☒　一四〇二

☒陵洞庭☒　一四〇三

☒□□誣人律☒　一四〇四

☒□問爲報如☒　一四〇五

☒□等□☒　一四〇六

☒顯☒
☒告主☒　一四〇七

☒□沙羨☒　一四〇八

□　☒
·衛之三千☒　一四〇九

☒□書☒　一四一〇

☒□卅□年☒
☒□□謁□☒　一四一一

☒……□☒
☒□律令☒　一四一二

☒□□□不具☒　一四一三

☒□□☒
☒定名吏☒
☒令入頌將☒　一四一四

☒洞庭☒　一四一五
司空☒　一四一六
☒遷陵☒　一四一七
☒勿留　☒　一四一八
☒里即□＝之☒　一四一九
☒□貳春鄉茲皆智☒　一四二〇
☒陵□□□□☒　一四二一
☒唯毋令☒　一四二二
☒有作□☒　一四二三
☒□□　☒
☒敢告　☒　一四二四
☒郵行急☒　一四二五
☒洞庭　一四二六
☒□有□
☒之　一四二七
☒□□□☒
☒□遺□☒　一四二八
☒以律□☒　一四二九
遷陵以郵行　☒　一四三〇
卅五年正月乙酉少内沈☒　一四三一
☒□元　卅元☒　一四三二
☒都鄉☒　一四三三
☒之律曰卒史過縣
☒壬手　一四三四

☒□史　☒　一四三五
☒□爲人黄皙色面☒
☒□今智死産☒　一四三六
☒□＝及復　一四三七
☒　詘手　一四三八
☒者勿計☒　一四三九
☒□五斤二兩
☒□六兩　卅☒　一四四〇
☒□□□□城□☒　一四四一
☒臧☒　一四四二
☒□□□☒
☒齎□☒　一四四三
☒敢言之☒　一四四四
☒……☒
☒盗及□□☒　一四四五
☒謁□公☒　一四四六
☒春田　一四四七
南里户人☒
□　☒　一四四八
☒□遷陵丞☒　一四四九
☒即起不☒　一四五〇
☒□城旦子☒　一四五一
☒□與□　一四五二
☒□☒

☒書・今十月□☒
☒□□……☒ 一四五三
令佐□☒ 一四五四
☒□鄉守□☒
☒□□□□☒ 一四五五
☒□五人其三人籍署☒ 一四五六
□□□□☒ 一四五七
☒□行書☒ 一四五八
☒同里士五□☒ 一四五九
☒□年七月己卯到　□　☒ 一四六〇
☒□名☒ 一四六一
☒□廷毋☒
☒司空☒ 一四六二
☒　□壬☒ 一四六三
☒□索（第一欄）
大女子□☒（第二欄）
【說明】右側刻齒爲「六」。 一四六四
☒其餘勉☒ 一四六五
☒□前書 一四六六
☒廷　☒ 一四六七
☒□□☒
☒錢書十一☒ 一四六八
倉發☒ 一四六九
遷陵發□☒ 一四七〇

☒道運食
☒它縣
☒□□□□ 一四七一
☒年□□□□☒
☒已移倉□☒ 一四七二
・□履□☒ 一四七三
☒□餔時☒ 一四七四
☒都都鄉☒ 一四七五
☒□里士五城告曰□☒ 一四七六
廿六年七月遷□☒ 一四七七
☒操稾人痒□☒
☒令史𥁕監　☒ 一四七八
☒□□丁酉□☒ 一四七九
☒隸妾☒ 一四八〇
遷陵☒ 一四八一
☒□視事時☒ 一四八二
☒□息□☒ 一四八三
☒當智☒ 一四八四
☒　敫☒ 一四八五
☒六年☒
☒遷陵☒ 一四八六
☒毆而□☒
☒□　☒ 一四八七
☒以書☒ 一四八八

☑錢☑　一四八九
☑蜀□☑　一四九〇
☑遷☑　一四九一
☑十月癸卯☑　一四九二
☑十二月己☑　一四九三
☑□□六　☑　一四九四
☑食時☑
☑□□☑　一四九五
☑□☑　一四九六
☑卅一年後九月☑
☑□司寇☑　一四九七
☑陵☑　一四九八
☑□未出卅□☑　一四九九
☑已移☑　一五〇〇
☑律☑　一五〇一
☑　□☑
☑　□堇□☑
☑　□□☑　一五〇二
遷☑　一五〇三
☑言之ノ敬□☑　一五〇四
☑敢告□□□□□☑　一五〇五
☑□薄徒受倉☑　一五〇六
☑廿人守☑　一五〇七
☑啓手　一五〇八

☑□等　一五〇九
☑行　一五一〇
☑□肉一斗賣于小隸☑　一五一一
洞庭☑　一五一二
吏缺多乚一□☑　一五一三
☑□□居繇使未來　☑　一五一四
☑　卻手　一五一五
・鞫之人課信乚橫□☑　一五一六
居貲士五成里廣晳色長七尺☑
司空守義乚丞啓符卅四年□☑　一五一七
☑□坐卅四年計誤貲一甲　一五一八
江陵　☑　一五一九
☑□往非請何☑　一五二〇
☑□有□問毋有☑　一五二一
洞庭除道☑　一五二二
☑□乙卯庫☑　一五二三
☑臂稟人中出貸☑
☑令史瞫監☑　一五二四
洞庭☑　一五二五
☑十二月壬申水盡走□以來　一五二六
卅□年□□□☑
敦狐坐鄉☑　一五二七
☑不遇卅五年徙爲啓陵鄉□□☑
【說明】簡文「年」、「爲」爲補寫。
一五二八

⧄□佐兼視平　⧄　一五二九
廷急⧄　一五三〇
⧄　□人作務　⧄
⧄　卅一人繕官府　⧄　一五三一
⧄　毋應此里人名者　一五三二
冬衣⧄　一五三三
⧄　四千二百八十八⧄　一五三四
遷陵洞庭⧄　一五三五
⧄□□鄢曰遷⧄　一五三六
⧄發　一五三七
⧄稾戍卒士五姊歸都□⧄
⧄□　⧄　一五三八
⧄封封謹謹⧄　一五三九
⧄言守府敢言之　一五四〇
⧄吏卒□貲⧄　一五四一
⧄□三分盜□⧄　一五四二
⧄□皆以郵　一五四三
⧄事田⧄　一五四四
⧄□自復⧄　一五四五
⧄□手　一五四六
⧄月辛丑⧄　一五四七
有毋□⧄　一五四八
⧄如前⧄　一五四九
⧄□　佐得⧄　一五五〇

⧄□二石八月各□⧄　一五五一
⧄佐亟得⧄　一五五二
⧄　如意手　一五五三
⧄□受田⧄　一五五四
⧄……⧄
⧄□里上造自⧄　一五五五
⧄□與傈人隸妾□⧄　一五五六
⧄逮入⧄　一五五七
⧄　□人高□⧄　一五五八
司空⧄　一五五九
者者⧄（正）
者有⧄（背）　一五六〇
⧄年正月壬辰到□⧄　一五六一
卅一年四□□□⧄
受倉大⧄　一五六二
⧄獻之□⧄　一五六三
⧄陽葥腧後　⧄　一五六四
⧄□卅五年⧄　一五六五
錢三萬□⧄　一五六六
⧄□損□⧄　一五六七
⧄　田□⧄　一五六八
⧄□壬戍倉茲⧄　一五六九
遷陵□⧄　一五七〇
月有⧄　一五七一

☑聞季☑　一五七二
卅二年三月丁丑朔癸☑　一五七三
☑洞庭　一五七四
☑□日輸☑　一五七五
穴佐上□☑　一五七六
☑付其金☑　一五七七
☑子有☑　一五七八
操□☑
瓦□☑（正）
百九十五□□☑
五十五□□□☑（背）　一五七九
正月乙酉朔＝日請☑（正）
有行言敢請☑（背）　一五八〇
☑下泰守令☑
☑□疏書所☑（正）
☑　陽☑（背）　一五八一
☑□年☑
令丞□☑
□□□☑（正）
□月甲寅☑
□□□☑
□月甲☑（背）　一五八二
☑□□高里大
☑爲報・今官（正）

☑主壬手即走
☑　操手（背）　一五八三
☑辛酉□□☑
☑□字以隸☑
☑□□☑（正）
☑・隸妾菁以來☑（背）　一五八四
☑□馬臨
☑留不能
☑手（正）
☑□手（背）　一五八五
☑□☑
☑□下縣☑
☑以郵☑
☑□☑（正）
☑□□☑
☑刻☑（背）　一五八六
☑敢言之ノ觚手（正）
☑　治子非之□（背）　一五八七
☑贛□☑（正）
☑□□□☑（背）　一五八八
☑之☑
☑□☑（正）
☑□手☑（背）　一五八九
☑糺□☑

▨卅三□▨（正）
▨八月▨（背） 一五九〇

▨上廿六▨
▨□□▨（正）
▨□上□▨（背） 一五九一

何乙有▨（正）
杜者令□▨（背） 一五九二

▨獄積所
▨家室皆（正）
田□▨（背）
【說明】正背面文字書寫順序相反。 一五九三

卅二年六月□▨
之上入右▨（正）
☒午旦ノ▨（背） 一五九四

▨□　其廿□▨
▨□□廷志▨（正）
▨□　▨（背） 一五九五

▨□計宦志御▨
▨□□□□□▨（正）
▨□畜官　履▨（背） 一五九六

尉▨（正）
□備□□▨（背） 一五九七

▨鄜山禁□▨（正）
▨　陵▨（背） 一五九八

▨□敢言之問▨
▨□書繻各四▨（正）
▨□遷陵▨
▨□問少内主以爲▨（背） 一五九九

▨□左甲當之加▨
▨敢告主▨（正）
▨虜餘之□▨
▨□如前訊▨（背） 一六〇〇

▨□決▨
▨上若▨
▨□　▨（正）
▨□□▨
▨□書▨
▨□□▨（背） 一六〇一

▨還廿九年▨
▨□時□□▨（正）
▨戊戌水十一▨（背） 一六〇二

錢千二百廿一 一六〇三

□□ 一六〇四

□□ 一六〇五

□
鄉□ 一六〇六

▨陵洞庭
▨郵行 一六〇七

洞庭泰守府尉
曹發以郵行 一六〇八

遷陵以郵
行洞庭 一六〇九

廷以郵行□
令曹發□
□□□ 一六一〇

第十一層簡牘釋文

恒署□☑ 一

☑□午朔丙戌司空守㝐佐□出□☑
☑　令史横視平　☑ 二

☑陵丞昌敢言☑
☑隷數・問之毋☑（正）
☑　當☑（背） 三

卅年倉司
空曹所言
期會已事
副具此中 四

☑　□手（正）
☑□（背） 五

☒乙□ 六

☑□□□□☑ 七

☑束・□編 八

□□□以郵☑
洞庭郡☑ 九

覆獄遝遷陵吏上造銜＝家居朐忍宜都證耐☑
卅三年六月庚子朔丁未巴屬辯叚卒史成移遷□☑
縣里年它坐贓覆問毋有＝罪輸䙴＝者包名家☑
……☑ 一〇

☑效器不備未☑

☑□直錢卅二鐵☑

☑十一　☑

☑　□□　☑ 一一

年可
年不卅一年　不不女見如見如如　見年見一見卅卅卅
卅三年 一二

卅三年八月己亥朔癸卯倉是爰書大隷☑
顧尉史過等
九百償隷臣□（第一欄）
二百償隷臣□☑
四百償隷□☑（第二欄）（正）
五百償隷臣文
二百卅償隷妾委
五十償吏戌諱（第一欄）
九百償吏□☑
凡六千八百七十☑
餘三千一百卅☑（第二欄）（背） 一三

☑□取米今欣與之除道☑
☑春鄉司空主聽書以☑ 一四

卅二年四月丙午朔癸☑
定名吏里它坐訾☑ 一五

籍曰東成夫＝仁荅三畝・今丈之六畝百卌步　☑
卅三年八月己亥朔丙午尉從令佐信貳春鄉守吾☑ 一六

廿八年六月□□皀臣與使馬＝徒吏以卒戍士五江陵
處里繄□□爲庶庸廿九日入錢四百 一七

女子能吳歌者會三月朔日守府・問之毋當令者
敢言之 一八

一九 □□□□□□□□□□□□□▨
遷陵守丞有七月甲戌行鄉過閭亭案其求盜南里士五亥棄▨
卅三年七月己巳朔戊子遷陵守有令佐履劾　▨（正）
七月己巳朔己丑遷陵守丞□告尉主下劾亟定當坐者名吏里它
坐□▨
二〇 七月己丑旦食□隸臣同以來／過發　▨（背）
二一 顯季令人勿苛諸事在酉陽
二二 ·□□□□□□□□□遷陵尉▨
廿六年六月己巳倉守吉稟吏乘城卒十七石五斗大半▨
二三 令史逐監　▨
二四 ▨空▨
二五 □等復來後鼻亦當以□
二六 =云曰圂 令人求徒第□□▨
二七 ▨陵洞▨
粟二石　卅三年五月庚午朔=日發弩擇佐過出貸更戍□▨
令史□□　▨
二八 【説明】左側刻齒爲「二」。
二九 ▨卅□年▨
三〇 廷　▨
三一 效不備負▨
三二 司空書釦▨
三三 ▨　蘄春
三四 敢言之洞庭監御史▨
三五 ▨□□過一日以

三六 ▨守武受酉陽倉　平手
司空倉計校繆
三七 已言史（圖案）｜
卅三年三月辛未朔己亥倉守武□▨
庫佐駕徵給事門淺未有▨
三八 赤金給事門淺盡毋遣▨
▨□□九十二直錢二百▨
三九 ▨斧一直錢十鐵枸六直▨
▨受尉三倉□三·凡三……
四〇 ▨□丙辰行
四一 卅一年七月恒署▨
四二 卅一年恒□□□□十三束□□▨
▨臣快自言以癸卯受捕礫罪豆購萬錢即以其三千
▨□
▨臣茖（第一欄）
二百五十償隸臣□
□百償陽里大女子□（第二欄）
二百償陽里夫=吉
四三 卌償陽里小男子吉（第三欄）
四四 ▨□□□□己亥朔庚子□□
四五 尉
▨□□敦狐史□有論
▨□故于牒上敢言之（正）
四六 ▨　武手（背）
□三年五月庚午朔戊寅□▨

四七 恒移出券十一中辨已上廷☑（正）
□月庚子旦……□發☑（背）

四八 十月壬戌少內□☑
其一人求羽胃　☑
二人級嬗環　☑
四人級罔茲乚婷乚嬈☑

四九 錢二千四百七十　卅三年十月甲辰☑
【說明】右側刻齒爲「二千四百四十」，以下殘斷。

五〇 ☑求將□未□□十四歲不當

五一 錢七千一百四責錢□□☑
卅三年十月甲辰朔辛☑
【說明】右側刻齒爲「七千」，以下殘斷。

五二 ☑主如劾・凡百八日

五三 ☑西尉廣敢言之廷書曰令□☑
☑遺言・今牒書人一牒署☑

五四 ☑乚成乚[胡]移乚[恢]乚笄乚雄乚章乚驚乚卻乚成乚辰乚謹遺
☑質行　令史横監　敬手

五五 遷陵□□☑

五六 ☑朔……□□□出雌鄒一□☑

五七 廷主倉發☑

五八 卅一年九月丙枳少內☒受遷陵少內守建　☑
錢五千六百六十四　☑
【說明】右側刻齒爲「五千四百」，以下殘斷。

五九 □□……□□……

六〇 尉

六一 ☑□以侍[七]人益增六十日令足以

六二 上田禾粟[十]五石一斗泰☑

六三 ☑□□□毋

六四 ☑釀□

六五 ☑曰毋解罪它☑

六六 官吏黔首徒隸☑

六七 ☑□付少內守欣
☑　□手

六八 ☑發（正）
☑獻廷以（背）

六九 ☑令者具論言毋有亦言薄留☑

七〇 廷主吏發

七一 ☑癸丑上令佐☑

七二 ☑□之廑獄□江卒史曼書

七三 都鄉

七四 ☑三日□歸已☑

七五 ☑賈人問有當☑

七六 ☑□錢卅五　☑

七七 ☑□遝審☑

七八 ☑＝曰獄史義☑

七九 ☑□五日

八〇 ☑□里亦有渚□☑

遷陵當購武等信符☑（正）

八一 ……☒（背）

八二 ☒竹官史☒
☒廿乘車輮斡十一枚

八三 ☒錢十二鐵柙一直錢十

八四 ☒五　不發☒

八五 ☒發　☒

八六 ☒□貲各一□☒

八七 ☒空曰高里士五静有貲錢三百八十四弗能入令静☒

八八 ☒□它如劾☒

八九 ☒過一日

九〇 ☒　卅三☒

九一 尉

九二 ☒西亭見校在亭☒

九三 廷主戶　發

九四 ☒年

九五 ☒夬如令時毋掾史　☒

九六 ☒尉名☒

九七 ☒校長☒

九八 □〓一石　卅三年四月辛丑朔䦘發弩繹佐過出☒
令史☒
【説明】左側刻齒爲「十」，右側刻齒爲「三十」。

九九 ☒□發弩繹尉史過出貣吏□☒

一〇〇 ☒□令入□臣
☒舂鄉後敢告☒（正）

一〇一 ☒年　☒（背）

一〇二 ☒舍可六里☒

一〇三 ☒㔾佐應□□□□☒
☒上曰矦入贅當（正）

一〇四 ☒　上手（背）

一〇五 遷陵・洞庭　☒

一〇六 ☒□□令同苐爲甲

一〇七 故購之・其謹□⊠☒

一〇八 變親弟兄問不☒
☒敢言之洞庭監御史☒（正）

一〇九 ☒□　☒（背）

一一〇 ☒錢計　武手

一一一 ☒寅少內□爲吏曹分牒☒

一一二 ☒之言所及不挾劍☒

一一三 ☒論赤何解辤□☒

一一四 ☒□四月庚申盜戒𣪘牢

一一五 ☒　敬手

一一六 ☒遷陵洞庭　☒

一一七 ☒卅二年正月戊寅□☒

一一八 ☒□爲城旦舂☒

一一九 遷陵洞庭☒

一二〇 ☒□書過半日以到盈一日貣一甲☒

一二一 ☒陵令佐守田以迺☒

一二二 如上真書謁環☒

言敢☐ 一二三
□有□將來直十一□☐ 一二四
☐……衡山 一二五
☐庚子朔壬寅遷陵守☐ 一二六
曰掾遷陵☐ 一二七
□□年十☐
□□貲☐（正）
城旦六十人☐
居貲責大男子☐
舂廿人 ☐（背） 一二八
☐買白翰羽翠羽勆□☐ 一二九
卅三年□□月庚午□☐ 一三〇
卅二□□□□□朔乙酉少☐
□……☐
【說明】左側刻齒爲「二十」。 一三一
☐□稟人□□□□☐ 一三二
☐□四人積□□日
☐ 敬手 一三三
☐造舍 一三四
□□☐ 一三五
☐……造□所取錢☐ 一三六
☐敢言 ☐ 一三七
司空 一三八
卅三年正月己亥史簎受養隷☐

【說明】右側刻齒爲「五十八」。 一三九
☐佐□ ☐
☐佐卻 ☐
☐少內殷 ☐ 一四〇
☐□來□乚□□□☐ 一四一
☐ 卅三年十一月癸酉□□☐
☐ 郢 令史□□☐ 一四二
☐□半斗
☐ 乍手 一四三
☐而捕它如告 一四四
☐劉故它如書☐ 一四五
☐廷獄東發 ☐ 一四六
☐遷陵・洞庭☐ 一四七
ノ卅三年十月甲辰朔乙卯少內守□☐ 一四八
廷獄南發☐ 一四九
遷陵洞庭☐ 一五〇
☐□不更居宛□陽□☐ 一五一
武☐ 一五二
中𤎩者卌
隁者百七十 （第一欄）
廿人☐（第二欄） 一五三
☐□白翰乚黑☐ 一五四
□□□貲□□☐ 一五五
吏養走□□☐ 一五六

▨敢言之寫□□▨ 一五七
▨□□爲遷陵取鐵器▨ 一五八
▨窐成都鄉守乙亥▨（正）
▨□毋以爲卅四朔毋朔▨（背） 一五九
卅三年九月戊辰朔▨（正）
卅三年成爲▨
卅三年九月成成爲□成都▨（背） 一六〇
▨贖責者皆作四司空▨ 一六一
船一榱袤三丈三尺毀袤八尺▨ 一六二
▨□□□□等 一六三
▨□夫=今來即有求取者▨ 一六四
▨百一十二錢▨ 一六五
戍卒城父簪褭繆平亭坐爲求盜=卅三年四月庚申盜戒轂牢 一六六
□迺庚戌□見□▨ 一六七
季已卻除書□▨ 一六八
▨已它□▨ 一六九
□惡=林可□更之弗更□▨ 一七〇
□□一盾□□□□▨ 一七一
卅三年七月己巳朔癸酉尉守□▨（正）
十月癸酉日入守府買以▨（背） 一七二
卅三年七月己巳朔壬午□▨
……▨ 一七三
公士城父陽里罃▨ 一七四
▨敢告平城丞主平城發此　書 一七五

用酒三斗倉毋酒日宸不足以▨ 一七六
倉　▨ 一七七
告啓陵主大隸妾□行書▨ 一七八
衡山　▨ 一七九
收□地不智嬰已□□□ 一八〇
▨□□盜縠食食□之顚□言　▨ 一八一
卅年乚卅一年寺工乚臨沅追賦翰羽乚雞輔往來書 一八二
粟=二石卅四年二月丙申朔=日倉是佐目稟人▨ 一八三
▨五牒謂可以書到時日夜收責輸倉毋出 一八四
▨□實殹更以請言不然 一八五
隸妾□▨ 一八六
粟=四斗泰半斗　卅三年五月□▨ 一八七
司空 一八八
▨□壬申倉守宸付發弩繹=受券
▨　尉田穜　平手 一八九
凡百四人其一人更戍居贖 一九〇
⊠　坐牀上　▨ 一九一
訊□辤曰□六月□□▨ 一九二
▨□□□等十四□積……
▨　□手 一九三
▨陽里比地▨ 一九四
▨己巳朔▨ 一九五
▨出貸更戍上造城父都里孛
▨　平手 一九六

陽里不更亭舍乚貧毋穜以田　·田者大男一人大女三人　·
有田□□⍁　一九七
司空門敢者言之員廿六今得三少廿三
【説明】簡文爲兩次書寫。　一九八
卌三年九月戊辰朔丙申司空守配與司空守□佐敬責券佐居負
船貲錢⍁
【説明】左側刻齒爲「三百二十三」。　一九九
何日＝何如時辤曰　二〇〇
都□⍁　二〇一
⍁□甲·就五甲不備賦⍁　二〇二
⍁□恒爲澡徼⍁　二〇三
書謹具□□矣至今弗□□□⍁　二〇四
⍁史分曹以智巧微譓⍁　二〇五
⍁槧十四以爲乘車槧付庫　二〇六
⍁問之司空吏⍁　二〇七
⍁□人自操去郵人何名⍁　二〇八
司空走二月　⍁　二〇九
⍁□柏馬足下乚文顯到牢　二一〇
弦四千六百七十　二一一
廷户發　⍁　二一二
斬首而之鄉□且□⍁　二一三
·以啓辤不與赤同詣訊之啓辤　二一四
【説明】與第十一層一二一四綴合。　二一五
牝犬一　⍁　二一六
倉　⍁　二一七

⍁壬四百七十七分龡卅二而□⍁　二一八
⍁□畝里吏肩占　二一九
獄南發　二二〇
⍁□變錢變＝□⍁　二二一
遷陵廿七年以盡卅⍁　二二二
⍁十輸錢倉　⍁　二二三
膝□畫木卮□⍁　二二四
隸妾齕以來　二二五
史吏吏居典田典⍁　二二六
訊卻買勳毛非有令毆卻⍁　二二七
詣誠不識其日⍁　二二八
⍁出大隸臣一人爲人貣⍁　二二九
⍁辛丑朔癸亥□⍁　二三〇
⍁□爲春　二三一
⍁　牢司寇二人⍁　二三二
尉主爵曹發
【説明】左側刻齒爲「五十」。　二三三
遷陵·洞庭　二三四
⍁臣周四月五月六月乚七月食令⍁　二三五
⍁三年六月庚子朔乙巳倉守□⍁
⍁買祠龡賈錢付□⍁　二三六
⍁□□□□□□□□□⍁
⍁佐雜受券　⍁　二三七
□……⍁

遷陵☑（正）
□四月三月　☑（背）　二三八

☑凡方方（正）
☑□二石九斗（背）　二三九

者唯干旱旱遷罨田里☑（正）
牧牝牝□☑（背）　二四〇

遷陵洞庭（正）
少内（背）　二四一

卅三年二月壬寅朔＝日遷陵守丞都敢言之令曰上虜
……□□□□□□□□□（正）
二月壬寅水十一刻＝下三郵人得行　圂手（背）　二四二

☑眥遣詣廷以書言署獄東發丿謝手（正）
☑去亭一宿以上（背）　二四三

☑敢言之寫上敢言之
☑者者有手封印（正）
☑□□□（第一欄）
一人爲弓□移
二人伐竹昭辰
一人傳送意（第二欄）
舂五十一人☑
隸妾轂舂☑
隸妾居貲☑（第三欄）　二四四

遷陵洞庭郡　☑
以郵行　☑（正）
洞庭泰守□主倉發　☑（背）　二四五

千二百八十日＝六□三□☑（正）
日□□之□□□☑（背）　二四六

☑病温死・五月乙巳（正）
☑　朝手（背）　二四七

☑□受鄉官□券令吏……（正）
☑□鏃（背）　二四八

☑尉史過☑
☑脱者　☑　二四九

卅一年九月庚戌朔癸亥司空色徒作薄
城旦司寇□人
鬼薪廿人
……（第一欄）
一人作園平
一人付畜官瑣
六人作□□□□□□
□人除道（第二欄）
六人治邸□□舂□□□
一人爲炭劇
一人買牛未
□人司空□（第三欄）
□人□□□
二人捕羽操緩
一人爲席別
□□□□□（第四欄）（正）
九月癸亥水十一刻＝下二佐痤以來（背）　二五〇

☑吾胥[土]☑　二五一

▨妾飭以來 二五二
▨罷食印▨ 二五三
卅[三]年[七]月己巳朔壬辰▨ 二五四
卅三年五月庚午▨ 二五五
▨三月即爲▨ 二五六
▨行九□□日今＝日＝▨ 二五七
▨[重]藺急敢謁 二五八
▨□□□ 二五九
[廷]▨ 二六〇
▨朔乙亥獄史義▨ 二六一
▨　□七▨ 二六二
付藺錢六十□▨ 二六三
▨[陵]守丞□下尉鄉官□▨ 二六四
▨死 二六五
▨八月乙巳司▨ 二六六
▨辤曰□▨ 二六七
減□▨ 二六八
船……必端直好大自□□□毋□ 二六九
▨□騺臾▨ 二七〇
▨卅一年▨ 二七一
▨□□石五斗與□中□▨ 二七二
尉▨ 二七三
書一封酉陽丞印詣遷陵以門亭行　▨
廿六年二月甲寅水十一刻＝下盡起酉陽廷　▨

二月丙辰水十一刻……□　▨（正）
二月戊午水十一刻＝下三不更□以來／□半　▨（背） 二七四
遷陵守丞有七月甲戌行鄉過閻亭案其求＝捕＝南里士五亥棄
去亭一宿以上
卅三年七月己巳朔戊子遷陵守丞有令佐履劾
七月己巳朔戊子遷陵守丞有敢言之寫上謁以臨夬敢言之／履
手（正）
七月己巳朔己丑遷陵守丞有告尉主下劾亟定當坐者名吏里它
坐訾遣詣廷以書言署獄東發／謝手
七月□戌遷陵守丞有追尉□□□[可]故留至今弗定□□□□
書到亟定遣□□留解它如前書／謝手
□□戌日[出][室]人同以來／[敬]發（背） 二七五
【説明】以墨綫分欄。
廿八年七月戊戌朔乙卯啓陵鄉趙敢言之令下蒼「梧叚守竈言 二七六
曰下雋黔首毋得徙它縣令曰書到「言今書已到敢言之（正）
戊午水下盡郵人越以來／敬半　貝手（背）
木梧四其二鬃　▨ 二七七
▨與倉是輸▨ 二七八
▨定視事六歲□ 二七九
瓦□一　▨ 二八〇
【説明】左側刻齒爲「一」。
遷陵洞庭 二八一
▨倉▨ 二八二
▨□行書貳春　▨ 二八三
魋都鄉佐應司空□▨ 二八四
▨見虒盜□芋▨ 二八五

☑正月甲申令佐勇曰效□□☑　二八七
☑……☑　二八八
遷陵・☑　二八九
☑□遝容季走休☑　二九〇
田官　二九一
六椑給☑　二九二
遷陵以郵行令☑
若丞自發・洞庭☑　二九三
☑□申遷陵守丞☑
☑手　☑　二九四
廷☑（正）
尉☑（背）　二九五
☑敢言之令曰☑　二九六
☑亥倉守□☑　二九七
☑□□……☑
☑□□□午□□☑　二九八
☑諭之☑　二九九
☑□午庫守□出貸□☑
☑視平　☑　三〇〇
☑內錢〓☑　三〇一
☑當錢☑　三〇二
☑多一牒☑　三〇三
☑西倉是☑　三〇四
臨邛　三〇五

當爲丙而□☑　三〇六
☑……☑
☑名吏里☑（正）
☑　□ノ處手　□☑（背）　三〇七
☑□脫□□☑（正）
☑□☑（背）　三〇八
靜得☑
愿□☑　三〇九
□□……☑
□月己巳食□□☑　三一〇
☑□朔庚□☑
☑□□☑　三一一
☑不具□☑　三一二
☑□□□☑　三一三
☑謁☑　三一四
☑□□□□☑　三一五
☑律曰☑　三一六
☑何以☑　三一七
☑□徙者復已盡丨　三一八
☑……☑　三一九
尉☑　三二〇
☑一月庚☑　三二一
□□□□☑　三二二
☑□乚□乚殷　□☑　三二三

廿六年七月☒
陵拔□☒（正）
□……水☒（背） 三一四

☒遷☒ 三一五

☒鄣中□☒
☒□□☒ 三一六

☒以來 ☒ 三一七

☒□敢言☒ 三一八

☒□□☒
☒……☒ 三一九

☒□□□☒（正）
☒□□□☒（背） 三二〇

☒□它坐□□☒
☒□□□☒ 三二一

☒陵即☒ 三二二

☒□署☒ 三二三

☒洞☒ 三二四

遷陵以郵
行洞庭急 三二五

遷陵以
郵行洞庭 三二六

遷陵以郵行
洞庭 三二七

遷陵以郵行
洞庭主倉發 三二八

第十三層簡牘釋文

恒以朔日上船當補者府以郵行　一
西陽具獄＝史發治傳舍　二
粟＝六斗泰半斗☐　三
☐□□□船所皆□各署發□□□□□□□
☐□令□□□以□亡□……　四
☐二月□朔日　五
備賦　爲☐　六
☐□更戍上造城父負里笴
☐□□　□手　七
□☐　八
訊茄新盜□□☐　九
☐　一直五一直四　一〇
☐……上之令史黄𥡴旦日與丞上之貳春而有　一一
☐□子畜官守是佐敬入
☐入券敢言之丿敬手　一二
卅六衛　☐
六萬五千九百一十六積＝分六百九十□　☐　一三
☐□主　一四
☐沅問買當論＝自與☐　一五
☐□吏它坐訾☐　一六
七十六萬　七頃廿一畝七十七☐　一七
積五萬二千八百卅六　☐　一八
買魚餘百一十六平置　☐　一九
平□旦之日不審它如書　☐　二〇

居貲巫路□☐　二一
・訊色辤曰□☐　二二
☐□畝半畝☐　二三
☐□月辛卯少　二四
獄東曹書一封丞印詣西陽
廿八年五月壬子水下盡走佀以來　二五
少內主貲發　二六
洞庭卒長官署貳☐　二七
戊戍戍（正）
（圖案）（背）　二八
☐□名曰始□死□□□□畜計□☐　二九
倉☐　三〇
其書尉弗得□　三一
□□帬……　三二
☐□雌㸚丨　☐　三三
☐□臨沅書曰□□乘城卒安陸昌　三四
☐已令讎用而與□弗上云請令不箸☐　三五
☐□守武佐平稟人援出□更□不更城父直陽疾☐
☐平　三六
☐□如辤□☐　三七
☐狀□圖傳吏當坐者言☐　三八
☐□卅年斷獄少內守高以其六月☐　三九
以代叚尉恬卒有☐　四〇
左季發　四一
☐□□卒□官

四二　☐□行
昌百七十七日　☐
四三　☐□□五十九日　☐
四四　廷主吏
四五　☐都=□□□☐
四六　☐□曹有☐
四七　□敢言……
四八　私詣相柏
四九　☐見請
☐屬丑行衣遷陵積二日・廿二分□□
五〇　☐　襄手
五一　少內☐
五二　☐令□□箸□律令薄……它如
五三　廷獄東發
五四　卅二年司空貲責計□☐
五五　令尉史黑將詣廷謁報臨沅敢言之
五六　☐卅二年
五七　☐□□□□出稟隸臣文　☐
五八　☐與佐船主
五九　☐□收績二鈞十四斤十三兩廿二朱乚　績二斤十二☐
六〇　☐付司空□　☐
☐聞司空責□□☐（正）
六一　☐□已節有☐（背）
☐卌八鍭=二尺五寸乚　三鍭=二尺三寸

六二　☐五寸乚　八鍭=尺二寸乚　三百七鍭=尺
六三　廷吏曹☐
六四　廷☐
六五　智□氣鞫云☐
六六　少內貲責發
六七　☐□非以受賜及以☐
六八　大隸妾收六丈七尺五寸
六九　☐顯巴郡人爲署☐
七〇　☐□受少內敬　☐
七一　七月庚子□□☐
七二　☐府下成都
七三　☐□□□事欣不兼戶曹
七四　・劾曰賦貳春鄉鶩☐
七五　☐尉□史相襍賣于□☐
☐□少內守是付庫武=受券
七六　☐　處手
七七　☐內……
七八　☐□己酉到戊午起留九日具□☐
七九　☐有詐避負償臧百九十☐
八〇　敢言之令　卅二年七月以來都
八一　☐□□□當論者亦□書□
八二　☐□賦官爰皮☐
八三　訊嫭辤曰居可☐
☐　卅二□□□……☐

☑　令□□□☑　八四
☑襄稾人援以貸籍□☑　八五
失令坐貲二甲非當坐☑　八六
歸者人一牒縣□　言更戍□代不當（正）
□（背）
【說明】正背面文字書寫順序相反。　八七
☑五十五石六斗泰半斗興
☑當相還（正）
☑一□食□□□論
☑　□手（背）　八八
參敢言之參新□它□□☑　八九
　詣西陽
吏書二封丞印廿八年五月癸丑水下五刻走賢以來　九〇
廷獄南　九一
謂司空　嗇夫令☑　九二
□□年九月甲戌朔乙亥畜官□☑
九☑
【說明】左側刻齒爲「九」。　九三
令應復下真書☑　九四
☑日課乚狀齎☑　九五
廿七年十月戊寅朔大乚十一月戊申朔小乚十二月丁丑朔大乚
正月丁☑　九六
☑□□功＝乙□　九七
☑□敢言之疏書徒☑
☑之　☑

☑告倉主移□☑　九八
司空　☑　九九
☑□所言乚即言悍☑　一〇〇
☑湔氏道致佐但□計誤錢　一〇一
敢敢敢□☑　一〇二
司空☑　一〇三
☑□主已入計廿七年誤　一〇四
少內☑　一〇五
敢言之牒書□☑　一〇六
☑　司空主器發　一〇七
履辤如吾有皆☑　一〇八
以所□□☑　一〇九
☑□官□□☑　一一〇
尉　一一一
三月恒☑　一一二
遷陵以郵行洞☑　一一三
☑□·洞庭　一一四
☑□問棄事當論　一一五
□□捕☑　一一六
☑□在乙酉丁巳令前若☑　一一七
☑留☑　一一八
☑□□逐乚彊粱貲各二甲爲錢□千三百七十六
☑　逐丨　彊粱丨　得手
【說明】右側刻齒爲「一百七十六」，以下殘斷。　一一九

☐□八斗　☐
【說明】牘下端見編聯痕，左側有契口。 一二〇
☐□□ 一二一
戊☐ 一二二
☐□寫重敢 一二三
稻百八石□□三升□☐
【說明】左側刻齒爲「百二十」，以下殘斷。 一二四
粟七石　卅二年十二月癸卯朔己未倉是佐襄☐
令史圂視平　☐ 一二五
☐□過西陽☐（正）
☐水下四過□山☐
☐□鄉☐（背） 一二六
☐□課襄失弗令☐ 一二七
爰皮鹽☐ 一二八
☐不□梁☐ 一二九
遷陵　洞□☐（正）
倉☐（背） 一三〇
券書它□☐ 一三一
☐□五年告〓各□……☐ 一三二
廷☐ 一三三
西陽具獄〓史千☐ 一三四
覆□槥遷陵獄史翰〓發 一三五
☐□□□□□ 一三六
孫已

□談已（第一欄）
□□已☐
井童已　☐
□已　☐（第二欄） 一三七
□年□月□□朔戊戌司空色☐
【說明】右側刻齒爲「五千三百」，以下殘斷。 一三八
粟〓一石二斗　卅二年二月丁未朔甲寅□☐ 一三九
☐□發 一四〇
史朝曰當獄
史端曰當居金布
史德曰當居金布 一四一
遷□以郵行洞庭　☐ 一四二
☐朔小乚　三月壬午朔大乚　四月壬子☐ 一四三
官貲一盾叚毋它坐它如 一四四
☐訊去不☐ 一四五
隸食恐□□☐ 一四六
衣一☐
旁縣署亭士吏田菌守津遬有逮☐ 一四七
☐三年七月甲辰朔甲寅□☐ 一四八
☐謁令充乚　西陽☐ 一四九
☐陽丞印……☐
☐□□　□□☐ 一五〇
☐□一人故上造縣有□□解☐ 一五一
□〓九斗少半斗☐

□□□□月丁丑朔甲午田官□⧄　一五二
⧄月□□□□⧄　一五三
廷走月□署□□　一五四
⧄□□□寫蒼梧㇗守府書二⧄　一五五
⧄□□□□□⧄　一五六
⧄……付司空色　一五七
⧄庭　一五八
史□□⧄　一五九
⧄求之或上或　⧄　一六〇
⧄巳入大隸妾婍貲一甲爲錢千三百卌□⧄
【説明】右側刻齒爲「二十二」，上部殘斷。　一六一
⧄……□□□□□……⧄　一六二
⧄十一石二斗半　⧄　一六三
環九甲三□□⧄　一六四
⧄後告署縣弗遣者公卒築陽昌里□卅二年⧄
⧄□□□□□□ノ二月辛酉旦佐越以來ノ欣發　越手　一六五
敢言之廷⧄　一六六
□里囷四廣各六尺　卅二年⧄
其一亥廿二丈㇗一十七丈　一十六丈㇗一⧄
【説明】左側刻齒爲「五」。　一六七
⧄官㇗司空徑告□⧄　一六八
⧄□□楊田＝　一六九
⧄卒戍上造女陰□盧郭有貲錢⧄　一七〇
⧄巳少內守□佐□入佐奢收⧄

⧄□五所布小囊一布衣囊⧄　一七一
粟＝三千卌二石五斗七升　⧄
卅二年九月甲戌朔壬午田官建付倉⧄
【説明】左側刻齒爲「三千三十二」。　一七二
⧄甲申一盾辛⧄　一七三
⧄大隸妾堂六丈七尺五寸　一七四
⧄守府　一七五
廷⧄　一七六
⧄□三百八十四　⧄
⧄　當□⧄　一七七
⧄曰吏巳⧄　一七八
卅一年十月乙酉朔大⧄　一七九
⧄陵・洞庭　一八〇
廷獄發⧄　一八一
遷陵東曹・洞庭　一八二
⧄而以實稟如律
【説明】左側刻齒爲「六」，以上殘斷。　一八三
⧄秏九百九十……⧄　一八四
⧄尉廣發弩閾□⧄　一八五
⧄□□　卅二年八月乙巳朔丙辰少內守茲受倉是□⧄　一八六
⧄負鐵鐈⧄　一八七
⧄遬二百卌二⧄　一八八
⧄朔小㇗□月癸卯朔大　⧄　一八九
⧄陵主令發・洞庭　一九〇

☑備五　一九一
☑□陵少内殷□□□□☑　一九二
☑廿九□月丙寅朔□☑（正）
☑□□□水十一刻=下八☑（背）　一九三
☑伐牘☑　一九四
☑□　一九五
☑□□書言署　一九六
☑謁問當論☑　一九七
廷獄□☑　一九八
左尉言□□□□……傳　一九九
（圖案）　二〇〇
☑倉守敬佐□稟人□稟少□☑
☑令史□監徒□☑　二〇一
□ㄥ息弗幸畜教詔少=者=已失事☑　二〇二
☑自食有　二〇三
大奴十四人小奴四人大婢十一人小婢四人☑　二〇四
□□襄辤□☑　二〇五
爵非大棺☑　二〇六
尉☑　二〇七
☑□□公公公　二〇八
☑陵洞庭☑　二〇九
☑以書言=　二一〇
☑□□司空□計□□□☑　二一一
☑取

☑畸□（第一欄）
六月□史畸取
出中稻一石
□□□夫監（第二欄）
七月史亭取　☑
出中稻五斗三升少半升二斗□□□☑
令史圂監　☑（第三欄）
【説明】簡文有兩道墨綫分欄符。　二一二
☑　水大至漻死徐利丞令
☑　沼死守駕丞都　二一三
課□課課課☑（正）
者課□□□☑（背）　二一四
☑□□狼邪歐詣蒼☑（正）
☑論免　☑
☑　臧手☑（背）　二一五
☑毛季☑　二一六
畜官駕☑　二一七
☑貸吏以卒戍公士㚇道☑　二一八
廿八年十月癸酉朔小十一月☑　二一九
敢言之迺甲申上卅三年☑　二二〇
酉陽獄史治遷陵傳　舍發　二二一
☑□⊠□年七月乙亥☑　二二二
☑所□□直=錢一萬六百☑　二二三
☑二月□□□□☑　二二四

十月□□出錢一買赤叔☐
□已出錢六賃船☐　二二二五
☐廷☐　二二二六
遷陵洞庭　二二二七
☐□□□……少內……
☐　□手　二二二八
九月甲申日入牢☐　二二二九
☐□九月□九月□☐　二二三〇
九石三斗□升半☐　二二三一
☐善以實☐　二二三二
年□□年年☐
□□年……☐　二二三三
遷陵☐　二二三四
廷主謾☐　二二三五
☐□□毋當☐　二二三六
☐□……其賦　二二三七
空色入士五□□貲各□☐　二二三八
遷陵洞□□☐　二二三九
☐☒畜官☐
☐☒□吾☐　二二四〇
☐乘多問馮季乚何季得毋恙也乚乘以乙巳☐
☐庫毋問以書到言乚節有往來者馮季幸☐
☐□馮季乚何季之毋恙也　☐　二二四一
廷主☐

吏發☐　二二四二
遷陵・洞庭　二二四三
☐主薄發　二二四四
遷陵洞庭　二二四五
☐其書門淺一牒　二二四六
☐□環書□☐　二二四七
傳　☐　二二四八
☐□之廷下令書曰諸☐
☐二歲言便不便以☐　二二四九
廷户發
以郵行　二二五〇
卅三年□□□□□☐　二二五一
☒五薗☐　二二五二
☐二人田□☐　二二五三
☐論下□□　二二五四
☐空　☐　二二五五
☐□令史唐佐☐　二二五六
☐臣眉智☐　二二五七
☐□□朔小乚九月庚戌朔大乚後九月庚辰朔小乚　☐　二二五八
☐大隸臣羅八☐　二二五九
☐道西里有☐
☐……手☐　二二六〇
遷陵洞庭☐　二二六一
☐□來書二牒　二二六二

⧄食史欣⧄ 二六三
卅二年畜⧄ 二六四
顕⊠□⧄ 二六五
⧄守丞都⧄ 二六六
⧄它如劾它⧄ 二六七
廷户發⧄ 二六八
⧄庚子中尉叚卒史□⧄ 二六九
⧄□二郵□⧄ 二七〇
廿九年九月壬辰朔甲午田官守□敢告⊠乚癸巳告主□□□
百□不定・今更定＝令□上□卅乚□石遺穜
□□□□□已□用以此從事敢告主（正）
九月乙未日入時隸妾收以來／帶半　□手（背） 二七一
廿八年五月壬子洞庭叚屬淩沅陵獄史賈移遷陵水十一刻下盡
令隸臣乚印行可受傳言・封遷陵丞有傳（正）
廿八年五月己亥朔癸丑遷陵守丞膻之敢告酉陽丞主□□□□
平邑士五疵行書三封令史可受傳爲報敢告主／□□□□即水
下六
　刻疵受□
癸丑水下二刻隸臣印以來／朝半　賈手（背）
【説明】簡背「刻疵受□」爲第二行續寫文字。 二七二
廿八年五月己亥朔癸丑遷陵守丞膻之敢言之覆乚獄書一封詣
洞庭孫司馬傳言今已傳敢言之（正）
……　朝手（背） 二七三
卅二年八月乙巳朔癸亥倉茲敢言之卒史廣書曰洞庭初爲縣以
來□⧄

校繆往來書謹別臧之廷曰令吏服來已具八日已食・今其一章
曰廿八年⧄
六月己巳洞庭發弩丞賀受遷陵粟＝五十石其一章曰廿八年二
月壬辰□⧄
百鬬受遷陵稻卌八石九斗書皆亡乚今上當主者五牒謁論敢言
之⧄（正）
七月癸卯日中佐平行　平手（背） 二七四
⧄□……⧄
⧄是付倉佐船□　⧄ 二七五
⧄　□□　⧄ 二七六
⧄⊠□□與橐⧄ 二七七
私進酉陽獄史鄭公 二七八
黔首實⊠⧄ 二七九
竹筥三合　⧄ 二八〇
⧄非以受爵賜□⧄ 二八一
⧄禮陽沮成⧄ 二八二
布百丈＝十錢＝□百　⧄ 二八三
卅二年十月甲辰朔乙巳倉⧄
【説明】左側刻齒爲「一百」。 二八四
⧄　雜手⧄ 二八五
⧄受少内守茲
⧄坐毋它得⧄ 二八六
⧄啓容中而□⧄ 二八七
廷⧄ 二八八

☐頌將謁臨沅□□問之□十五名縣　二八九
☐洞庭卒史在遷陵☐　二九〇
帣錣錣☐（正）
百☐（背）　二九一
☐史有□書買畜
☐牧養牛度道旁毋（正）
☐□　亭手（背）　二九二
☐不在臨沅不受☐
☐☒陵臨沅弗受敢
☐☒以告遷陵丞□☐（正）
☐朔壬申遷陵丞昌謂少内嗇☐（背）　二九三
☐□盡□□□以五月
☐□盜多殺行書
☐□毄乚今遣鬃
☐新武陵乚可不材（正）
☐足愛毄毋若（背）　二九四
☐可田時不智何男子☐（正）
☐□□男子發彊坐其☐（背）　二九五
☐王柏丞公寄告☐
☐狐買今丞☐（正）
☐□錢=王柏☐
☐久謁報敢以☐（背）　二九六
☐取它□蜀材木☐　二九七
邑別志　☐　二九八

☐言之☐
☐□三月壬午朔□□倉守□敢言之前日言遷陵傳馬十四匹過　二九九
雉貸粟
☐半斗今上稗校券二謁告遷陵定以受雉倉移計署計年名爲
☐報謁追敢言之
☐雉丞□諸敢告遷陵丞主寫移敢告主ノ昌手（正）
☐□守丞敦狐告倉主以律令從事ノ戎手ノ戊寅旦走趙行
☐　已有它書此不用
☐夕廄佐□……□　綰手（背）　三〇〇
……敢告□□以律令從事ノ建手（正）
正月癸酉水十一刻六夷□郪人租以來ノ□半　即水下三刻隸臣快
行尉（背）　三〇一
☐二石米☐　三〇二
亡人發不　☐　三〇三
廼廣定名吏縣☐　三〇四
☐更疾　宜☐　三〇五
☐食☐　三〇六
□□☐　三〇七
☐洞庭☐　三〇八
☐里論二百或覆☐　三〇九
出官畜雌雞十九　卌二□☐　三一〇
遷陵☐　三一一
☐令史□□……
☐受及券　三一二
☐□書恒已☐　三一三

☐以郵利☐ 三一四

公卒成都□☐ 三一五

☐□已言 三一六

☐行急 三一七

☒敢言之☒☐（正）
☒乙乙□☐（背） 三一八

敢言之守府下宮廄☐（正）
☐言之手敢言之令邯（背）
【說明】正背面文字書寫順序相反。 三一九

☐十三兩已受☐（正）
☐　譙令曰詈☐（背） 三二〇

☐空增佐武（正）
☐岸炭岸（背） 三二一

☐□犬子季☐（正）
☐□死　☐（背） 三二二

☐　九九　☐（正）
☐　九九☐（背） 三二三

貲及□負冐田☐（正）
□□□□□☐（背） 三二四

☐□盡廿七年□月□□卅□☐（正）
☐□　☐
☐□　☐（背） 三二五

☐里瘳以來丿陽半（正）
☐□□□□□（背） 三二六

☐□卅二□☐（正）
☐□□其（背） 三二七

☐□餘以□□□□餌（正）
☐盜殺人……（背） 三二八

鐵銅帬志☐（正）
斧斤鑿銅☐（背） 三二九

少內☐（正）
廷☐（背） 三三〇

辤曰誠弗☐（正）
敢言之廷☐（背） 三三一

☐・敢計角件薊薊薊☐（正）
☐薊筋筋筋☐（背） 三三二

☐卅二年四月☐

☐胊忍臨江佐☐

☐□□□□□☐ 三三三

☐二封酉☐

☐□月壬☐ 三三四

☐故弟兄☐ 三三五

☐與痤賣☐ 三三六

☐曰發彊田彊□☐ 三三七

☐盜迷□☐ 三三八

☐卅二年八月乙巳朔☐

☐□□□☐ 三三九

☐亥朔丙申☐ 三四〇

☑里宜傳□若干日☑ 三四一
當用者而☑ 三四二
☑鄉部嗇☑ 三四三
☑□功盜☑ 三四四
☑陵以郵行☑ 三四五
☑居山中時☑ 三四六
☑十五□☑ 三四七
☑遷陵以☑ 三四八
☑乘啓□☑ 三四九
☑丙午朔戊午□☑
☑十五□☑ 三五〇
☑具論當☑ 三五一
☑□尉恒☑ 三五二
☑□謁報敢☑
☑□令吉操☑ 三五三
☑……□□□☑
☑□陽守丞柢敢告遷陵丞☑ 三五四
☑操操操人彭☑ 三五五
☑遷陵洞☑ 三五六
☑□殹☑ 三五七
筥笥一合　□□☑
【說明】右側刻齒爲「一」。 三五八
☑□□之毋有令☑ 三五九
☑□膯☑ 三六〇

☑食遷陵☑ 三六一
廿六□□□☑
……☑ 三六二
☑……卅二年七月□□□丙子☑
☑□□□☑ 三六三
☑自致　☑ 三六四
☑廷 三六五
☑敢言之　☑ 三六六
廷☑ 三六七
☑月癸□□☑ 三六八
☑卅三年□月丁卯☑ 三六九
☑殳如☑ 三七〇
☑東詣發□☑ 三七一
☑鄉⸍　□☑ 三七二
☑銷丞□報敢□□☑ 三七三
☑已騰書洞庭□☑ 三七四
☑　得手 三七五
☑　不更城☑ 三七六
卅年不識日月病右足痛令醫靜 三七七
治之可十日已＝靜問宦病宦告靜 三七八
病＝已＝不復發至今不智它＝如書 三七九
四日令靜治＝之＝可十日已它如前 三八〇
上造女陰□□☑ 三八一
受笥十一合

受筥八十八合　少廿三
受簞小席廿八今見五
受簞大席廿二今見十七（第一欄）
受枲緘一
受枲參紃緘九
受絡布巾三今毋有
受絡布小巿三今毋有（第二欄）
受☐
受☐
受☐
受☐（第三欄）　三八二
☐☐　☐
☐符☐☐☐都☐☐☐☐☐☐☐　三八三
☐遷陵界中　三八四
☐癸未倉守武付司空色　☐　三八五
廷主吏　三八六
☐貲　☐☐☐
造☐廿六年☐月☐丑爲買☐　三八七
公舍月薄副　……　丨　三八八
☐☐陽寅＝爲湔氏道令佐　三八九
☐……☐
☐賓……☐　三九〇
☐☐☒☐　三九一
粟＝千九百八十七石五☐☐
……☐

【說明】右側刻齒爲「一千五百」，以下殘斷。　三九二
☐　卅二年☐☐☐☐朔甲申倉武佐平稟人援出稟☐　三九三
☐空☐☐　三九四
☐☐☐☐令以……　三九五
☐☐☐☐付司空色　☐　三九六
卅七年☐月甲午水十一刻＝下五起酉陽☐　三九七
【說明】與第十三層三九七綴合。　三九八
☐☐以郵行洞庭　三九九
丞☐月☐☐　丨☐　四〇〇
☐官不當　四〇一
☐泰守府☐☐　四〇二
以迺癸卯言毋☐　四〇三
☐☐春鄉急　四〇四
酉陽・洞庭（正）
遷陵洞庭（背）　四〇五
廷　☐　四〇六
☐今自☐　四〇七
……☐
……☐　四〇八
☐☐☐☐☐☐☐☐　四〇九
☒及☐☐　四一〇
☐☐佐坡坐牛亡不貲課☐　四一一
☐☐☐若干縣若☐　四一二
☐以冬草☐　四一三

☑闌三千一百卌　☑ 四一四
☑遷陵以郵行洞庭急☑ 四一五
□□□石四斗□☑
□□委　☑ 四一六
倉以郵
行 四一七
邑少勿棄敢言之 四一八
亟捕將詣廷毋應□者 四一九
倉 四二〇
竹笥一合
笥八倉（第一欄）
小莞席二☑
凡十一同券☑（第二欄）
【説明】右側刻齒爲「十一」。 四二一
☑陵·洞庭☑ 四二二
☑□人積三百五十五日　☑ 四二三
☑爲端求買爵三ㄴ四級毋可已 四二四
□　☑ 四二五
☑稟屯戍士五孱陵夷陵耎荆
☑令史圂視平 四二六
粟二石　☑
卅二年二月☑ 四二七
☑書問如辤言□☒審丞昌 四二八
☑□敢言☑ 四二九
☑□☑

☑□來ノ□☑ 四三〇
☑五日＝□建　☑ 四三一
□□卅卌卌☑ 四三二
☑□□之□□☑ 四三三
敬五人·建九人☑ 四三四
☑昌免歸鄢者書□誤不可以☑ 四三五
☑　卅二年十二☑
☑　令佐圂□☑ 四三六
☑獄史端朝蜀書吏以戍☑ 四三七
倉 四三八
粟五石八斗　☑
□□□一石支竇□☑
【説明】左側刻齒爲「五石一斗」，以下殘斷。 四三九
遷陵主讂發·洞庭 四四〇
☑下御史書曰吏取告歸其家圂官 四四一
司空☑ 四四二
☑□三日☑ 四四三
已前上死羊課一牒□□以☑ 四四四
☒言□□□☑ 四四五
☑□□□□□☑
☑□□□□☑ 四四六
☑六丈七尺五寸　☑ 四四七
私詣倉史粇顯　☑ 四四八
☑百五十九石八斗六升☑ 四四九

☑□曰此□同年課〓上　四五〇

☑□□□……☑
☑倉是付☑
【説明】右側刻齒爲「三百」，上下殘斷。　四五一

☑　雞廿四錢　卯癸倉令□□☑（正）
☑　史令券可得未☑
☑　□☑（背）
【説明】簡文正背面書寫順序混亂。　四五二

卅三年十月甲辰朔庚戌倉☑
十月一石四斗半斗　☑
【説明】左側刻齒爲「四」。　四五三

☑所盜黨非獨☑　四五四

☑圂視平　☑　四五五

私詣翥輿　四五六

遷陵以郵行洞庭☑　四五七

☑□丙　☑　四五八

☑☒各☑　四五九

☑訊□辤曰不更居□□□　四六〇

不□賦丞昌□義以失期論☑（正）
□……☑（背）　四六一

☑□□八十筭校卅二　四六二

啓陵鄉☑　四六三

☑□□□□□論貲盎□☑　四六四

☑來□□屬都鄉令上　四六五

庫武佐☑　四六六

☑□倉是道廷來坐其　四六七

貳春鄉□☑　四六八

☑蘄都未嘗☑　四六九

☑縱盜弗追毆何　四七〇

廷　四七一

☑人□□□者名☑　四七二

☑□付受校券書移遷□☑　四七三

五千二百　☑　四七四

☑敢言之□迺二月己卯言☑　四七五

人昌□☑　四七六

☑□及㬥疑過所　四七七

尉　四七八

☑　毋物以問　☑　四七九

☑色
☑七已更爲□付券　容手　四八〇

☑迺丙辰旦糧　四八一

遷陵洞☑　四八二

城旦章　四八三

廷☑　四八四

☑稟使小隸臣□乚買十月十一月食
☑　襄手　四八五

☑□報遷陵書已☑　四八六

臨沅吏曹發洞庭　四八七

⧄奭捕縛宕厥⧄　四八八

⧄☒有當令者☒　四八九

⧄臣得
⧄錢四（第一欄）
司空厭
錢☐（第二欄）
女子朐☐
錢☐（第三欄）
大凡百五十二
☐☐☐（第四欄）　四九〇

⧄以　四九一

⧄戊辰倉是付司空色
⧄　平手　四九二

如平先以證不言請☐☐[籍]　四九三

廿八年八月己丑⧄
【説明】左側刻齒爲「六十」。　四九四

⧄☐☐☐　☐☐☐☐☐出稾吏☐⧄　四九五

⧄物☐進書一⧄　四九六

⧄☐倉守戎夫☐☐賣
⧄錢八（第一欄）
女子何人
錢十五（第二欄）
士五☐
錢一（第三欄）
女子悍
錢三（第四欄）
士五拳
錢四（第五欄）
士五宜[壬]
錢二（第六欄）
隸臣胡
錢八（第七欄）
隸臣☐
錢六（第八欄）
女子多⧄
錢六⧄（第九欄）　四九七
【説明】與第十三層四九七綴合。　四九八

⧄矛帶劍負盾來救⧄　四九九

⧄　處手　五〇〇

⧄徒莫智☐☐☐☐☒☐⧄　五〇一

⧄☐九升西陽未輸　五〇二

它如書　⧄　五〇三

⧄已⧄　五〇四

⧄守帶☐其六月戊申定𥁕錢四☐☐☐一人☐☐☐☐⧄　五〇五

⧄級入錢各以其縣官徒隸居貲贖　五〇六

⧄言敢言之⧄　五〇七

⧄即東隋等⧄　五〇八

⧄二年四月丙午朔庚申倉是付司空⧄
⧄　今已出賣十一除⧄　五〇九

⧄☐☐☐☐☐☐　五一〇

空☐ 五一一
・訊臣＝☐ 五一二
☐令史逐佐初勉☐ 五一三
遷陵吏 ☐ 五一四
司空□□□廿五 五一五
□□□□不日上薄 ☐ 五一六
☐劾不□☐ 五一七
☐ 窮縣不得時＝造☐ 五一八
☐□四錢其二三四賞 五一九
☐□□□□ ☐ 五二〇
□今寫主官□☐ 五二一
☐□□□令曰＝□□積 □卅 ☐ 五二二
居貲□士五戍□□☐ 五二三
掾橘官卅二年☐（正）
卅二年都鄉計課副及户年籍☐（背） 五二四
☐之令曰爲革（正）
☐鑿（背） 五二五
☐□□□□□
☐錢三（第一欄）
□□□□
錢□（第二欄）
小隸☐
錢☐（第三欄）
【說明】左側刻齒爲「五」。 五二六

☐曹已事☐ 五二七
守府下御史書 一 五二八
……□□□□☐
次傳別書城邑有後得近其☐
……☐ 五二九
粟＝一石二斗少半＝升☐
【說明】左側刻齒爲「四」，與簡文不符。 五三〇
大枲一石 卅二年三月丁丑朔壬寅庫☐ 五三一
□佐處士五居歧造里當坐其五十被令□☐ 五三二
☐敢言之 五三三
☐秭歸鄣里辯 ☐ 五三四
☐令史謝□□☐ 五三五
☐敢言之令□不上
☐□□把……（正）
☐☒□手（背） 五三六
☐年三月丁丑朔辛巳倉是……
☐ □□□是 五三七
☐□卌日問之被論貲□二甲定行 五三八
司空廌□ 五三九
☐囚男子㝡ㄴ □☐ 五四〇
☐☒隸妾☐ 五四一
廷☐ 五四二
☐□□以遷陵以□……
☐□一□□□□□□□□□□□

☐……
☐……（正）
☐……
☐……
☐……
☐……（背） 五四三
☐□以證不言請律（正）
☐□（背） 五四四
☐……
☐是手（正）
☐……
☐……
☐是手（背） 五四五
☐給其事三□☐（正）
☐□訊□☐（背） 五四六
☐□穴佐上 ☐（正）
☐□☐（背）
【說明】簡文正背面書寫順序相反。 五四七
☐□令遷陵已騰☐（正）
☐公歸休失期令☐（背） 五四八
☐有行視不出縣界中坐其官吏不當者有令官嗇夫未□☐（正）
☐其令丞有所繇使出界□□□□ ☐（背） 五四九
洞庭泰守府☐（正）
☒□□出入□☐（背） 五五〇
☐以書告遷陵令論☐（正）

☐書河間矣 ☐（背） 五五一
☐□幸☐（正）
☐主□□稟☐（背）
【說明】正背面文字書寫順序相反。 五五二
☐一疏書曰（正）
☐發 □手（背） 五五三
☐……
☐□□□令□□□□□□以
☐□（正）
☐……
☐……（背） 五五四
☐席強謹之（正）
☐□□買□□（背） 五五五
書一封酉陽丞印詣☐（正）
十月己亥水下三刻士五☐（背） 五五六
☐□朔朔己亥蜀邑（正）
☐☒□佐船別券船手（背）
【說明】簡下端兩側有契口。 五五七
☐□□佐平□□□□ ☐ 五五八
☐□
☐……（第一欄）
□□□□受
西廥稻二石（第二欄）
端月食史□受

西廥稻一石
……（第三欄）
二月☐
中廥☐（第四欄） 五五九

……☐佐敬以☐☐ 五六〇

☐☐☐☐☐☐☐☐
☐☐券已移☐☐☐ 五六一

☐☐☐☐更戍☐☐陽☐☐☐ 五六二

☐☐ ☐ 五六三

☐☐一☐☐船一今扁……☐ 五六四

☐獄南☐發 五六五

☐城旦當利出信與☐ 五六六

☐卅年筥除司空守……☐ 五六七

☐隸隸☐☐☐☐☐☐ 五六八

……☐ 五六九

在廷馬立皆☐☐自☐ 五七〇

☐☐☐☐☐☐☐☐☐☐☐（正）
☐☐☐☐☐☐☐☐☐☐（背） 五七一

☐☐☐☐☐（正）
☐☐以來丿☐☐（背） 五七二

☐衛者☐☐ 五七三

☐今爲人證言☐非☐☐ 五七四

☐☐弗稾
少內☐（正） 五七五

……☐（背） 五七六

☐☐署署主☐（正）
☐☐☐書☐☐☐（背） 五七七

☐它等☐ 五七八

☐☐廿石☐ 五七九

☐……☐到計☐☐ 五八〇

☐洞庭☐ 五八一

☐☐倉月☐☐☐ 五八二

☐☐☐……☐
☐☐☐☐……☐
……☐
……☐ 五八三

☐☐☐不賣酒☐ 五八四

五月辛卯☐ 五八五

☐盜及☐ 五八六

☐福☐☐☐☐ 五八七

☐年三月辛未朔☐戊獄史☐☐ 五八八

洞庭尉府☐ 五八九

六☐ 五九〇

中☐食 ☐ 五九一

卅三年五月庚午☐ 五九二

庫 五九三

今圂 五九四

卅二年三月丁丑朔丙申倉是佐狗出醬☐ 五九五

一枚 ☐ 五九六
☐計＝卅二年以祠先農　佐□别券☐ 五九七
☐主丿敬手☐ 五九八
卅二年三月丁丑朔丙申倉是佐狗出黍米四斗以祠☐ 五九九
朐忍黔首般 六〇〇
爲定敢言之 六〇一
☐□肉半斗賣于城旦赫取錢四　令史尚視☐ 六〇二
☐造陽陵逆里☐ 六〇三
事不審者言今尉☐ 六〇四
病或時能☐ 六〇五
☐□倉是　☐ 六〇六
史德叚帶除書☐ 六〇七
□□四分十三　☐ 六〇八
☐養治輸臨沅會九月☐ 六〇九
☐啓陵鄉 六一〇
☐　卅卅卅卅丨 六一一
少内 六一二
☐尉遣脊者　☐ 六一三
貣卅☐ 六一四
☐　卅三☐（正）
☐□□□□☐（背） 六一五
□☐ 六一六
☐舂□乚淵里欽乚戲陵得 六一七
遷陵洞庭 六一八

☐年六月乙巳朔丙午畜官守是☐ 六一九
南陽尉府 六二〇
☐　丿卅二年十月乙酉朔戊午啓陵☐ 六二一
廷主吏發　☐ 六二二
☐廿八年十☐ 六二三
☐妾敢謁之☐（正）
☐□□妾毆□☐（背） 六二四
☐□巳朔甲子倉是佐平稟☐
☐圂視平　☐ 六二五
☐□辤曰未☐ 六二六
司空☐ 六二七
庫☐ 六二八
續食＝盡□□☐ 六二九
☐□□☒□
【説明】右側刻齒爲「十」。 六三〇
☐□＝□＝□□☐ 六三一
廷主讂☐ 六三二
☐乙未□□☐ 六三三
☐□發它有☐ 六三四
☐守府下卅年計校繆者都水車官器計受遷陵少 六三五
☐少内☐ 六三六
☐□田官是□☐ 六三七
☐守府曰具問論□☐ 六三八
☐手 六三九

☐□舍洞庭☐　六四〇

☐直三百廿　☐　六四一

☐□亦有□□☐　六四二

☐亥朔辛卯尉廣☐　六四三

☐如前☐　六四四

☐□士五巫西平□　六四五

告尉主謂都鄉司☐　六四六

☐今□☐　六四七

稻二石四☐　六四八

☐□史義☐　六四九

☐……八月……（正）
☐……（側一）
☐……（側二）
☐……（背）　六五〇

☐□史臧☐　六五一

☐□　☐　六五二

☐□□☐　六五三

☐□□□□☐　六五四

☐年七月甲子朔□□□□□☐
☐　令史就☐　六五五

☐□□到夫=之☐　六五六

☐負☐　六五七

☐□案傳☐　六五八

義陵尉史屏☐　六五九

☐大隸妾阿☐　六六〇

☐□九斗半☐　六六一

九月丙子□☐　六六二

☐□獄遝不☐　六六三

☐到毋龍☐　六六四

言者亟□☐　六六五

☐□奏☐　六六六

☐□縣爵☐　六六七

☐繕官危扁　☐
☐二年二月丁未朔乙丑少内敬敢言☐　六六八

而配□□□☐　六六九

籍曰東成☐
卅三年八月己亥☐　六七〇

☐□□子□□☐　六七一

☐□
☐□監　六七二

☐　敢言之☐
☐　工移敢告□□□□☐　六七三

☐乃上☐　六七四

☐□□有書☐　六七五

唐宿☐　六七六

☐□衣☐　六七七

城枏大二壐☐　六七八

☐獄史吉與洞庭監御史覆獄□☐　六七九

⍁去共而□⍁　六八〇
八月戊⍁　六八一
⍁□□□□月己巳倉守敬佐操　⍁　六八二
⍁□澍……⍁　六八三
⍁……⍁　六八四
⍁順受令　⍁　六八五
⍁裳　□⍁　六八六
⍁主緇緇□⍁　六八七
道時見四□⍁　六八八
⍁□弗事求⍁　六八九
證智⍁　六九〇
⍁　亟⍁　六九一
⍁府⍁　六九二
⍁□及□守⍁　六九三
正月□⍁
⍁ノ□手　⍁　六九四
⍁□手　⍁　六九五
⍁□陵以⍁　六九六
⍁陽獄史⍁　六九七
⍁令者⍁　六九八
⍁□月庚子朔辛丑□⍁　六九九
稟告曰⍁　七〇〇
⍁縣敢言⍁　七〇一
⍁庭□⍁　七〇二

⍁□里旁晦宿⍁
洞庭⍁　七〇三
界⍁　七〇四
⍁ノ辯手　七〇五
毋史　令⍁
⍁□十□⍁　七〇六
⍁□問□⍁
⍁□次令⍁　七〇七
⍁丞發・瀍⍁　七〇八
⍁陽丞主寫⊠□⍁　七〇九
⍁└卒□□□　七一〇
⍁衺各丈一⍁　七一一
⍁□□□□⍁　七一二
南里不更陳⍁　七一三
⍁□□旁長⍁　七一四
⍁□　⍁　七一五
⍁再祠□取⍁　七一六
遷陵金⍁　七一七
⍁辛亥朔大⍁　七一八
⍁□□□⍁　七一九
⍁……⍁　七二〇
⍁　□□□　⍁　七二一
⍁□六月乙巳朔□□少內⍁　七二二
⍁□□受□□⍁　七二三

⧄翥⧄　七二四
⧄□官守兹鄉⧄　七二五
⧄□去　七二六
⧄□守守⧄　七二七
⧄　平手（正）
⧄　廷（背）
【説明】正背面文字書寫順序相反。　七二八
⧄弃⧄　七二九
⧄⿸疒繫⧄　七三〇
⧄□□□□□⧄
⧄上造九萬一千六百七十□⧄　七三一
⧄□□□⧄　七三二
往來⧄　七三三
⧄旦即□⧄　七三四
⧄書問丞公士五□　⧄　七三五
遷陵洞⧄　七三六
⧄歸□⧄　七三七
⧄年斷獄司⧄　七三八
⧄謹案⧄　七三九
⧄積七十五日　⧄　七四〇
⧄不當監=及監⧄　七四一
⧄金布□⧄　七四二
⧄□者五⧄　七四三
⧄□當日食□⧄

⧄……⧄　七四四
⧄主　⧄　七四五
⧄發洞庭⧄　七四六
⧄朐忍⧄　七四七
⧄……⧄
⧄食皆□⧄　七四八
⧄陵故以⧄
⧄令若⧄　七四九
⧄□行=⧄　七五〇
⧄遷陵□⧄　七五一
⧄陵　⧄　七五二
以郵行⧄　七五三
正月⧄　七五四
⧄□誤別以⧄　七五五
⧄□□⧄　七五六
⧄弗爲解不⧄　七五七
⧄它⧄　七五八
⧄稃⧄　七五九
⧄少內　⧄　七六〇
⧄□還陵⧄　七六一
⧄先以⧄　七六二
⧄□□□⧄　七六三
⧄□⧄　七六四
⧄□　⧄　七六五

廷⧄　七六六
⧄月丁巳⧄　七六七
⧄簪裹一人⧄　七六八
⧄□如⧄　七六九
罪它⧄　七七〇
之其⧄　七七一
皇帝□年□……⧄　七七二
⧄□十二朱　⧄
⧄□□□⧄　七七三
□□□⧄　七七四
⧄　□⧄　七七五
⧄遷陵⧄　七七六
繭一鈞廿五斤⧄
⧄九斤六兩⧄　七七七
⧄食囚樻等⧄
⧄　令史⧄　七七八
⧄視⧄　七七九
⧄守丞繹□⧄　七八〇
⧄自受今尉⧄　七八一
⧄女子八人□⧄　七八二
⧄□隸臣□⧄
⧄謁告□⧄　七八三
⧄言今司空□⧄
⧄□尚弗□⧄　七八四

⧄□□□⧄　七八五
⧄史丞相史□□⧄　七八六
曰廿六年⧄　七八七
覆獄□⧄　七八八
⧄行洞□⧄　七八九
⧄有有⧄　七九〇
⧄不更萬四千□□⧄
⧄走馬五萬□⧄　七九一
⧄□不寫興⧄　七九二
⧄□乚及⧄　七九三
⧄□守府上⧄　七九四
⧄黔首⧄
⧄□毋券□⧄　七九五
⧄令史□視平⧄　七九六
⧄□書⧄　七九七
⧄□□□⧄
⧄報署金⧄　七九八
⧄□□□⧄　七九九
⧄□以實內□⧄　八〇〇
⧄謦盈⧄　八〇一
⧄□者名□⧄
⧄□□⧄　八〇二
⧄及⧄　八〇三
⧄□□□□⧄　八〇四

五月☑　八〇五

☑□□　☑
☑十二月壬戌□□☑　八〇六

☑□□☑　八〇七

☑書一牘□☑　八〇八

錢二千☑　八〇九

作徒□☑　八一〇

南☑　八一一

☑□□☑　八一二

☑□產一女　八一三

☑服與□☑　八一四

☑□訊□☑　八一五

☑酒三月中☑　八一六

☑錢□☑　八一七

☑□衣用☑　八一八

☑□□☑　八一九

☑□律☑　八二〇

☑□者☑　八二一

☑□☑　八二二

☑一人徒□☑　八二三

守□☑
☑□爲☑　八二四

☑□爲□☑　八二五

遷☑　八二六

☑坐□☑　八二七

畜巚☑　八二八

☑□□□□☑　八二九

☑名☑　八三〇

☑陽　八三一

☑□＝居☑　八三二

☑　案之□☑　八三三

☑等☑　八三四

☑直莫□☑　八三五

☑□書☑　八三六

☑謂少☑　八三七

☑援出□更□☑　八三八

☑百卅☑　八三九

☑□卅二年六月甲寅□□☑　八四〇

☑□守丞☑　八四一

後九月戊戌水下一郵☑　八四二

☑□☑　八四三

☑甲辰旦☑　八四四

☑皆先[告]☑
☑夫敢☑　八四五

☑　移☑　八四六

☑內☑　八四七

☑牒書令☑　八四八

☑□□□☑　八四九

☒□☒　八五〇
☒卅二年☒　八五一
☒□□☒　八五二
☒……☒　八五三
☒□印□☒　八五四
☒□官而留☒　八五五
☒□言署□☒　八五六
☒□除□☒　八五七
☒三☒　八五八
☒□移□☒　八五九
足☒　八六〇
☒隸☒　八六一
☒廷☒　八六二
☒城旦☒　八六三
☒□奪☒　八六四
從者皆☒　八六五
☒□□　☒　八六六
☒……☒　八六七
☒言☒　八六八
☒□□□☒　八六九
☒三☒　八七〇
☒貲二　八七一
☒□□☒　八七二
☒陵☒

☒發□☒　八七三
☒□　☒　八七四
遷陵以☒　八七五
☒□□☒　八七六
☒□書遷☒　八七七
☒時☒　八七八
☒□＼＼＼☒　八七九
☒□□□□☒
☒□□□□☒　八八〇
☒……☒
☒□□毋責☒
☒□□□☒（正）
☒□□□☒
☒□□可以☒（背）　八八一
庭□☒
五月甲午☒
□手□☒
□□□□☒（正）
□□□☒
二月乙亥□☒
守ノ□☒
多一人・今寫☒（背）　八八二
☒書與令（正）
☒手（背）　八八三

☒上敢言（正）
☒今令
☒□定□（背）　八八四

□曰□☒（正）
☒□辰☒（背）　八八五

☒□空司☒（正）
☒□　先☒（背）　八八六

☒□□當□☒（正）
☒□□……☒（背）　八八七

廿九年三月☒（正）
……☒（背）　八八八

☒□□☒（正）
☒（圖案）　朱☒（背）　八八九

☒陵尉主下真書☒
☒□□□□□☒（正）
☒□黃[聲]以來ノ駘☒（背）　八九〇

☒陵上志守☒
☒言名夬泰守府☒（正）
☒吏里它坐訾☒（背）　八九一

廿七年十二月丁丑☒
張里士五直自占☒
數敢言之□☒（正）
□□月□□丞歐下都□☒
十二月已巳……☒（背）　八九二

☒□□☒
☒之　☒（正）
☒　□☒（背）　八九三

☒□丞□☒（正）
☒　□☒（背）　八九四

☒以律令從☒
☒來ノ欣發　☒（正）
☒……長□……☒
☒……☒（背）　八九五

☒相與☒（正）
☒　武☒（背）　八九六

☒卅三年□☒
☒□朔□☒（正）
☒□□□☒（背）　八九七

☒敢言☒（正）
☒尉　☒（背）　八九八

□詣☒（正）
☒□□☒（背）　八九九

☒□　☒
☒陵甲☒（正）
☒□ㄴ□☒（背）　九〇〇

☒□出入☒（正）
☒不用此☒（背）　九〇一

☒⊠有不如□□☒（正）

☒□□□□□□□☒（背）　九〇二
☒丞配=□☒（正）
☒……☒（背）　九〇三
☒升少半升　☒（正）
☒升泰半升　☒（背）　九〇四
☒守丞☒
☒□臧廿☒（正）
☒卅□☒
☒朔□=□☒（背）　九〇五
☒遷陵☒
☒□坐盜☒（正）
☒□上校☒
☒月乙巳☒（背）　九〇六
☒臀（正）
☒忌手（背）　九〇七
☒……☒
☒□日半日□☒（正）
☒……☒（背）　九〇八
司司空☒（正）
一人　☒（背）　九〇九
☒月緇續☒（正）
☒□□☒（背）　九一〇
☒亭□☒（正）
☒……☒（背）　九一一

☒問盧季乚□☒（正）
☒愼事二不□☒（背）　九一二
☒西陽傳□☒
☒鄉　☒（正）
☒郵行☒
☒□□刻=下盡☒
☒□己亥□☒（背）　九一三
□不□以□☒（正）
□□毋☒（背）　九一四
☒者不得徙☒（正）
☒□名☒（背）　九一五
☒采備　☒（正）
☒□可呵以受可受☒（背）　九一六
□□一六百七十六人☒
□別　☒
春鄉一十户□□☒（正）
□更六人
□不更一人
簪裹一人
上造五人（第一欄）
人☒（第二欄）（背）　九一七
☒南里如□☒（正）
☒　□☒（背）　九一八
卅二年十二月戊申朔丙辰遷陵丞☒

事ノ□手十二月戊午旦守府☑（正）
治謁環遷陵爲☑
田敢告遷陵丞☑（背）　九一九

☑□□□□綺一兩錢百六十八以衣☑
【說明】左側殘留刻齒爲「八十四」。　九二〇

☑使小隸臣錯□□☑　九二一

☑□馬各二丈☑　九二二

☑□卒史溫內史屬□☑　九二三

☑于乚印所約出冬□☑　九二四

廷吏曹☑　九二五

☑陵　九二六

□弗當坐□☑　九二七

敢言之令☑　九二八

遷陵洞庭　九二九

□□　☑　九三〇

☑□女巳令史華監　瘳手　九三一

☑□予物□☑　九三二

☑□它縣　九三三

☑鄉守履　九三四

☑□□當□□☑　九三五

司空門　☑　九三六

廷户發☑　九三七

貳春☑　九三八

☑以郵行　☑　九三九

☑□時牢人同以來　九四〇

☑者一人今欲　九四一

☑□□ノ卅四☑
☑□□□□貳春署吏發ノ敬手☑　九四二

☑……☑　九四三

錢臨沅二□☑　九四四

而來☑　九四五

都鄉黔首今茲蠶未出時□☑　九四六

☑·凡四十[二]☑　九四七

☑發　☑　九四八

令史☑　九四九

卅三年四月丙午屯戍卒☑
【說明】右側刻齒爲「三十」。　九五〇

☑□□☑　九五一

☑□曰興有罪要爲收☑　九五二

訊氣辤曰內☑　九五三

五人爲甄廡□□☑
一人病央芻　☑
一人徒養婞　☑　九五四

□及婉肎與☑　九五五

□□□更前□□□　☑　九五六

☑□□□□□多　九五七

☑操稾人瘁☑
☑吅監　☑　九五八

卅一年□己☑　九五九

廷獄東發☑　九六〇

☑□□奏薄留日☑　九六一

☑告云故　☑　九六二

已論＝或至☑　九六三

☑出貸更戍城父☑　九六四

☑年甲辰更戍卒☑　九六五

倉☑　九六六

☑……言定其□□定□　九六七

☑月戊辰朔癸未啓鄉□□☑　九六八

丞相爲地租令卅四牒☑　九六九
竹笥一合　☑

臬參糾□□□☑　九七〇

☑□無□及縣□□伐□□　九七一

☑讂發☑　九七二

遷陵洞庭☑　九七三

☑戊令佐□☑　九七四

☑□作□以律☒事☑　九七五
☑佐襄稟人蘆□☑

☑□□□腸☑　九七六

☑□卅二年＝十五　九七七

☑城旦賀等四人乚　泰半□☑　九七八

☑　□六丈一四丈二　九七九
☑□酒歃已☑

☑□復歃☑　九八〇
☑……

☑緘臧不如律　九八一

☑□□受□☑　九八二

☑□□致□☑　九八三

☑而報曰守☑　九八四

遷□☑　九八五

☑爲令……☑　九八六

□告□☑　九八七

☑　卅二年正月☑　九八八

☑□□□□☑　九八九

矣誠☑　九九〇

隸臣☒☑　九九一

☑□之□☑　九九二

☑　銜等　九九三

□乘□☑　九九四

☑季貲□□□□☑　九九五

司空☑　九九六

☑□年四月己未以來□☑　九九七

☑　益陽　☑　九九八

☑□具車船未☑　九九九

☑廣□廢令何☑　一〇〇〇

☑□此狀何如　☑　一〇〇一
☑巳季狗幸☑

☑□矣顧賜☑ 一〇〇二

☑□弗爲毆☑ 一〇〇三

☑敢言之守☑ 一〇〇四

☑城父士五□☑

☑甲午朔甲辰☑ 一〇〇五

☑輸之官□☑ 一〇〇六

☑百□□☑ 一〇〇七

☑□朔庚子倉□☑ 一〇〇八

☑□˪革˪頭毋☑ 一〇〇九

☑□昌☑ 一〇一〇

☑季☑ 一〇一一

……☑

毋司寇毋令將已罷作務☑ 一〇一二

☑□□補未 一〇一三

☑諸治☑ 一〇一四

☑倉銜付庫☑ 一〇一五

此以未備☑ 一〇一六

號☑ 一〇一七

☑其八十一人學甄　☑ 一〇一八

☑陵☑ 一〇一九

☑恒署發白翰羽˪☑ 一〇二〇

☑□ 一〇二一

☑□□受計爲報還□☑

☑論當坐者□傳□□☑ 一〇二二

☑□往來書四牘□☑ 一〇二三

☑是佐狗出醬□☑ 一〇二四

☑年☑ 一〇二五

者各二☑ 一〇二六

☑□……☑ 一〇二七

☑・史義掾☑

☑爲庶人勿令踐更收奴婢它財畀☑ 一〇二八

☑言之守☑ 一〇二九

☑泰半□☑ 一〇三〇

☑　卻手 一〇三一

□□☑ 一〇三二

□以捧□☑ 一〇三三

☑一年四萬一千☑ 一〇三四

廷☑ 一〇三五

☑□癸未啓陵☑

☑□以來秭歸☑

☑□・問之毋☑ 一〇三六

☑□陵守☑ 一〇三七

☑□事及☑ 一〇三八

未□☑ 一〇三九

☑它縣官☑ 一〇四〇

☑死　☑ 一〇四一

粟=十一石八□☑

三月˪四月˪□☑ 一〇四二

一〇四三 皆有□☒
一〇四四 廷☒
一〇四五 ☒　洞庭☒
一〇四六 ☒定之□☒
一〇四七 ☒□給☒
一〇四八 ☒□戍□倉是☒
一〇四九 ☒捕羽
一〇五〇 ㇗安陵市□☒
一〇五一 ☒□獻□☒
一〇五二 其人有☒
一〇五三 ☒之義☒
一〇五四 公與夫＝坐☒
一〇五五 貲□☒
一〇五六 罰戍士五☒
一〇五七 ☒□寄坐西陽☒
一〇五八 ☒行穀
一〇五九 衣以☒
一〇六〇 □□□齒券已　☒
一〇六一 一牒署☒
一〇六二 ☒言令□☒
一〇六三 ☒曰先買□☒
一〇六四 衡里上造臧☒
一〇六五 ☒庭郡☒
一〇六六 ☒□☒

一〇六七 ☒鋪書曰遷☒
一〇六八 ☒牒書□☒
一〇六九 壬寅□☒
一〇七〇 ☒　卻手
一〇七一 ☒□此錢☒
一〇七二 ☒□犯受司空□☒
一〇七三 ☒□強□☒
一〇七四 廿年☒
一〇七五 ☒九日半日除☒
黍＝四石☒
一〇七六 食　☒
一〇七七 ☒可四尺年六歲衣絡☒
一〇七八 ☒□十□日　☒
一〇七九 ☒嬰□☒
一〇八〇 鹿筋八十件當直☒
一〇八一 ☒□卒☒
一〇八二 貳春☒
一〇八三 ☒□丁☒
一〇八四 ☒者具此☒
一〇八五 ☒平即
一〇八六 ☒□詣遷□☒
一〇八七 ☒少內守□☒
一〇八八 ☒其耐☒
一〇八九 敬以廿☒

☐□ ☐ 一〇九〇
……☐ 一〇九一
☐ 令史圂☐ 一〇九二
☐刻＝ 一〇九三
卒史數□☐ 一〇九四
☐吏二千石以下☐ 一〇九五
☐皆已以卅一年□□☐ 一〇九六
☐二人 一〇九七
☐庚辰□□☐ 一〇九八
☐居☐ 一〇九九
☐□陵守□ ☐ 一一〇〇
☐二人 ☐ 一一〇一
責券及☐ 一一〇二
☐募徙☐ 一一〇三
☐令ノ□☐ 一一〇四
☐三月[癸]☐ 一一〇五
☐益☐ 一一〇六
☐□☐ 一一〇七
☐□□☐ 一一〇八
☐□□☐ 一一〇九
☐□使 ☐ 一一一〇

☐佐□□☐ 一一一一
☐□□□☐ 一一一二
☐癸亥司空☐ 一一一三
☐□☐ 一一一四
☐□☐ 一一一五
☐有書☐ 一一一六
☐ 令且□☐ 一一一七
☐□☐ 一一一八
☐程書☐ 一一一九
☐炊及☐ 一一二〇
☐□□□☐ 一一二一
☐□曰☐ 一一二二
及□☐ 一一二三
☐□□☐ 一一二四
遷陵以郵行
洞庭 一一二五
☐郵
☐庭 一一二六
遷陵以郵
行洞庭 一一二七

附　簡牘綴合表

層位	簡牘整理號	説明
第七層	一三、一五五	
	八九、九一	
	一〇五、一二二	
	一〇九、二四一	
	一二七、一二三	
	一四九、一三七	
	一五六、一六七、一五七	
	一四五六（第八層）	
	一六三、一六四	
	一七〇、二五九	
	一七二、六三	

層位	簡牘整理號	説明
第七層	一七四、一七九	
	一七五、一〇一（第八層）	
	一八三、八一	
	一九七、二〇九	
	二二九、一一七	
	二三一、二三四	
	二七四、二六八	
	二八四、二四三	
	三〇五、二一九	
	三三九、三二〇	
	一二五七（第八層）、四六	

層位	簡牘整理號	説明
第七層	五四、一二〇七（第九層）、一九二二（第九層）、二一三七（第九層）、二一四三（第九層）	
第十層	五六、七六九＊	＊茬口不能密合，但通過對實物的觀察，可以確認屬於同一支簡。
	一二三、九	
	二〇三、四七	
	二六二、一九八	
	二九五、六八七	
	三七二、三六六	
	四四〇、八七五	
	四五二、五四三	

層位	簡牘整理號	說明
第十層	四六八、六九六	
	六一四、六一五	
	六五五、一〇九三	
	七一九、七二〇	
	七三九、六八三	
	七六二、七二一	
	七七七、四二	
	七七八、一一〇二	
	八〇八、四一	
	八四三、八四四	
	八八六、六五六	
	五一、一〇〇三	
	一〇六二、二八六	
	一〇六七、一〇六八	
	一〇八七、一〇八八 一〇九六	

層位	簡牘整理號	說明
第十層	一一〇四、一一〇五 一一〇六	
	一一三四、一〇九一	
	一一五〇、一一五一	
	一一七六、九九二	
	一二三五、一二三六	
	一三四六、一三六六	
	一九九九（第九層）、一八六（第九層）、一二九五（第九層）、一五一一、一二一五（第九層）	
第十一層	一一、三九、八三	
	一三、四三	
	一五、五三	
	二〇、二四三	
	八六、七七	
	九〇、九四	

層位	簡牘整理號	說明
第十一層	九七、一〇四	
	一二〇、一三五	
	一七九、一三三	
	一九七、二一九	
	二一四、二一五	
	二四二、一八	
	二七一、二六六	
	三二四、三四（第九層）	
第十三層	一三八、一一九	＊茬口不能密合，但通過對實物的觀察，可以確認屬於同一支簡。
	一七九、七一八、二五八＊	
	二一八、二六〇	
	三三三、三五〇	
	三九七、三九八	
	四九七、四九八	

層位	簡牘整理號	說明
第十三層	五〇九、四八〇	
	五二六、四九〇	
	六〇三、六一七	
	六六〇、四四七	
	七一三、六八五	
	七四九、七〇八	
	九〇六、九〇五	
	一六三〇（第九層）、九八〇	
	一八三三（第九層）、八九一、七一二（第九層）	
	二二六六（第九層）、一〇〇五	

後　記

《里耶秦簡【叁】》整理工作的領導與參加者如下：

保護整理項目負責人：袁家榮、郭偉民、顧海濱、高成林

參加人員：張春龍、楊先雲、龍京沙、柴焕波、段國慶、李志萍、彭序征、徐煉、嚴華平等

圖版（黑白）排版：周東征、楊英

圖版（彩色）排版：羅斯奇

照片剪貼：段國慶、周東征、劉翔、楊英

簡牘科技保護脱色、脱水工作由荊州文物保護中心承擔。

負責人：方北松

參加人員：陳樹仁、李昌勝、方北中、汪南桂、熊治球等

照片拍攝：孫之常

釋文：張春龍、楊先雲、吴榮曾、李家浩

吴榮曾先生和李家浩先生接受湖南省文物考古所（今湖南省文物考古研究院）的聘請，參加和指導整理工作。張春龍完成釋文初稿後，吴先生於二〇〇四年長沙夏天暑熱之時，就近住在簡陋的旅舍，在考古所一樓簡陋的工作室查檢圖片、核對釋文；李家浩先生在百忙之中，對著照片逐字審閲。唯錯誤遺漏之責，由編著者承擔。

楊先雲選出照片字迹模糊的簡牘，以IR6000掃描儀掃描，用掃描圖片替换字迹模糊的照片，釋文時參考且多有改正。

二〇一九年七月十八日至二十四日，湖南省文物考古研究所主辦，中國人民大學歷史學院承辦《里耶秦簡【叁】》審稿會，地點在中國人民大學人文樓六〇〇室，參加者：中國人民大學歷史學院孫家洲教授、張忠煒教授、劉自穩博士，北京大學中國語言文學系李家浩教授，北京大學歷史學系陳侃理研究員，復旦大學古文字與出土文獻研究中心陳劍教授，中國社會科學院歷史研究所鄔文玲研究員等，大家認真檢查圖片、核對釋文，發現、更正錯誤多處。

綴合表中體現的工作由楊先雲和中國人民大學歷史學院研究生汪蓉蓉、楊霜、張桑田、田歌完成。

新疆維吾爾自治區吐魯番市文物局盧韜研究員、里耶秦簡博物館余海霞館員、重慶師范大學歷史社會學院研究生陳占欣參加了本集第三稿校對工作。

編　者　二〇二三年十月

里耶秦簡

叁

上

湖南省文物考古研究院　編著

文物出版社

封面設計　張希廣
攝　影　孫之常
責任編輯　蔡　敏　黄　曲
責任印製　張　麗

圖書在版編目（CIP）數據

里耶秦簡. 叁 / 湖南省文物考古研究院編著. -- 北京 : 文物出版社, 2024. 6
ISBN 978-7-5010-8311-4

Ⅰ. ①里… Ⅱ. ①湖… Ⅲ. ①簡（考古）－彙編－龍山縣－秦代 Ⅳ. ①K877. 5

中國國家版本館 CIP 數據核字(2024)第 001748 號

里耶秦簡〔叁〕（上下）

編著者　湖南省文物考古研究院
出版者　文物出版社
發行者　文物出版社
北京市東城區東直門内北小街二號樓
http：//www.wenwu.com
製版者　北京寶蕾元科技發展有限責任公司
印刷者　河北鵬潤印刷有限公司
經銷者　新華書店
二〇二四年六月第一版第一次印刷
定價：一二八〇圓

開本 787 毫米×1092 毫米　1/8　印張 60.75　插頁 1
ISBN 978-7-5010-8311-4

目録

（上册）

（下册）

前言

一　出土概況

里耶秦代簡牘（簡稱里耶秦簡）包括出土於里耶古城遺址一號井的三萬八千餘枚和二〇〇五年十二月出土於北護城壕十一號坑中的五十一枚簡牘。

地層堆積和出土器物表明古城始建於戰國晚期的楚國時期，第五層出土的有楚國文字特點的竹簡上有「遷陵公」字樣，説明楚國晚期可能在此設有遷陵縣。一號井和護城壕溝出土物種類衆多，包括當時各種生活廢棄物。食物類的多見果核和動物骨骼。動物骨骼經過鑑定有牛、馬、豬、狗、鹿、猴和小型食肉類及嚙齒類動物和禽類。金屬器具有刀、削、斧、鍤、鏃、錐、劍、鈎以及鐵絲、銅絲。竹木質地的有木鏟、橛、椎、棰和竹編的籃、筐等。生活用品有棕麻編織的履、繩索。陶質器具有罐、豆、壺等，數量最多的是筒瓦和板瓦。正式報告已經發表，詳見《里耶發掘報告》（湖南省文物考古研究所等編著，嶽麓書社，二〇〇六年）。

二　簡牘材質和形制

簡牘材質多爲取材方便，易於加工的杉、松（經鑑定有水松、油杉、杉木等）。出土時大多殘斷，數量衆多的削衣之外，是占總數一半以上的無字簡。文字均是毛筆墨書。

簡牘長約二十三厘米，寬一・四至五・〇厘米。特殊的如8-455號（木方），長十二・五厘米，寬二十七・四厘米。一般兩道編繩，木牘多不編聯，一枚木牘之上文字即是完整文書。也有個別在不規則材料上書寫的現象，如用灌木條稍加改削，甚至保留有部分樹皮。

觚：正面削出五或六個坡面，背面平整，長二十三厘米。

簿籍類：長四十六厘米，寬一·八至六·〇厘米。

券書（校券）：記載錢糧物的數量，其上有與數量相符的刻齒。長三十七厘米左右，寬一·二至二·〇厘米。

楬：一端平直，一端圓弧，其上鑽二或四孔，圓弧端塗墨。長七·一至十四·三厘米，寬四·八至十·八厘米。

檢：大多數下端削尖。長八·〇至二十三厘米。

封檢：在長方體木块的一面挖去一部分形成泥槽，形如小板凳。絶大多數兩端整齊，衹有少數幾枚一端削成坡狀，側面如楔形，如10-91、10-93、9-49。泥槽已是方便捆扎，也有個别封檢泥槽中鑽有兩孔，如10-89号「洞庭泰守府以郵行尉曹發」豎穿兩孔，增加捆扎的牢靠程度。長四·六至十一·八厘米，寬一·八至三·三厘米，厚一·三至一·八厘米；泥槽長三·五至四·五厘米，深〇·七至〇·八厘米。

另有自名爲「束」者。束的形狀非常特别，正面削成梯級狀，背面平整，側視恰如一段鋸条。有的兩端呈圓弧狀，中間側向横穿一孔；或兩端齊平，於四棱的中間部位削出凹槽。文字書寫於束正面的各個小坡面上，束頂端或有墨點，或塗墨使黑。長二十三厘米，寬一·八至二·二厘米。

三 簡牘自題名稱

文書形式種類衆多，據簡文所記之内容和名稱，分類如下：

一、書傳類

（一）往來書：真書、騰書、寫移書、別書、制書

（二）司法文書：爰書、劾訊、辟書、診書、病書、讞書

（三）傳、致（傳食致）

（四）私書

二、律令類

（一）律（均爲引用律文）

（二）令（更名詔令等）、令目

（三）式（式令、書式）

三、録課類

（一）録：行書録（郵書課）

（二）志：吏員志、黔首志、園志、起居志、芻稾志……

（三）課：倉課、畜官課、畜牛死亡課、畜彘雞狗産子課、徒隸死亡課、徒隸産子課、作務産錢課、徒隸行繇課、畜雁産子課、畜雁死亡課、産子課、水火敗亡課、漆課、墾田課等

四、簿籍類

（一）簿：作徒簿、倉徒最簿、畜員簿、度簿、獄簿、尉徼簿、見户數簿、器物簿、校簿等

（二）記：工用計、捕鼠計、視事計、庫兵計、車計、錢計、少内器計等

（三）籍：自占籍、自言名籍、除調名籍、冗佐名籍、冗史名籍、更戍名籍、坐罪名籍、死亡名籍、卒衣名籍、稟食名籍……

（四）伐閲居勞

（五）計表（吏員用餐記録表）

五、符券類

（一）符（信符）

（二）券（校券）：出入券、出券、入券、辨券、參辨券、中辨券、右券、別券、責券、器券、椑券

六、檢楬類

（一）檢

（二）楬

（三）函封

（四）標題簡

七、曆譜

八、九九術、藥方

九、里程書

十、習字簡

四　內容概述

簡牘爲秦朝洞庭郡遷陵縣遺留的公文檔案，年代爲秦始皇二十五年（前二二二年）至秦二世二年（前二〇八年）。

簡文中有很多有關秦代遷陵一帶的農業生産的資料，對我們今天瞭解當時的社會經濟有很大的用處。

當時田地有公田和民田之分，秦的公田是國家擁有的部分田地，由官府來管理，收成全歸官府。有左、右公田，管理公田事務是其主要職責。民田即黔首田，簡文中有「都鄉黔首田」「黔首墾草田」等記載。秦實行「行田」制，即把國有土地劃分成小塊後頒發給黔首，黔首没有所有權，不可以買賣。

黔首使用田地，按規定，受田者要向國家交田租，里耶簡記載畝租爲「一斗三升九百一十三分升二」。除田租外，還要每頃交芻藁錢六十錢。

槎田是當時使用較普遍的一種耕作技術。「槎田」實際上是農田的休閒制，「燔田」是「槎田」之中不可缺少的一個步驟，遷陵每年春天有「燔田」的活動。

就民田而言，農業勞動主要靠家庭成員，家中的臣妾也是重要勞力。在公田中勞作者以刑徒爲主，而且數量很大。作徒簿記載刑徒參加勞動的情况，徒是奴隸，作是勞作。不少的簿是司空或倉所記録。簿籍上能看到大量的男女犯人，還包括一些小城旦、小隸臣之類的未成年人，他們被遣送至田地上去承擔農業勞動。如《卅四年倉徒簿》上有「女五百一十人付田官」「女四十四人助田官穫」。又如《卅二年司空作徒簿》登記了一百二十五名城旦、隸臣，并明記「廿三人付田官」。又如《田官守敬疏書》，列出城旦、鬼薪十八人，小城旦十人，舂二十二人，小舂三人，隸妾居貲三人。這表明城旦等五十六人都是在田官的服役者。士兵身份的戍卒也要參加農業勞動。

農作物的品種見於簡文者有：粟、菽、麥、稻。較特殊者有糜子和芋。糜子，簡文中稱爲「穡」。

小自耕農的生活狀况并不太好，維持簡單的生活和再生産都有一定的困難。最常見的就是缺乏種子和食糧，「貧無穜」的記載較多，遇到這種情况，由官府給予幫助。

當時在遷陵一帶，商業可能還不大發達，因而農民棄本逐末的現象并不突出，簡文記有「黔首習俗好本事，不好末作」。

遷陵一帶種桑養蠶，種植漆樹和橘樹，簡文中有「漆園」和「橘官」。秦除田租外，還有户賦，遷陵居民交納蠶繭以充當户賦，簡文記有「卅四年……當出户賦者志·見户廿八户，當出繭十斤八兩」等。

手工業主要是官府經營的。遷陵縣下屬的庫，可以修繕兵車或鑄造車轄之類的部件。

以往出土的秦漢簡牘，很少有刑徒從事何種勞動記録。據文獻記載，徒隸多從事於土木工程，如修城、築路等。里耶簡文，爲我們提供了刑徒所從事的多種勞動。前面提到有刑徒參加田間農業勞動之外，還可作園、捕羽、爲席、爲舄、牧畜、庫工、取薪、取漆、輸馬、買徒衣、徒養、吏養、治傳舍、治邸，乃至擔任獄卒或信差的工作，行書、與吏上計或守囚、執城旦。

雲夢睡虎地秦簡和張家山漢簡，保存有較多的律令條文，以及對犯罪者罪行的確定，但判刑後如何服刑則很少涉及，而里耶簡對服刑後參加什麼勞動，有極詳細的記述，里耶簡和雲夢秦簡具有極大的互補性。

《史記》記載秦統一後置三十六郡，具體是哪三十六個郡，或是否設置有更多的郡，兩千年來聚訟紛紜，簡文中記載有秦郡名二十六個，其中洞庭、蒼梧、巫，是古人從未有認定爲秦郡者。

簡文明確記載秦朝有洞庭郡、蒼梧郡的設置。「卅四年……今蒼梧爲郡九歲」，又記「今遷陵廿五年爲縣」。這年就是王翦「遂定江南地」的那一年，故洞庭郡、蒼梧郡在此年建立，遷陵設縣與其同時。

簡文記録有當時各級職官名稱。

8-455號木方較詳細記載了秦統一後，皇帝名號變更及與皇室有關的一系列名稱的改變規定，如莊襄王改稱爲太上皇等。在簡文中保存有二十五年三月時秦中央公卿的情況，當時的丞相是啓和王綰，李斯是典客。

一縣之長爲令或長，亦稱縣嗇夫，設縣尉以分掌武事，令下有佐。郡、縣皆設監御史。簡文中有「臨沅監御史」。據《遷陵吏志》，遷陵有「吏員百三人，令史廿八人」。

縣設主簿以職掌文書，少内管一縣之財務。又設分管各種事務的曹，遷陵有尉曹、司空曹、倉曹、户曹等。還設田官、畜官、倉、庫、司空等機構。

縣下有鄉，遷陵共有三鄉，即都鄉和貳春、啓陵三個鄉。鄉最高主管爲嗇夫。鄉下又分爲若干里，里有典。鄉以外還有亭，有「閭亭」「唐亭」。亭有校長、求盗等職，還設有鄣之類的防禦設施。

部分簡文記録了遷陵的人口數量和民族構成，當時的遷陵有濮、越、楊、臾等民族，當然應當有楚人。户籍簿記載了當時普通家庭的人員組成。「卅二年遷陵積户五萬五千五百卅四」「卅五年遷陵貳春鄉積户二萬一千三百」，當時的遷陵可開墾耕種土地較多，居民承擔賦税頗重。

也有教育和醫療等吏員或機構設置。有負責縣學的「學佴」，名亭。有專職的醫者「遷陵醫静」。

秦始皇三十二年三月，遷陵縣祭祀先農的活動結束以後售賣祭品的記録，説明秦朝保留有祭祀農神的傳統，祭祀活動由各級政府主辦。

從簡文中可看到遷陵政治體制、經濟狀況、交通、特産到百姓的生活。里耶秦簡即是一部呈現在我們面前的遷陵的地方志，儘管我國的古文獻浩如煙海，但從來也未留傳下一部二千多年前的地方史志，這是非常難得的。

里耶秦簡内容豐富，涵括户口、土地開墾、物産、田租賦稅、勞役徭役、倉儲錢糧、兵甲物資、道路里程、郵驛津渡管理、奴隸買賣、刑徒管理、祭祀先農以及教育、醫藥等相關政令和文書，公文中的朔日干支是研究秦漢時期曆法的重要依據，數量衆多、内容詳備的公文形式，爲研究秦漢公文制度打開了新的窗子。我們可以由里耶簡瞭解遷陵，由遷陵窺知秦朝的基層社會結構和具體運作。

凡例

一　湖南龍山里耶秦簡根據簡牘出土地層單位分五輯整理出版。

二　第一輯包含第五、六、八層出土的簡牘，第二輯爲第九層，第三輯爲第七、十、十一、十三層，第四輯爲第十二、十四層，第五輯爲第十五、十六、十七層以及二〇〇五年十二月護城壕第十一號坑出土簡牘。

三　圖版據簡牘原大影印，按簡牘整理號編排。圖版下對應標明簡牘出土登記號。出土登記號是按層位號加序號編排。封泥匣出土時自爲系列編號，編號方式是在層位號和序號後加「封」字。護城濠十一號坑出土簡牘編號爲K1—K51。整理時將無字簡撿出，所以報告中的標本出土登記號不完全連屬。個別簡牘受版面限制，略有縮小，我們注明縮小比例；還有的截成兩段排版，我們另附全形圖於圖版之後，可參閲。

四　釋文據圖版順序編排，簡號注於釋文之末。釋文一般頂格排印。簡文提行書寫的，釋文也分行排列；簡文轉行的，釋文連排，在轉行處加標「—」符號。有些簡文雖然從文義上可以判斷出是轉行，因殘斷過甚，釋文一律作提行處理。簡文分欄書寫的，在每一欄釋文末括注「第一欄」「第二欄」等。簡牘正、背面都有文字時，則在釋文後括注「正」字和「背」字；個別簡牘側面有文字，釋文後括注「側」字。簡文一般按時間順序由右向左書寫，有些簡牘并未嚴格按照這種格式，中間行的書寫時間在左行之後，釋文不作調整。

五　簡文殘泐無法辨認的字，釋文用「□」號表示，一字一「□」；簡文漫漶，如能確定字數的，釋文也用「□」號表示，不能確定的用「……」號表示；存疑的字外加「□」號；簡文被削除處，釋文以「☒」號表示；簡文殘斷處，釋文用「☑」號表示。木牘的情況較複雜，或兩側殘缺（兩側殘缺者不作説明），或上下殘斷，或一面殘斷，或一角殘斷，或中間部分殘斷，如果簡文有殘缺，同樣用「☒」表示，有殘斷而簡文文義完整，不使用「☒」表示。簡牘上的圖案，釋文中一般不體現，僅以括號標出「圖案」字樣。

六 簡文間留有空白，如果語意相連，釋文連排。語意不相連的，不論空白多少，釋文一律衹空出一個字位置。殘簡上的文字根據其位於上下殘斷處距離長短，仿照上說情況，釋文與斷茬號「☒」號之間空一個字。

七 釋文一般按照原文字形釋寫，重文、合文和通假字不注出所重、所合和所通假之字。簡文「七十」均爲合文，形態較特殊，爲排版方便，逕釋爲「七十」。簡文「吏」與「事」、「㝡」與「最」、「薄」與「簿」等不分，釋文也按照原文字形釋寫，不加區別。不識之字照原樣摹寫。但有些異體字，爲了印刷排字方便，釋文用通行字寫出，例如「奴」作「奴」，「獲」作「獲」，「穫」作「穫」，「竊」作「竊」，「智」作「智」等，不嚴格隸定。

八 簡文所用的符號，釋文儘量保留，如「・」「乚」「丿」「⺍」等，符號都衹占一個字的字空。簿籍類文書所條列的單項後多有符號「丨」，有長有短，或斜或彎曲，釋文時均以「丨」表示，衹占一個字字空。釋文不另加標點。簡牘之首和封檢、楬之上端塗墨者和簡牘上表示分欄的墨綫，釋文時取消，也不作説明。特殊現象也在釋文後加以説明。

九 簡牘有刻齒者，刻齒的數位萬、仟、佰、拾、個，各有特定的形態，釋文後另加説明。説明原則：刻齒位置的左或右，「萬」「仟」「佰」「拾」「個」位的刻齒數，并據簡文擬加數量單位。

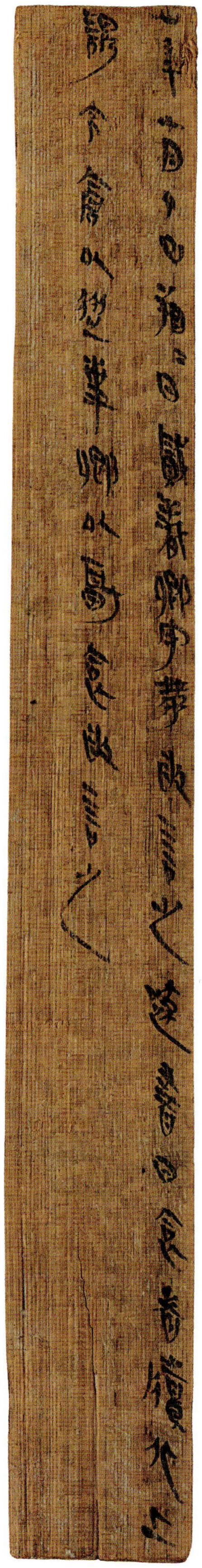
二正

二背

五

一一正

一一背

六五

以上第七層

七

二三三

二五八

七一五正

七一五背

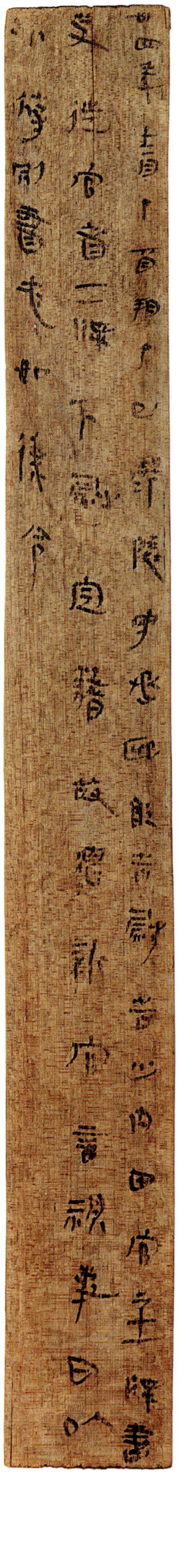
六五九正

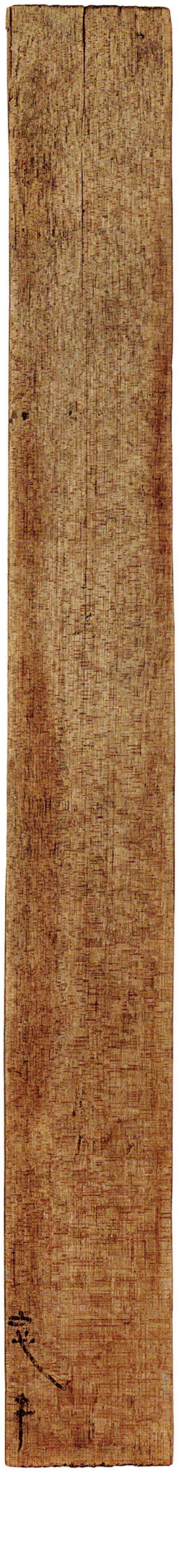
六五九背

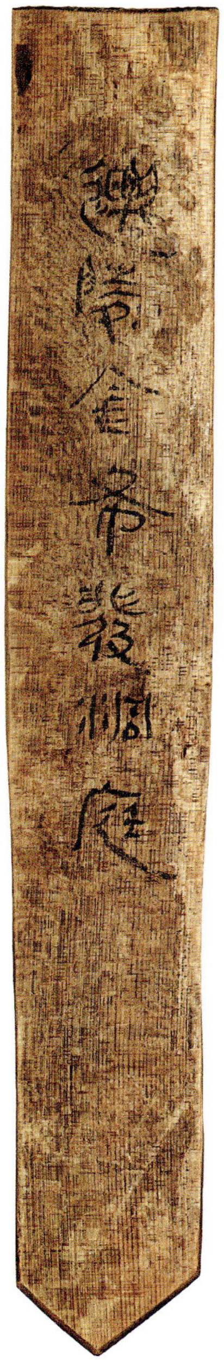

一〇七三

一三〇八

以上第十層

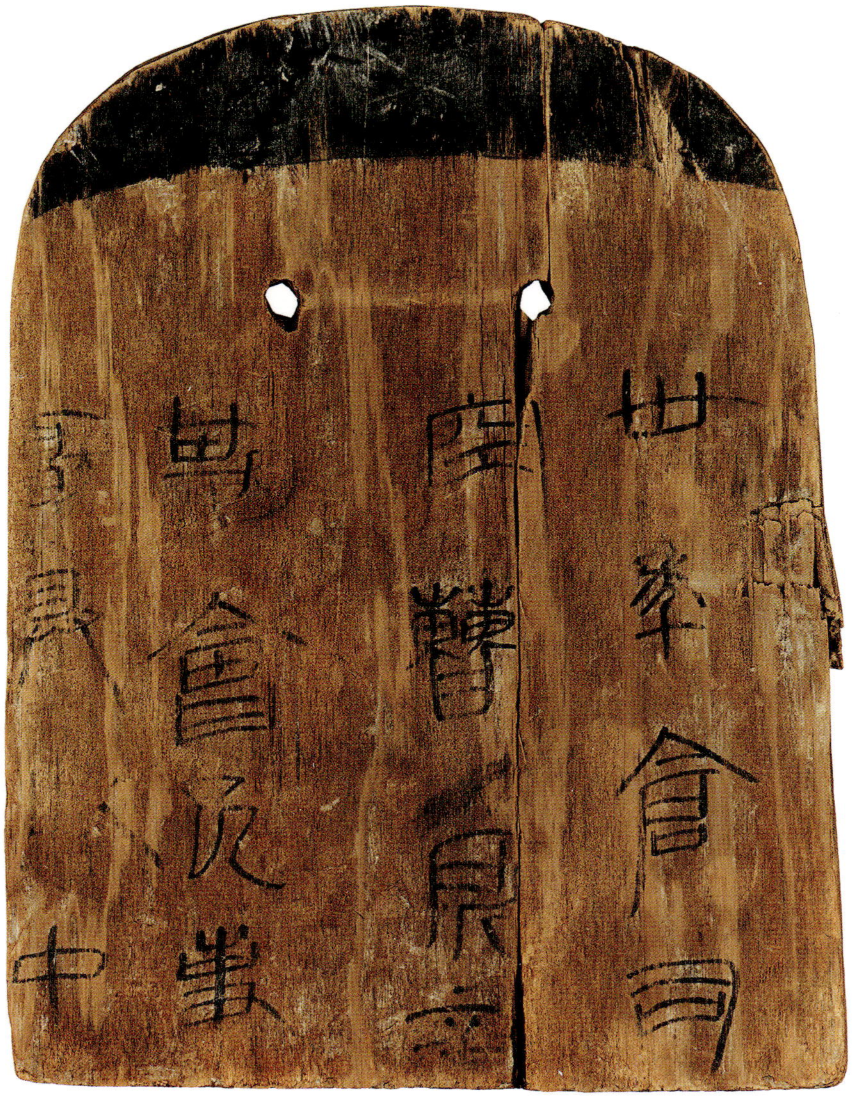

四

一八二

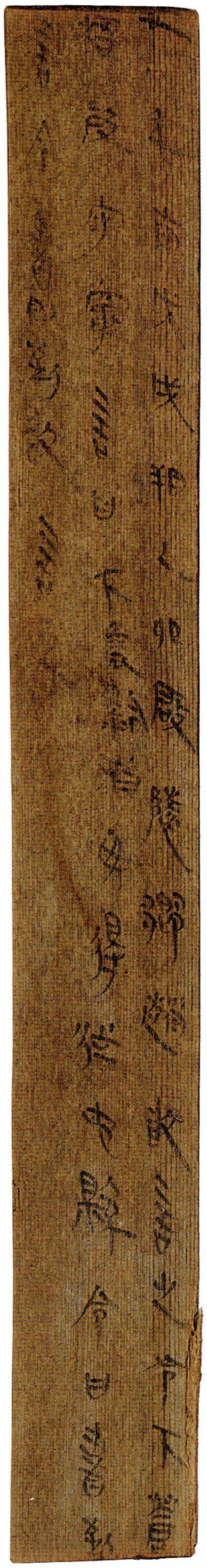

二七七正

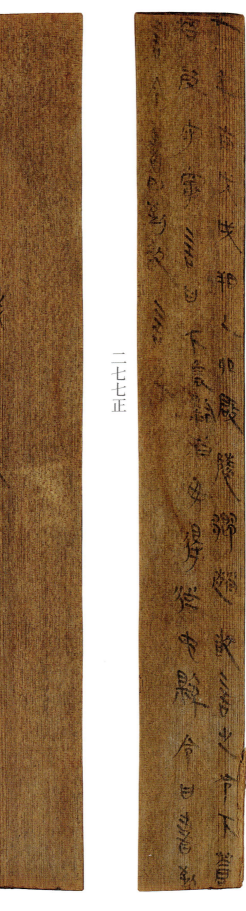

二七七背

以上第十一層

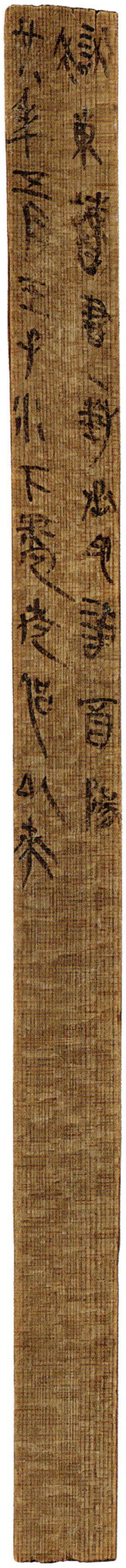

二五

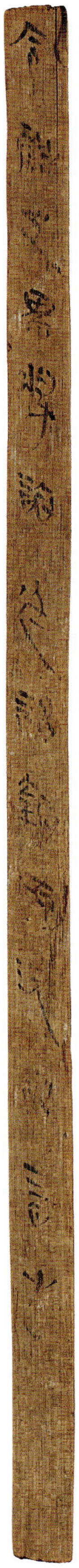

五五

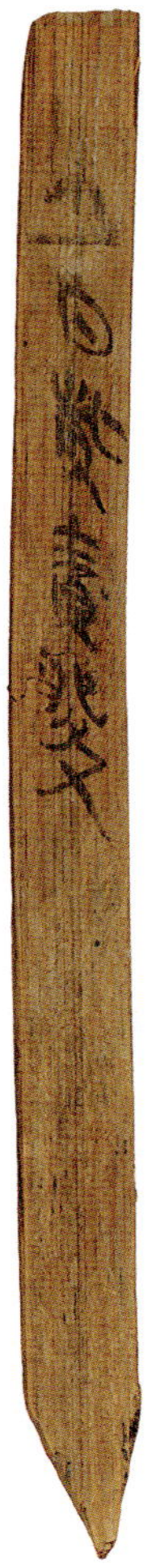

六六

二三

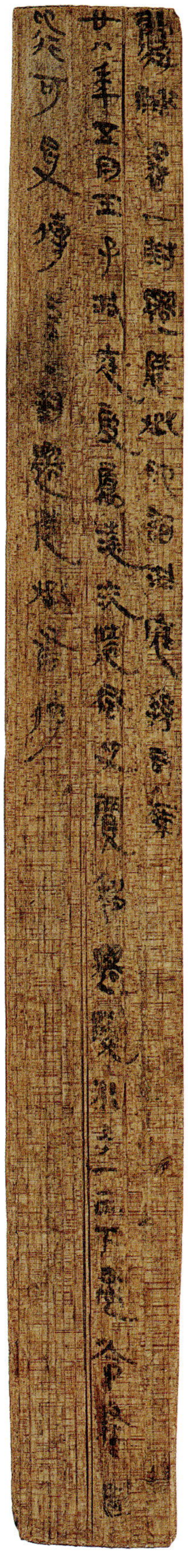
二七二正

二七二背

二七三正

二七三背

二七四正

二七四背

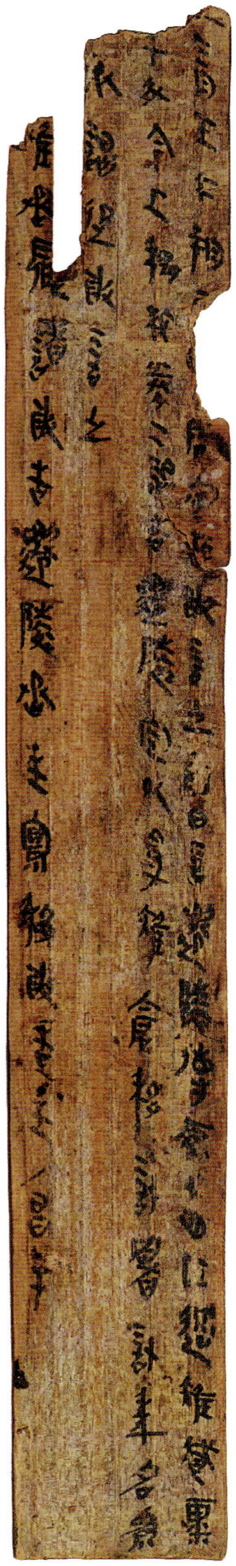

三〇〇正

三〇〇背

六二〇

以上第十三層

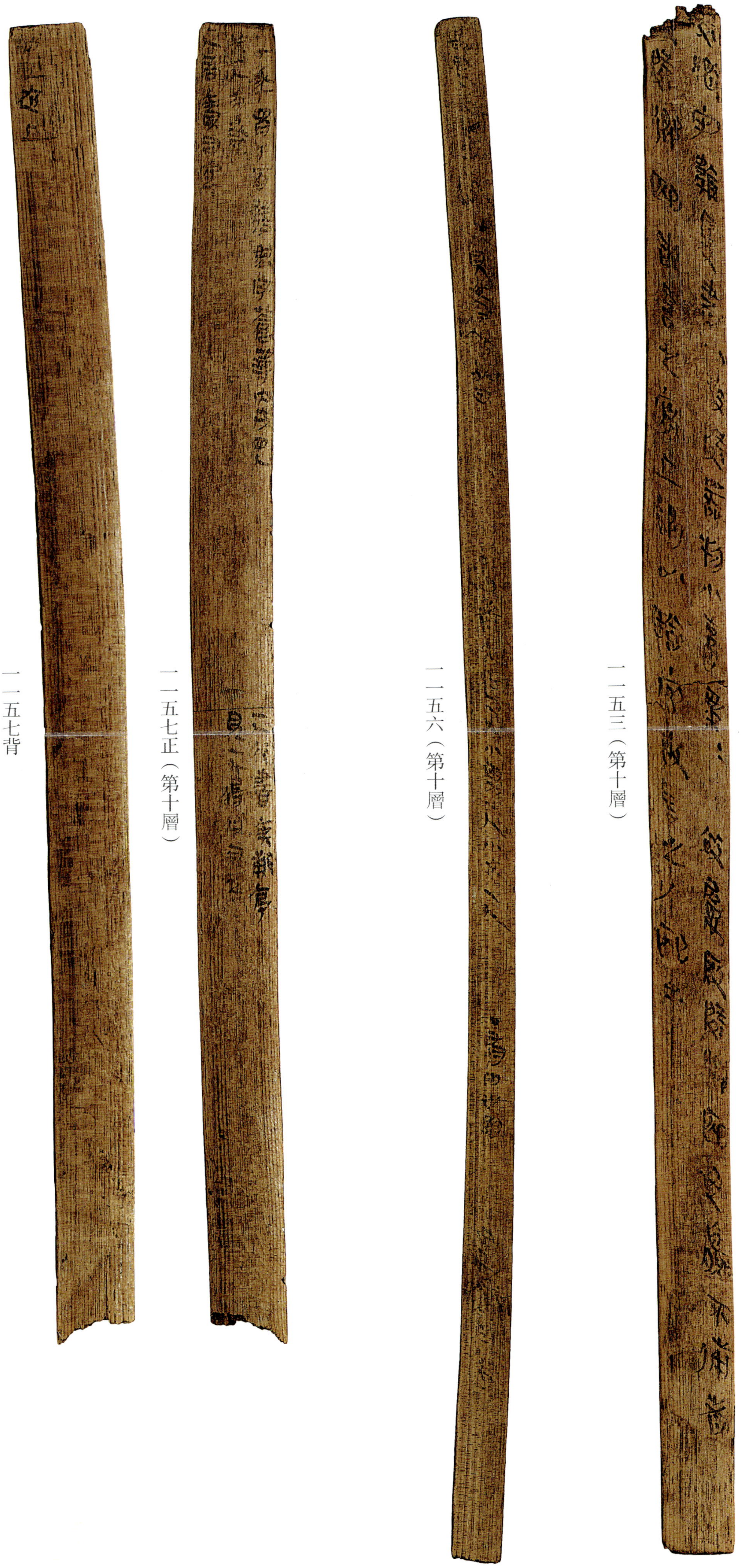

一一五三（第十層）

一一五六（第十層）

一一五七正（第十層）

一一五七背

二一六三（第十層）

二七五正（第十一層）

二七五背

第七層簡牘圖版

一正

一背

二正

二背

一、7-1　二、7-2

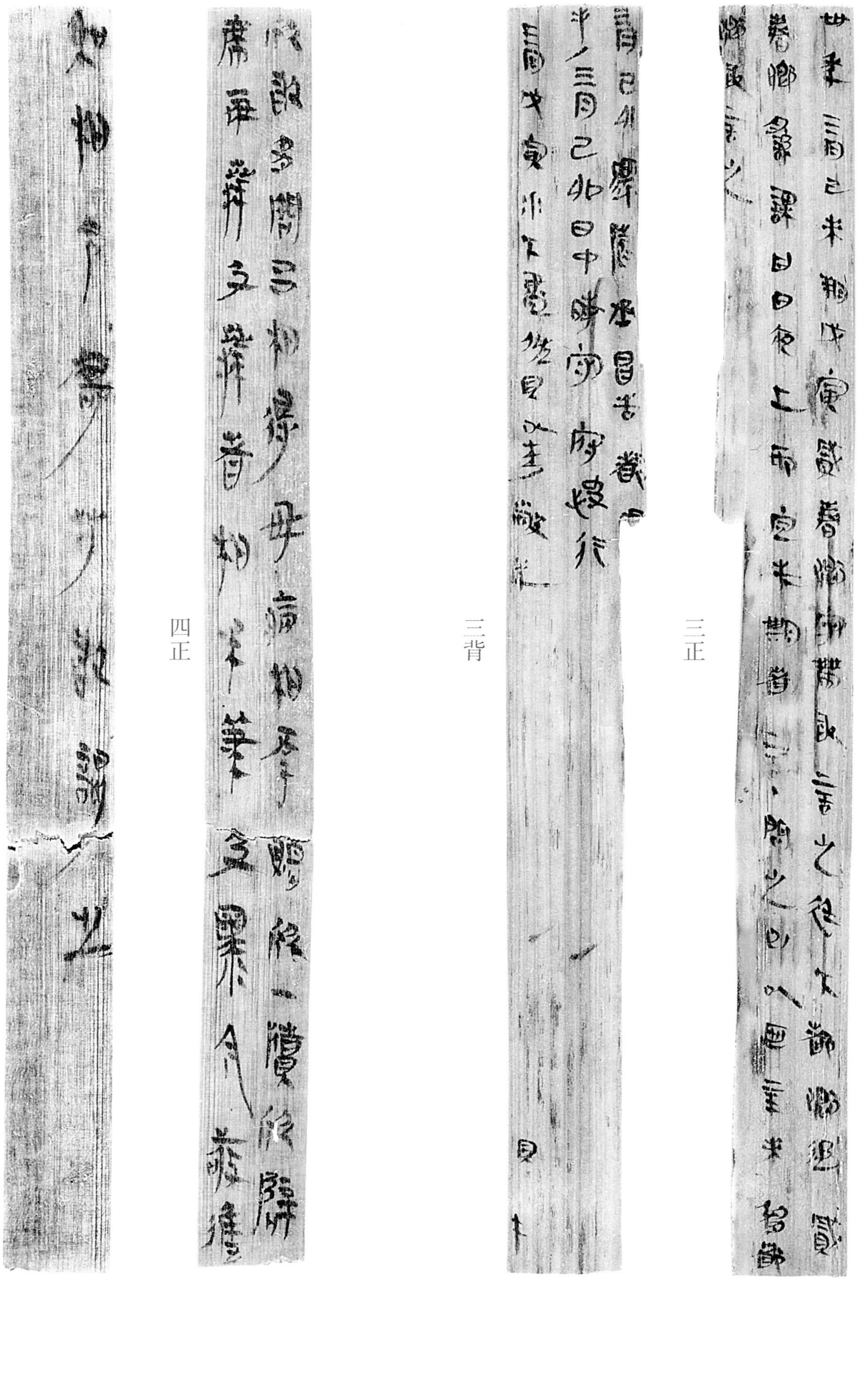

四背　四正　三背　三正

三、7-3　四、7-4

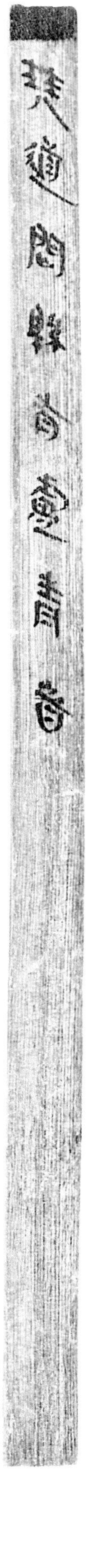
五

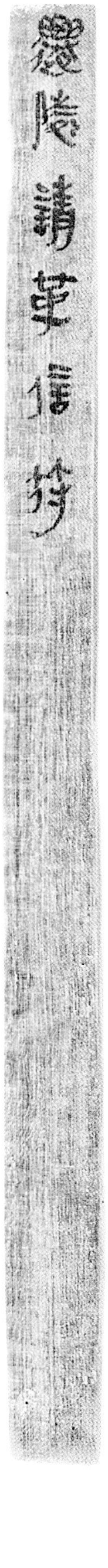
六

七

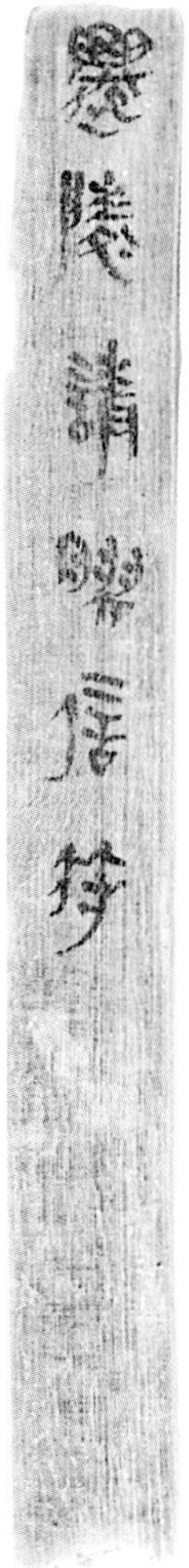
八

九

一〇

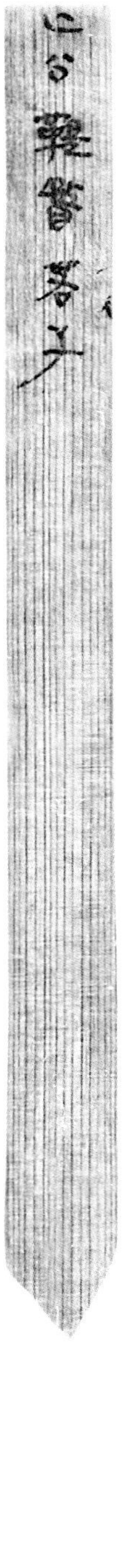
一一正

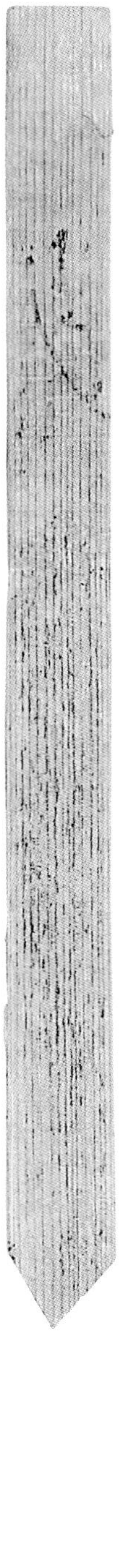
一一背

五、7-5 六、7-6 七、7-7 八、7-8 九、7-14 一〇、7-9 一一、7-10

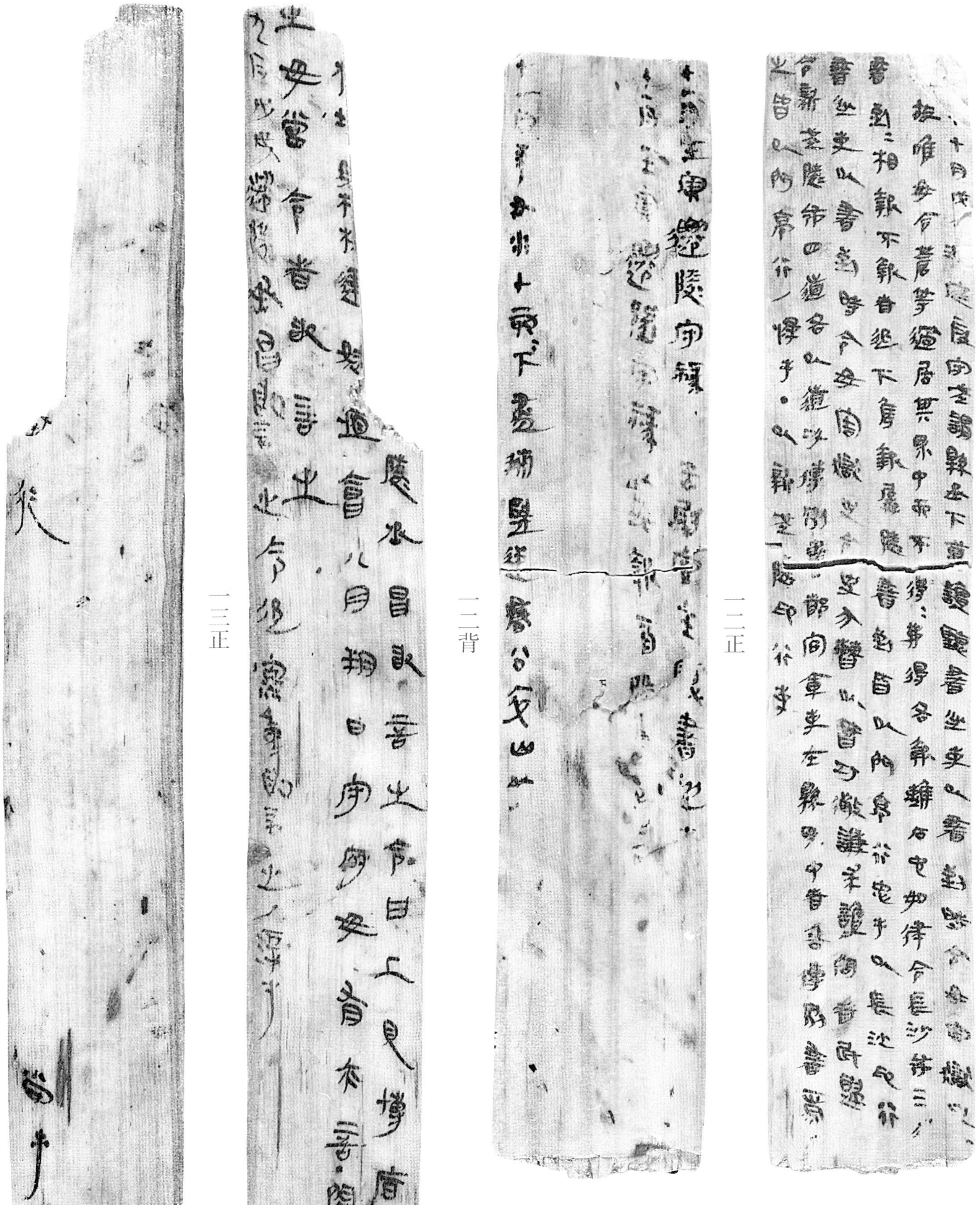

一二正　一二背　一三正　一三背

一二、7-11　一三、7-12

一四

一五正

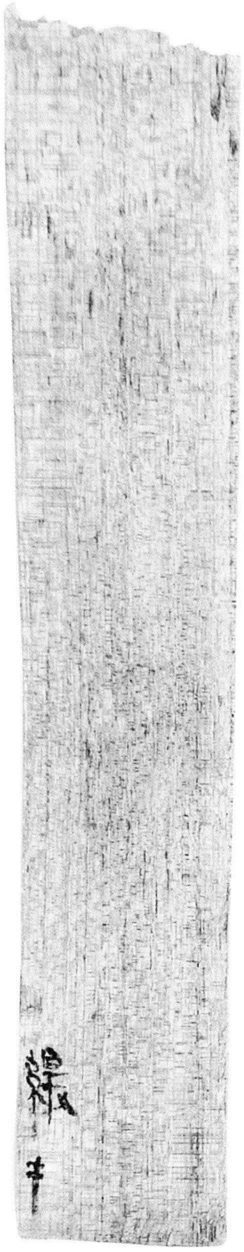

一五背

一六

一七

一四、7-13　一五、7-15　一六、7-17　一七、7-16

一八

一九

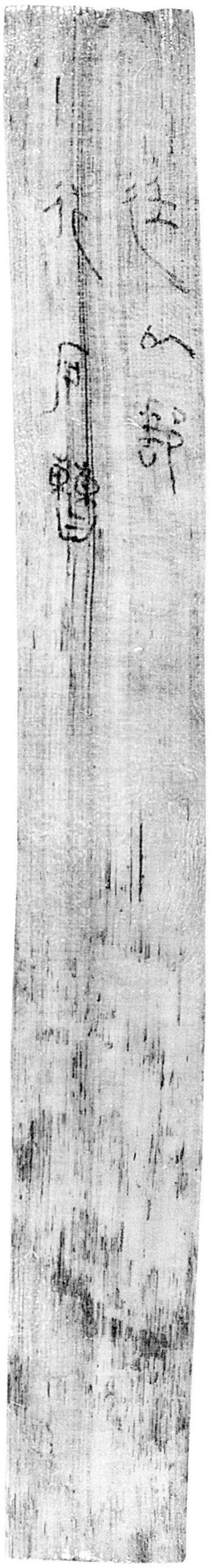

二〇

二一

一八、7-18　一九、7-19　二〇、7-20　二一、7-21

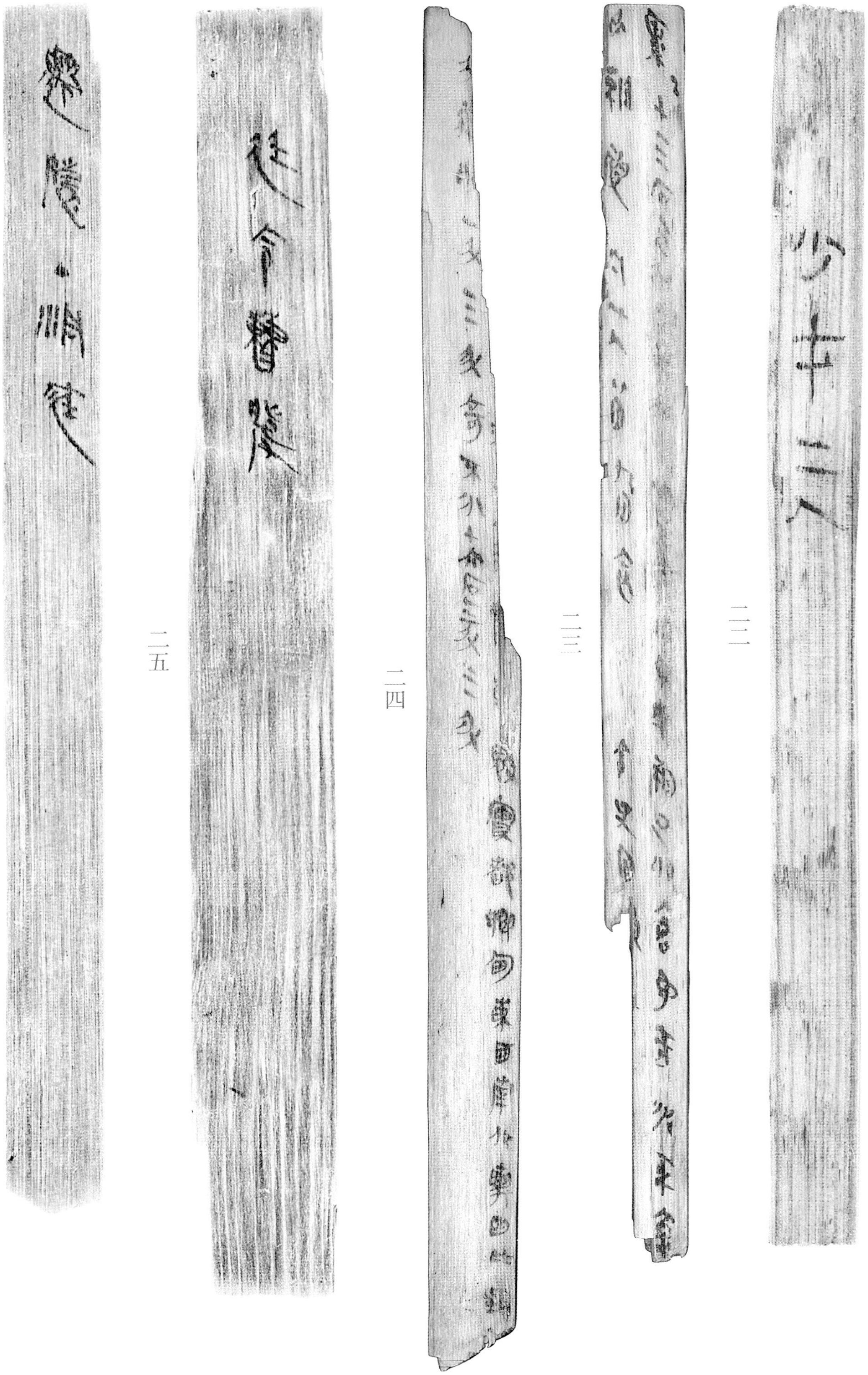

二六 二五 二四 二三 二二

二二、7-22 二三、7-23 二四、7-24 二五、7-25 二六、7-26

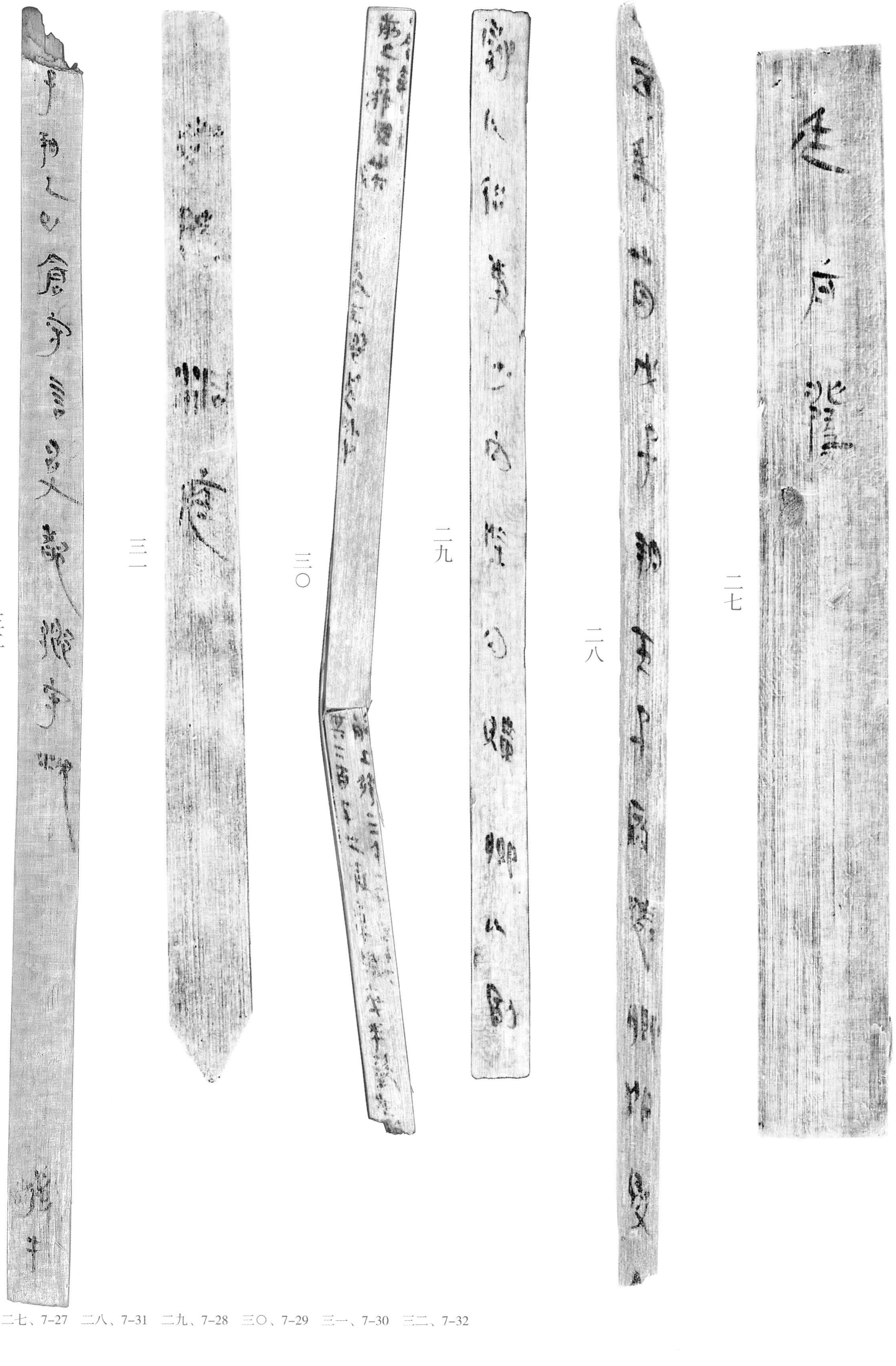

三二　三一　三〇　二九　二八　二七

二七、7-27　二八、7-31　二九、7-28　三〇、7-29　三一、7-30　三二、7-32

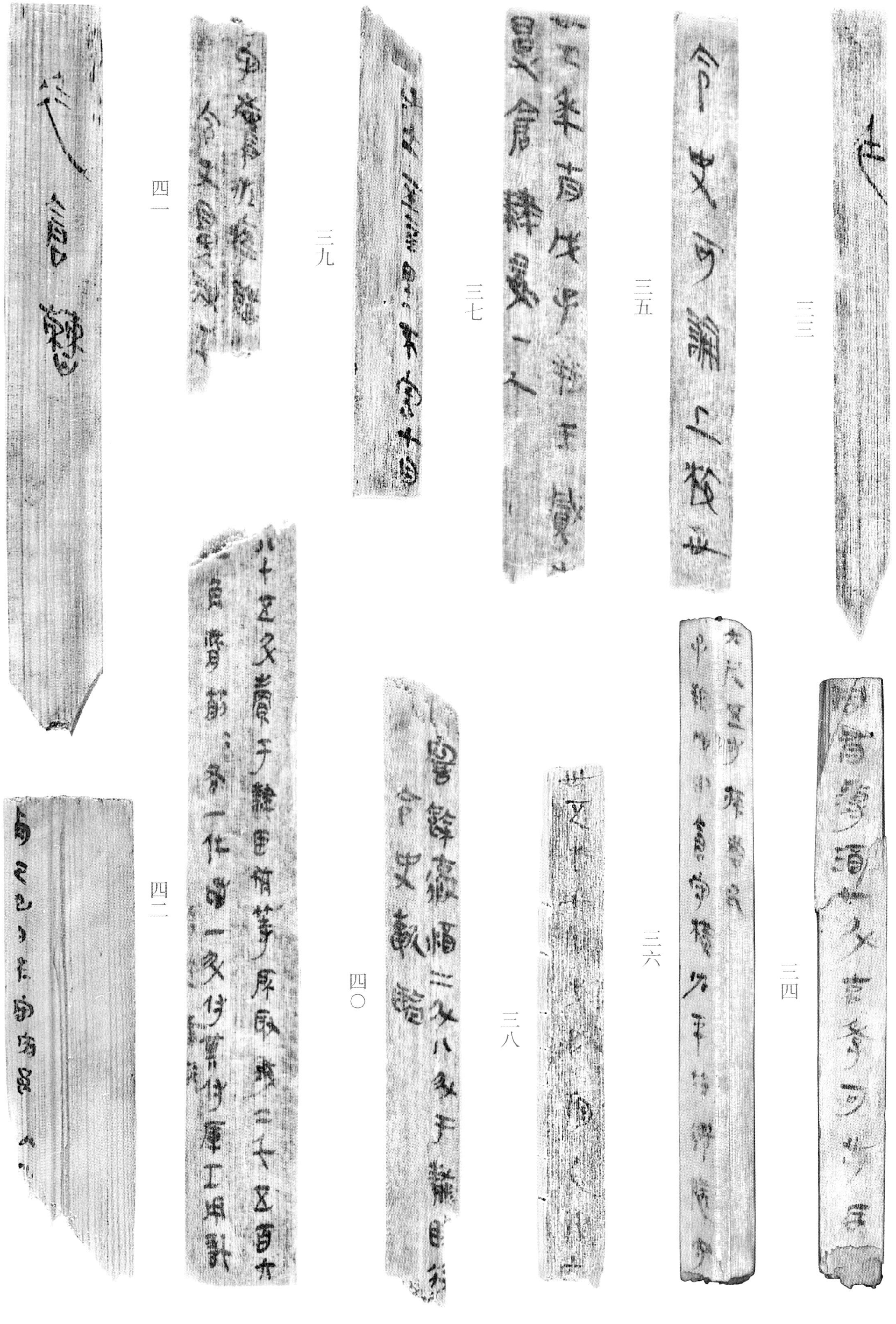

三三、7-33　三四、7-34　三五、7-37　三六、7-36　三七、7-40　三八、7-38　三九、7-35　四〇、7-39
四一、7-42　四二、7-41　四三、7-43　四四、7-44

四五
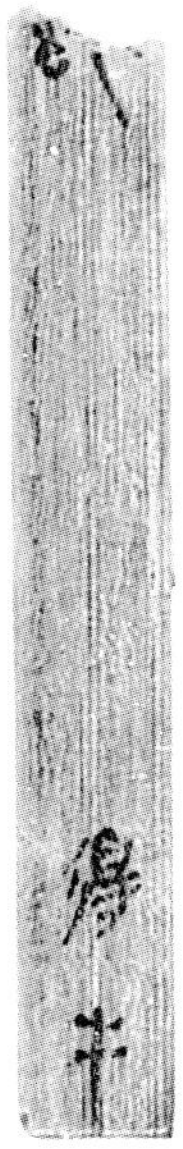

四六
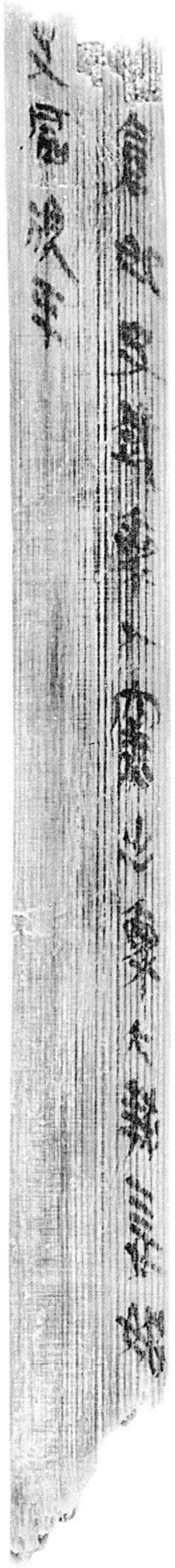

四七

四八

四九
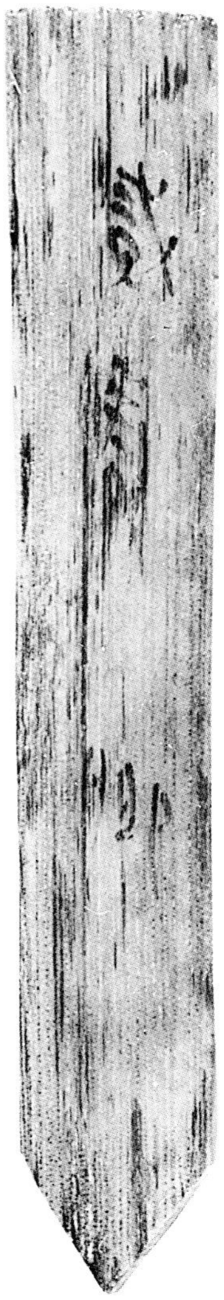

五〇

五一
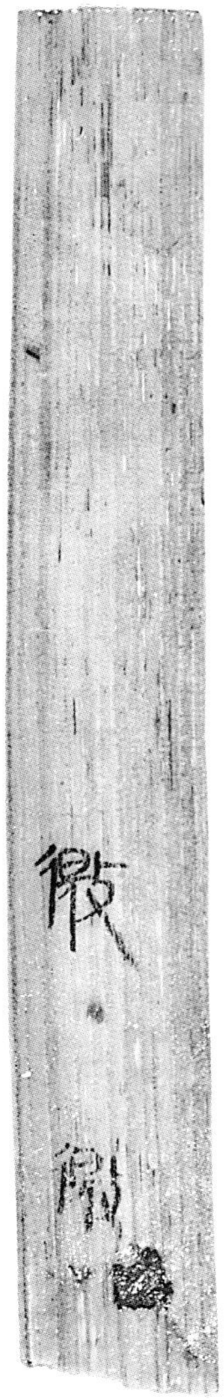

五二

五三

五四

四五、7-53　四六、7-45　四七、7-46　四八、7-48　四九、7-47　五〇、7-52　五一、7-50　五二、7-54
五三、7-49　五四、7-51

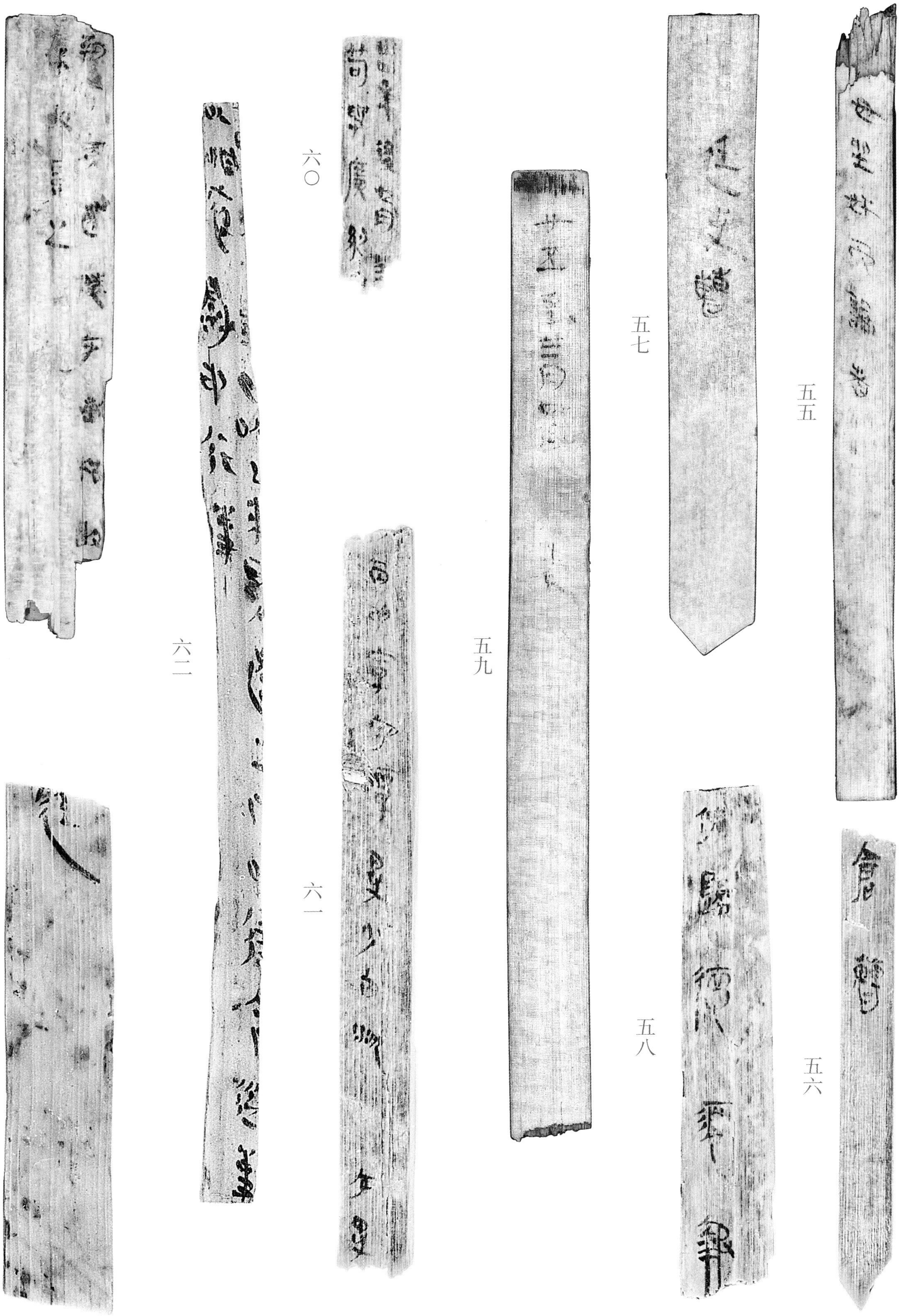

六三 六二 六〇 六一 五九 五七 五五 五八 五六 六四

五五、7-55　五六、7-56　五七、7-57　五八、7-64　五九、7-58　六〇、7-59　六一、7-60　六二、7-63
六三、7-61　六四、7-62

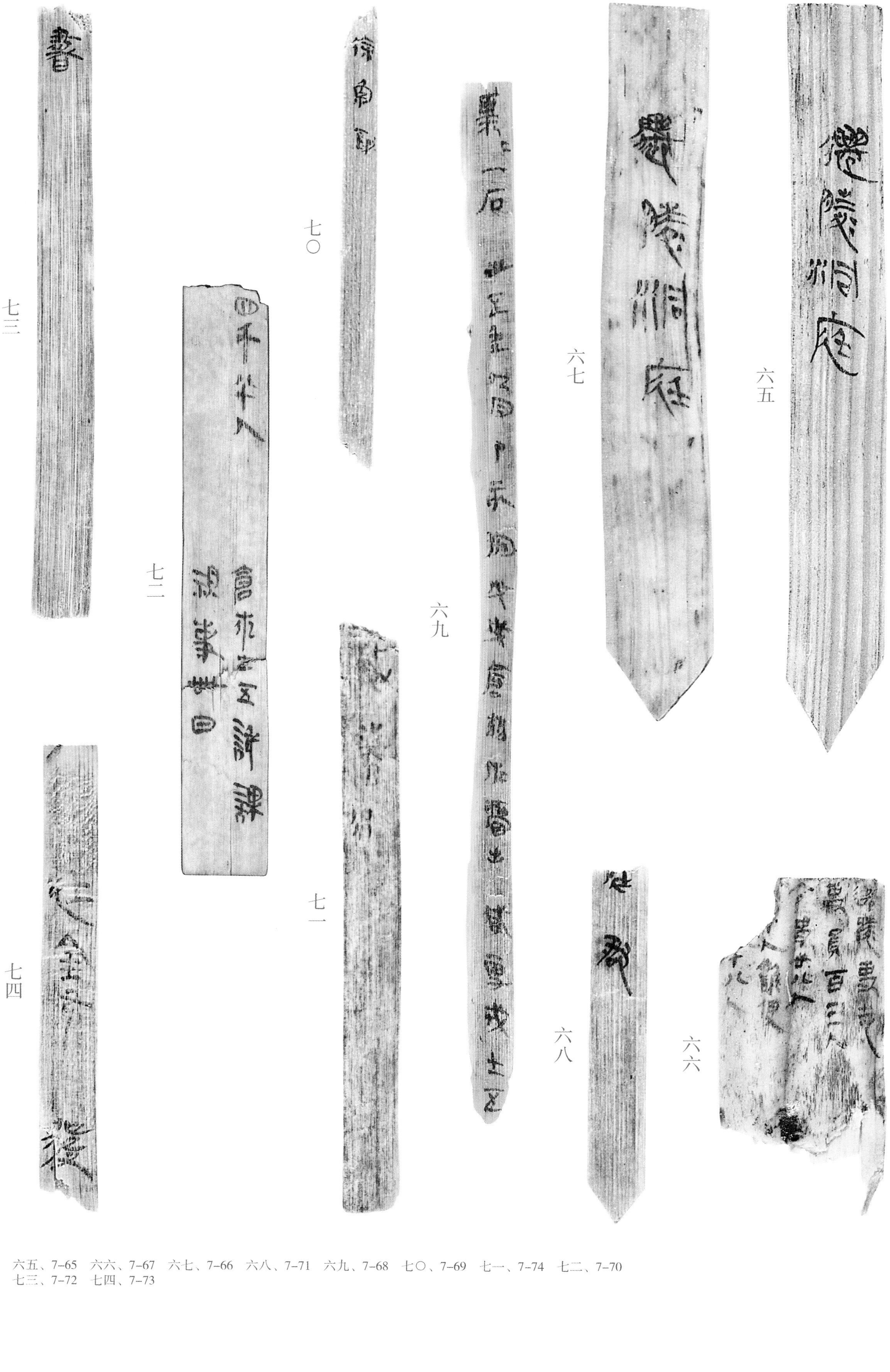

六五、7-65　六六、7-67　六七、7-66　六八、7-71　六九、7-68　七〇、7-69　七一、7-74　七二、7-70
七三、7-72　七四、7-73

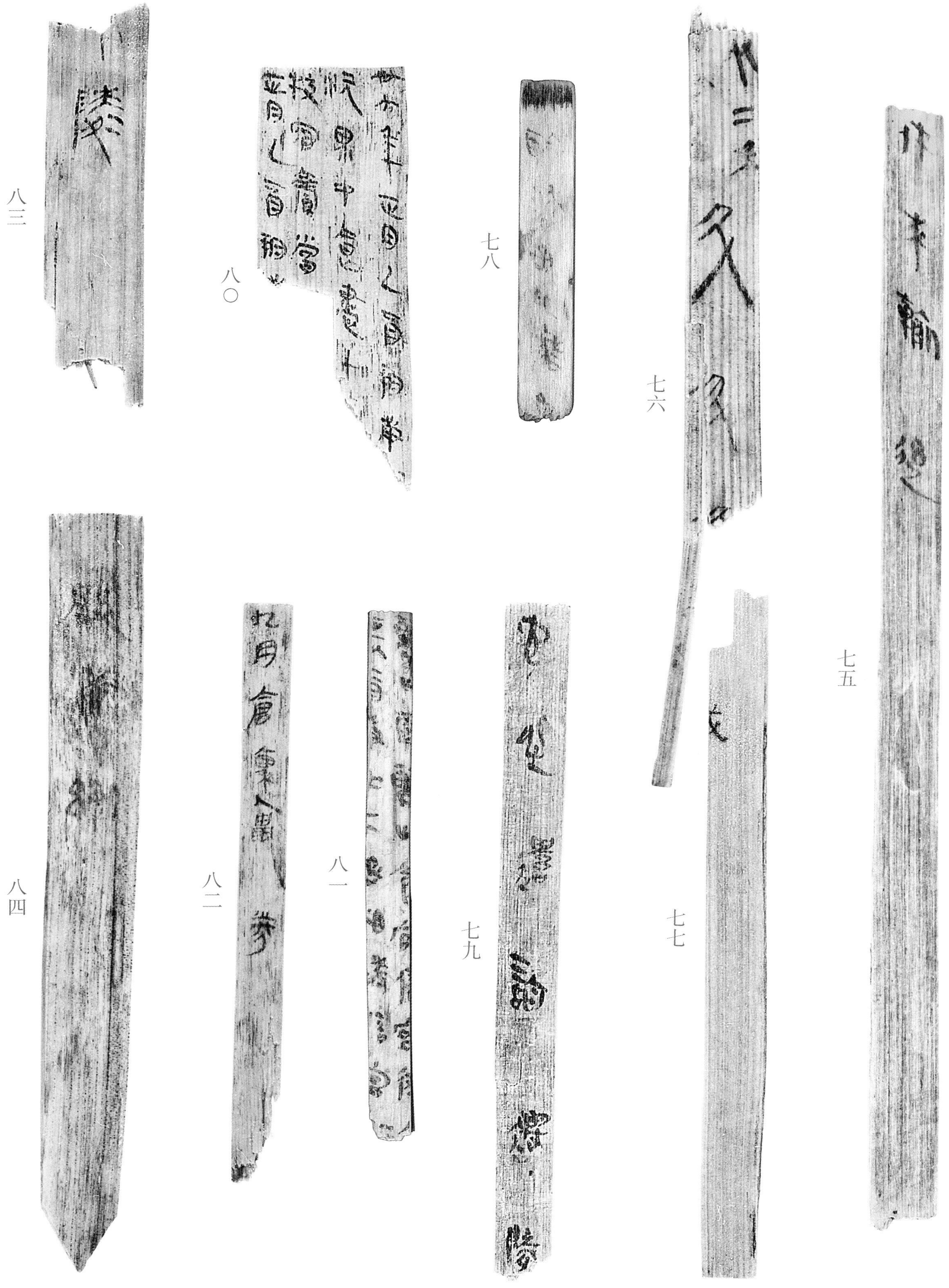

七五、7-75 七六、7-78 七七、7-80 七八、7-76 七九、7-77 八〇、7-81 八一、7-83 八二、7-79
八三、7-82 八四、7-84

八五

八六

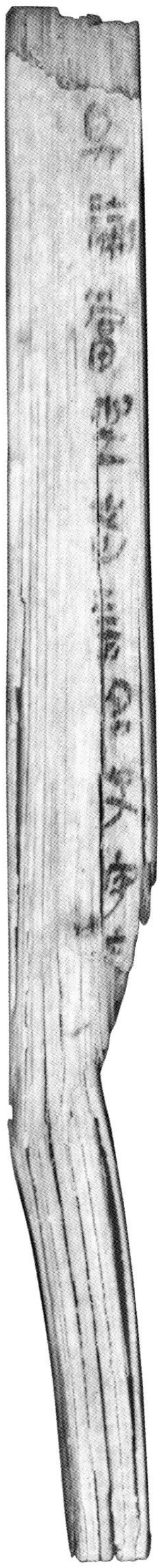
八七

八八

八九

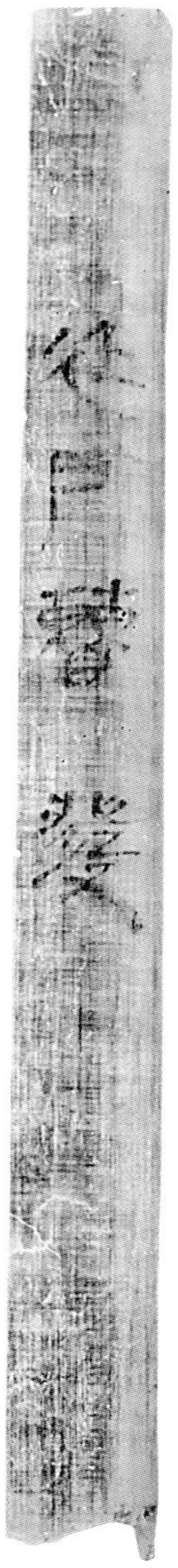
九〇

九一

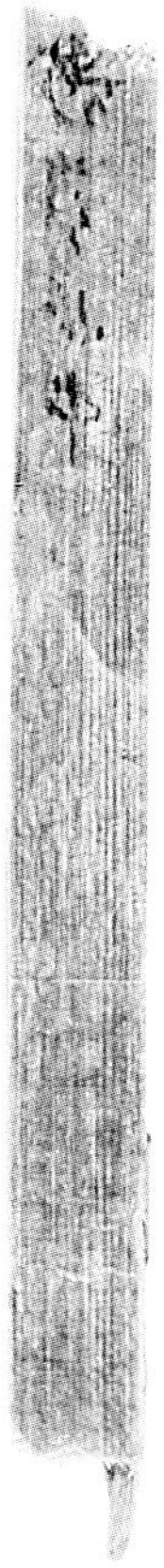
九二

九三

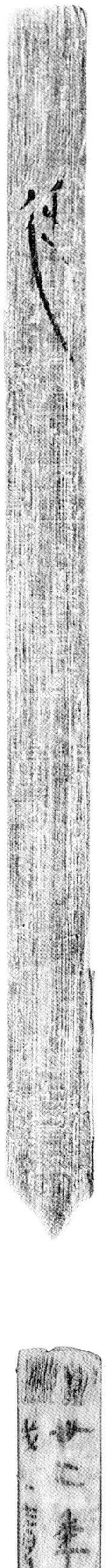
九四

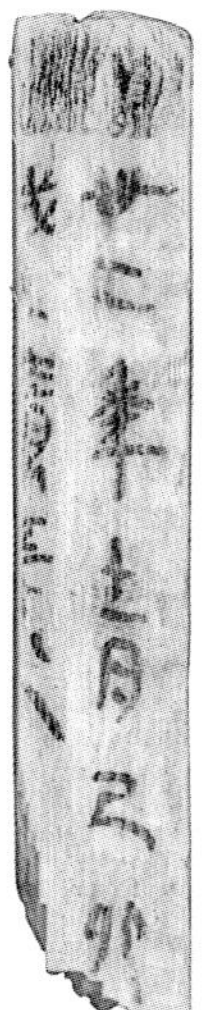
九五

八五、7-86　八六、7-94　八七、7-85　八八、7-89　八九、7-88　九〇、7-90　九一、7-87　九二、7-91
九三、7-95　九四、7-93　九五、7-92

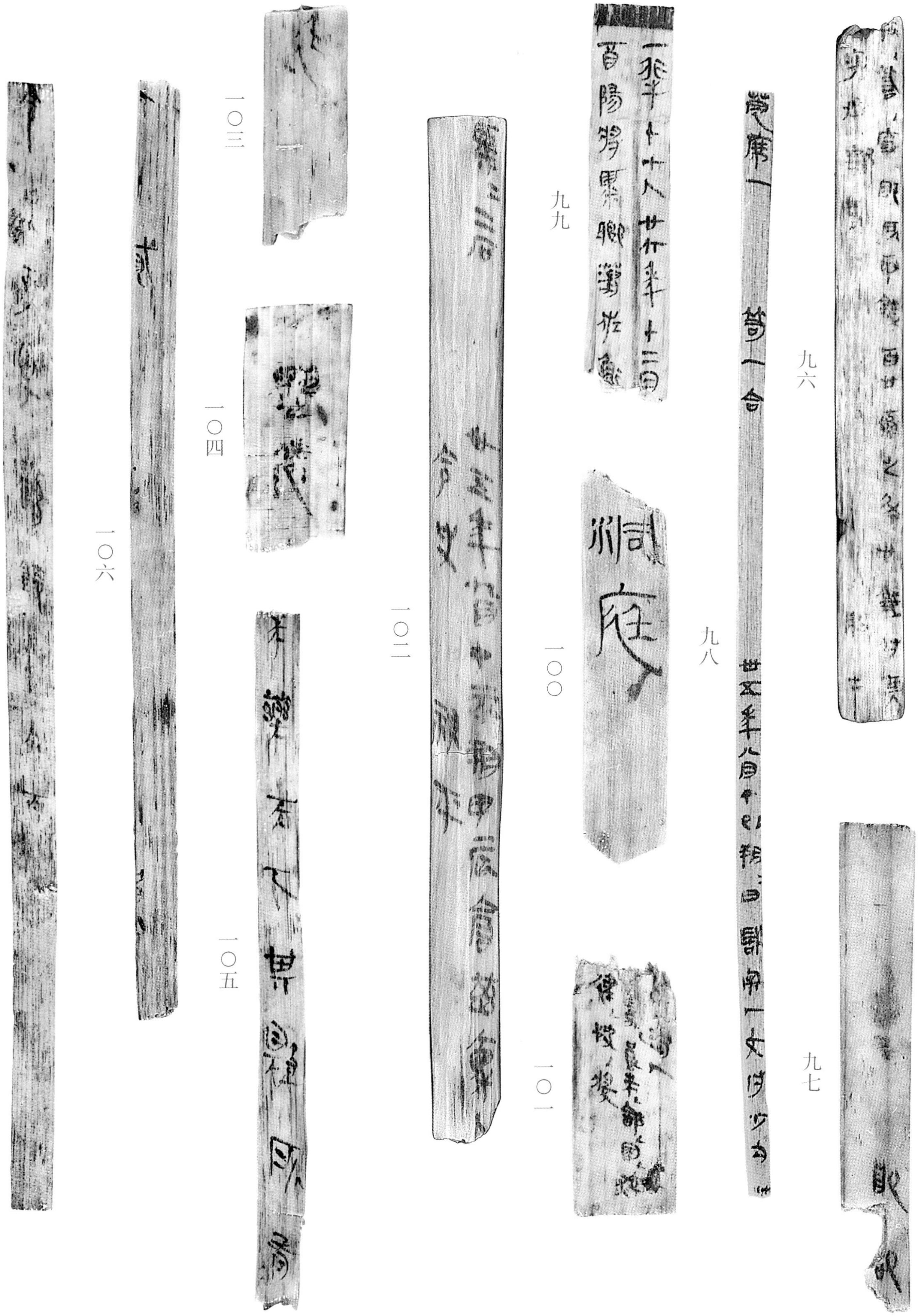

九六、7-97　九七、7-100　九八、7-96　九九、7-99　一〇〇、7-98　一〇一、7-101　一〇二、7-102
一〇三、7-103　一〇四、7-105　一〇五、7-107　一〇六、7-104　一〇七、7-106

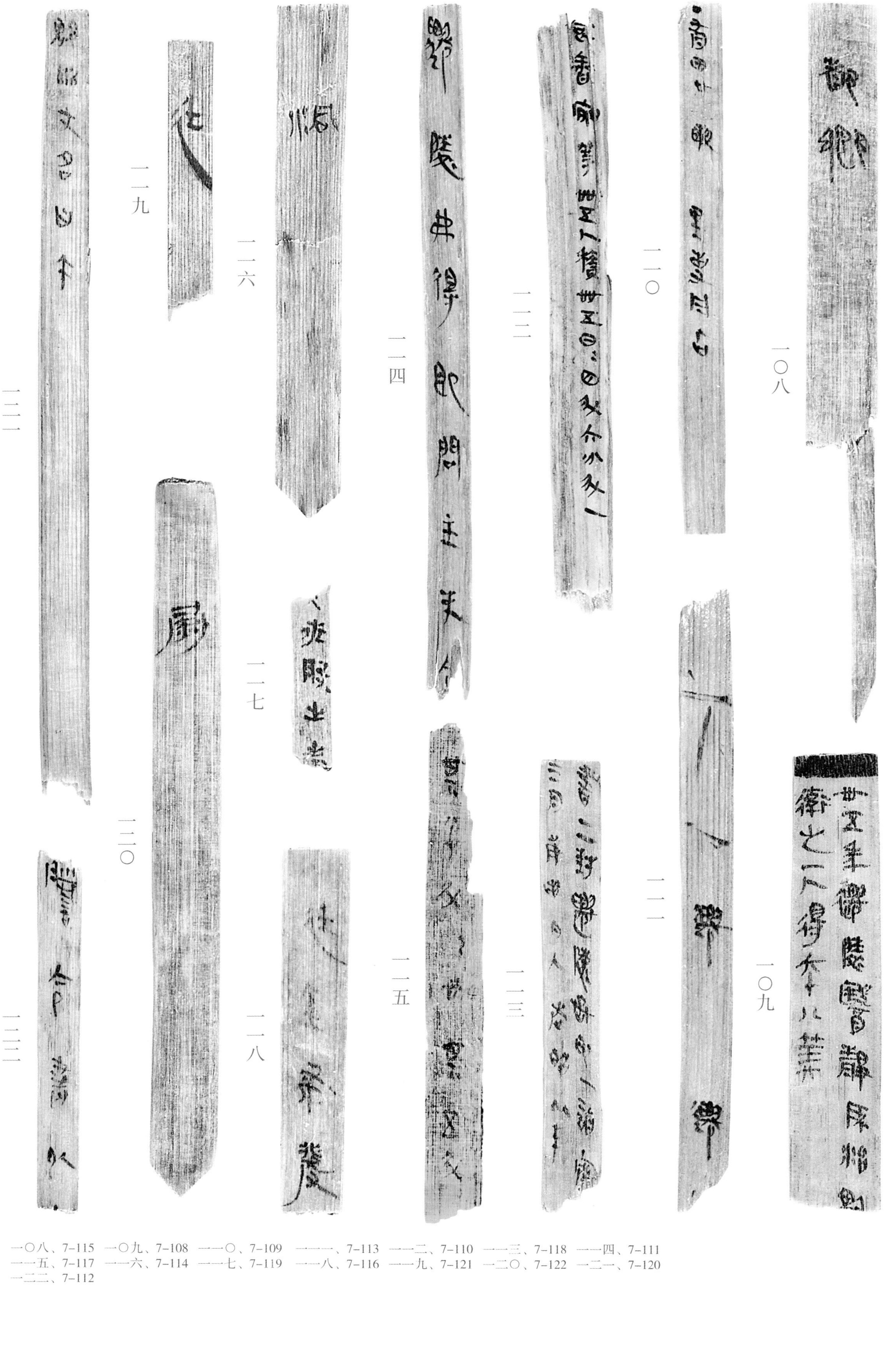

一〇八、7-115　一〇九、7-108　一一〇、7-109　一一一、7-113　一一二、7-110　一一三、7-118　一一四、7-111
一一五、7-117　一一六、7-114　一一七、7-119　一一八、7-116　一一九、7-121　一二〇、7-122　一二一、7-120
一二二、7-112

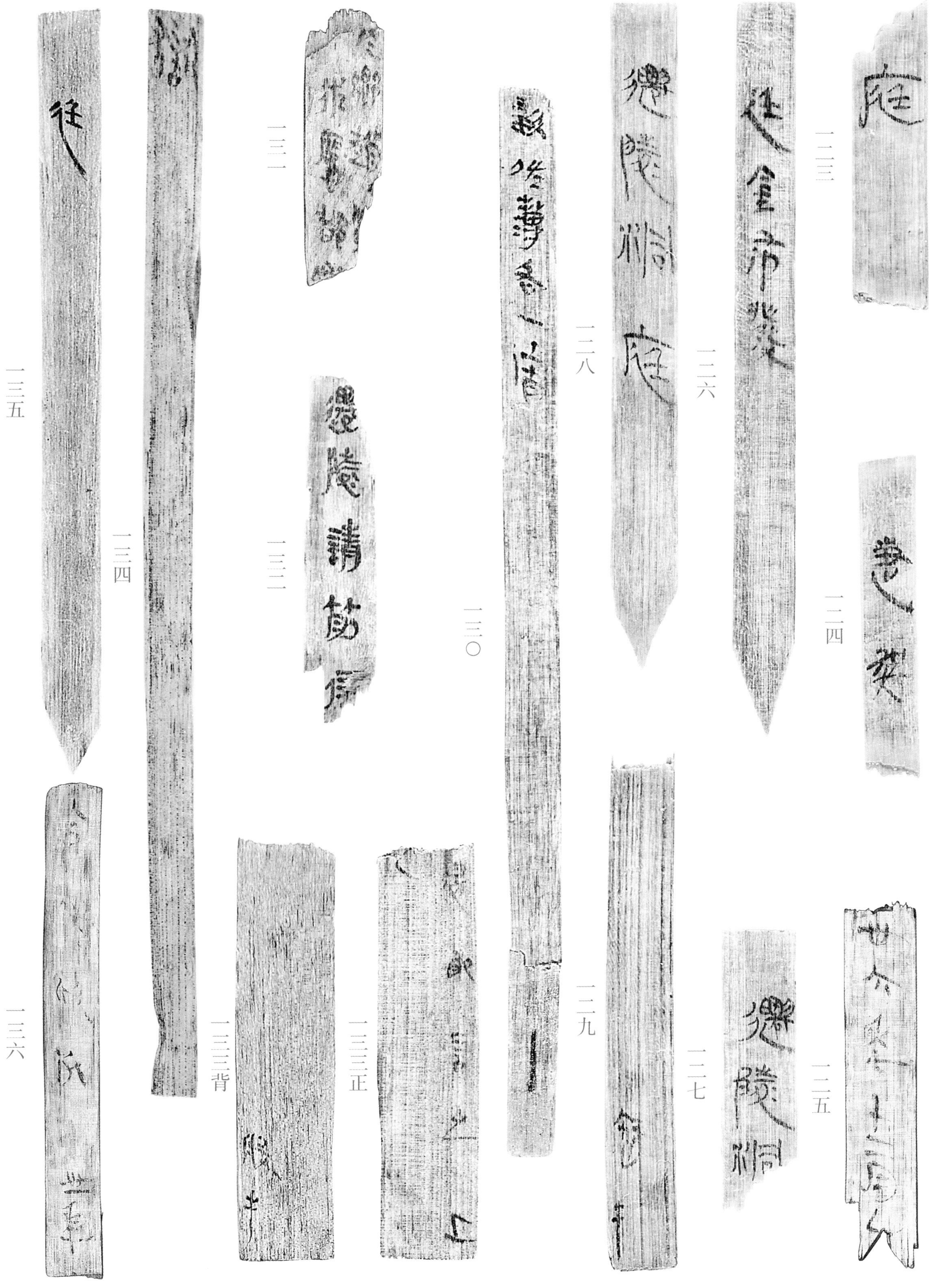

一二三、7-123　一二四、7-125　一二五、7-129　一二六、7-124　一二七、7-133　一二八、7-126
一二九、7-131　一三〇、7-127　一三一、7-130　一三二、7-128　一三三、7-132　一三四、7-134
一三五、7-135　一三六、7-136

一四八 一四五 一四二 一三九 一三七
一四九 一四六 一四三 一四〇 一三八
一五〇 一四七 一四四背 一四四正 一四一

一三七、7-137 一三八、7-138 一三九、7-139 一四〇、7-144 一四一、7-142 一四二、7-143
一四三、7-141 一四四、7-145 一四五、7-147 一四六、7-148 一四七、7-150 一四八、7-149
一四九、7-146 一五〇、7-140

一五一正

一五一背

一五三正

一五三背

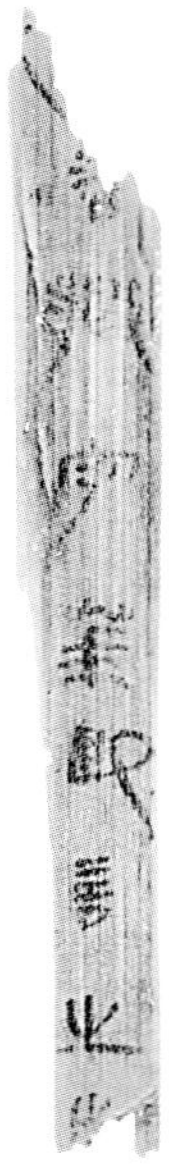
一五六正

一五六背

一五四

一五七正

一五七背

一五二正

一五二背

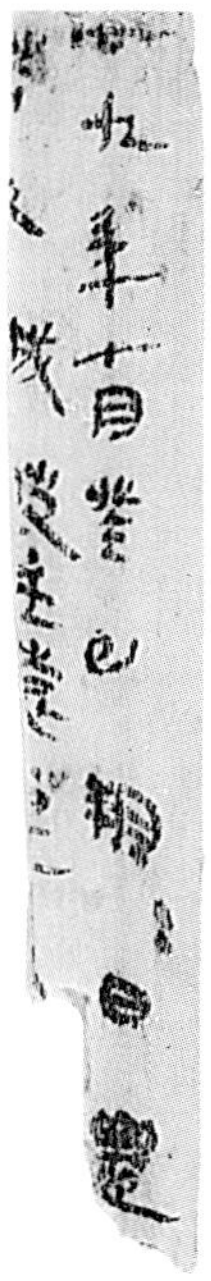
一五五正

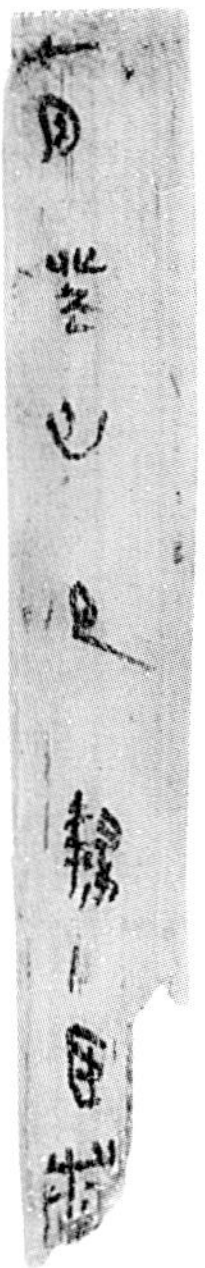
一五五背

一五八正

一五八背

一五一、7-151　一五二、7-152　一五三、7-153　一五四、7-154　一五五、7-155　一五六、7-156
一五七、7-157　一五八、7-158

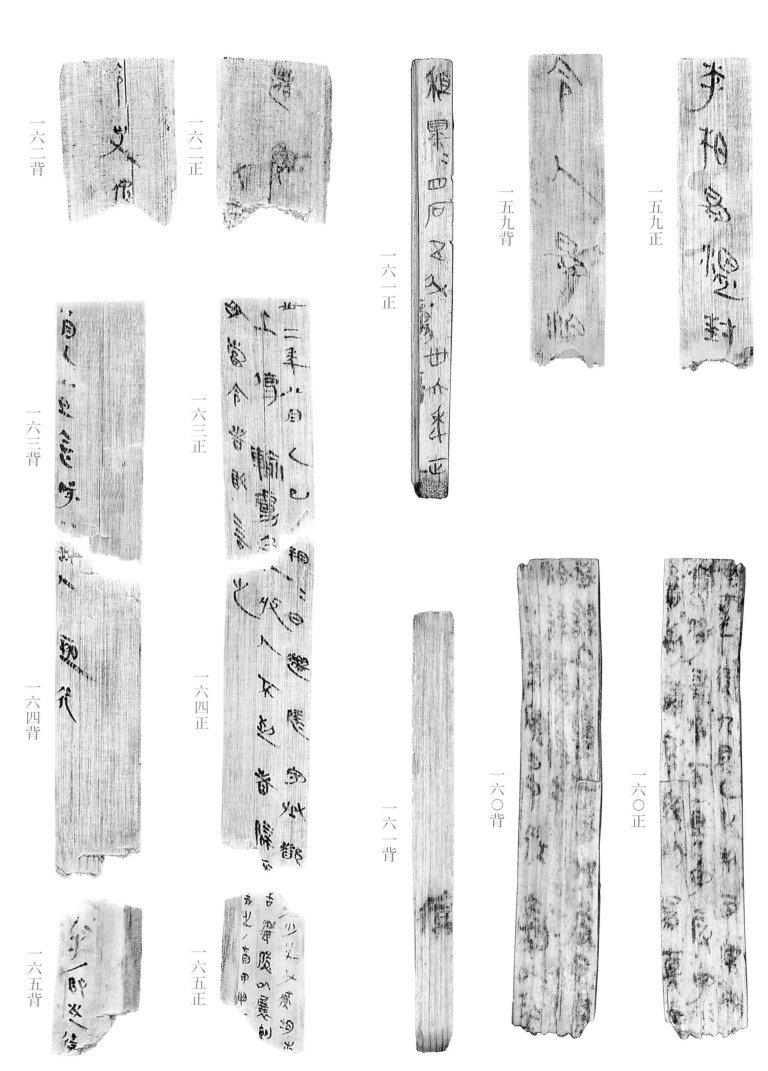

一五九正

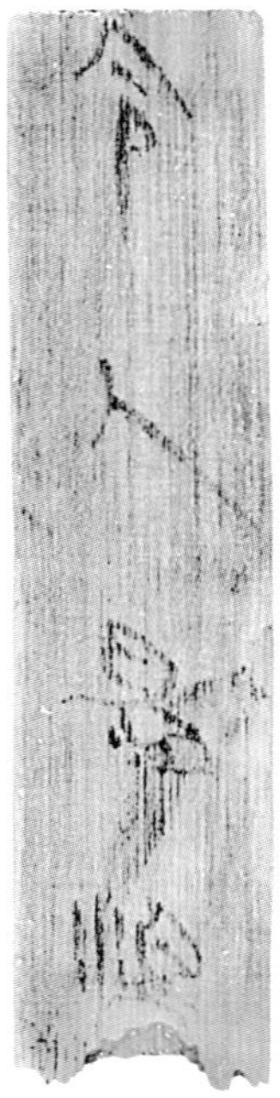
一五九背

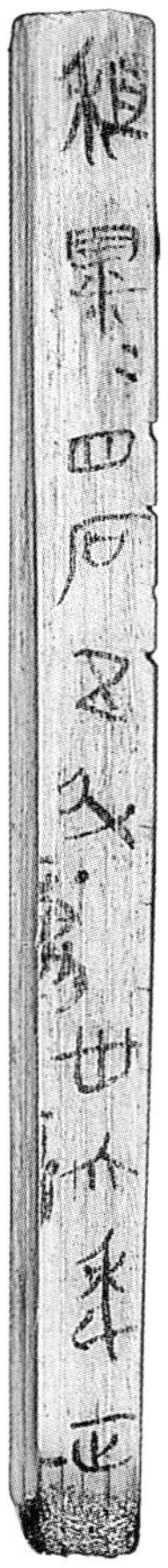
一六一正

一六二正

一六二背

一六三正

一六三背

一六〇正

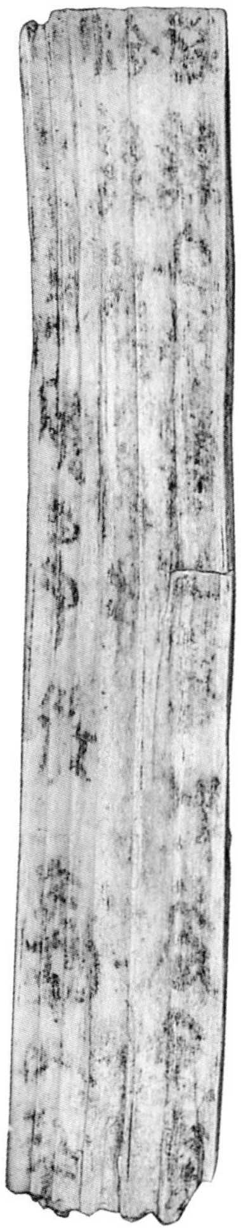
一六〇背

一六一背

一六四正

一六四背

一六五正

一六五背

一五九、7-160　一六〇、7-163　一六一、7-165　一六二、7-159　一六三、7-161　一六四、7-162
一六五、7-164

一六六正

一六六背

一六七正

一六七背

一六八正

一六八背

一六九正

一六九背

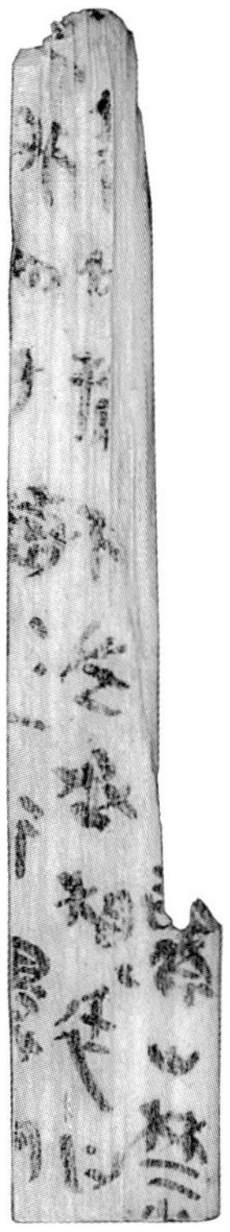

一七〇正

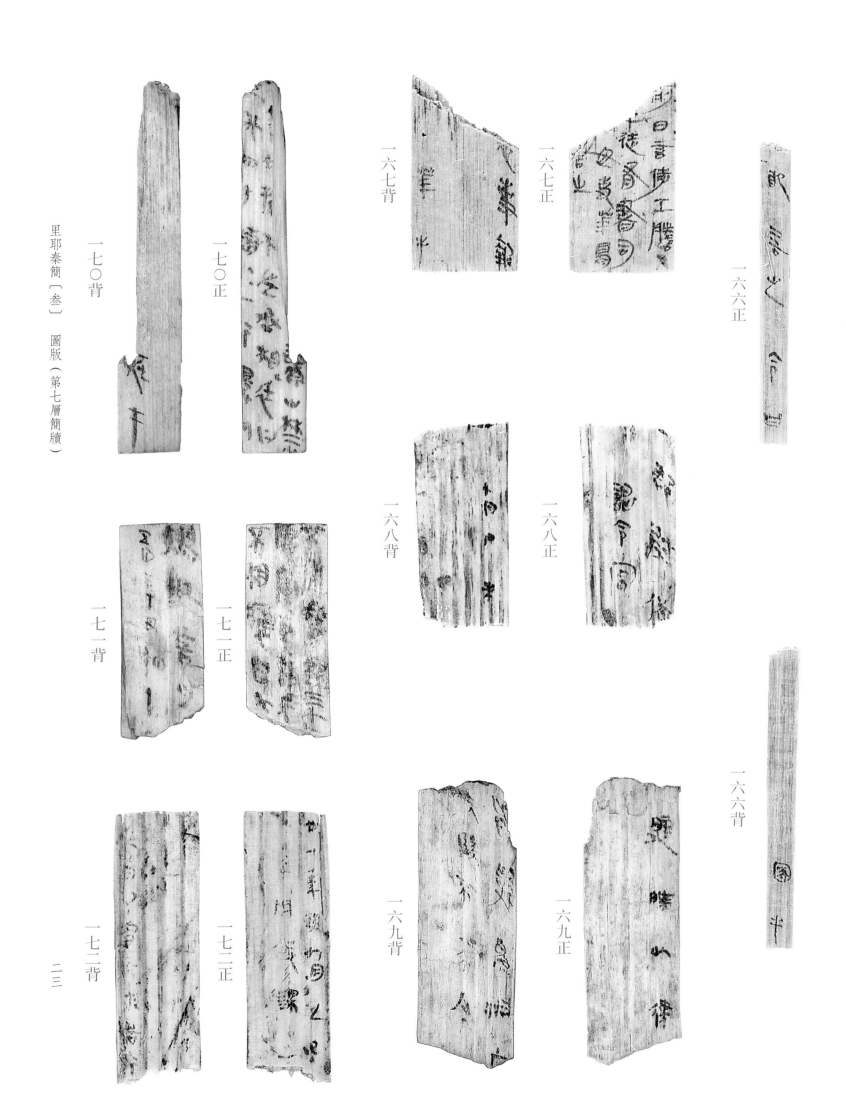

一七〇背

一七一正

一七一背

一七二正

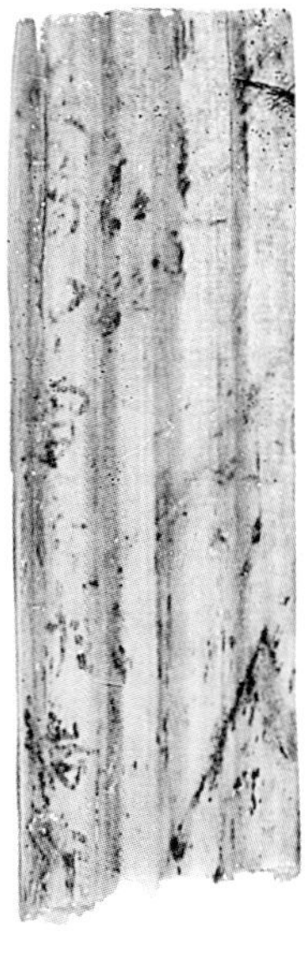

一七二背

一六六、7-169　一六七、7-166　一六八、7-167　一六九、7-172　一七〇、7-171　一七一、7-168
一七二、7-170

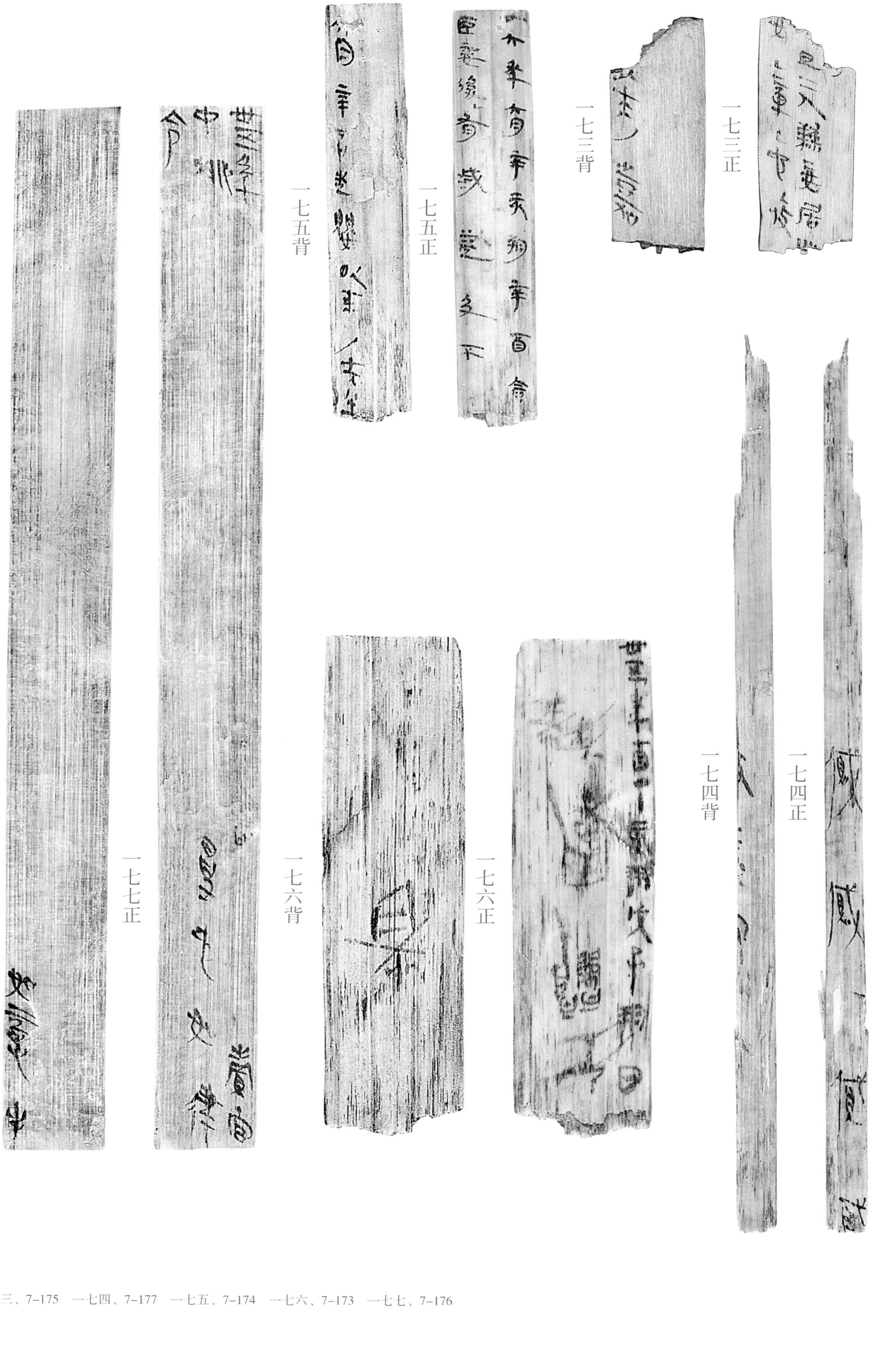

一七三正 一七三背 一七五正 一七五背 一七四正 一七四背 一七六正 一七六背 一七七正 一七七背

一七三、7-175　一七四、7-177　一七五、7-174　一七六、7-173　一七七、7-176

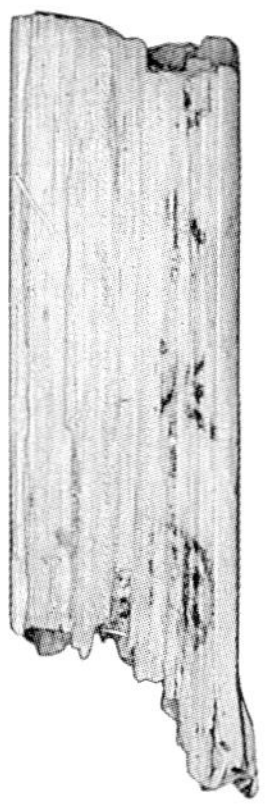
一八四背

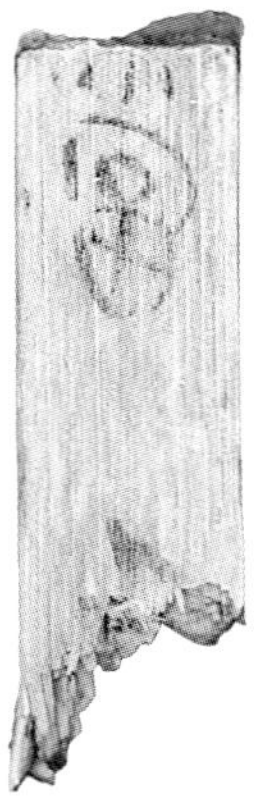
一八四正

一八一背

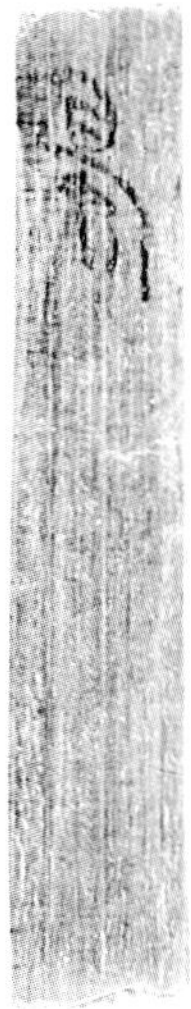
一八一正

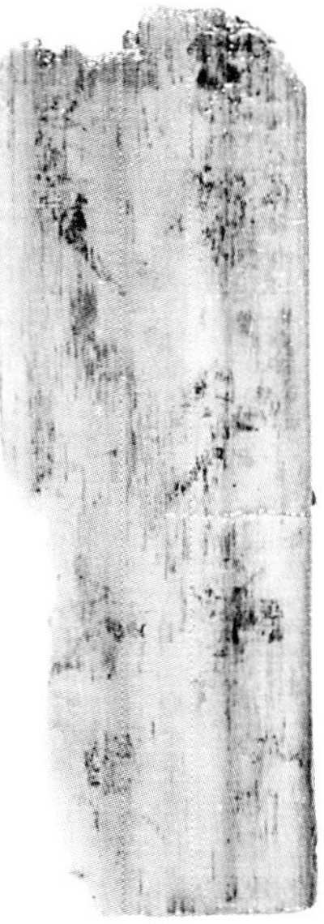
一七八背

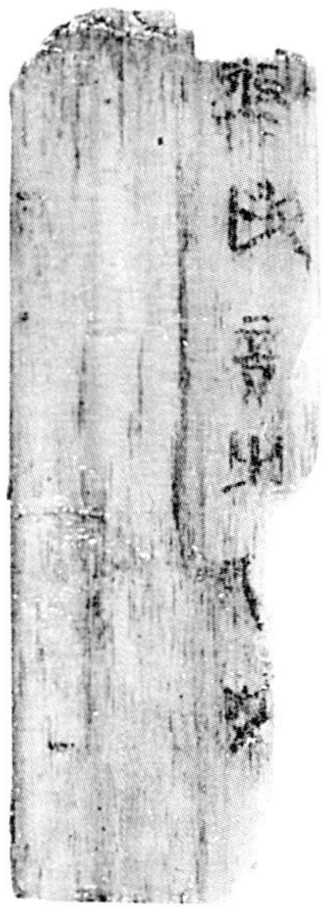
一七八正

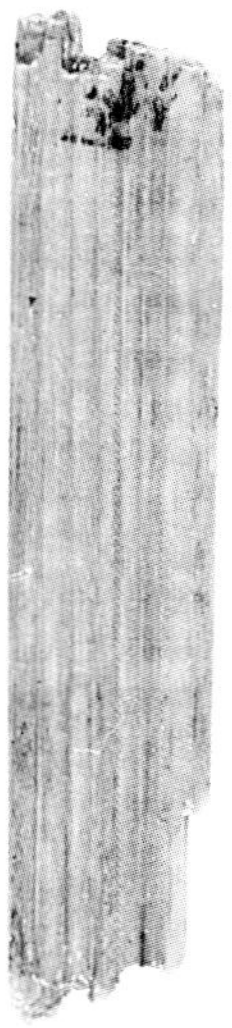
一八五背

一八五正

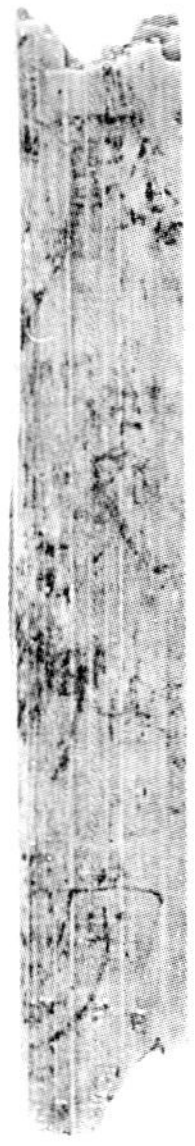
一八二

一八〇正

一七九背

一七九正

一八六背

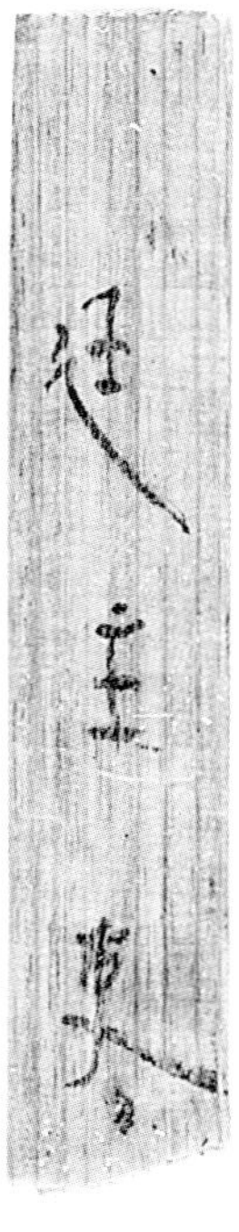
一八六正

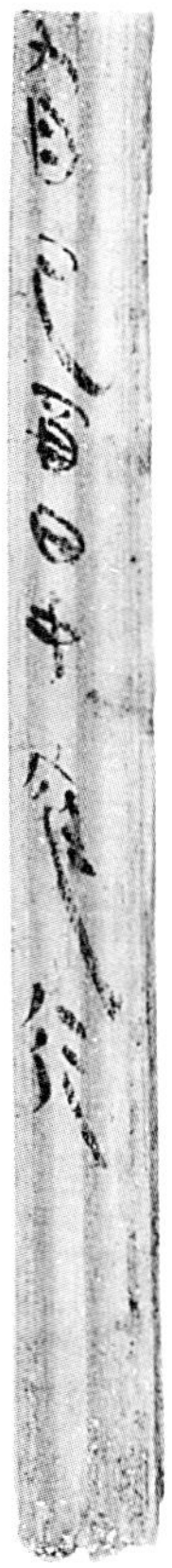
一八三背

一八三正

一八〇背

一七八、7-178　一七九、7-185　一八〇、7-183　一八一、7-179　一八二、7-184　一八三、7-181
一八四、7-182　一八五、7-180　一八六、7-186

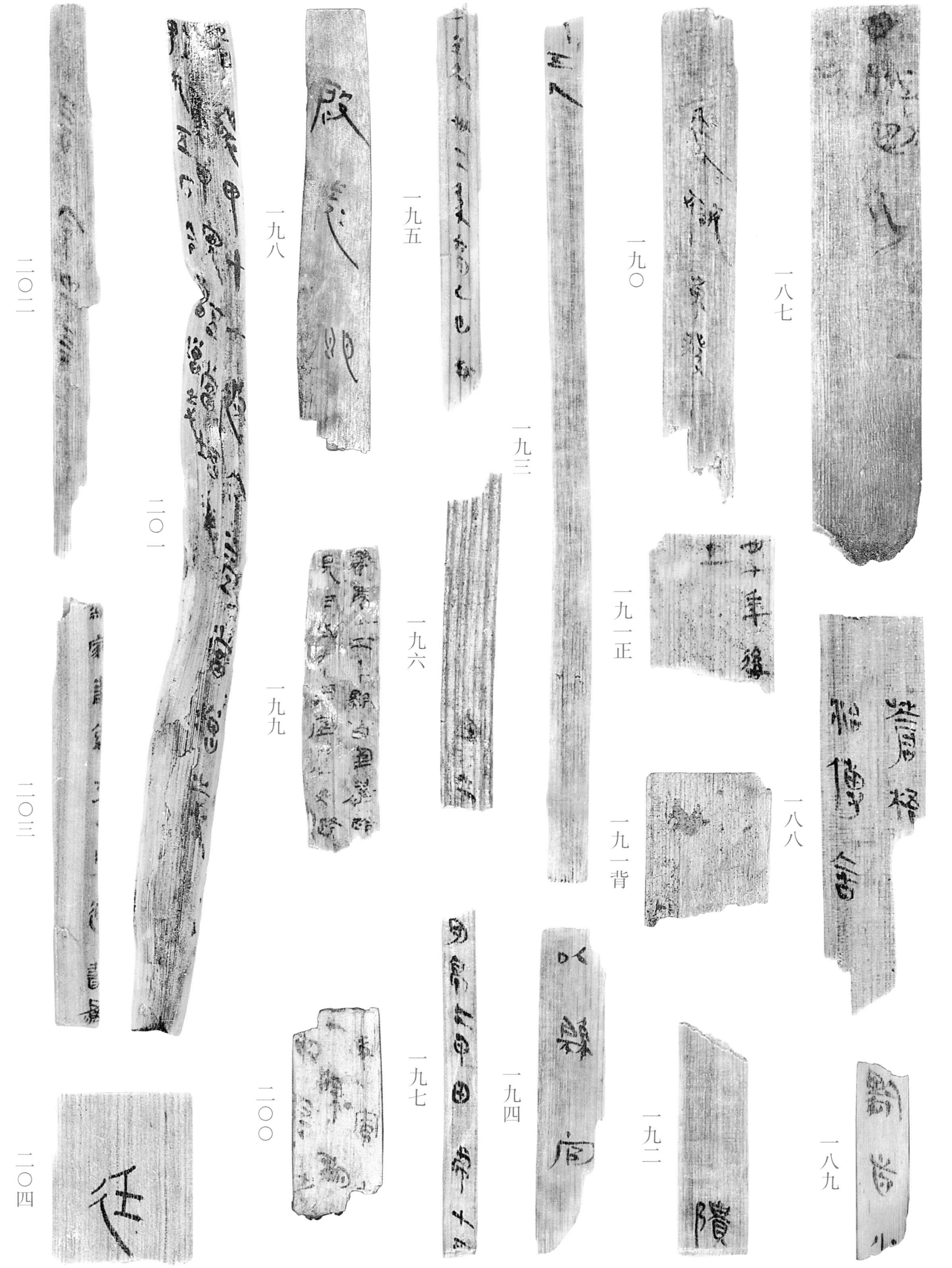

一八七、7-187　一八八、7-191　一八九、7-189　一九〇、7-188　一九一、7-201　一九二、7-192　一九三、7-190
一九四、7-200　一九五、7-193　一九六、7-196　一九七、7-199　一九八、7-194　一九九、7-195　二〇〇、7-198
二〇一、7-197　二〇二、7-203　二〇三、7-204　二〇四、7-202

二〇五

二〇六

二〇七

二〇八

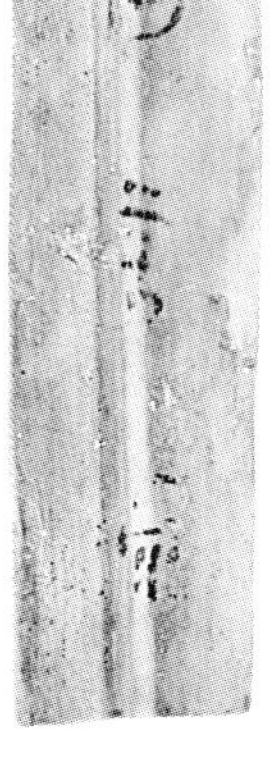

二〇九

二一〇

二一一

二一二

二一三

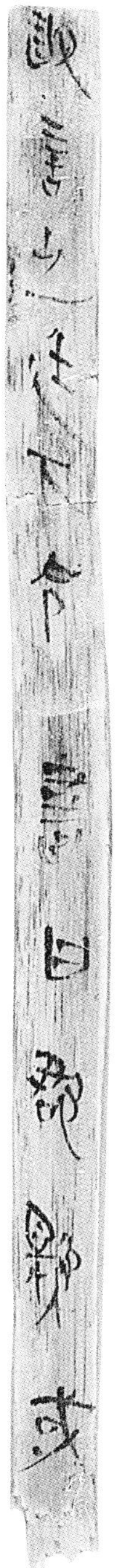

二一四

二一五

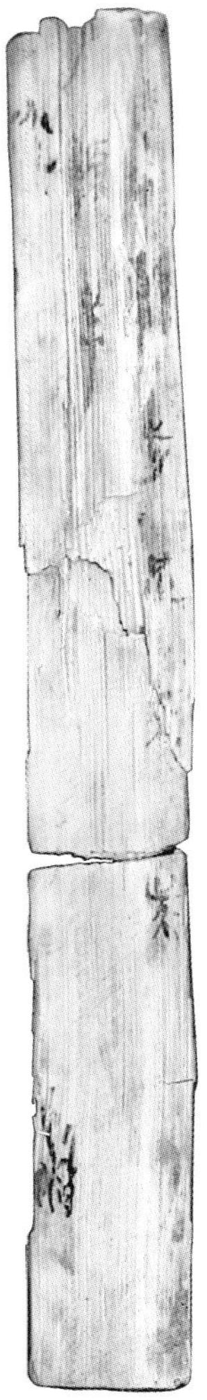

二一六

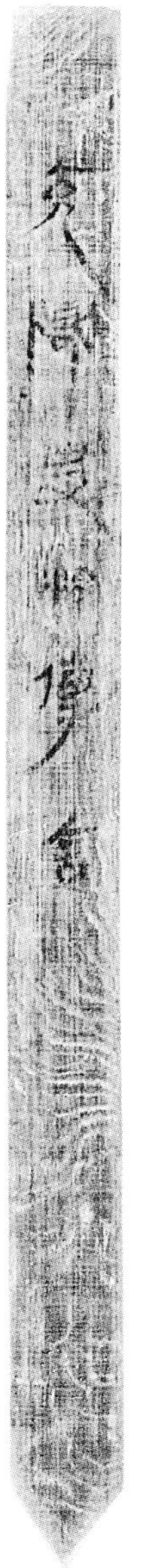

二一七

二一八

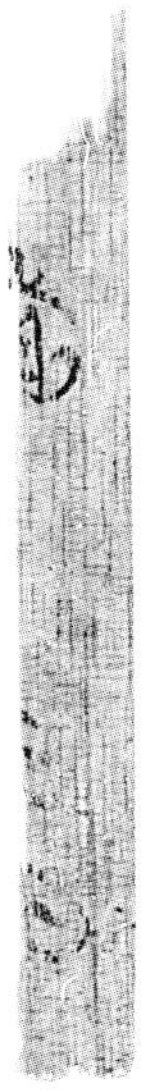

二一九

二二〇

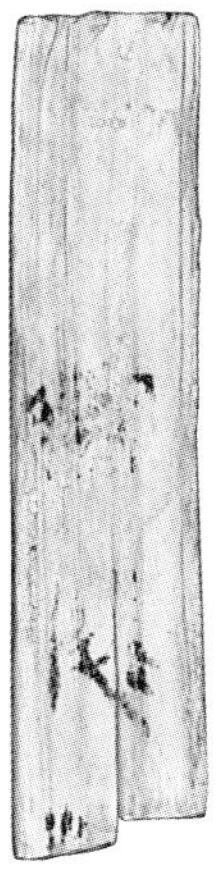

二二一

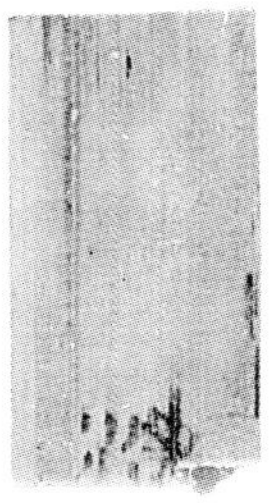

二二二

二二三

二〇五、7-205　二〇六、7-214　二〇七、7-208　二〇八、7-211　二〇九、7-207　二一〇、7-206　二一一、7-216
二一二、7-209　二一三、7-217　二一四、7-212　二一五、7-213　二一六、7-215　二一七、7-210　二一八、7-218
二一九、7-219　二二〇、7-220　二二一、7-221　二二二、7-222　二二三、7-223

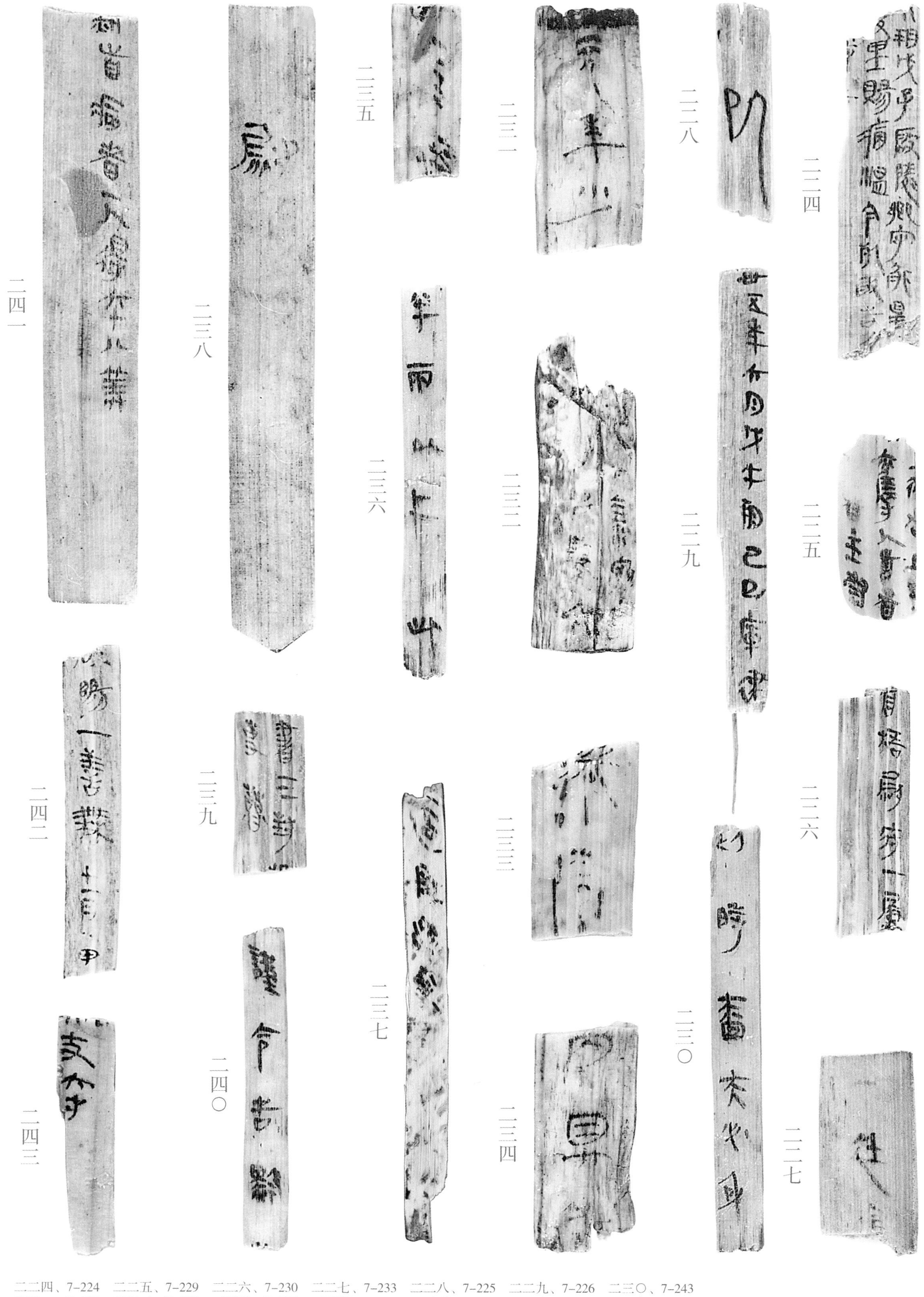

二二四、7-224 二二五、7-229 二二六、7-230 二二七、7-233 二二八、7-225 二二九、7-226 二三〇、7-243
二三一、7-227 二三二、7-228 二三三、7-231 二三四、7-232 二三五、7-235 二三六、7-236 二三七、7-237
二三八、7-242 二三九、7-239 二四〇、7-238 二四一、7-241 二四二、7-240 二四三、7-234

二四四

二四五

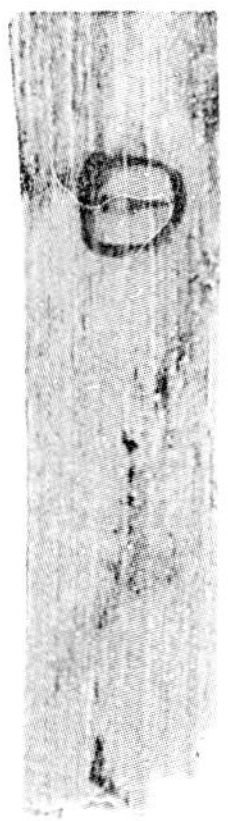
二四六

二四七

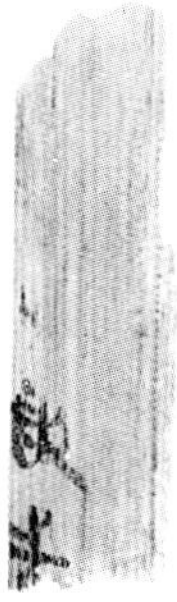
二四八

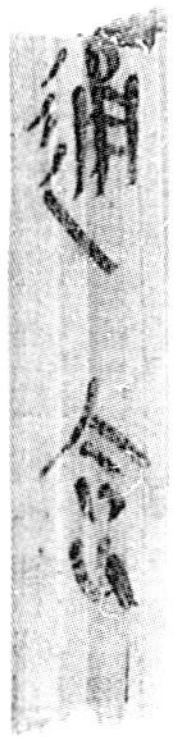
二四九

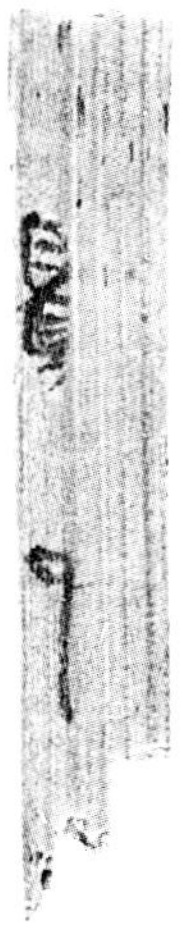
二五〇

二五一

二五二

二五三

二五四

二五五

二五六

二五七

二五八

二五九

二六〇

二六一

二六二

二六三

二六四

二四四、7-244　二四五、7-245　二四六、7-252　二四七、7-248　二四八、7-247　二四九、7-254　二五〇、7-258
二五一、7-246　二五二、7-251　二五三、7-255　二五四、7-256　二五五、7-249　二五六、7-253　二五七、7-257
二五八、7-259　二五九、7-260　二六〇、7-263　二六一、7-261　二六二、7-262　二六三、7-264　二六四、7-250

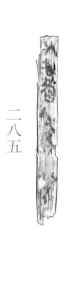

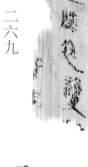

二六五、7-265　二六六、7-266　二六七、7-267　二六八、7-269　二六九、7-272　二七〇、7-276　二七一、7-275　二七二、7-270
二七三、7-271　二七四、7-273　二七五、7-282　二七六、7-274　二七七、7-278　二七八、7-277　二七九、7-280　二八〇、7-281
二八一、7-268　二八二、7-279　二八三、7-283　二八四、7-286　二八五、7-284　二八六、7-285　二八七、7-287　二八八、7-288

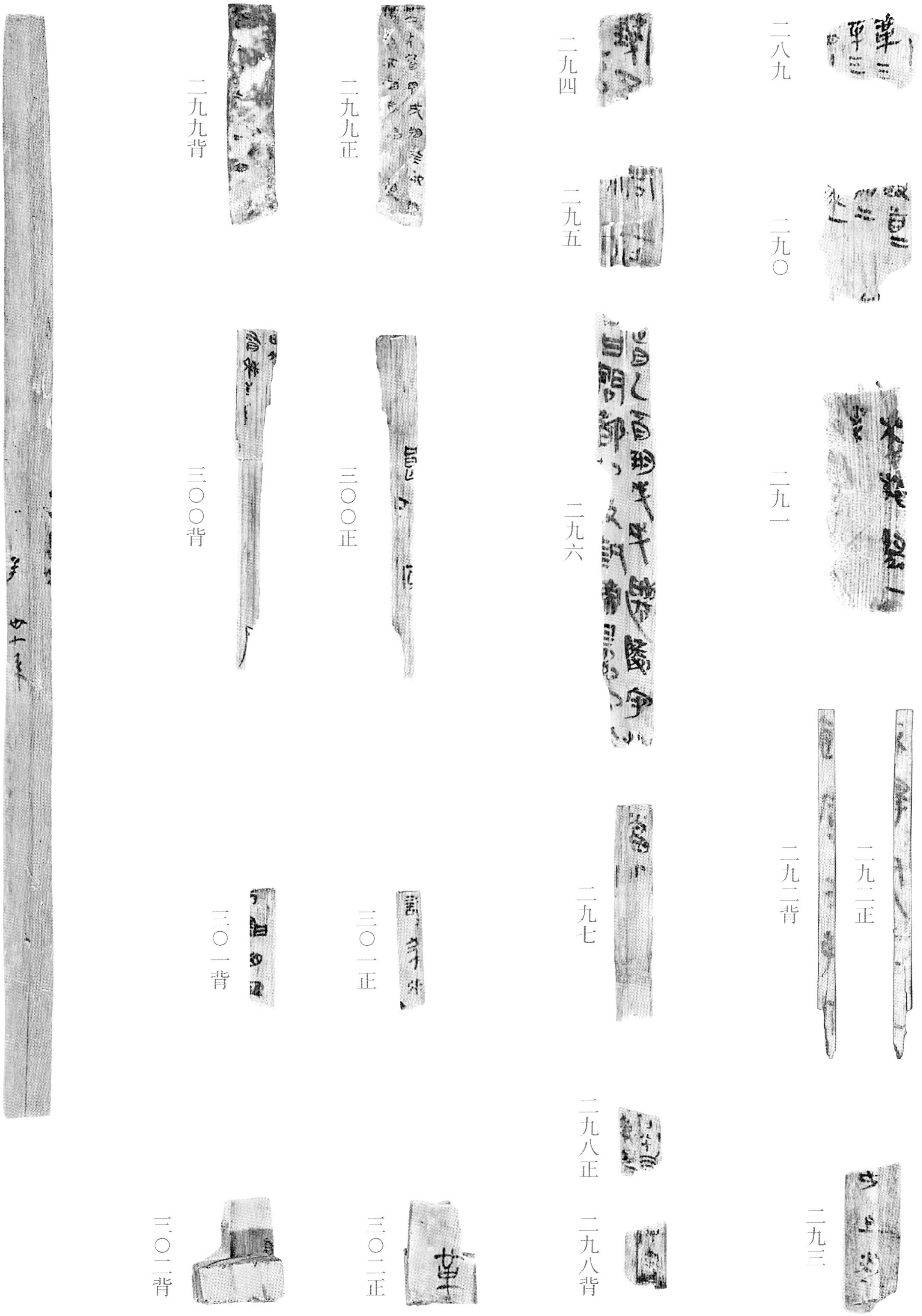

二八九 二九〇 二九一 二九二正 二九二背 二九三 二九四 二九五 二九六 二九七 二九八正 二九八背 二九九正 二九九背 三〇〇正 三〇〇背 三〇一正 三〇一背 三〇二正 三〇二背 三〇三

二八九、7-289 二九〇、7-291 二九一、7-295 二九二、7-297 二九三、7-290 二九四、7-292 二九五、7-293
二九六、7-294 二九七、7-296 二九八、7-298 二九九、7-299 三〇〇、7-300 三〇一、7-302 三〇二、7-301
三〇三、7-303

三〇四正上

三〇四正下

三〇四背上

三〇四背下

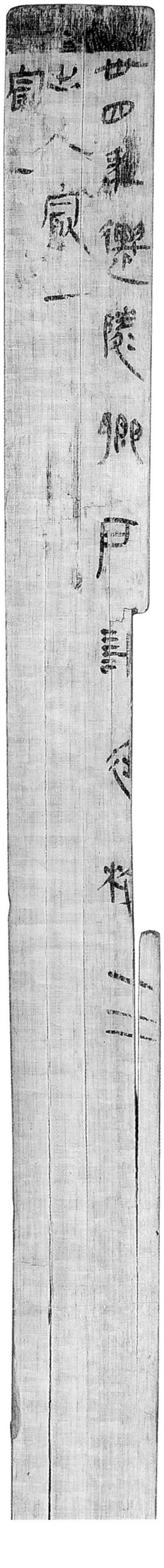

三〇五上

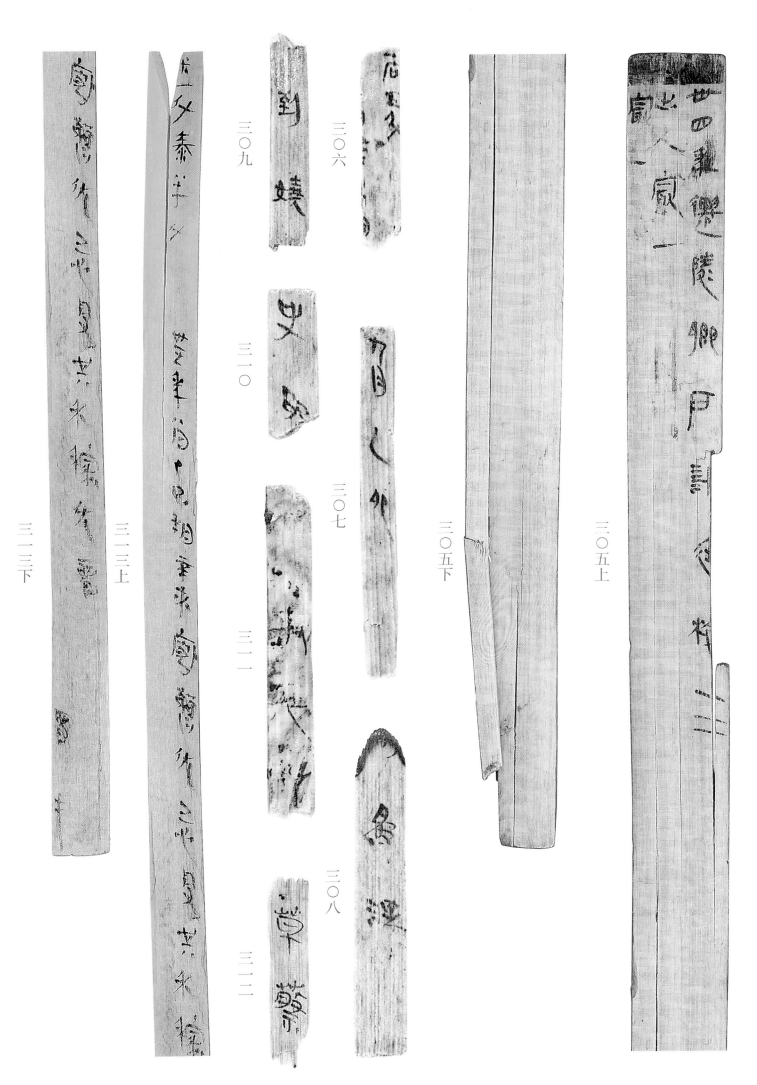

三〇五下

三〇六

三〇七

三〇八

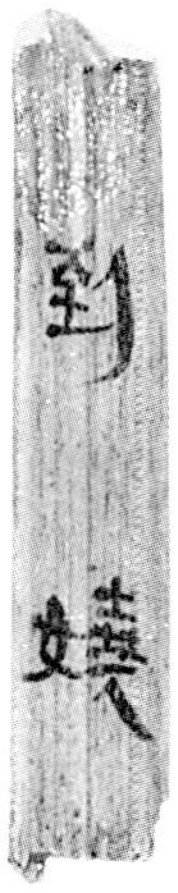

三〇九

三一〇

三一一

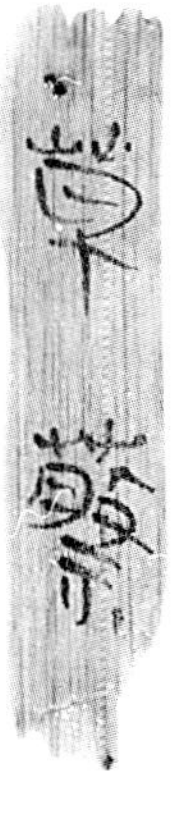

三一二

三一三上

三一三下

三〇五、7-305　三〇六、7-307　三〇七、7-308　三〇八、7-309　三〇九、7-310　三一〇、7-311　三一一、7-312
三一二、7-313　三一三、7-306

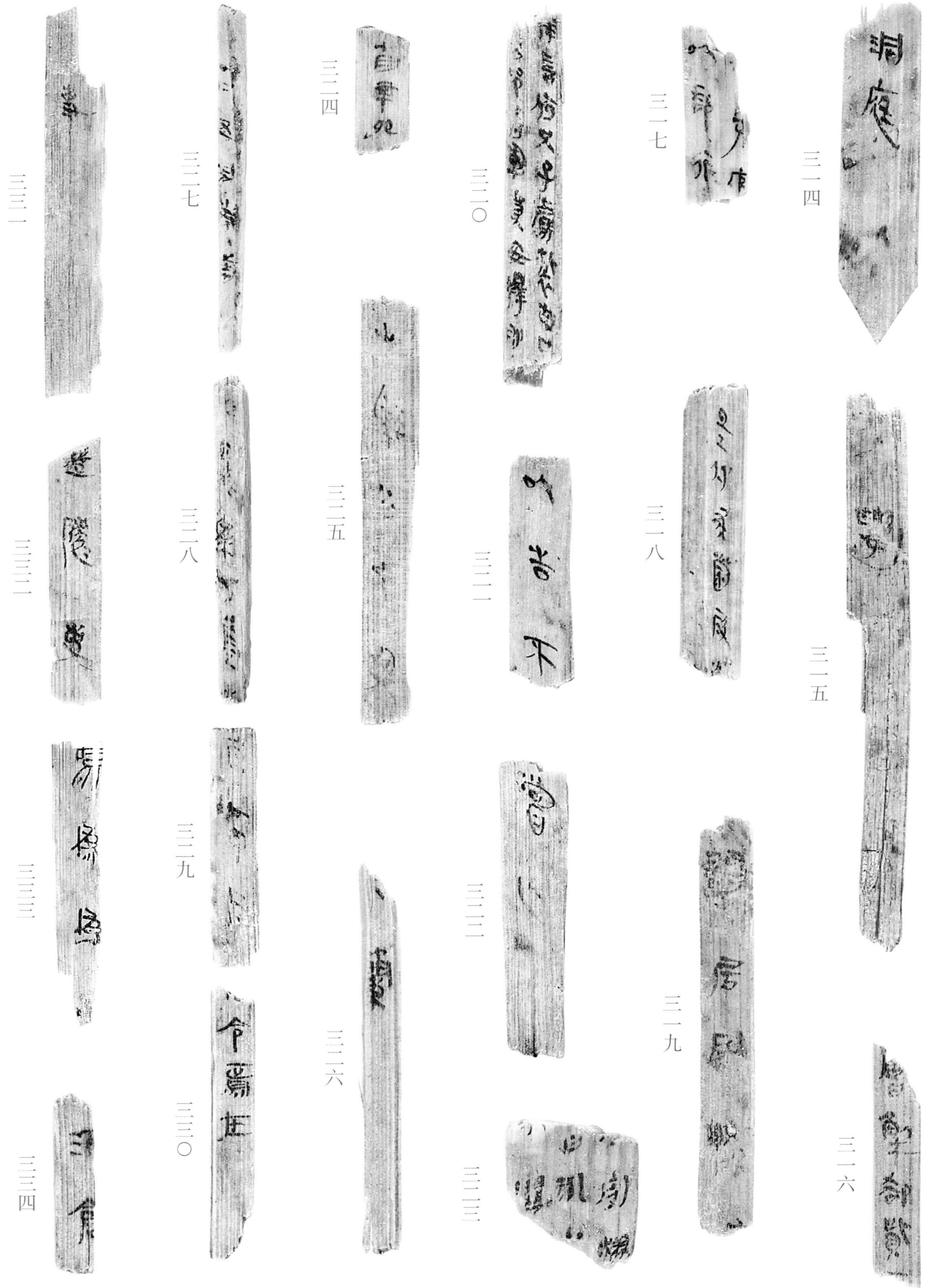

三一四、7-314　三一五、7-315　三一六、7-316　三一七、7-317　三一八、7-318　三一九、7-319　三二〇、7-321
三二一、7-322　三二二、7-323　三二三、7-324　三二四、7-320　三二五、7-328　三二六、7-329　三二七、7-325
三二八、7-326　三二九、7-327　三三〇、7-330　三三一、7-331　三三二、7-332　三三三、7-333　三三四、7-334

三三五 三三六 三三七 三三八 三三九 三四〇 三四一 三四二 三四三 三四四 三四五 三四六 三四七 三四八 三四九 三五〇 三五一 三五二 三五三 三五四 三五五 三五六

三三五、7-336 三三六、7-337 三三七、7-340 三三八、7-335 三三九、7-338 三四〇、7-339 三四一、7-341 三四二、7-342
三四三、7-343 三四四、7-344 三四五、7-345 三四六、7-346 三四七、7-347 三四八、7-348 三四九、7-349 三五〇、7-350
三五一、7-352 三五二、7-353 三五三、7-354 三五四、7-355 三五五、7-356 三五六、7-351

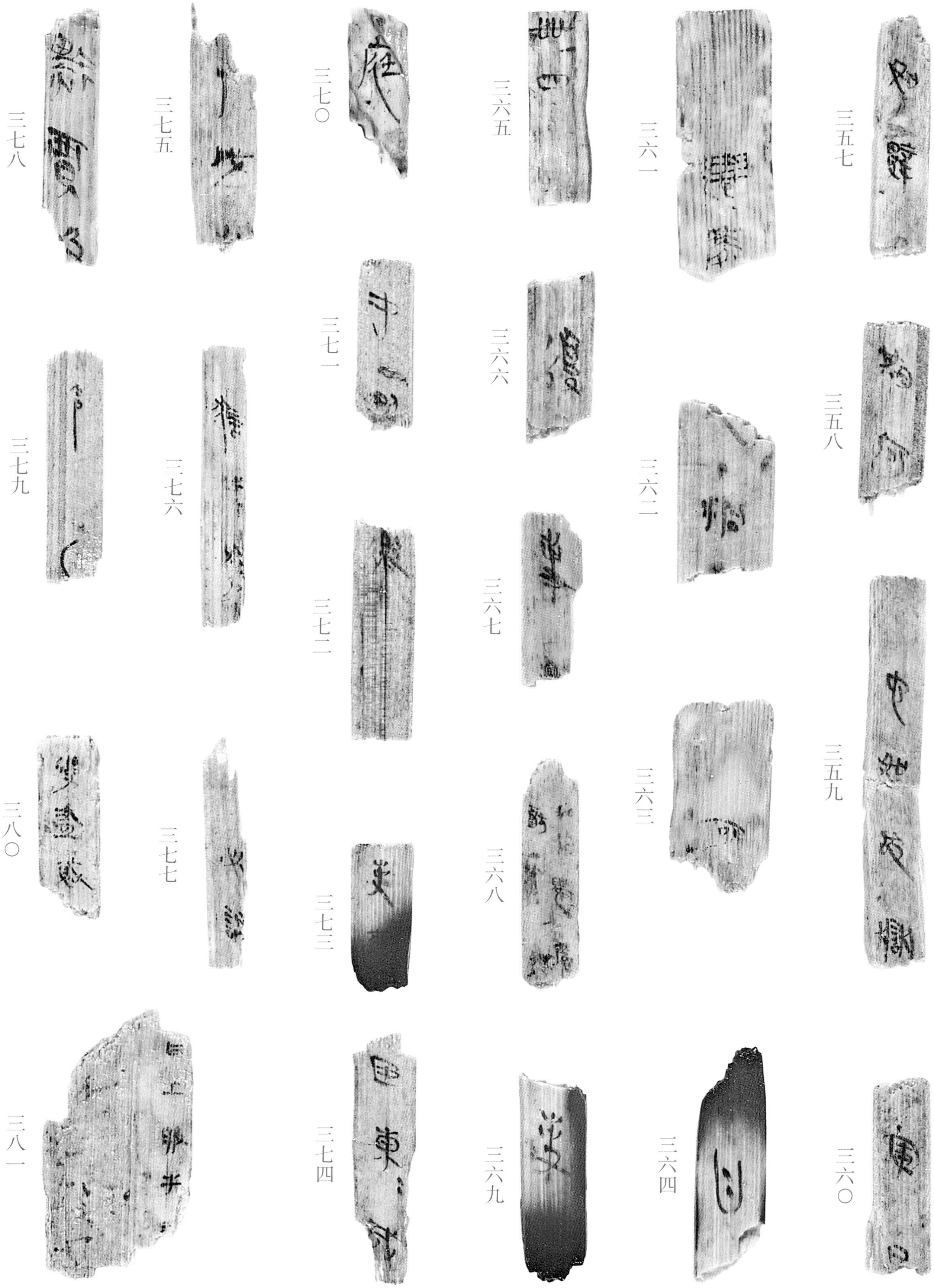

三五七、7-357　三五八、7-362　三五九、7-363　三六〇、7-364　三六一、7-359　三六二、7-360　三六三、7-361
三六四、7-379　三六五、7-365　三六六、7-366　三六七、7-367　三六八、7-368　三六九、7-369　三七〇、7-370
三七一、7-371　三七二、7-372　三七三、7-373　三七四、7-374　三七五、7-375　三七六、7-376　三七七、7-377
三七八、7-378　三七九、7-380　三八〇、7-381　三八一、7-358

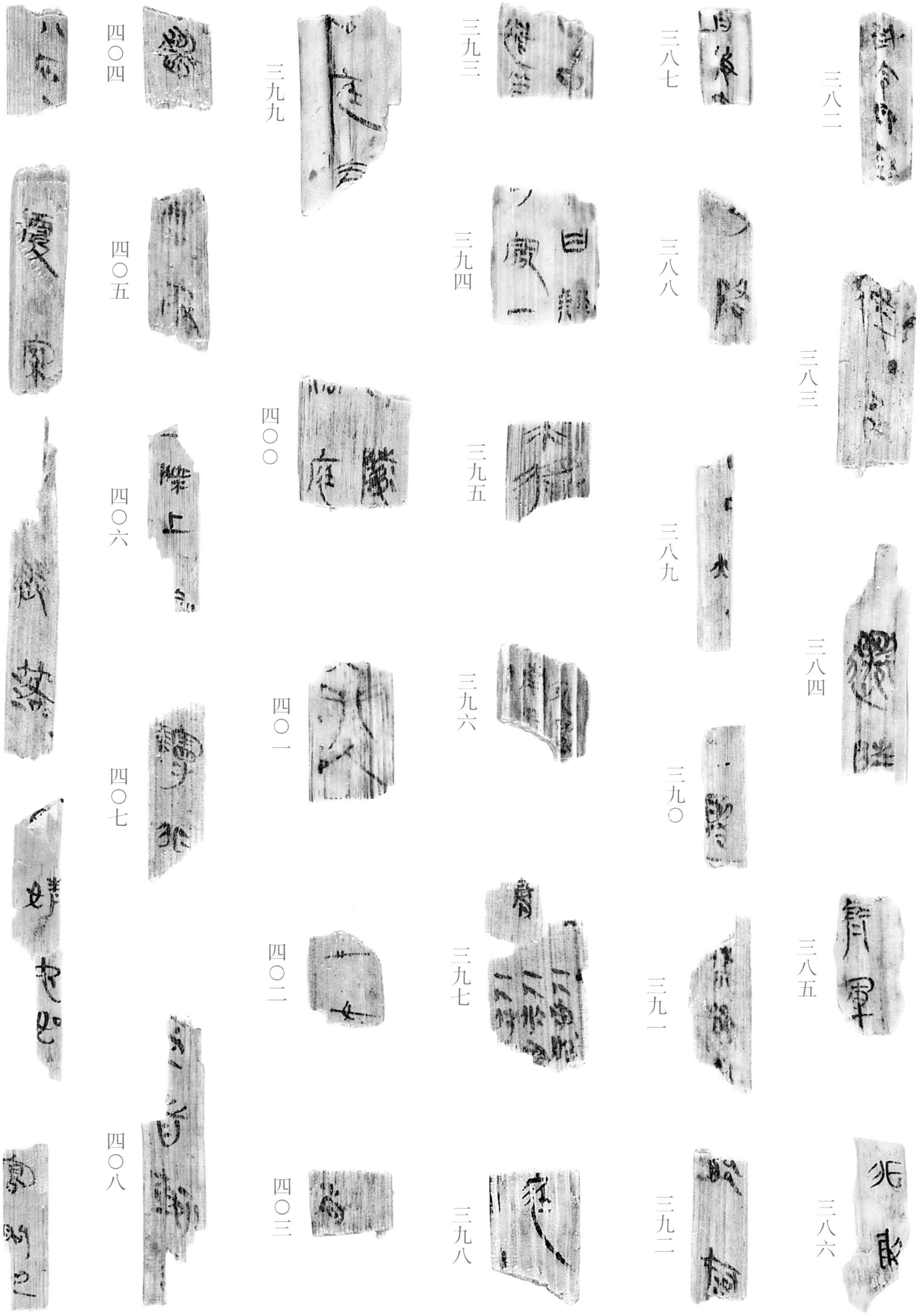

三八二、三八三、三八四、三八五、三八六、三八七、三八八、三八九、三九〇、三九一、三九二、三九三、三九四、三九五、三九六、三九七、三九八、三九九、四〇〇、四〇一、四〇二、四〇三、四〇四、四〇五、四〇六、四〇七、四〇八、四〇九、四一〇、四一一、四一二、四一三

三八二、7-382　三八三、7-383　三八四、7-384　三八五、7-385　三八六、7-386　三八七、7-387　三八八、7-388　三八九、7-389
三九〇、7-390　三九一、7-396　三九二、7-399　三九三、7-391　三九四、7-392　三九五、7-393　三九六、7-394　三九七、7-395
三九八、7-397　三九九、7-398　四〇〇、7-400　四〇一、7-404　四〇二、7-412　四〇三、7-413　四〇四、7-401　四〇五、7-402
四〇六、7-403　四〇七、7-405　四〇八、7-406　四〇九、7-407　四一〇、7-408　四一一、7-409　四一二、7-410　四一三、7-411

四一四

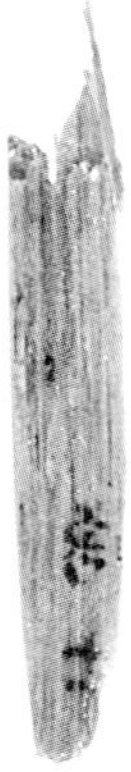
四一五

四一六

四一七

四一八

四一九

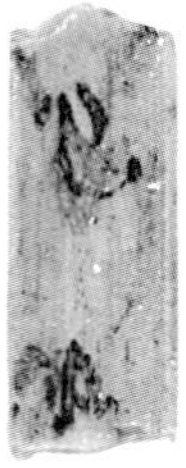
四二〇

四二一

四二二

四二三

四二四

四二五

四二六

四二七

四二八

四二九

四三〇

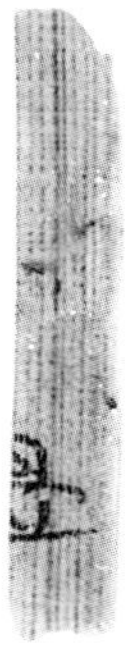
四三一

四三二

四三三

四三四

四三五

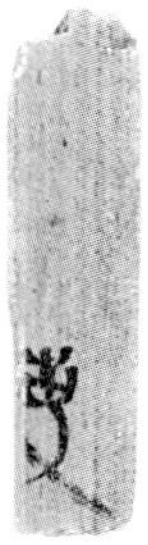
四三六

四三七

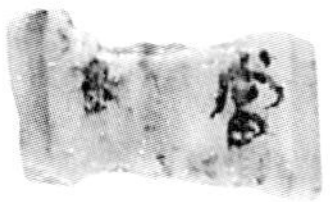
四三八

四三九

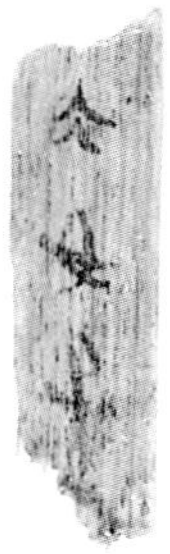
四四〇

四四一

四四二

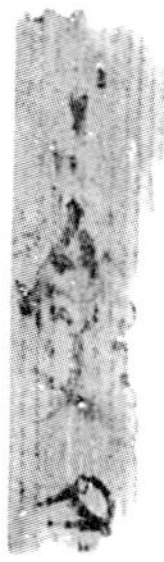
四四三

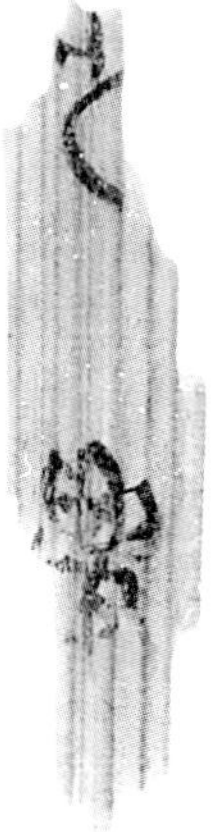
四四四

四四五

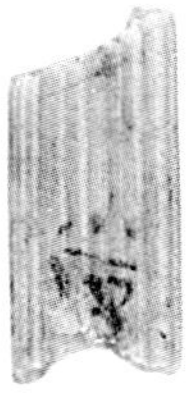
四四六

四一四、7-414　四一五、7-415　四一六、7-416　四一七、7-417　四一八、7-418　四一九、7-419　四二〇、7-420　四二一、7-421　四二二、7-422
四二三、7-424　四二四、7-423　四二五、7-425　四二六、7-426　四二七、7-427　四二八、7-428　四二九、7-429　四三〇、7-430　四三一、7-431
四三二、7-432　四三三、7-433　四三四、7-434　四三五、7-435　四三六、7-436　四三七、7-437　四三八、7-438　四三九、7-439　四四〇、7-440
四四一、7-441　四四二、7-442　四四三、7-443　四四四、7-444　四四五、7-445　四四六、7-446

四四七

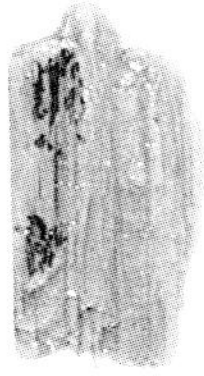
四四八

四四九

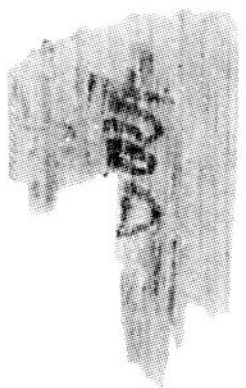
四五〇

四五一

四五二

四五三

四五四

四五五

四五六

四五七

四五八正

四五八背

四五九正

四五九背

四六〇正

四六〇背

四六一正

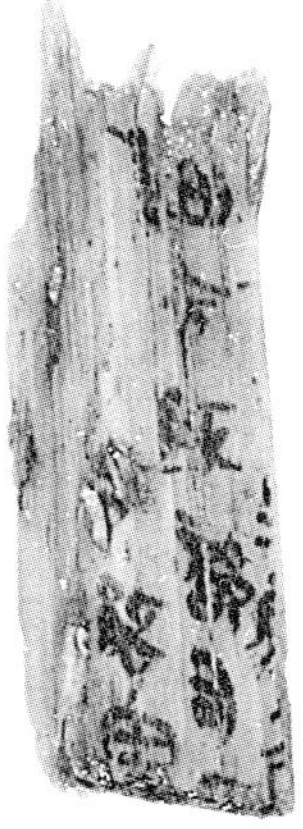
四六一背

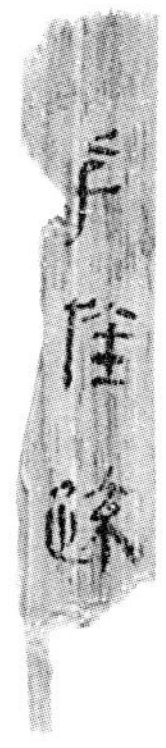
四六二正

四六二背

四六三正

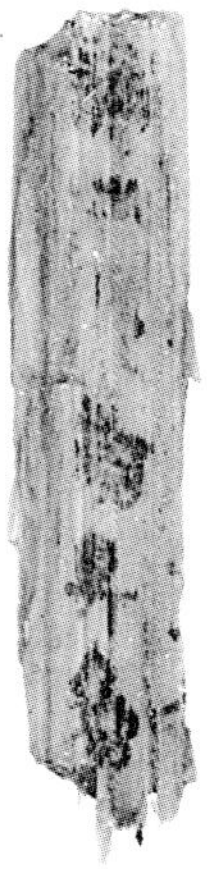
四六三背

四六四正

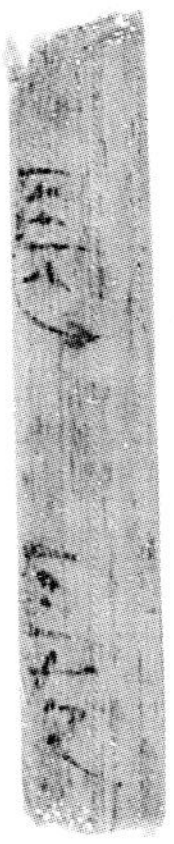
四六四背

四四七、7-447　四四八、7-449　四四九、7-453　四五〇、7-454　四五一、7-455　四五二、7-456　四五三、7-448
四五四、7-450　四五五、7-451　四五六、7-452　四五七、7-457　四五八、7-458　四五九、7-460　四六〇、7-461
四六一、7-462　四六二、7-459　四六三、7-463　四六四、7-464

四六五

四六六

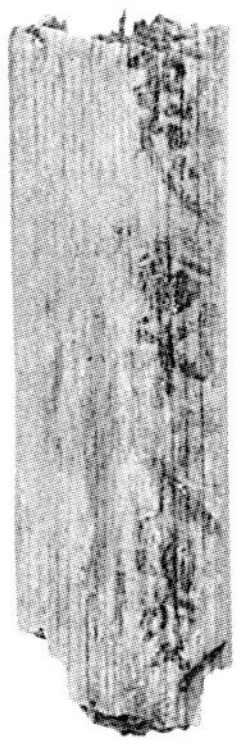
四六七

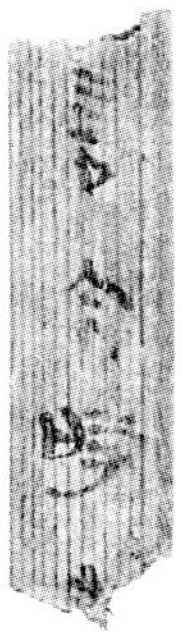
四六八

四六九

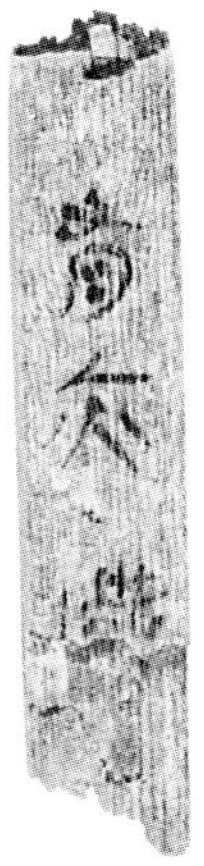
四七〇

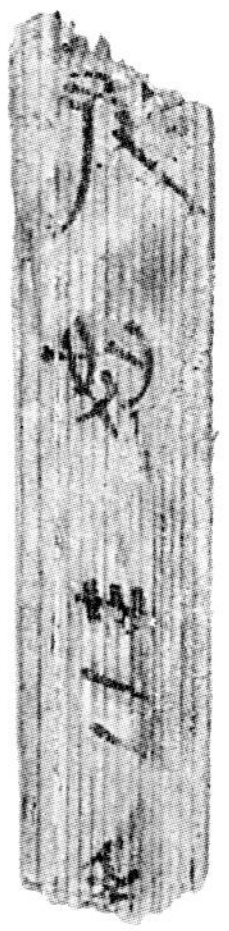
四七一

四七二

四七三

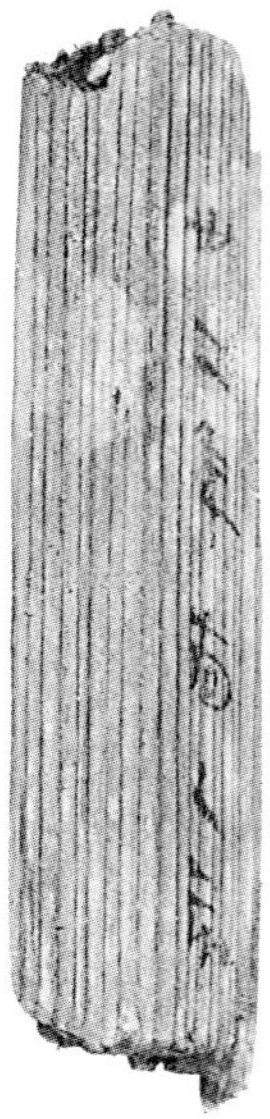
四七四

四七五

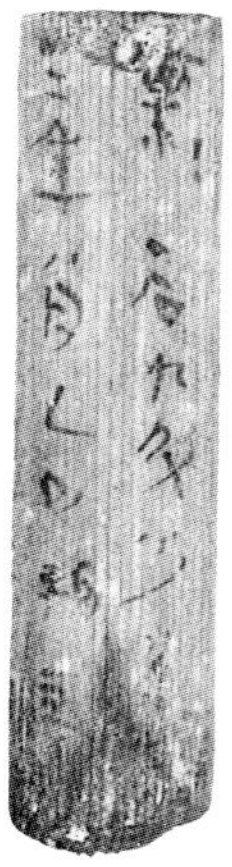
四七六

四七七

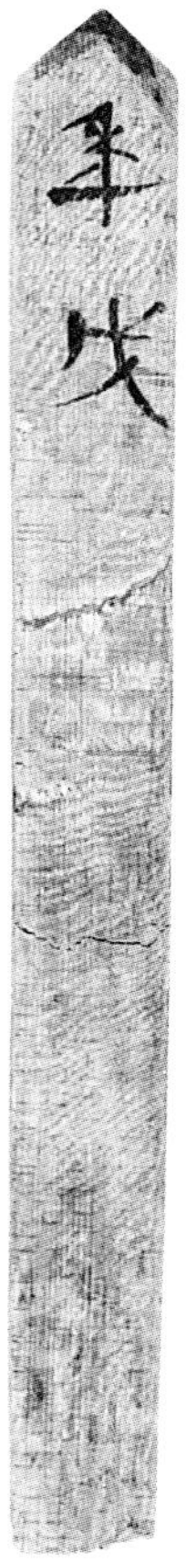
四七八

四七九

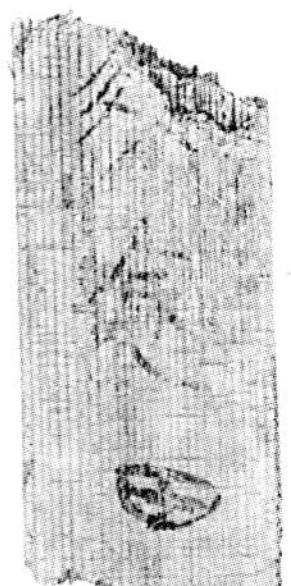
四八〇

四八一

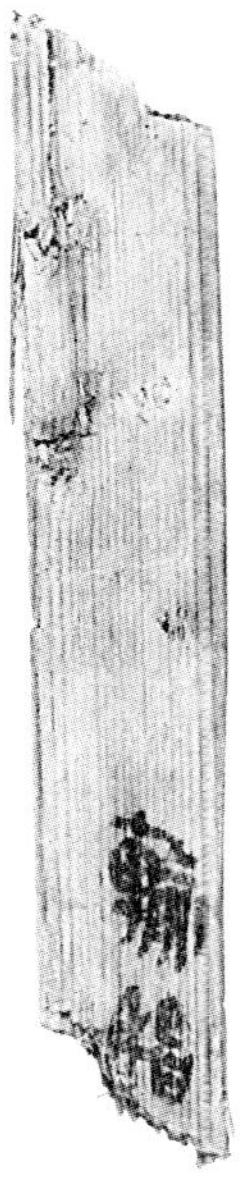
四八二

四八三

四八四

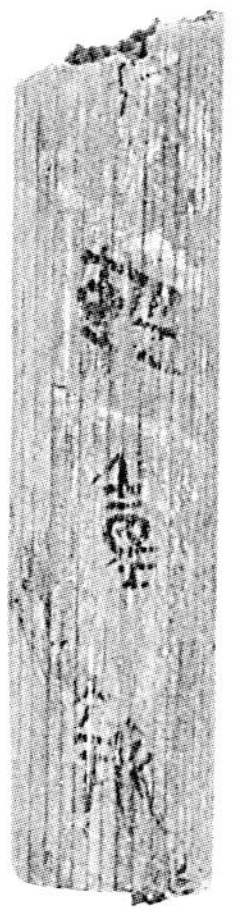
四八五

四八六

四六五、7-465　四六六、7-466　四六七、7-467　四六八、7-468　四六九、7-469　四七〇、7-470　四七一、7-471　四七二、7-472
四七三、7-474　四七四、7-473　四七五、7-475　四七六、7-476　四七七、7-478　四七八、7-477　四七九、7-486　四八〇、7-480
四八一、7-481　四八二、7-482　四八三、7-483　四八四、7-484　四八五、7-479　四八六、7-485

四八七、7-488 四八八、7-487 四八九、7-500 四九〇、7-501 四九一、7-505 四九二、7-489 四九三、7-490 四九四、7-491
四九五、7-492 四九六、7-493 四九七、7-494 四九八、7-495 四九九、7-496 五〇〇、7-497 五〇一、7-498 五〇二、7-499
五〇三、7-506 五〇四、7-502 五〇五、7-503 五〇六、7-504 五〇七、7-507 五〇八、7-508 五〇九、7-509 五一〇、7-510

五一一、7-511　五一二、7-512　五一三、7-513　五一四、7-514　五一五、7-515　五一六、7-516　五一七、7-517　五一八、7-518　五一九、7-519
五二〇、7-520　五二一、7-521　五二二、7-522　五二三、7-523　五二四、7-524　五二五、7-525　五二六、7-526　五二七、7-527　五二八、7-528
五二九、7-529　五三〇、7-530　五三一、7-531　五三二、7-532　五三三、7-533　五三四、7-534　五三五、7-535　五三六、7-536

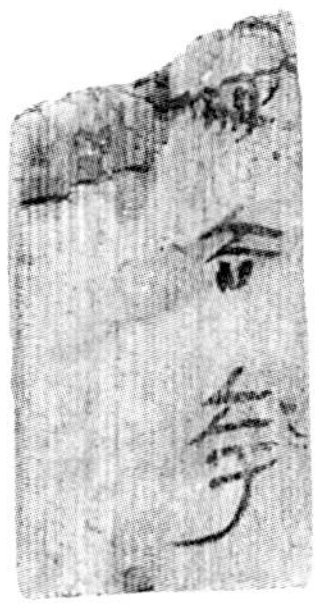
五三七正

五三七背

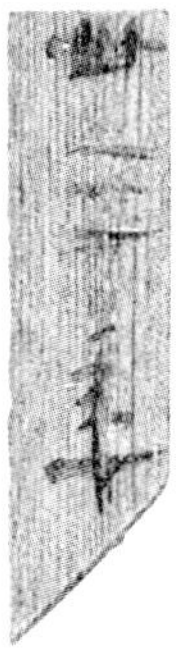
五三八正

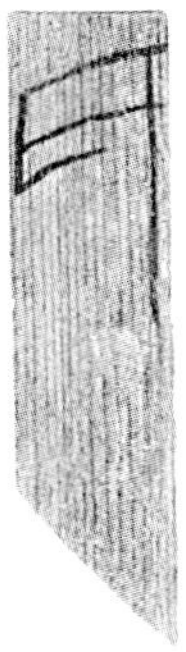
五三八背

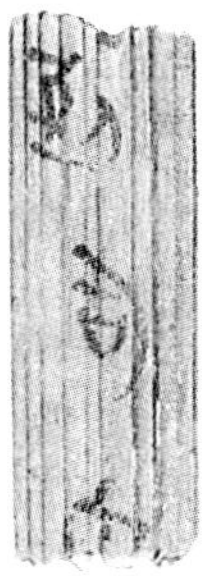
五三九正

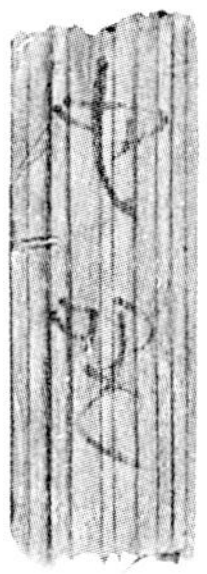
五三九背

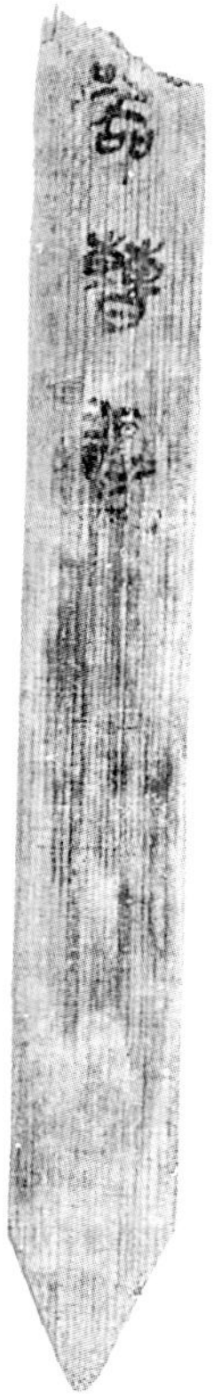
五四〇正

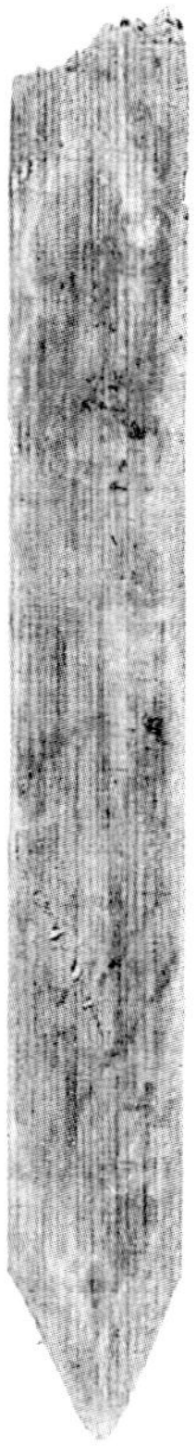
五四〇背

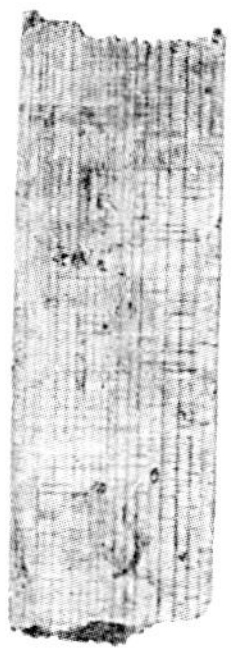
五四一

五四二

五四三

五三七、7-541　五三八、7-542　五三九、7-543　五四〇、7-540　五四一、7-537　五四二、7-539　五四三、7-538

第十層簡牘圖版

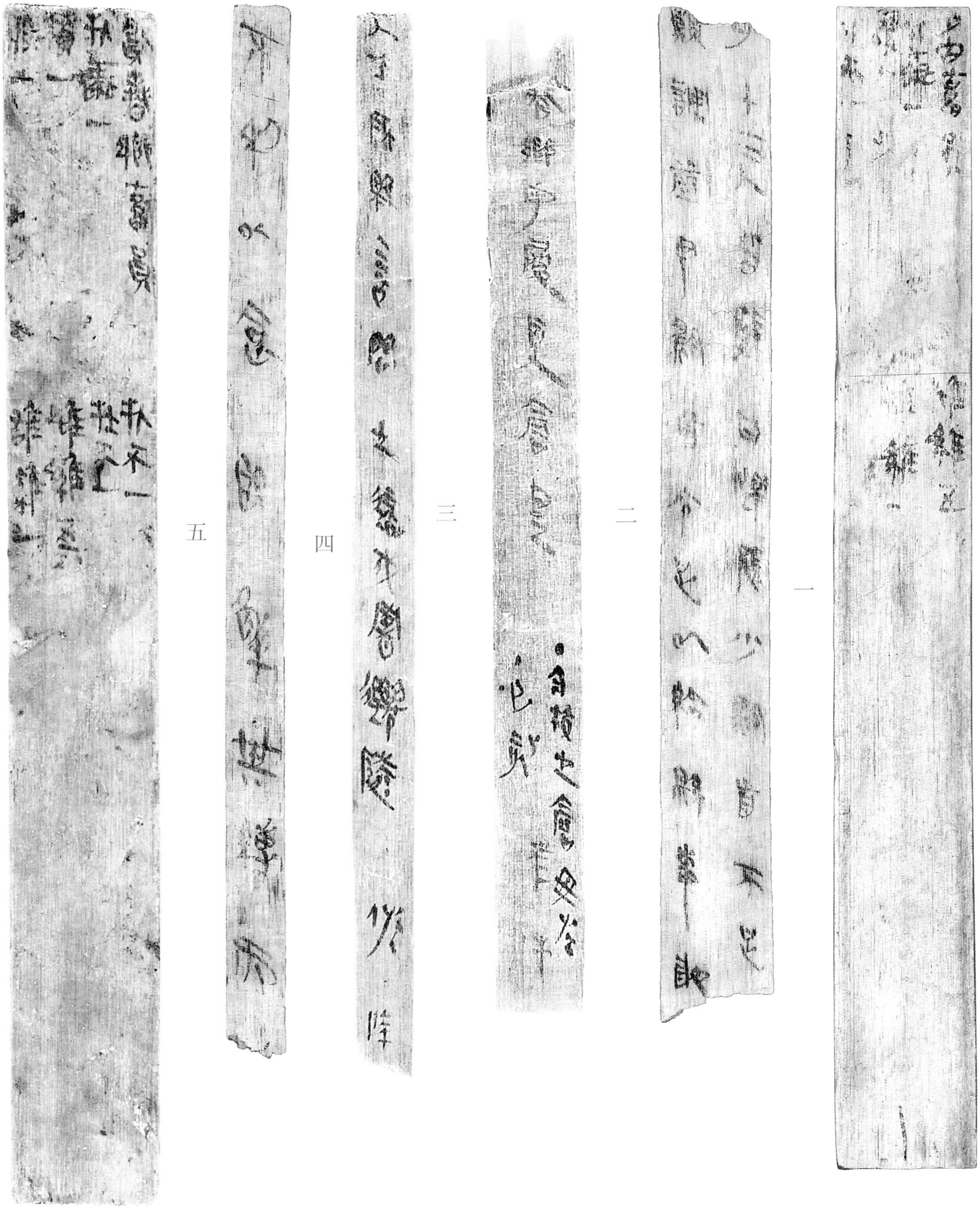

一、10-3　二、10-1　三、10-2　四、10-5　五、10-6　六、10-4

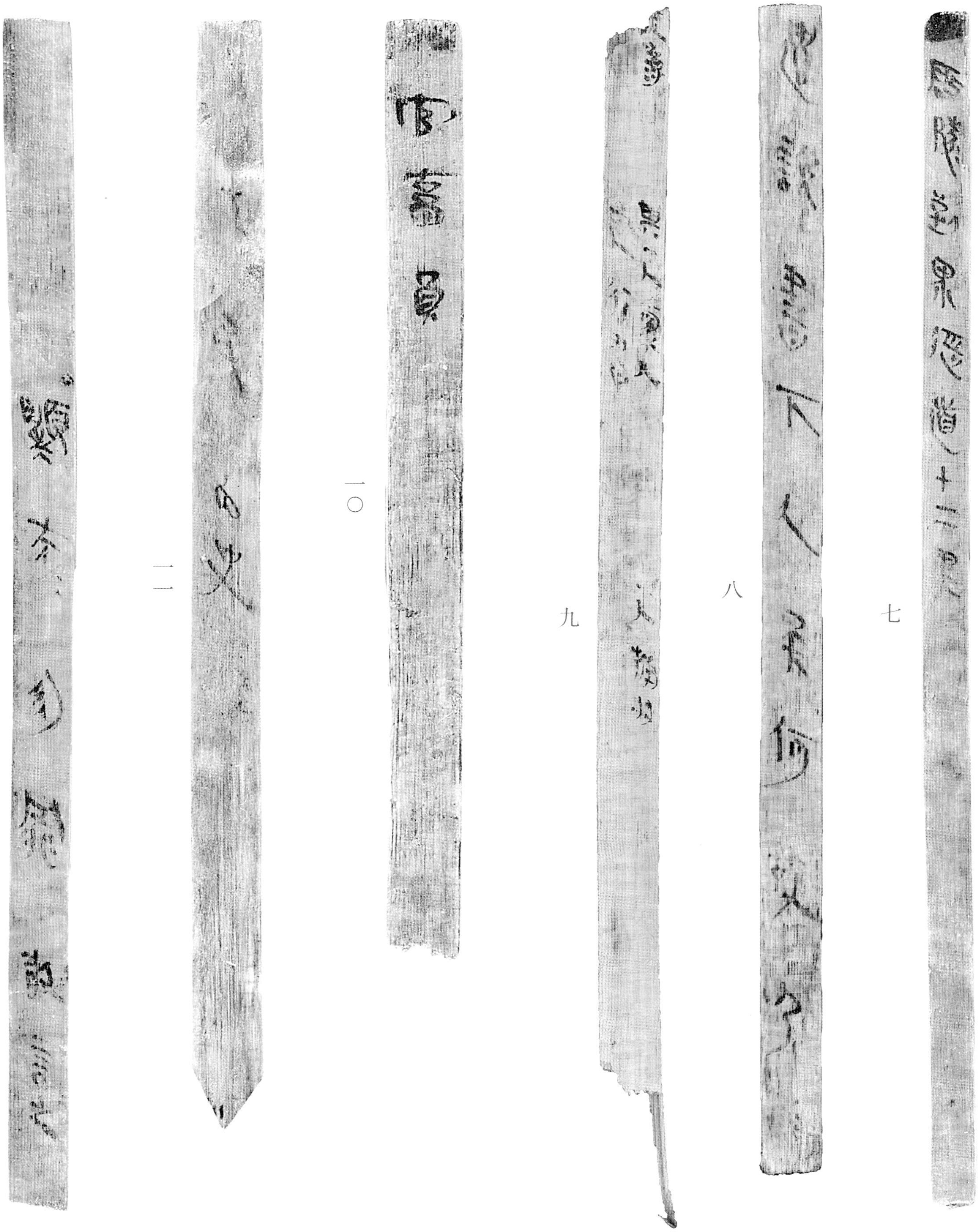

七 八 九 一〇 一一 一二

七、10-9 八、10-7 九、10-8 一〇、10-11 一一、10-12 一二、10-10

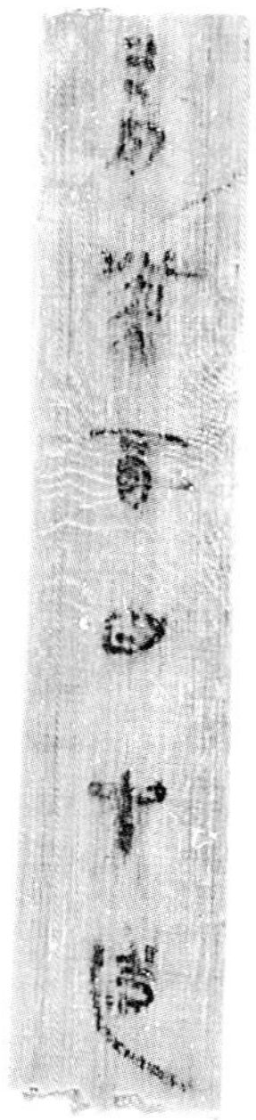
一三

一四

一五

一六

一七

一八

一九

一三、10-16 一四、10-17 一五、10-13 一六、10-14 一七、10-15 一八、10-18 一九、10-19

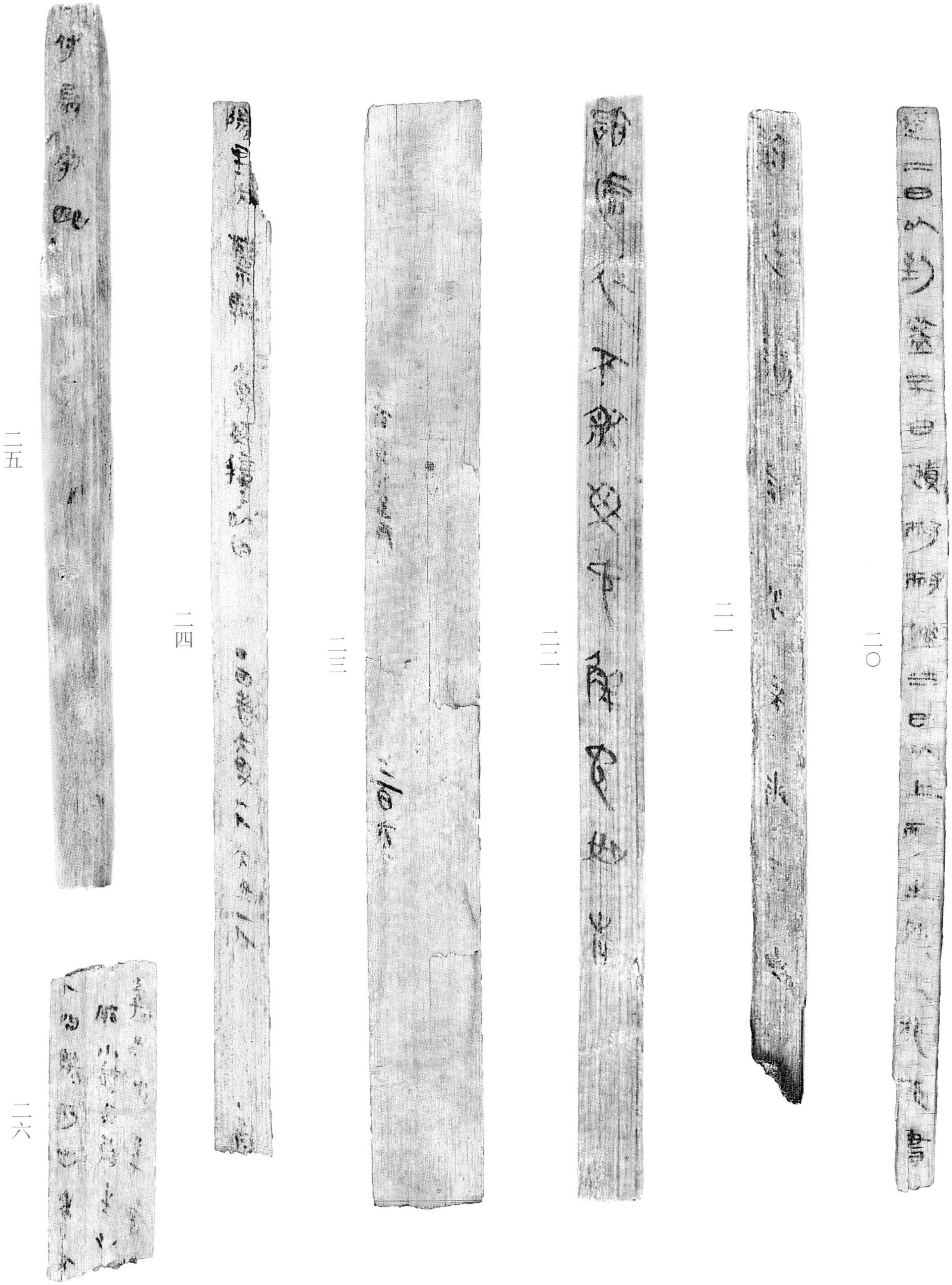

二〇、10-23　二一、10-20　二二、10-24　二三、10-25　二四、10-26　二五、10-21　二六、10-22

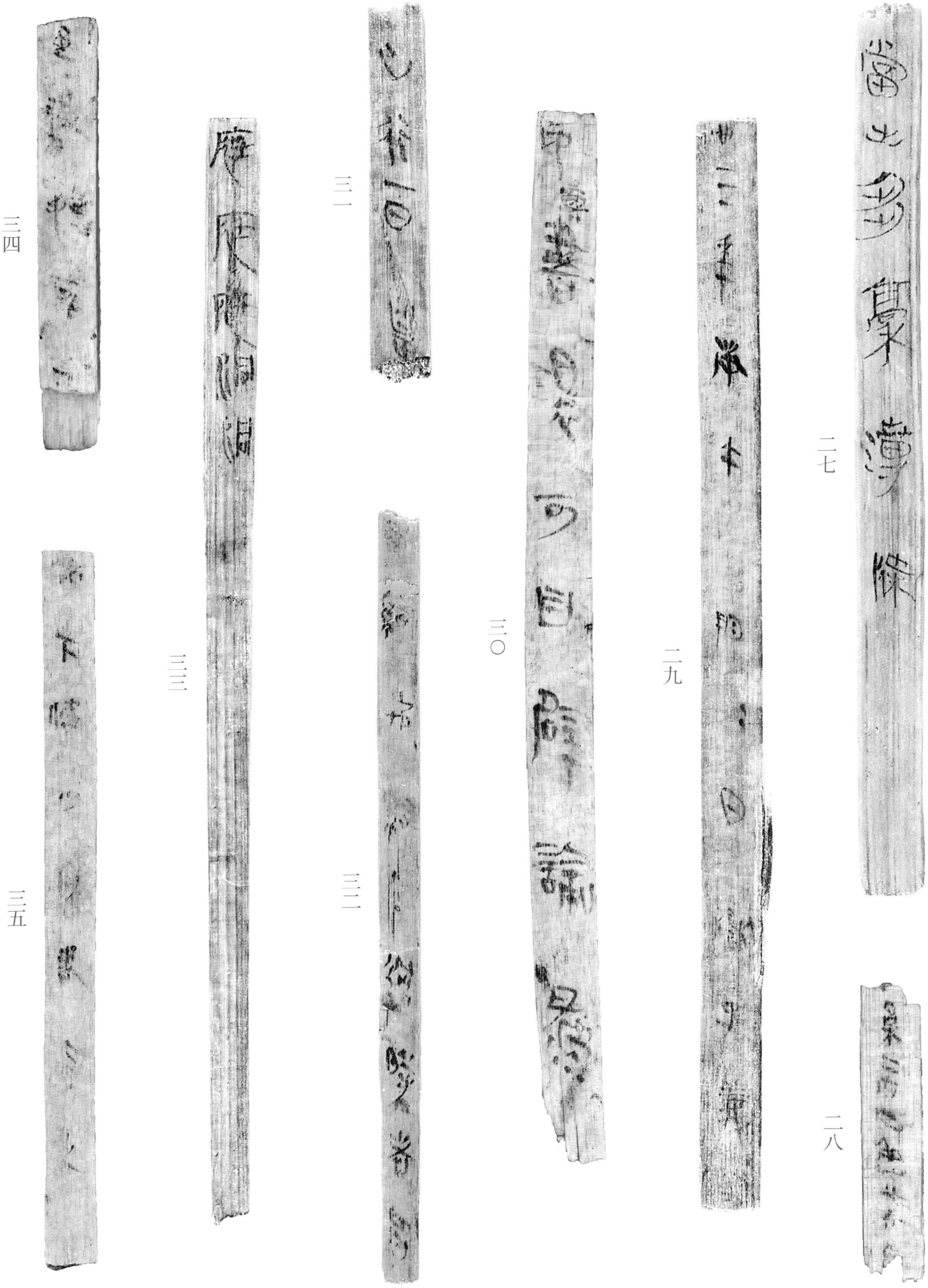

二七、10-28 二八、10-29 二九、10-27 三〇、10-30 三一、10-31 三二、10-32 三三、10-33 三四、10-34 三五、10-35

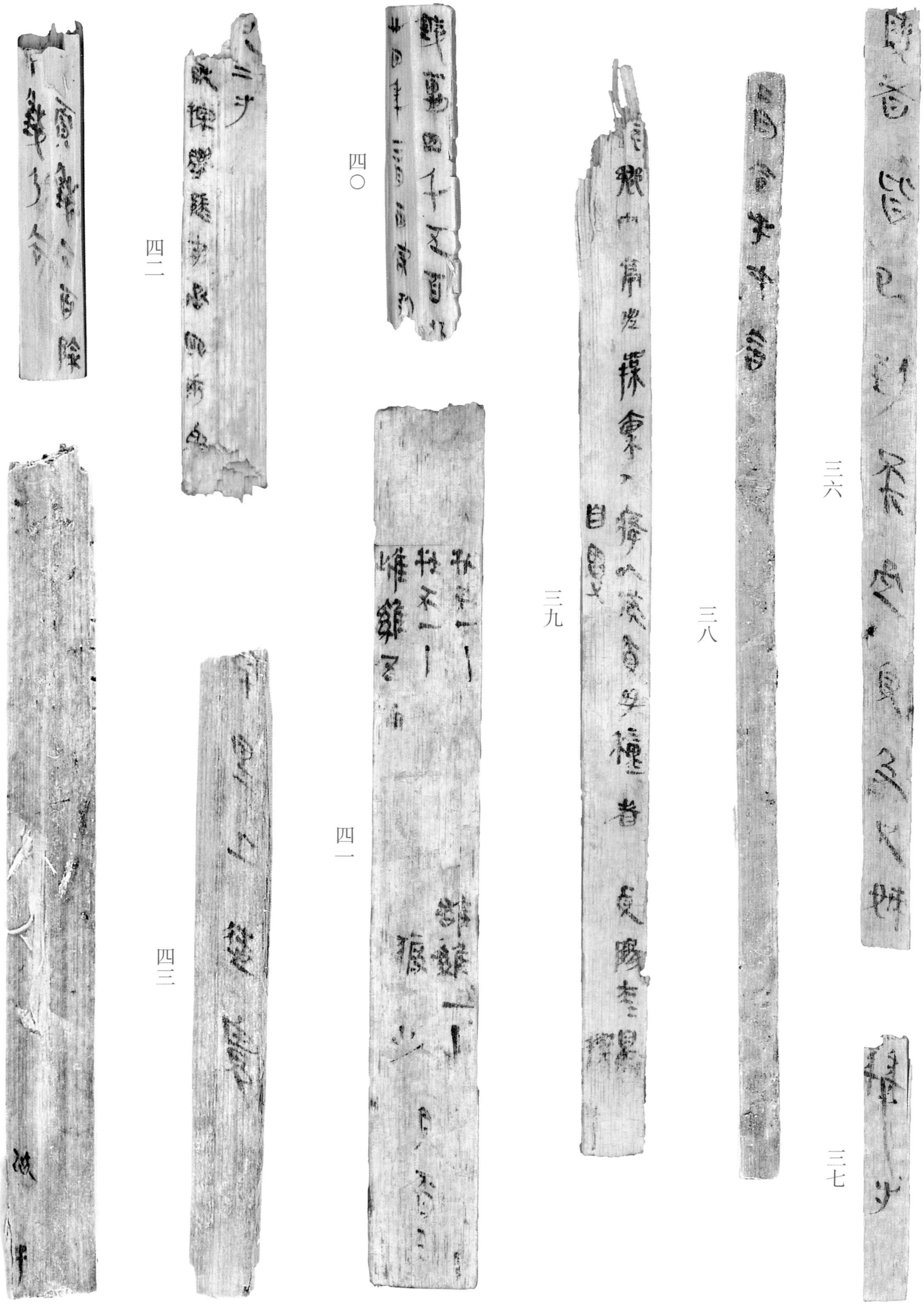

四四　四二　四〇　四五　四三　四一　三九　三八　三六　三七

三六、10-37　三七、10-38　三八、10-36　三九、10-39　四〇、10-45　四一、10-40　四二、10-43　四三、10-42
四四、10-41　四五、10-44

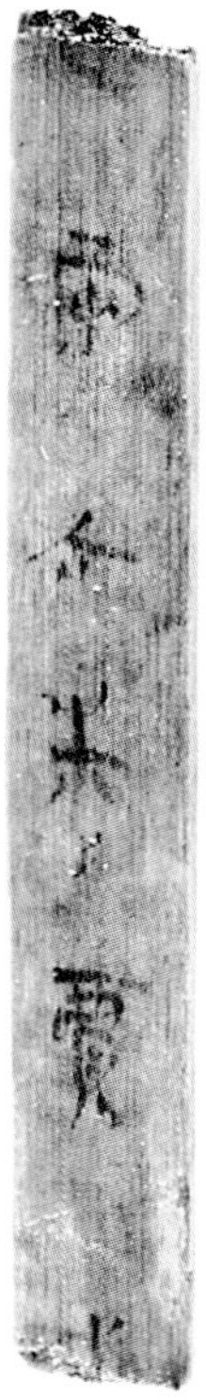

五四

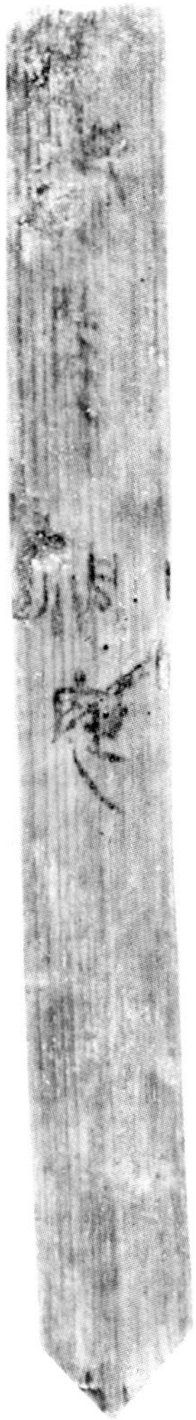

五三

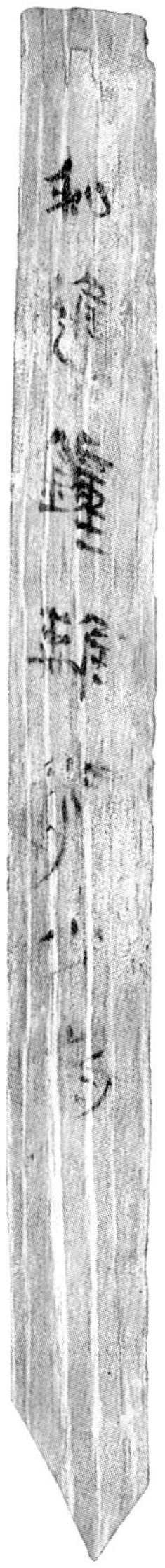

五一

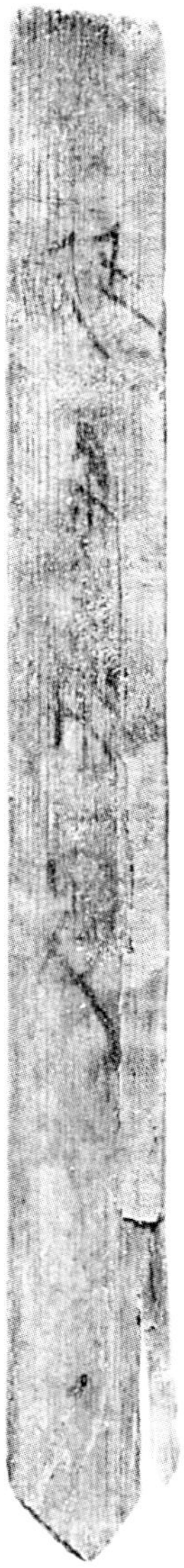

四九

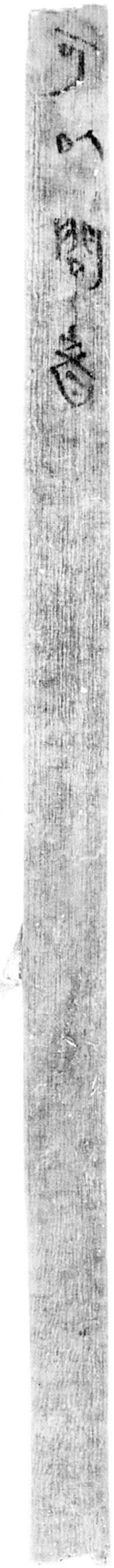

四八

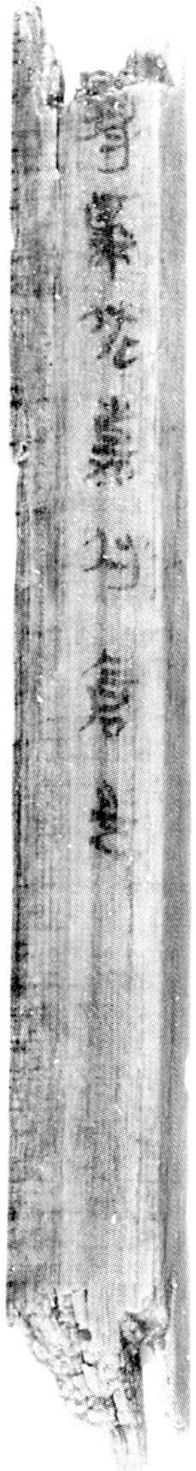

四六

五五

五二

五〇

四七

四六、10-46　四七、10-47　四八、10-48　四九、10-49　五〇、10-50　五一、10-51　五二、10-52　五三、10-53
五四、10-54　五五、10-55

五六

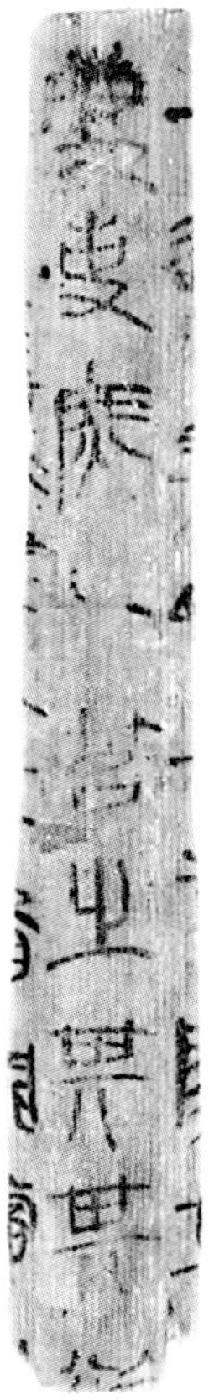

五七

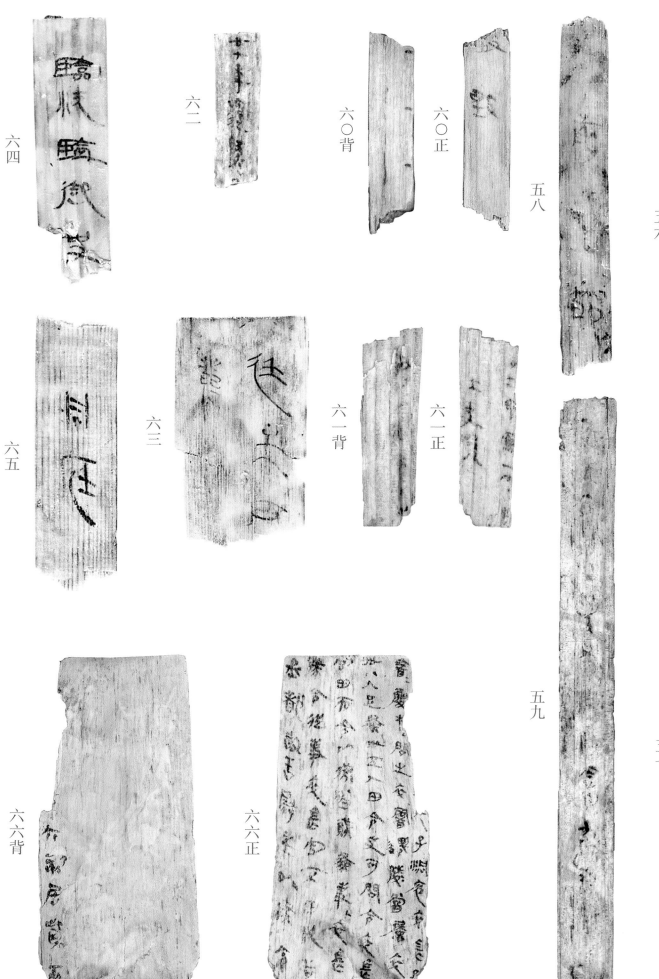

五八

五九

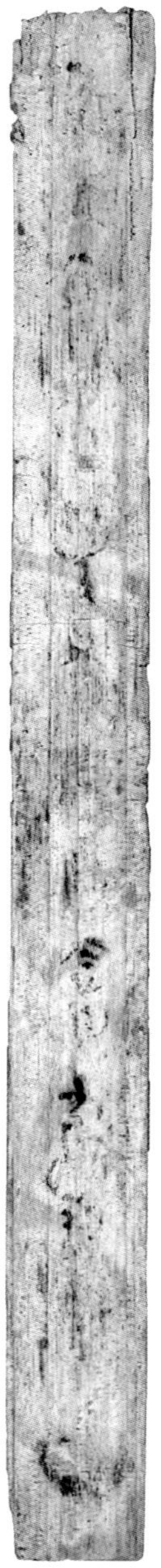

六〇正

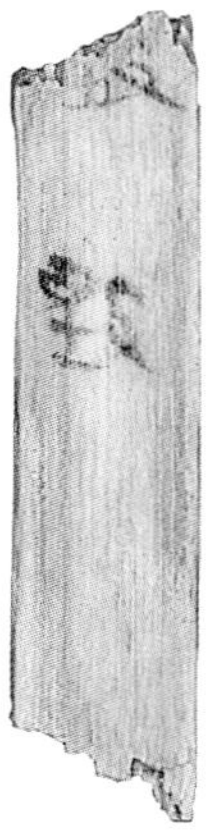

六〇背

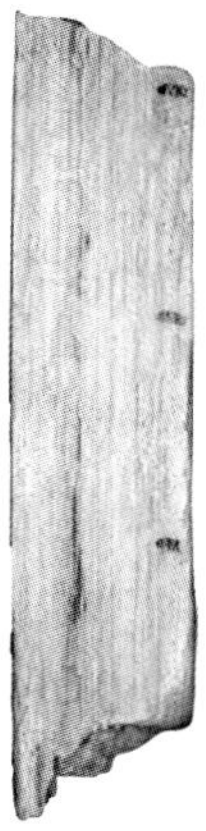

六一正

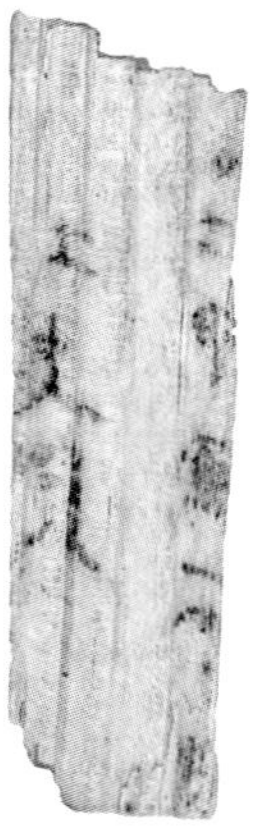

六一背

六二

六三

六四

六五

六六正

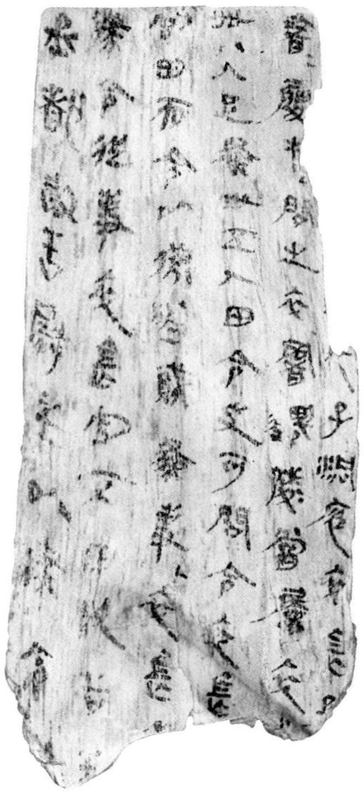

六六背

五六、10-56　五七、10-57　五八、10-58　五九、10-59　六〇、10-60　六一、10-63　六二、10-64　六三、10-62　六四、10-65
六五、10-66　六六、10-61

六七

六八

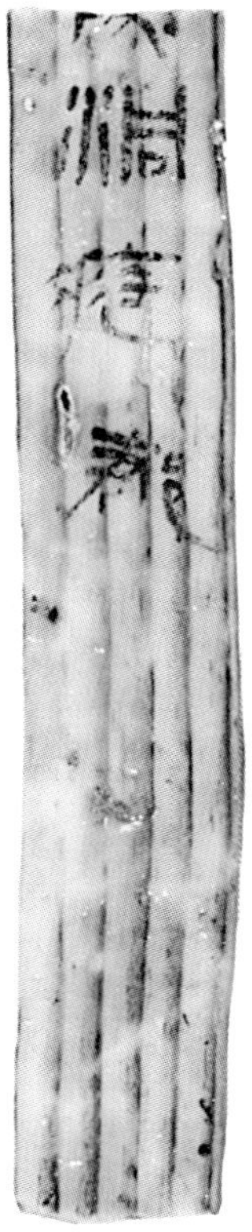
六九

七〇

七一

六七、10-67　六八、10-70　六九、10-69　七〇、10-68　七一、10-71

七五

七三

七八

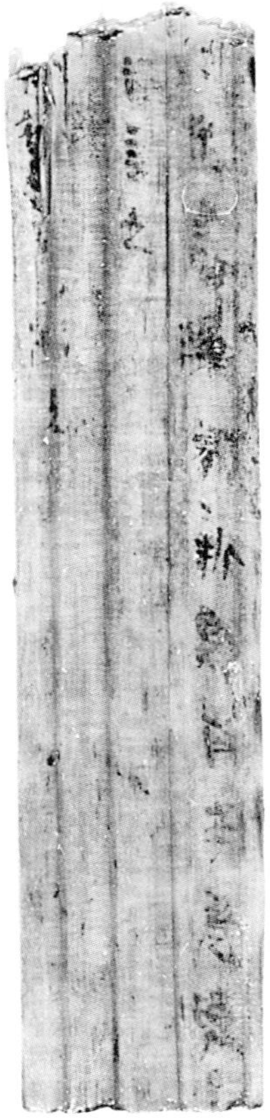

七七

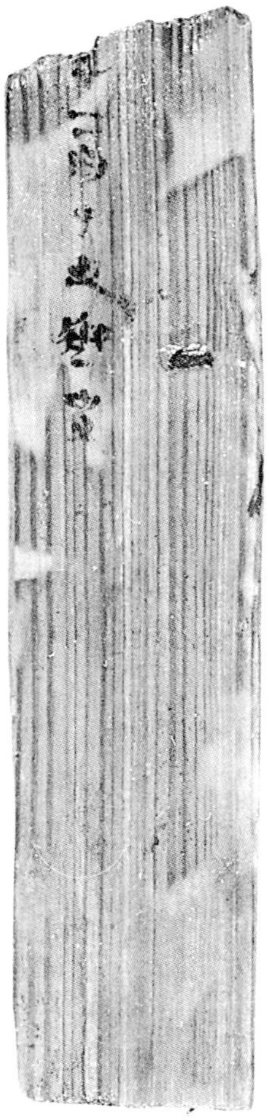

七六

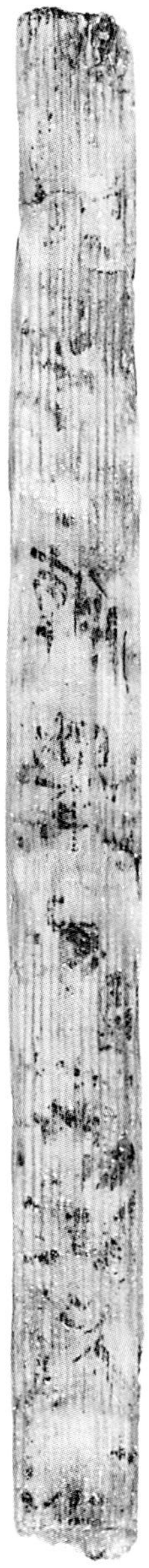

八〇

七九

七四

七二

七二、10-72　七三、10-73　七四、10-80　七五、10-74　七六、10-75　七七、10-76　七八、10-77　七九、10-78
八〇、10-79

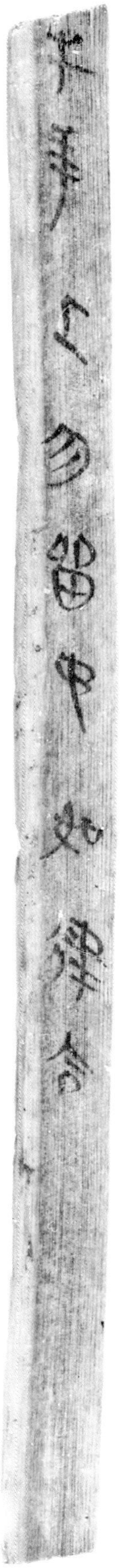

八一

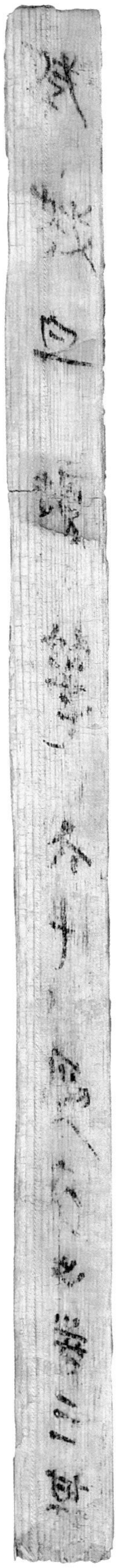

八二

八三

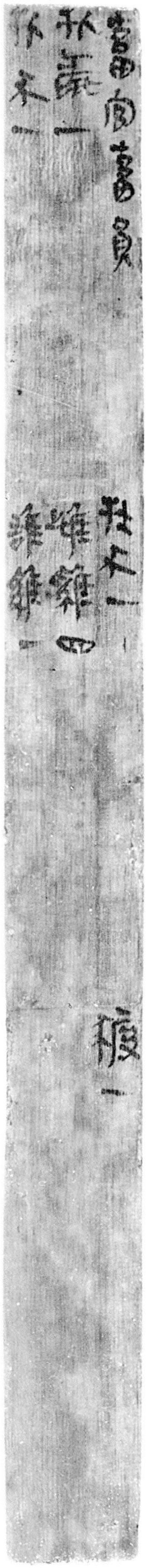

八四

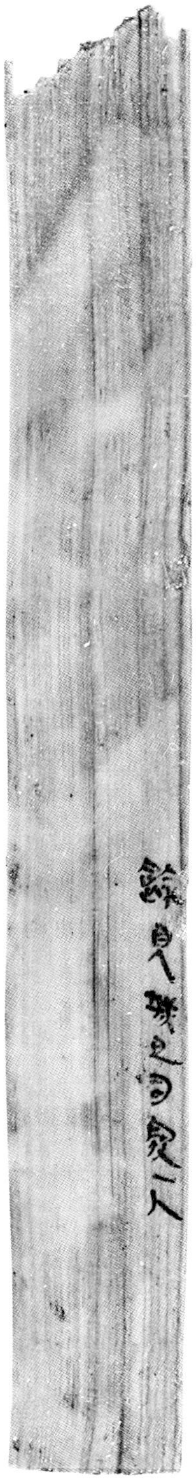

八五

八六

八一、10-82　八二、10-83　八三、10-84　八四、10-86　八五、10-81　八六、10-85

八七
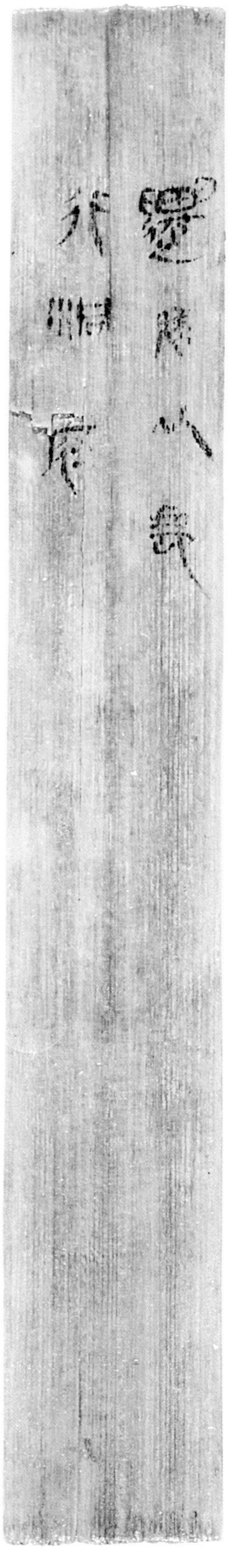

八八

八九

九〇
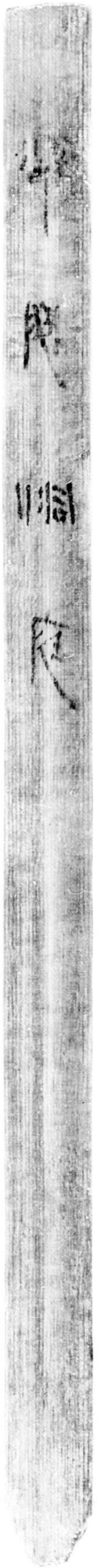

九一

九二
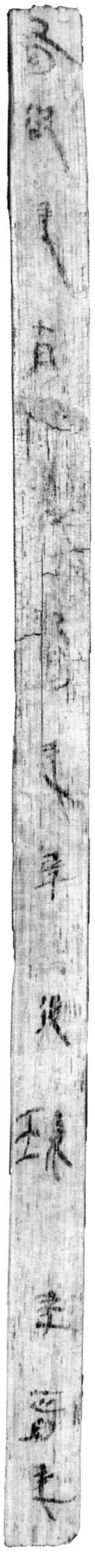

八七、10-87　八八、10-88　八九、10-89　九〇、10-90　九一、10-91　10-133　九二、10-92

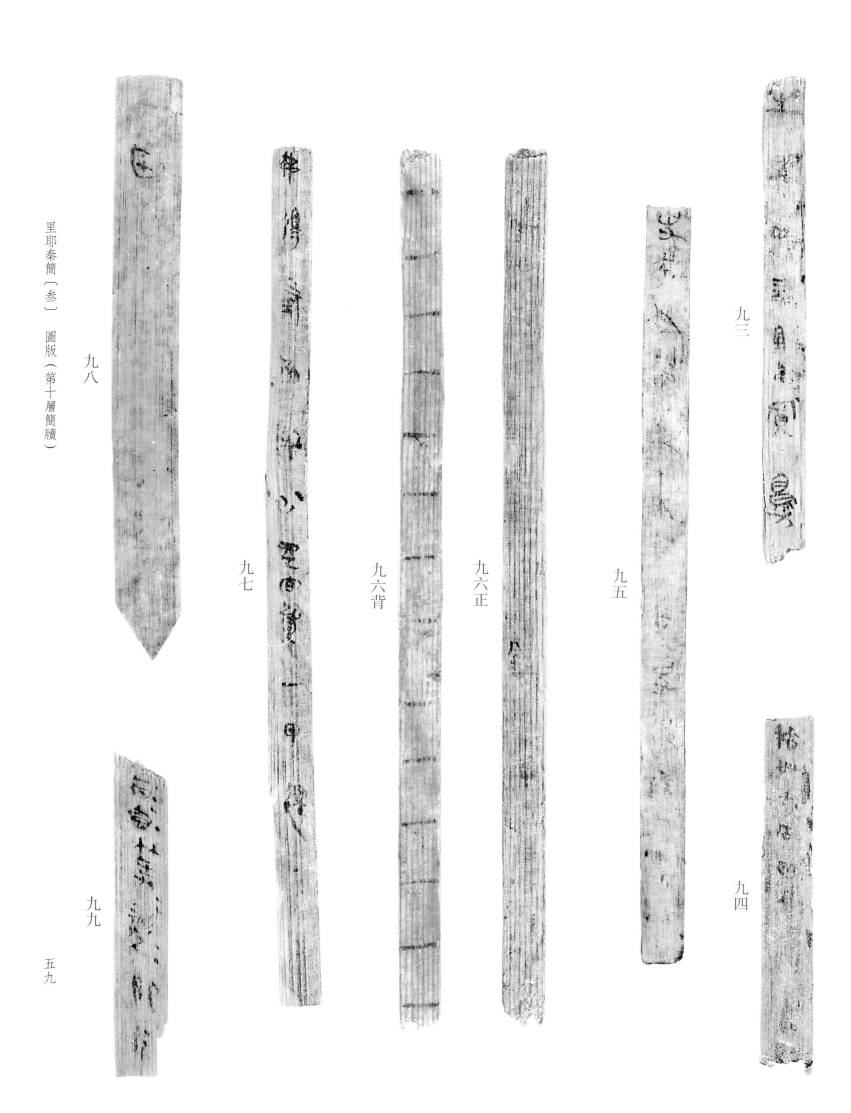

九三

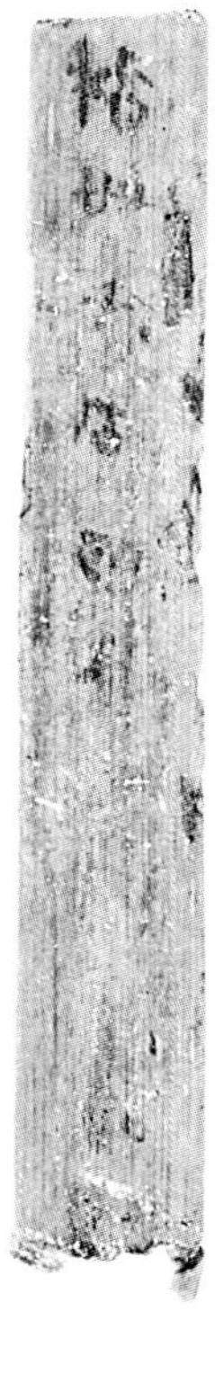
九四

九五

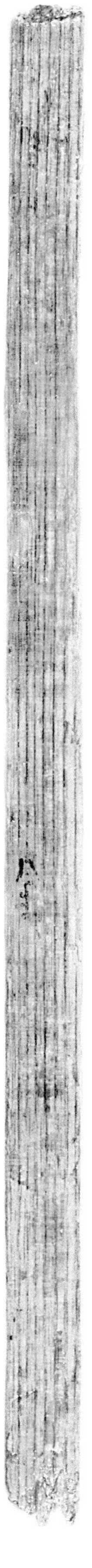
九六正

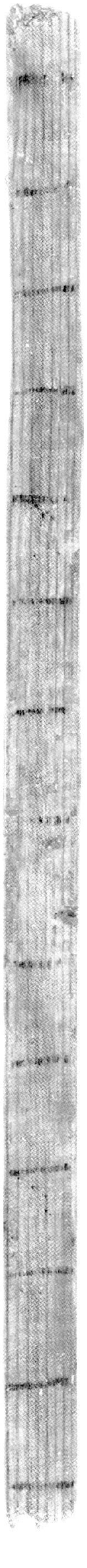
九六背

九七

九八

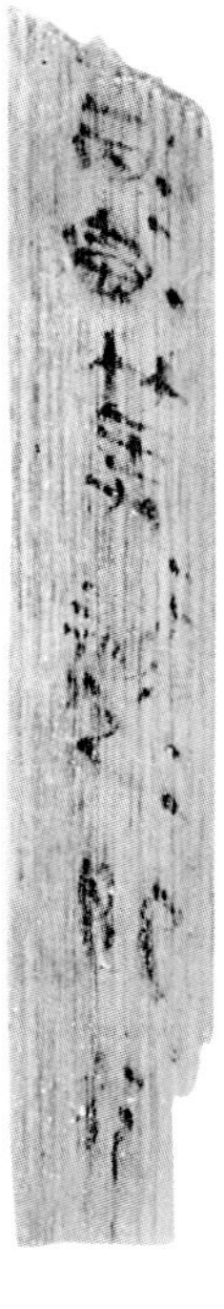
九九

九三、10-95　九四、10-96　九五、10-93　九六、10-94　九七、10-99　九八、10-97　九九、10-98

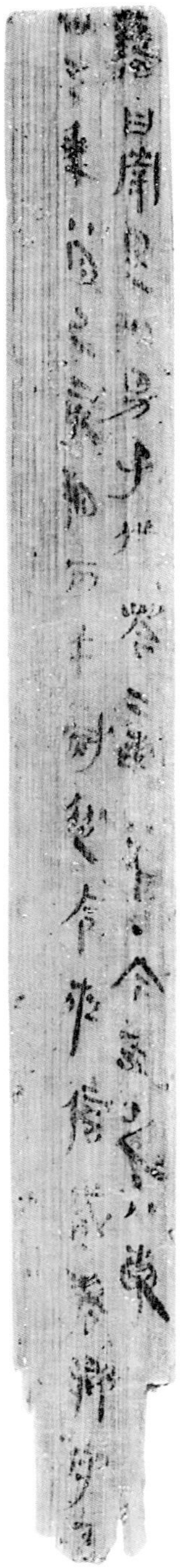
一〇〇

一〇一

一〇二

一〇三

一〇四

一〇五

一〇六

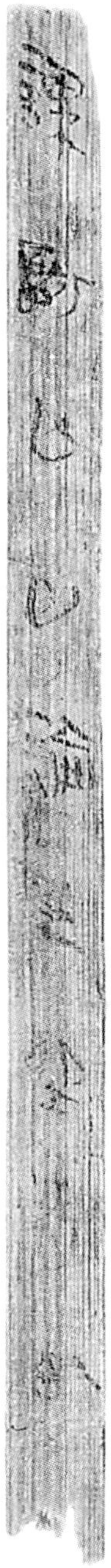
一〇七

一〇八

一〇〇、10-100　一〇一、10-101　一〇二、10-102　一〇三、10-103　一〇四、10-104　一〇五、10-105
一〇六、10-108　一〇七、10-106　一〇八、10-107

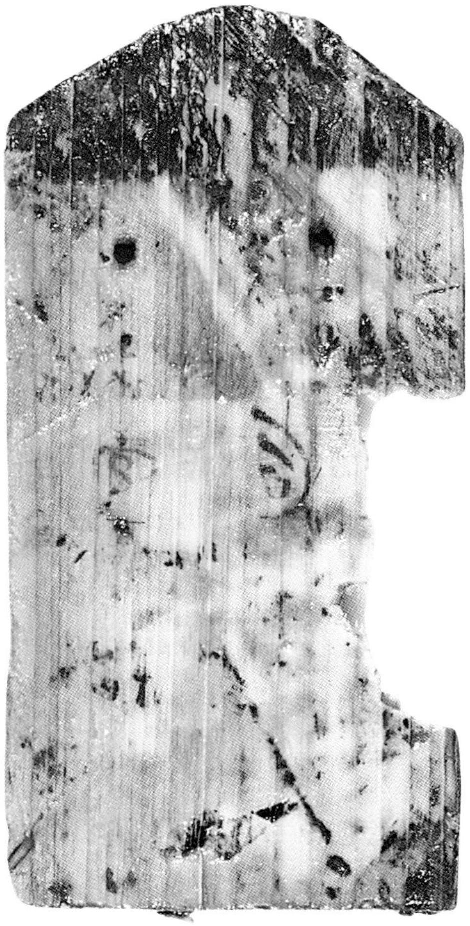

一一三

一一〇

一〇九

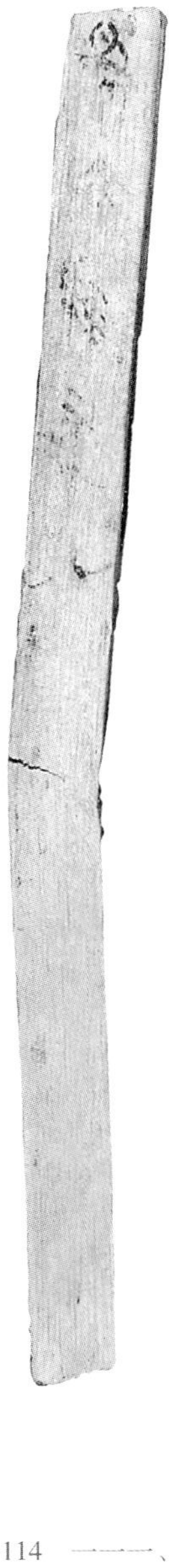

一一二

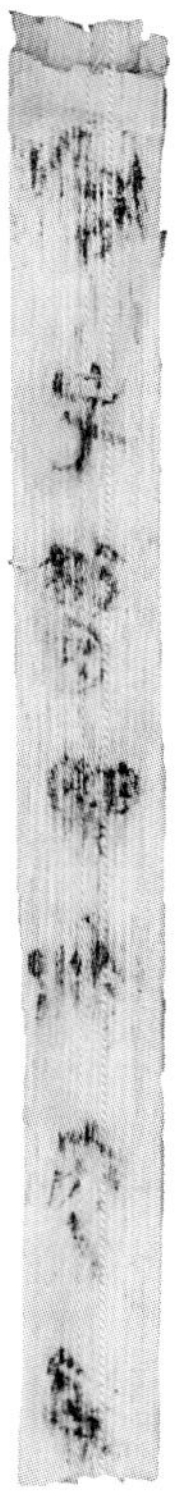

一一一

一一四

一〇九、10-111 一一〇、10-114 一一一、10-110 一一二、10-109 一一三、10-112 一一四、10-113

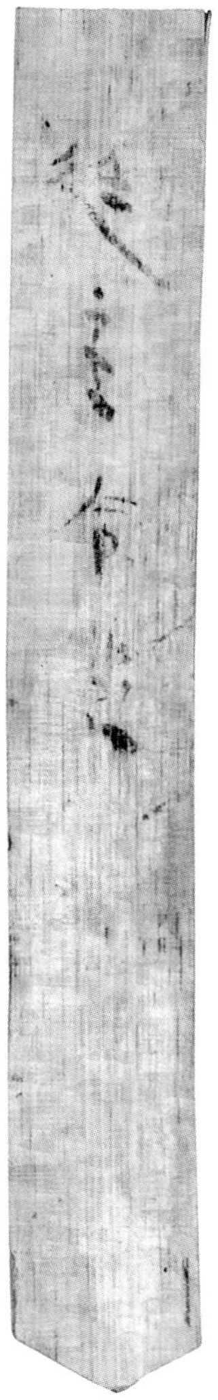
一一五

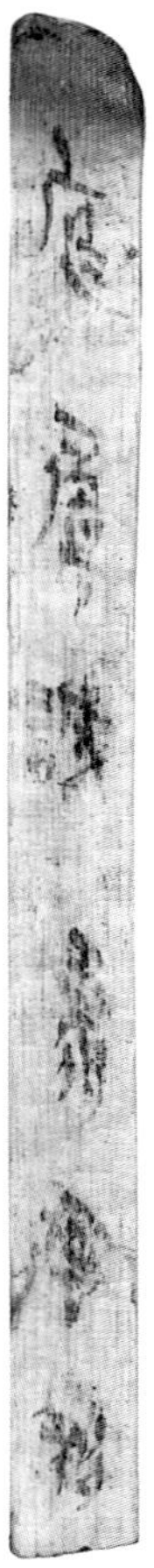
一一七

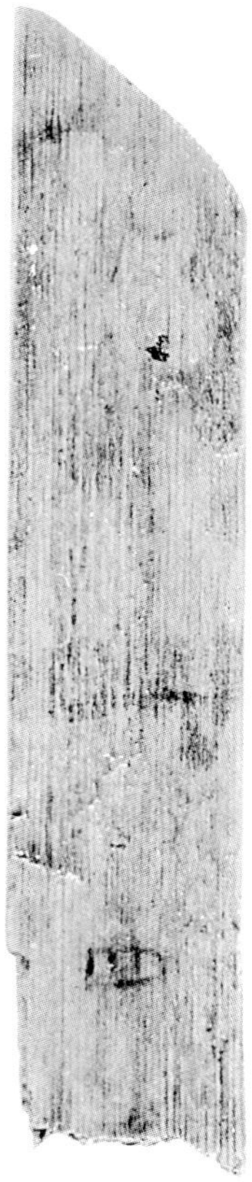
一一八

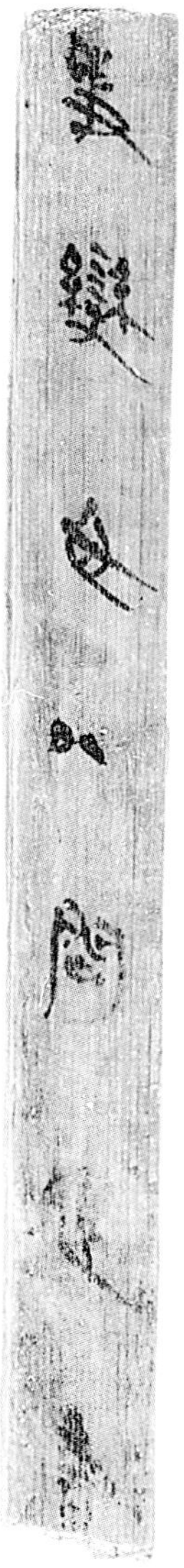
一二〇

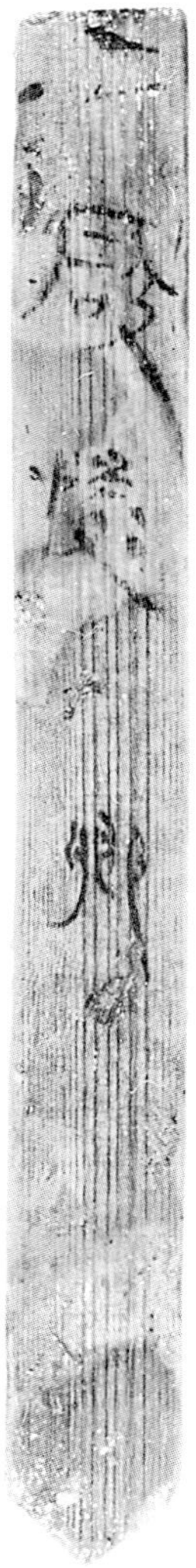
一二二

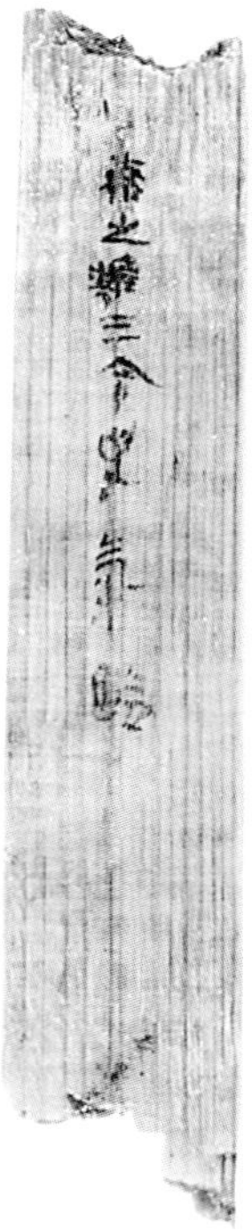
一一六

一一九

一二一

一二三

一一五、10-117　一一六、10-118　一一七、10-116　一一八、10-123　一一九、10-115　一二〇、10-119
一二一、10-120　一二二、10-121　一二三、10-122

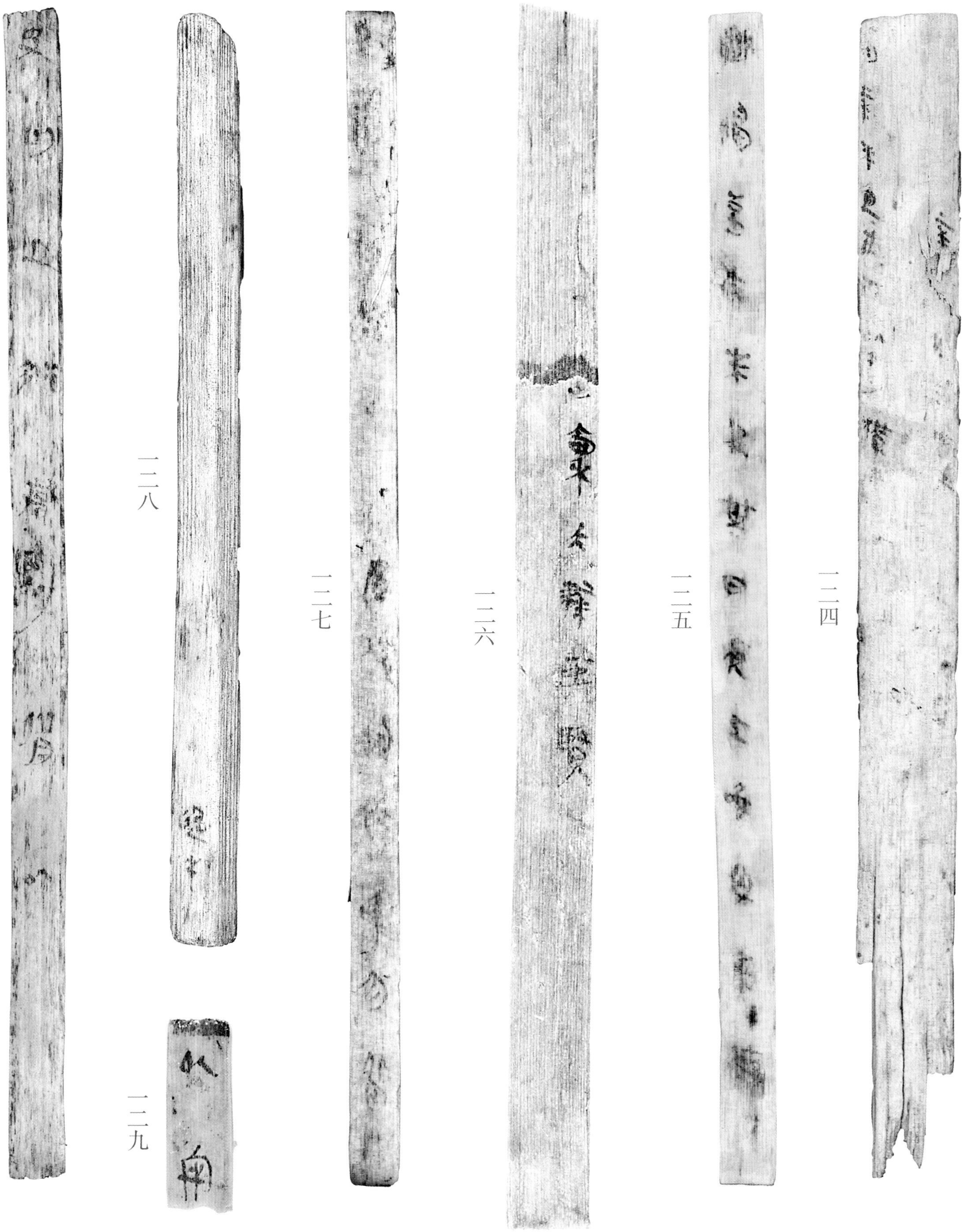

一三〇 一二八 一二九 一二七 一二六 一二五 一二四

一二四、10-124 一二五、10-125 一二六、10-126 一二七、10-127 一二八、10-128 一二九、10-129 一三〇、10-130

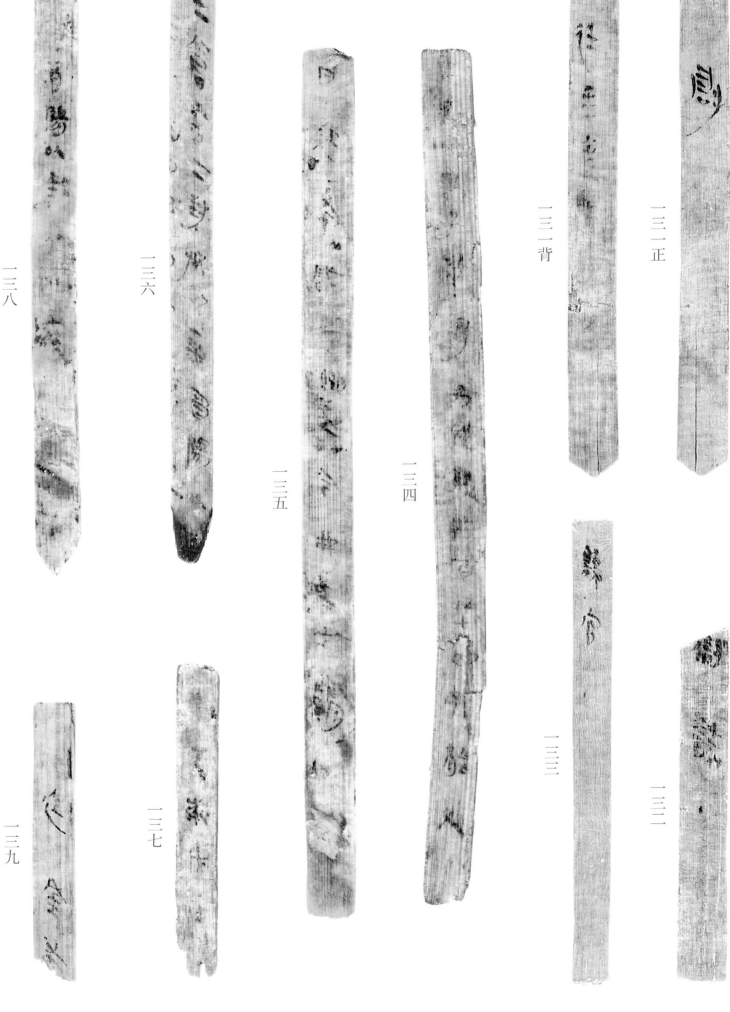

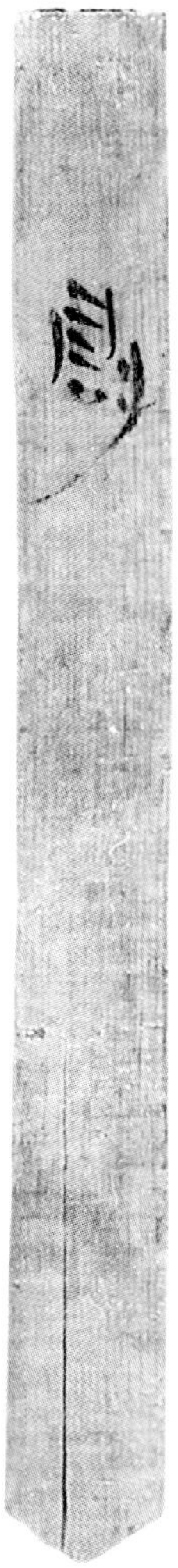

一三一正

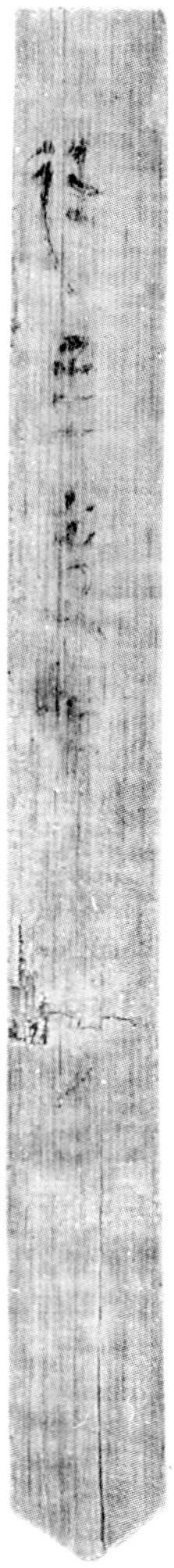

一三一背

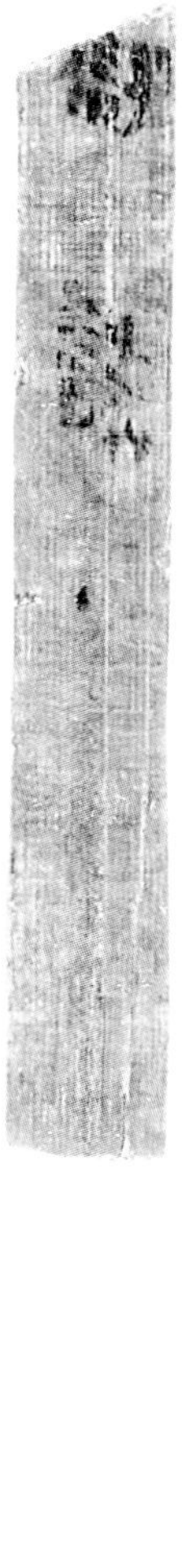

一三二

一三三

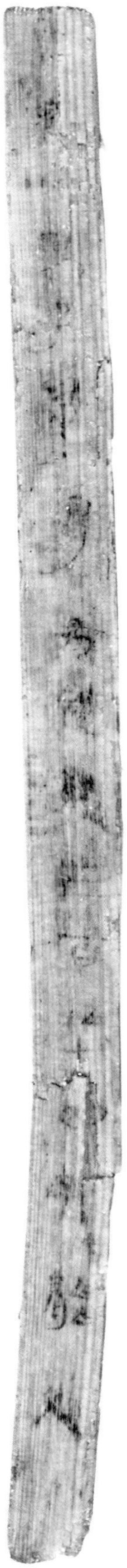

一三四

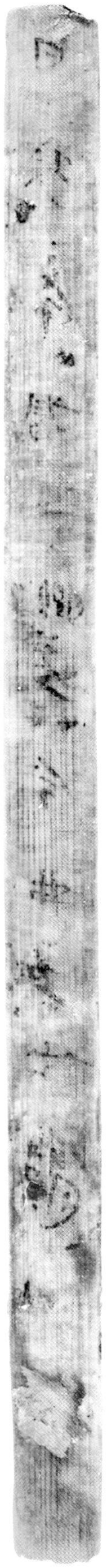

一三五

一三六

一三七

一三八

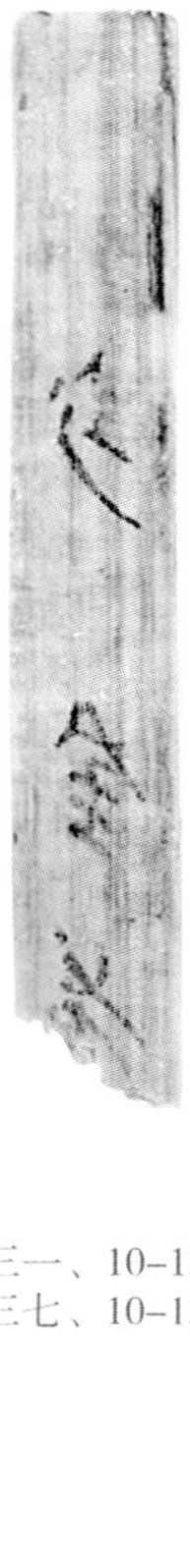

一三九

一三一、10-135　一三二、10-134　一三三、10-140　一三四、10-131　一三五、10-132　一三六、10-137
一三七、10-138　一三八、10-139　一三九、10-136

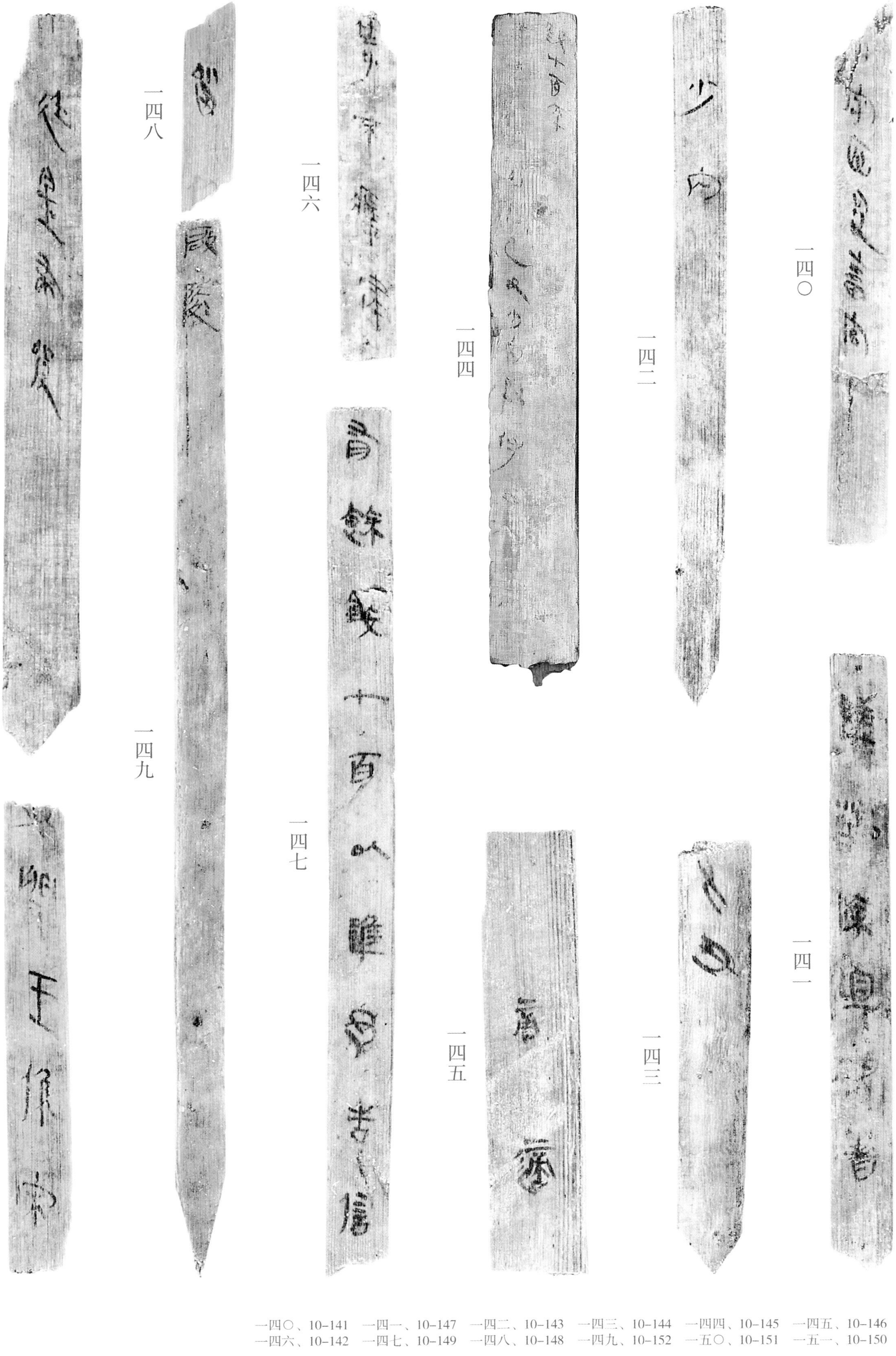

一四〇、10-141　一四一、10-147　一四二、10-143　一四三、10-144　一四四、10-145　一四五、10-146
一四六、10-142　一四七、10-149　一四八、10-148　一四九、10-152　一五〇、10-151　一五一、10-150

一五二、10-153　一五三、10-157　一五四、10-162　一五五、10-155　一五六、10-156　一五七、10-163
一五八、10-158　一五九、10-154　一六〇、10-161　一六一、10-160　一六二、10-159

一六三、10-164　一六四、10-166　一六五、10-173　一六六、10-177　一六七、10-169　一六八、10-167
一六九、10-172　一七〇、10-175　一七一、10-171　一七二、10-165　一七三、10-176　一七四、10-174
一七五、10-170

一七六

一七七

一七八

一七九

一八〇

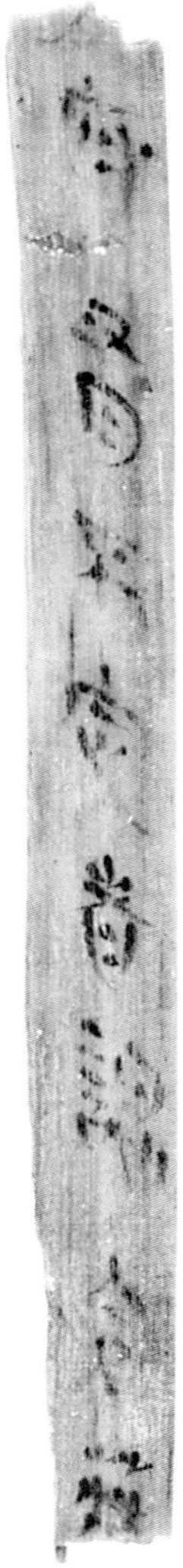
一八一

一八二

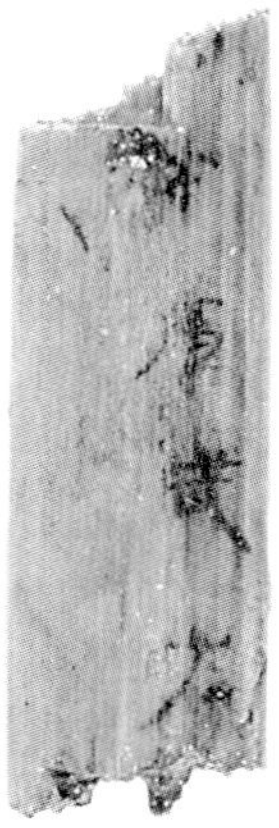
一八三

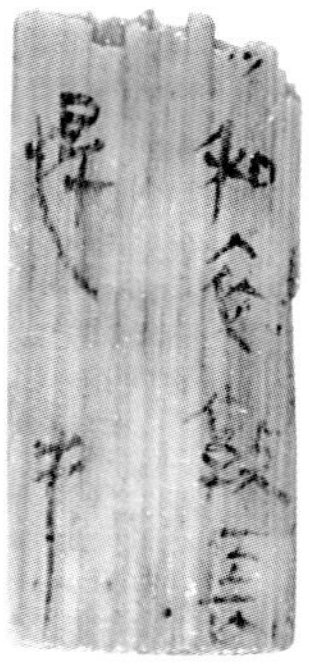
一八四

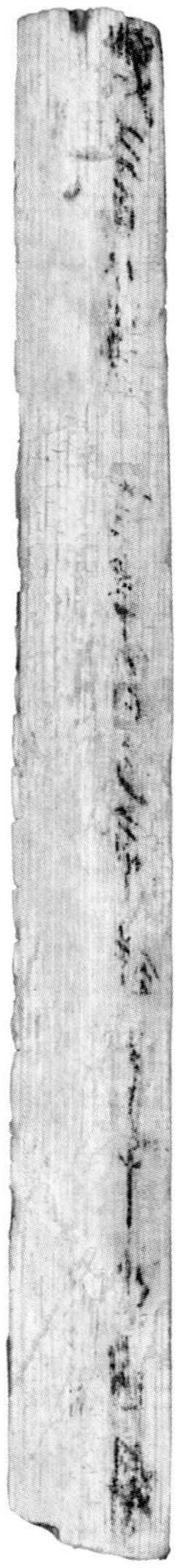
一八五

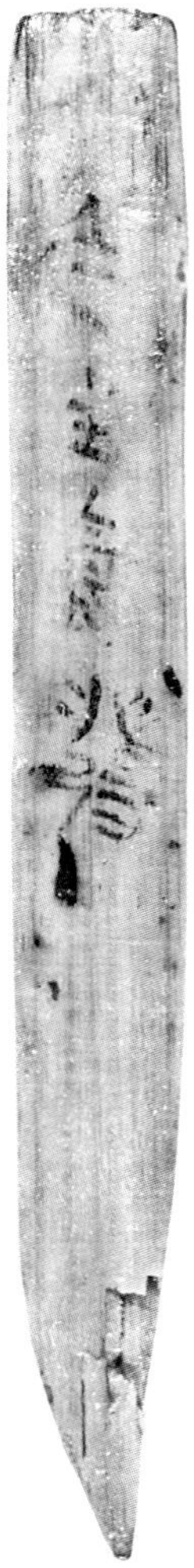
一八六

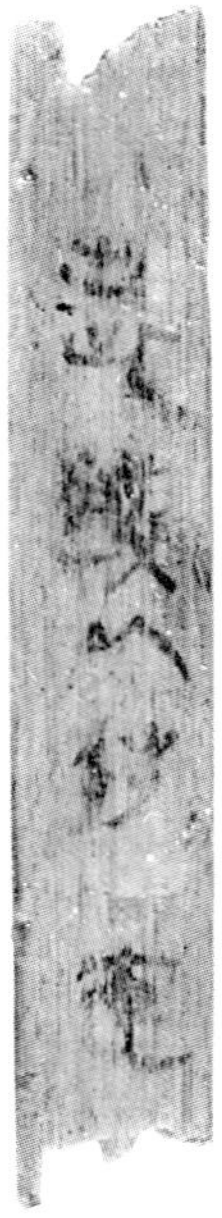
一八七

一八八

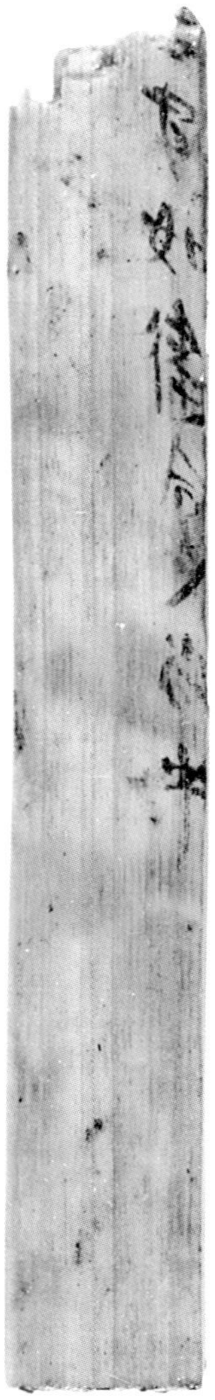
一八九

一七六、10–184　一七七、10–185　一七八、10–187　一七九、10–178　一八〇、10–168　一八一、10–186
一八二、10–189　一八三、10–179　一八四、10–180　一八五、10–181　一八六、10–188　一八七、10–190
一八八、10–182　一八九、10–183

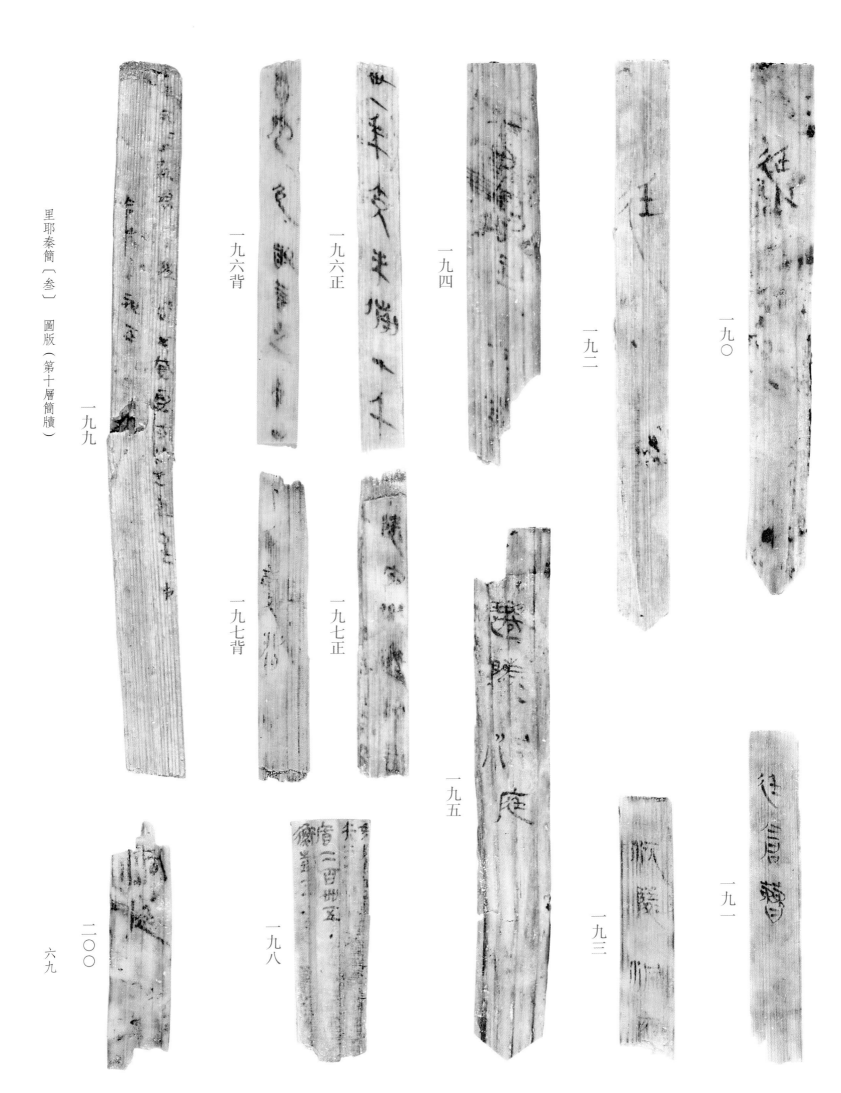

一九〇　一九一　一九二　一九三　一九四　一九五　一九六正　一九六背　一九七正　一九七背　一九八　一九九　二〇〇

一九〇、10-191　一九一、10-192　一九二、10-193　一九三、10-197　一九四、10-198　一九五、10-201
一九六、10-194　一九七、10-195　一九八、10-200　一九九、10-199　二〇〇、10-196

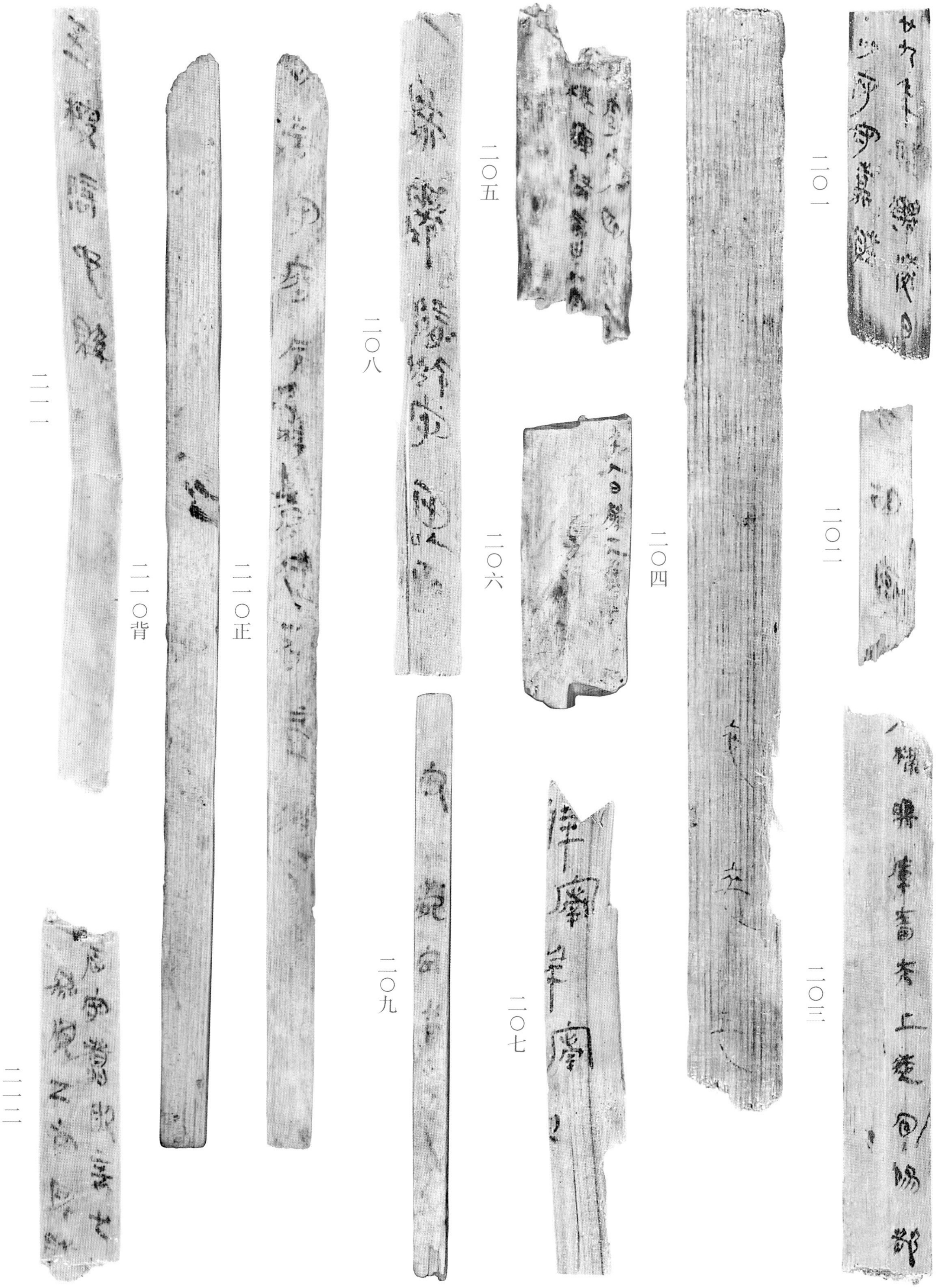

二〇一、10-202　二〇二、10-211　二〇三、10-204　二〇四、10-203　二〇五、10-205　二〇六、10-206
二〇七、10-208　二〇八、10-207　二〇九、10-212　二一〇、10-209　二一一、10-210　二一二、10-213

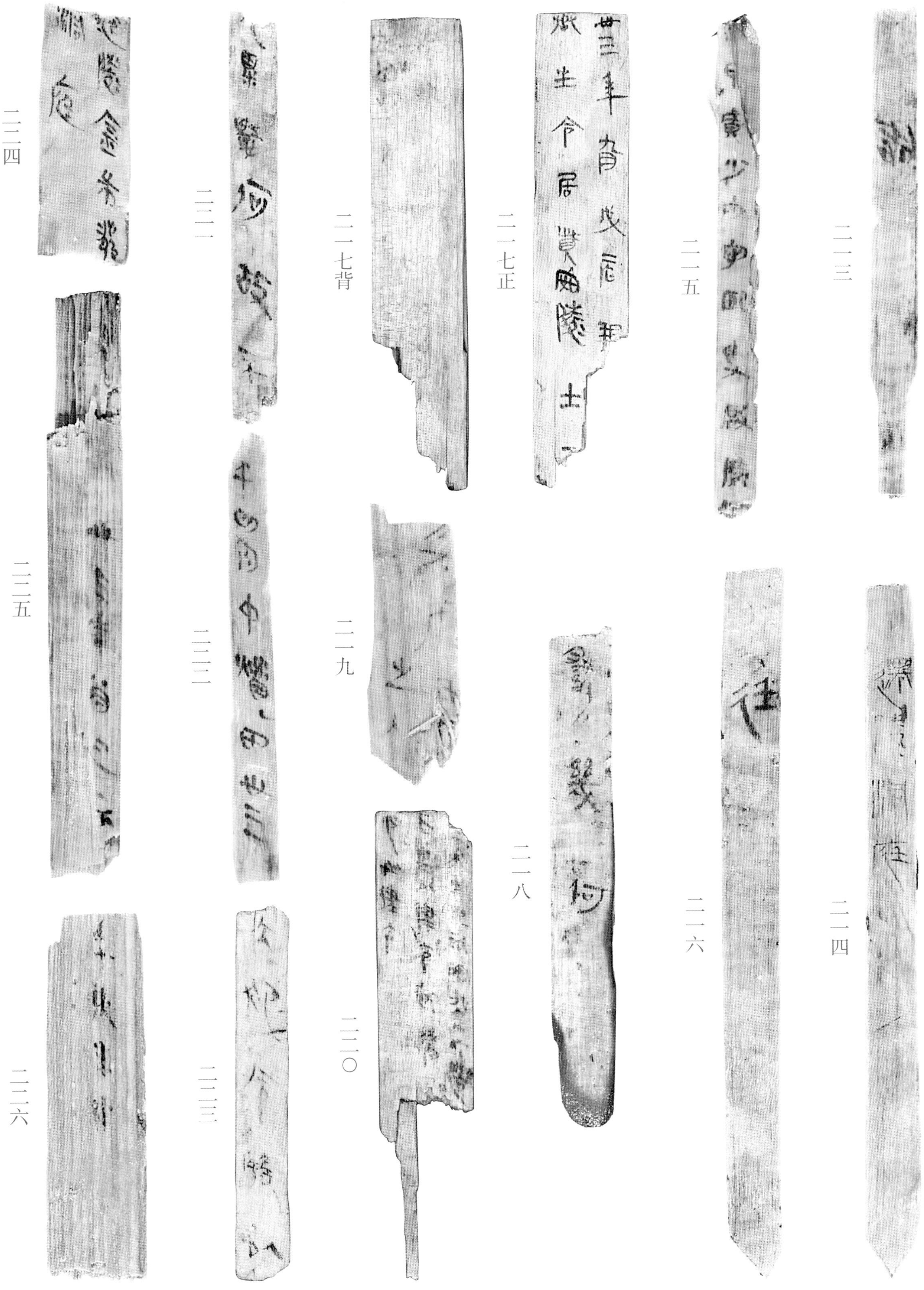

二一三、10-214 二一四、10-219 二一五、10-215 二一六、10-220 二一七、10-222 二一八、10-223
二一九、10-226 二二〇、10-224 二二一、10-216 二二二、10-218 二二三、10-221 二二四、10-225
二二五、10-217 二二六、10-227

二二七

二二八正

二二八背

二二九正

二二九背

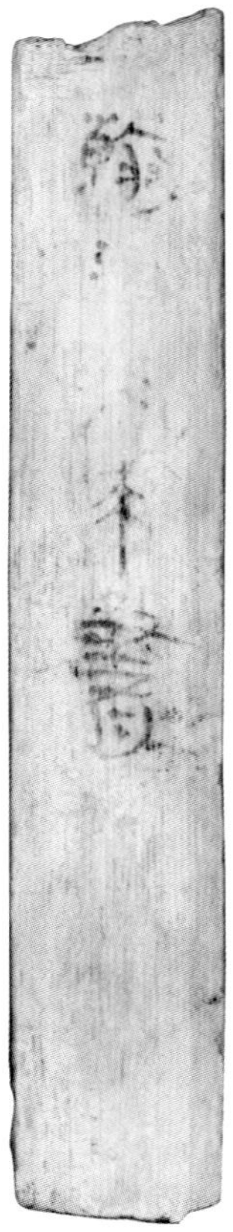
二三〇

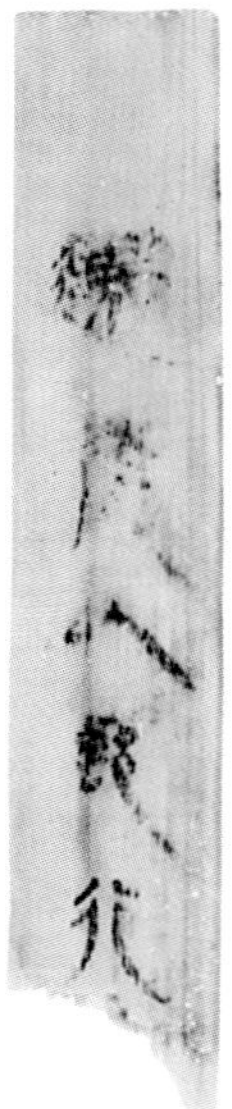
二三一

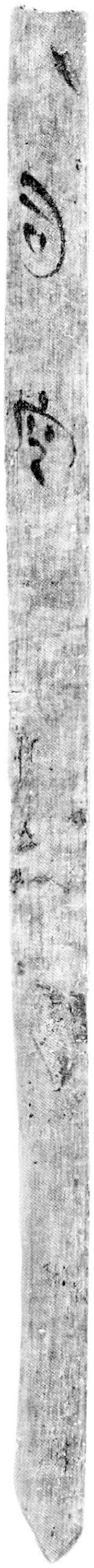
二三二

二三三

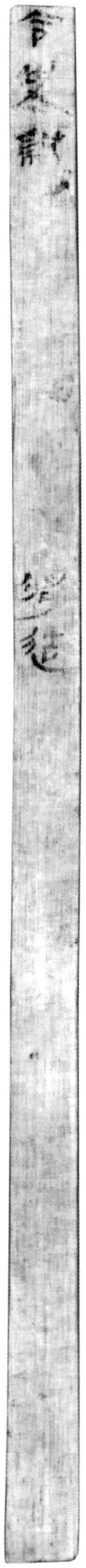
二三四

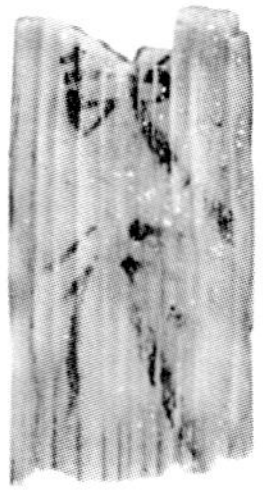
二三五

二三六

二二七、10-228　二二八、10-239　二二九、10-232　二三〇、10-231　二三一、10-233　二三二、10-234
二三三、10-235　二三四、10-236　二三五、10-230　二三六、10-237

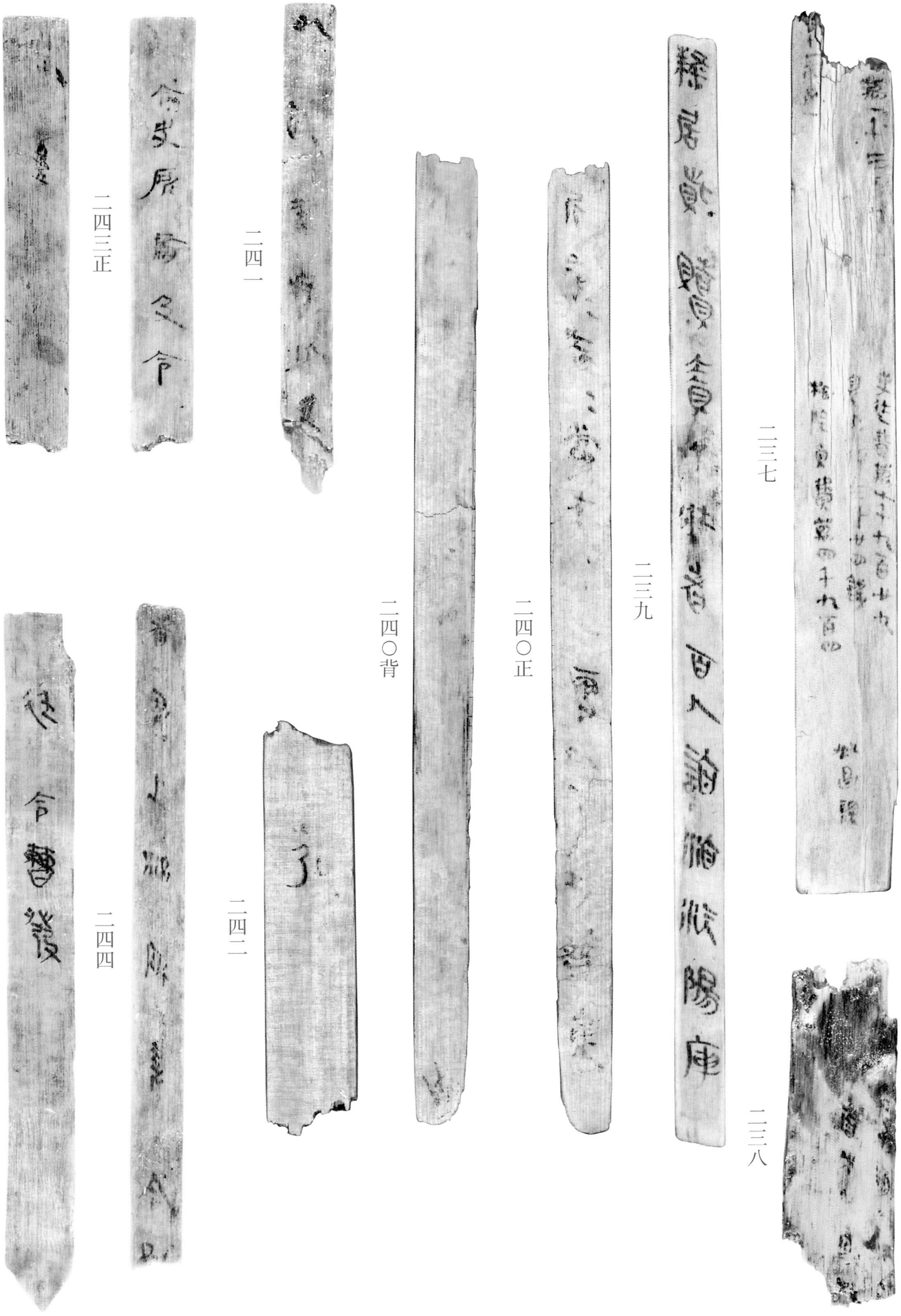

二四三背 二四三正 二四一 二四〇背 二四〇正 二三九 二三七

二四五 二四四 二四二 二三八

二三七、10-240　二三八、10-229　二三九、10-238　二四〇、10-241　二四一、10-244　二四二、10-246
二四三、10-242　二四四、10-245　二四五、10-243

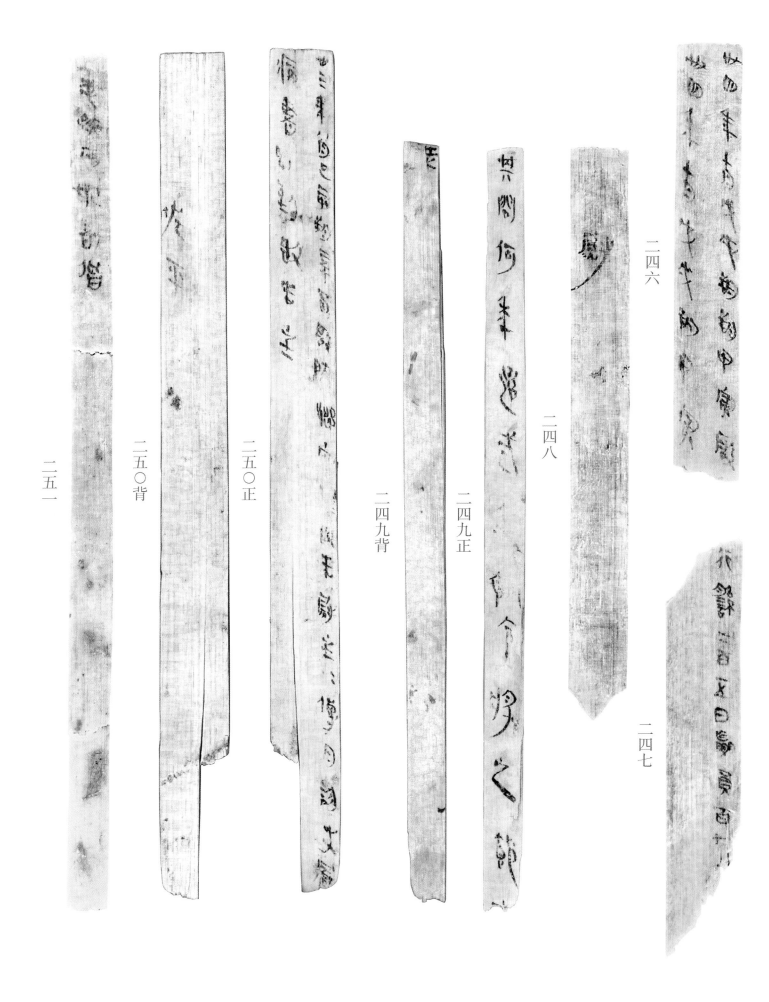

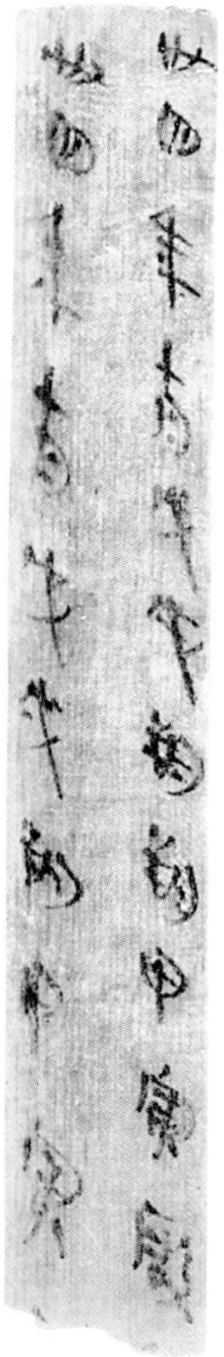

二四六

二四七

二四八

二四九正

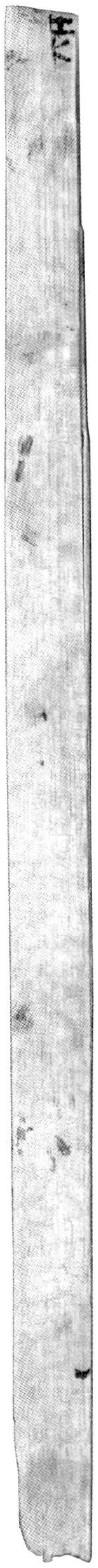

二四九背

二五〇正

二五〇背

二五一

二四六、10-250　二四七、10-251　二四八、10-247　二四九、10-248　二五〇、10-249　二五一、10-252

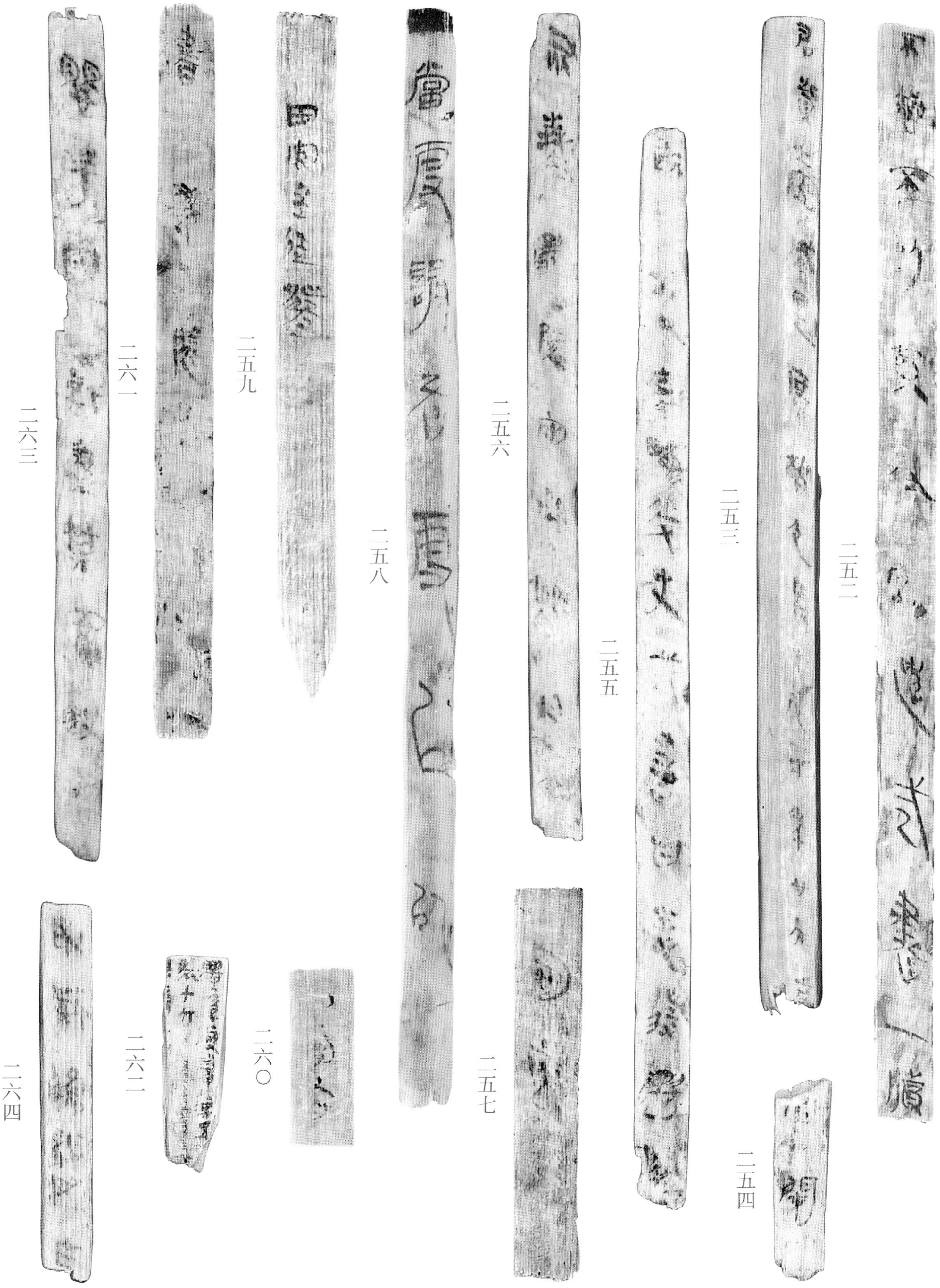

二五二、10-253　二五三、10-254　二五四、10-256　二五五、10-255　二五六、10-257　二五七、10-259
二五八、10-258　二五九、10-260　二六〇、10-263　二六一、10-262　二六二、10-265　二六三、10-264
二六四、10-261

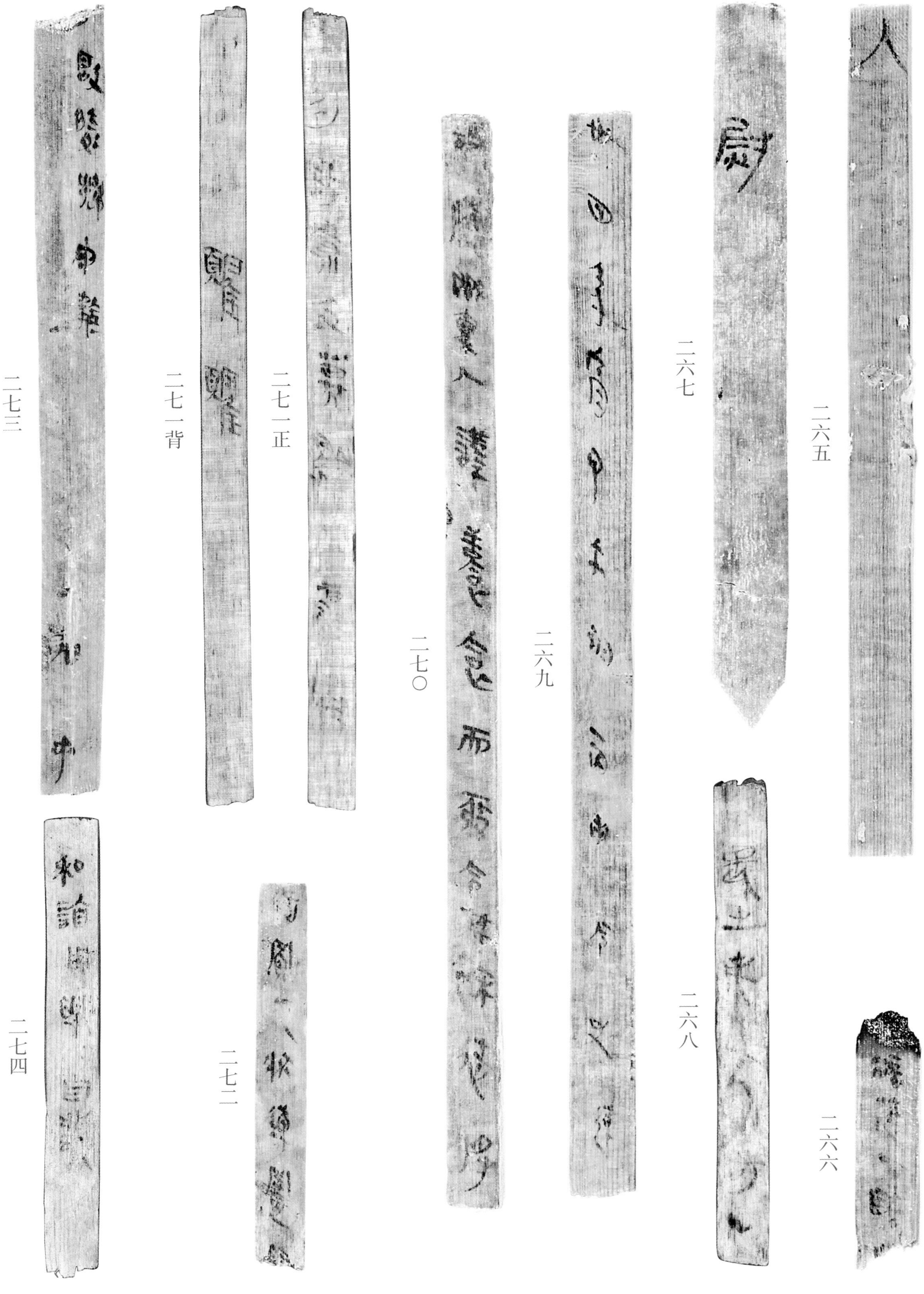

二六五、10-266　二六六、10-272　二六七、10-268　二六八、10-275　二六九、10-269　二七〇、10-274
二七一、10-271　二七二、10-270　二七三、10-273　二七四、10-267

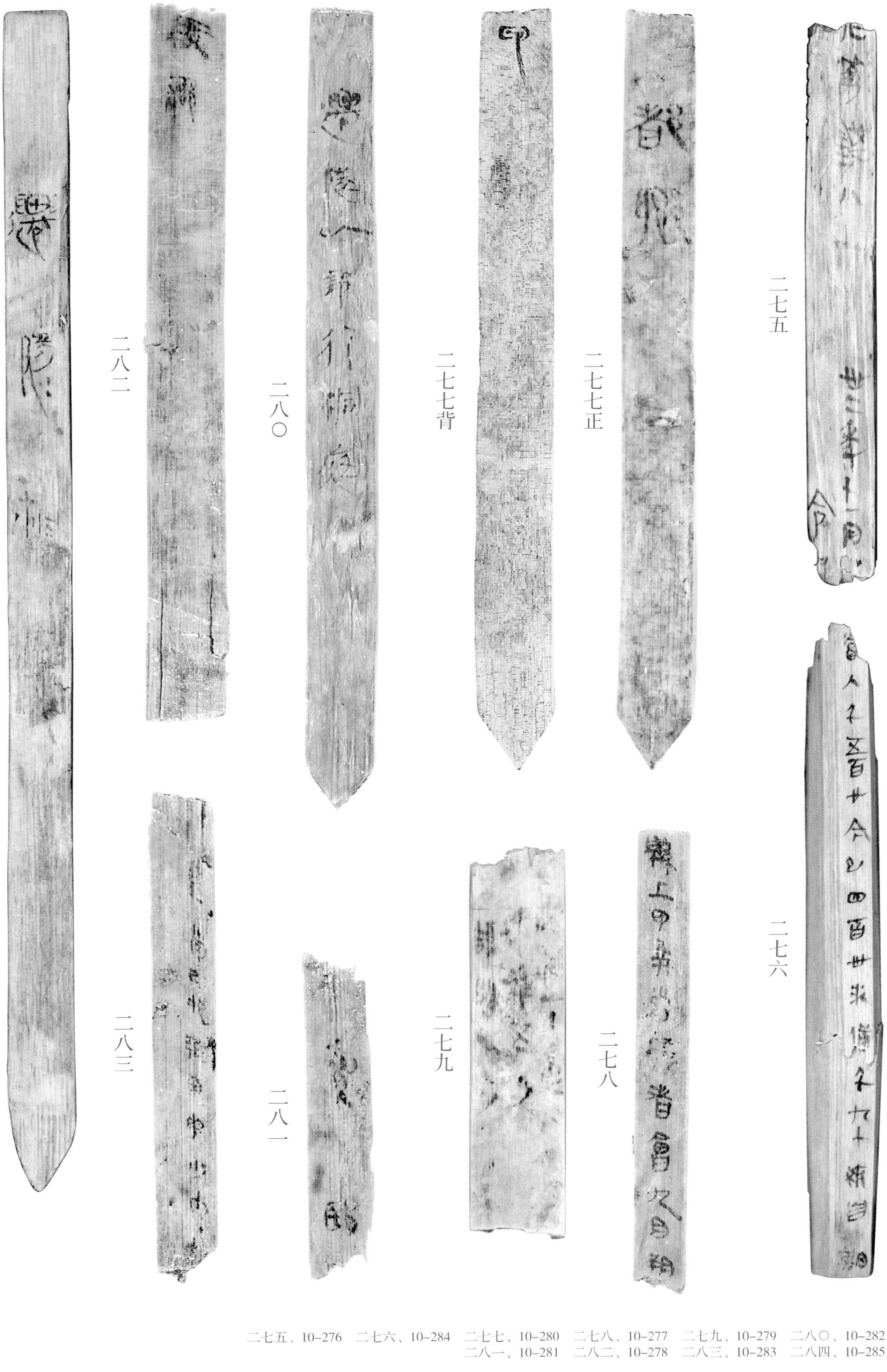

二七五 二七六 二七七正 二七七背 二七八 二七九 二八〇 二八一 二八二 二八三 二八四

二七五、10-276 二七六、10-284 二七七、10-280 二七八、10-277 二七九、10-279 二八〇、10-282
二八一、10-281 二八二、10-278 二八三、10-283 二八四、10-285

二八五、10-287　二八六、10-288　二八七、10-286　二八八、10-289　二八九、10-290　二九〇、10-291
二九一、10-292　二九二、10-293

二九三 二九四 二九五正 二九五背 二九六 二九七 二九八 二九九正 二九九背 三〇〇 三〇一 三〇二 三〇三 三〇四

二九三、10-294 二九四、10-304 二九五、10-296 二九六、10-295 二九七、10-297 二九八、10-298
二九九、10-302 三〇〇、10-305 三〇一、10-299 三〇二、10-300 三〇三、10-301 三〇四、10-303

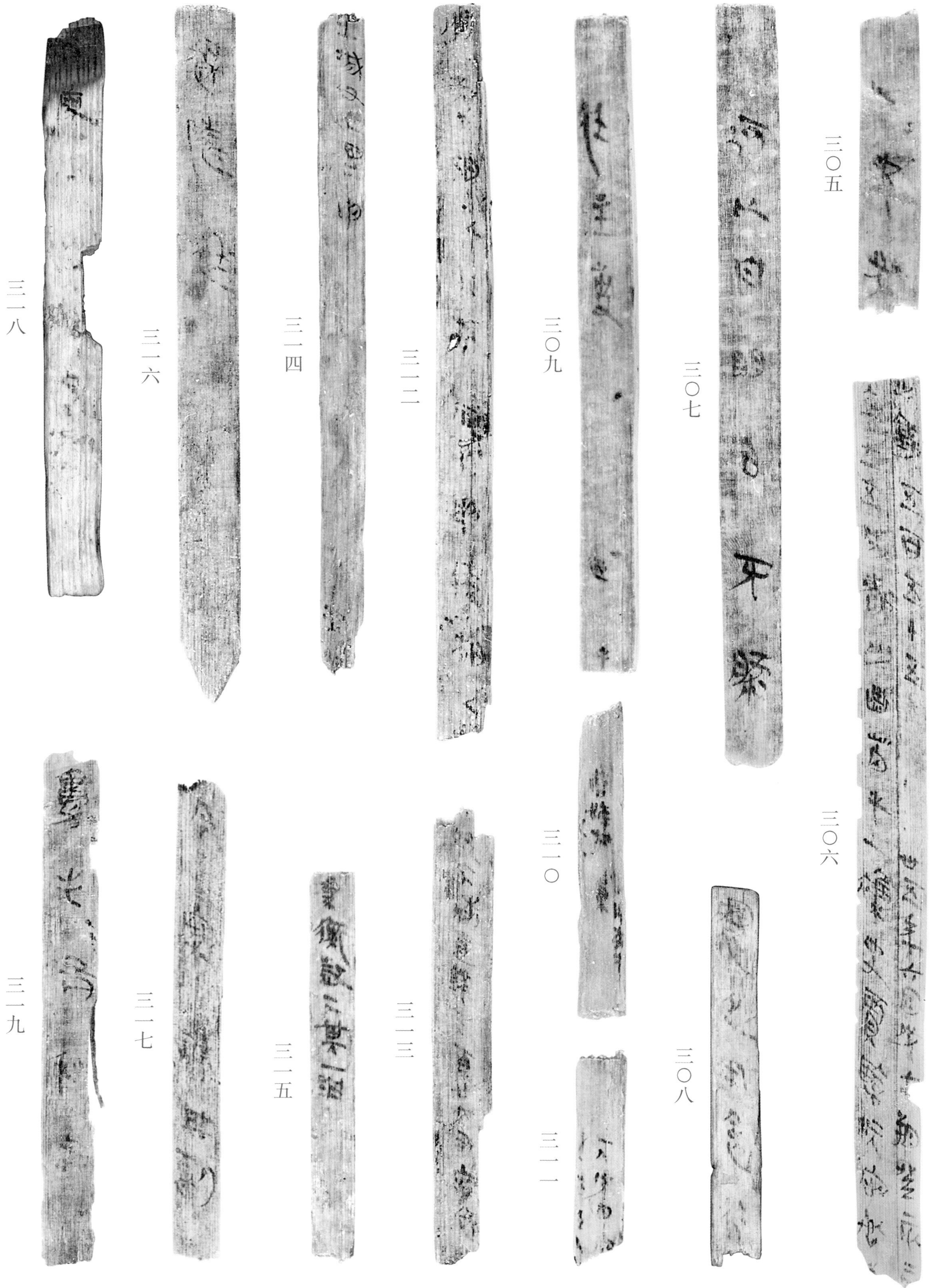

三〇五、10-307　三〇六、10-306　三〇七、10-308　三〇八、10-309　三〇九、10-310　三一〇、10-311
三一一、10-319　三一二、10-312　三一三、10-313　三一四、10-314　三一五、10-315　三一六、10-316
三一七、10-317　三一八、10-318　三一九、10-320

三二〇、10-321 三二一、10-322 三二二、10-327 三二三、10-324 三二四、10-328 三二五、10-326
三二六、10-323 三二七、10-331 三二八、10-329 三二九、10-330 三三〇、10-333 三三一、10-332
三三二、10-325

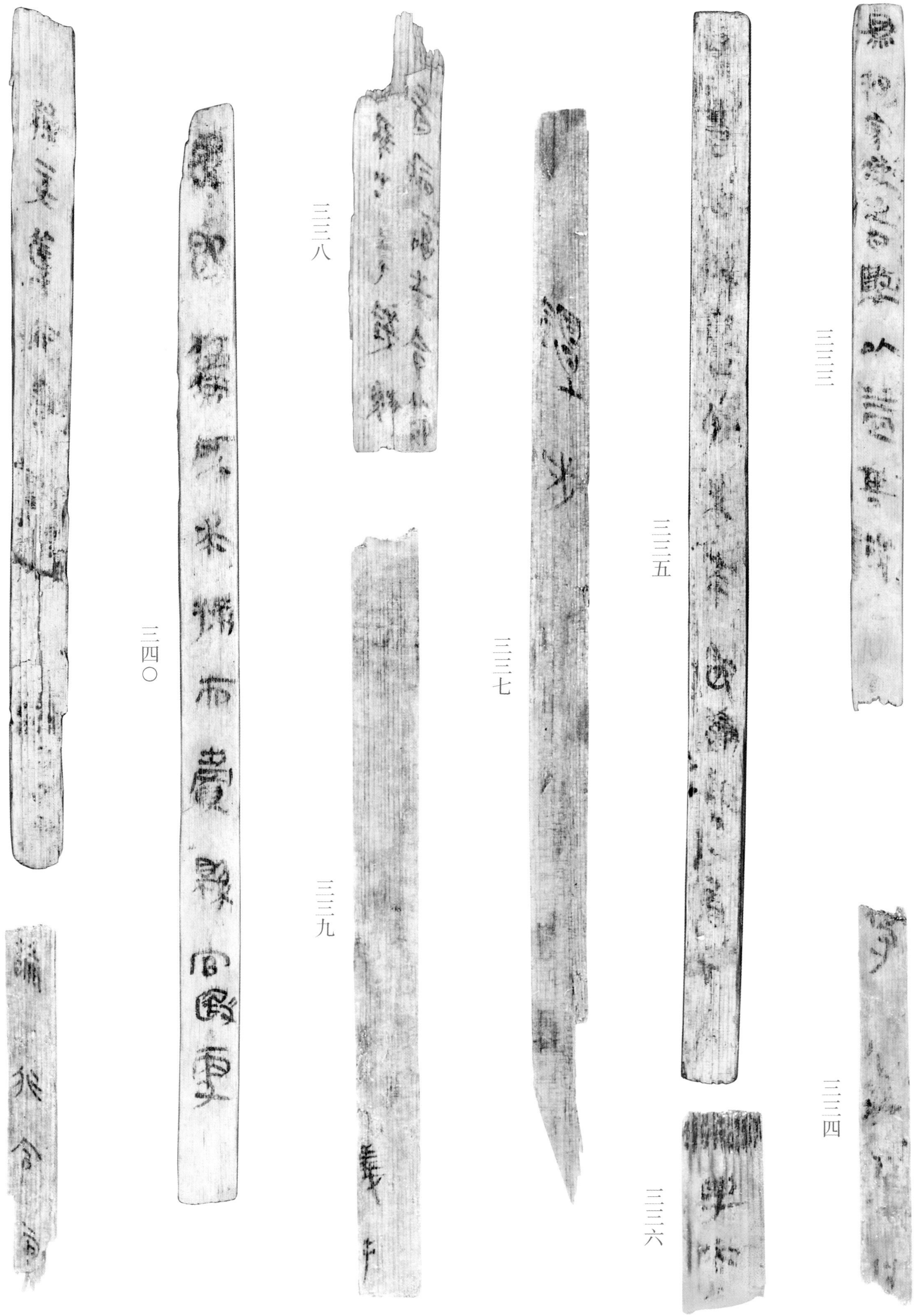

三三三 三三四 三三五 三三六 三三七 三三八 三三九 三四〇 三四一 三四二

三三三、10-335　三三四、10-336　三三五、10-334　三三六、10-341　三三七、10-337　三三八、10-343
三三九、10-339　三四〇、10-340　三四一、10-342　三四二、10-338

三四三

三四四

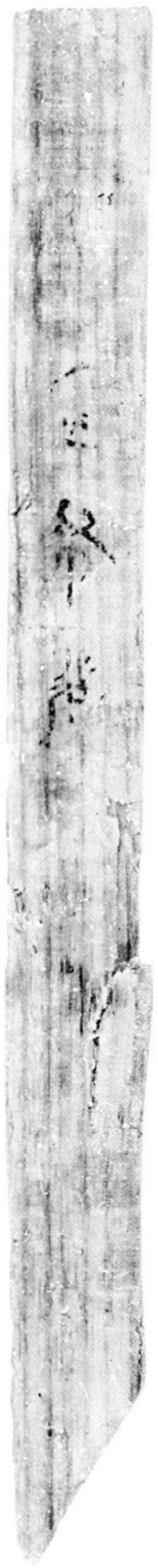
三四五正

三四五背

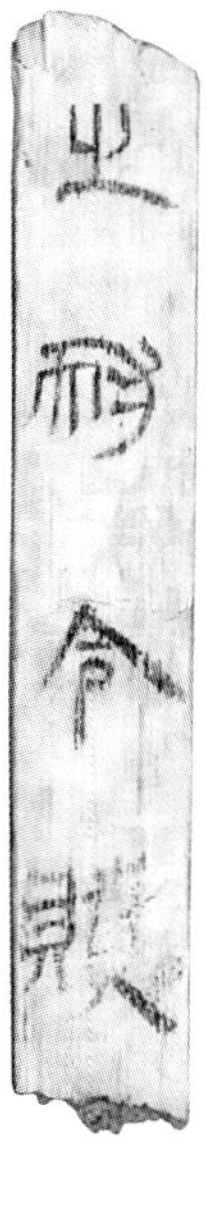
三四六

三四七

三四八

三四九

三五〇

三四三、10-344　三四四、10-347　三四五、10-350　三四六、10-351　三四七、10-346　三四八、10-349
三四九、10-348　三五〇、10-345

三五一、10-352　三五二、10-359　三五三、10-353　三五四、10-354　三五五、10-355　三五六、10-357
三五七、10-363　三五八、10-356　三五九、10-361　三六〇、10-358　三六一、10-360　三六二、10-362
三六三、10-364

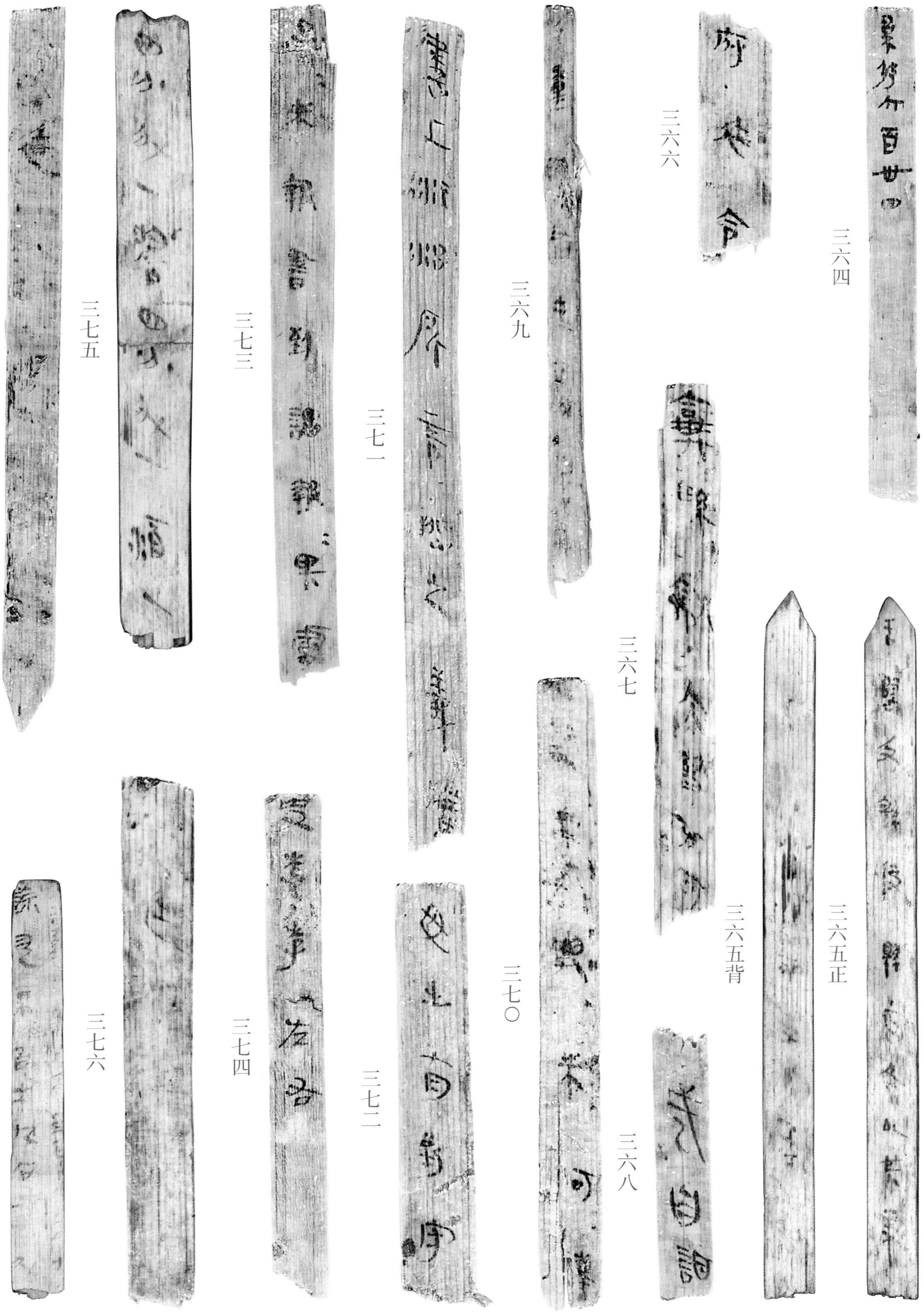

三六四、10-365 三六五、10-367 三六六、10-366 三六七、10-368 三六八、10-370 三六九、10-369 三七〇、10-378
三七一、10-371 三七二、10-372 三七三、10-373 三七四、10-374 三七五、10-375 三七六、10-379 三七七、10-377
三七八、10-376

三七九 三八〇 三八一 三八二 三八三 三八四 三八五正 三八五背 三八六正 三八六背 三八七 三八八

三七九、10-380　三八〇、10-381　三八一、10-382　三八二、10-388　三八三、10-389　三八四、10-387
三八五、10-383　三八六、10-384　三八七、10-385　三八八、10-386

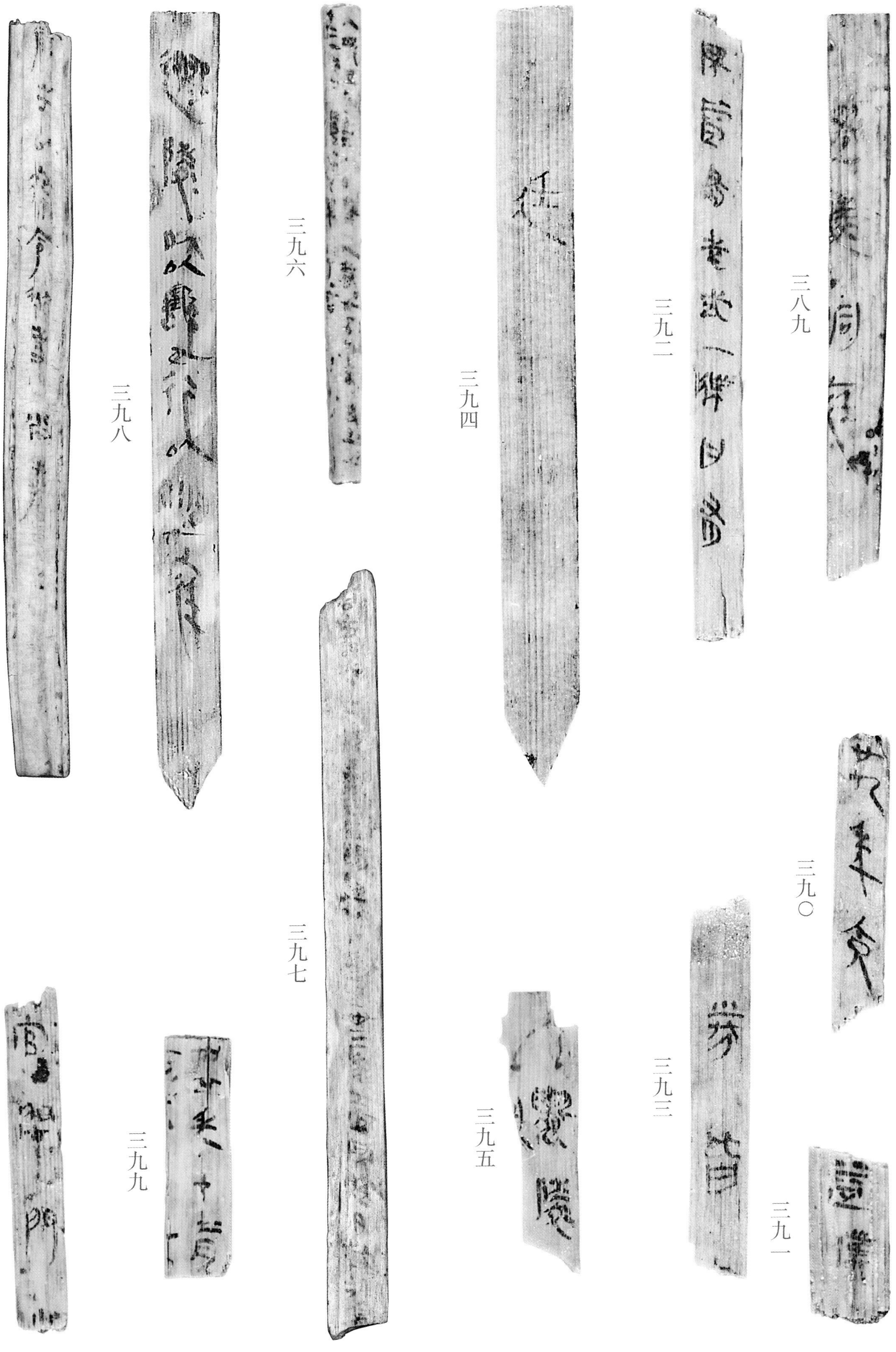

三八九、10-390　三九〇、10-398　三九一、10-392　三九二、10-393　三九三、10-394　三九四、10-395
三九五、10-391　三九六、10-396　三九七、10-401　三九八、10-397　三九九、10-403　四〇〇、10-399
四〇一、10-400

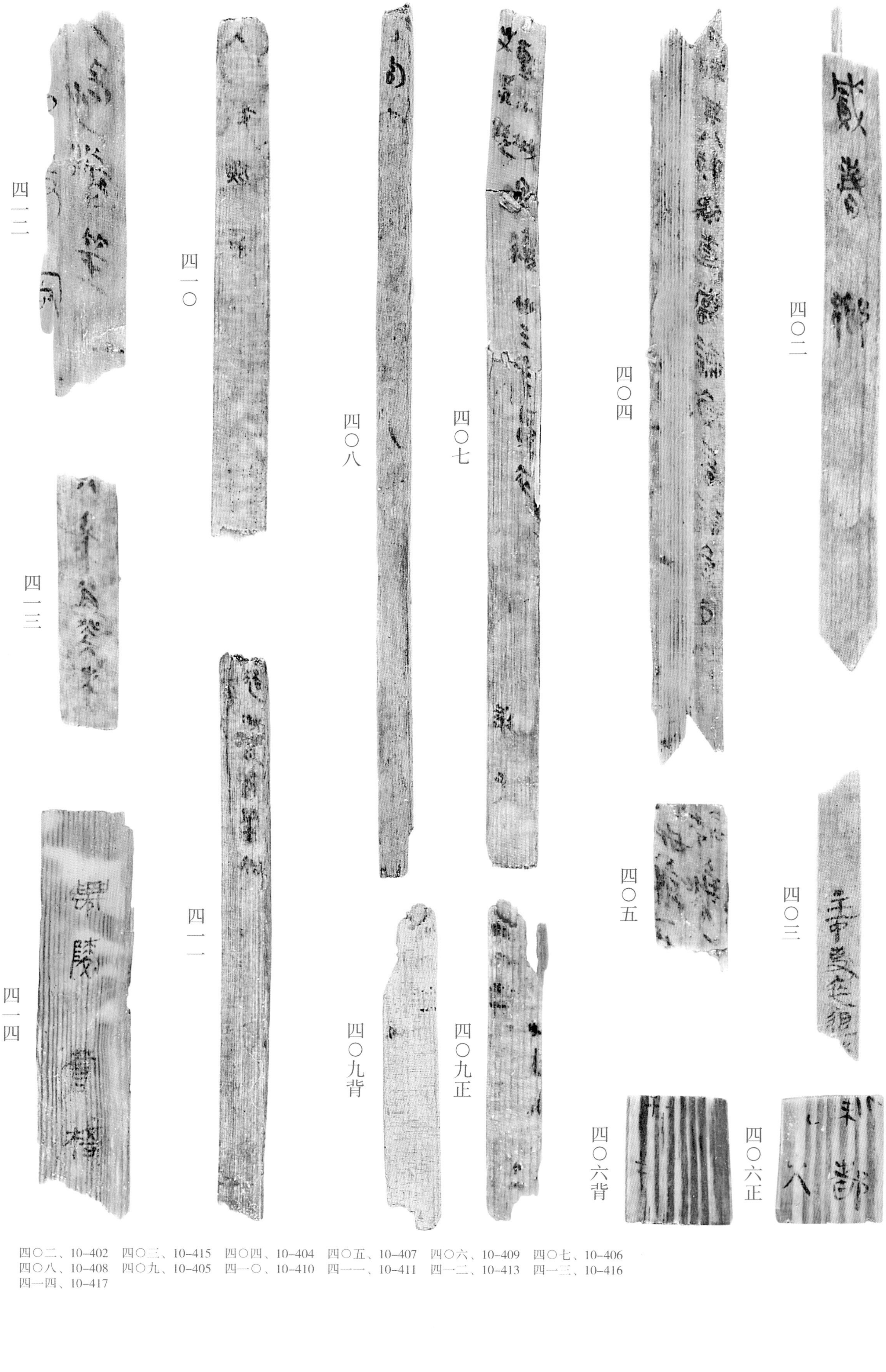

四〇二、10-402　四〇三、10-415　四〇四、10-404　四〇五、10-407　四〇六、10-409　四〇七、10-406
四〇八、10-408　四〇九、10-405　四一〇、10-410　四一一、10-411　四一二、10-413　四一三、10-416
四一四、10-417

四二三

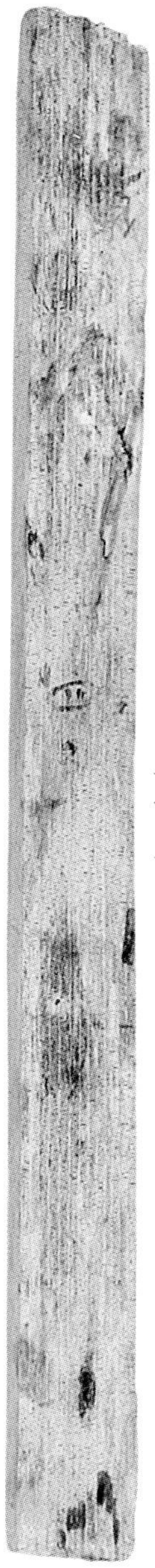
四二一背

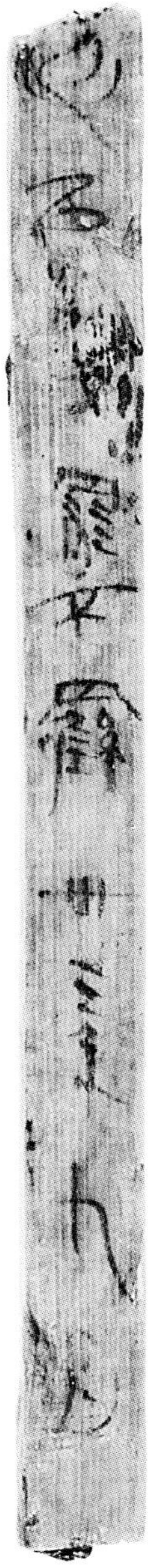
四二一正

四一九

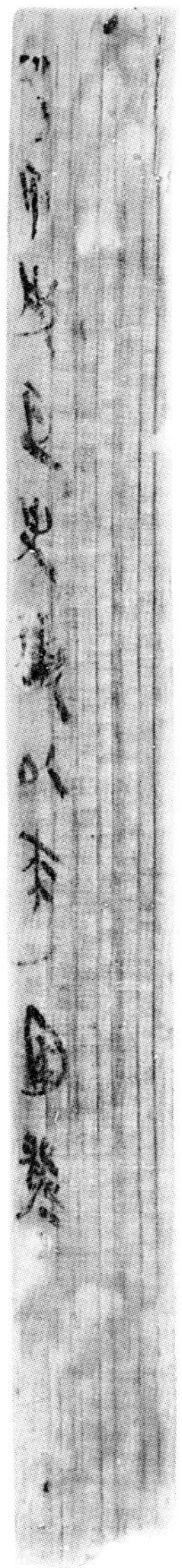
四一七背

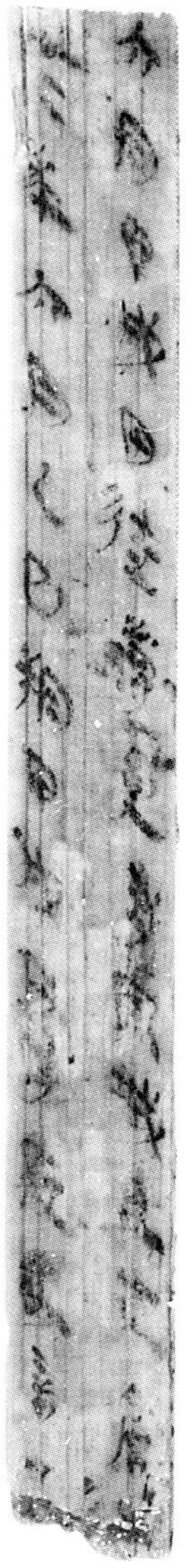
四一七正

四一五

四二四

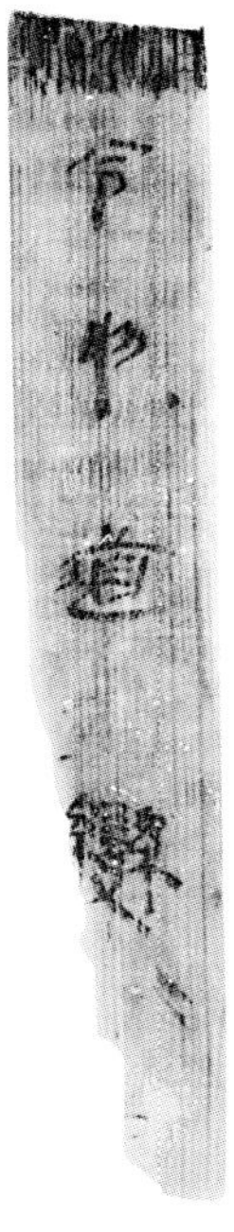
四二二

四二〇

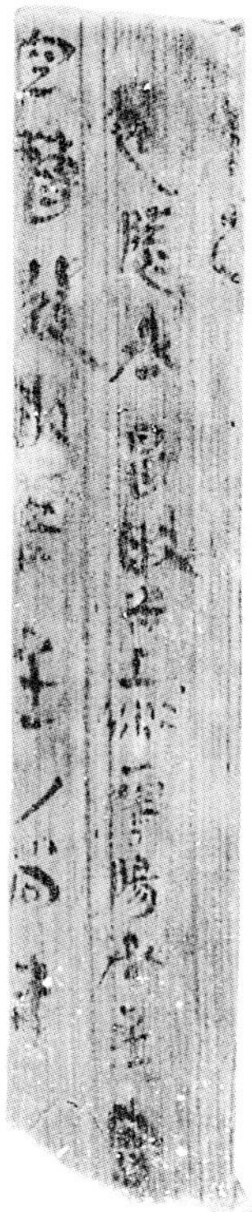
四一八

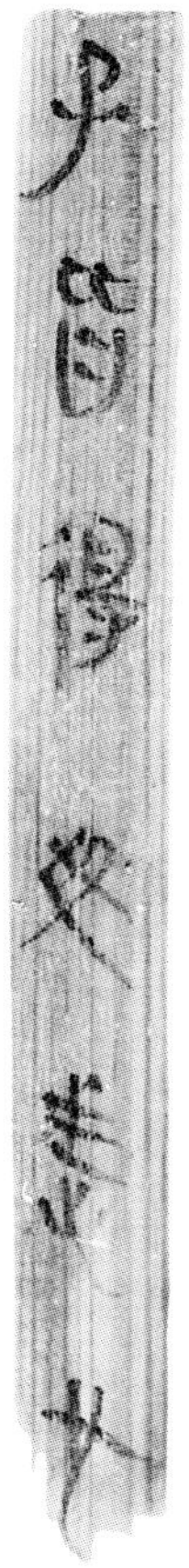
四一六

四一五、10-418　四一六、10-421　四一七、10-412　四一八、10-423　四一九、10-414　四二〇、10-419
四二一、10-424　四二二、10-425　四二三、10-422　四二四、10-420

四二五

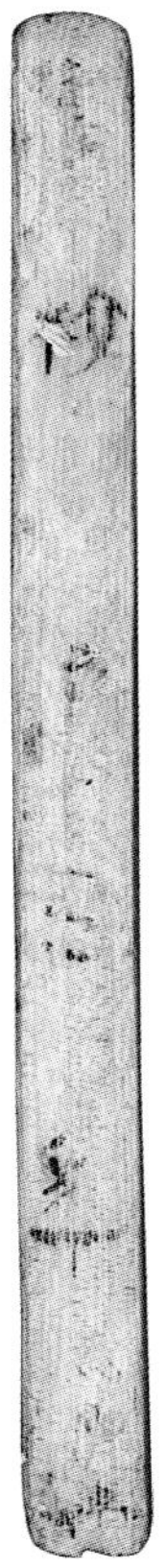
四二六

四二七

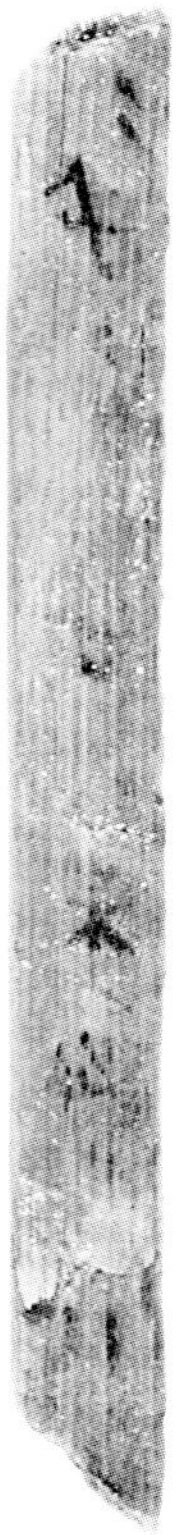
四二八

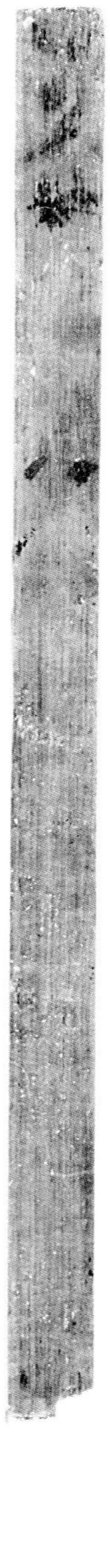
四二九

四三〇

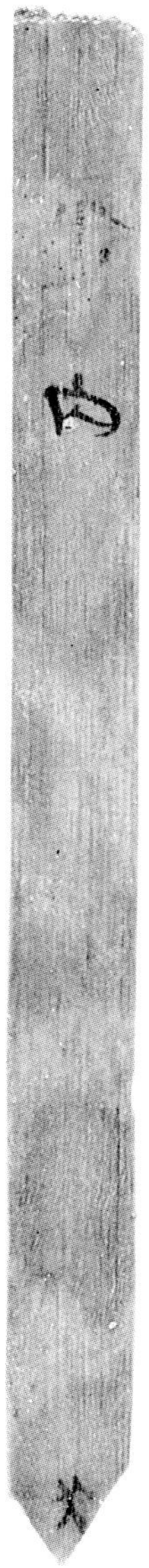
四三一

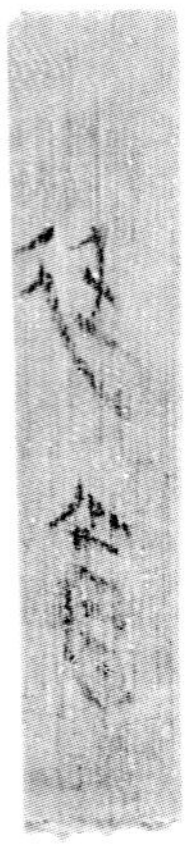
四三二

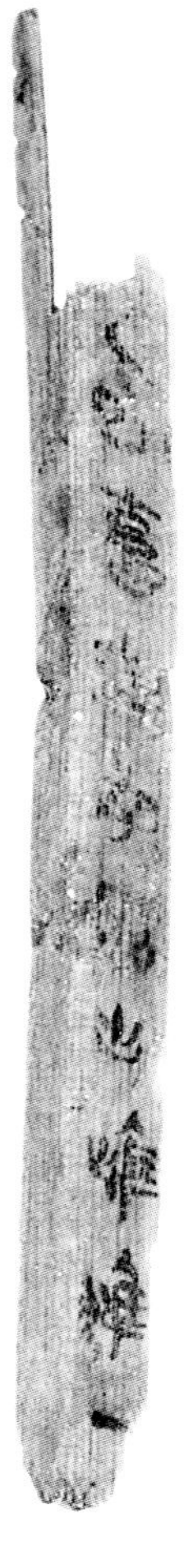
四三三

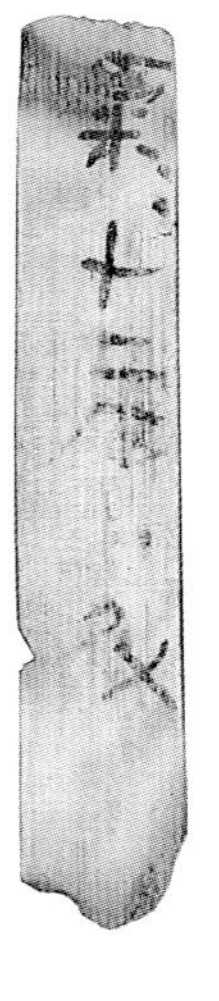
四三四

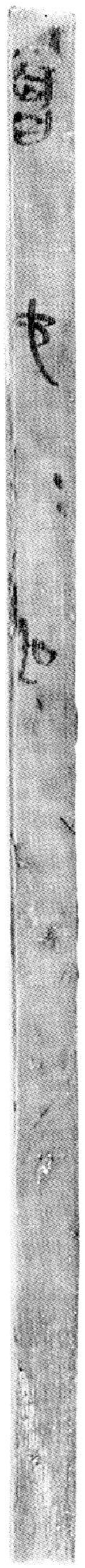
四三五

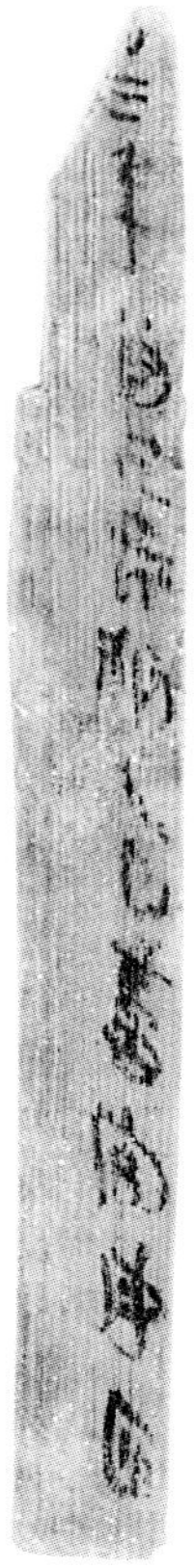
四三六

四三七

四二五、10-426　四二六、10-427　四二七、10-428　四二八、10-437　四二九、10-430　四三〇、10-431
四三一、10-432　四三二、10-433　四三三、10-435　四三四、10-429　四三五、10-434　四三六、10-436
四三七、10-438

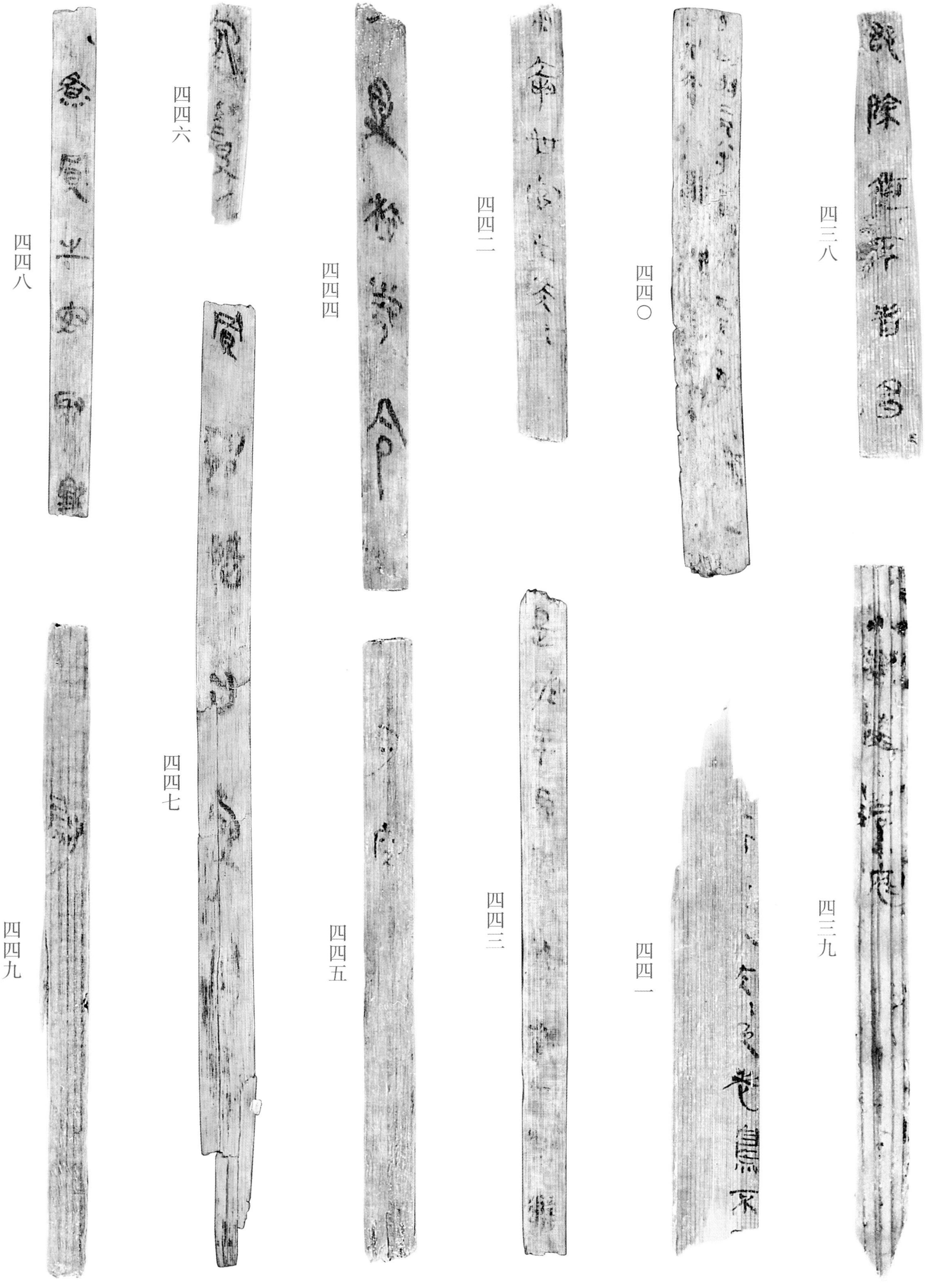

四三八、10-439　四三九、10-440　四四〇、10-441　四四一、10-442　四四二、10-443　四四三、10-444
四四四、10-445　四四五、10-446　四四六、10-448　四四七、10-447　四四八、10-449　四四九、10-450

四五〇

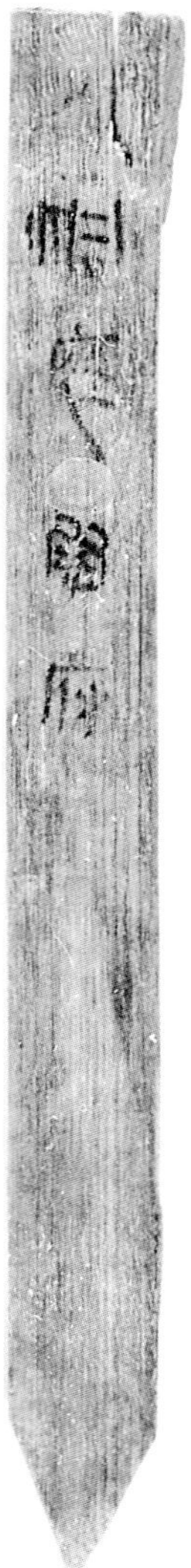

四五一

四五二

四五三

四五四

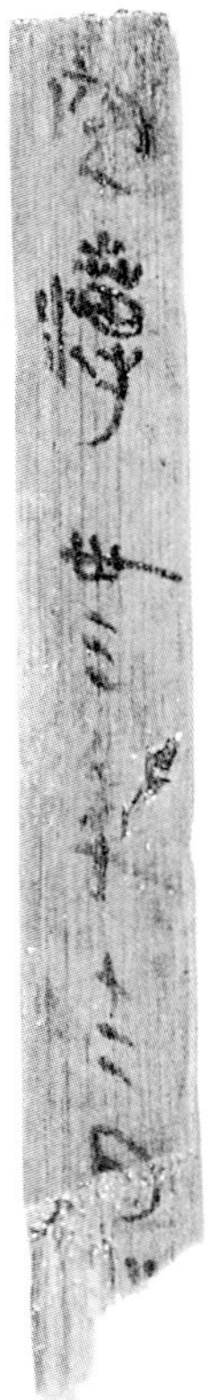

四五五

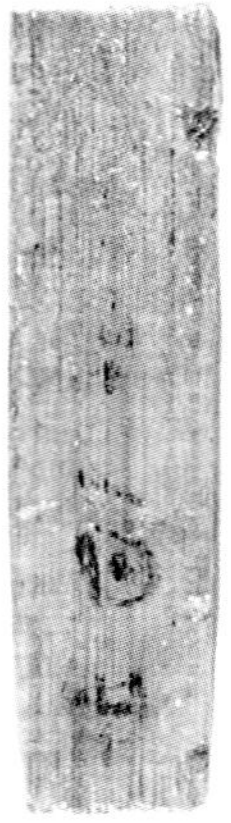

四五六

四五七

四五八

四五九

四六〇

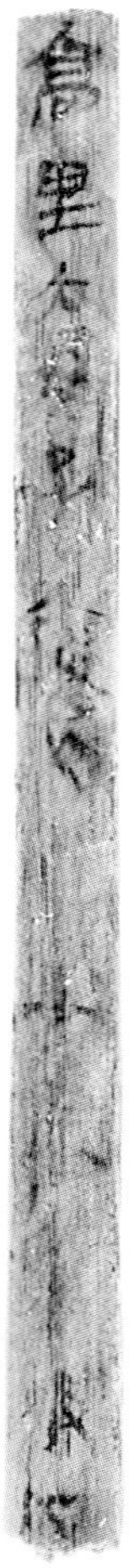

四六一

四六二

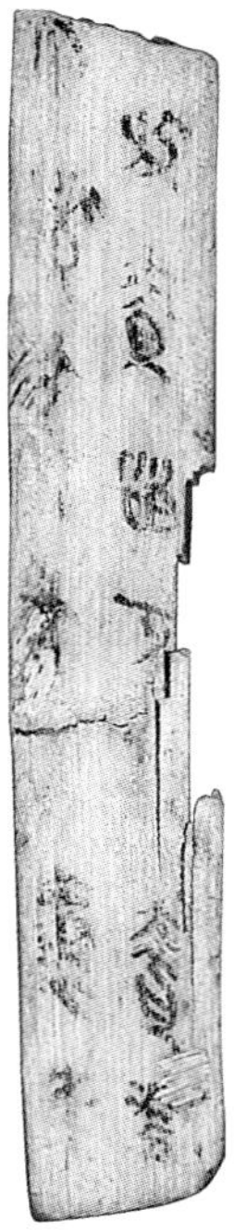

四六三

四五〇、10–451　四五一、10–452　四五二、10–453　四五三、10–454　四五四、10–455　四五五、10–456
四五六、10–458　四五七、10–459　四五八、10–460　四五九、10–465　四六〇、10–457　四六一、10–461
四六二、10–463　四六三、10–462

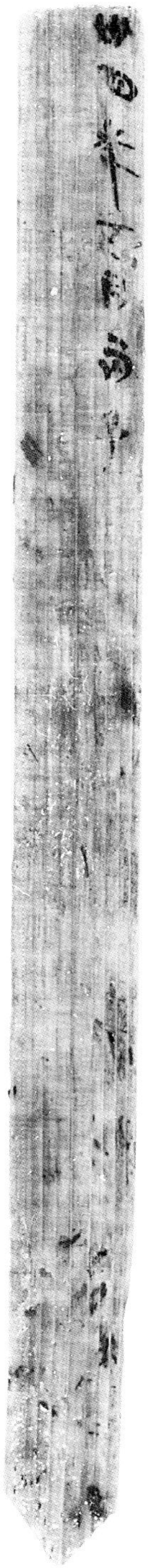
四六四

四六五

四六六

四六七

四六八

四六九

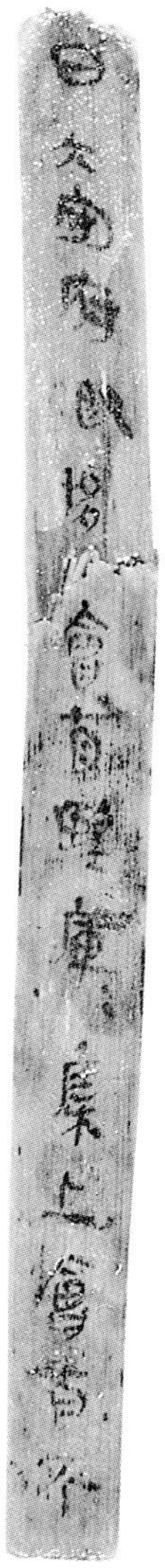
四七〇

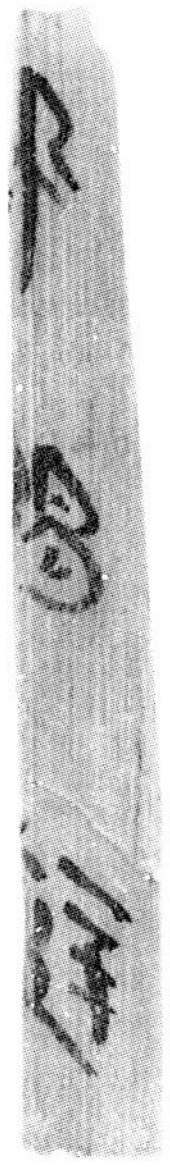
四七一

四七二

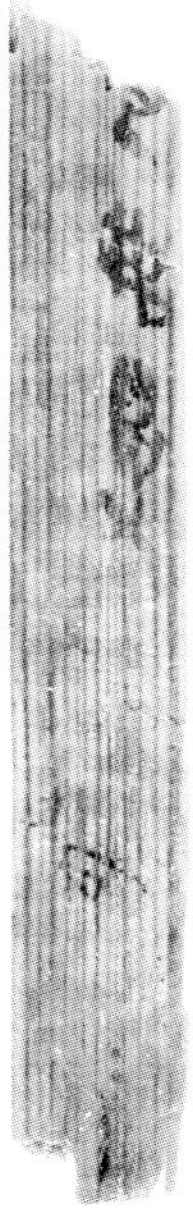
四七三

四七四

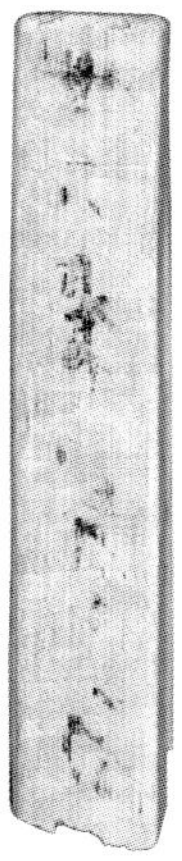
四七五

四七六

四六四、10-464　四六五、10-473　四六六、10-466　四六七、10-476　四六八、10-467　四六九、10-470
四七〇、10-472　四七一、10-477　四七二、10-474　四七三、10-475　四七四、10-468　四七五、10-478
四七六、10-469

四七七

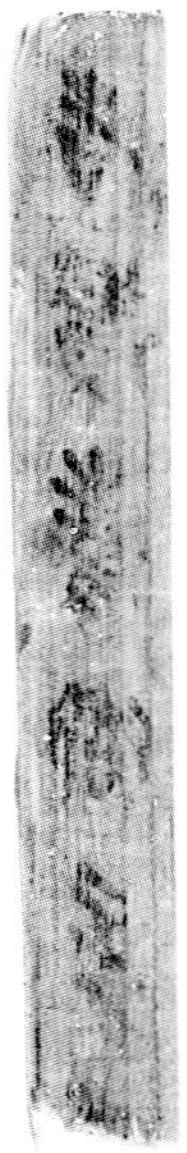
四七八

四七九

四八〇

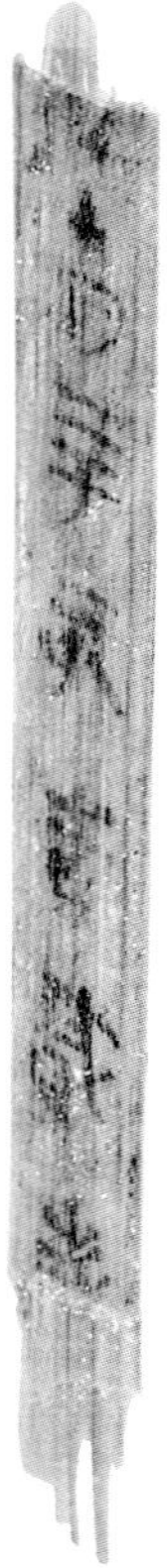
四八一

四八二

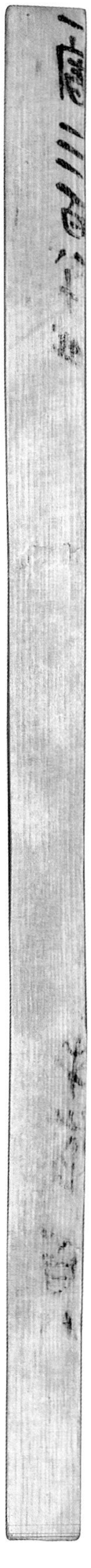
四八三

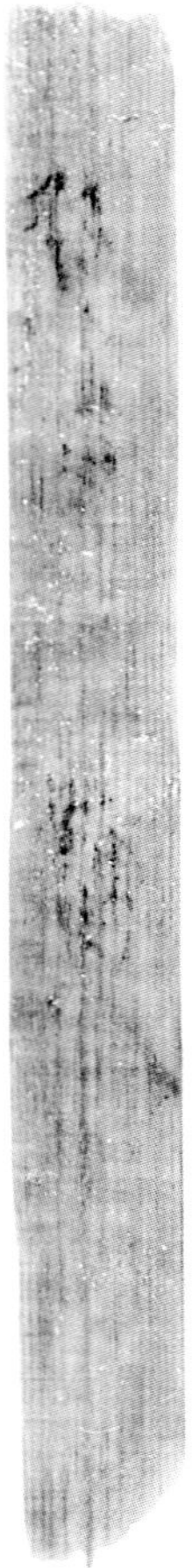
四八四

四八五

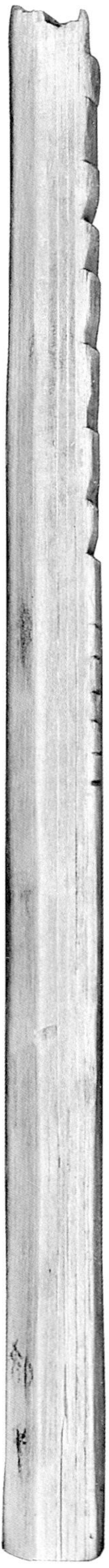
四八六

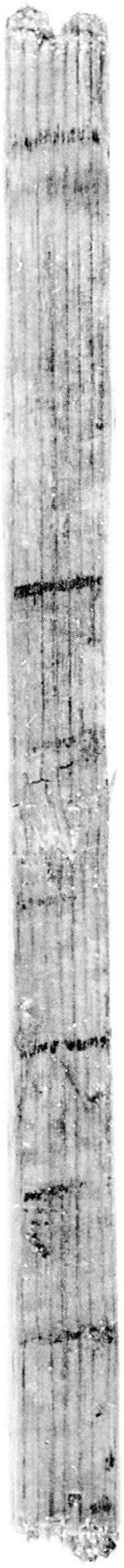
四八七

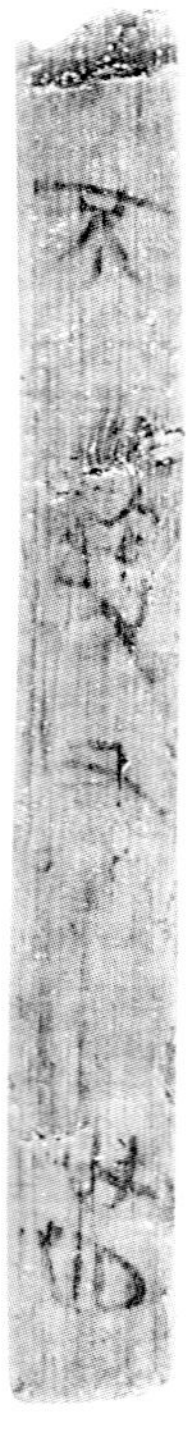
四八八

四七七、10-479　四七八、10-480　四七九、10-486　四八〇、10-482　四八一、10-483　四八二、10-481
四八三、10-488　四八四、10-484　四八五、10-485　四八六、10-489　四八七、10-487　四八八、10-490

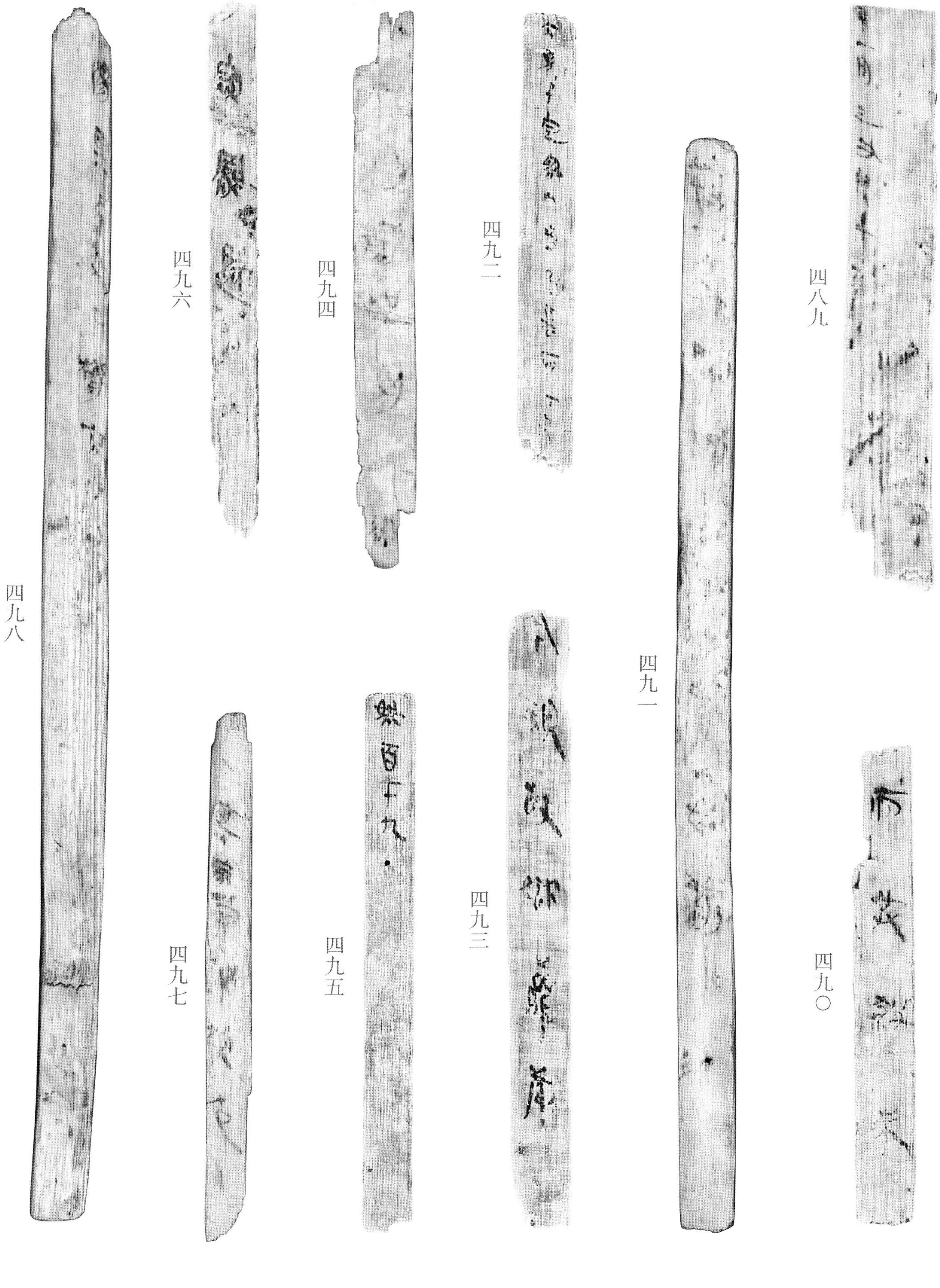

四八九、10-491　四九〇、10-499　四九一、10-493　四九二、10-494　四九三、10-495　四九四、10-496
四九五、10-497　四九六、10-498　四九七、10-500　四九八、10-492

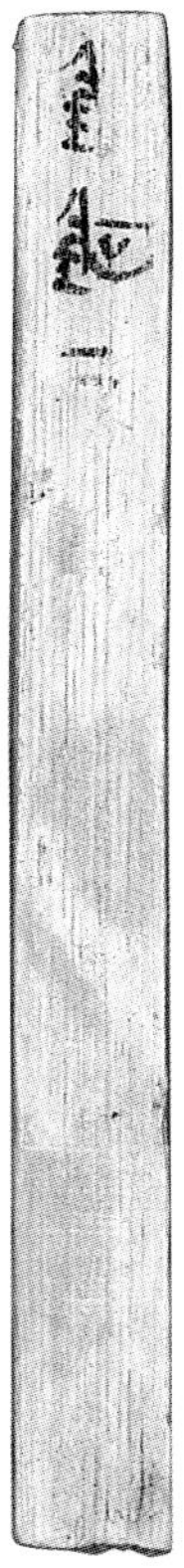
四九九

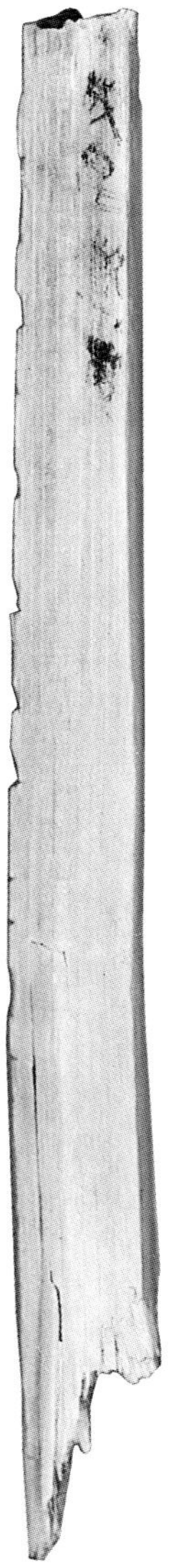
五〇〇

五〇一

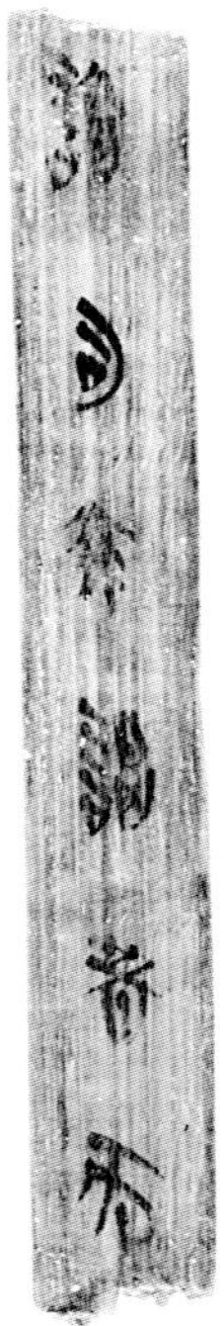
五〇二

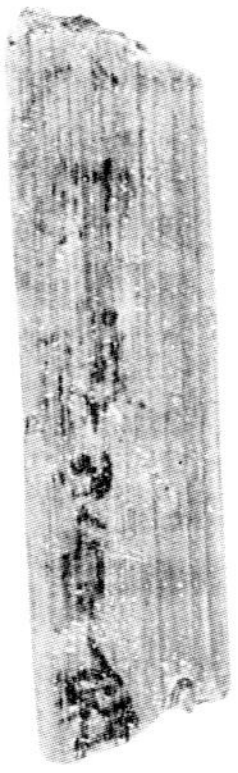
五〇三

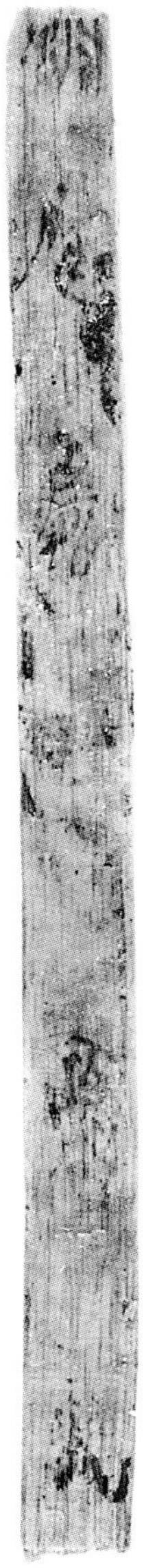
五〇四

五〇五

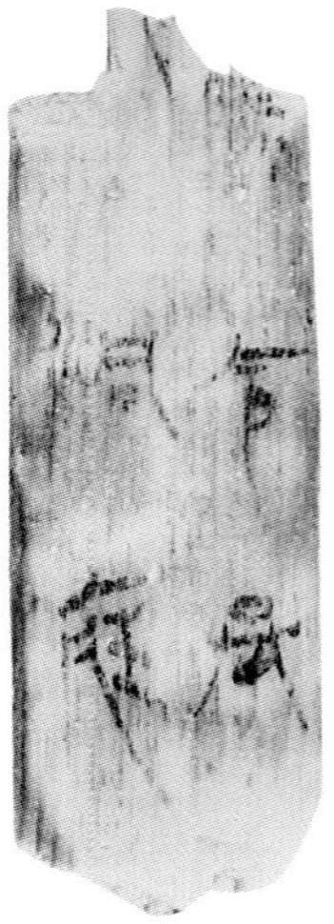
五〇六

五〇七

五〇八

五〇九

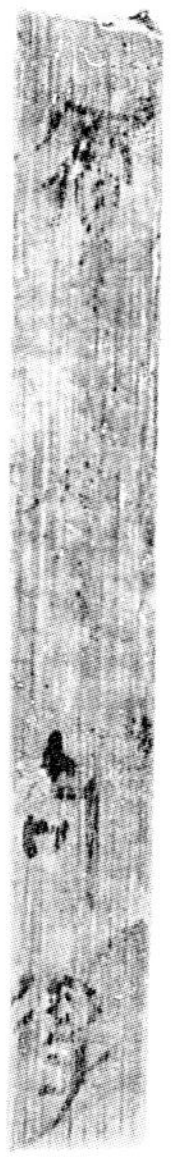
五一〇

四九九、10-501　五〇〇、10-502　五〇一、10-503　五〇二、10-504　五〇三、10-508　五〇四、10-505
五〇五、10-509　五〇六、10-506　五〇七、10-507　五〇八、10-510　五〇九、10-511　五一〇、10-512

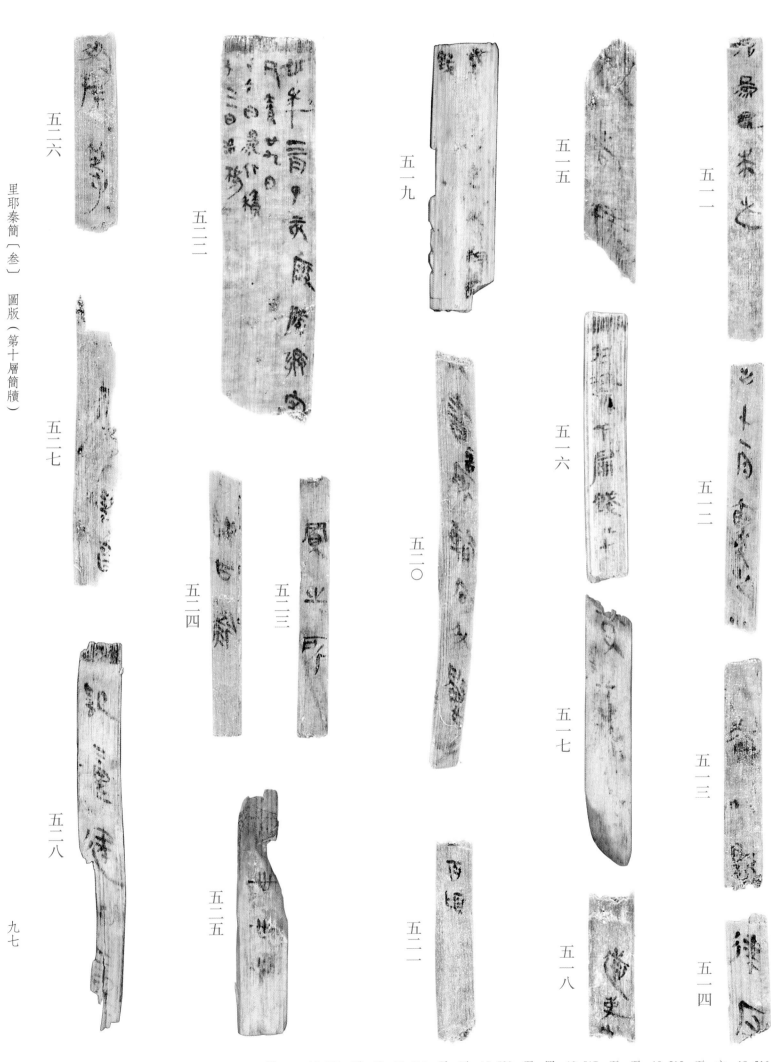

五一一

五一二

五一三

五一四

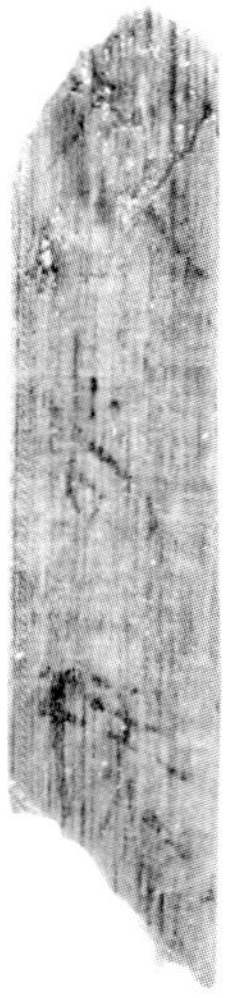
五一五

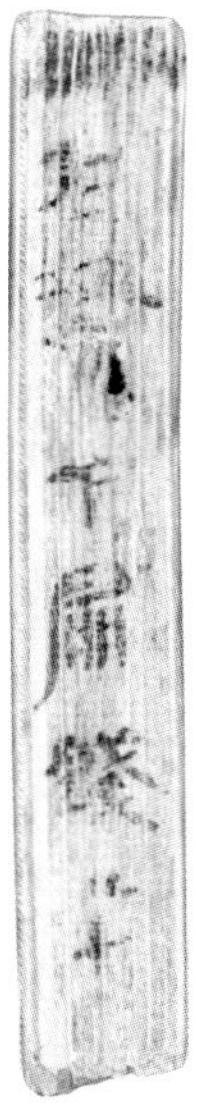
五一六

五一七

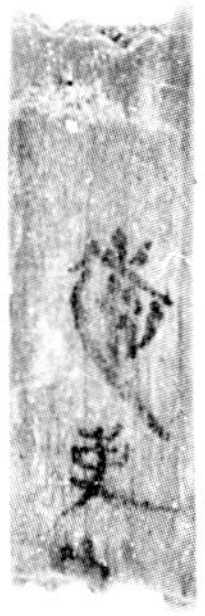
五一八

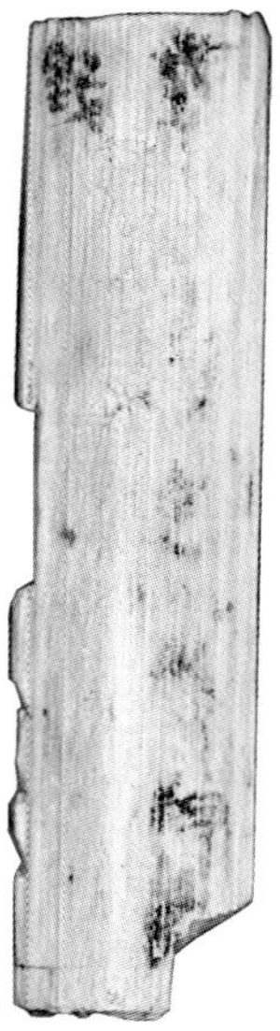
五一九

五二〇

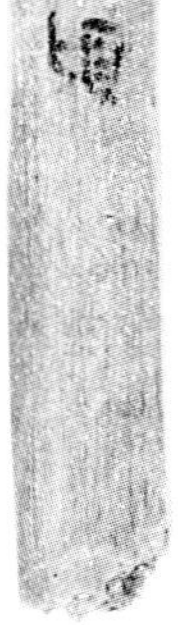
五二一

五二二

五二三

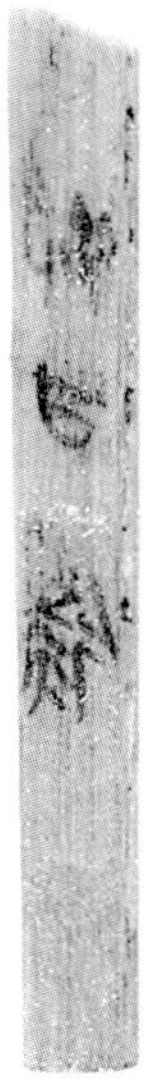
五二四

五二五

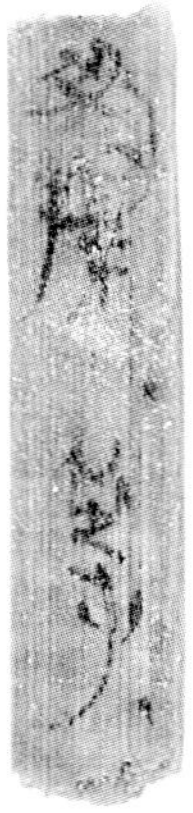
五二六

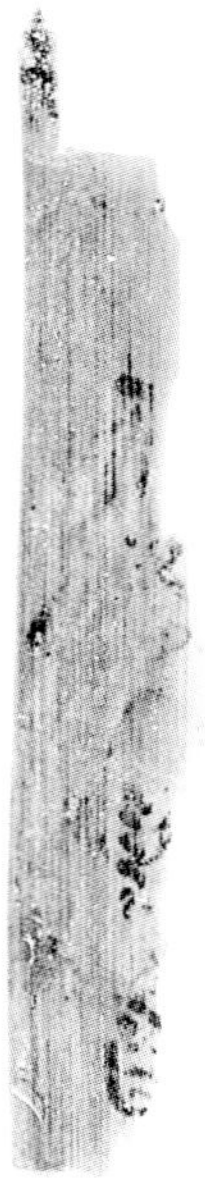
五二七

五二八

五一一、10-513　五一二、10-514　五一三、10-520　五一四、10-517　五一五、10-515　五一六、10-516
五一七、10-521　五一八、10-529　五一九、10-518　五二〇、10-522　五二一、10-526　五二二、10-519
五二三、10-527　五二四、10-528　五二五、10-530　五二六、10-523　五二七、10-524　五二八、10-525

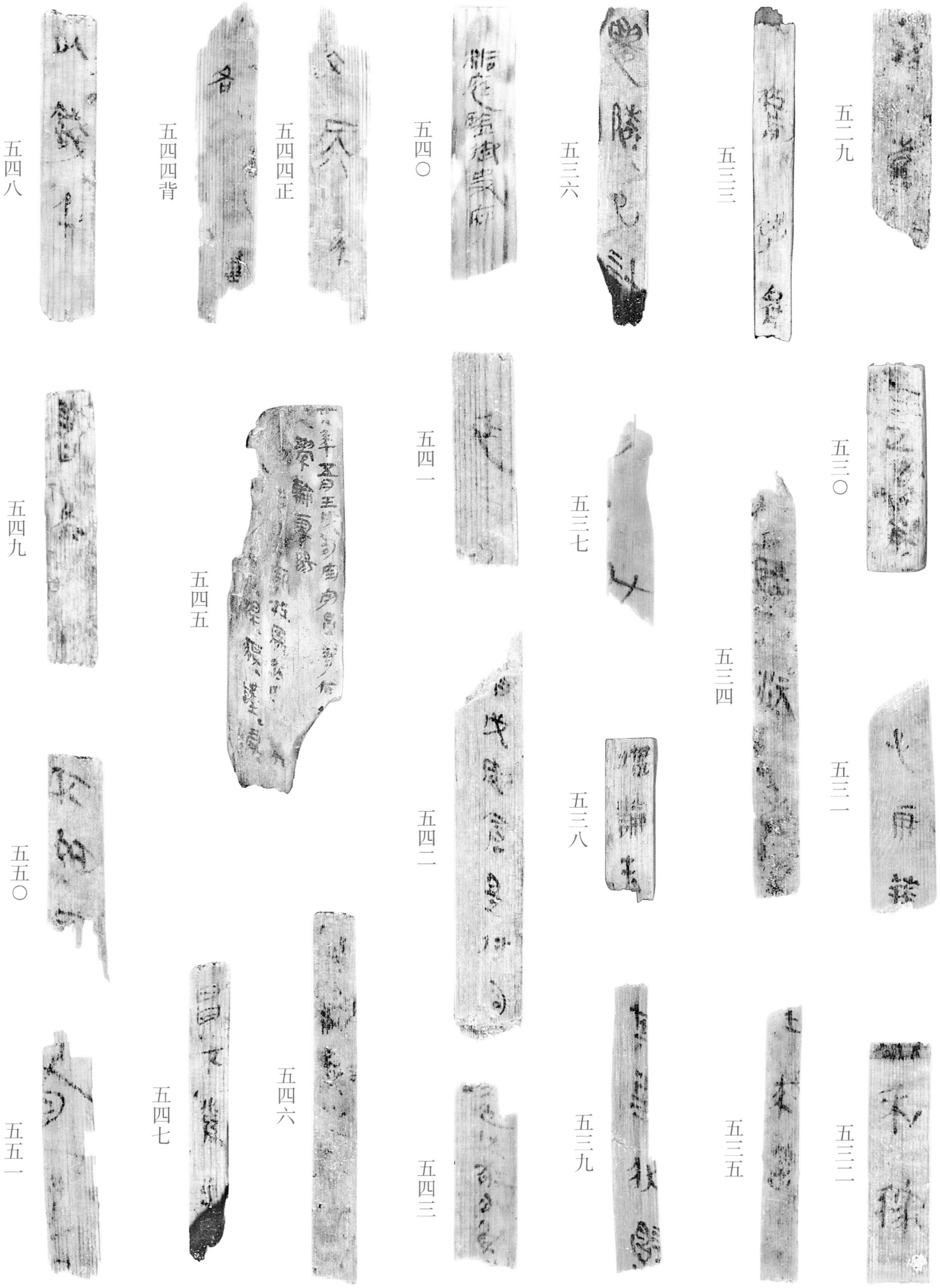

五二九 五三〇 五三一 五三二 五三三 五三四 五三五 五三六 五三七 五三八 五三九 五四〇 五四一 五四二 五四三 五四四正 五四四背 五四五 五四六 五四七 五四八 五四九 五五〇 五五一

五二九、10-531　五三〇、10-533　五三一、10-536　五三二、10-538　五三三、10-532　五三四、10-544　五三五、10-548　五三六、10-534
五三七、10-535　五三八、10-546　五三九、10-550　五四〇、10-539　五四一、10-541　五四二、10-543　五四三、10-542　五四四、10-540
五四五、10-537　五四六、10-552　五四七、10-554　五四八、10-551　五四九、10-547　五五〇、10-545　五五一、10-553

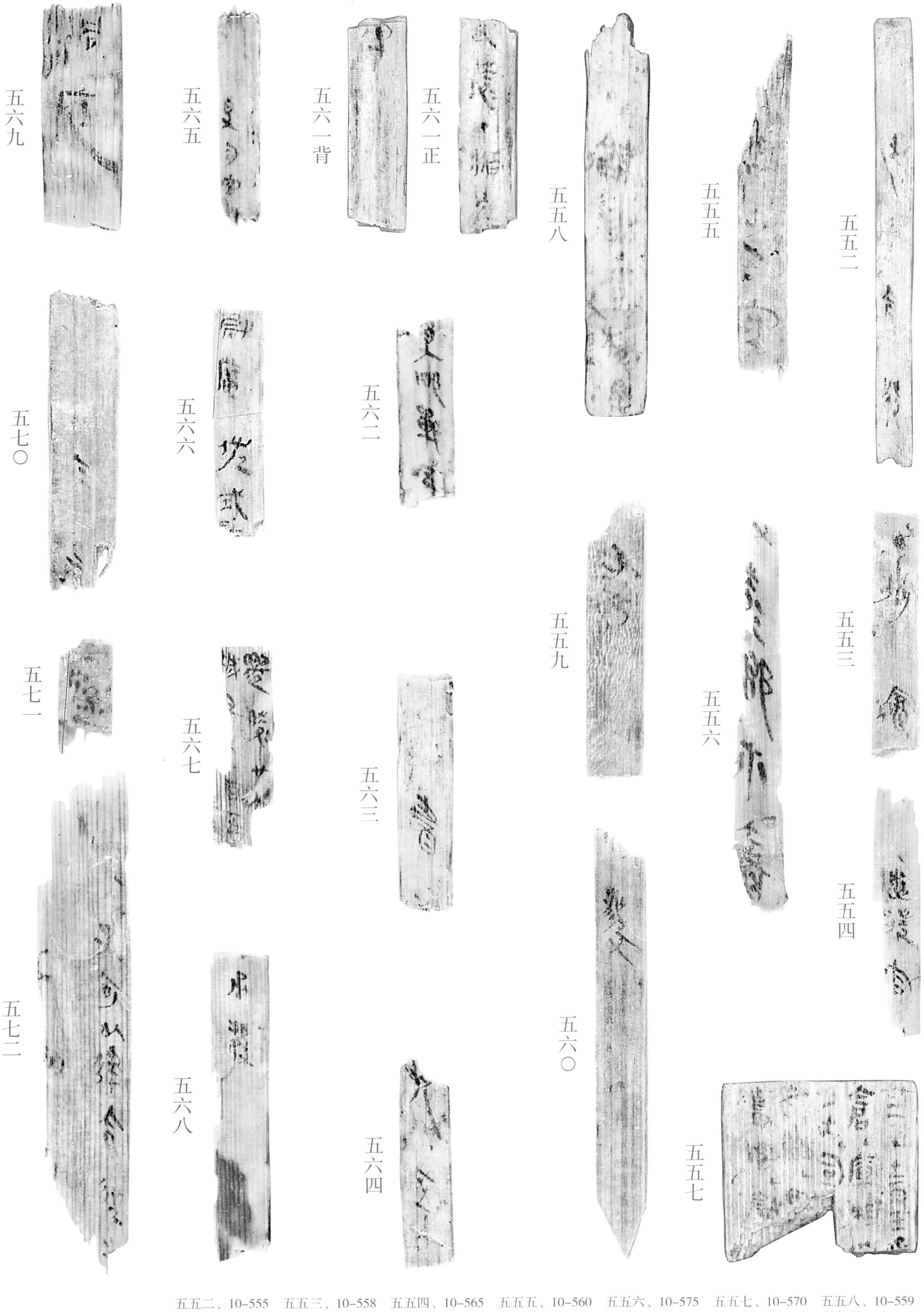

五五二、10-555　五五三、10-558　五五四、10-565　五五五、10-560　五五六、10-575　五五七、10-570　五五八、10-559
五五九、10-561　五六〇、10-562　五六一、10-563　五六二、10-566　五六三、10-568　五六四、10-569　五六五、10-567
五六六、10-557　五六七、10-572　五六八、10-573　五六九、10-571　五七〇、10-564　五七一、10-556　五七二、10-574

五七三、10-581　五七四、10-578　五七五、10-580　五七六、10-577　五七七、10-583　五七八、10-579
五七九、10-591　五八〇、10-588　五八一、10-582　五八二、10-586　五八三、10-587　五八四、10-584
五八五、10-590　五八六、10-592　五八七、10-576　五八八、10-589　五八九、10-585

五九〇 五九一 五九二 五九三 五九四 五九五 五九六 五九七 五九八 五九九 六〇〇 六〇一 六〇二 六〇三 六〇四 六〇五 六〇六 六〇七 六〇八 六〇九 六一〇 六一一 六一二

五九〇、10-605　五九一、10-593　五九二、10-607　五九三、10-594　五九四、10-599　五九五、10-656　五九六、10-595　五九七、10-597
五九八、10-600　五九九、10-611　六〇〇、10-598　六〇一、10-601　六〇二、10-610　六〇三、10-606　六〇四、10-596　六〇五、10-602
六〇六、10-603　六〇七、10-604　六〇八、10-614　六〇九、10-608　六一〇、10-609　六一一、10-612　六一二、10-615

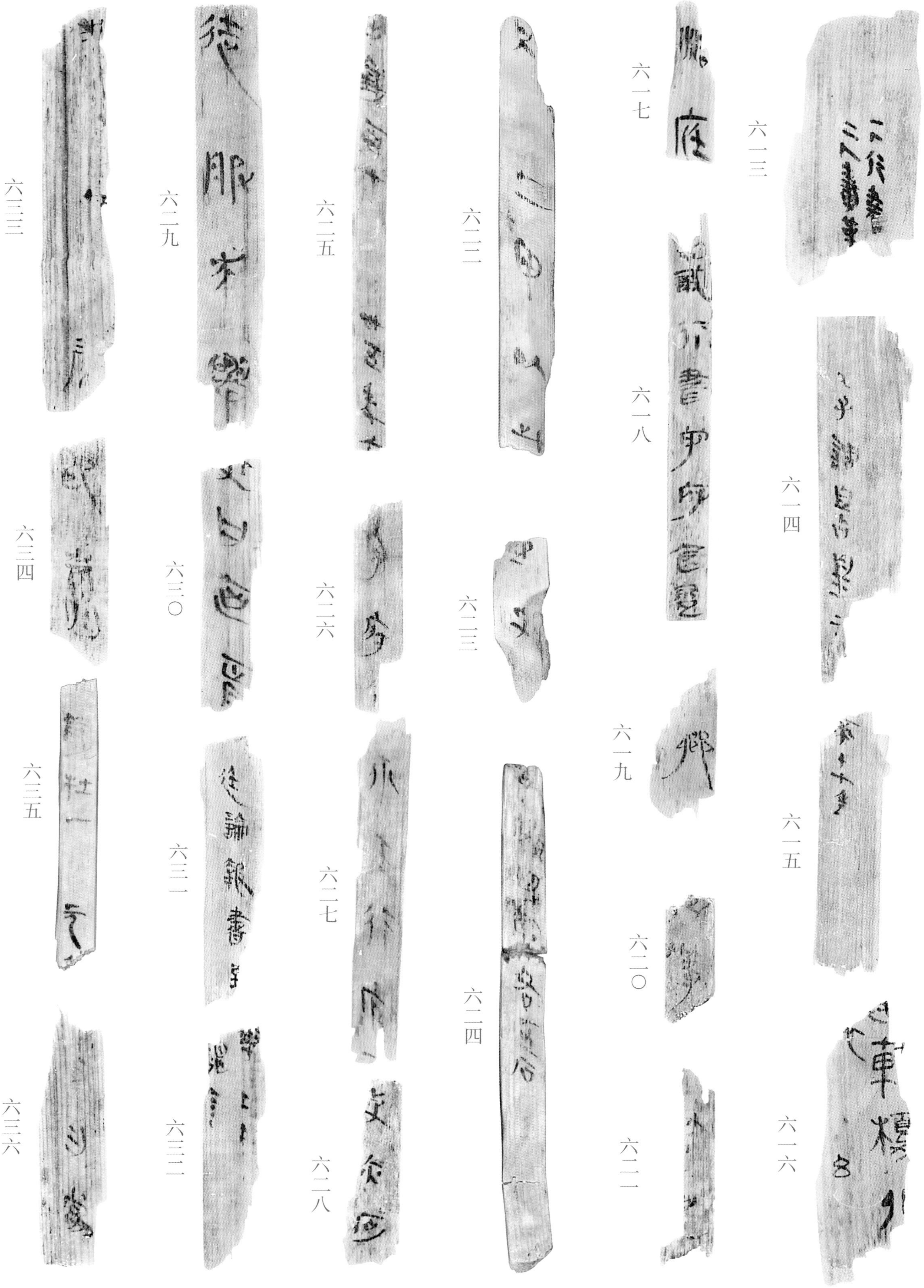

六一三、10-616　六一四、10-633　六一五、10-638　六一六、10-634　六一七、10-617　六一八、10-618　六一九、10-619　六二〇、10-620
六二一、10-631　六二二、10-621　六二三、10-622　六二四、10-623　六二五、10-624　六二六、10-625　六二七、10-626　六二八、10-632
六二九、10-627　六三〇、10-628　六三一、10-629　六三二、10-630　六三三、10-635　六三四、10-636　六三五、10-637　六三六、10-639

六三七

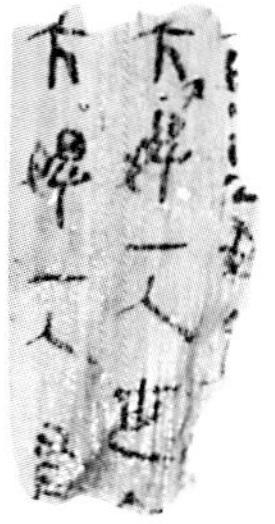
六四一

六四六

六四九

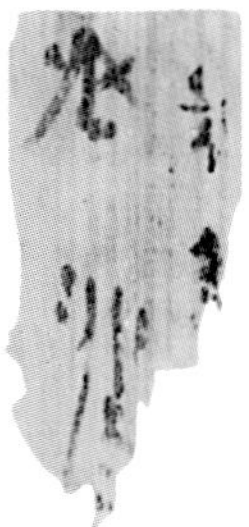
六五一

六三八

六四二

六四七

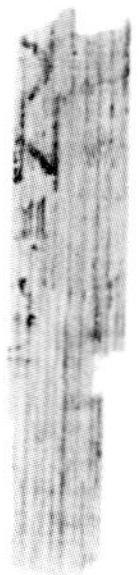
六五二

六五〇

六四三

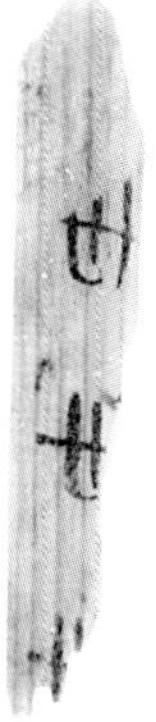
六三九

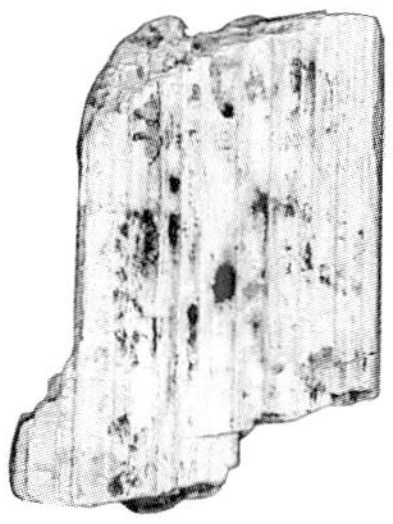
六四八正

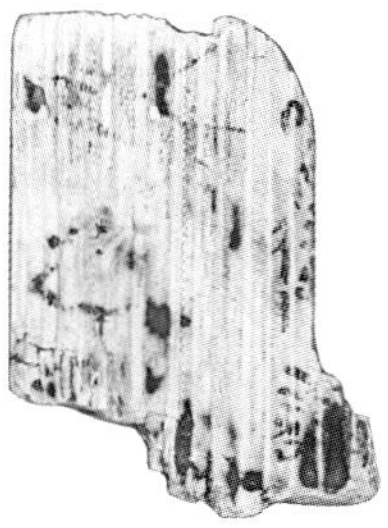
六四八背

六五三

六四四

六四〇

六四五

六五四正

六五四背

六三七、10-640　六三八、10-644　六三九、10-649　六四〇、10-646　六四一、10-641　六四二、10-642
六四三、10-647　六四四、10-648　六四五、10-645　六四六、10-643　六四七、10-653　六四八、10-613
六四九、10-650　六五〇、10-651　六五一、10-654　六五二、10-655　六五三、10-652　六五四、10-657

六五五正

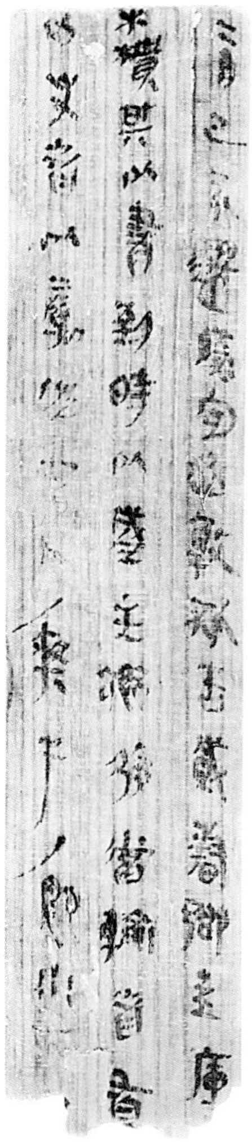

六五五背

六五六正

六五六背

六五七

六五五、10-658　六五六、10-659　六五七、10-667

六五八正

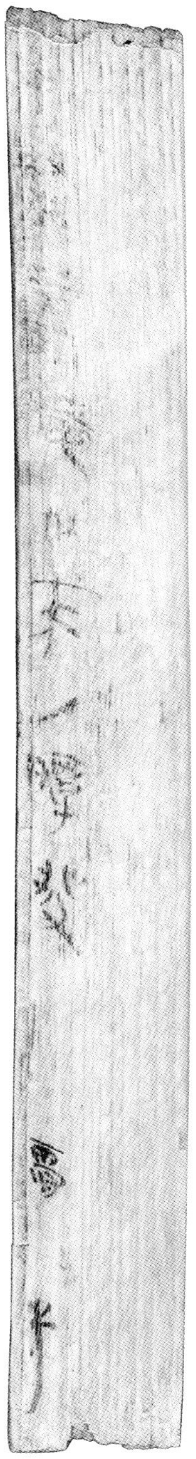

六五八背

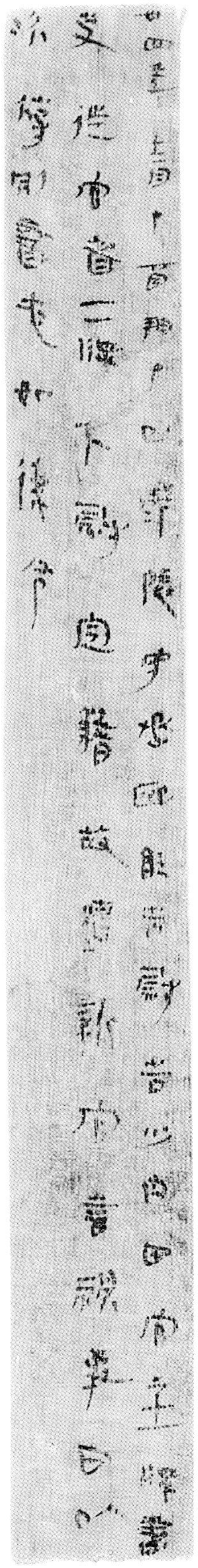

六五九正

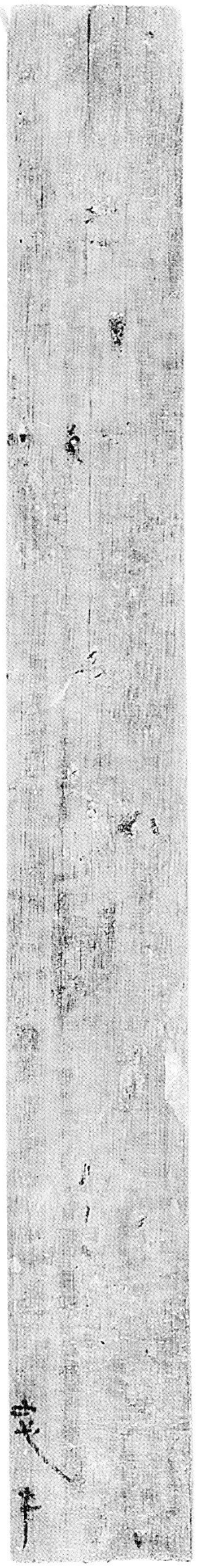

六五九背

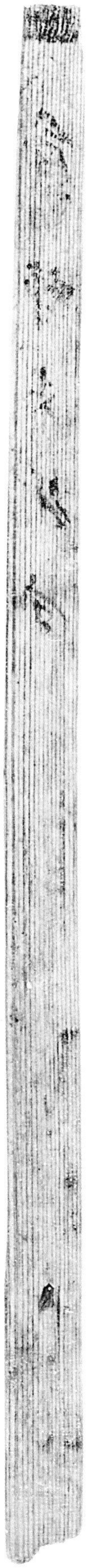

六六〇

六六一

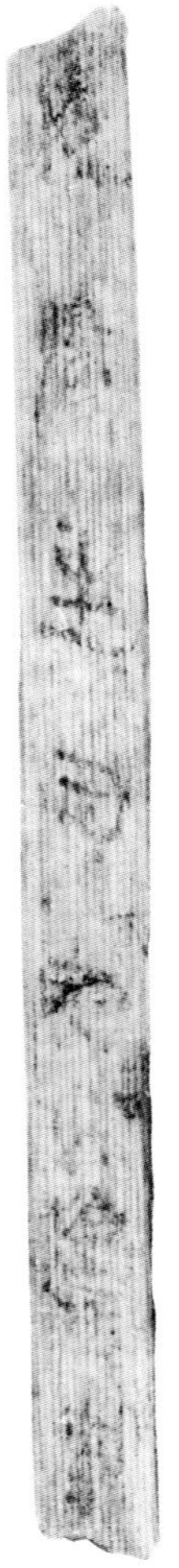
六六二

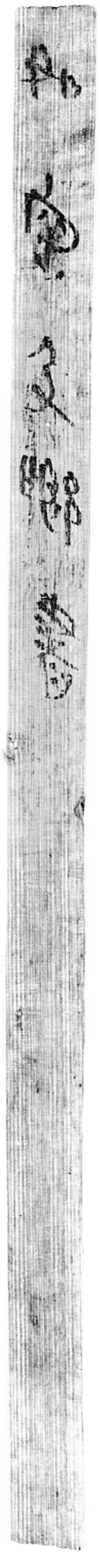
六六三

六六四正

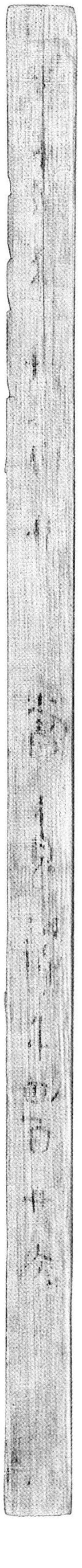
六六四背

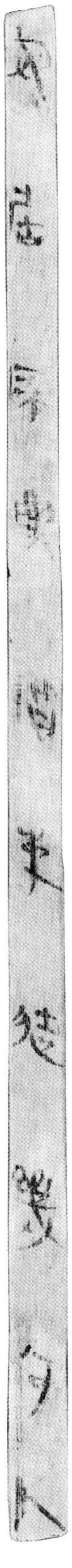
六六五

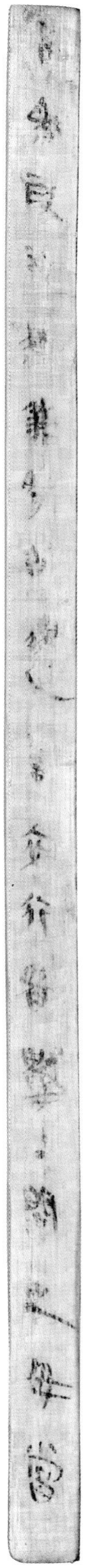
六六六

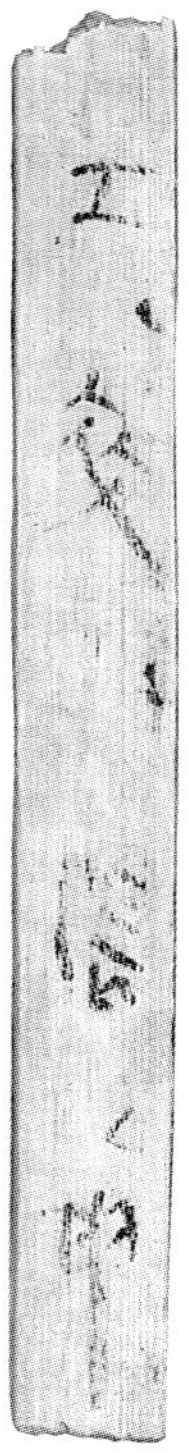
六六七

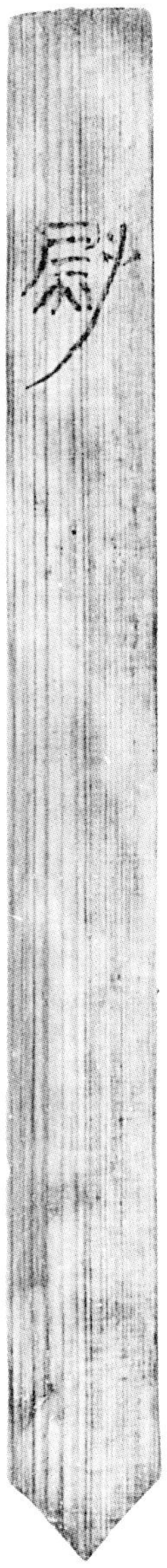
六六八

六六一、10-668　六六二、10-669　六六三、10-663　六六四、10-665　六六五、10-664　六六六、10-666
六六七、10-670　六六八、10-671

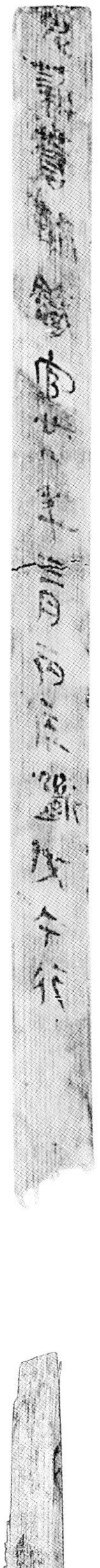
六六九

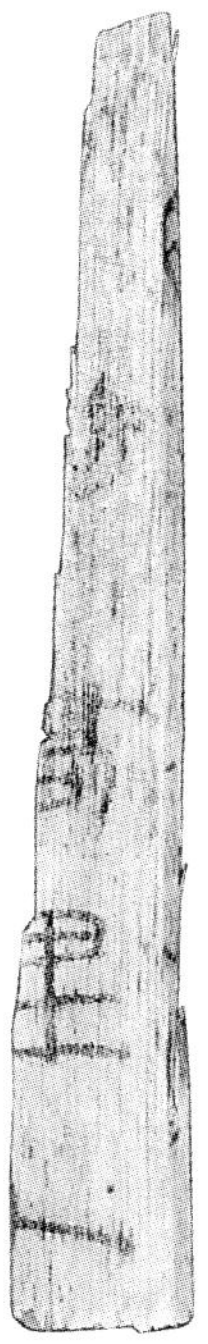
六七〇

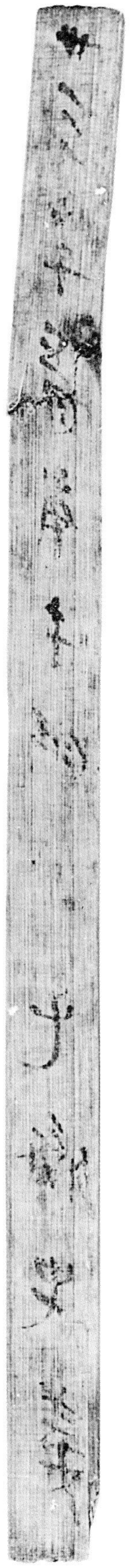
六七一

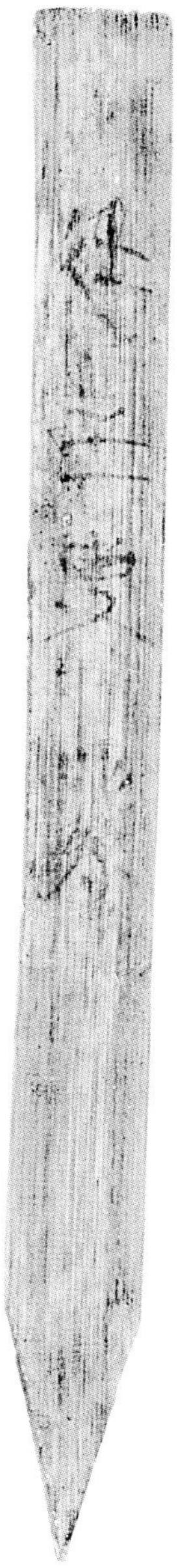
六七二

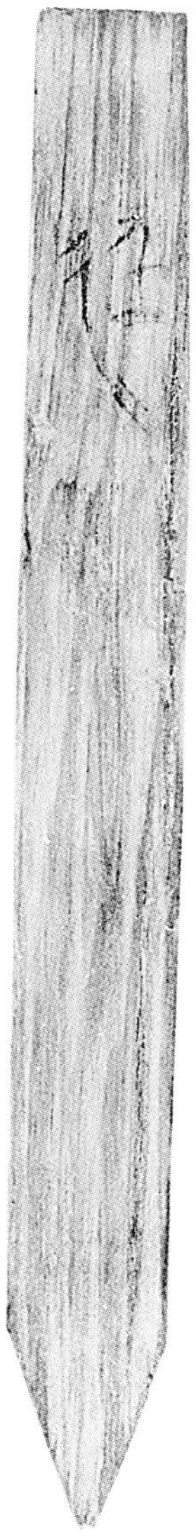
六七三

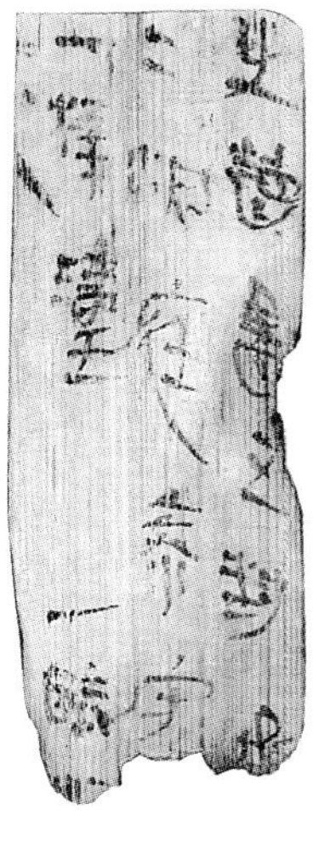
六七四

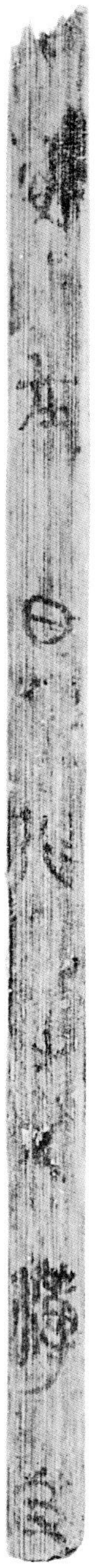
六七五

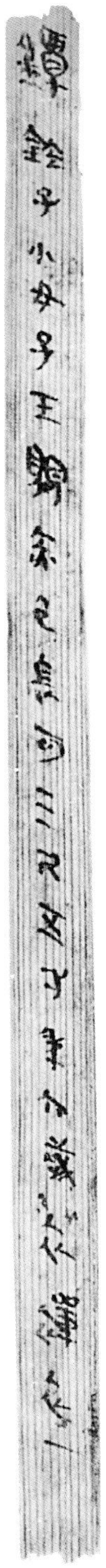
六七六

六七七

六六九、10-673　六七〇、10-674　六七一、10-676　六七二、10-678　六七三、10-679　六七四、10-680
六七五、10-672　六七六、10-675　六七七、10-677

六七八、10-681　六七九、10-689　六八〇、10-688　六八一、10-683　六八二、10-685　六八三、10-687
六八四、10-682　六八五、10-690　六八六、10-684　六八七、10-686

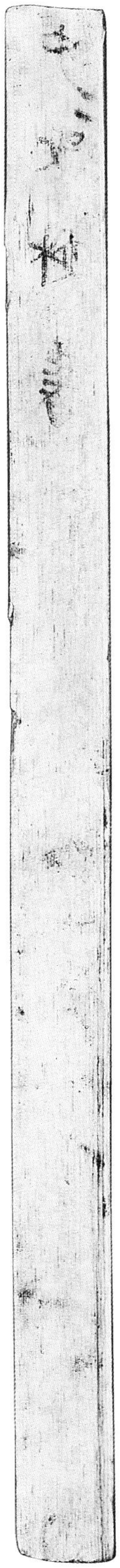
六八八

六八九

六九〇

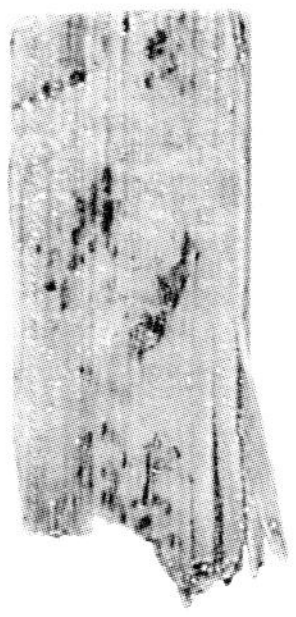
六九一

六九二

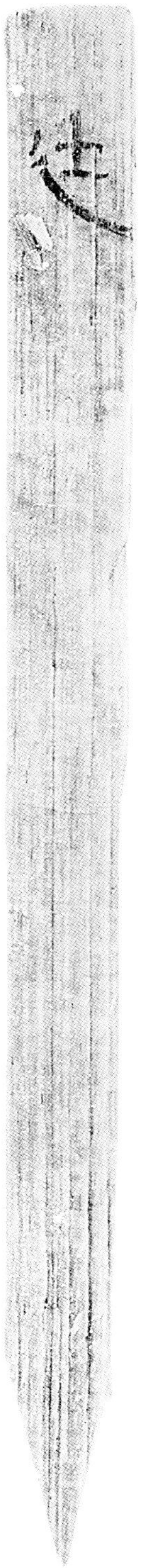
六九三

六九四

六八八、10-695　六八九、10-691　六九〇、10-692　六九一、10-693　六九二、10-697　六九三、10-694
六九四、10-696

六九五

六九六

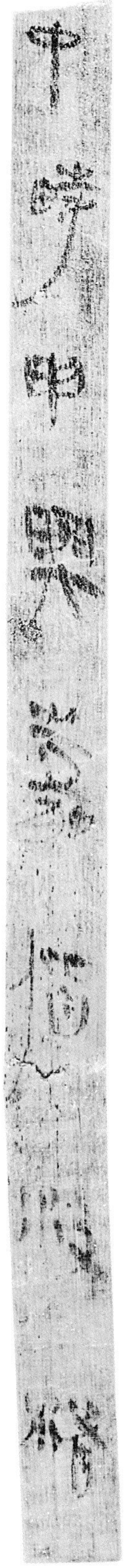

六九七

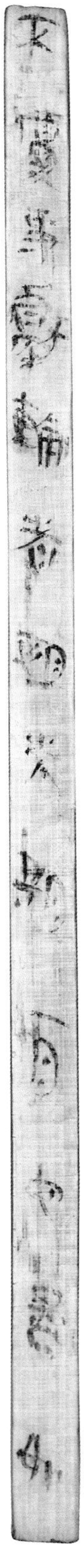

六九八

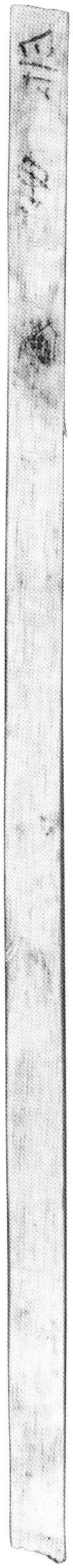

六九九

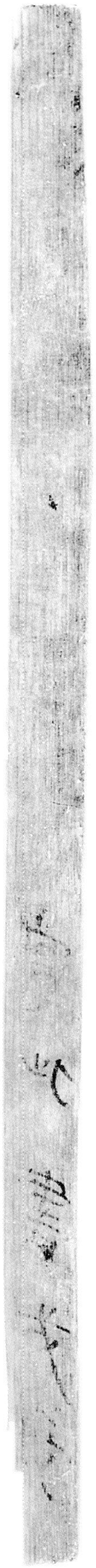

七〇〇

六九五、10-699　六九六、10-698　六九七、10-700　六九八、10-701　六九九、10-702　七〇〇、10-703

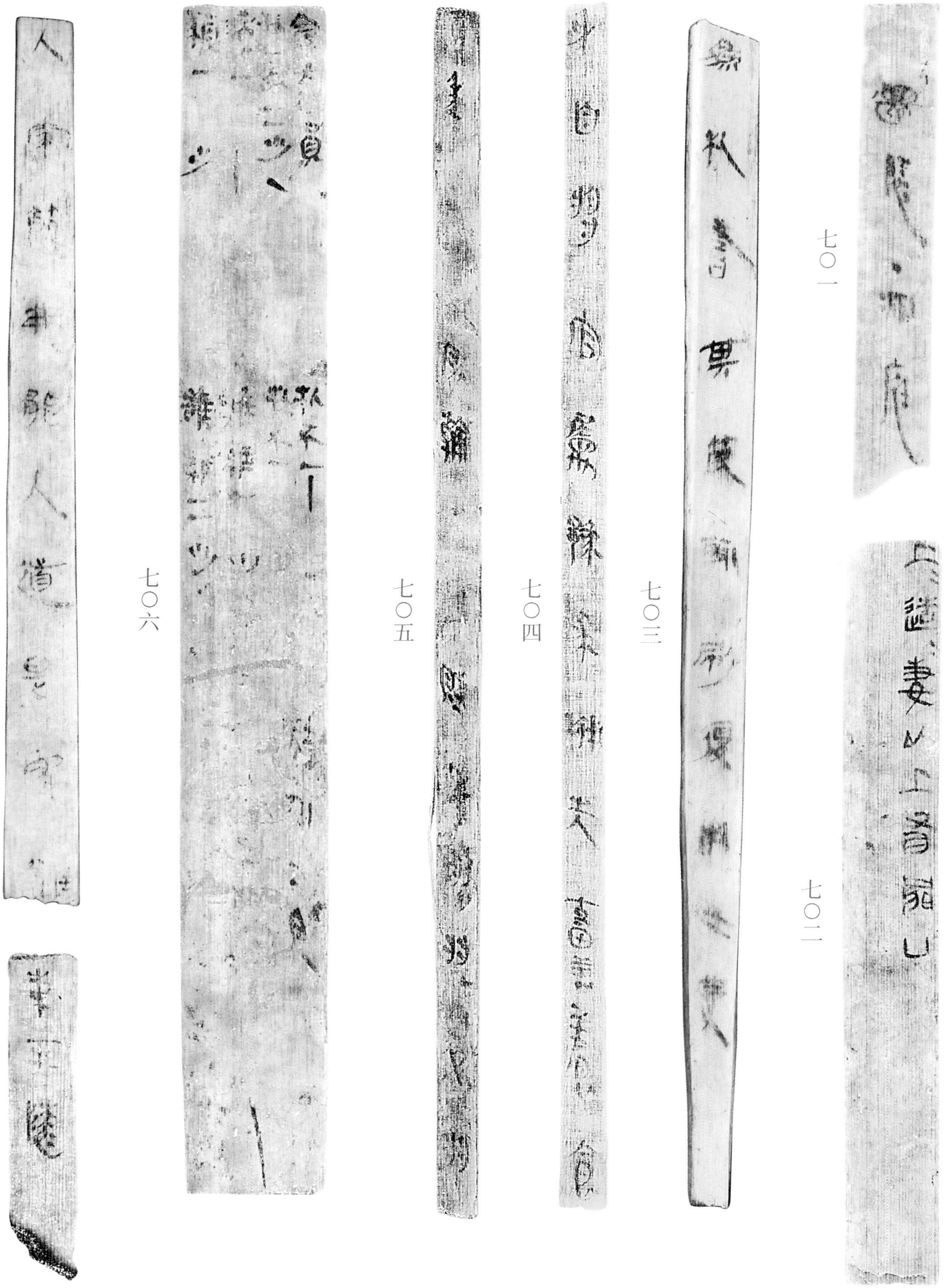

七〇一、10-708　七〇二、10-707　七〇三、10-704　七〇四、10-705　七〇五、10-706　七〇六、10-709
七〇七、10-710　七〇八、10-711

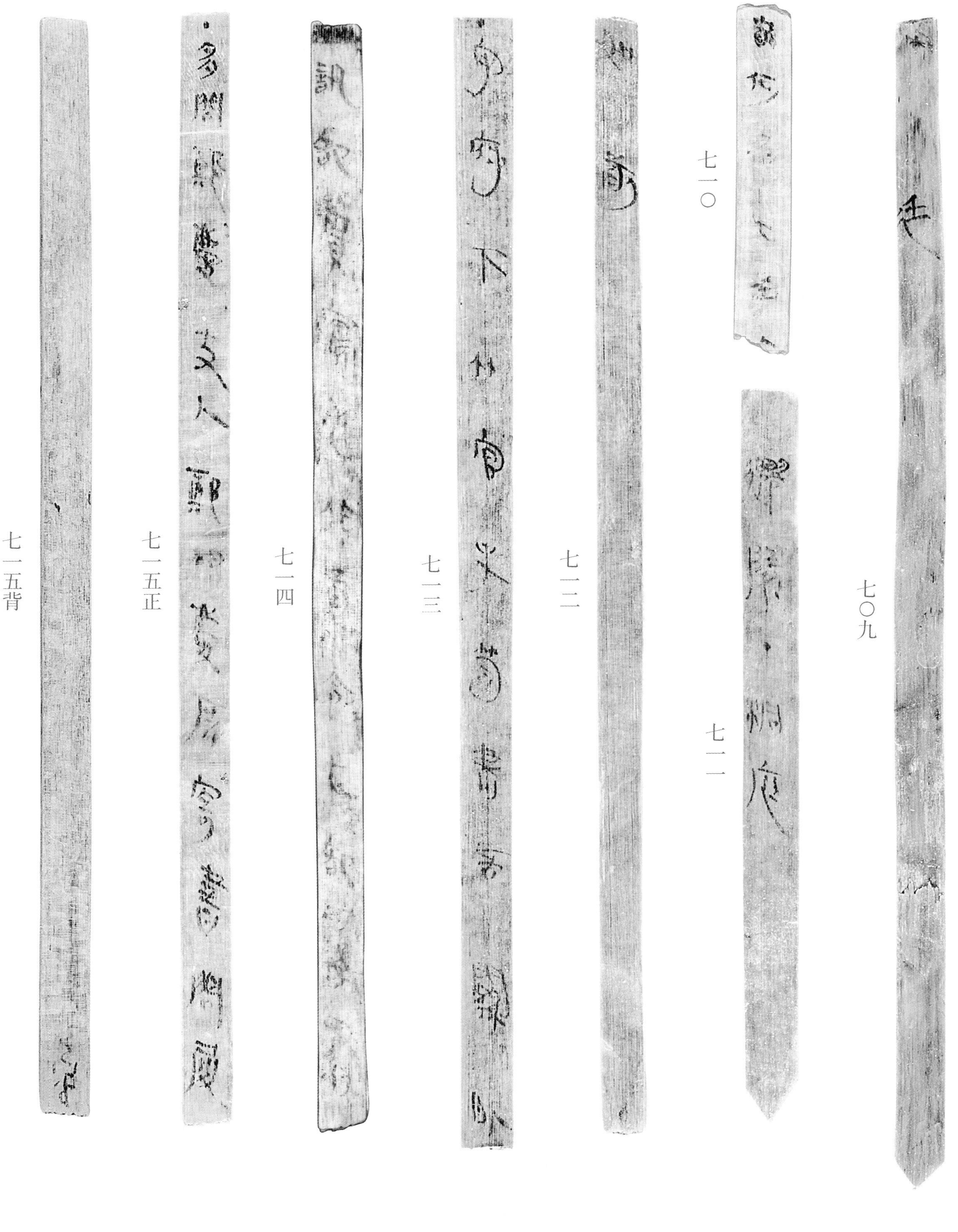

七〇九、10–712　七一〇、10–713　七一一、10–714　七一二、10–715　七一三、10–716　七一四、10–717
七一五、10–718

七一六

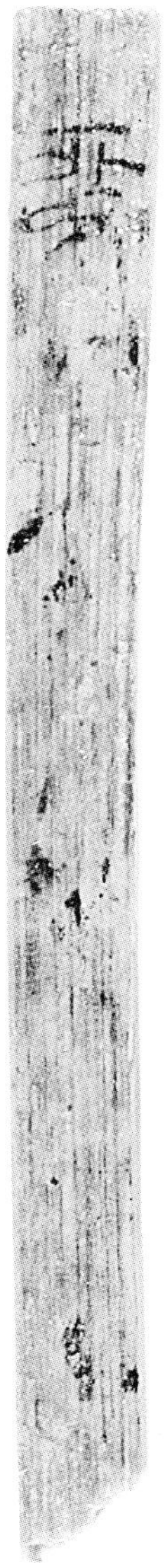
七一七

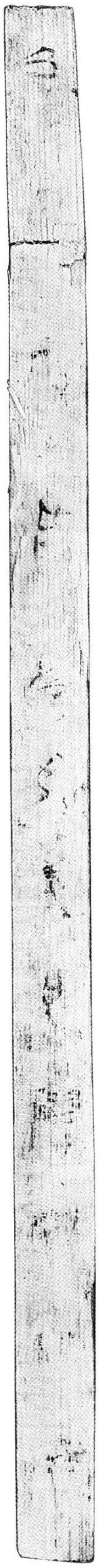
七一八

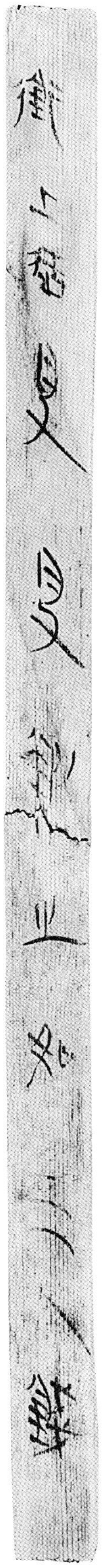
七一九正

七二〇正

七一九背

七二〇背

七二一

七二二

七二三

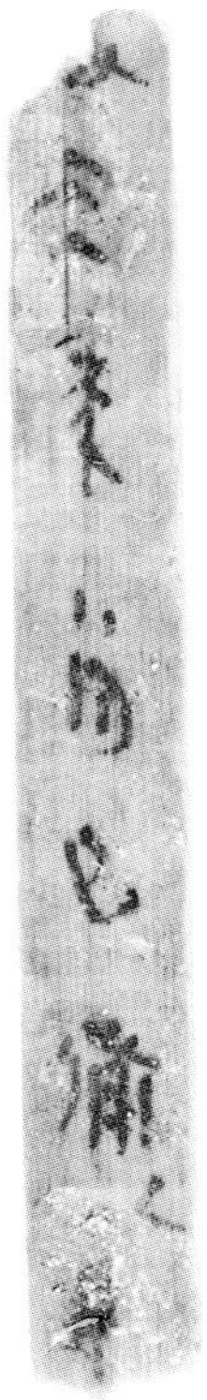
七二四

七二五

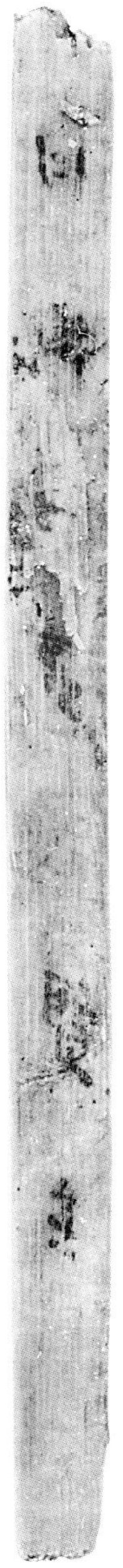
七二六

七一六、10-719　七一七、10-726　七一八、10-721　七一九、10-722　七二〇、10-723　七二一、10-720
七二二、10-724　七二三、10-725　七二四、10-727　七二五、10-728　七二六、10-729

七二七、10-730　七二八、10-734　七二九、10-731　七三〇、10-741　七三一、10-732　七三二、10-733
七三三、10-736　七三四、10-737　七三五、10-738　七三六、10-739　七三七、10-735　七三八、10-740

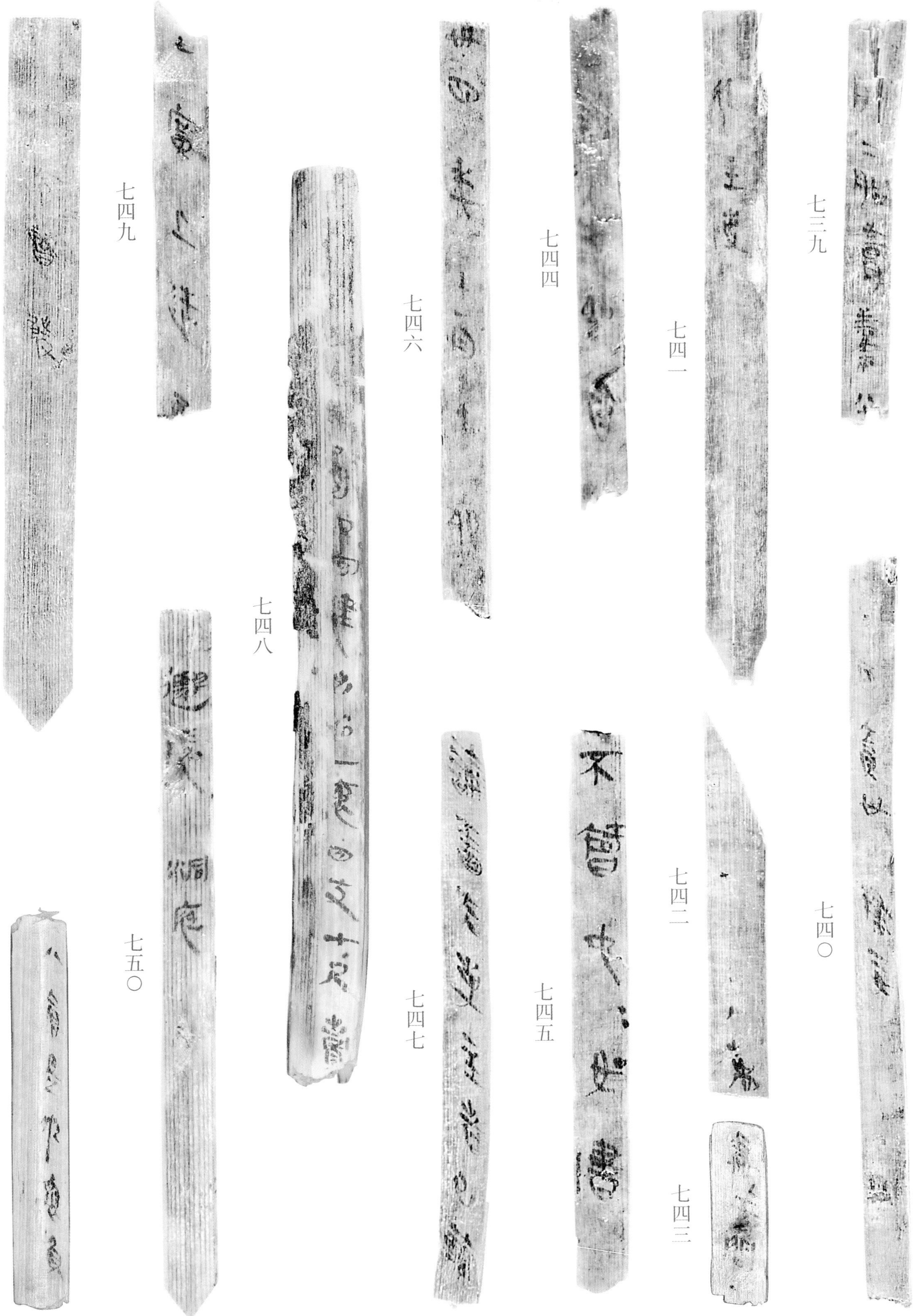

七三九、10-742　七四〇、10-745　七四一、10-743　七四二、10-744　七四三、10-750　七四四、10-746
七四五、10-749　七四六、10-747　七四七、10-748　七四八、10-751　七四九、10-752　七五〇、10-755
七五一、10-753　七五二、10-754

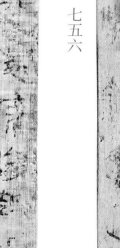

七五三　七五五　七五七　七五九　七六一　七六三　七六五
七五四　七五六　七五八　七六〇　七六二　七六四　七六六

七五三、10-756　七五四、10-757　七五五、10-758　七五六、10-765　七五七、10-759　七五八、10-764
七五九、10-761　七六〇、10-769　七六一、10-763　七六二、10-760　七六三、10-766　七六四、10-762
七六五、10-767　七六六、10-768

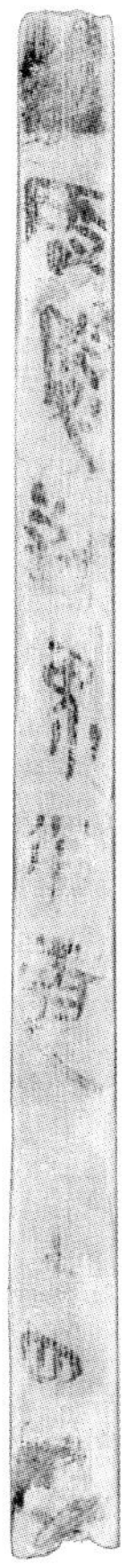
七六七

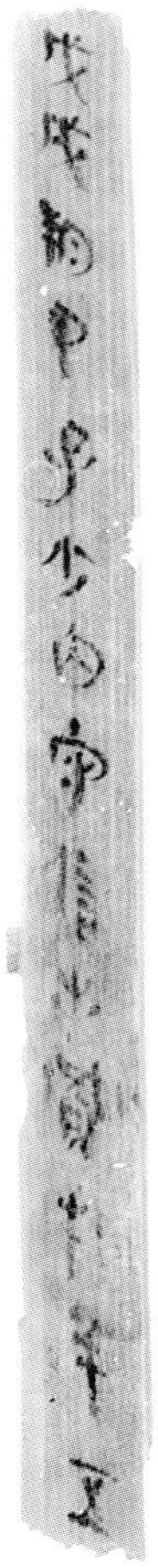
七六八

七六九

七七〇

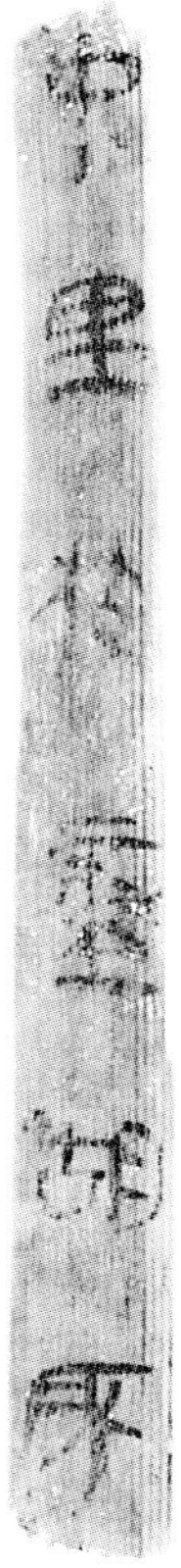
七七一

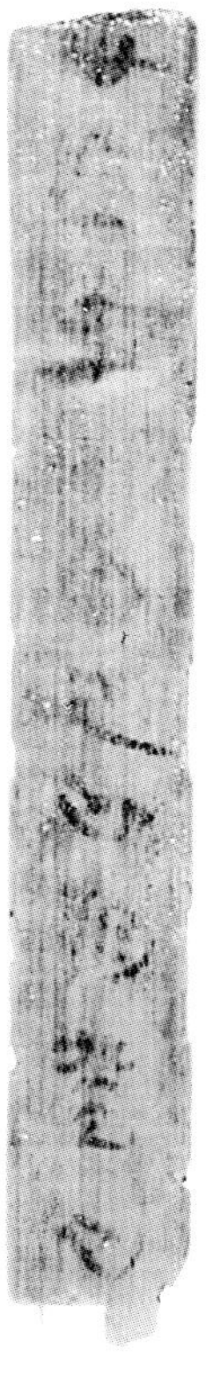
七七二

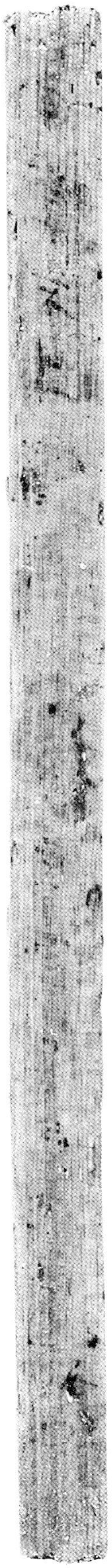
七七三

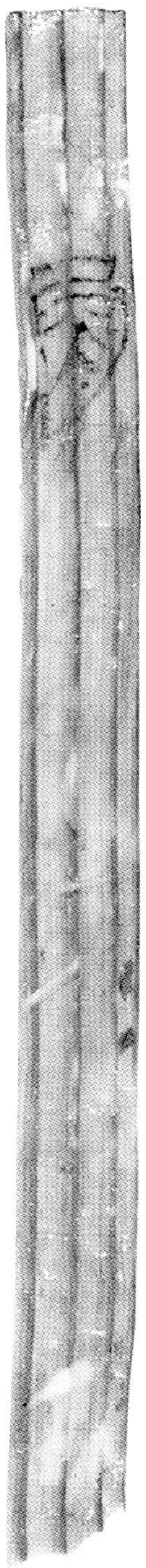
七七四

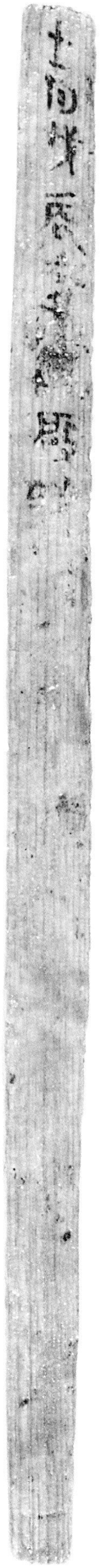
七七五

七六七、10–771　七六八、10–772　七六九、10–770　七七〇、10–778　七七一、10–773　七七二、10–777
七七三、10–774　七七四、10–775　七七五、10–776

七七六

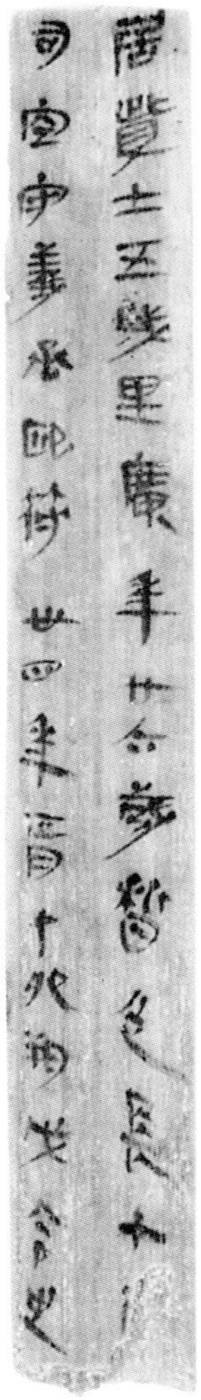
七七七

七七八

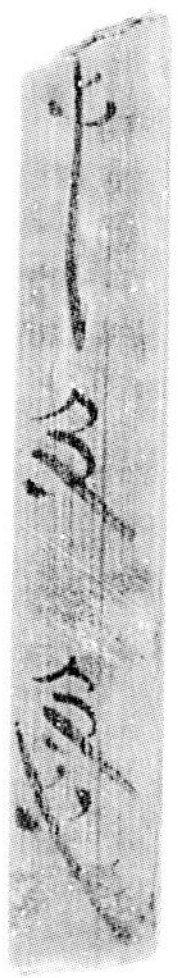
七七九正

七七九背

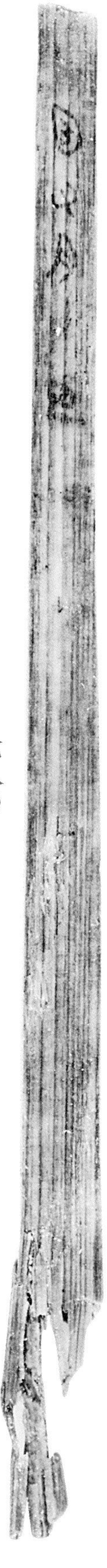
七八〇

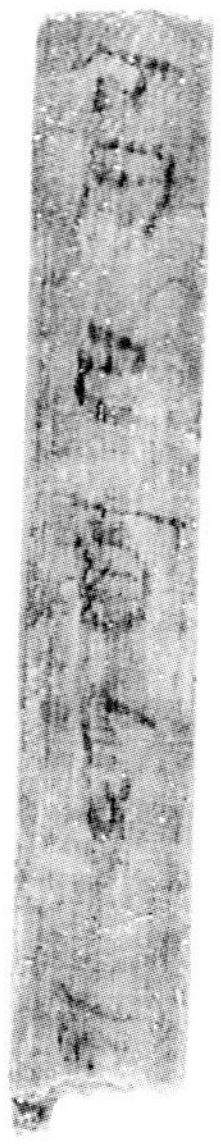
七八一

七八二

七七六、10－781　七七七、10－780　七七八、10－779　七七九、10－792　七八〇、10－784　七八一、10－782
七八二、10－783

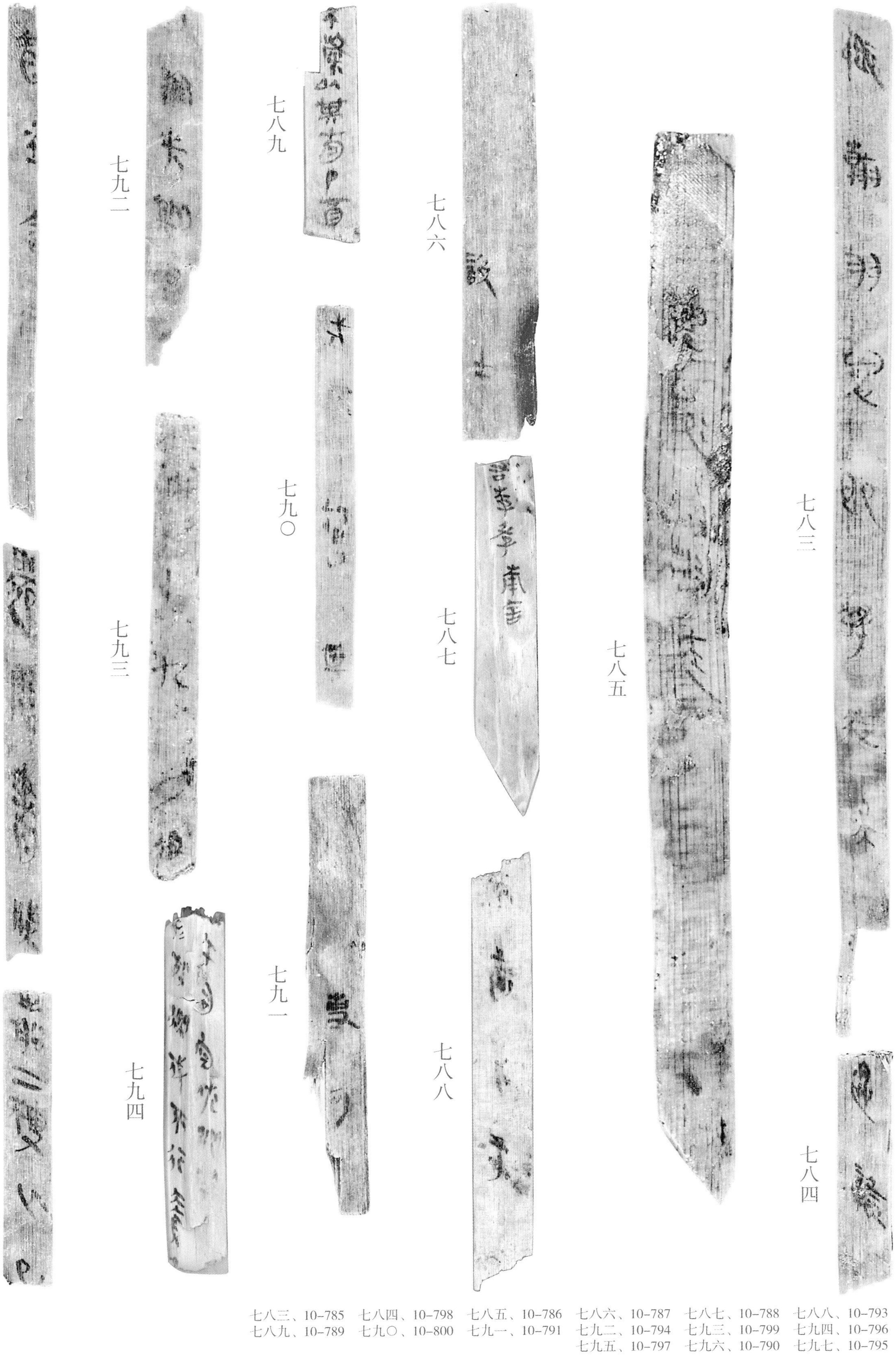

七八三、10-785　七八四、10-798　七八五、10-786　七八六、10-787　七八七、10-788　七八八、10-793
七八九、10-789　七九〇、10-800　七九一、10-791　七九二、10-794　七九三、10-799　七九四、10-796
七九五、10-797　七九六、10-790　七九七、10-795

七九八 七九九 八〇〇 八〇一 八〇二 八〇三 八〇四 八〇五 八〇六 八〇七 八〇八 八〇九正 八〇九背 八一〇正 八一〇背 八一一 八一二 八一三 八一四 八一五 八一六 八一七

七九八、10-801　七九九、10-803　八〇〇、10-814　八〇一、10-802　八〇二、10-806　八〇三、10-807　八〇四、10-808
八〇五、10-805　八〇六、10-816　八〇七、10-810　八〇八、10-812　八〇九、10-811　八一〇、10-815　八一一、10-804
八一二、10-809　八一三、10-820　八一四、10-818　八一五、10-819　八一六、10-817　八一七、10-821

八一八

八二一

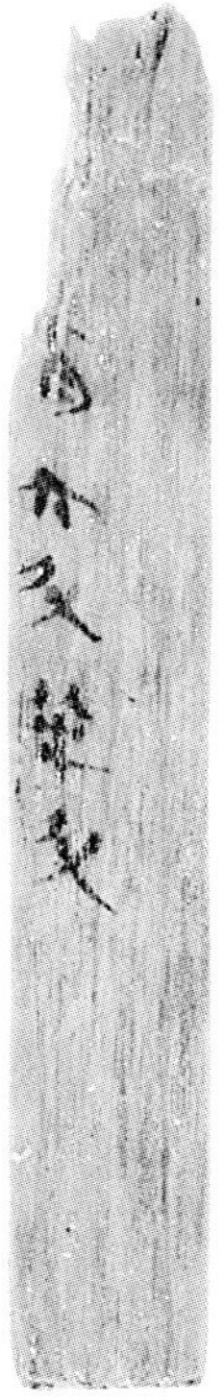
八二三

八二五

八二七

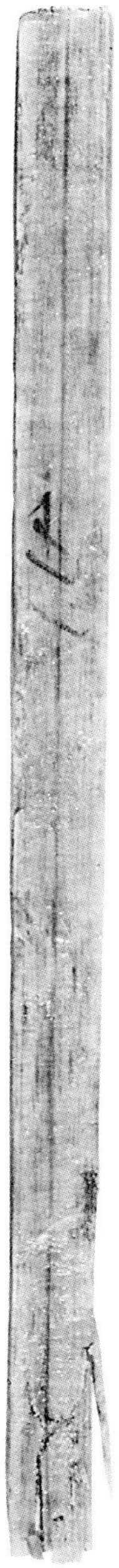
八二九

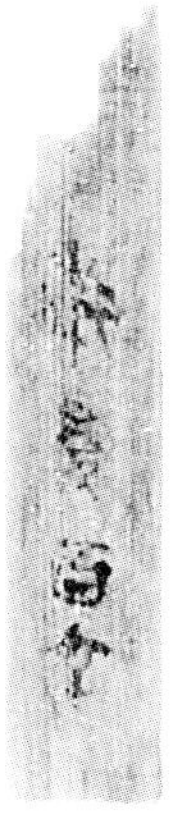
八一九

八二〇

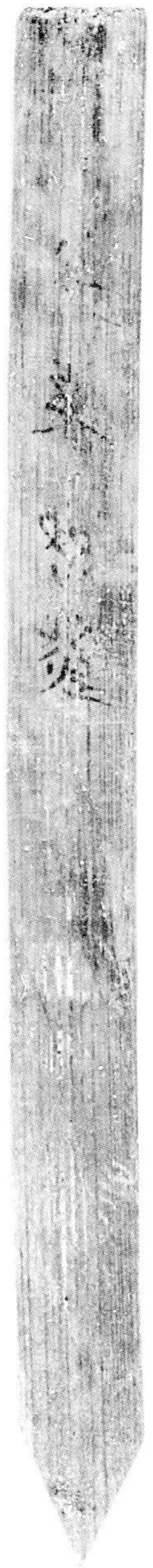
八二二

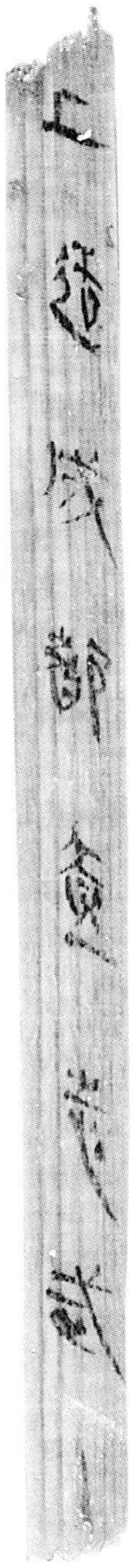
八二四

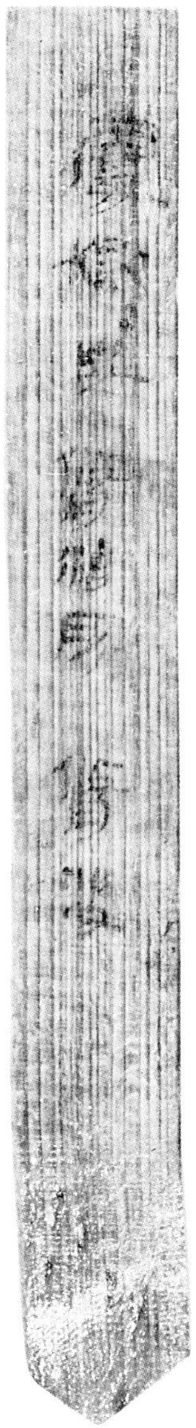
八二六

八二八

八三〇

八一八、10-822　八一九、10-823　八二〇、10-824　八二一、10-825　八二二、10-826　八二三、10-827
八二四、10-828　八二五、10-829　八二六、10-830　八二七、10-831　八二八、10-834　八二九、10-832
八三〇、10-833

八三一正
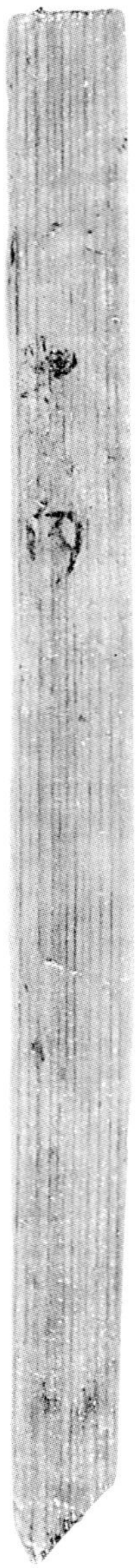

八三一背

八三三
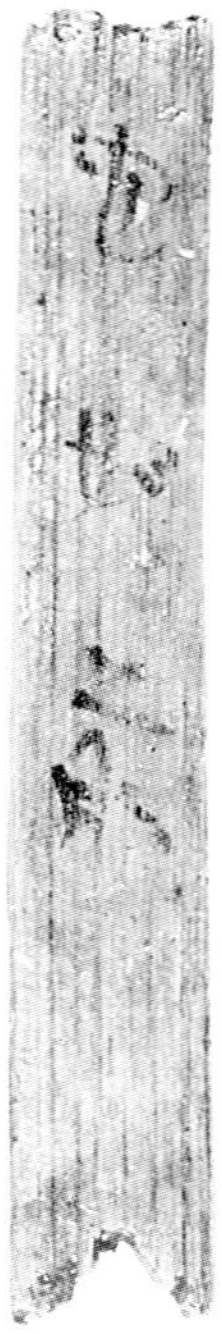

八三五正
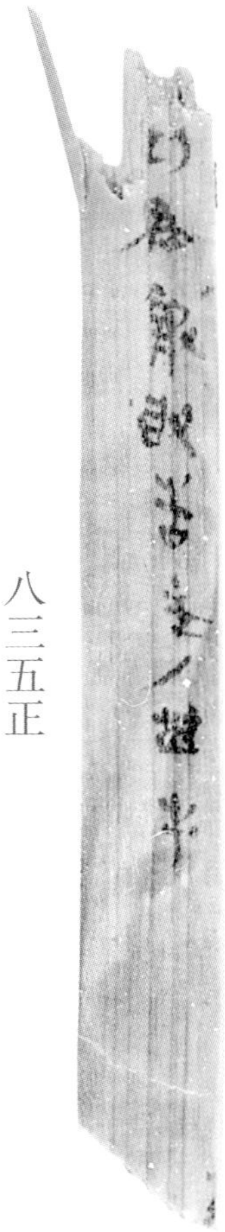

八三五背
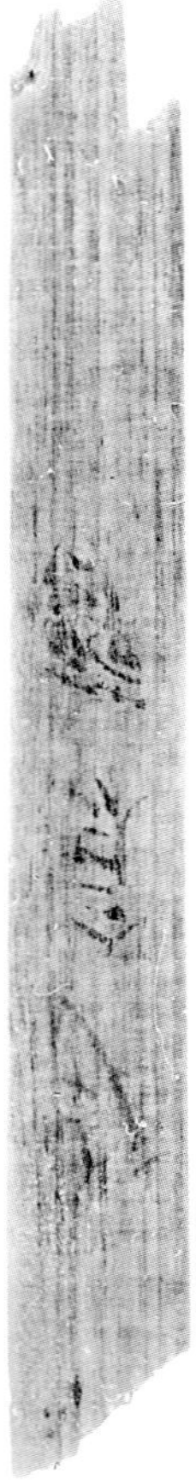

八三八
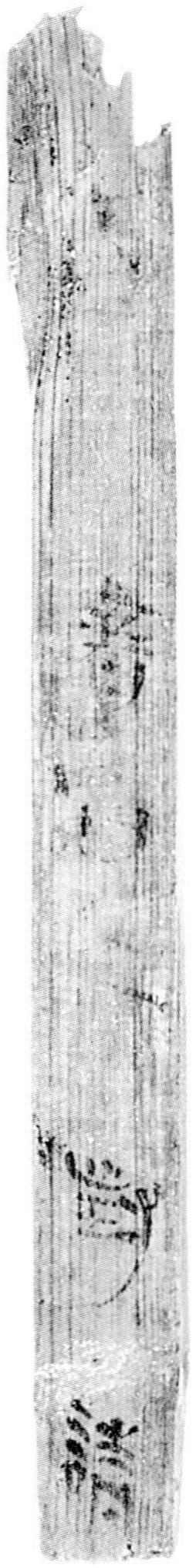

八四〇
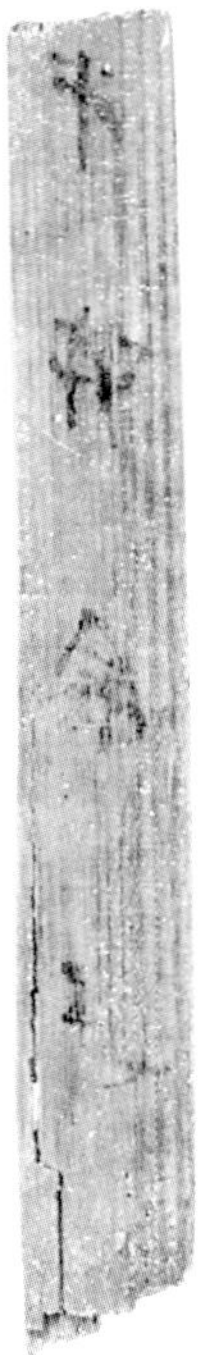

八三二正

八三二背

八三四

八三六

八三七

八三九
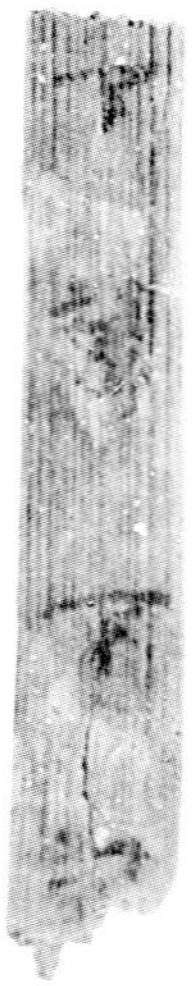

八四一
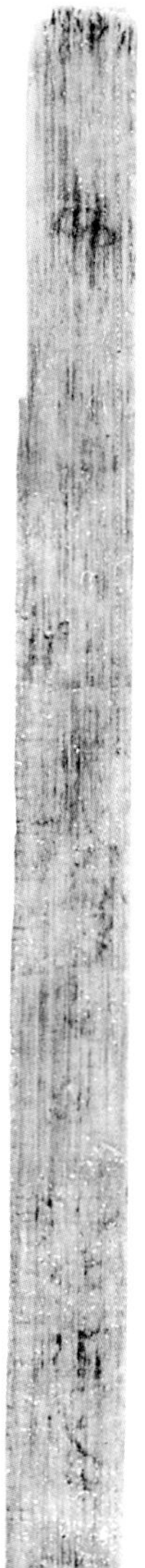

八三一、10-836　八三二、10-839　八三三、10-835　八三四、10-838　八三五、10-841　八三六、10-842
八三七、10-843　八三八、10-844　八三九、10-845　八四〇、10-837　八四一、10-840

八四二

八四三正

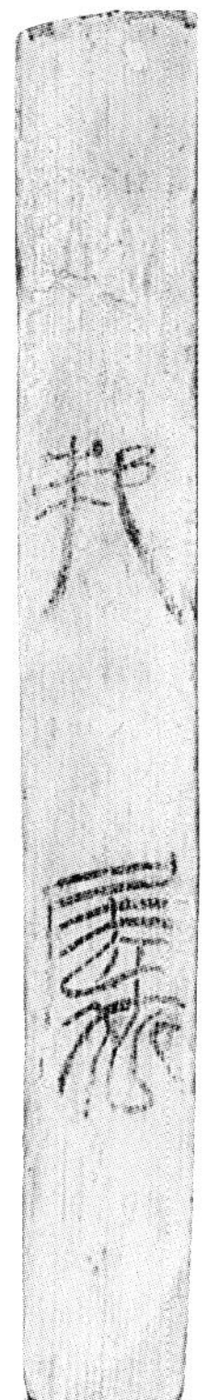
八四三背

八四四正

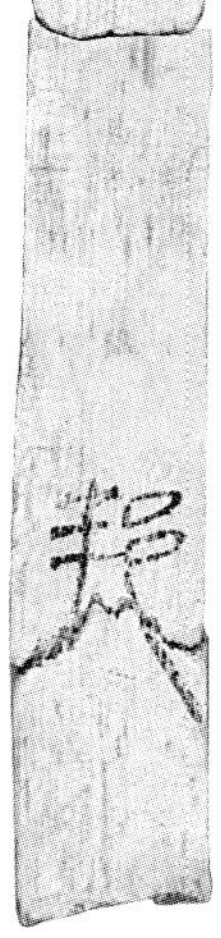
八四四背

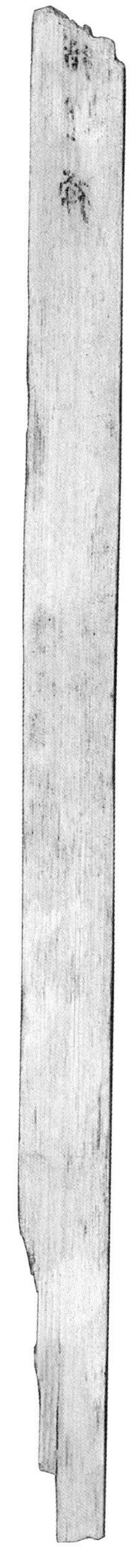
八四五

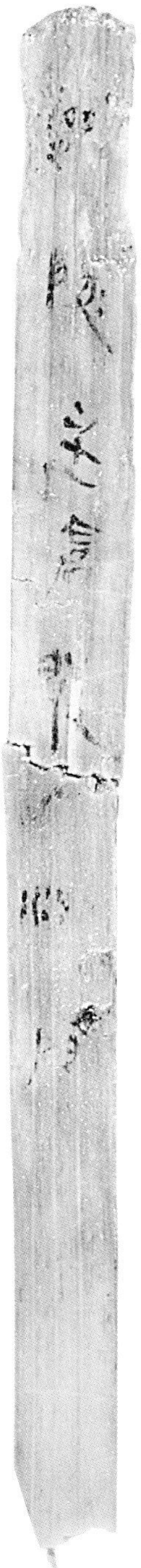
八四六

八四七

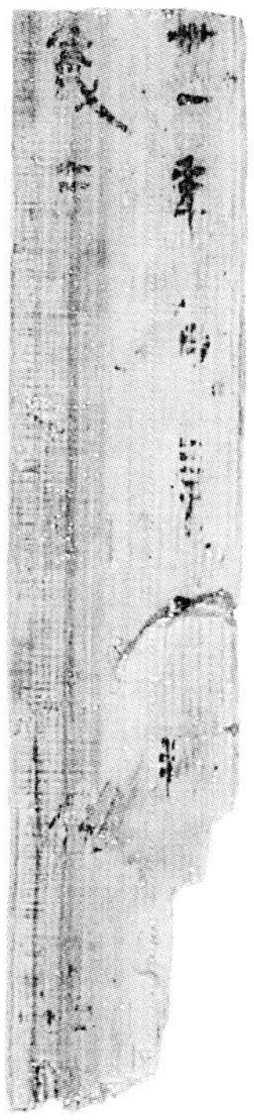
八四八

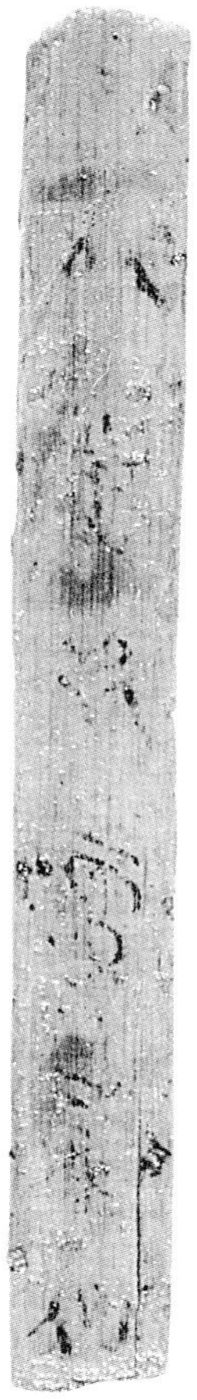
八四九

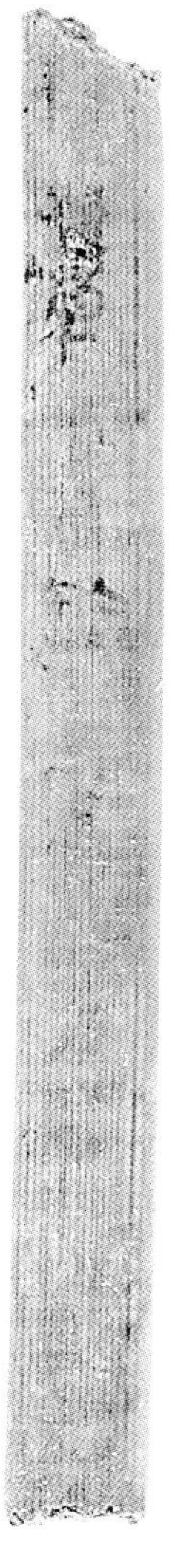
八五〇

八四二、10-848　八四三、10-869　八四四、10-853　八四五、10-847　八四六、10-846　八四七、10-851
八四八、10-852　八四九、10-849　八五〇、10-850

八五一
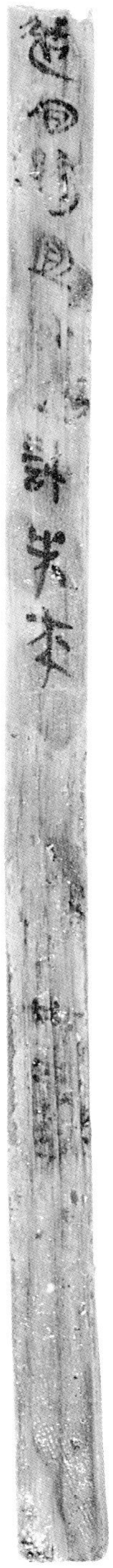

八五二

八五三
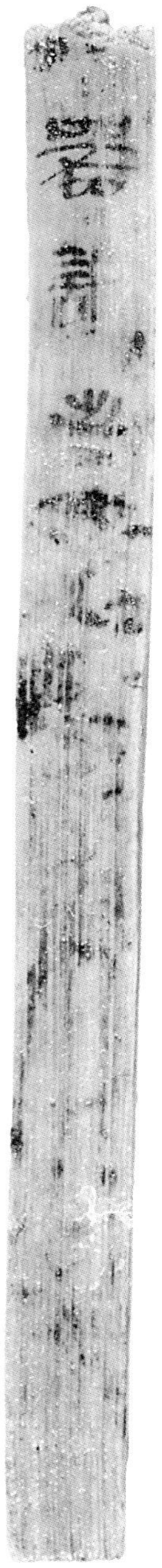

八五四

八五五
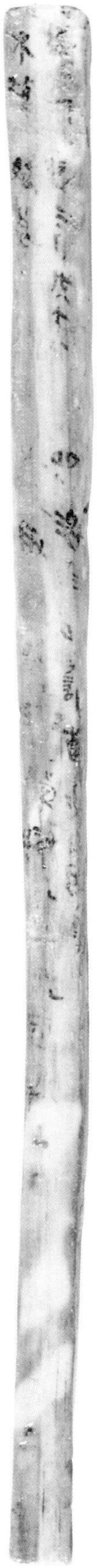

八五六

八五七

八五八

八五九
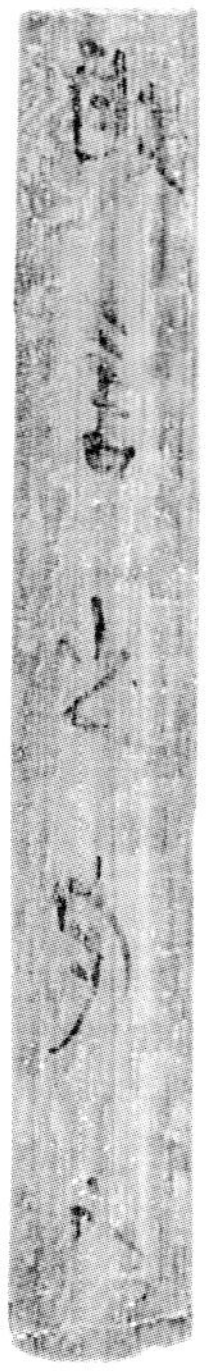

八六〇
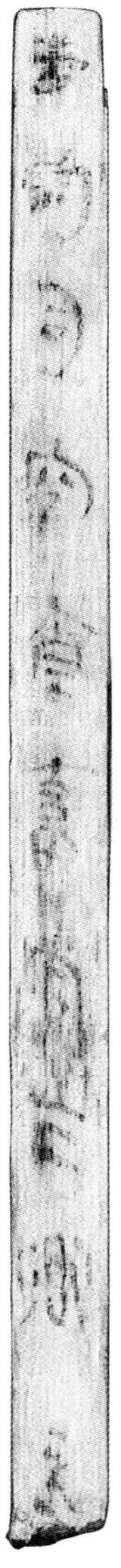

八五一、10–858　八五二、10–861　八五三、10–854　八五四、10–857　八五五、10–855　八五六、10–856
八五七、10–862　八五八、10–871　八五九、10–859　八六〇、10–860

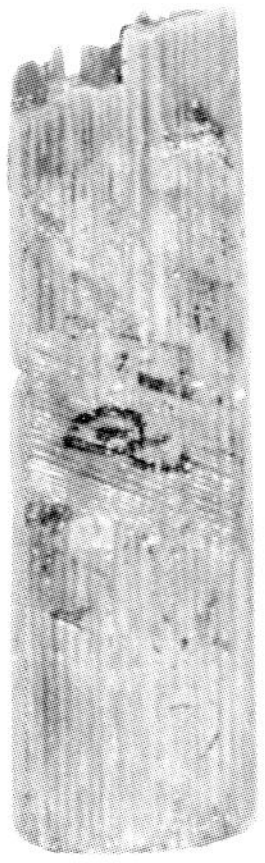
八六一

八六二

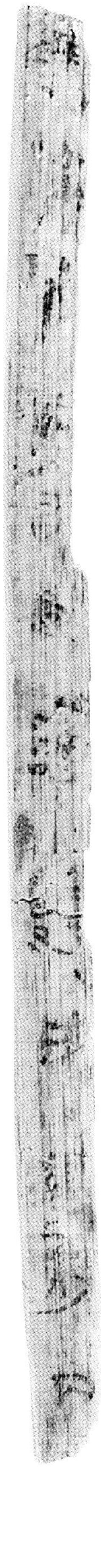
八六三

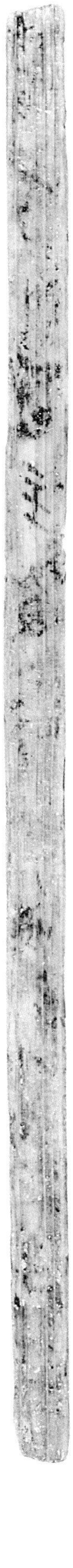
八六四

八六五

八六六

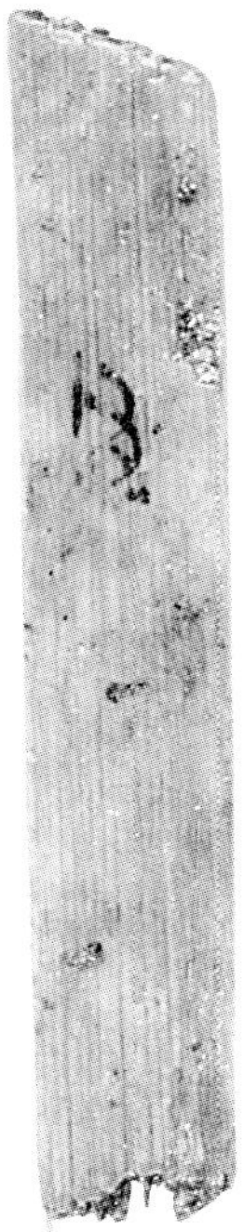
八六七正

八六七背

八六八

八六九

八六一、10-864　八六二、10-865　八六三、10-863　八六四、10-866　八六五、10-867　八六六、10-868
八六七、10-873　八六八、10-870　八六九、10-872

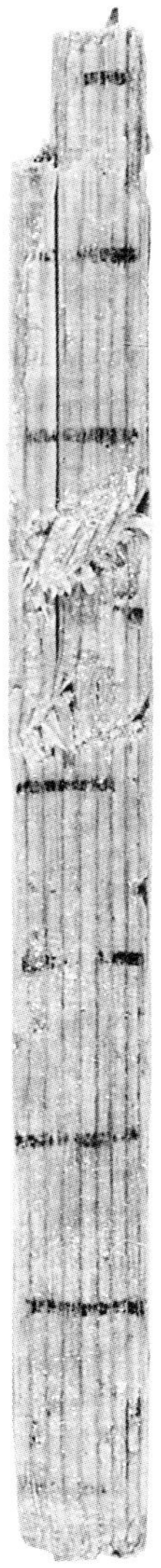
八七〇

八七一

八七二

八七三

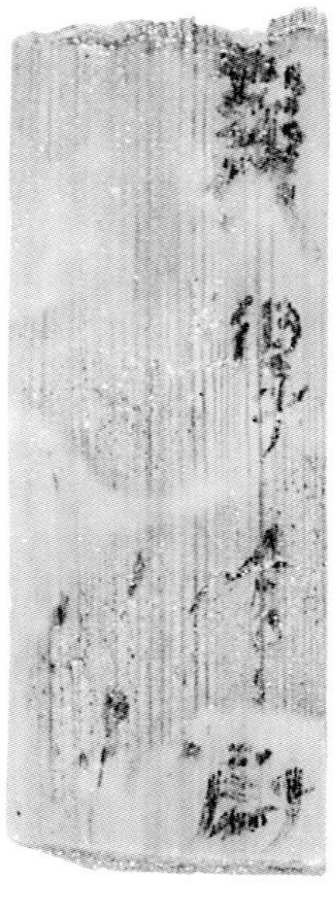
八七四

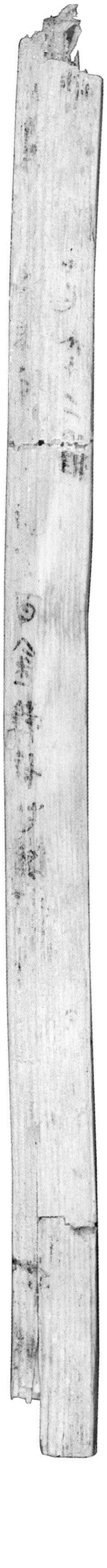
八七五

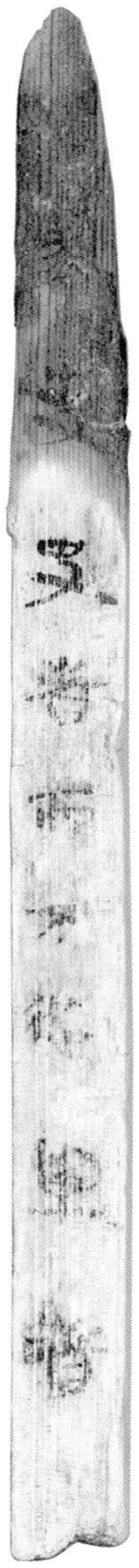
八七六

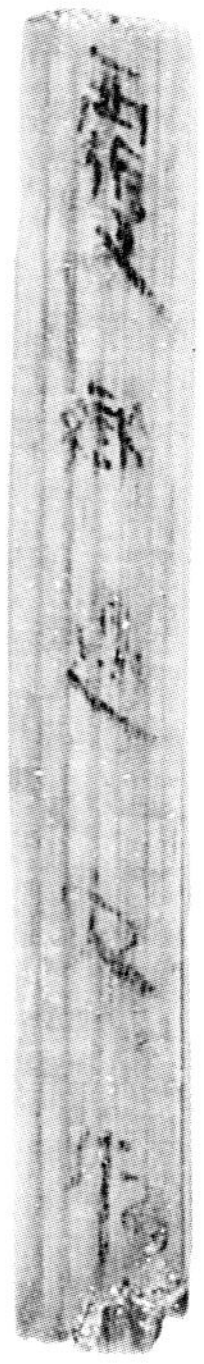
八七七

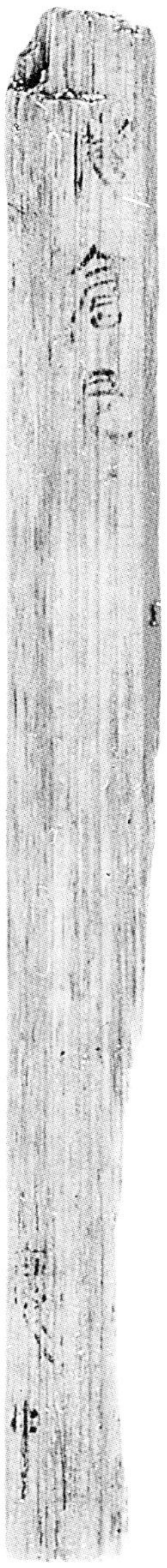
八七八

八七九

八八〇

八八一

八七〇、10–874　八七一、10–881　八七二、10–882　八七三、10–879　八七四、10–885　八七五、10–877
八七六、10–880　八七七、10–875　八七八、10–876　八七九、10–878　八八〇、10–883　八八一、10–884

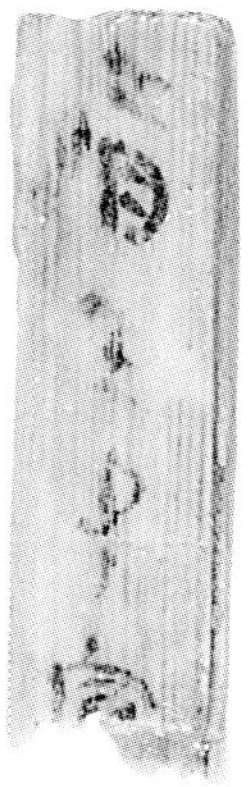
八八二

八八三

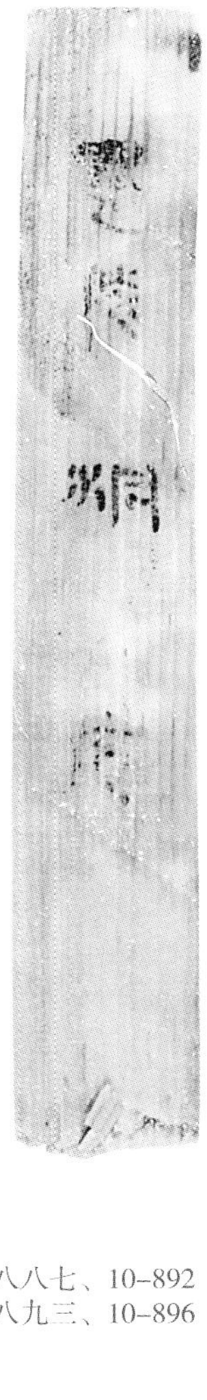
八八四

八八五

八八六正

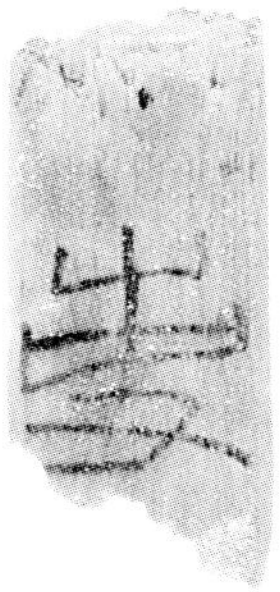
八八六背

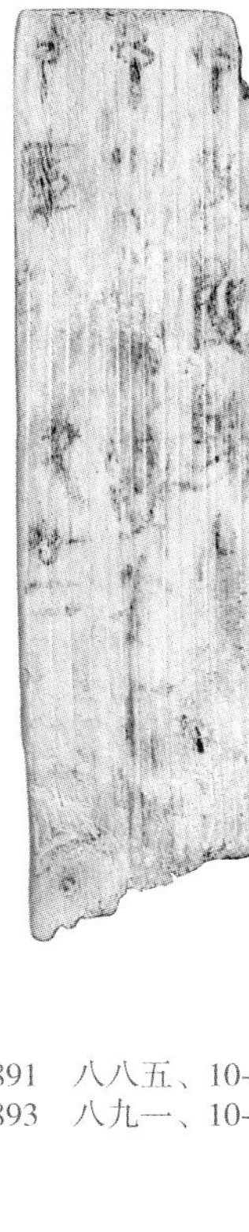
八八七

八八八

八八九

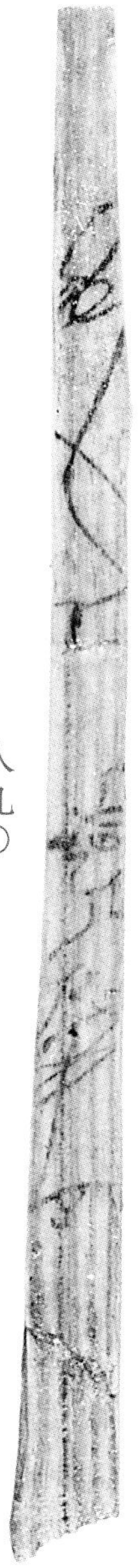
八九〇

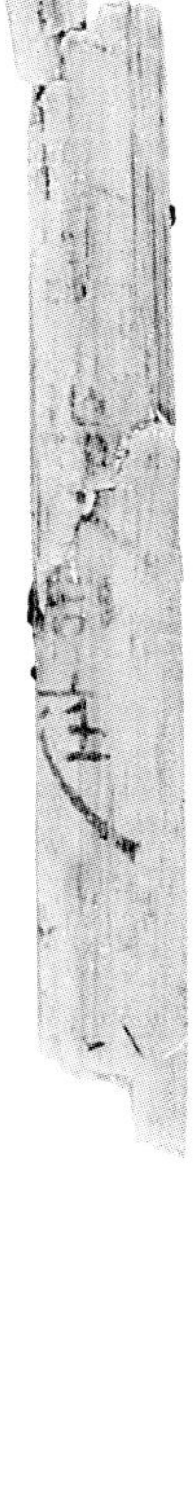
八九一

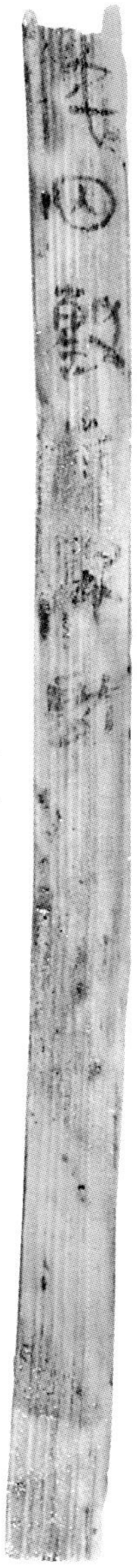
八九二

八九三

八八二、10-887　八八三、10-889　八八四、10-891　八八五、10-886　八八六、10-888　八八七、10-892
八八八、10-890　八八九、10-897　八九〇、10-893　八九一、10-894　八九二、10-895　八九三、10-896

八九四

八九五

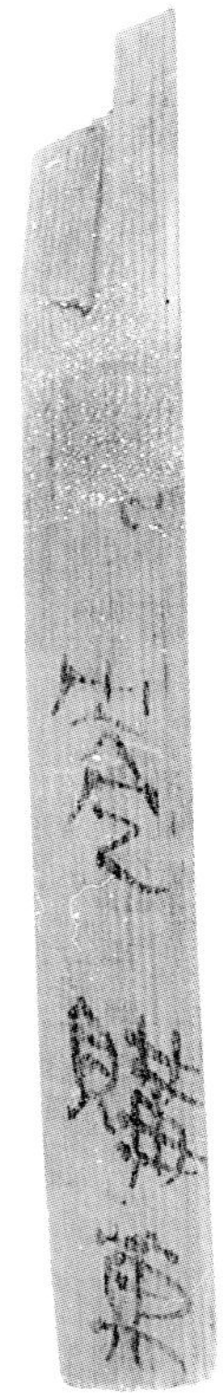
八九六

八九七

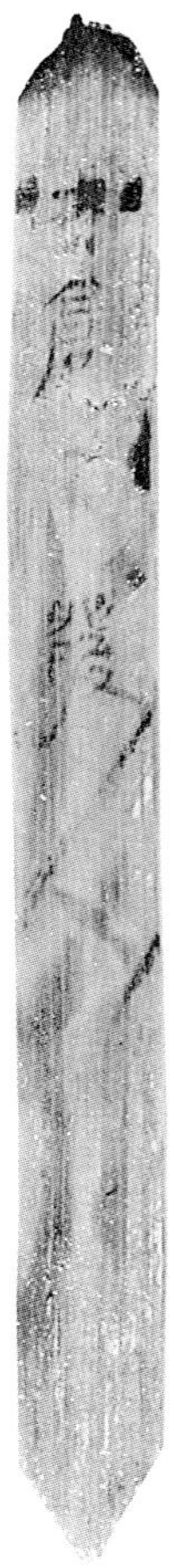
八九八

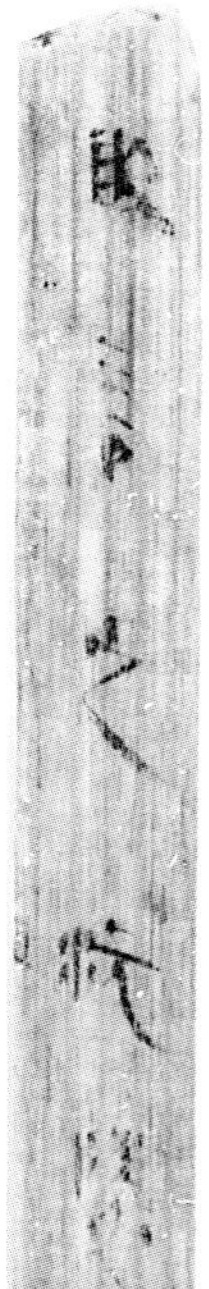
八九九

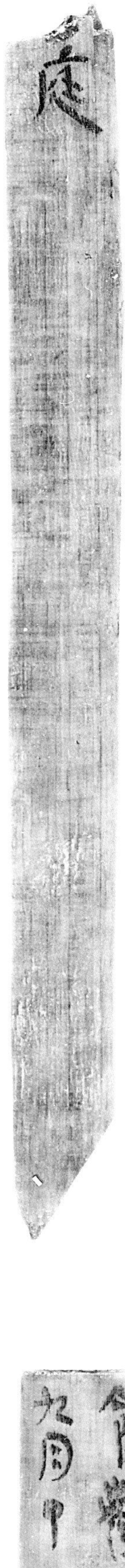
九〇〇

九〇一

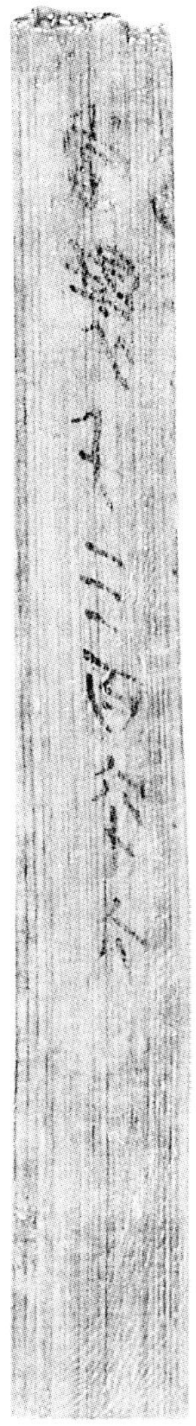
九〇二

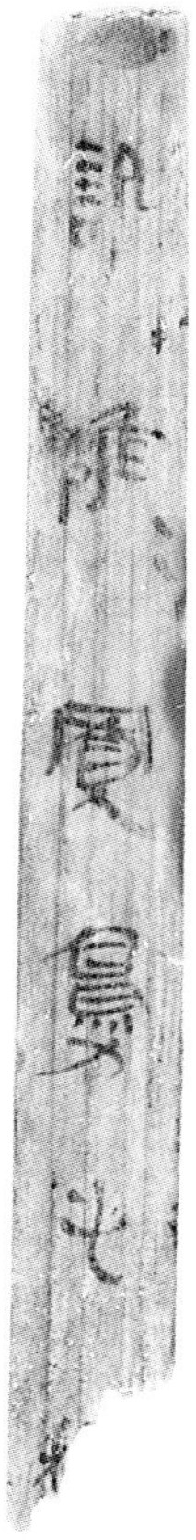
九〇三

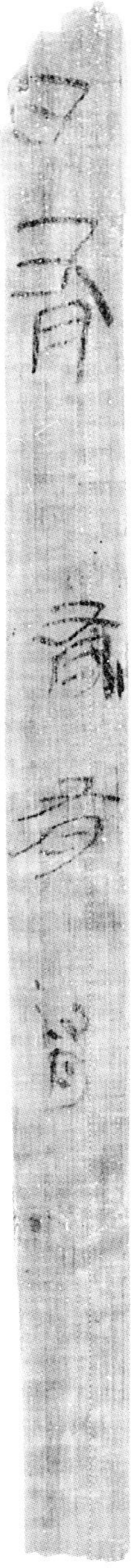
九〇四

九〇五

八九四、10–898　八九五、10–902　八九六、10–900　八九七、10–901　八九八、10–899　八九九、10–903
九〇〇、10–904　九〇一、10–905　九〇二、10–906　九〇三、10–907　九〇四、10–908　九〇五、10–909

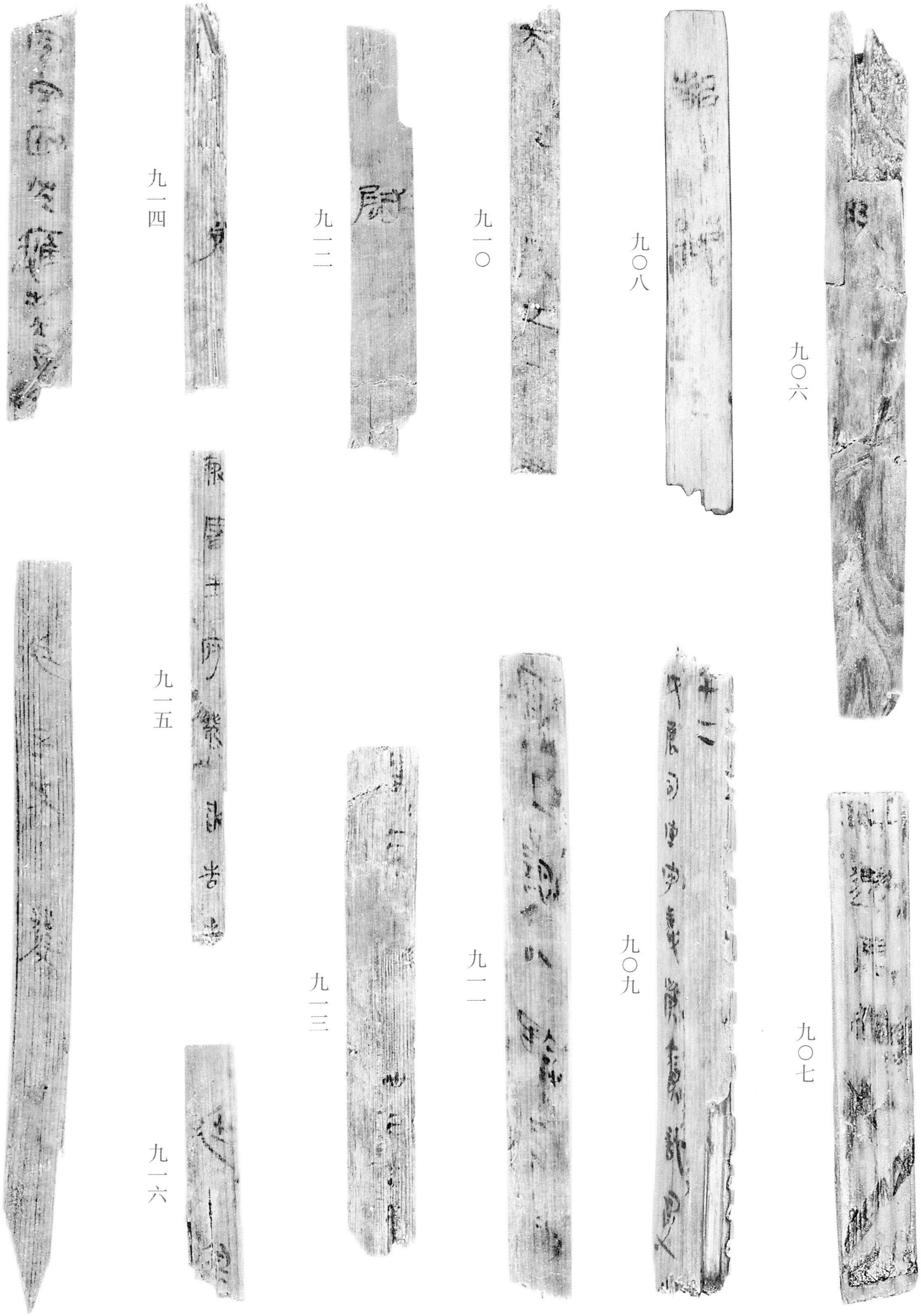

九〇六、10–910 九〇七、10–917 九〇八、10–911 九〇九、10–912 九一〇、10–914 九一一、10–915
九一二、10–916 九一三、10–913 九一四、10–918 九一五、10–920 九一六、10–919 九一七、10–921
九一八、10–922

九一九

九二〇
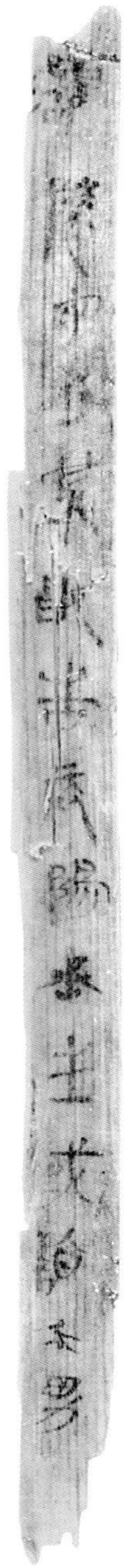

九二一

九二二

九二三
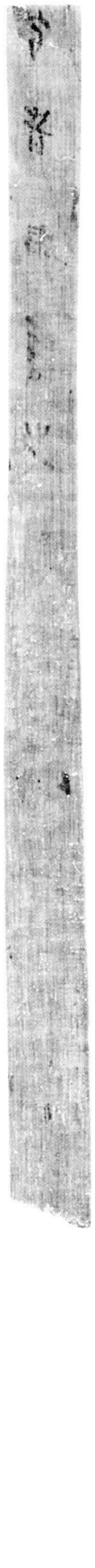

九二四
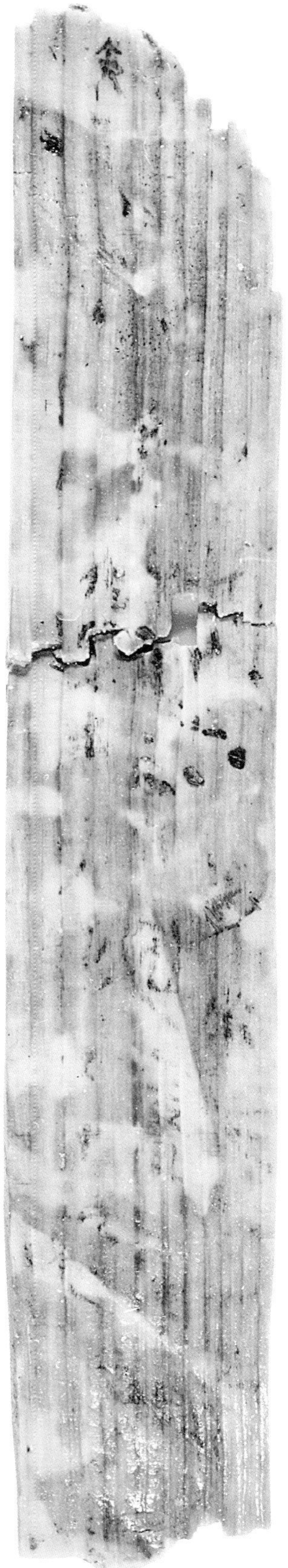

九二五

九二六
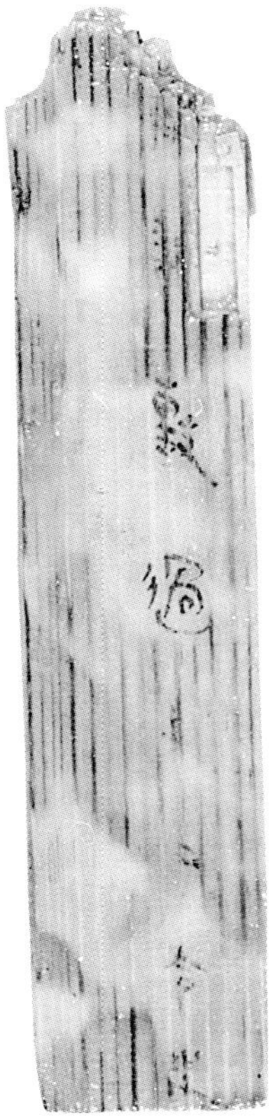

九一九、10–923　九二〇、10–924　九二一、10–925　九二二、10–930　九二三、10–926　九二四、10–927
九二五、10–928　九二六、10–929

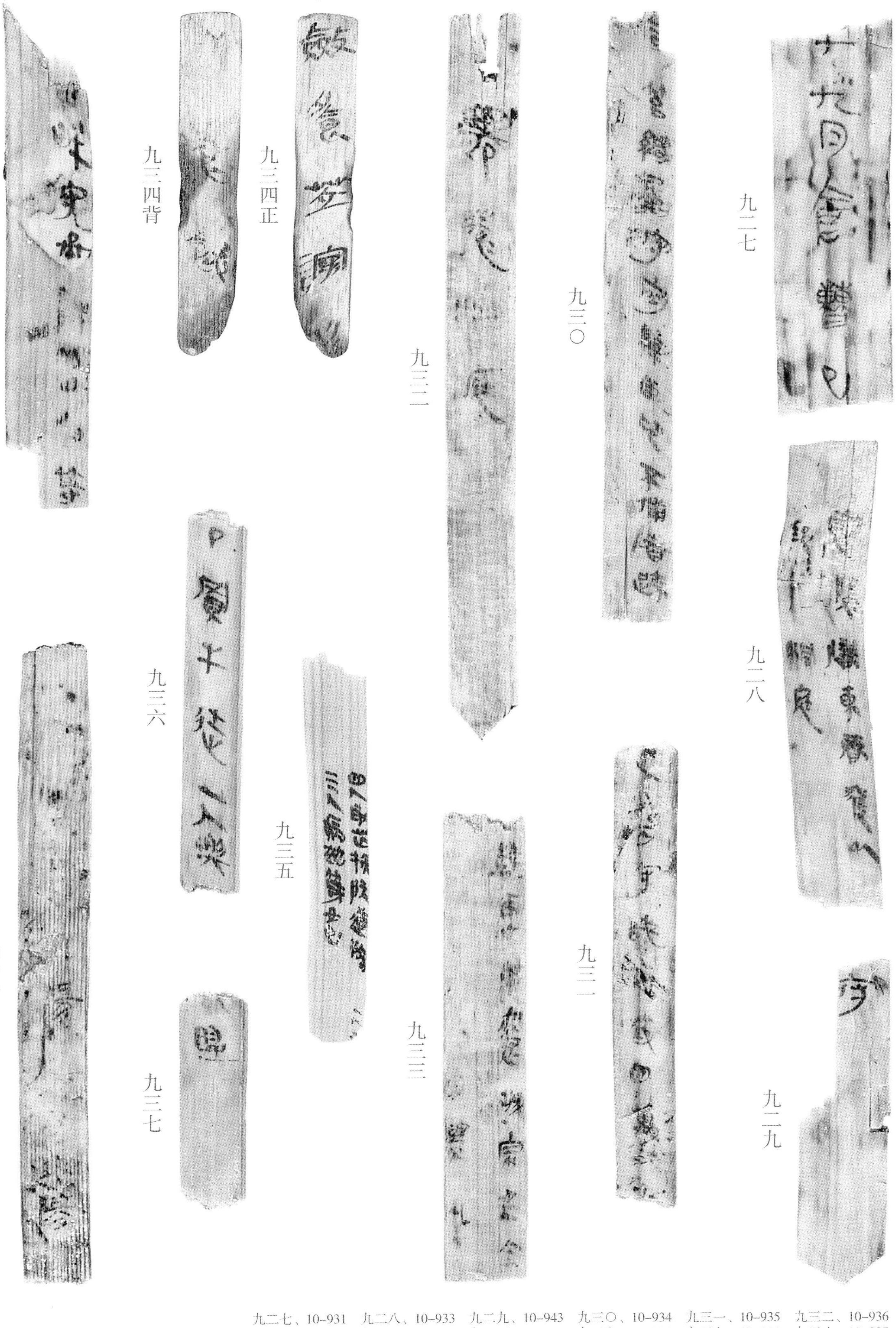

九二七

九二八

九二九

九三〇

九三一

九三二

九三三

九三四正

九三四背

九三五

九三六

九三七

九三八

九三九

九二七、10–931　九二八、10–933　九二九、10–943　九三〇、10–934　九三一、10–935　九三二、10–936
九三三、10–941　九三四、10–942　九三五、10–944　九三六、10–939　九三七、10–940　九三八、10–937
九三九、10–938

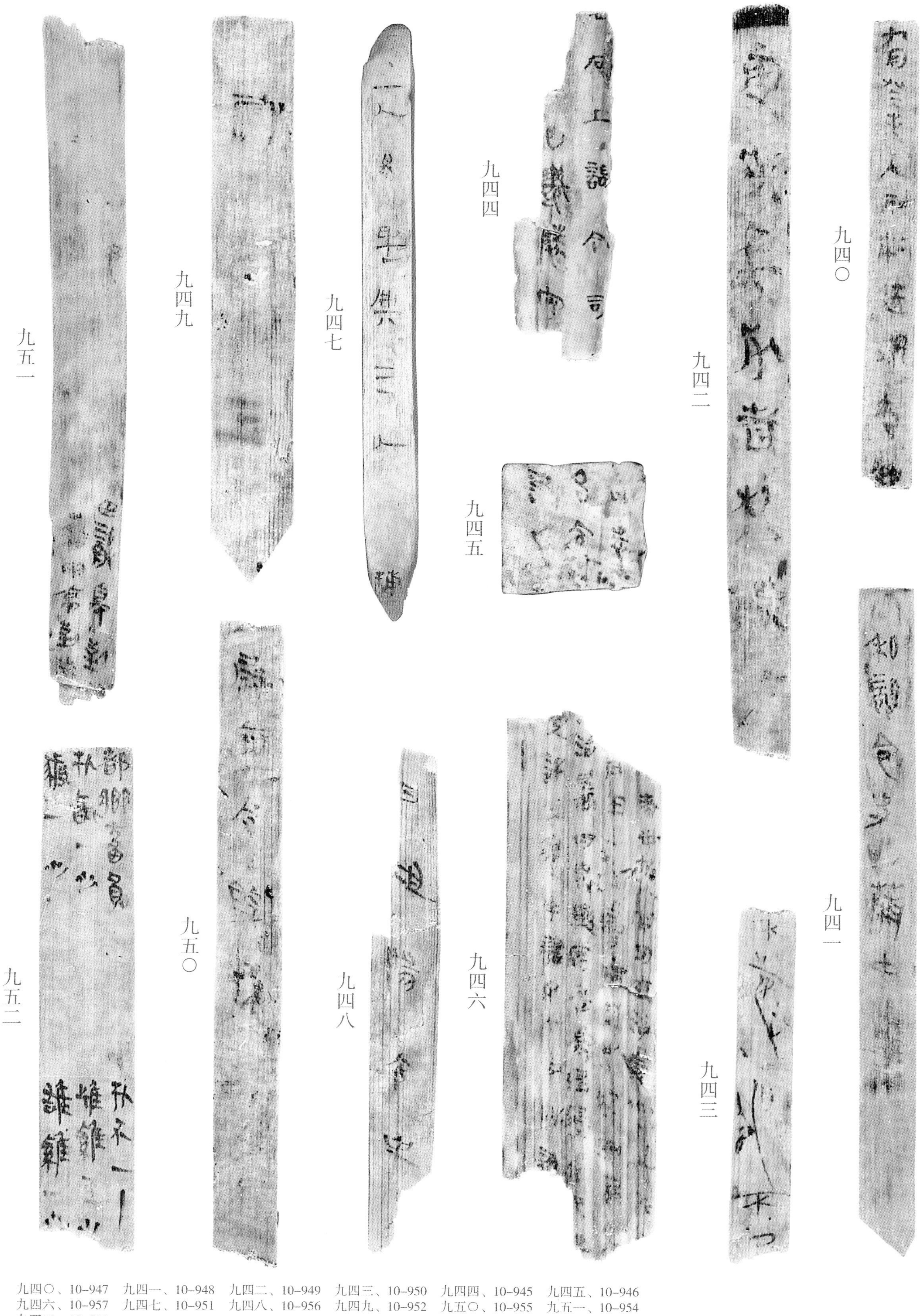

九四〇、10–947　九四一、10–948　九四二、10–949　九四三、10–950　九四四、10–945　九四五、10–946
九四六、10–957　九四七、10–951　九四八、10–956　九四九、10–952　九五〇、10–955　九五一、10–954
九五二、10–953

九五三正

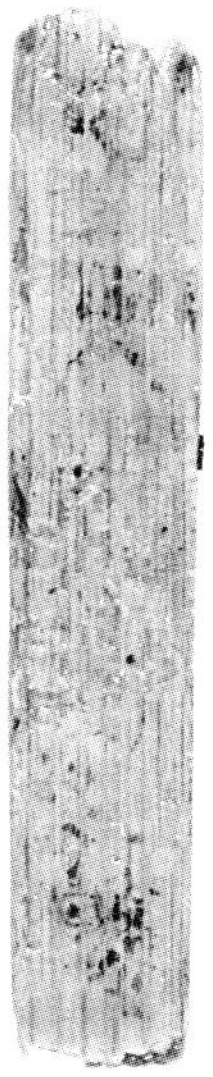
九五三背

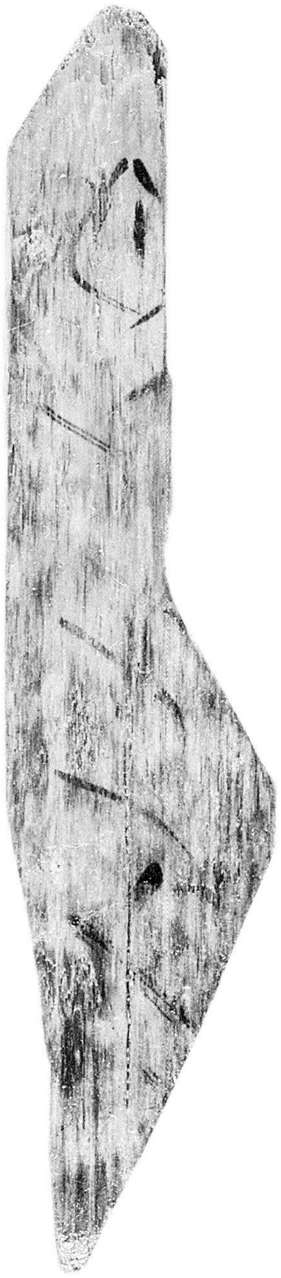
九五四

九五五

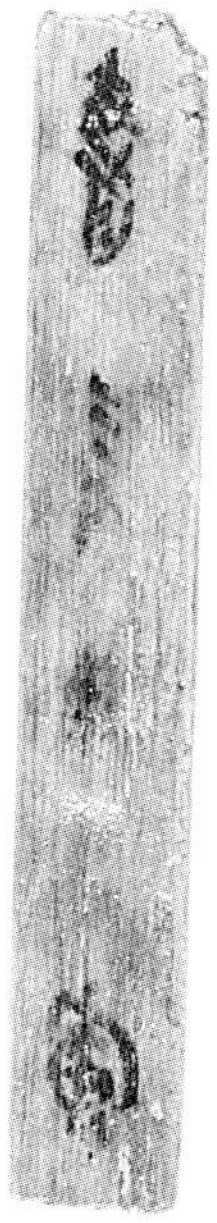
九五六

九五七

九五八

九五九正

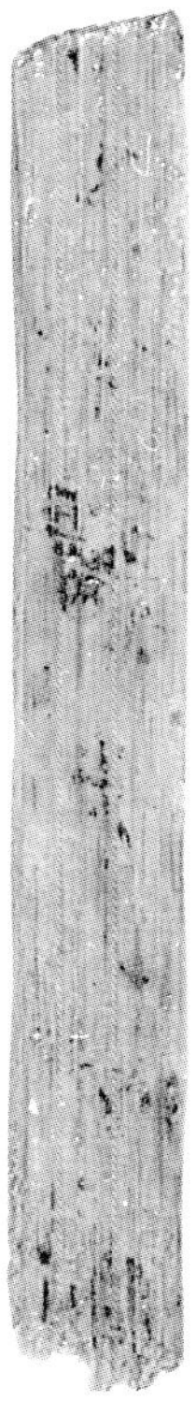
九五九背

九六〇

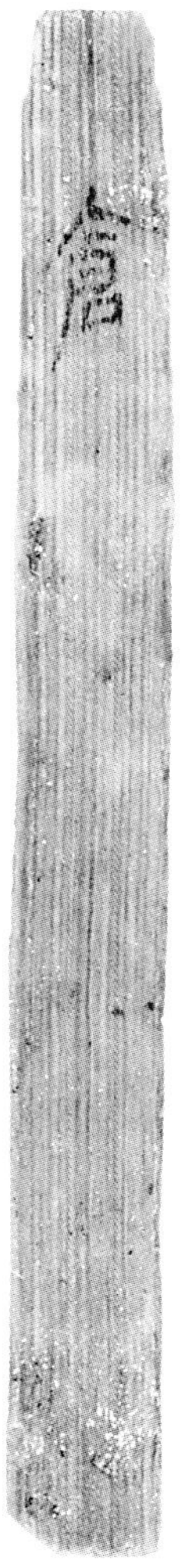
九六一

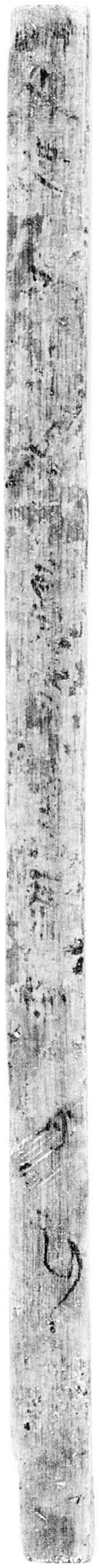
九六二

九五三、10-958　九五四、10-961　九五五、10-959　九五六、10-967　九五七、10-960　九五八、10-963
九五九、10-962　九六〇、10-964　九六一、10-965　九六二、10-966

九六三 九六五正 九六五背 九六七正 九六七背 九六九 九七〇

九六四 九六六 九六八 九七一正 九七一背

九六三、10–968 九六四、10–971 九六五、10–970 九六六、10–976 九六七、10–973 九六八、10–974
九六九、10–975 九七〇、10–969 九七一、10–972

九八六
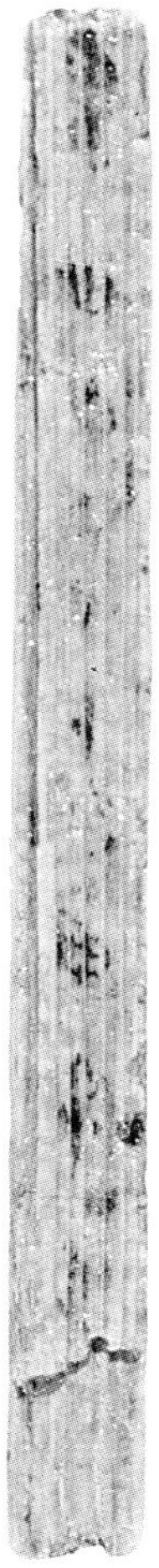

九八四
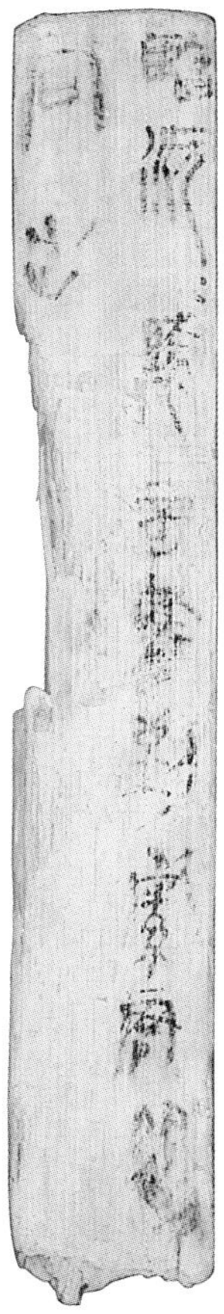

九八一
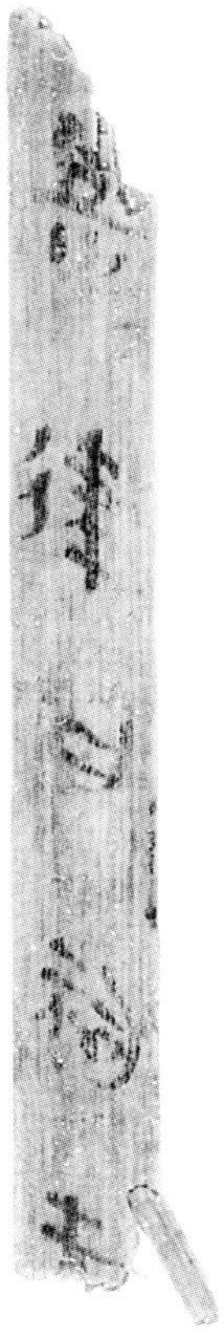

九七八

九七五

九七二

九七九

九八二
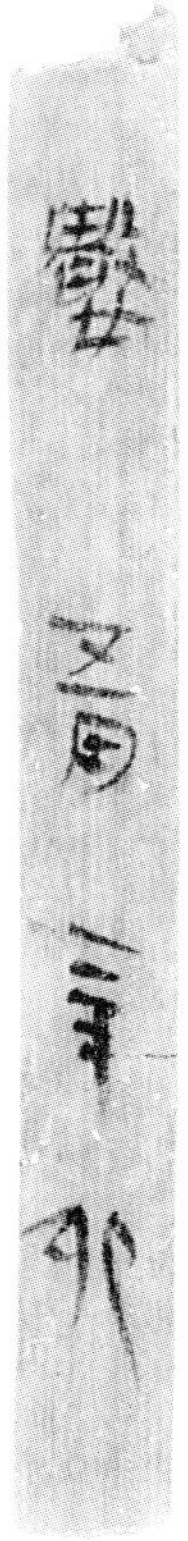

九七六

九七三
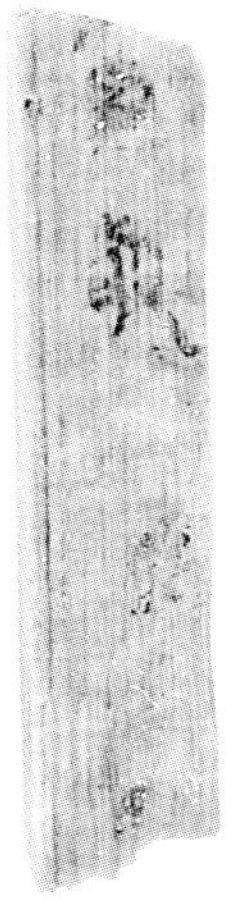

九八七

九八五
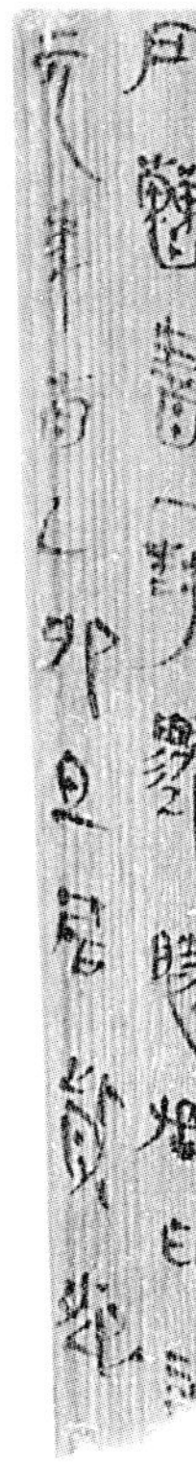

九八三

九八〇

九七七

九七四

九七二、10–977 九七三、10–978 九七四、10–981 九七五、10–979 九七六、10–980 九七七、10–987
九七八、10–982 九七九、10–983 九八〇、10–985 九八一、10–988 九八二、10–989 九八三、10–990
九八四、10–991 九八五、10–986 九八六、10–984 九八七、10–992

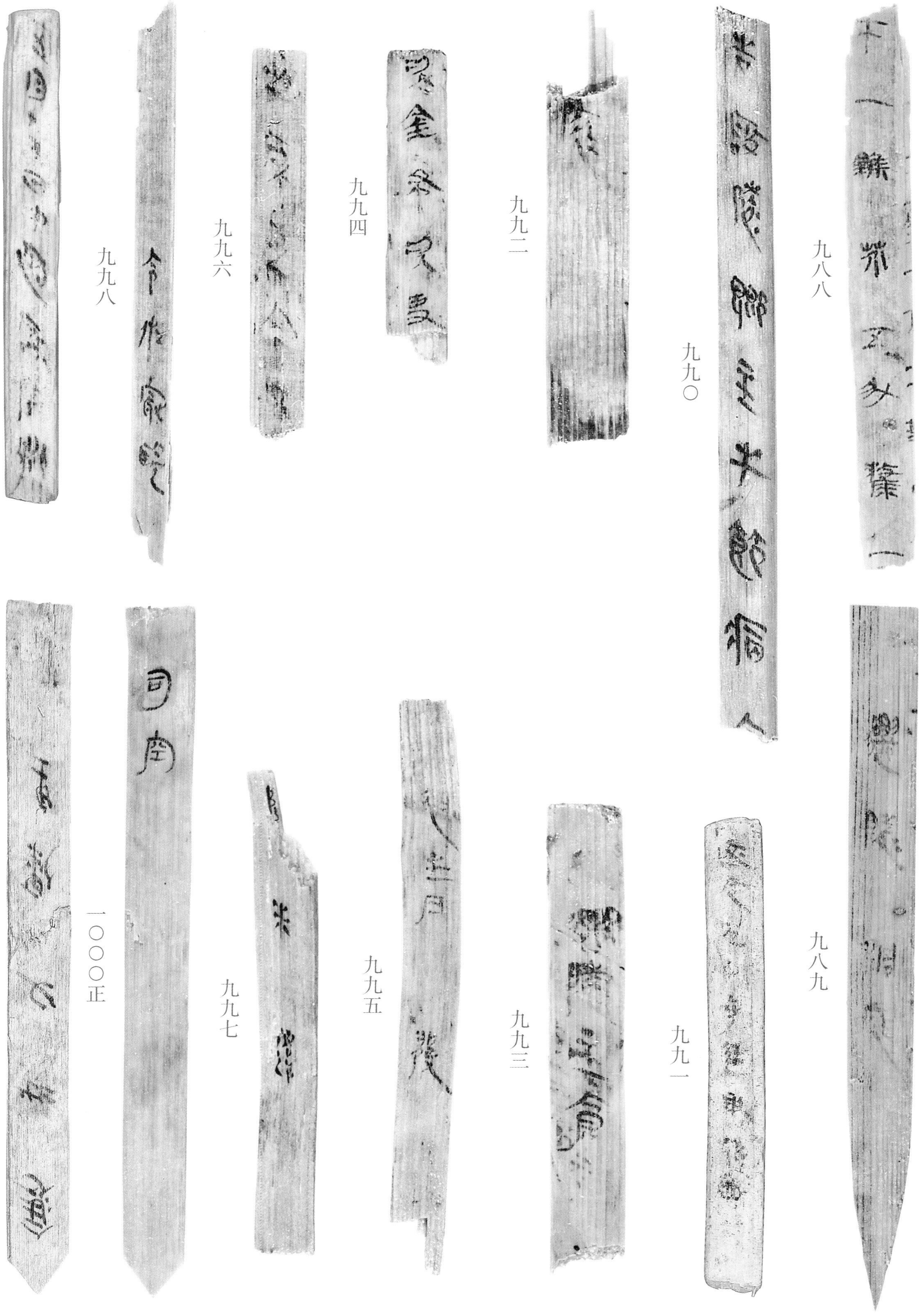

九八八 九八九 九九〇 九九一 九九二 九九三 九九四 九九五 九九六 九九七 九九八 九九九 一〇〇〇正 一〇〇〇背

九八八、10-993　九八九、10-997　九九〇、10-994　九九一、10-996　九九二、10-995　九九三、10-1000
九九四、10-1003　九九五、10-1001　九九六、10-1002　九九七、10-1004　九九八、10-1005　九九九、10-998
一〇〇〇、10-999

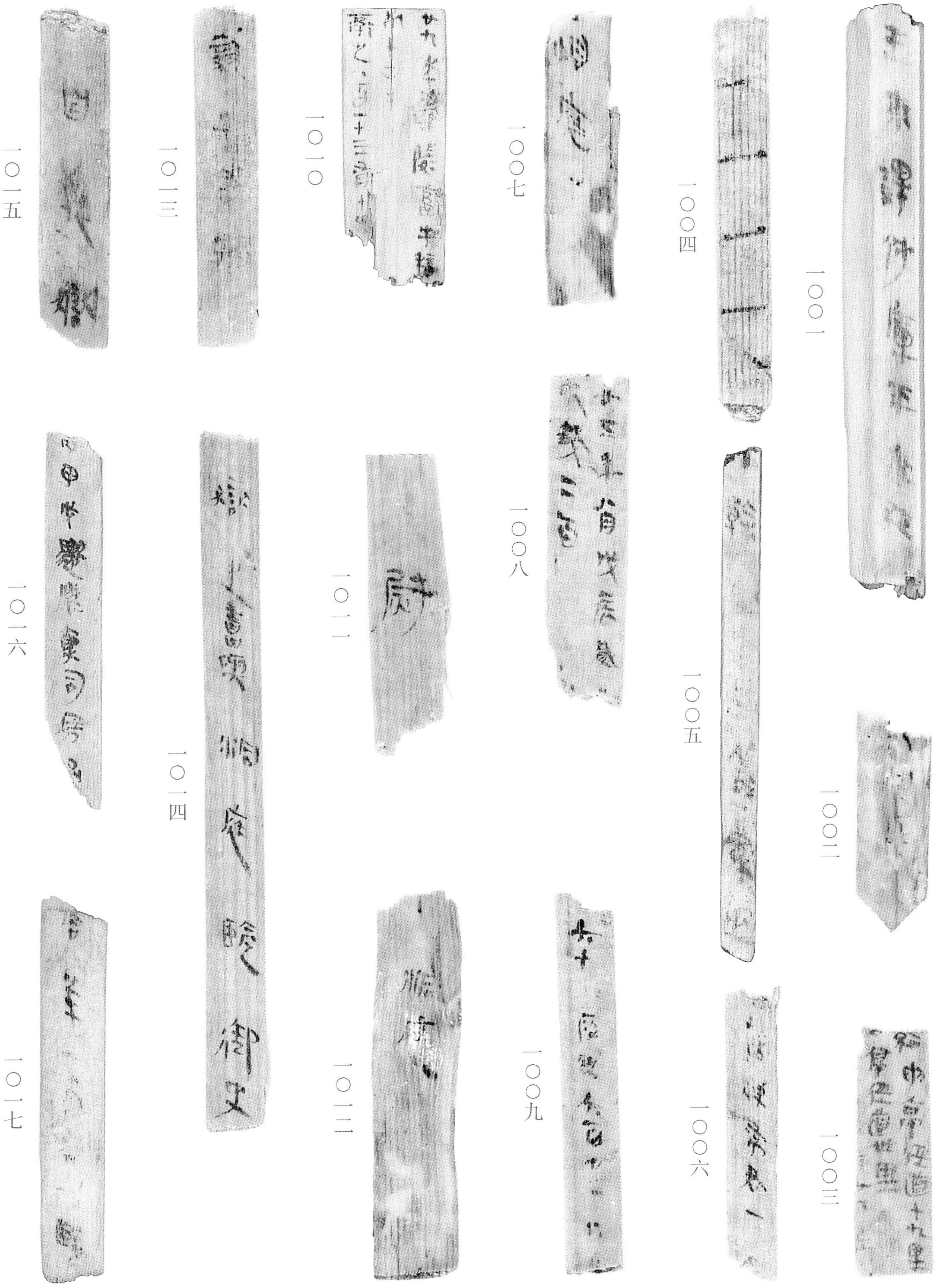

一〇〇一、10-1006 一〇〇二、10-1017 一〇〇三、10-1016 一〇〇四、10-1007 一〇〇五、10-1008 一〇〇六、10-1010
一〇〇七、10-1011 一〇〇八、10-1012 一〇〇九、10-1014 一〇一〇、10-1013 一〇一一、10-1015 一〇一二、10-1020
一〇一三、10-1018 一〇一四、10-1019 一〇一五、10-1009 一〇一六、10-1021 一〇一七、10-1022

一〇一八

一〇一九

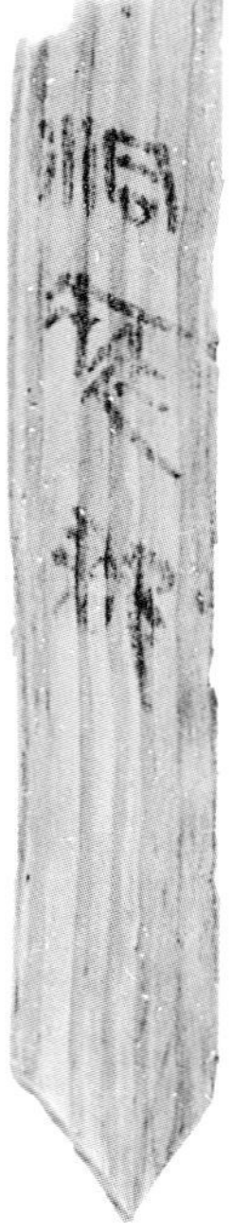
一〇二〇

一〇二一

一〇二二

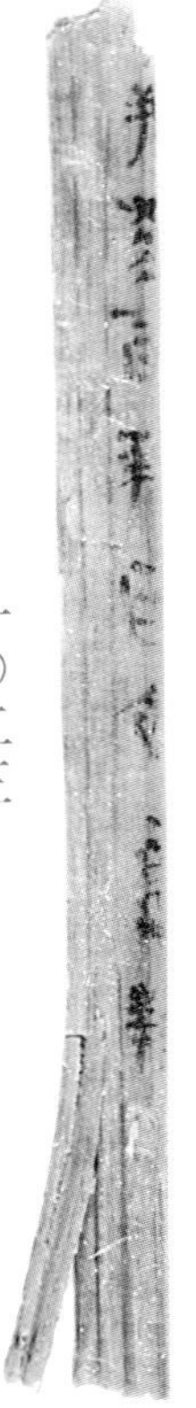
一〇二三

一〇二四

一〇二五

一〇二六

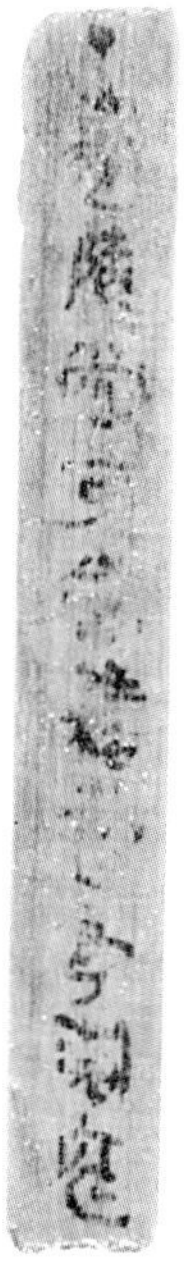
一〇二七

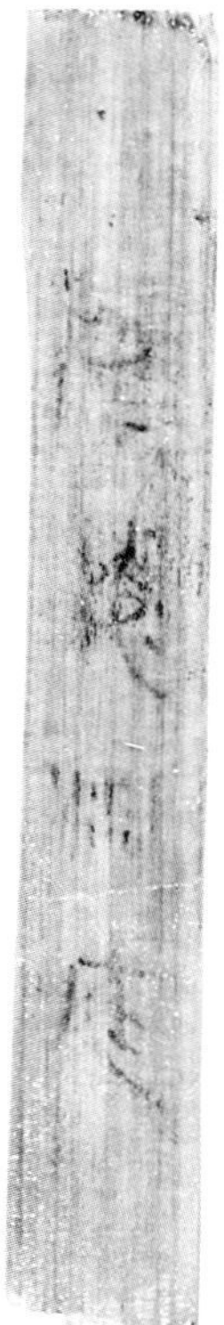
一〇二八

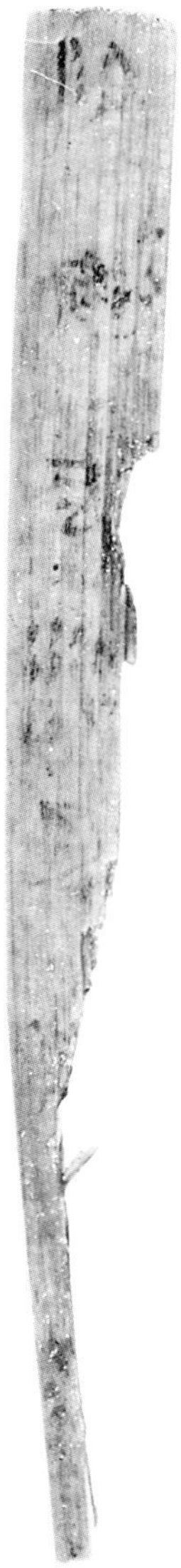
一〇二九

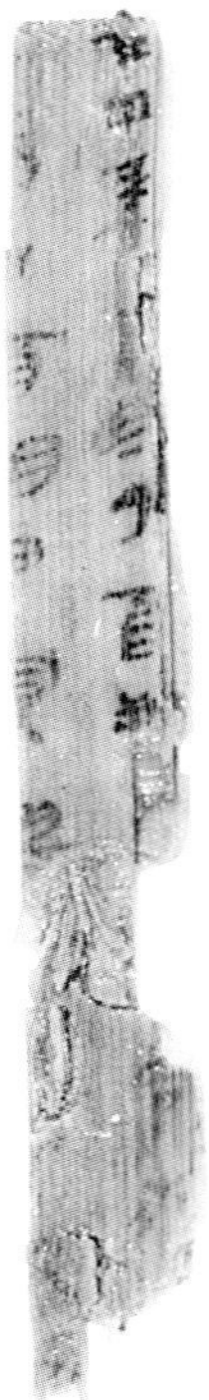
一〇三〇

一〇三一

一〇三二

一〇三三

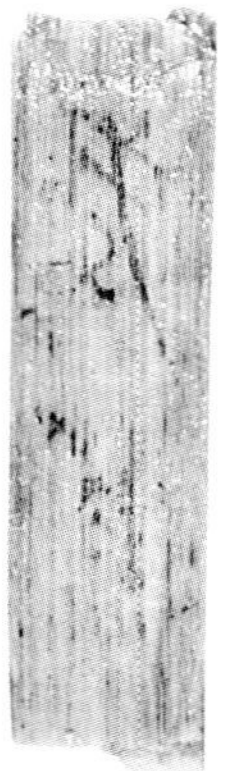
一〇三四

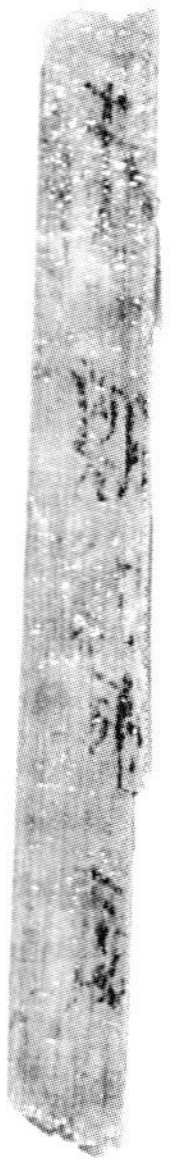
一〇三五

一〇三六

一〇一八、10-1023　一〇一九、10-1024　一〇二〇、10-1025　一〇二一、10-1026　一〇二二、10-1030　一〇二三、10-1027　一〇二四、10-1028
一〇二五、10-1034　一〇二六、10-1029　一〇二七、10-1032　一〇二八、10-1031　一〇二九、10-1033　一〇三〇、10-1035　一〇三一、10-1036
一〇三二、10-1038　一〇三三、10-1037　一〇三四、10-1040　一〇三五、10-1041　一〇三六、10-1039

一〇三七、10-1042　一〇三八、10-1043　一〇三九、10-1045　一〇四〇、10-1044　一〇四一、10-1048　一〇四二、10-1049
一〇四三、10-1046　一〇四四、10-1050　一〇四五、10-1054　一〇四六、10-1051　一〇四七、10-1052　一〇四八、10-1055
一〇四九、10-1058　一〇五〇、10-1047　一〇五一、10-1057　一〇五二、10-1053　一〇五三、10-1056　一〇五四、10-1059

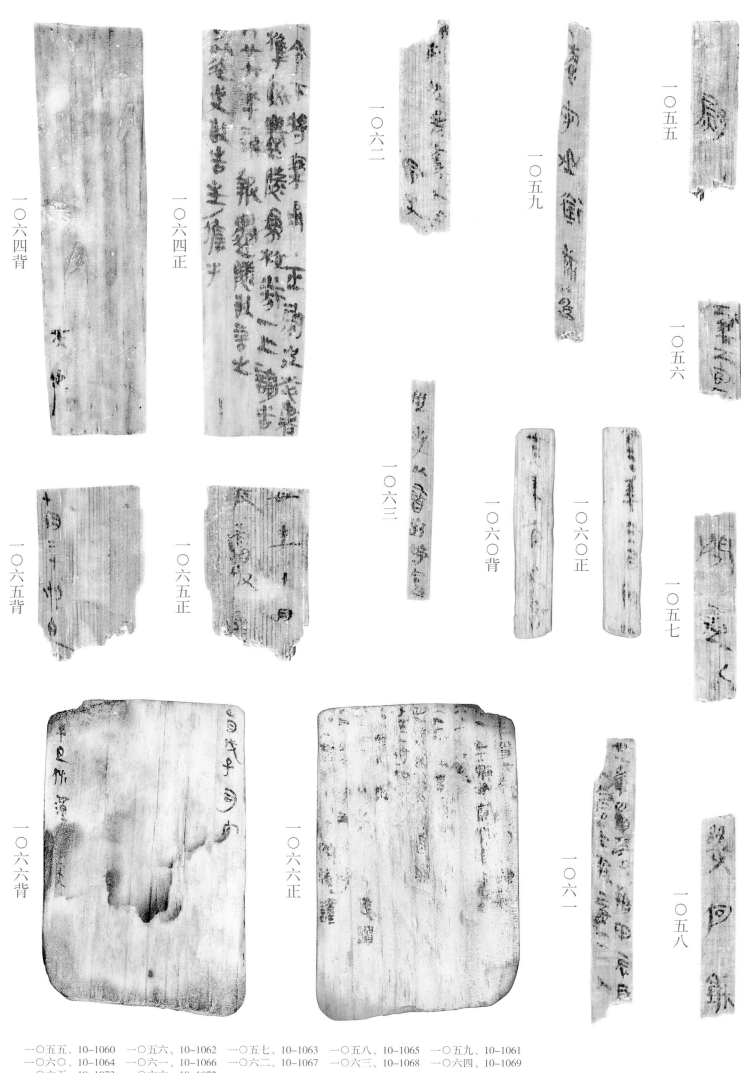

一〇五五

一〇五六

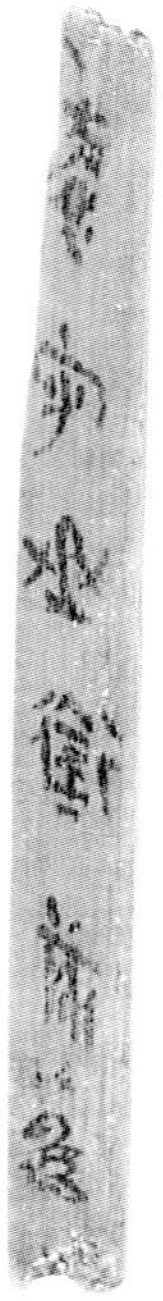
一〇五九

一〇六二

一〇六四正

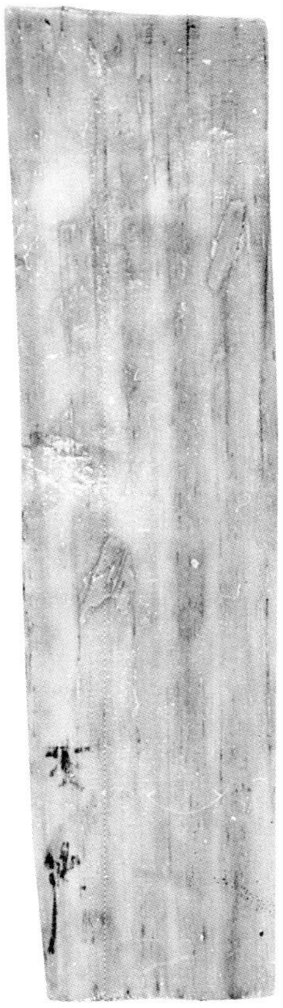
一〇六四背

一〇五七

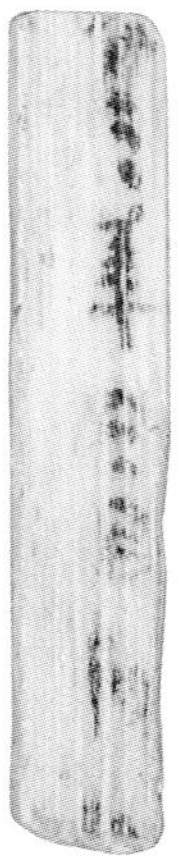
一〇六〇正

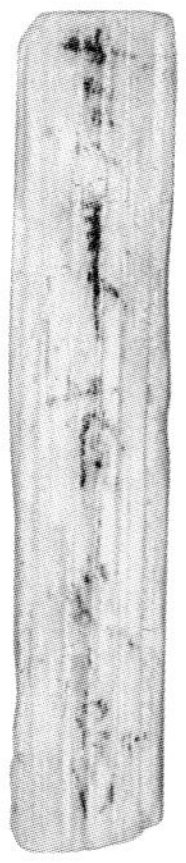
一〇六〇背

一〇六三

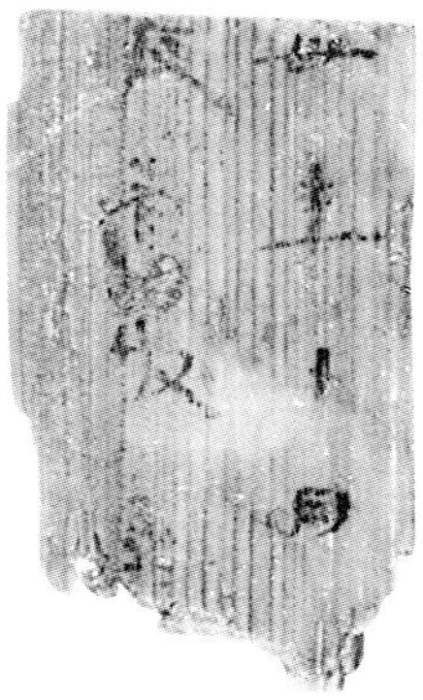
一〇六五正

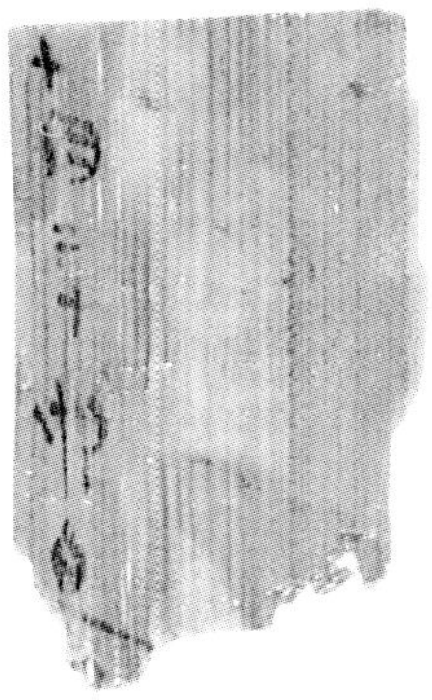
一〇六五背

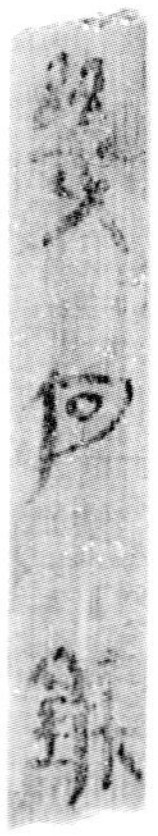
一〇五八

一〇六一

一〇六六正

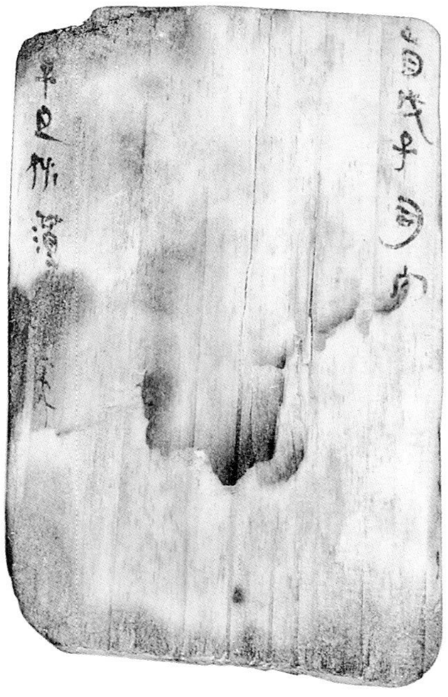
一〇六六背

一〇五五、10-1060　一〇五六、10-1062　一〇五七、10-1063　一〇五八、10-1065　一〇五九、10-1061
一〇六〇、10-1064　一〇六一、10-1066　一〇六二、10-1067　一〇六三、10-1068　一〇六四、10-1069
一〇六五、10-1073　一〇六六、10-1072

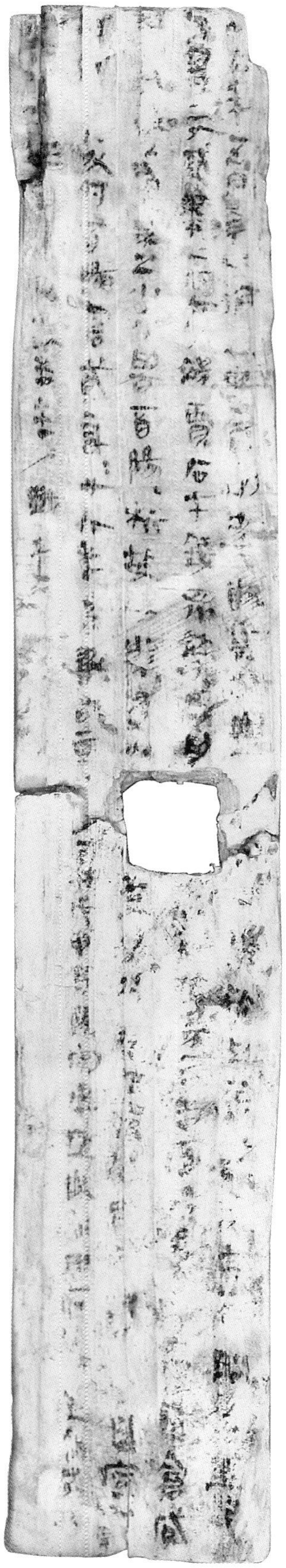
一〇六七正
一〇六八正

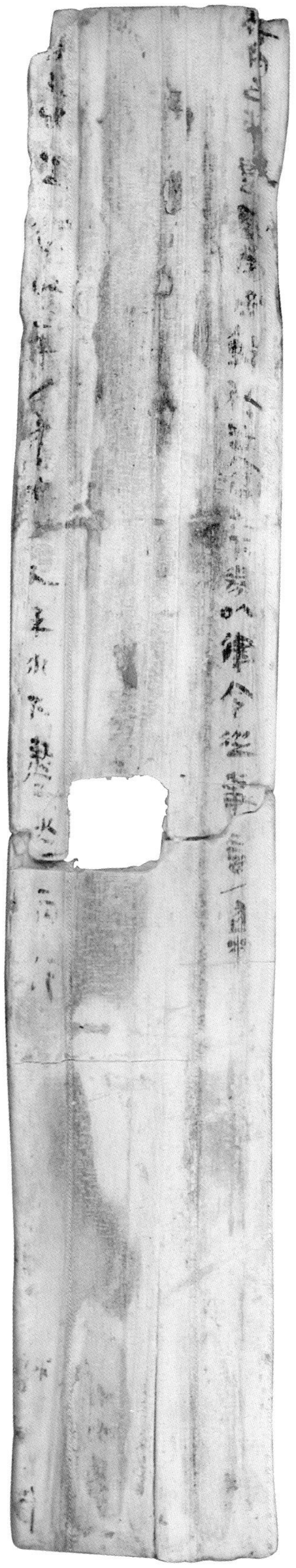
一〇六七背
一〇六八背

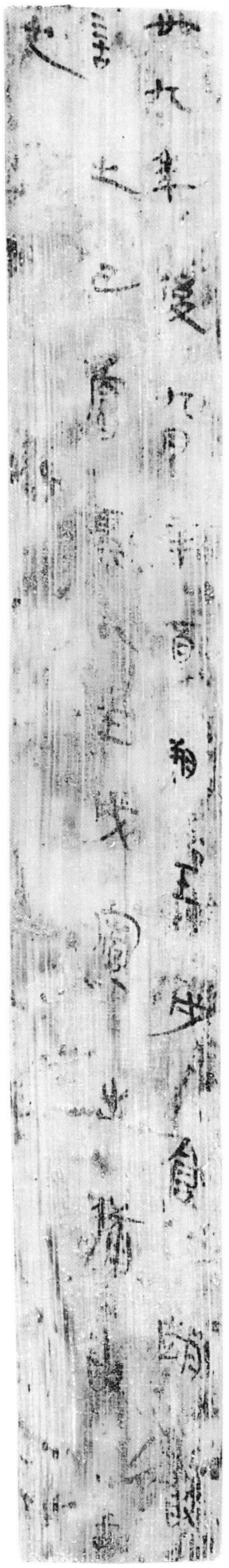
一〇六九正

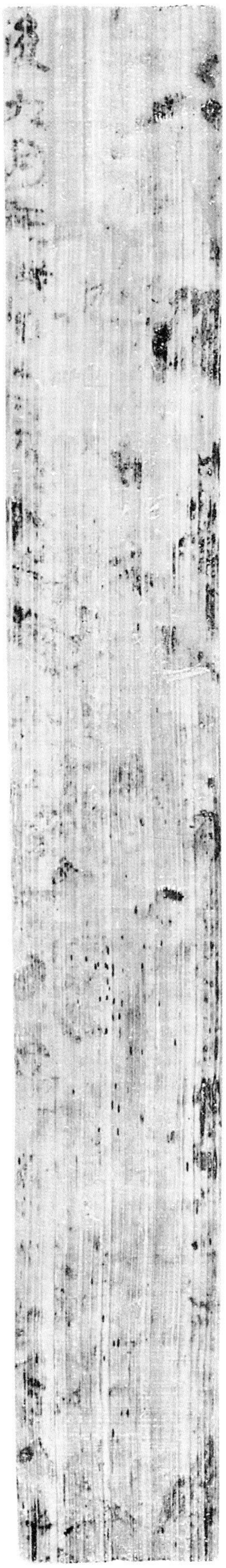
一〇六九背

一〇六七、10-1070　一〇六八、10-1074　一〇六九、10-1071

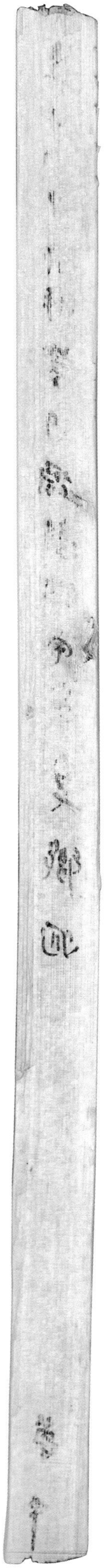
一〇七〇

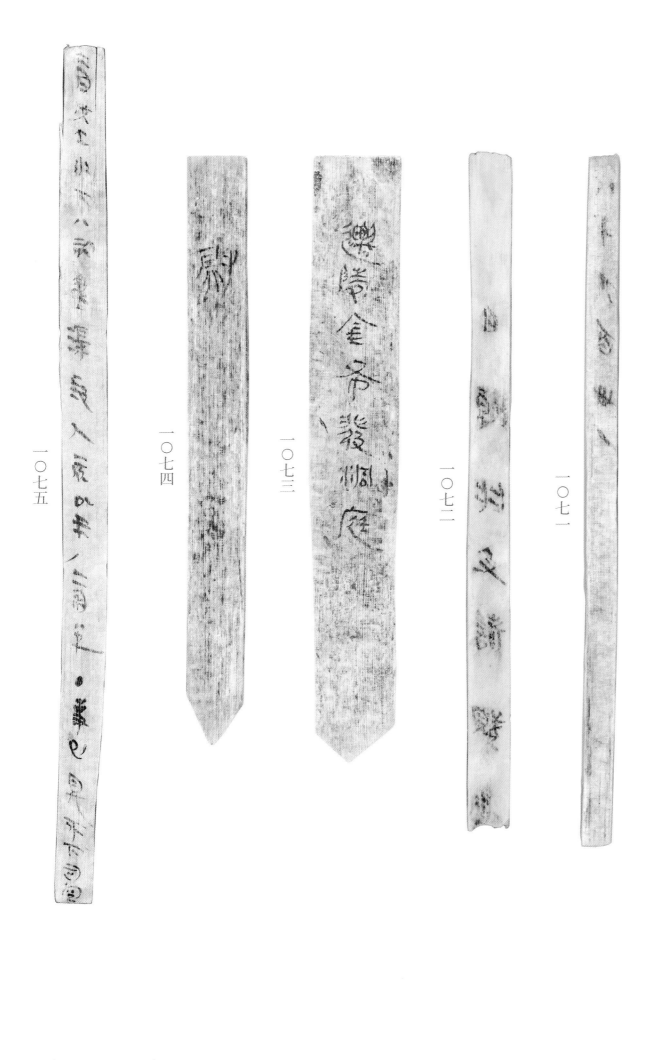

一〇七一

一〇七二

一〇七三

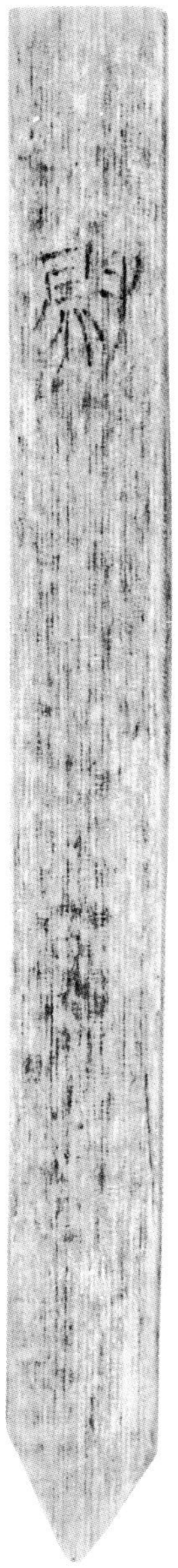
一〇七四

一〇七五

一〇七〇、10-1075　一〇七一、10-1077　一〇七二、10-1078　一〇七三、10-1079　一〇七四、10-1080
一〇七五、10-1076

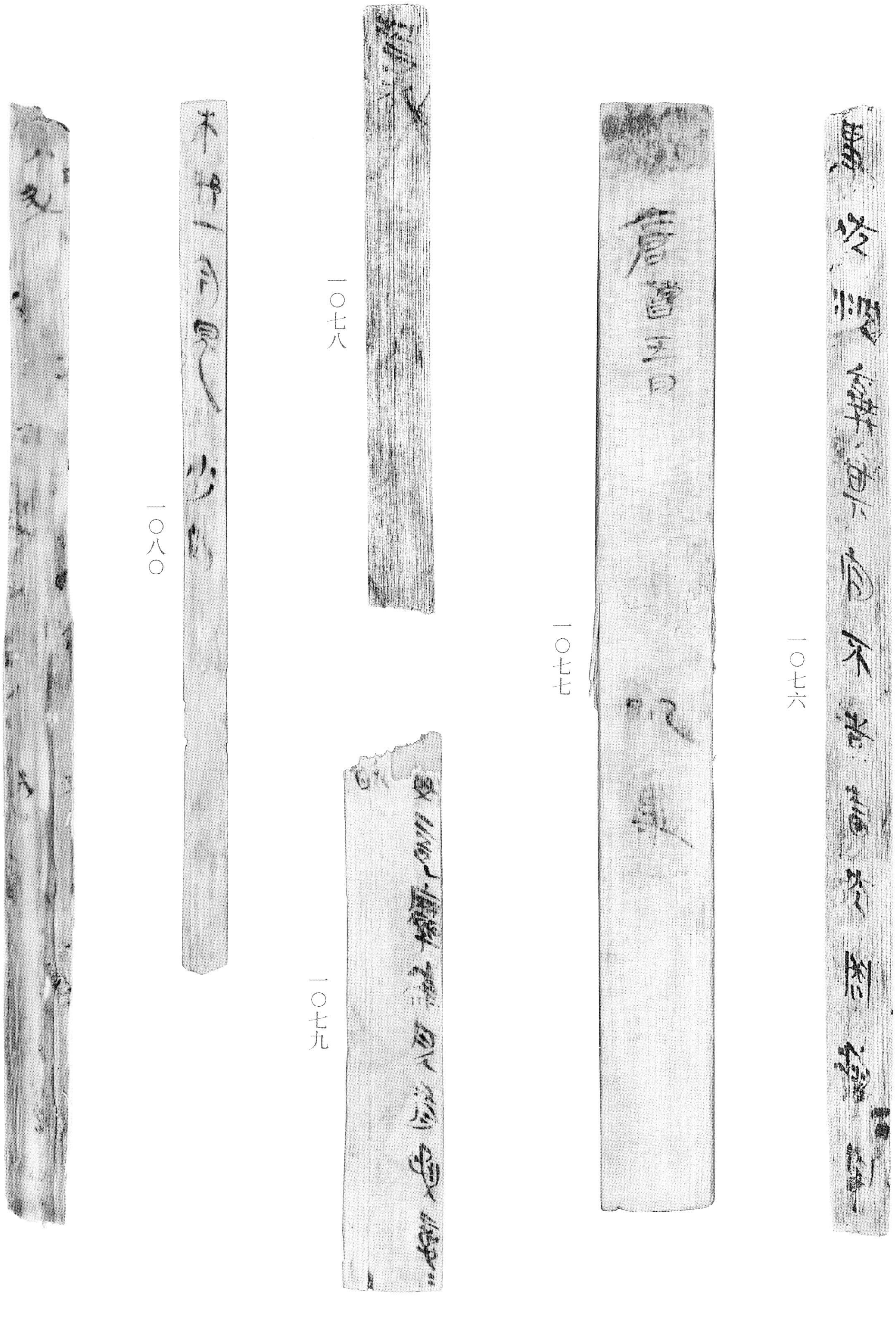

一〇八一 一〇八〇 一〇七八 一〇七九 一〇七七 一〇七六

一〇七六、10-1083 一〇七七、10-1084 一〇七八、10-1081 一〇七九、10-1082 一〇八〇、10-1085
一〇八一、10-1086

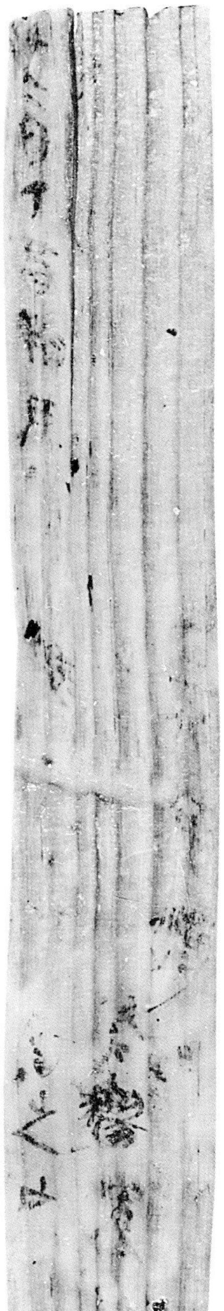
一〇八二正

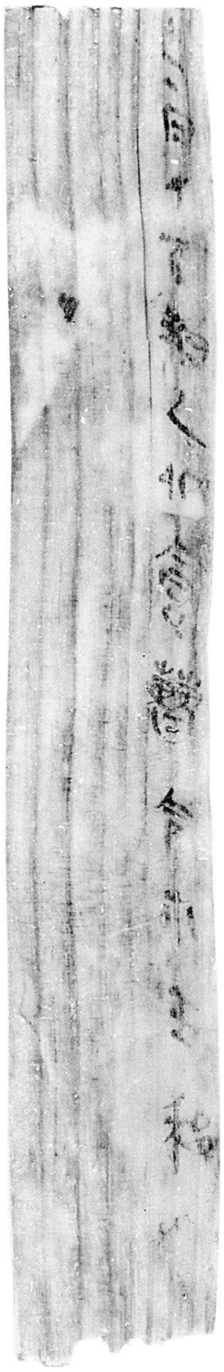
一〇八二背

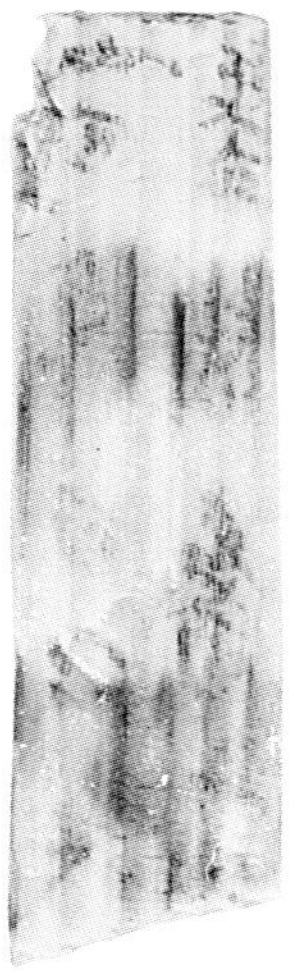
一〇八三正

一〇八三背

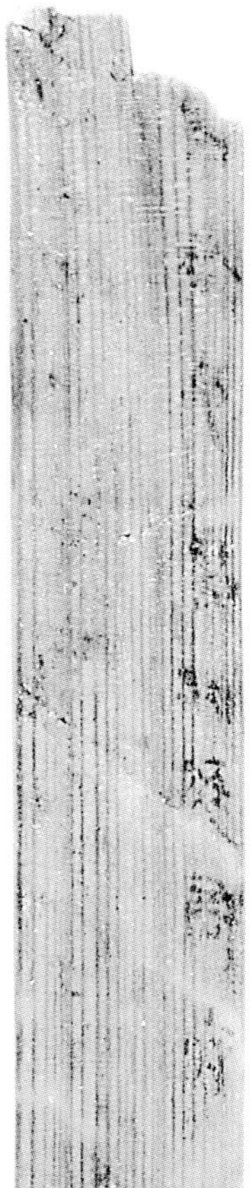
一〇八四正

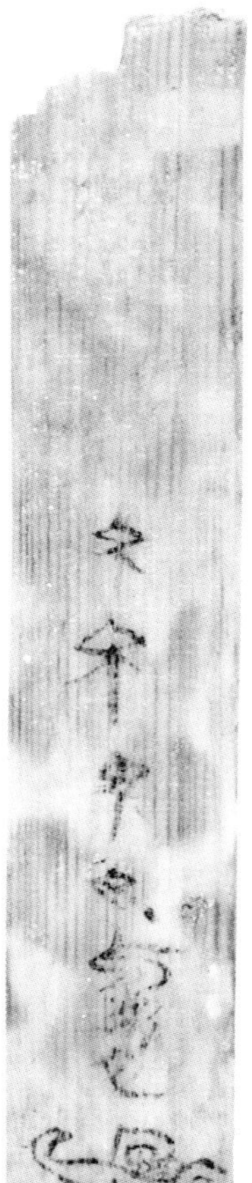
一〇八四背

一〇八二、10-1087　一〇八三、10-1088　一〇八四、10-1089

一〇八六背

一〇八六正

一〇八五背

一〇八五正

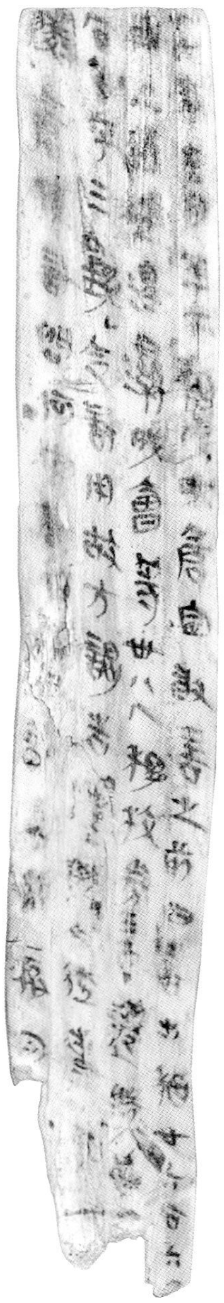

一〇八七背

一〇八八背

一〇八七正

一〇八八正

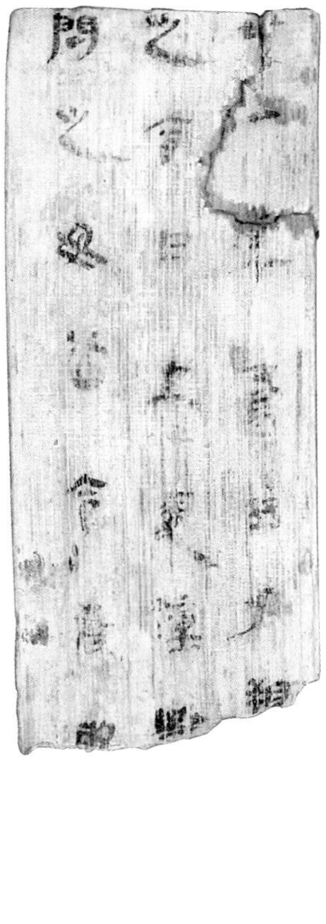

一〇八五、10-1091　一〇八六、10-1090　一〇八七、10-1154　一〇八八、10-1092

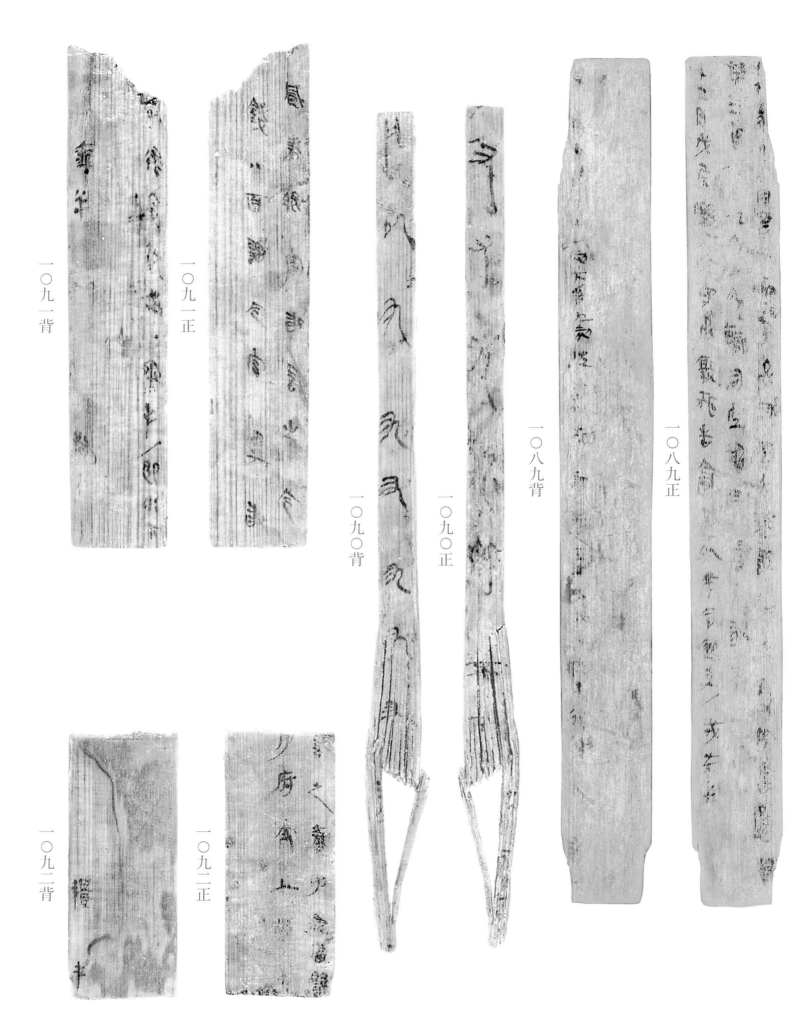

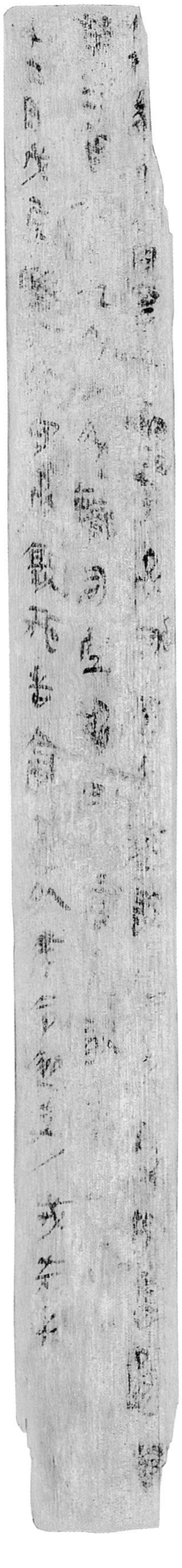
一〇八九正

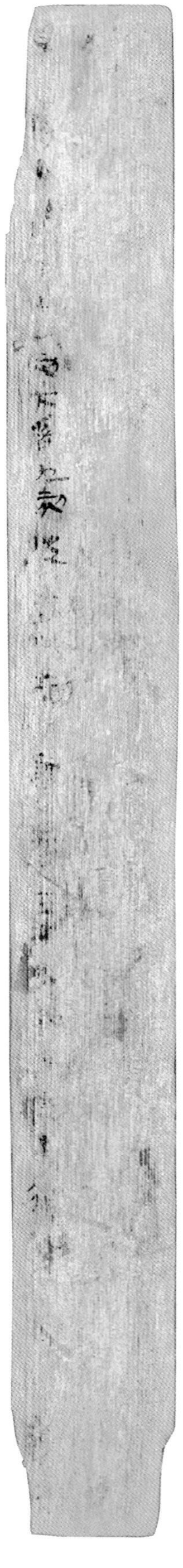
一〇八九背

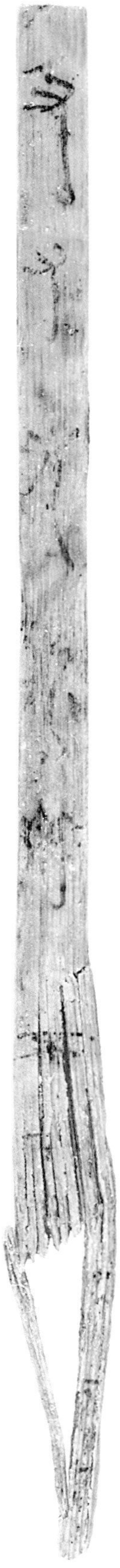
一〇九〇正

一〇九〇背

一〇九一正

一〇九一背

一〇九二正

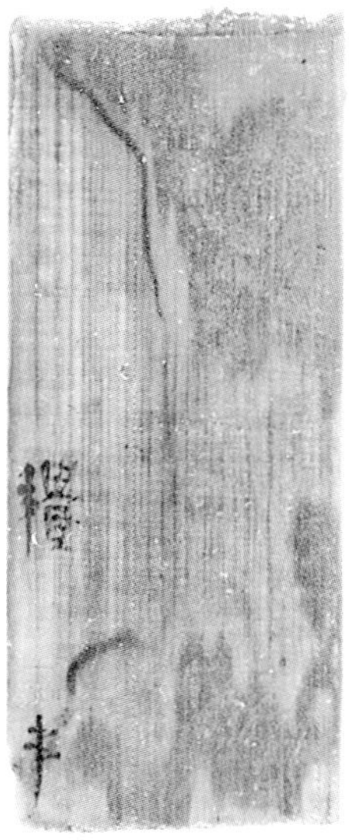
一〇九二背

一〇八九、10-1093　一〇九〇、10-1094　一〇九一、10-1095　一〇九二、10-1096

一〇九三正

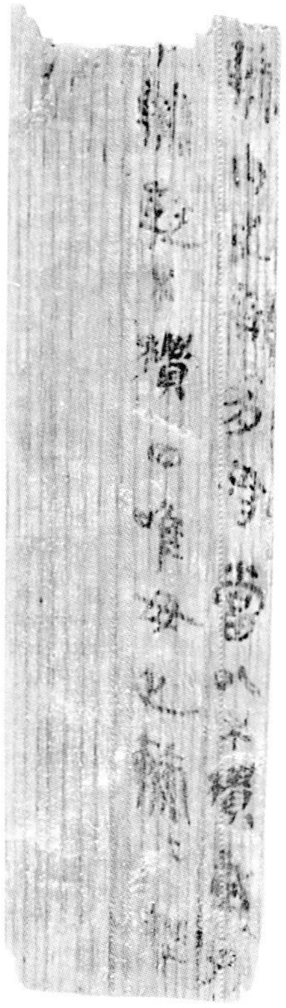
一〇九三背

一〇九五正

一〇九五背

一〇九四正

一〇九四背

一〇九六正

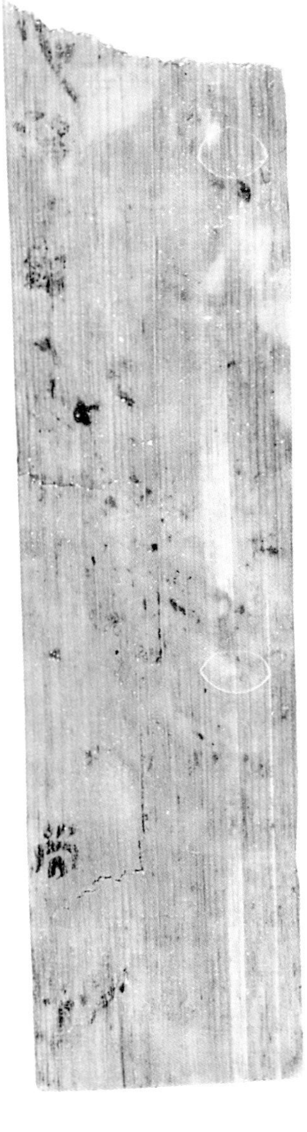
一〇九六背

一〇九三、10-1098　一〇九四、10-1101　一〇九五、10-1100　一〇九六、10-1097

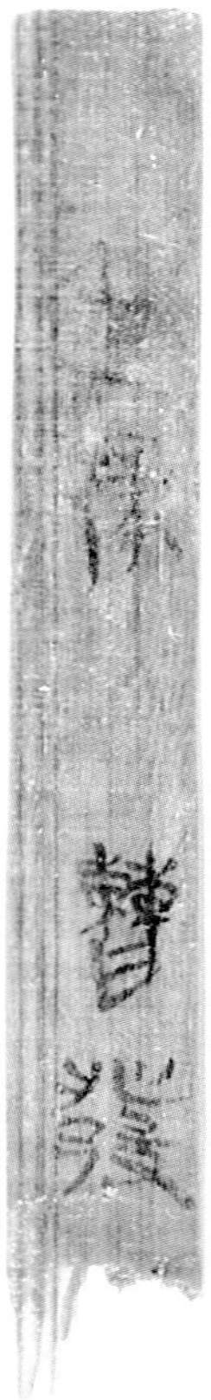
一〇九七背

一〇九七正

一〇九九背

一〇九九正

一〇九八背

一〇九八正

一〇九七、10-1102　一〇九八、10-1105　一〇九九、10-1099

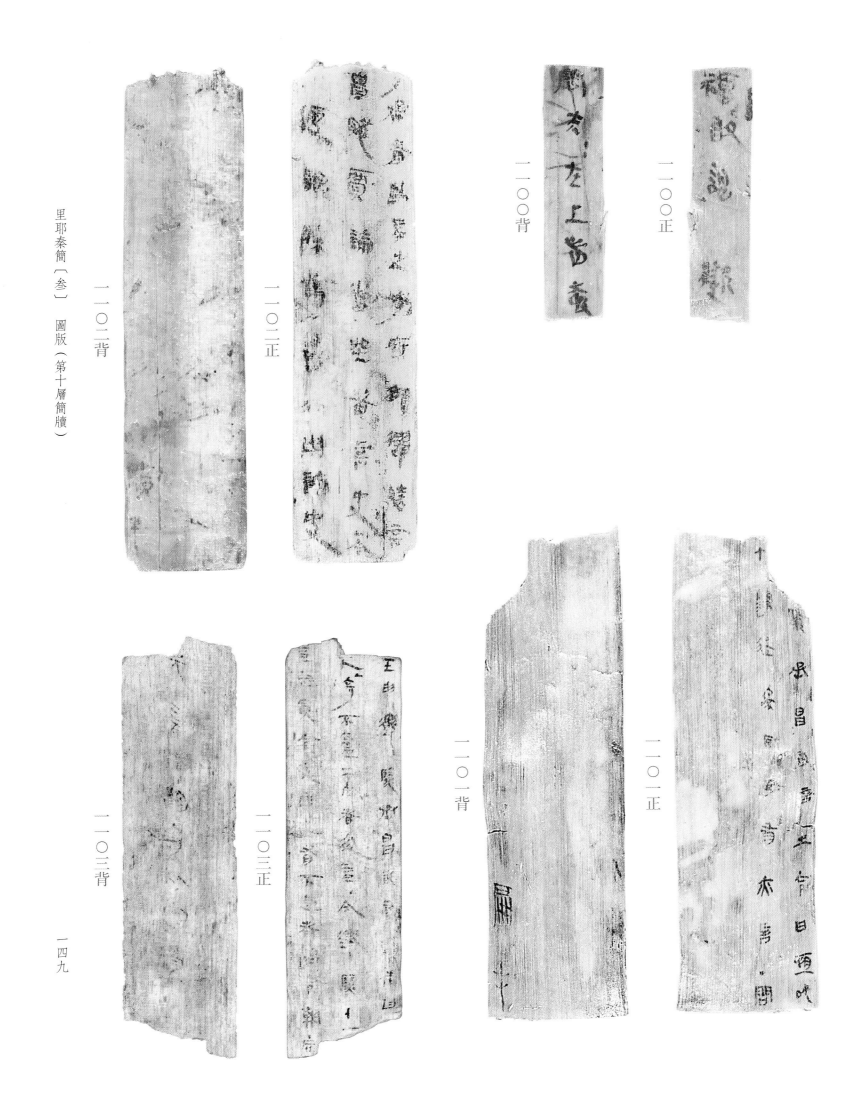

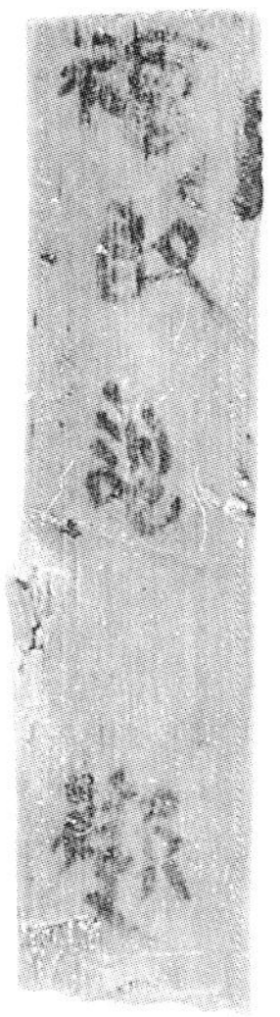

一一〇〇正

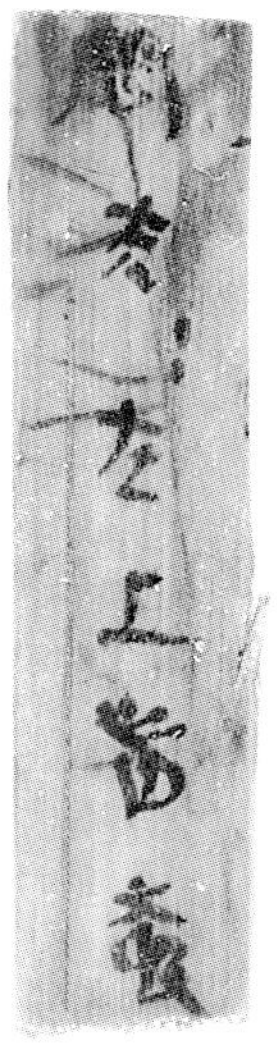

一一〇〇背

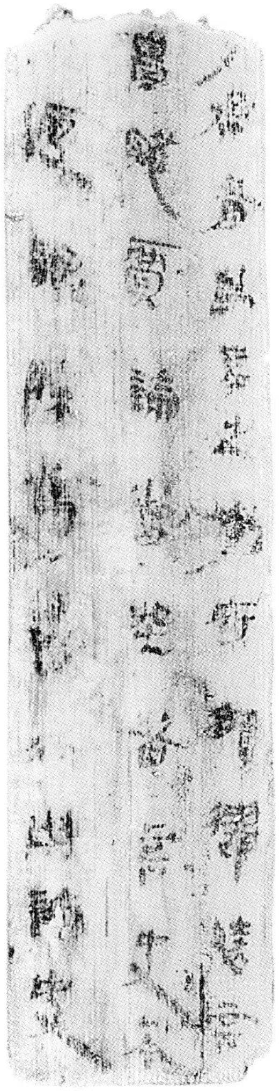

一一〇二正

一一〇二背

一一〇一正

一一〇一背

一一〇三正

一一〇三背

一一〇〇、10-1111　一一〇一、10-1103　一一〇二、10-1106　一一〇三、10-1115

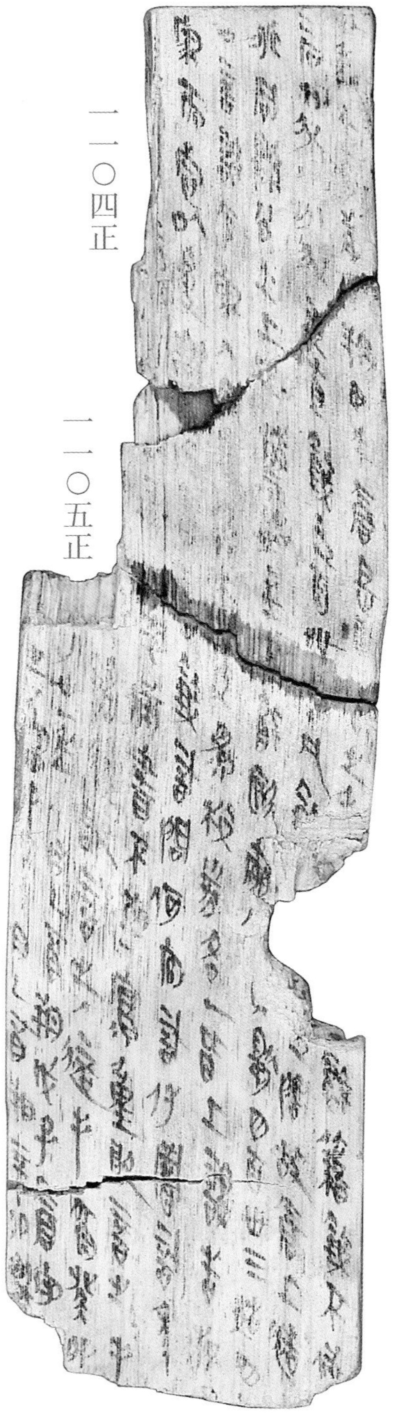

一一〇四正
一一〇五正
一一〇六正

一一〇四背
一一〇五背
一一〇六背

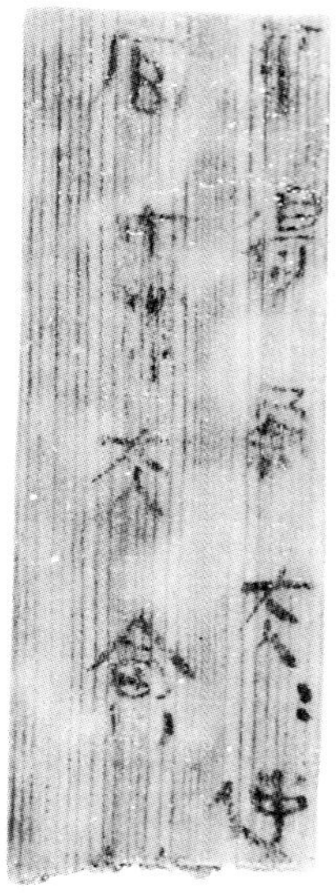

一一〇七正

一一〇七背

一一〇八正

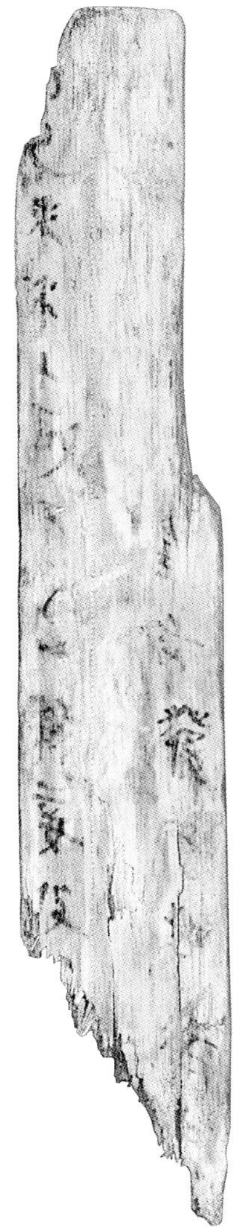

一一〇八背

一一〇四、10-1135　一一〇五、10-1137　一一〇六、10-1104　一一〇七、10-1108　一一〇八、10-1116

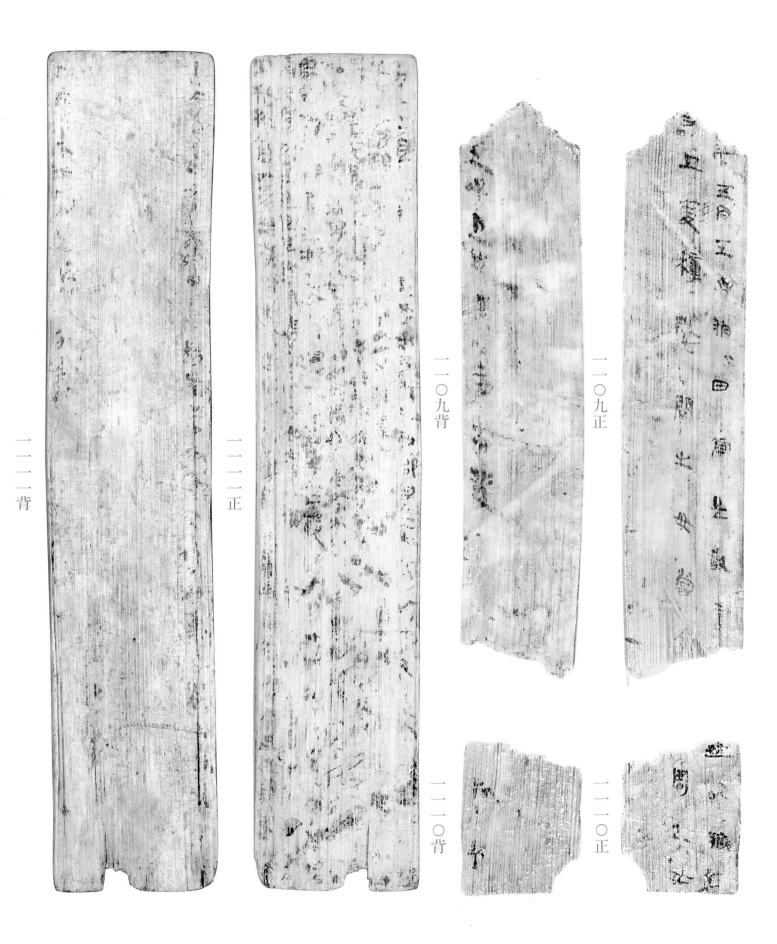

一一一一背

一一一一正

一一〇九背

一一〇九正

一一一〇背

一一一〇正

一一〇九、10-1109　一一一〇、10-1146　一一一一、10-1107

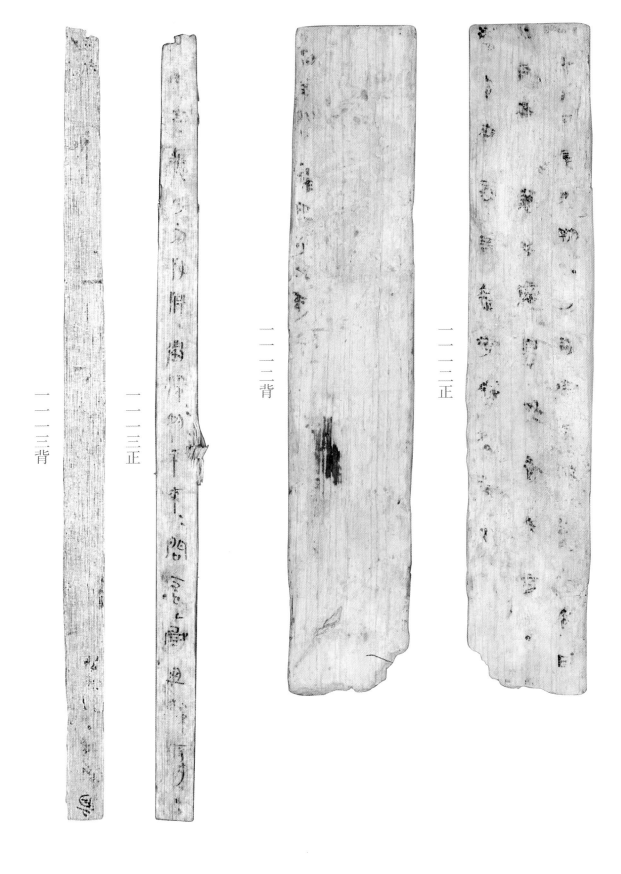

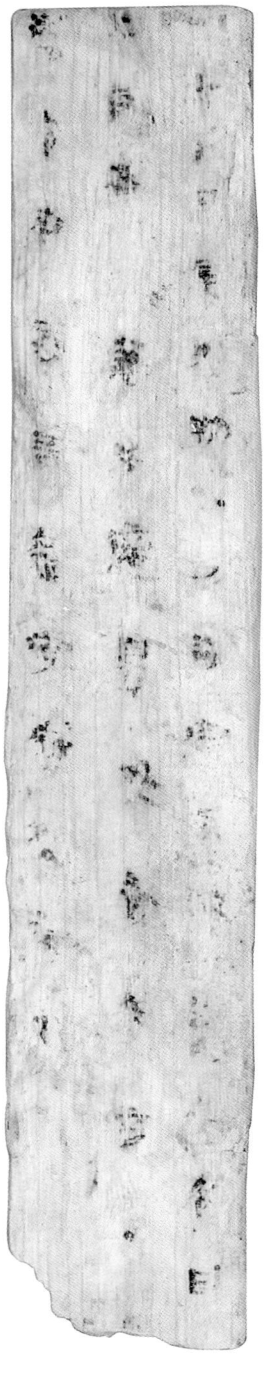

一一一二正

一一一二背

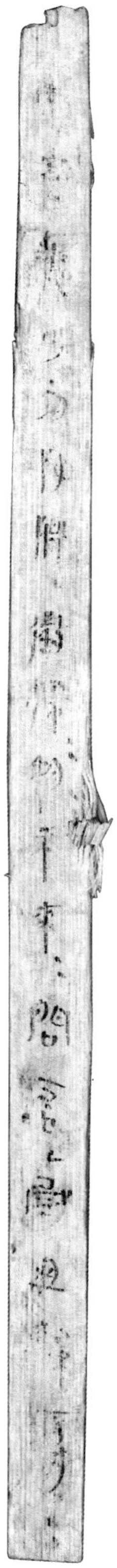

一一一三正

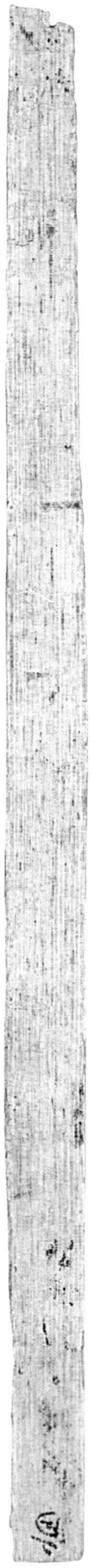

一一一三背

一一一二、10-1110　一一一三、10-1112

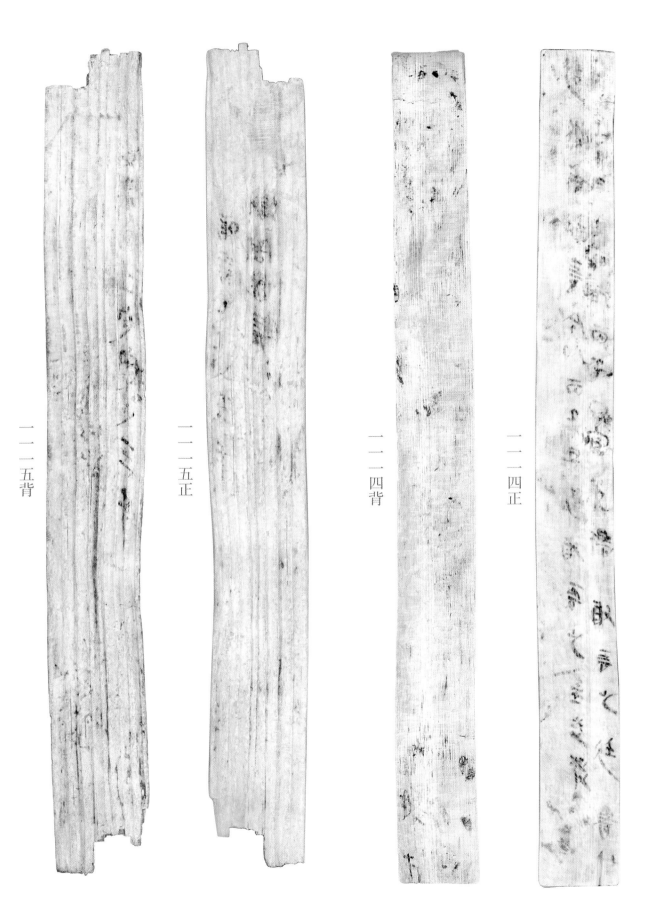

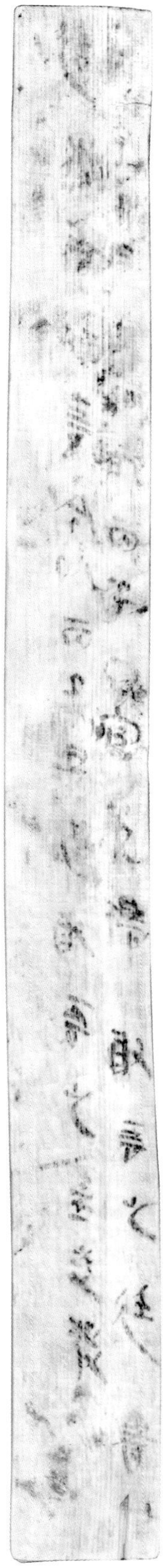

一一一四正

一一一四背

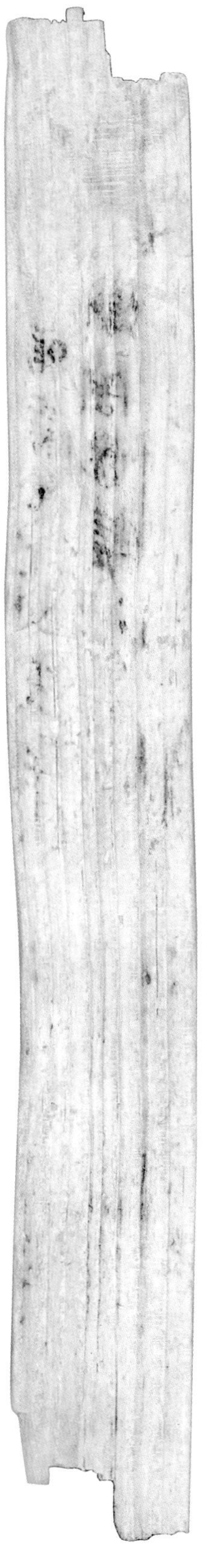

一一一五正

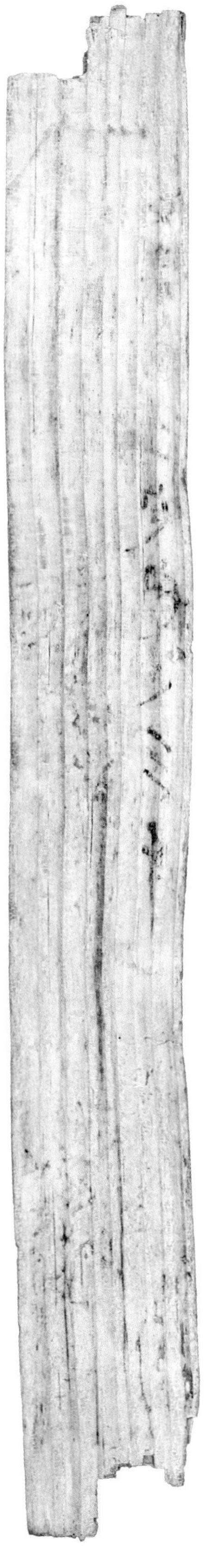

一一一五背

一一一四、10-1113 一一一五、10-1114

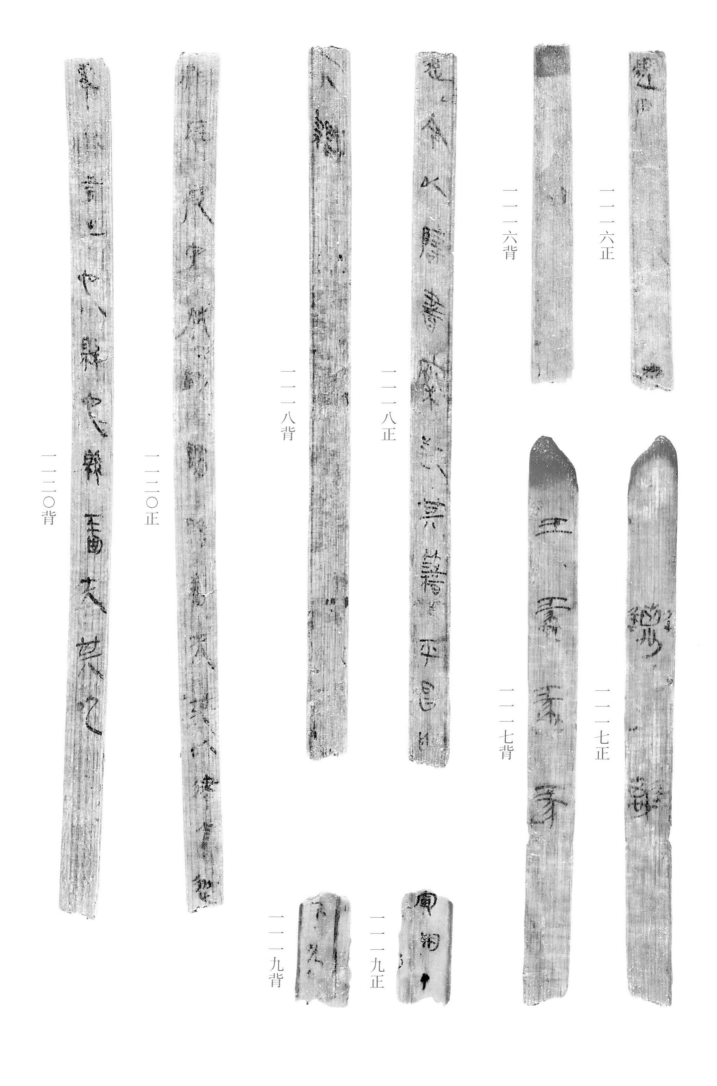

一一一六正

一一一六背

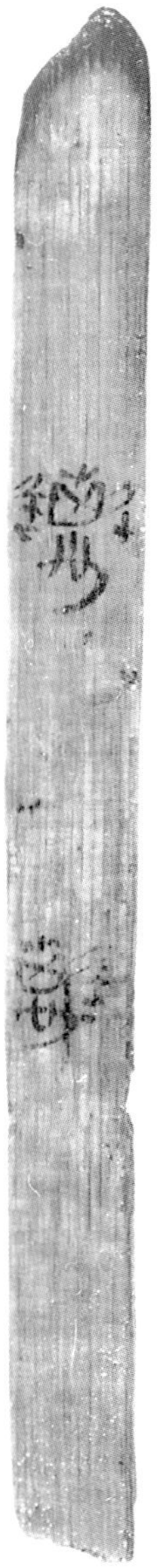
一一一七正

一一一七背

一一一八正

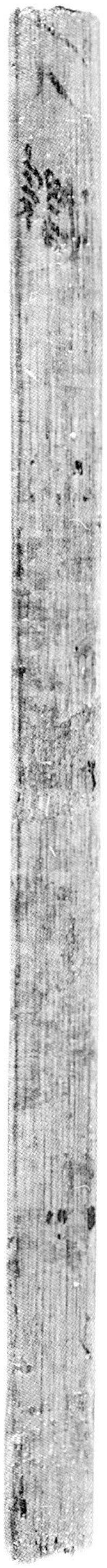
一一一八背

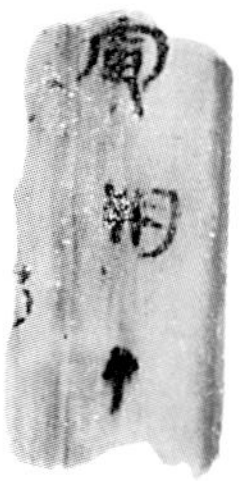
一一一九正

一一一九背

一一二〇正

一一二〇背

一一一六、10-1117　一一一七、10-1118　一一一八、10-1119　一一一九、10-1120　一一二〇、10-1121

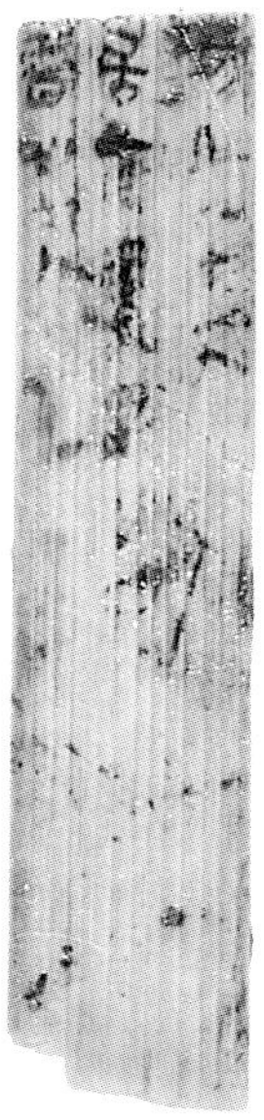
一一二三背

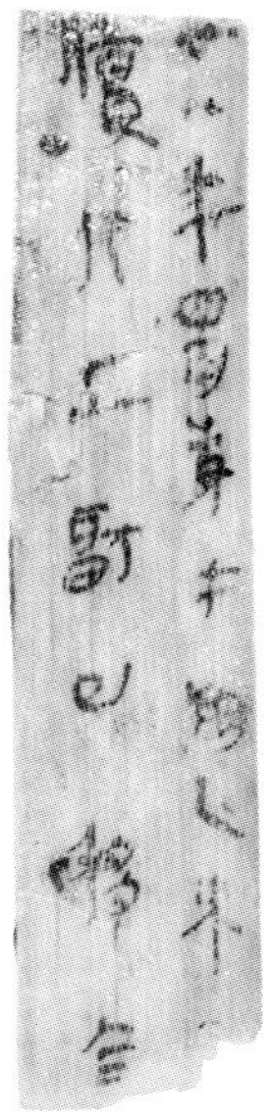
一一二三正

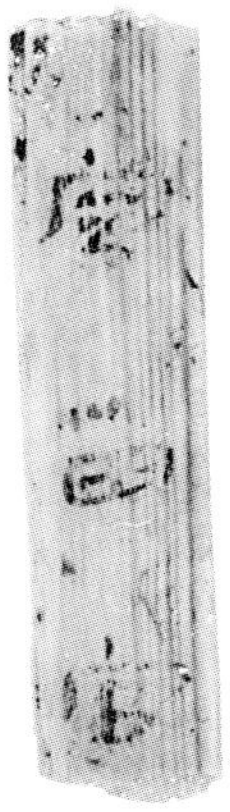
一一二四背

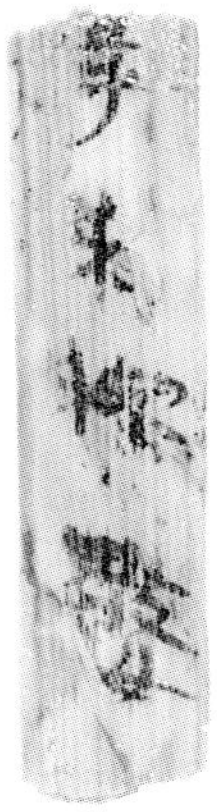
一一二四正

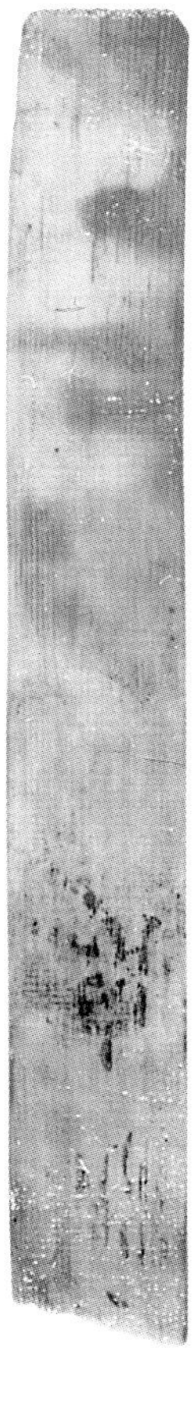
一一二五背

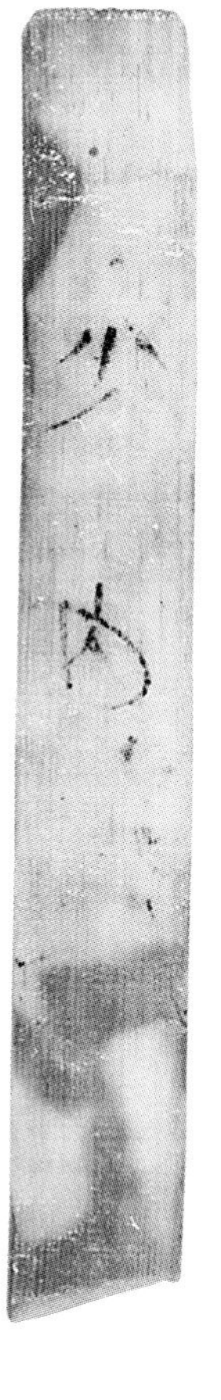
一一二五正

一一二二背

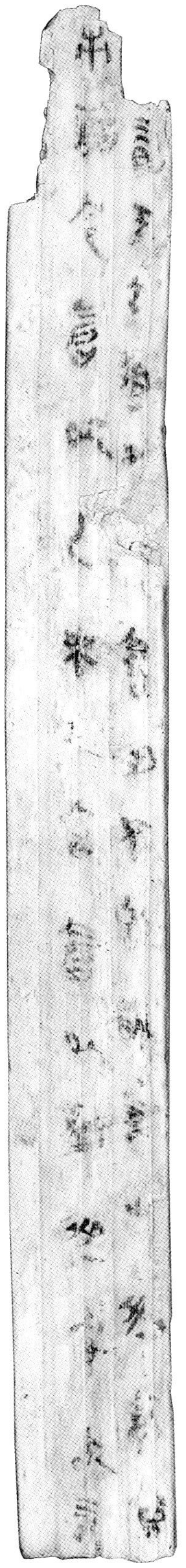
一一二二正

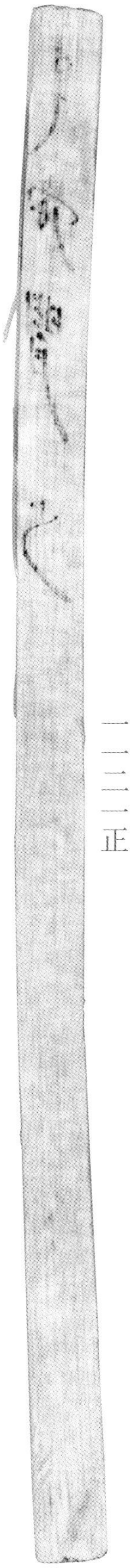
一一二一背

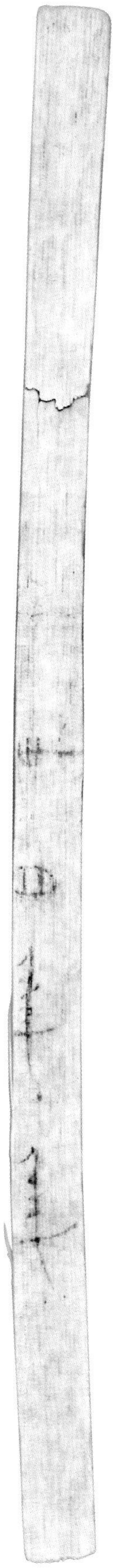
一一二一正

一一二一、10-1122 一一二二、10-1123 一一二三、10-1124 一一二四、10-1125 一一二五、10-1126

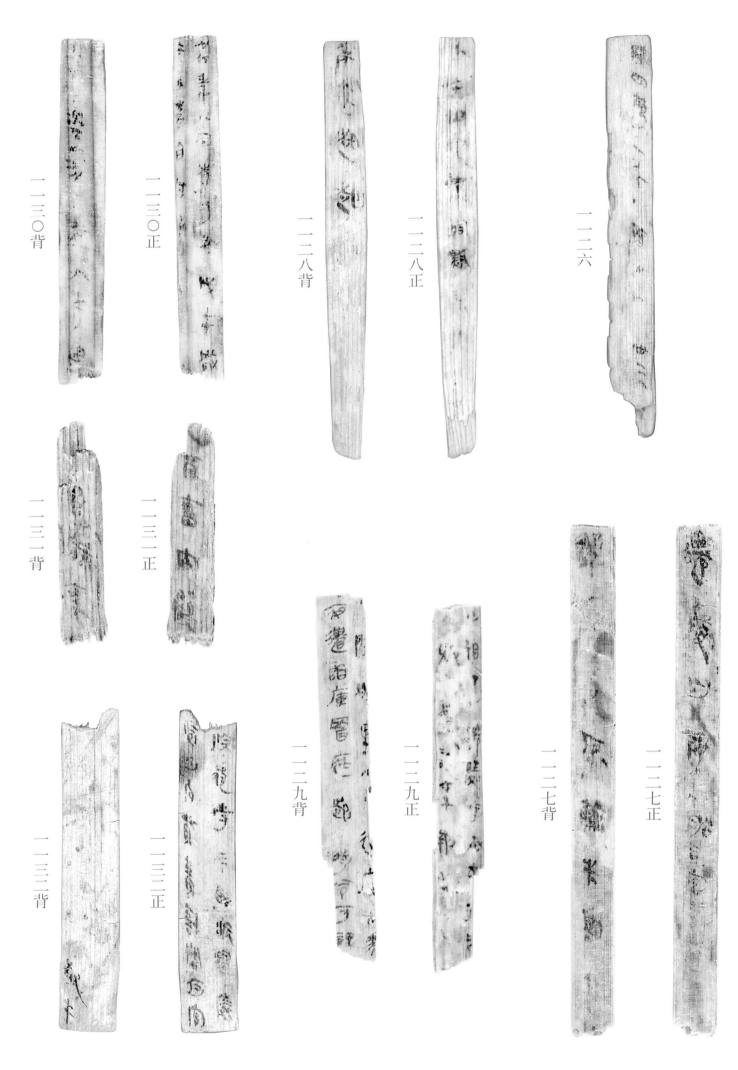

一一三〇背

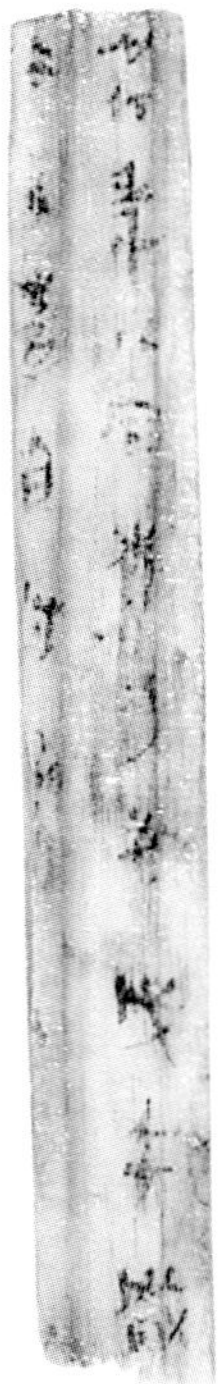
一一三〇正

一一二八背

一一二八正

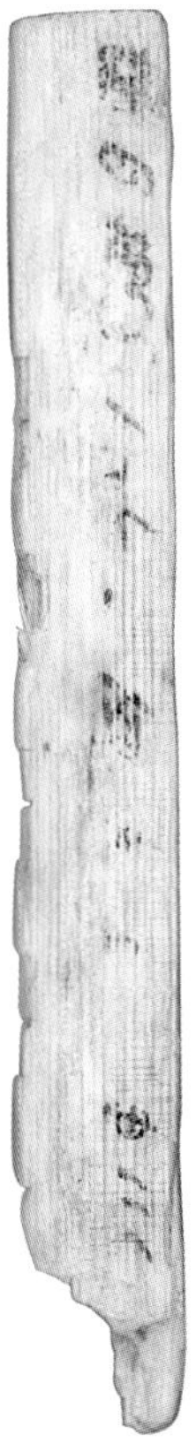
一一二六

一一三一背

一一三一正

一一二九背

一一二九正

一一二七背

一一二七正

一一三二背

一一三二正

一一二六、10-1127　一一二七、10-1128　一一二八、10-1129　一一二九、10-1130　一一三〇、10-1131
一一三一、10-1132　一一三二、10-1133

一一三三正

一一三三背

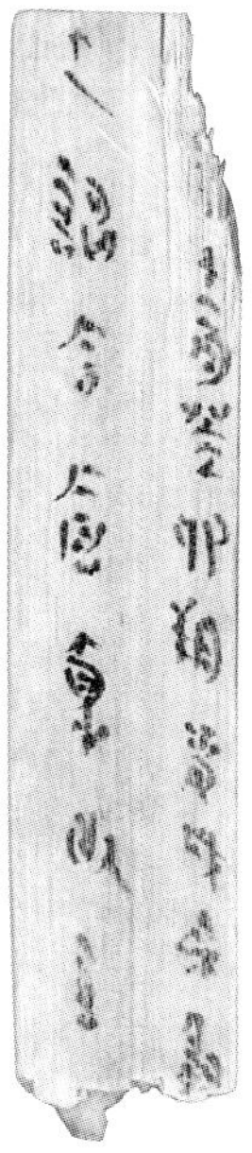
一一三五正

一一三五背

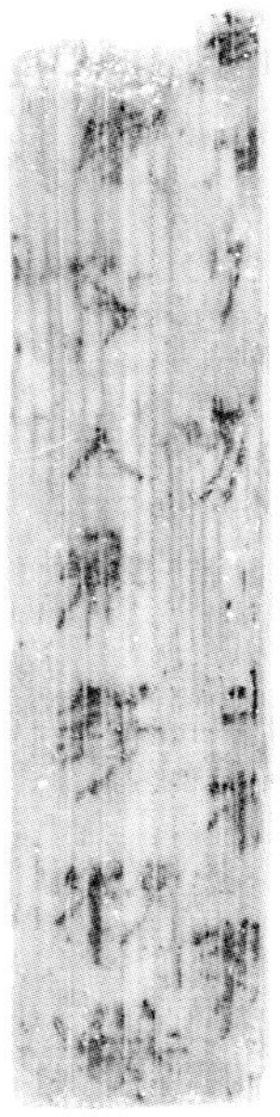
一一三六正

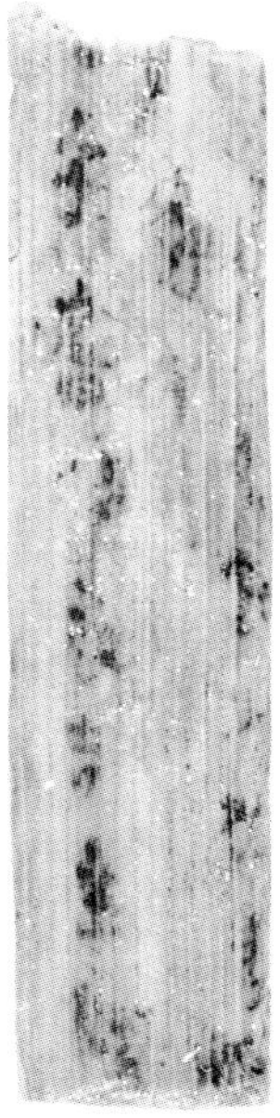
一一三六背

一一三四正

一一三四背

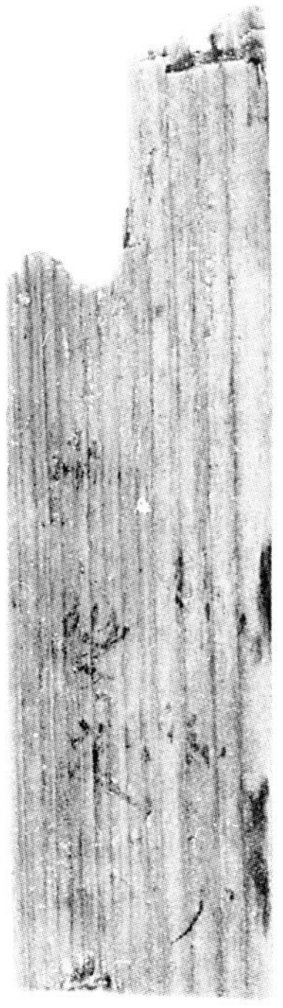
一一三七正

一一三七背

一一三三、10-1134　一一三四、10-1136　一一三五、10-1139　一一三六、10-1142　一一三七、10-1138

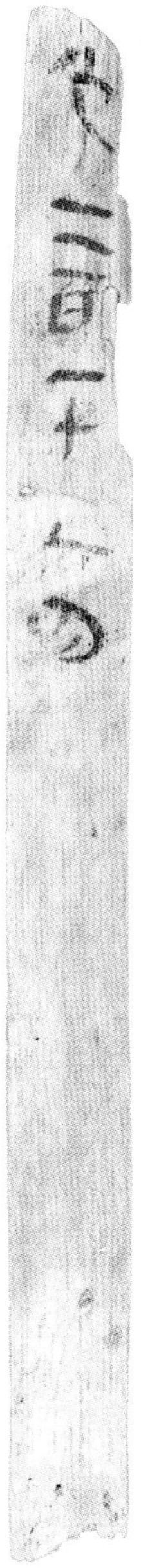

一一三八正

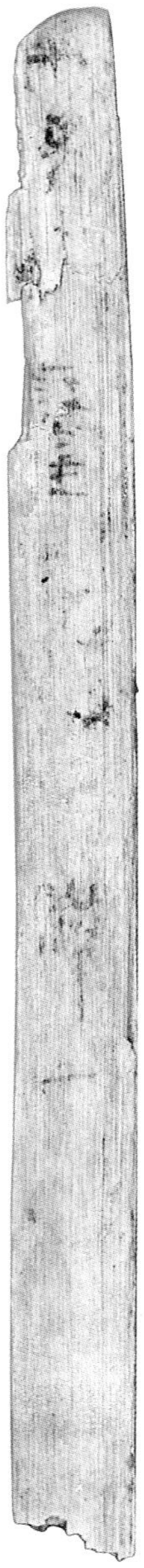

一一三八背

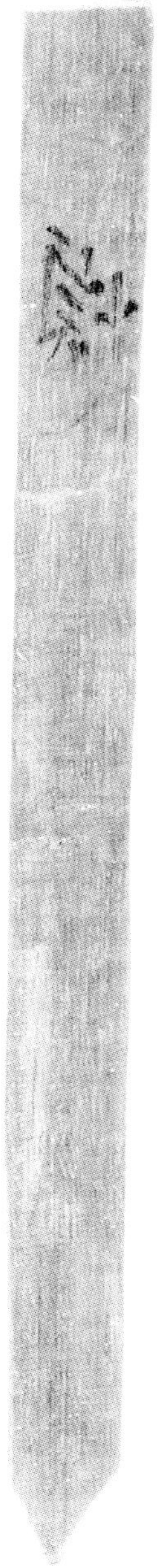

一一四〇正

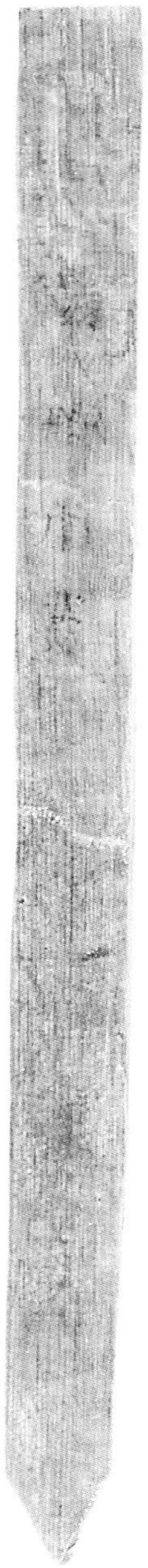

一一四〇背

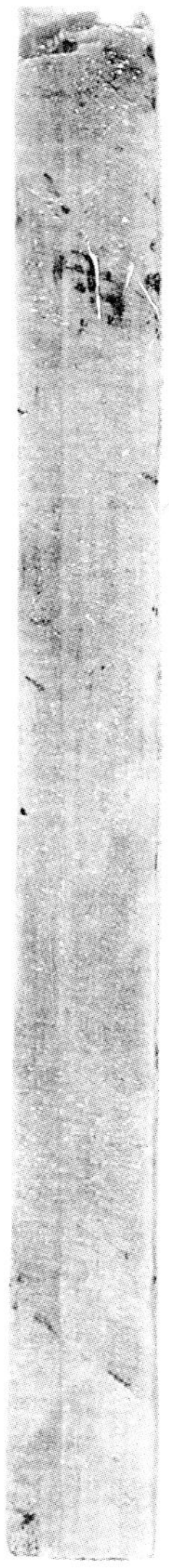

一一四二

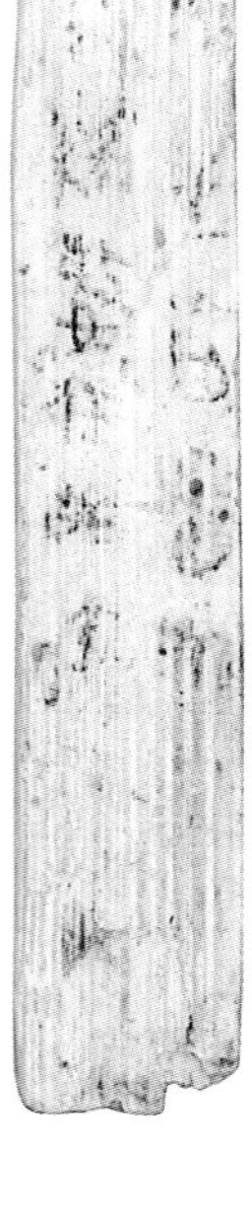

一一三九正

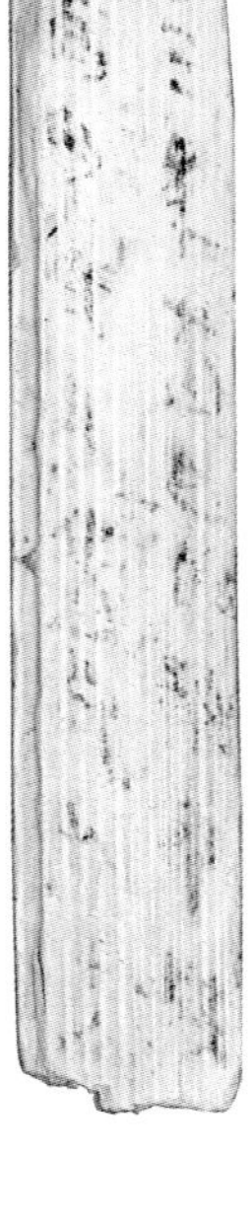

一一三九背

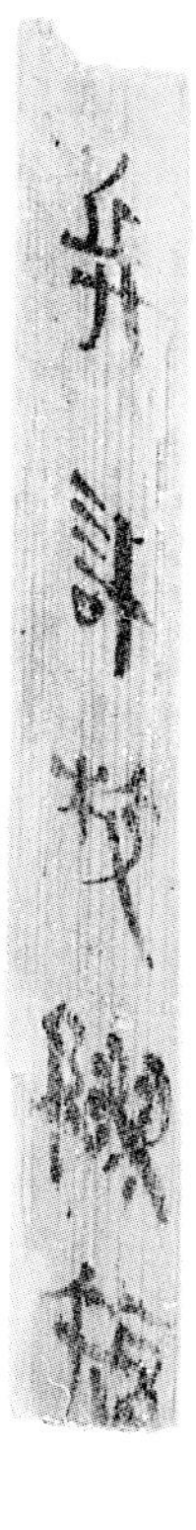

一一四一正

一一四一背

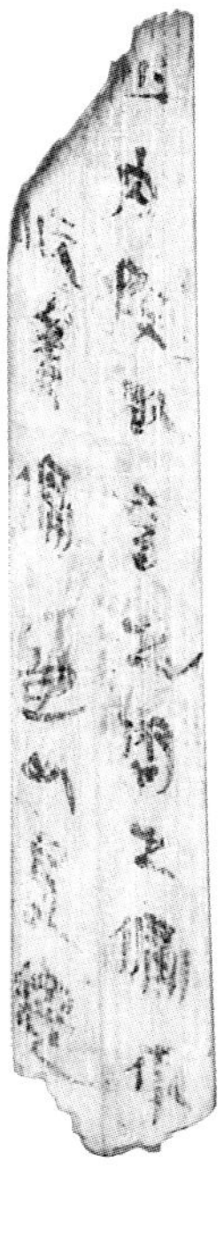

一一四三正

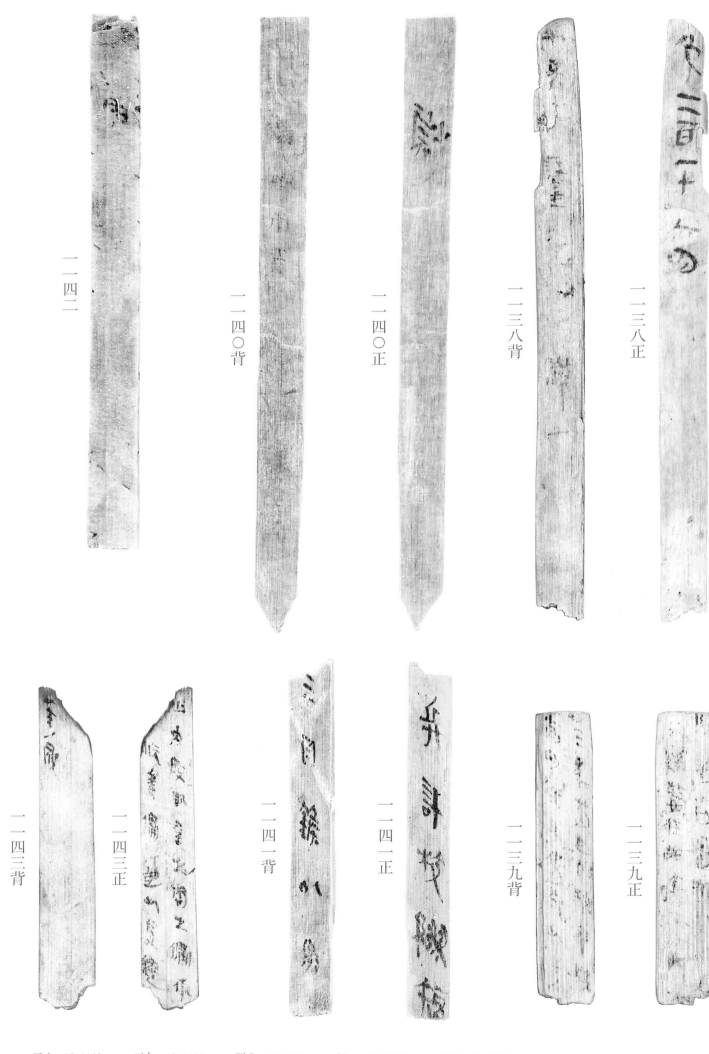

一一四三背

一一三八、10-1140　一一三九、10-1145　一一四〇、10-1141　一一四一、10-1147　一一四二、10-1143
一一四三、10-1148

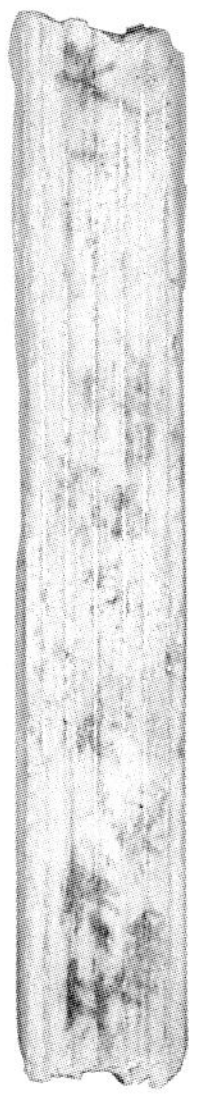
一一四九背

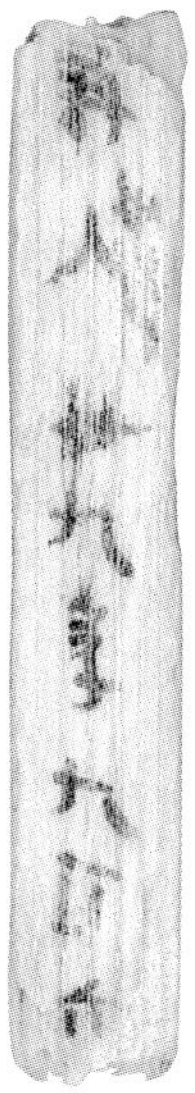
一一四九正

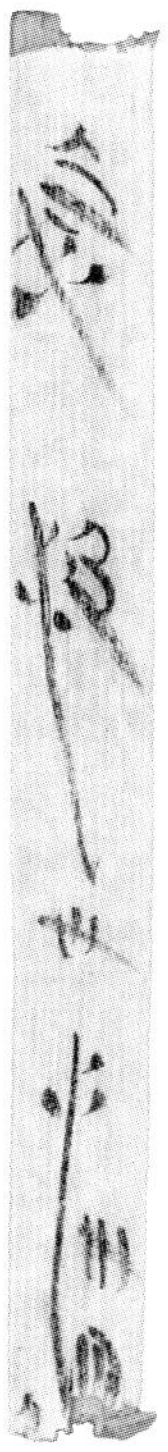
一一四七背

一一四七正

一一四四背

一一四四正

一一五〇背
一一五一背

一一五〇正
一一五一正

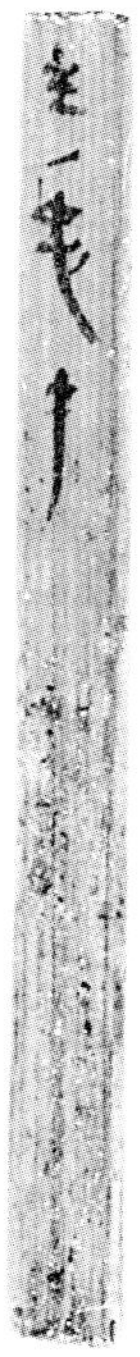
一一四八背

一一四八正

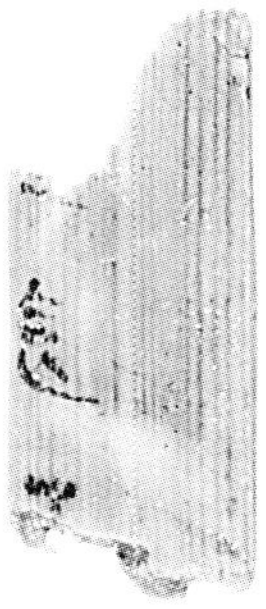
一一四五背

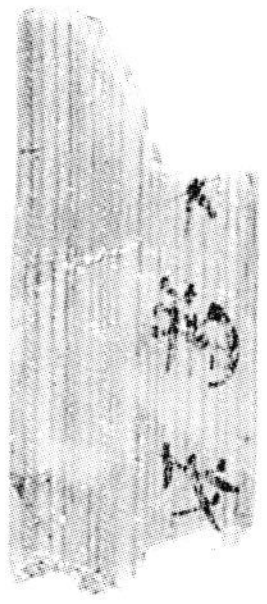
一一四五正

一一四六背

一一四六正

一一四四、10-1144　一一四五、10-1152　一一四六、10-1149　一一四七、10-1150　一一四八、10-1151
一一四九、10-1153　一一五〇、10-1155　一一五一、10-1156

一一五二上

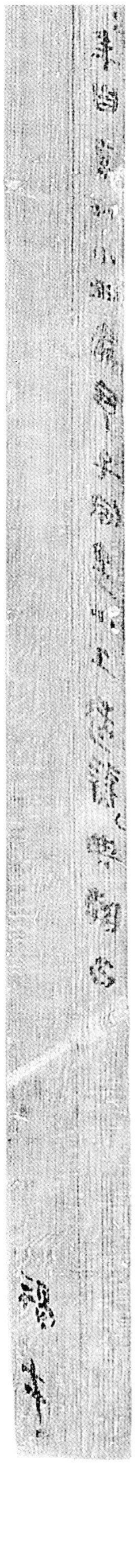

一一五二下

一一五三上

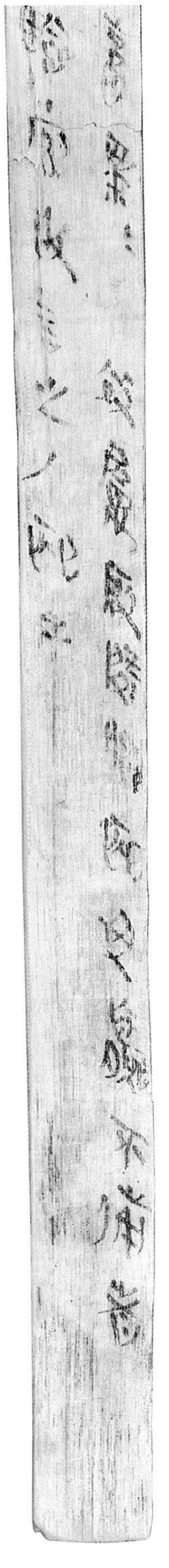

一一五三下

一一五二、10-1157　一一五三、10-1159

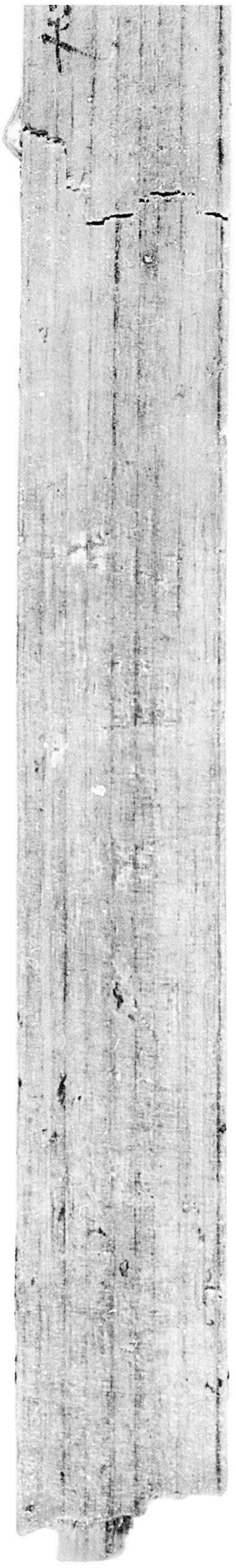

一一五四背下

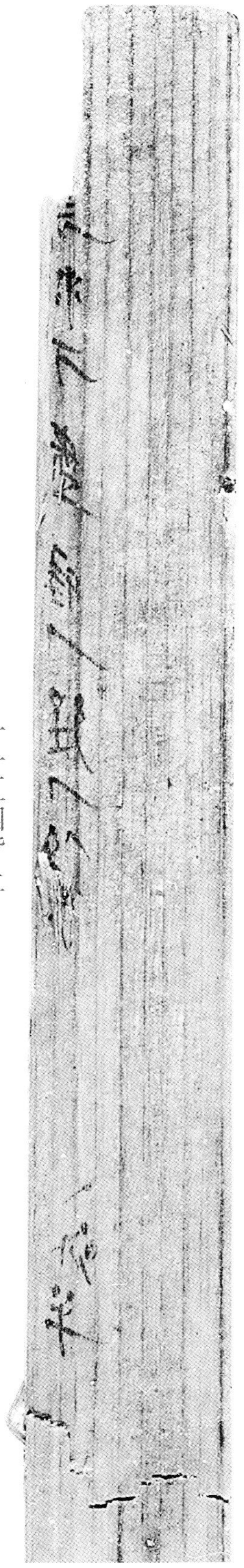

一一五四背上

一一五四正下

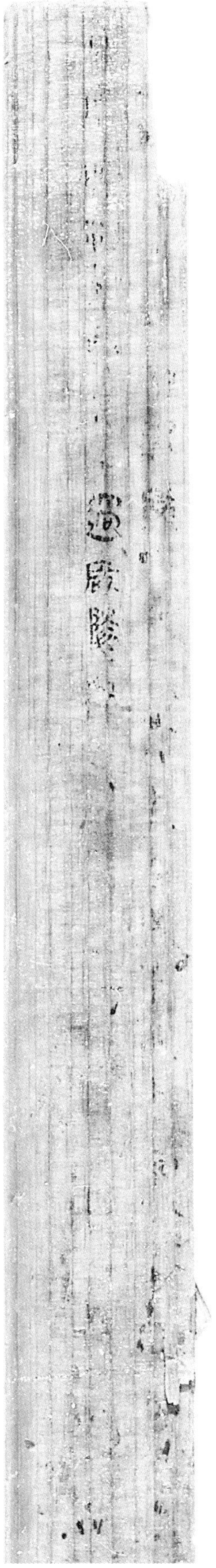

一一五四正上

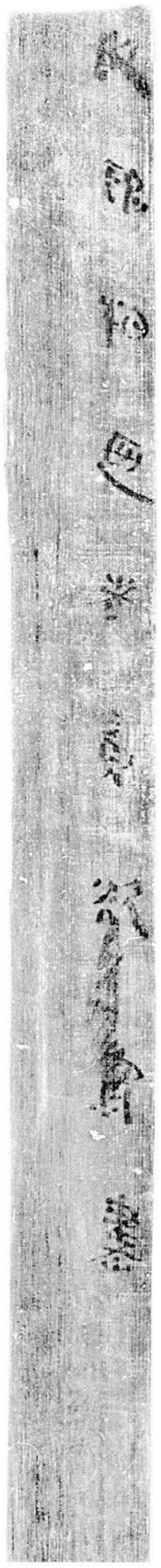

一一五五上

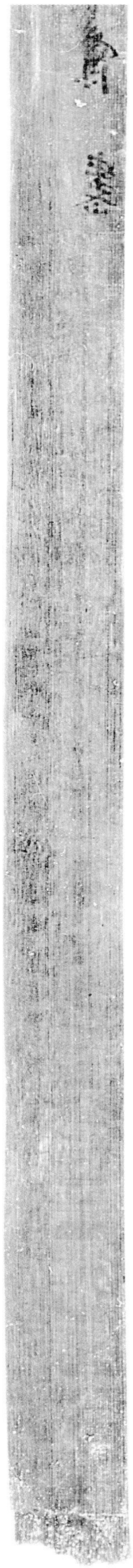

一一五五下

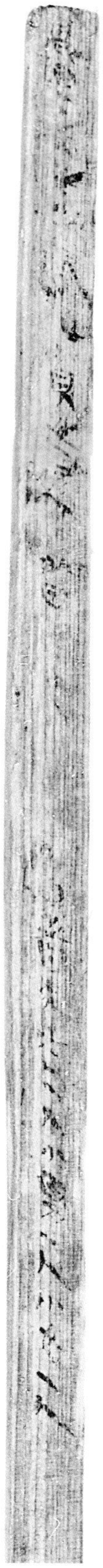

一一五六上

一一五六下

一一五五、10–1162　一一五六、10–1163

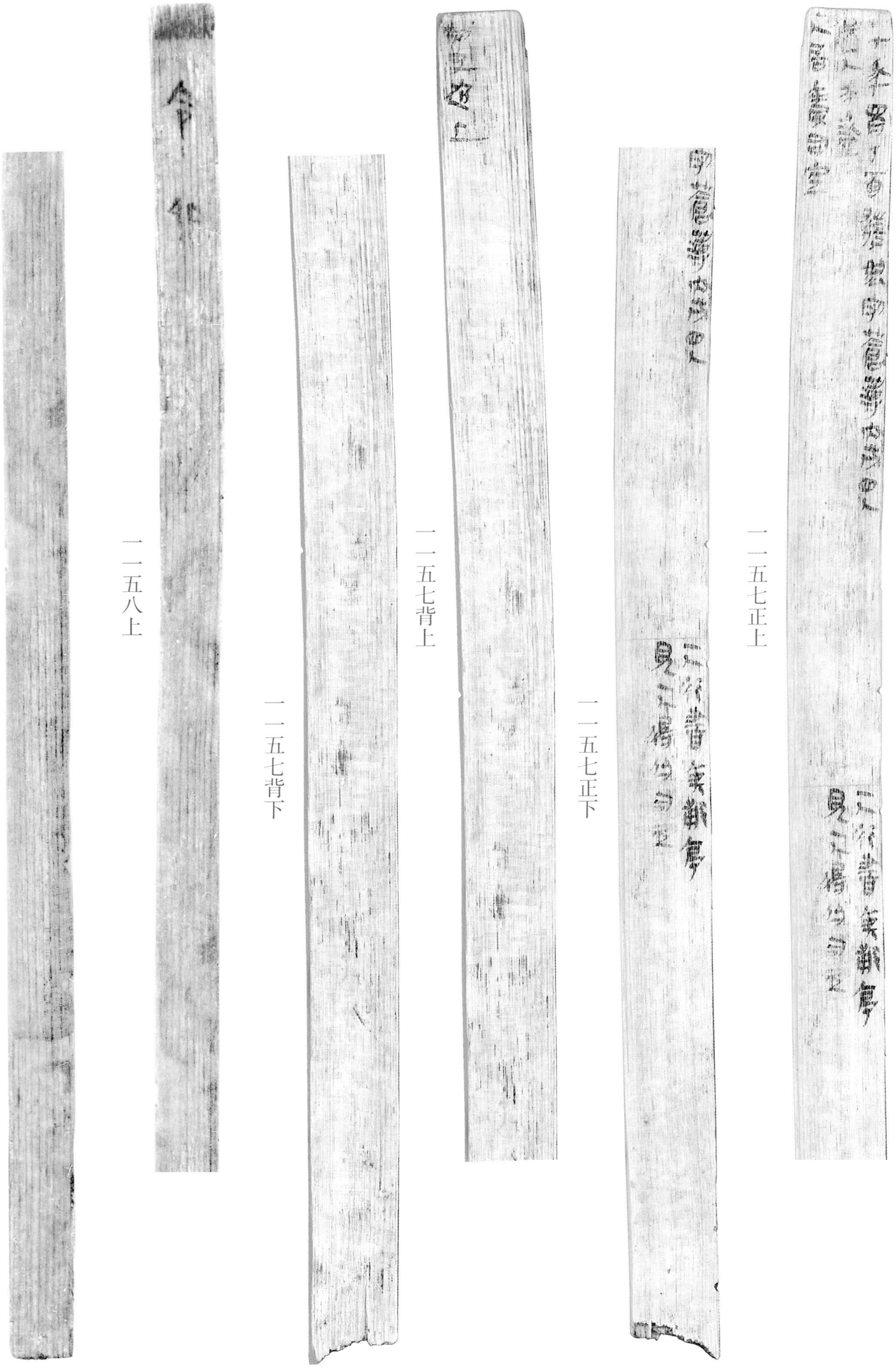

一一五八下

一一五八上

一一五七背下

一一五七背上

一一五七正下

一一五七正上

一一五七、10-1160　一一五八、10-1164

一一五九上

一一五九下

一一六〇

一一六一上

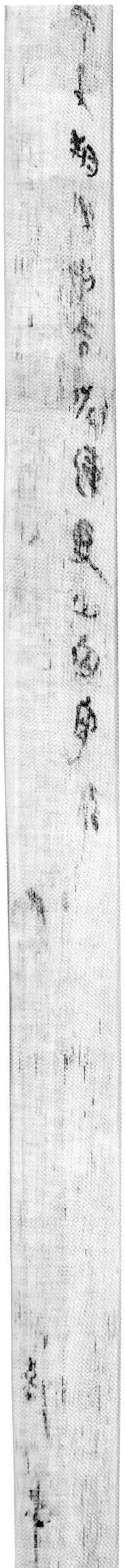

一一六一下

一一五九、10–1165　一一六〇、10–1167　一一六一、10–1166

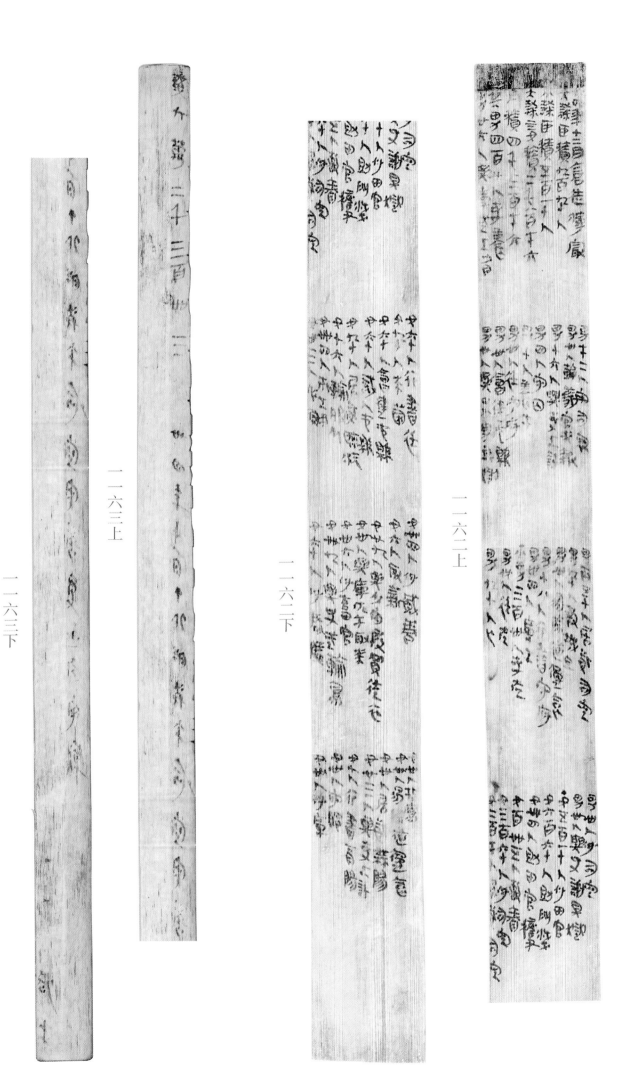

一一六三下

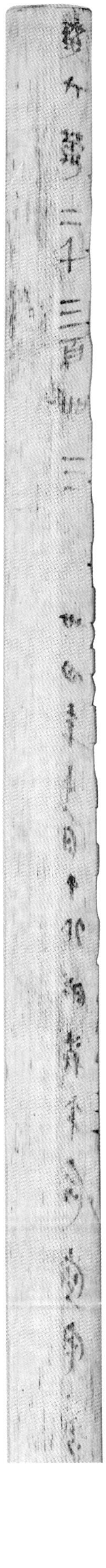

一一六三上

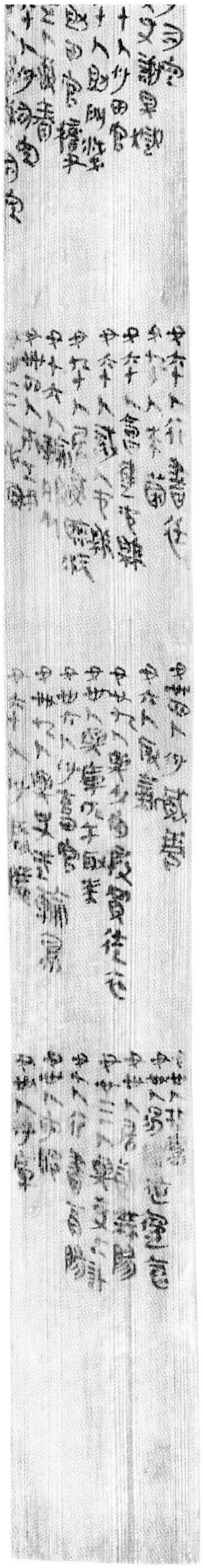

一一六二下

一一六二上

一一六二、10-1170　一一六三、10-1168

一一六四正

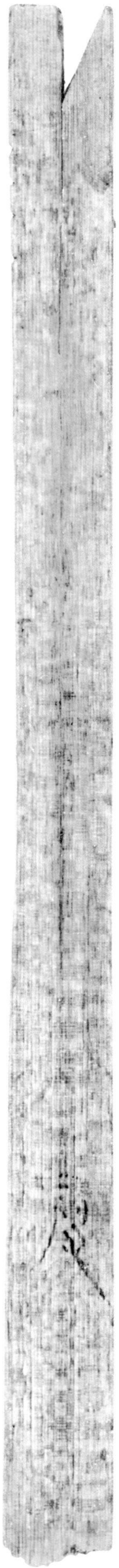
一一六四背

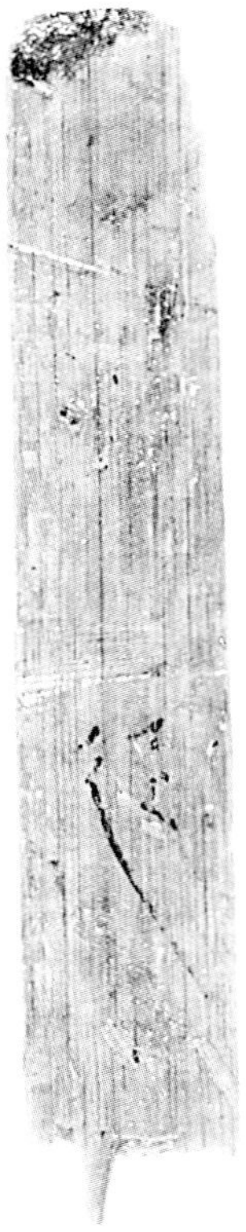
一一六五

一一六七

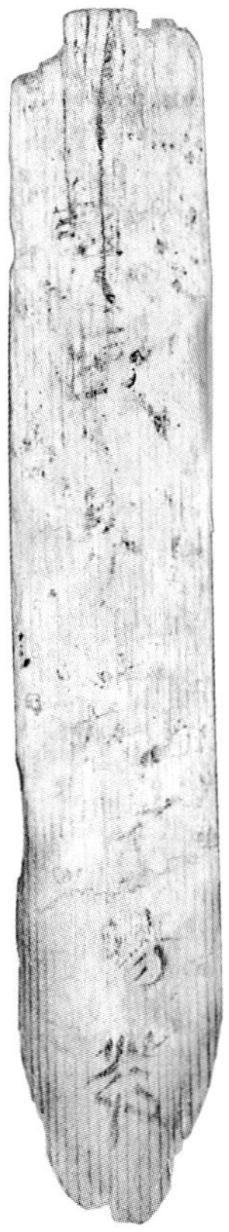
一一六六

一一六八

一一六四、10-1161　一一六五、10-1172　一一六六、10-1173　一一六七、10-1169　一一六八、10-1171

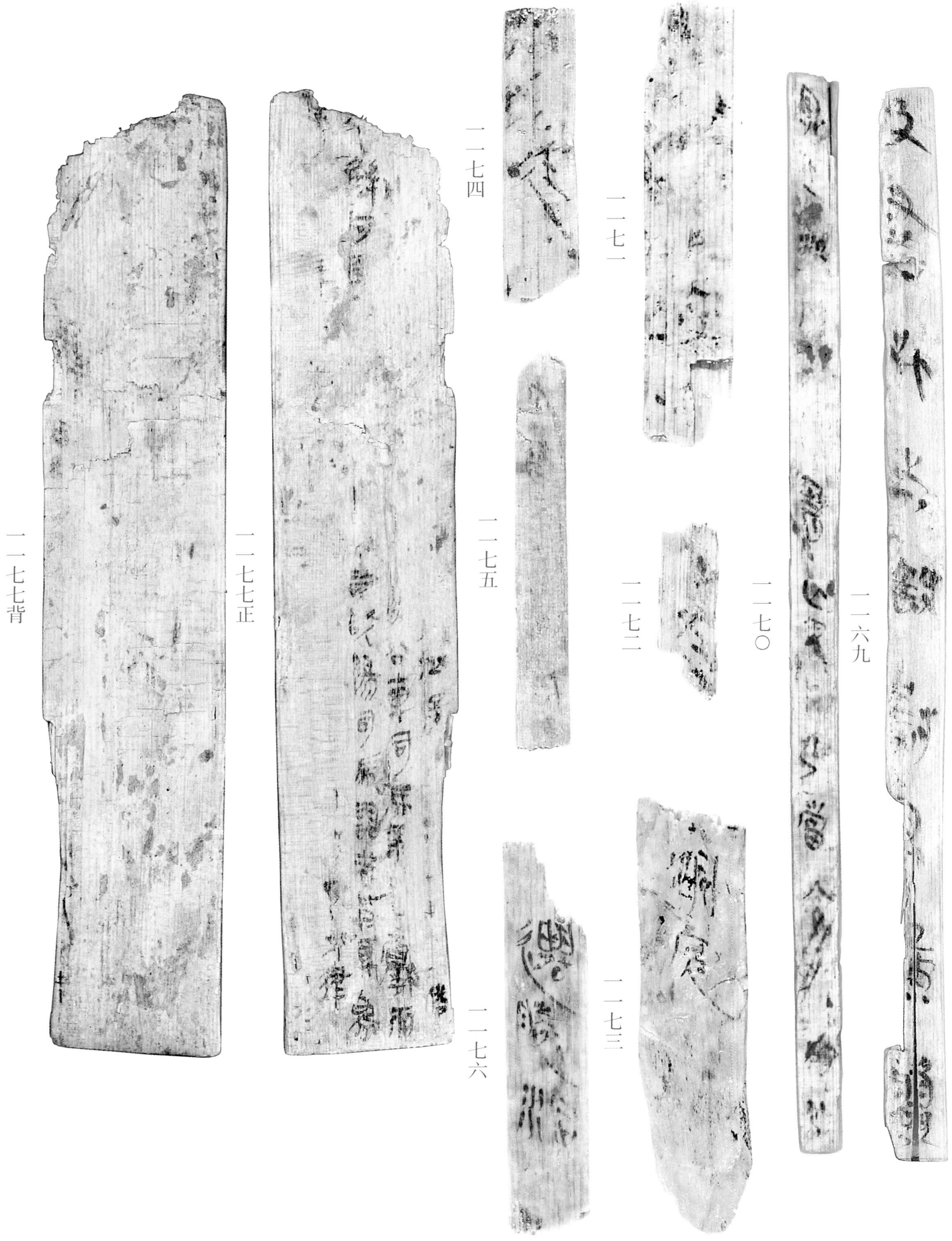

一一六九、10–1174　一一七〇、10–1175　一一七一、10–1177　一一七二、10–1179　一一七三、10–1178
一一七四、10–1180　一一七五、10–1181　一一七六、10–1182　一一七七、10–1176

一一七八、10–1183　一一七九、10–1195　一一八〇、10–1185　一一八一、10–1186　一一八二、10–1187
一一八三、10–1194　一一八四、10–1189　一一八五、10–1184　一一八六、10–1188　一一八七、10–1191
一一八八、10–1197　一一八九、10–1192　一一九〇、10–1193　一一九一、10–1190　一一九二、10–1196

一一九三、10-1198　一一九四、10-1204　一一九五、10-1200　一一九六、10-1207　一一九七、10-1203　一一九八、10-1199
一一九九、10-1202　一二〇〇、10-1205　一二〇一、10-1210　一二〇二、10-1208　一二〇三、10-1201　一二〇四、10-1209
一二〇五、10-1211　一二〇六、10-1212　一二〇七、10-1206　一二〇八、10-1213

一二〇九、10-1214　一二一〇、10-1215　一二一一、10-1216　一二一二、10-1217　一二一三、10-1230　一二一四、10-1225
一二一五、10-1222　一二一六、10-1223　一二一七、10-1220　一二一八、10-1221　一二一九、10-1229　一二二〇、10-1224
一二二一、10-1218　一二二二、10-1226　一二二三、10-1227　一二二四、10-1228　一二二五、10-1219

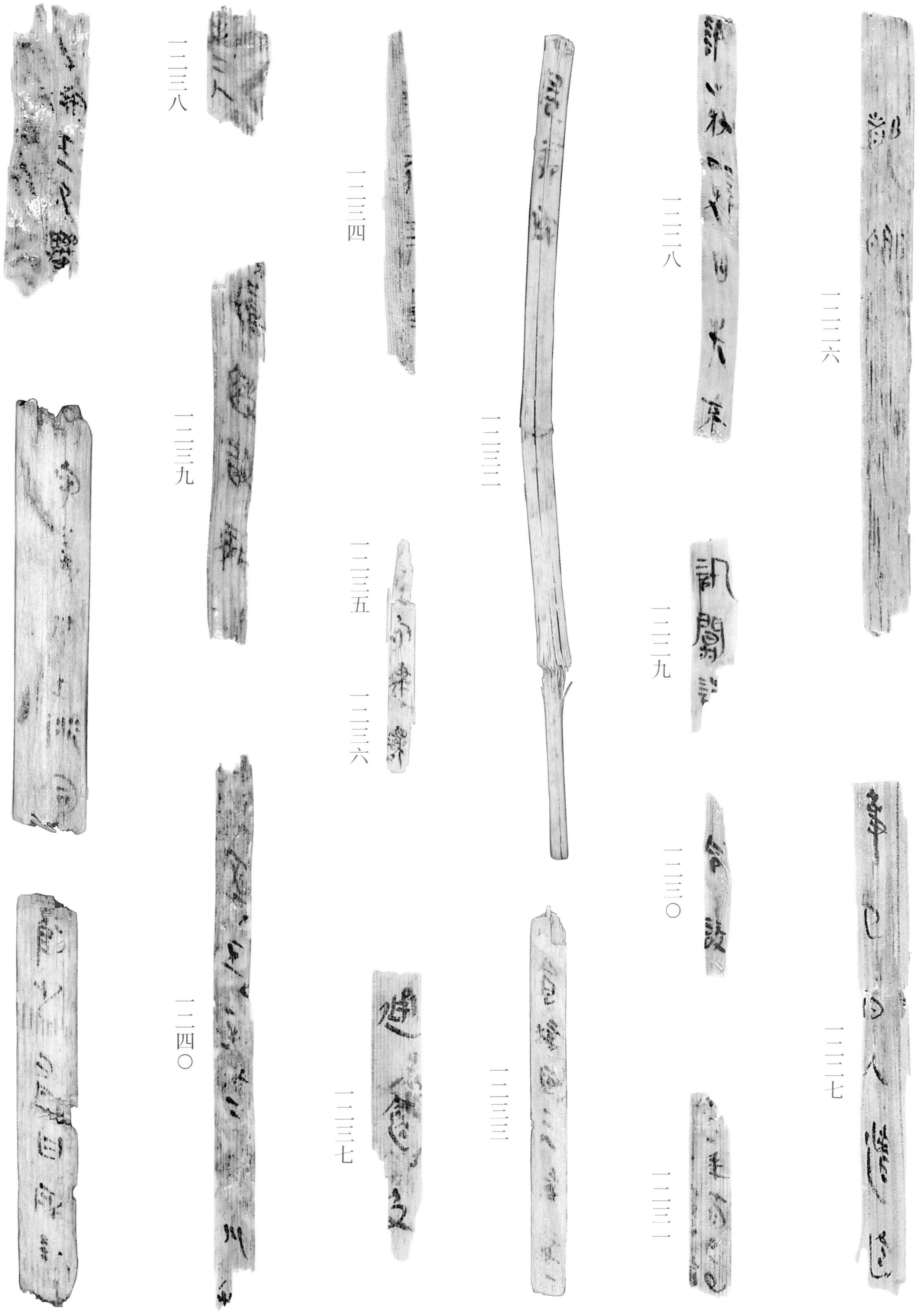

一二二六 一二二七 一二二八 一二二九 一二三〇 一二三一 一二三二 一二三三 一二三四 一二三五 一二三六 一二三七 一二三八 一二三九 一二四〇 一二四一 一二四二 一二四三

一二二六、10-1231 一二二七、10-1233 一二二八、10-1232 一二二九、10-1234 一二三〇、10-1235 一二三一、10-1237
一二三二、10-1236 一二三三、10-1239 一二三四、10-1240 一二三五、10-1241 一二三六、10-1238 一二三七、10-1248
一二三八、10-1242 一二三九、10-1244 一二四〇、10-1243 一二四一、10-1245 一二四二、10-1246 一二四三、10-1247

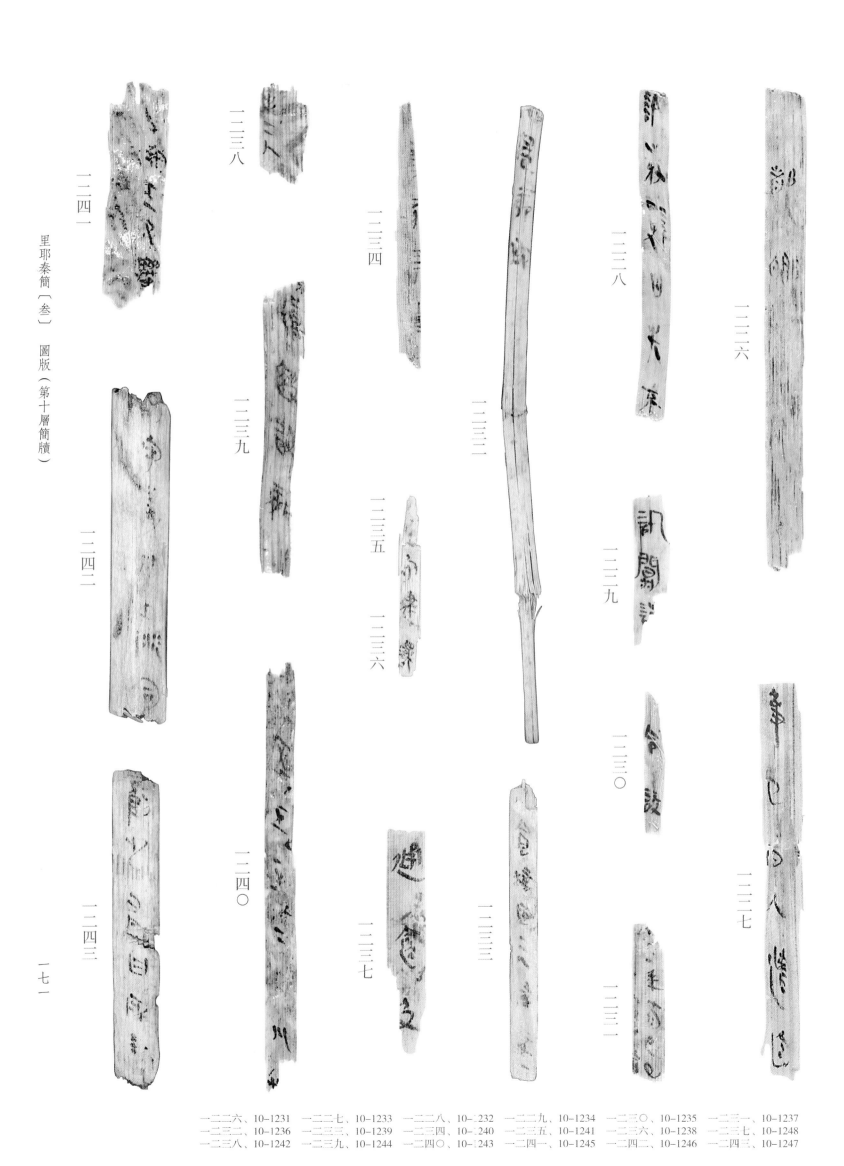

一二四四正

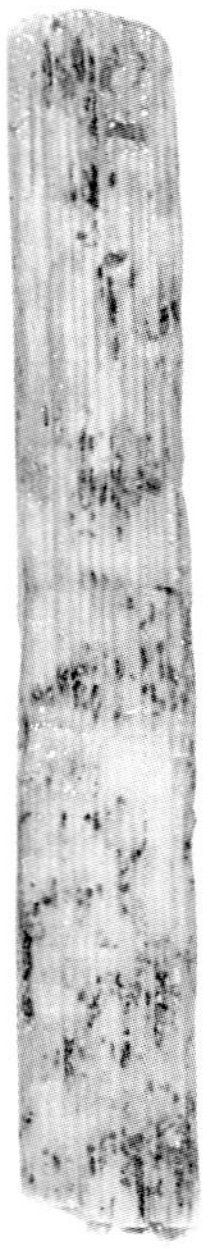

一二四四背

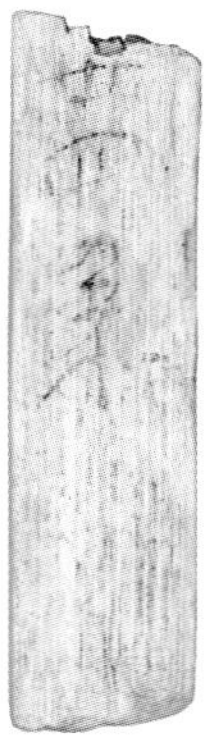

一二四五正

一二四五背

一二四六正

一二四六背

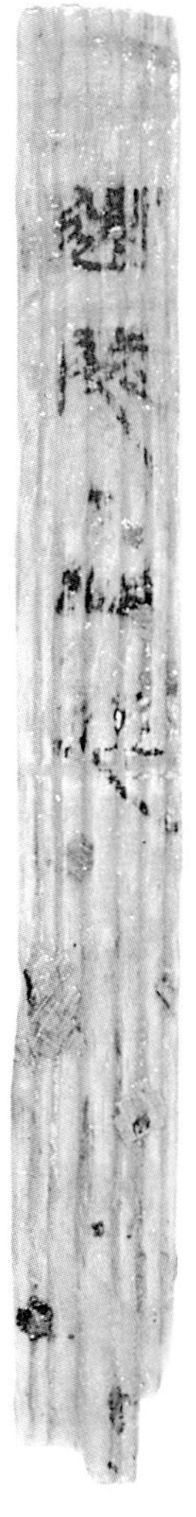

一二四七正

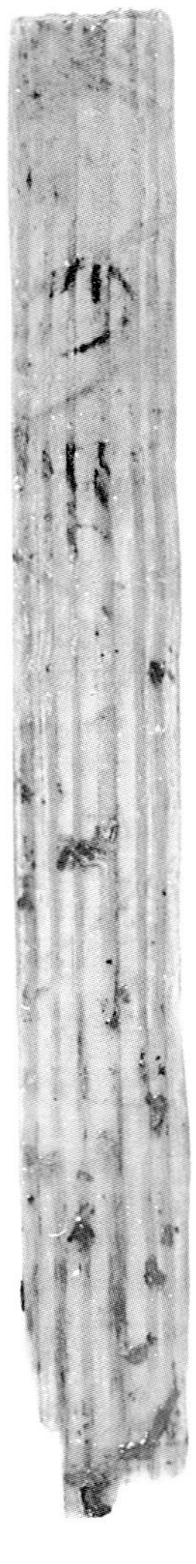

一二四七背

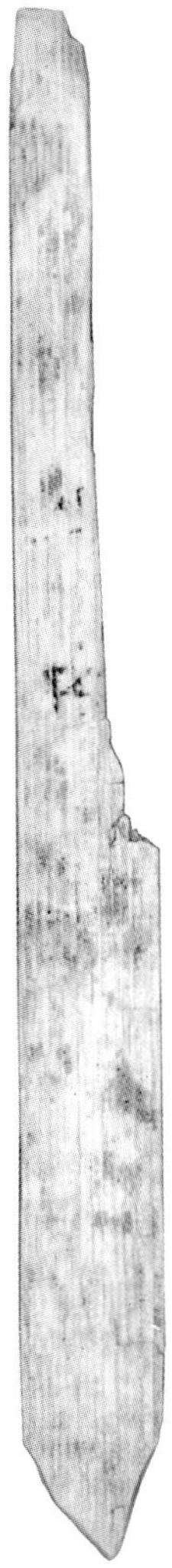

一二四八正

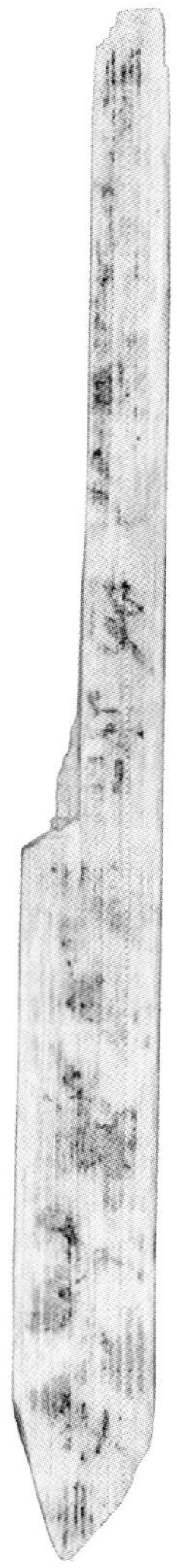

一二四八背

一二四九

一二四四、10–1249　一二四五、10–1251　一二四六、10–1250　一二四七、10–1253　一二四八、10–1252
一二四九、10–1254

一二五〇正

一二五〇背

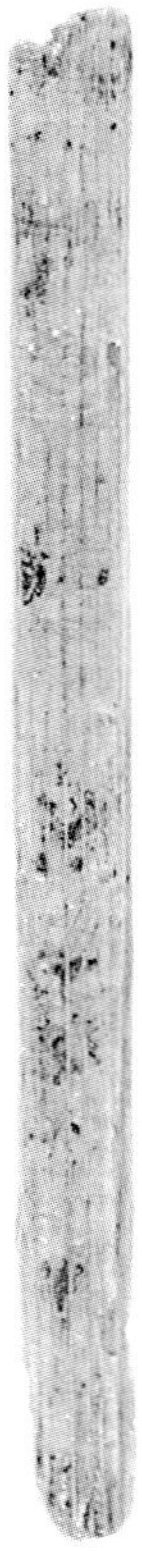
一二五一正

一二五一背

一二五二正

一二五二背

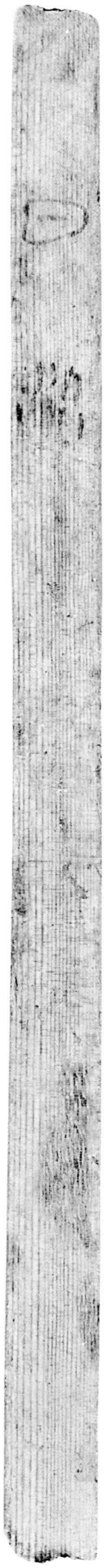
一二五三

一二五〇、10-1256　一二五一、10-1257　一二五二、10-1255　一二五三、10-1258

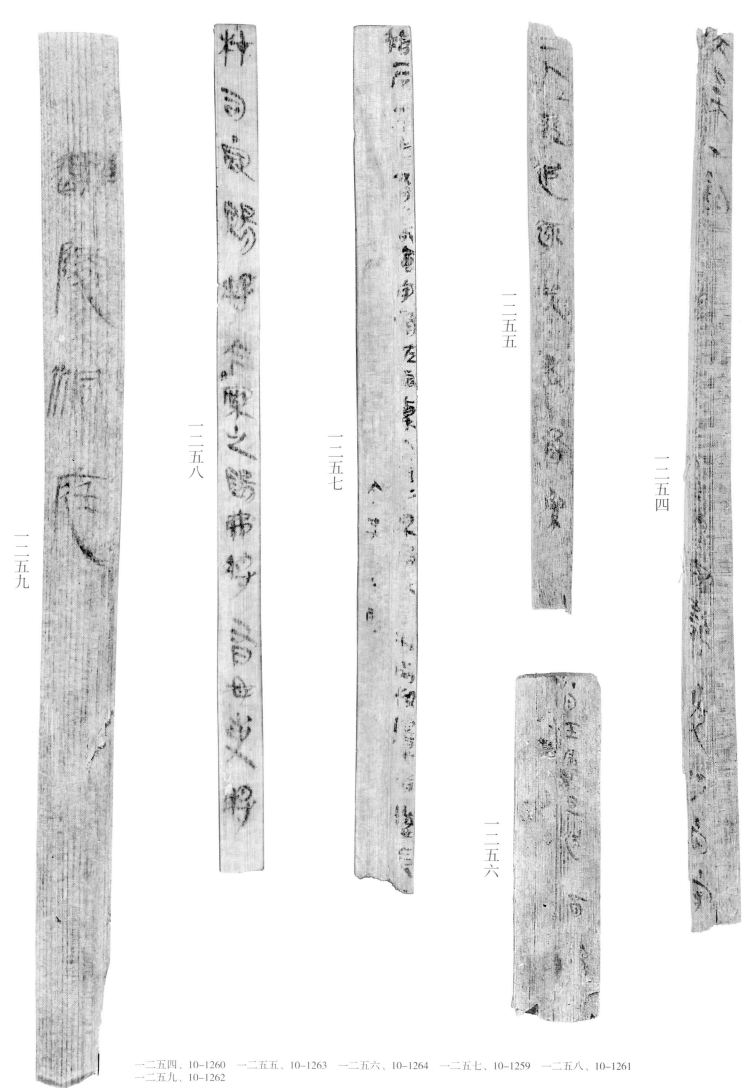

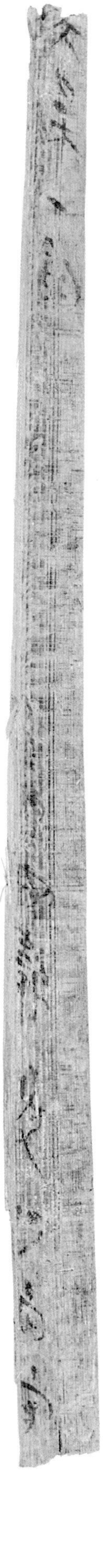

一二五四

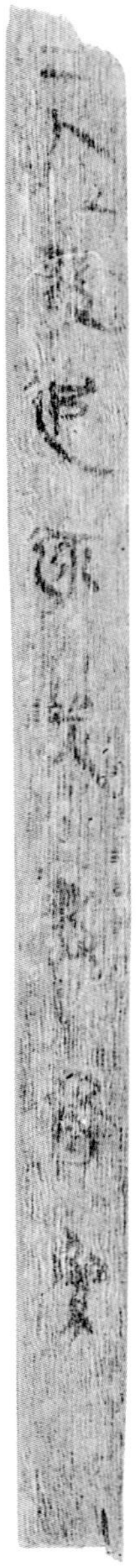

一二五五

一二五六

一二五七

一二五八

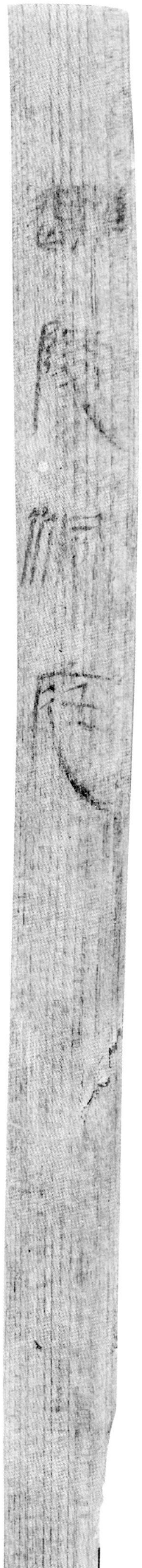

一二五九

一二五四、10-1260　一二五五、10-1263　一二五六、10-1264　一二五七、10-1259　一二五八、10-1261
一二五九、10-1262

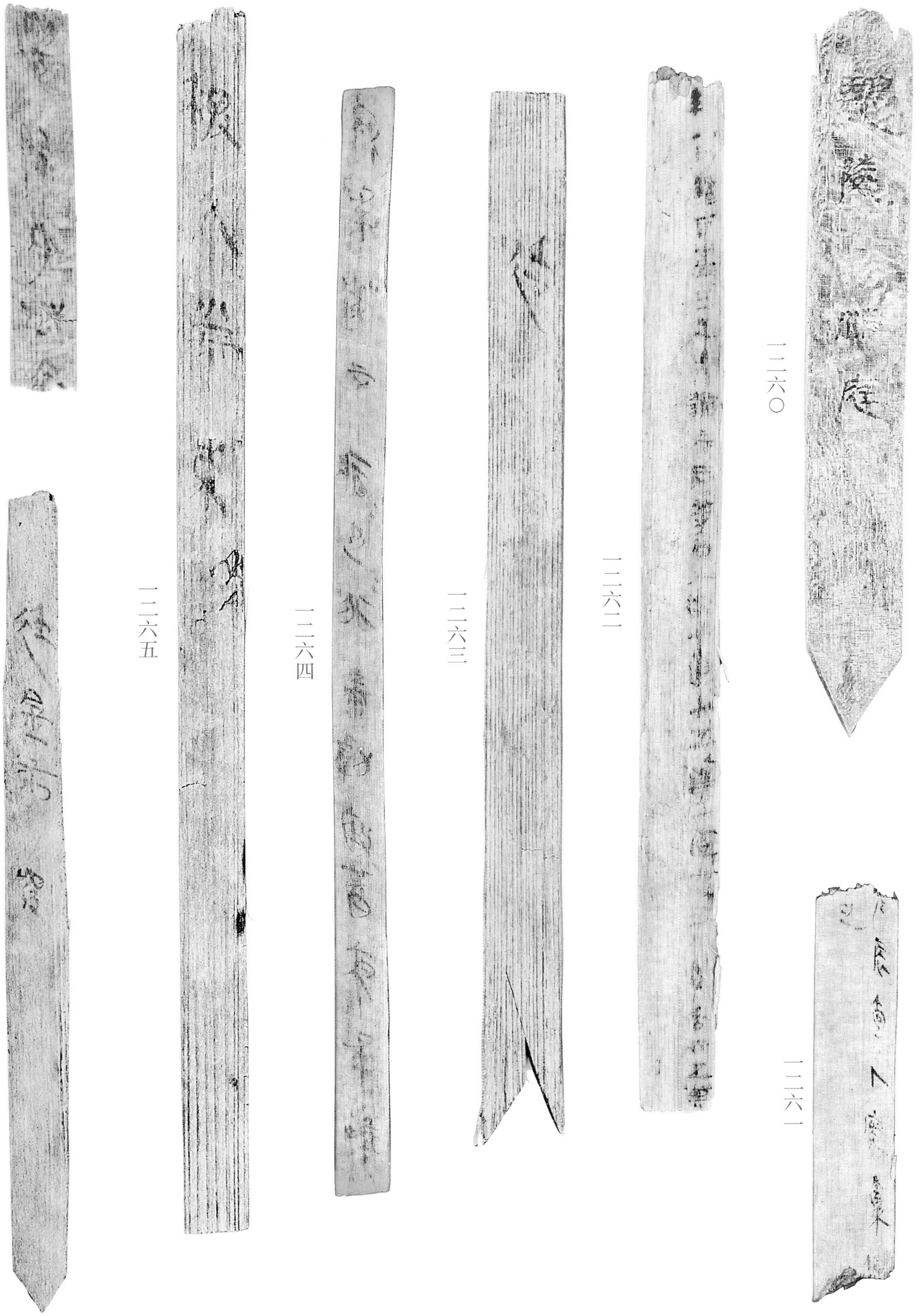

一二六六
一二六七
一二六五
一二六四
一二六三
一二六二
一二六〇
一二六一

一二六〇、10–1269　一二六一、10–1272　一二六二、10–1265　一二六三、10–1266　一二六四、10–1267
一二六五、10–1268　一二六六、10–1270　一二六七、10–1271

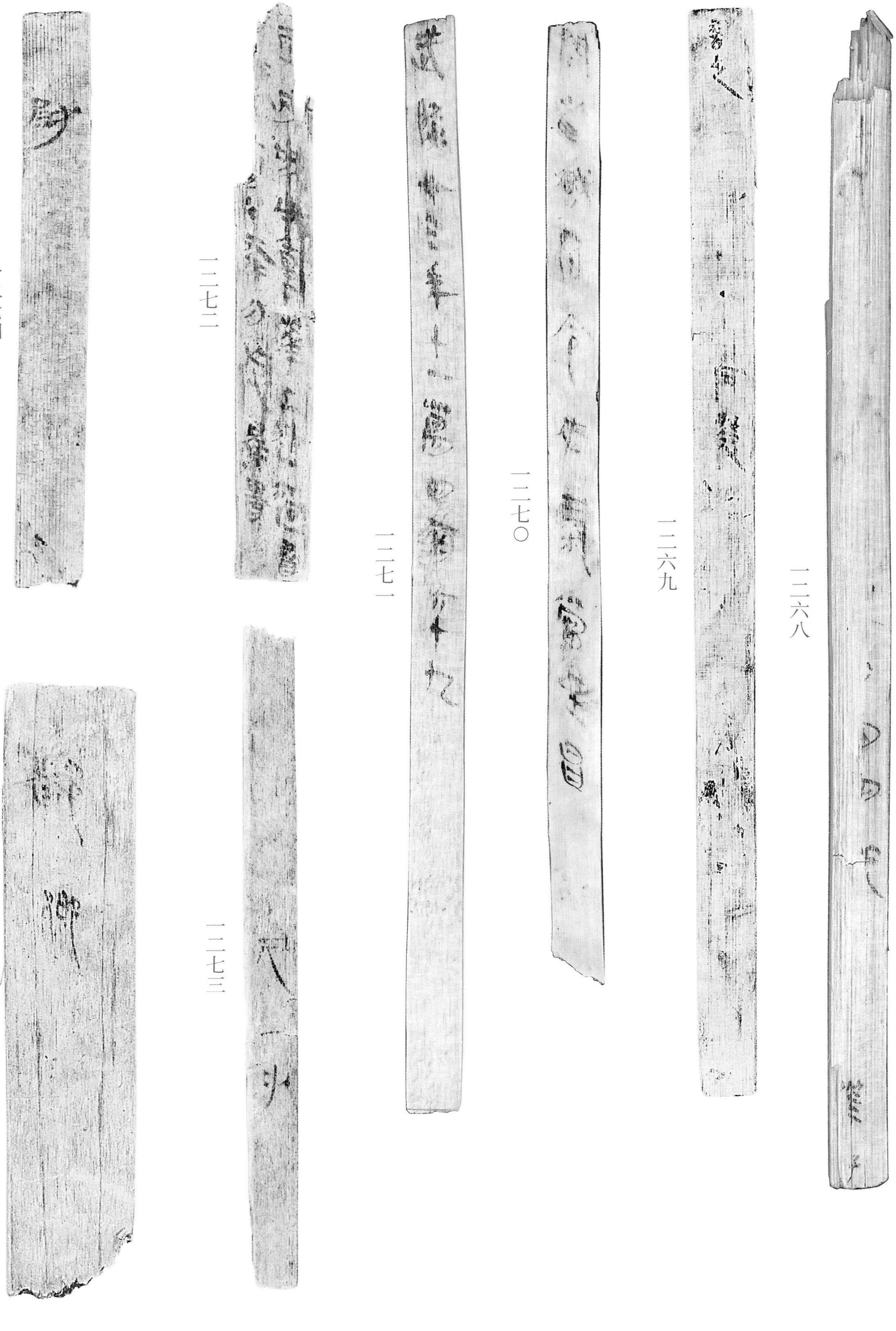

一二六八 一二六九 一二七〇 一二七一 一二七二 一二七四 一二七三 一二七五

一二六八、10-1273 一二六九、10-1274 一二七〇、10-1275 一二七一、10-1276 一二七二、10-1277
一二七三、10-1278 一二七四、10-1280 一二七五、10-1279

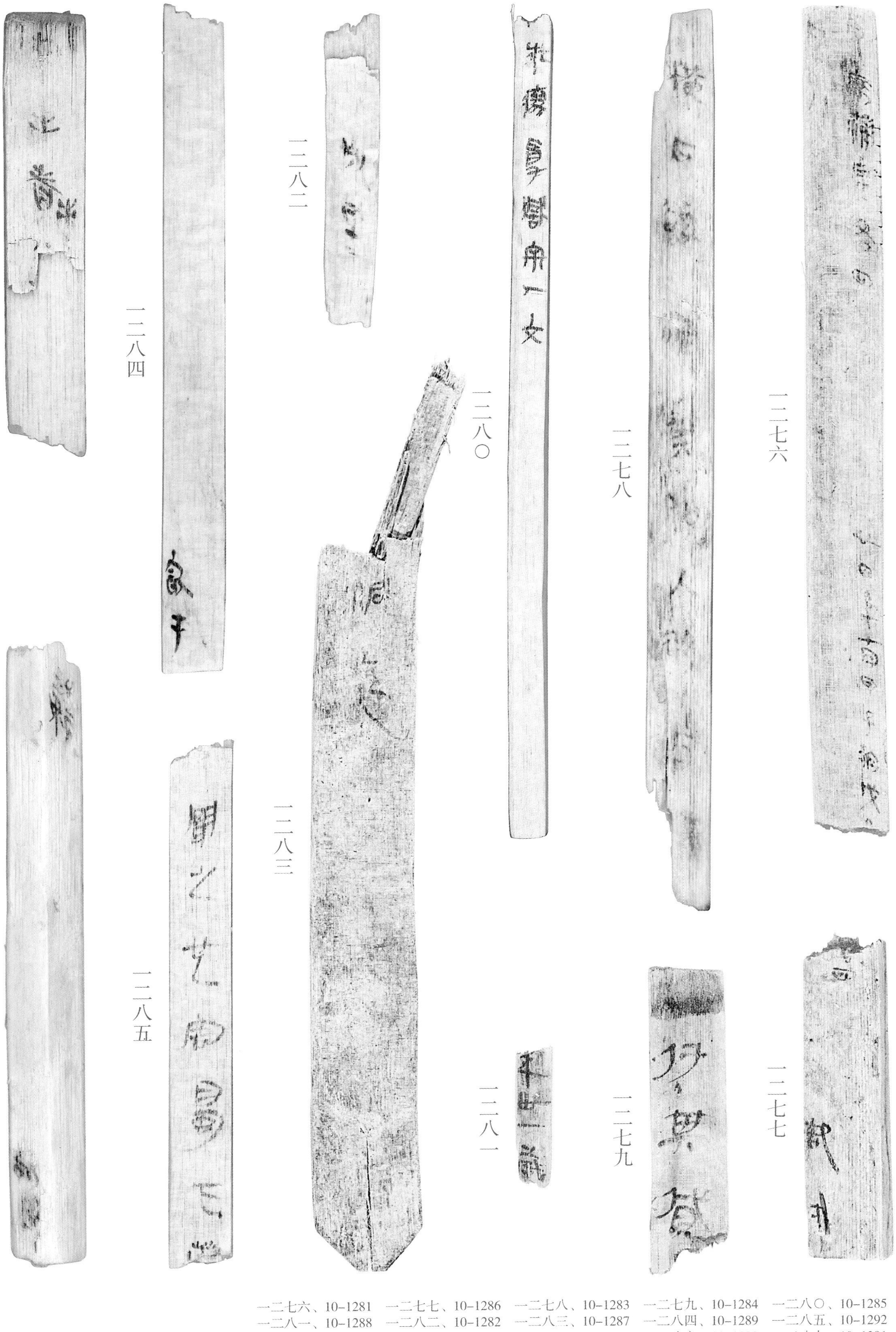

一二七六　一二七七　一二七八　一二七九　一二八〇　一二八一　一二八二　一二八三　一二八四　一二八五　一二八六　一二八七

一二七六、10–1281　一二七七、10–1286　一二七八、10–1283　一二七九、10–1284　一二八〇、10–1285
一二八一、10–1288　一二八二、10–1282　一二八三、10–1287　一二八四、10–1289　一二八五、10–1292
一二八六、10–1290　一二八七、10–1291

一二九八 一二九六 一二九四 一二九二 一二九〇 一二八八

一二九九 一二九七 一二九五 一二九三 一二九一 一二八九

一二八八、10-1293　一二八九、10-1294　一二九〇、10-1295　一二九一、10-1296　一二九二、10-1297
一二九三、10-1298　一二八四、10-1299　一二九五、10-1300　一二九六、10-1301　一二九七、10-1304
一二九八、10-1302　一二九九、10-1303

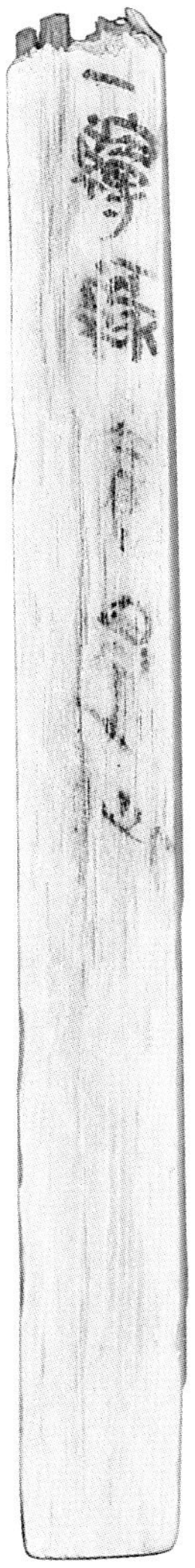

一三〇〇

一三〇一

一三〇二

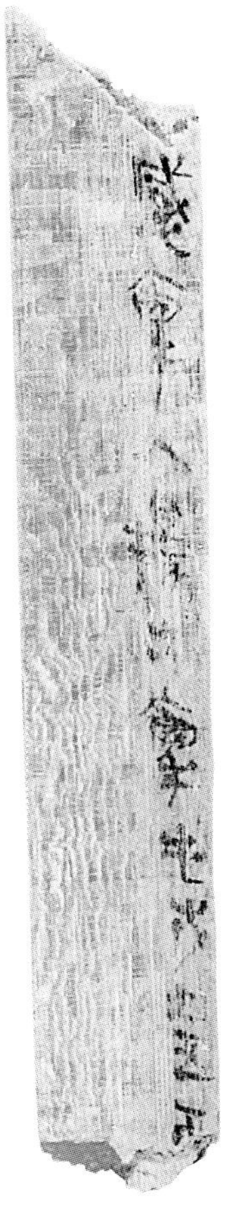

一三〇三

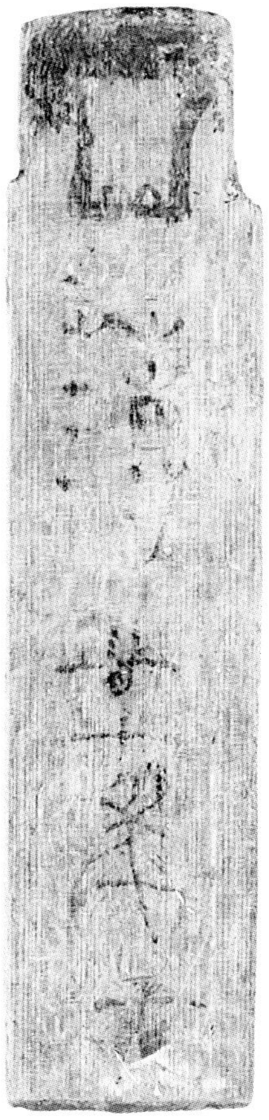

一三〇四

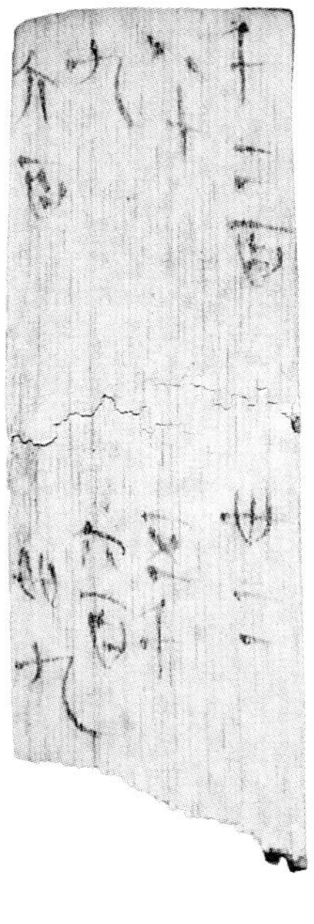

一三〇五正

一三〇五背

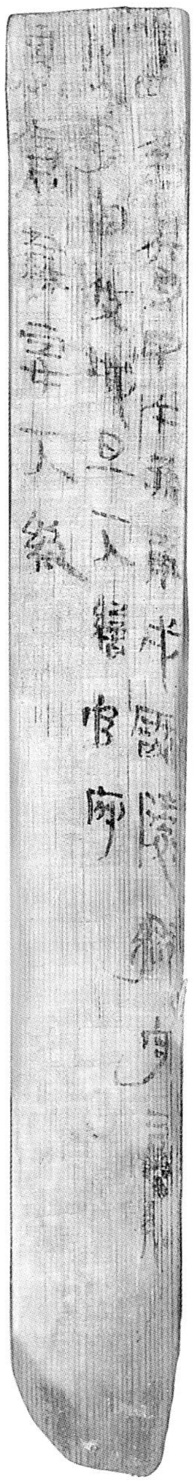

一三〇六

一三〇七

一三〇八

一三〇九

一三〇〇、10-1305　一三〇一、10-1306　一三〇二、10-1310　一三〇三、10-1311　一三〇四、10-1307
一三〇五、10-1308　一三〇六、10-1312　一三〇七、10-1313　一三〇八、10-1314　一三〇九、10-1315

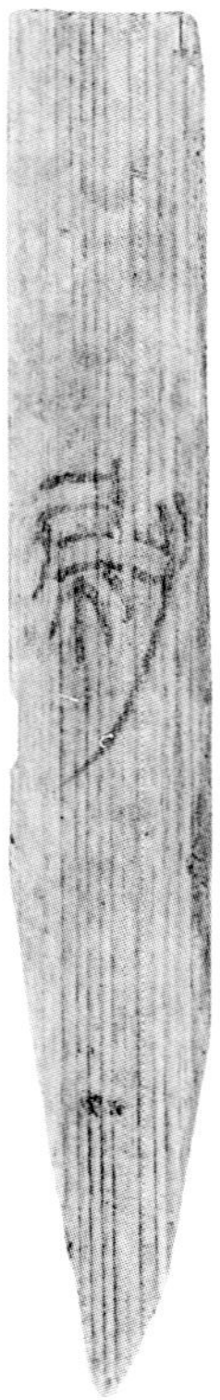
一三一八

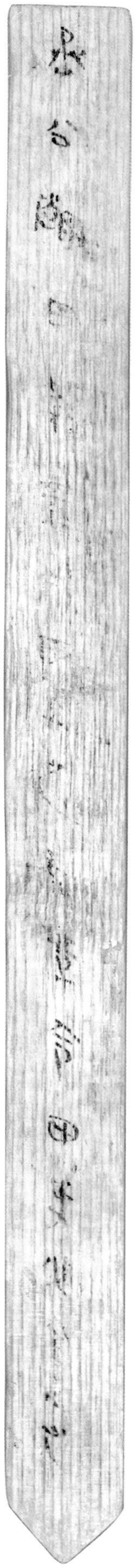
一三一七

一三一五

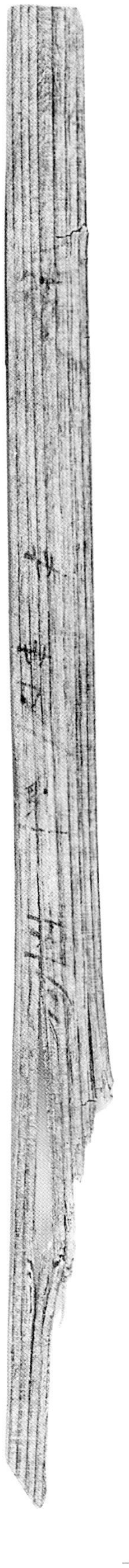
一三一四

一三一二

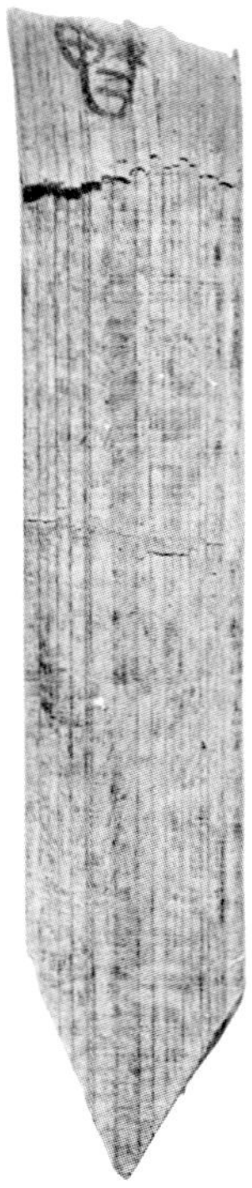
一三一〇

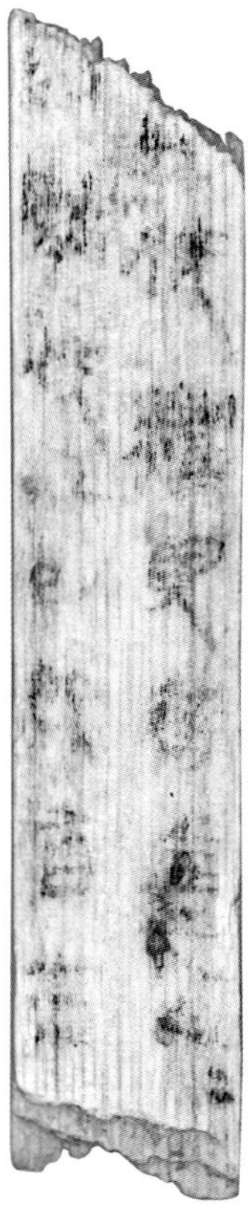
一三一一

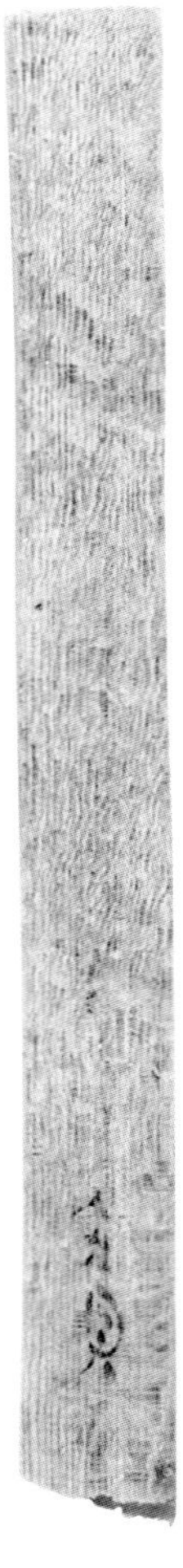
一三一六

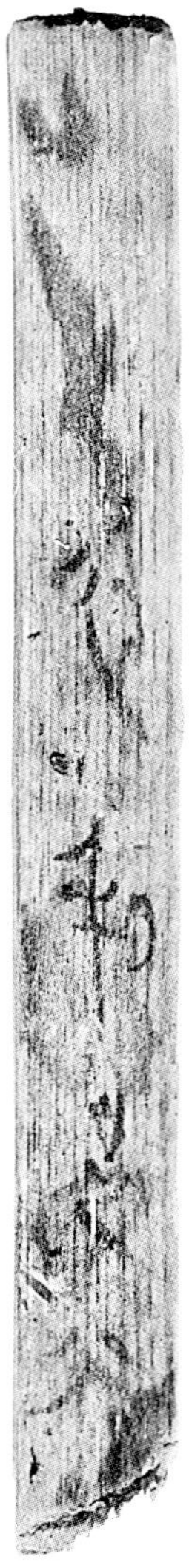
一三一九

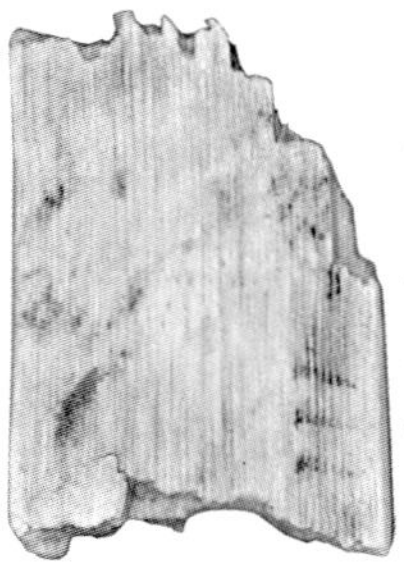
一三一三背

一三一三正

一三一〇、10-1317　一三一一、10-1321　一三一二、10-1324　一三一三、10-1309　一三一四、10-1316
一三一五、10-1318　一三一六、10-1319　一三一七、10-1323　一三一八、10-1320　一三一九、10-1322

一三二〇

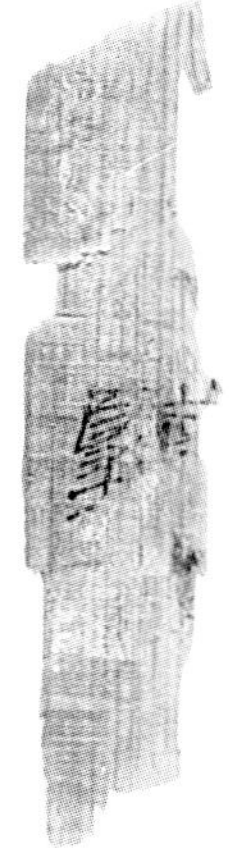
一三二一

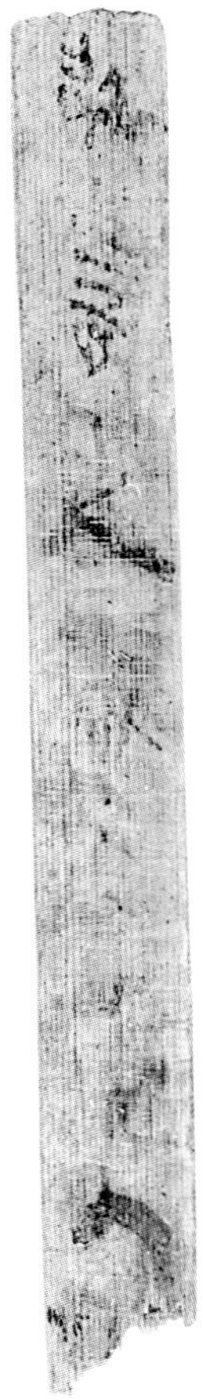
一三二二

一三二三

一三二四

一三二五

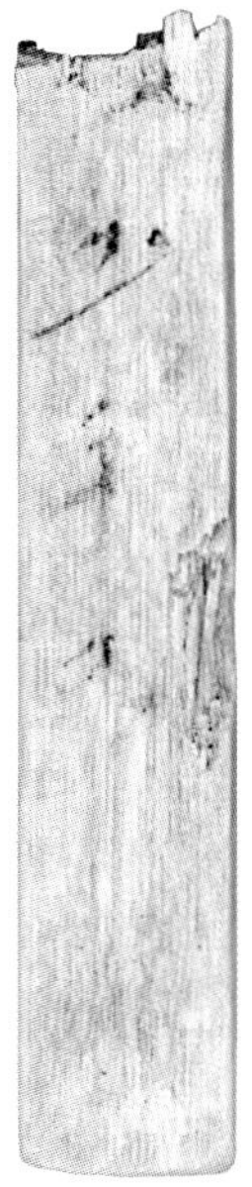
一三二六

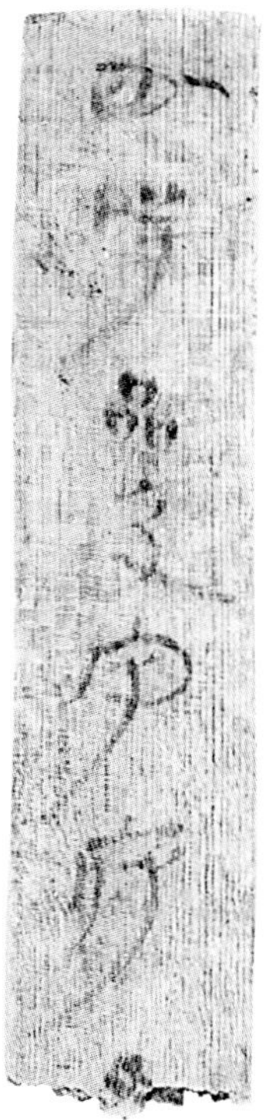
一三二七

一三二八

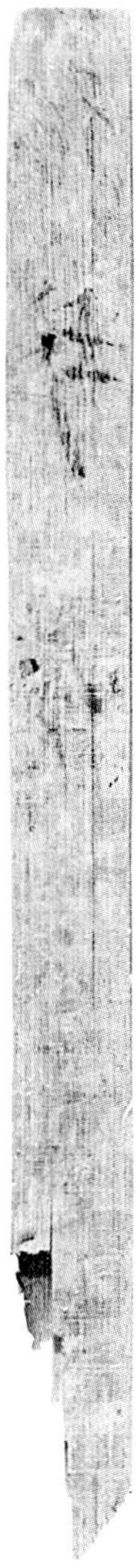
一三二九

一三三〇

一三三一

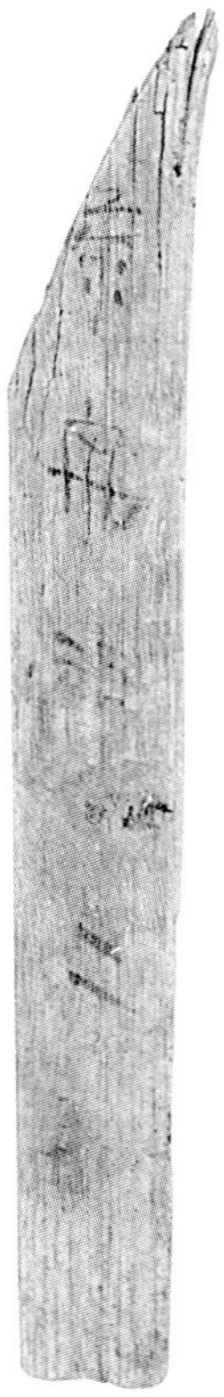
一三三二

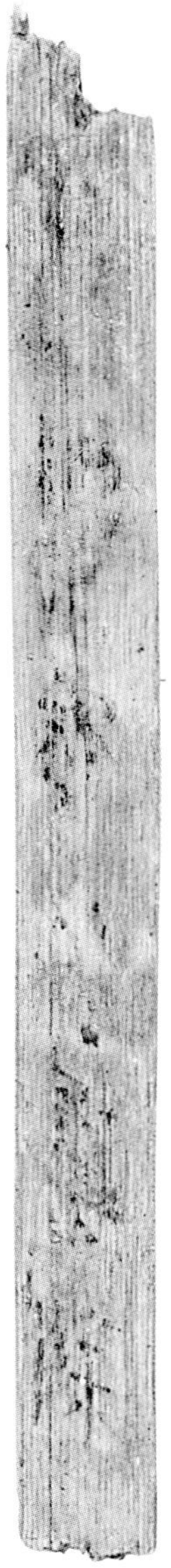
一三三三

一三二〇、10-1325 一三二一、10-1326 一三二二、10-1329 一三二三、10-1327 一三二四、10-1328
一三二五、10-1331 一三二六、10-1338 一三二七、10-1330 一三二八、10-1332 一三二九、10-1333
一三三〇、10-1334 一三三一、10-1335 一三三二、10-1336 一三三三、10-1337

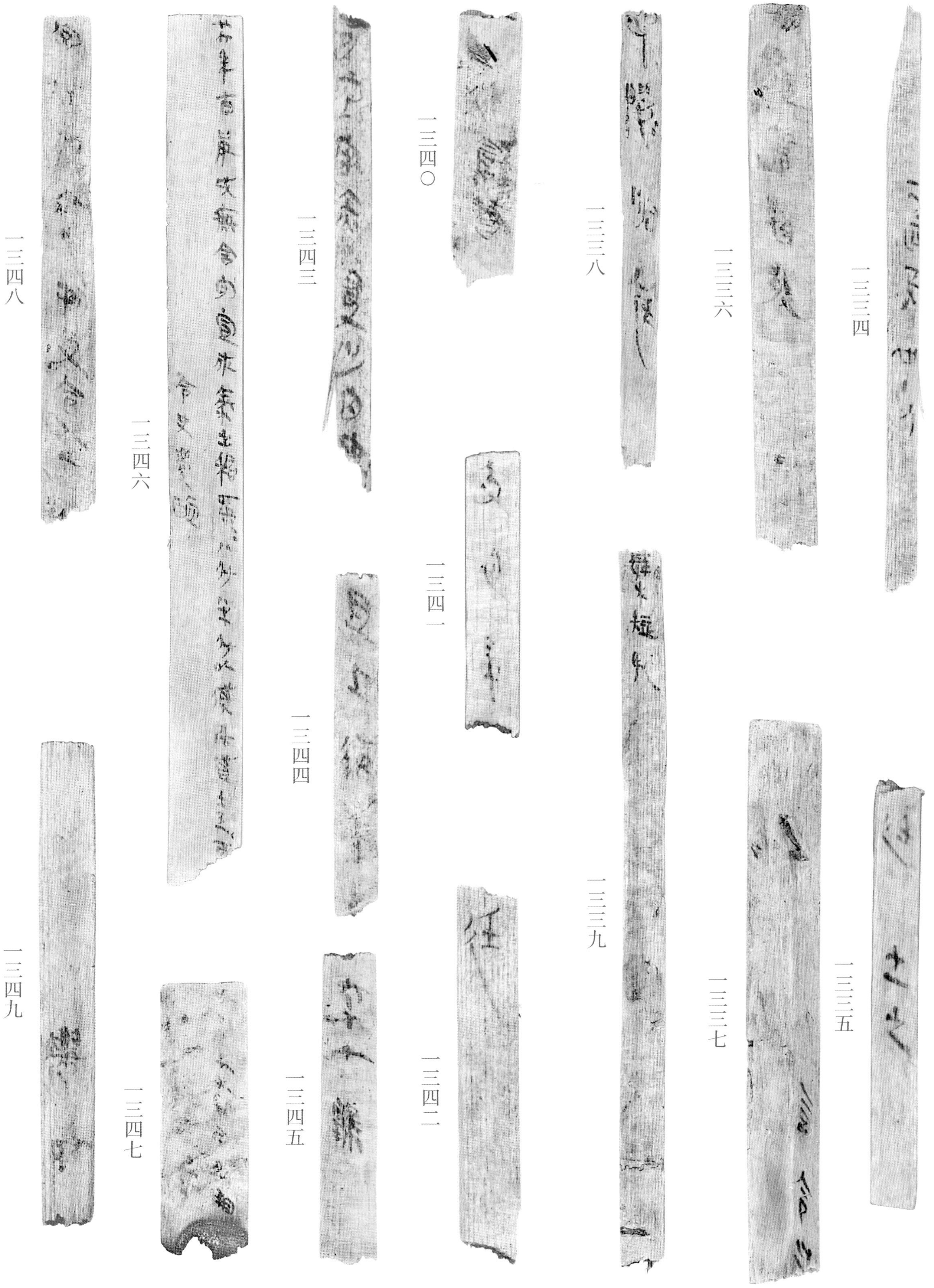

一三三四、10-1339　一三三五、10-1341　一三三六、10-1340　一三三七、10-1344　一三三八、10-1343　一三三九、10-1346
一三四〇、10-1386　一三四一、10-1342　一三四二、10-1350　一三四三、10-1347　一三四四、10-1349　一三四五、10-1352
一三四六、10-1348　一三四七、10-1355　一三四八、10-1351　一三四九、10-1353

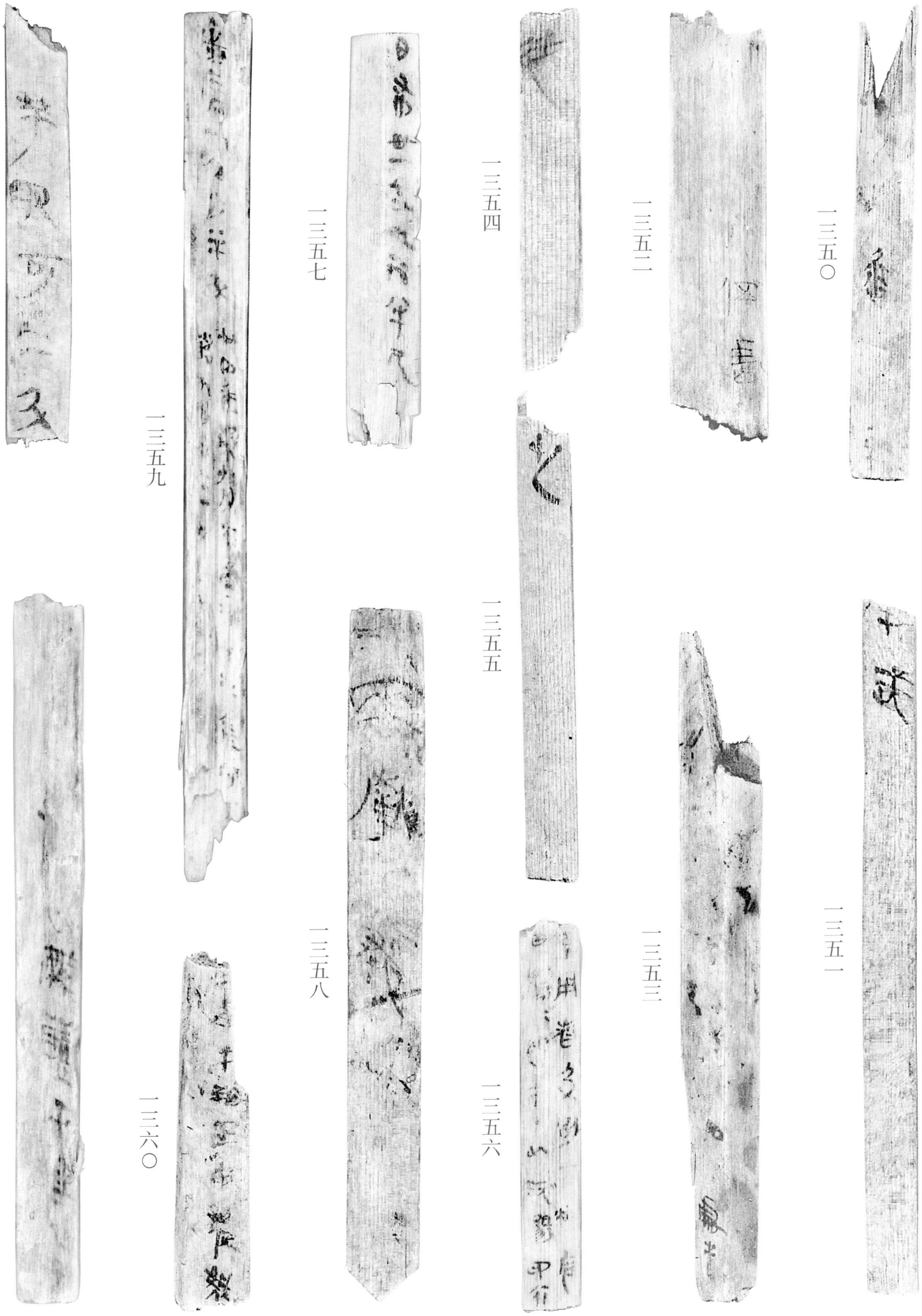

一三五〇 一三五一 一三五二 一三五三 一三五四 一三五五 一三五六 一三五七 一三五八 一三五九 一三六〇 一三六一 一三六二

一三五〇、10-1354 一三五一、10-1360 一三五二、10-1356 一三五三、10-1362 一三五四、10-1358
一三五五、10-1359 一三五六、10-1361 一三五七、10-1357 一三五八、10-1363 一三五九、10-1367
一三六〇、10-1375 一三六一、10-1364 一三六二、10-1365

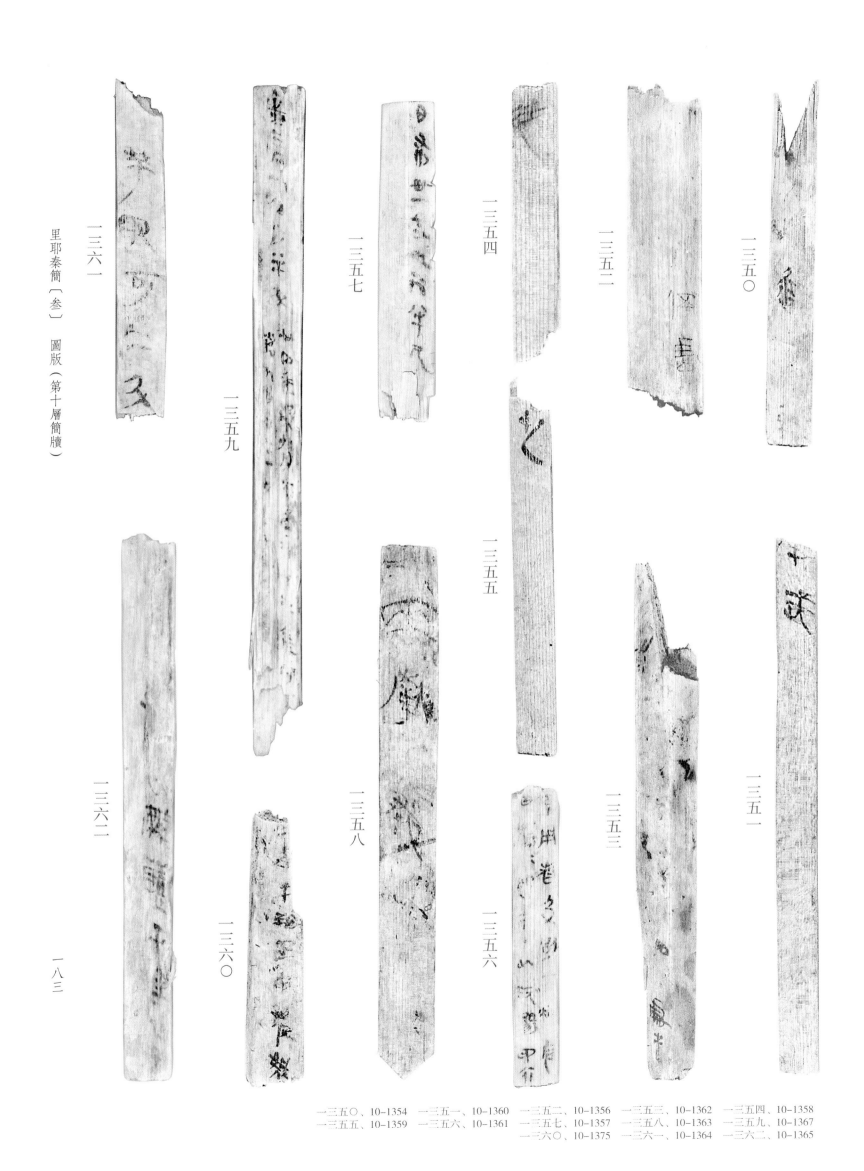

一三六三、10-1366　一三六四、10-1368　一三六五、10-1372　一三六六、10-1369　一三六七、10-1379　一三六八、10-1370
一三六九、10-1371　一三七〇、10-1373　一三七一、10-1374　一三七二、10-1382　一三七三、10-1376　一三七四、10-1381
一三七五、10-1380　一三七六、10-1378　一三七七、10-1377　一三七八、10-1383　一三七九、10-1384

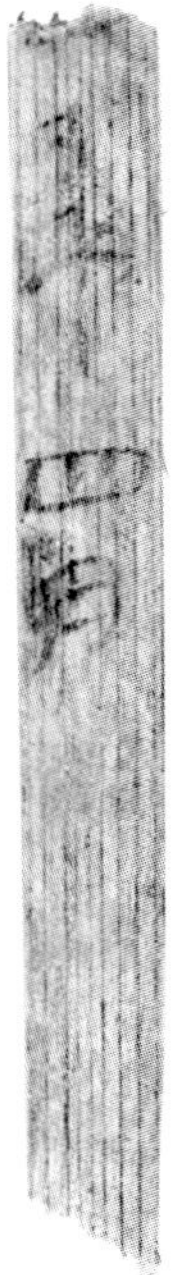
一三八〇正

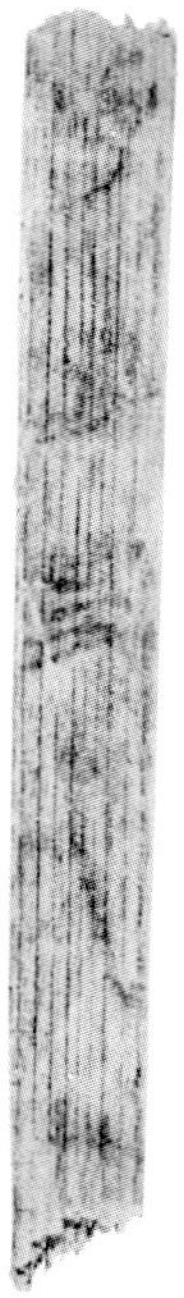
一三八〇背

一三八二

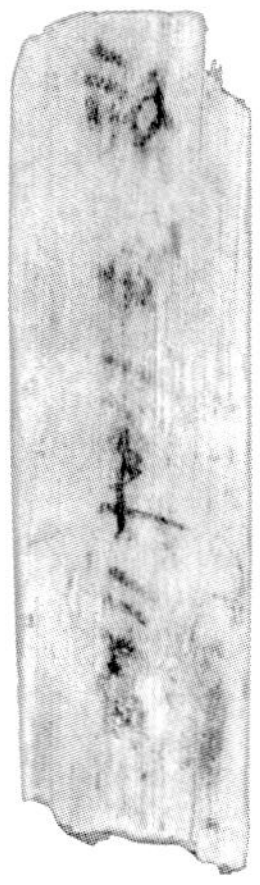
一三八四正

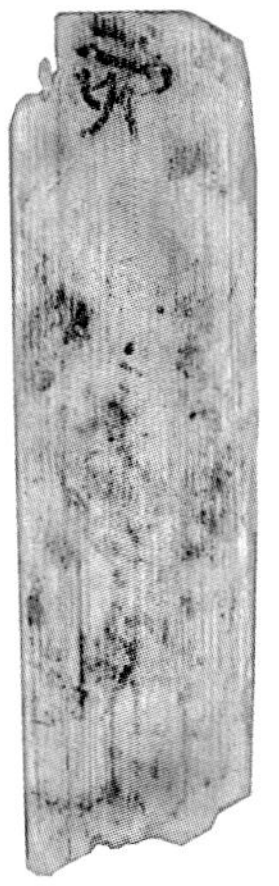
一三八四背

一三八六

一三八一正

一三八一背

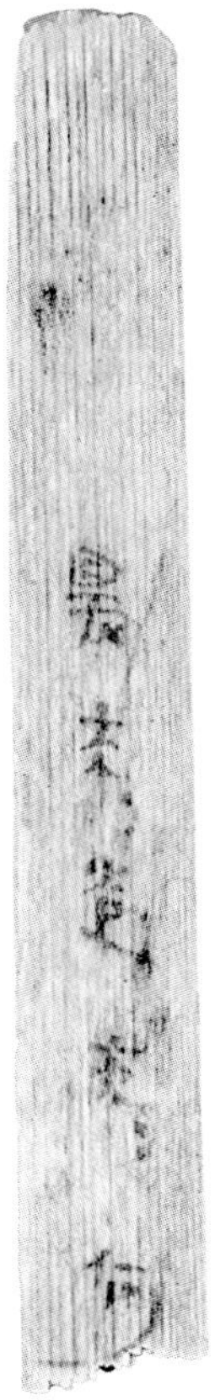
一三八三正

一三八三背

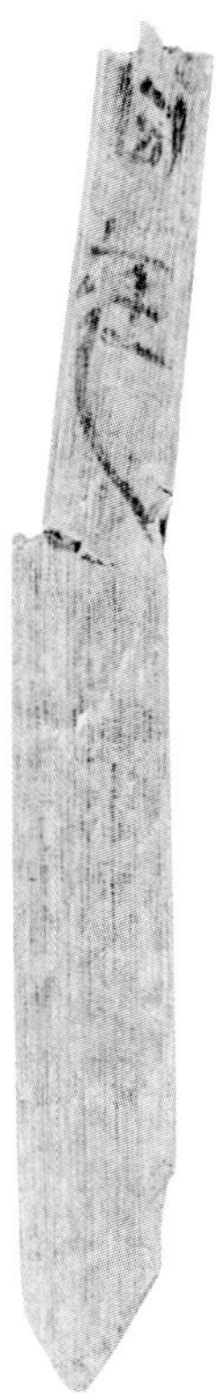
一三八五正

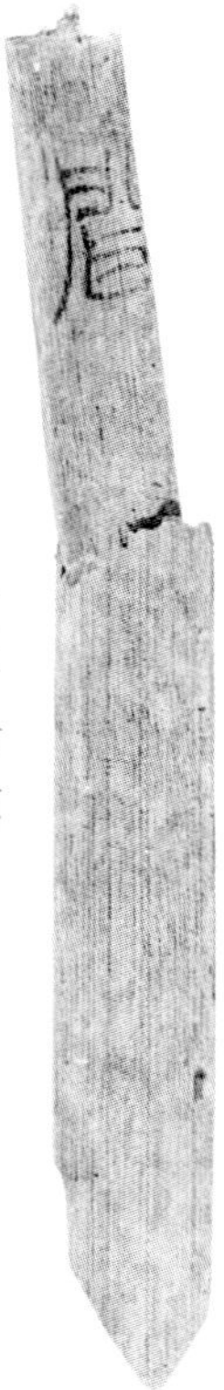
一三八五背

一三八七

一三八〇、10-1387 一三八一、10-1390 一三八二、10-1385 一三八三、10-1345 一三八四、10-1389
一三八五、10-1388 一三八六、10-1391 一三八七、10-1392

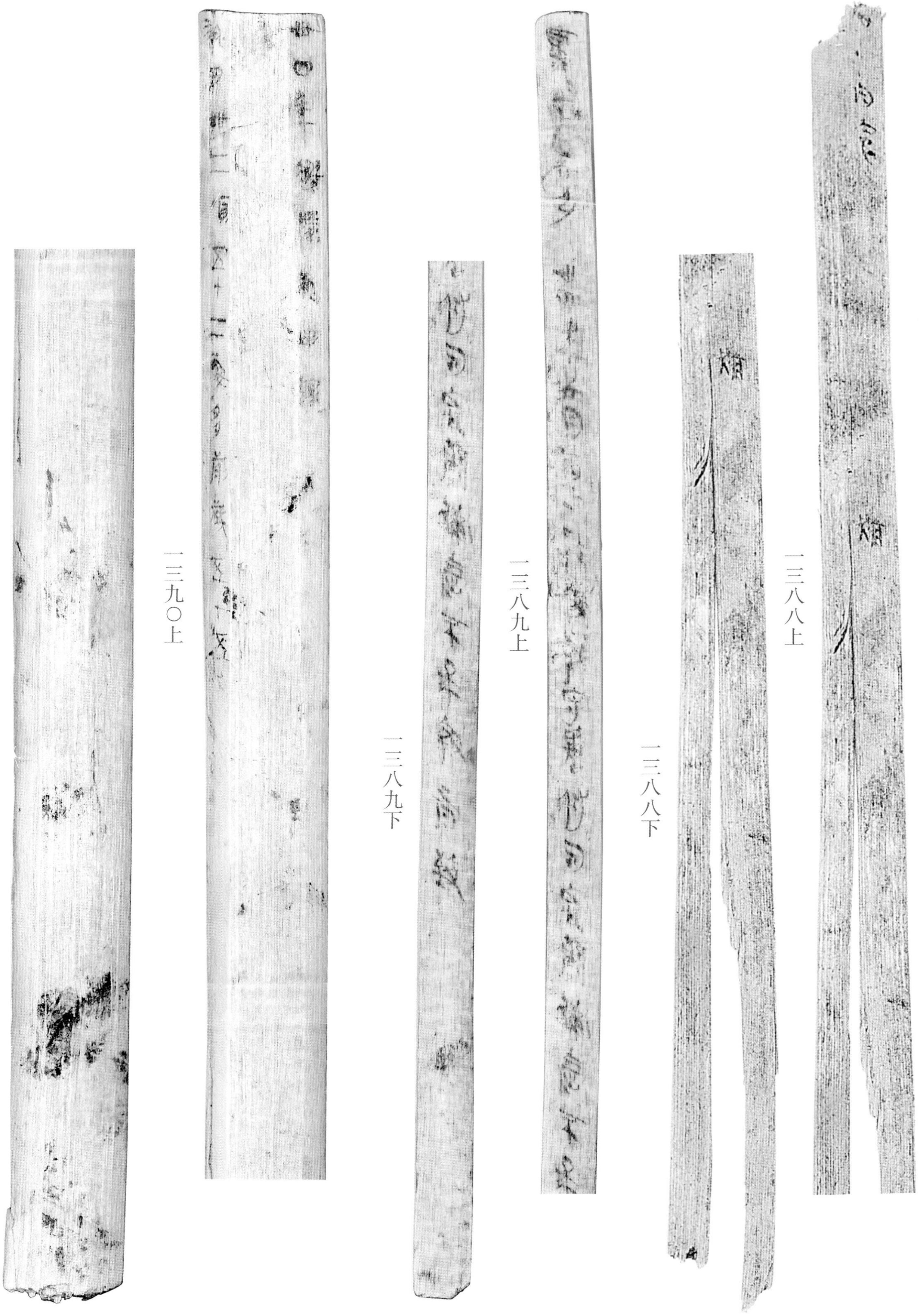

一三九〇下

一三九〇上

一三八九下

一三八九上

一三八八下

一三八八上

一三八八、10-1394　一三八九、10-1395　一三九〇、10-1396

一三九一

一三九二

一三九三

一三九四正

一三九四背

一三九五

一三九六

一三九七

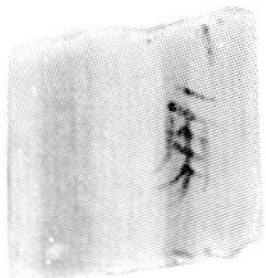
一三九八

一三九九

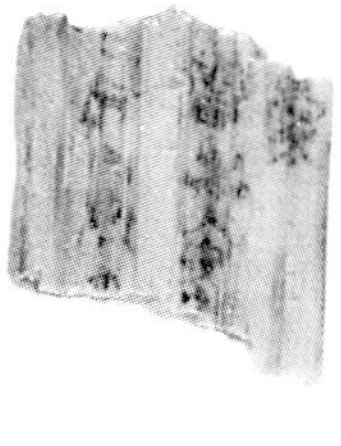
一四〇〇

一四〇一

一四〇二

一四〇三

一四〇四

一四〇五

一四〇六

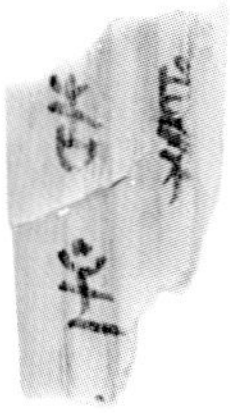
一四〇七

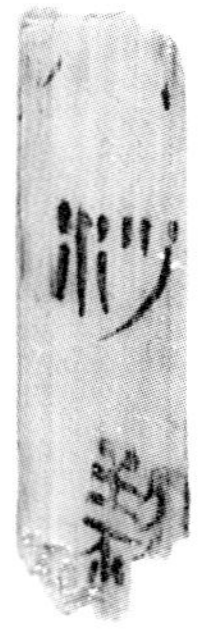
一四〇八

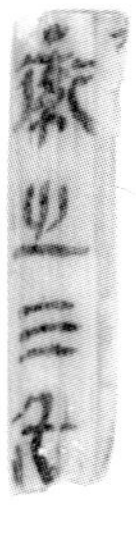
一四〇九

一四一〇

一四一一

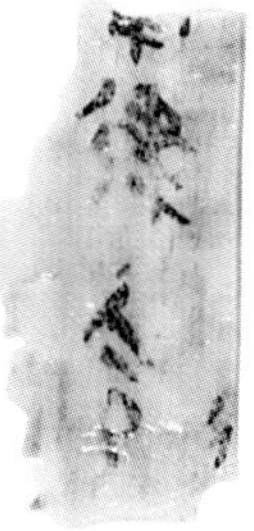
一四一二

一四一三

一四一四

一四一五

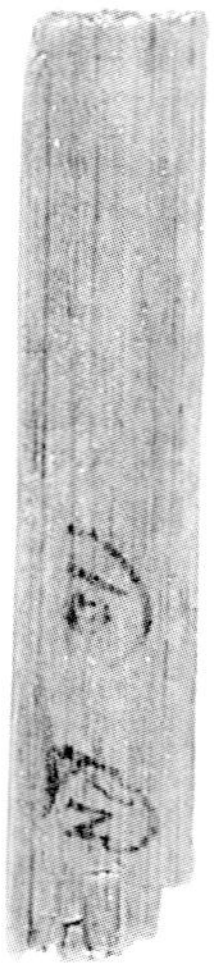
一四一六

一四一七

一四一八

一三九一、10-1397	一三九二、10-1398	一三九三、10-1403	一三九四、10-1405	一三九五、10-1406	一三九六、10-1399	一三九七、10-1400
一三九八、10-1407	一三九九、10-1411	一四〇〇、10-1413	一四〇一、10-1401	一四〇二、10-1402	一四〇三、10-1404	一四〇四、10-1408
一四〇五、10-1409	一四〇六、10-1410	一四〇七、10-1412	一四〇八、10-1414	一四〇九、10-1415	一四一〇、10-1416	一四一一、10-1417
一四一二、10-1418	一四一三、10-1419	一四一四、10-1420	一四一五、10-1421	一四一六、10-1422	一四一七、10-1423	一四一八、10-1424

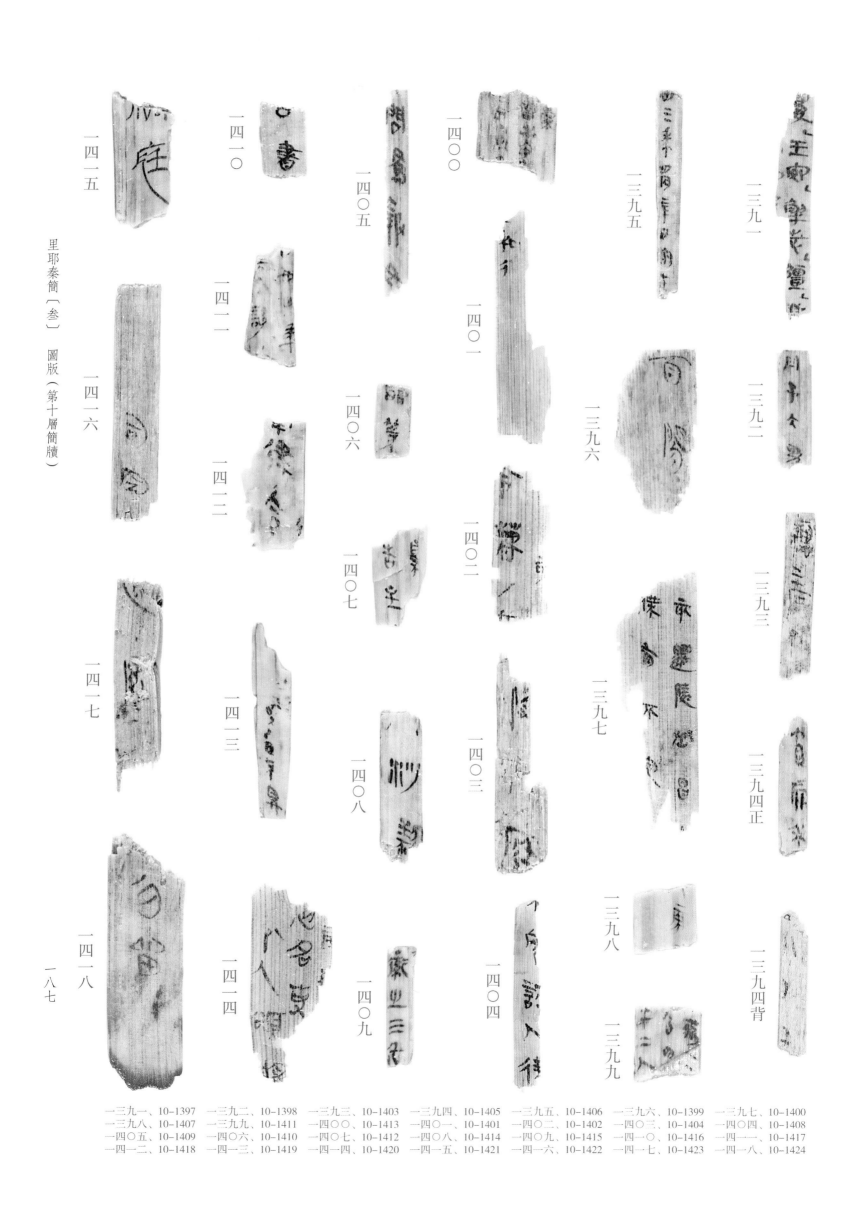

一四一九、10-1425　一四二〇、10-1426　一四二一、10-1433　一四二二、10-1432　一四二三、10-1427　一四二四、10-1428
一四二五、10-1437　一四二六、10-1434　一四二七、10-1429　一四二八、10-1431　一四二九、10-1441　一四三〇、10-1435
一四三一、10-1440　一四三二、10-1430　一四三三、10-1446　一四三四、10-1438　一四三五、10-1439　一四三六、10-1436
一四三七、10-1442　一四三八、10-1443　一四三九、10-1444　一四四〇、10-1445

一四四一

一四四二

一四四三

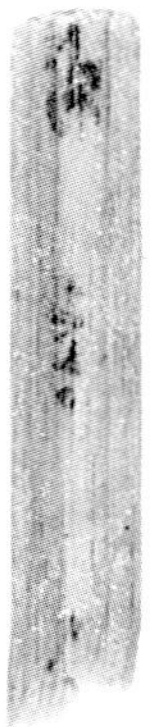
一四四四

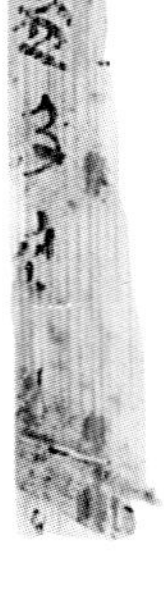
一四四五

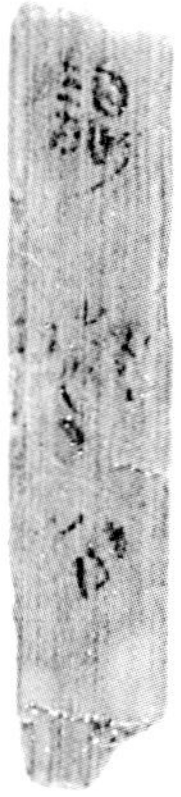
一四四六

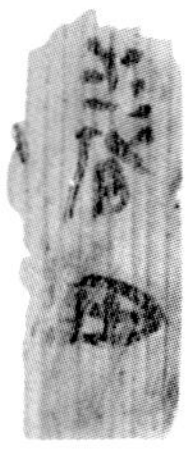
一四四七

一四四八

一四四九

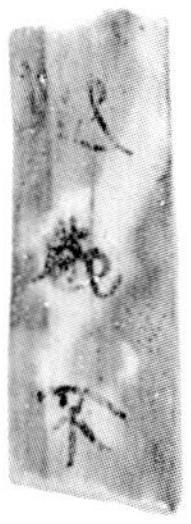
一四五〇

一四五一

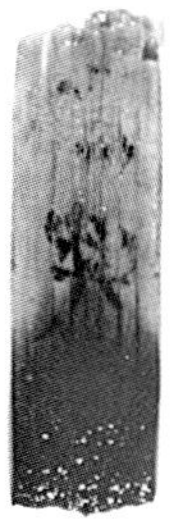
一四五二

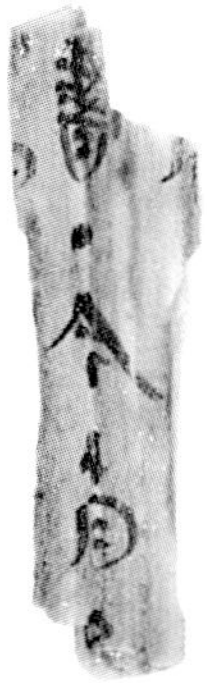
一四五三

一四五四

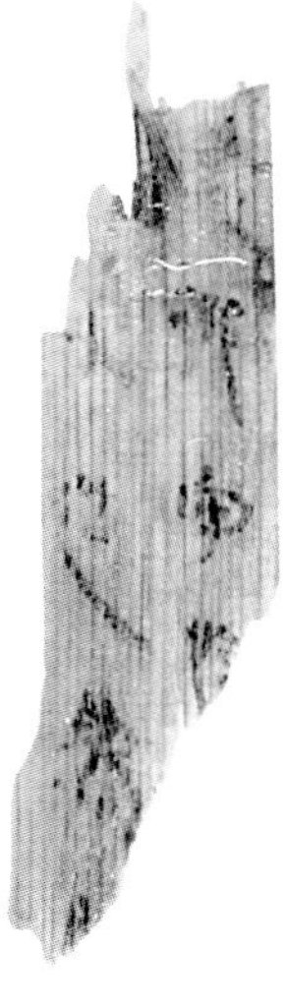
一四五五

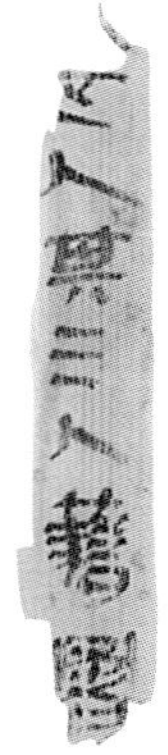
一四五六

一四五七

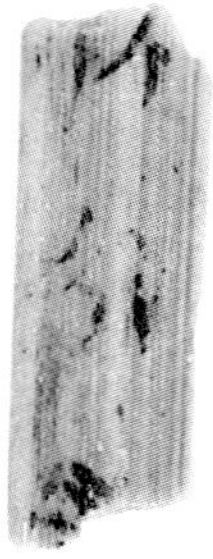
一四五八

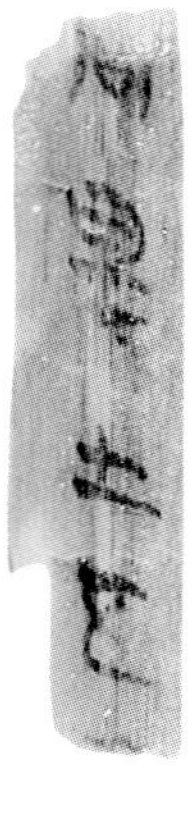
一四五九

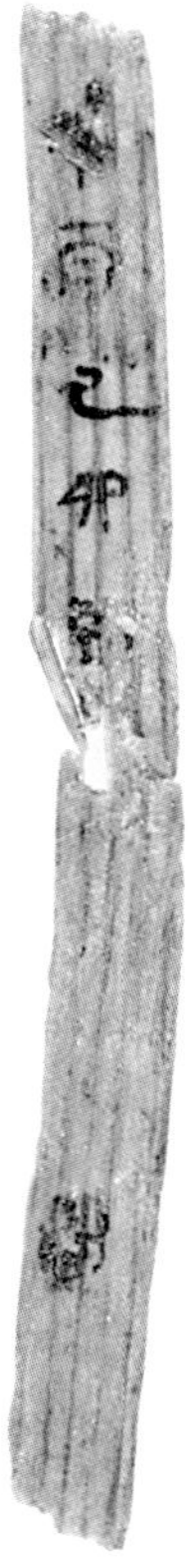
一四六〇

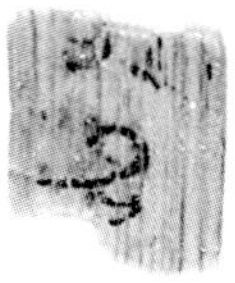
一四六一

一四六二

一四六三

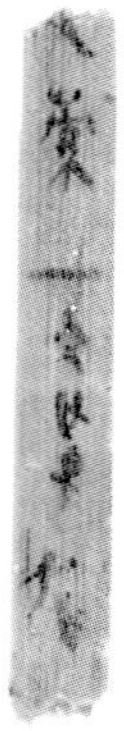
一四六四

一四六五

一四六六

一四六七

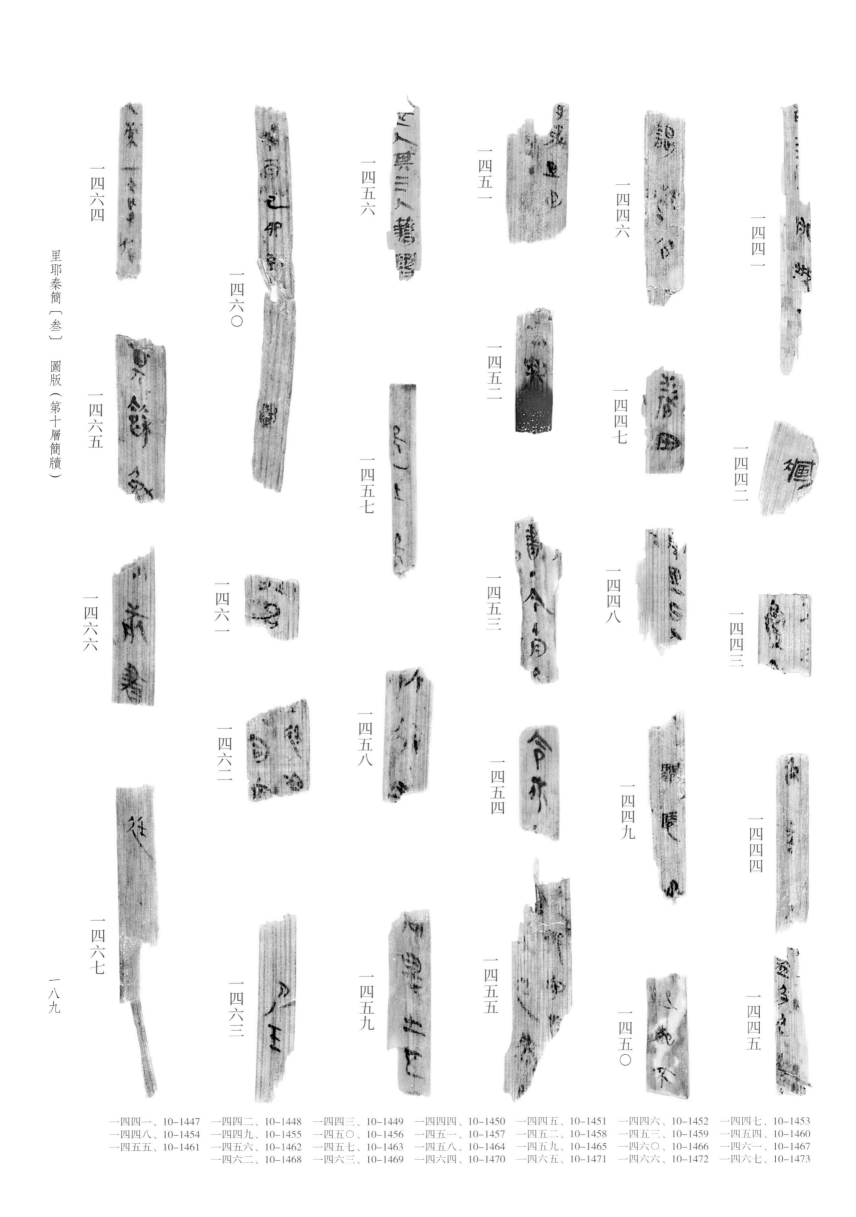

一四四一、10-1447　一四四二、10-1448　一四四三、10-1449　一四四四、10-1450　一四四五、10-1451　一四四六、10-1452　一四四七、10-1453
一四四八、10-1454　一四四九、10-1455　一四五〇、10-1456　一四五一、10-1457　一四五二、10-1458　一四五三、10-1459　一四五四、10-1460
一四五五、10-1461　一四五六、10-1462　一四五七、10-1463　一四五八、10-1464　一四五九、10-1465　一四六〇、10-1466　一四六一、10-1467
一四六二、10-1468　一四六三、10-1469　一四六四、10-1470　一四六五、10-1471　一四六六、10-1472　一四六七、10-1473

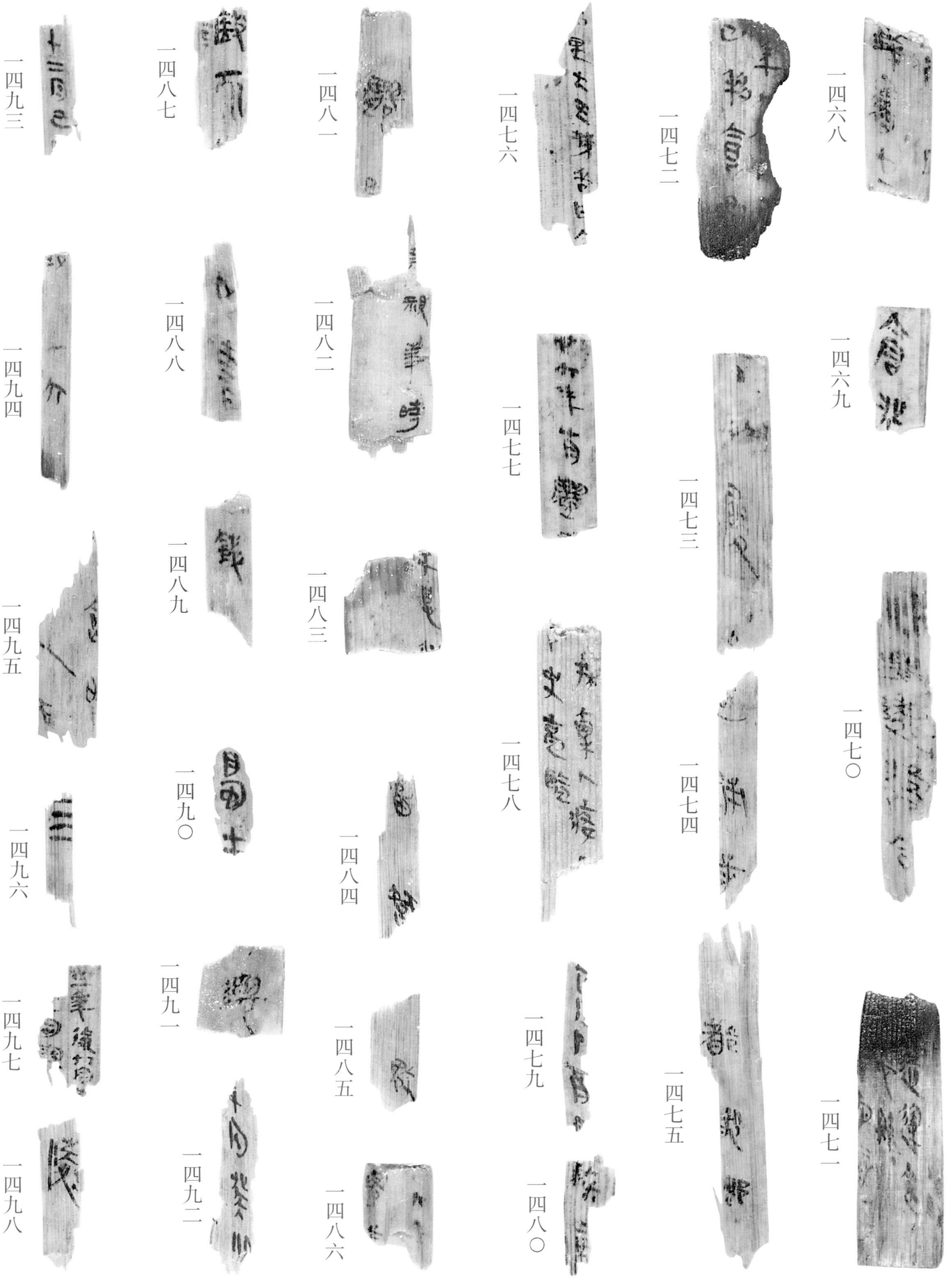

一四六八、10–1474　一四六九、10–1475　一四七〇、10–1476　一四七一、10–1477　一四七二、10–1478　一四七三、10–1479　一四七四、10–1480
一四七五、10–1481　一四七六、10–1482　一四七七、10–1483　一四七八、10–1484　一四七九、10–1485　一四八〇、10–1486　一四八一、10–1487
一四八二、10–1488　一四八三、10–1489　一四八四、10–1490　一四八五、10–1491　一四八六、10–1492　一四八七、10–1493　一四八八、10–1494
一四八九、10–1495　一四九〇、10–1496　一四九一、10–1497　一四九二、10–1498　一四九三、10–1499　一四九四、10–1500　一四九五、10–1501
一四九六、10–1502　一四九七、10–1503　一四九八、10–1504

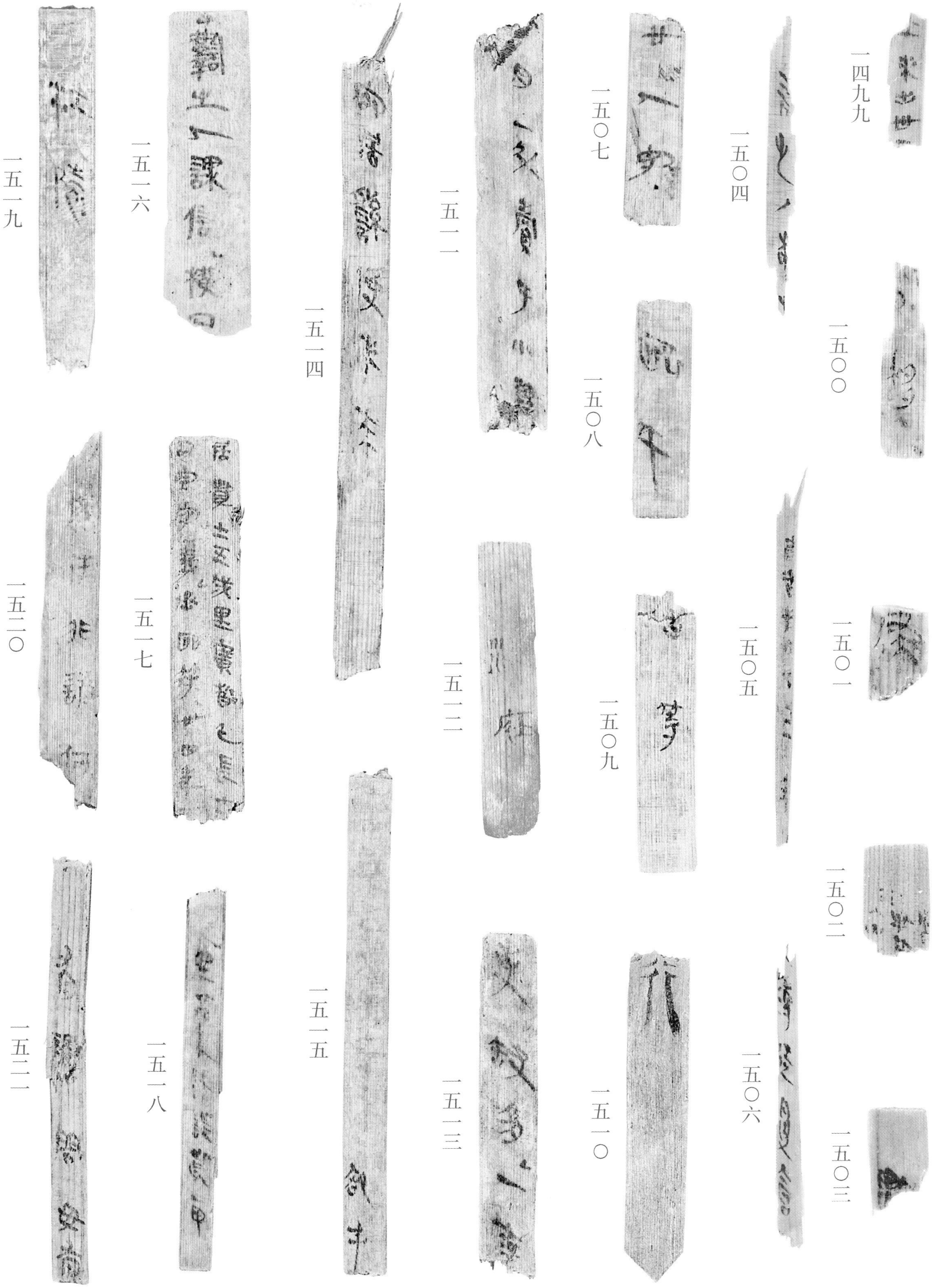

一四九九、10-1505　一五〇〇、10-1506　一五〇一、10-1507　一五〇二、10-1508　一五〇三、10-1509　一五〇四、10-1510
一五〇五、10-1511　一五〇六、10-1512　一五〇七、10-1513　一五〇八、10-1514　一五〇九、10-1515　一五一〇、10-1521
一五一一、10-1516　一五一二、10-1517　一五一三、10-1518　一五一四、10-1519　一五一五、10-1524　一五一六、10-1522
一五一七、10-1523　一五一八、10-1520　一五一九、10-1525　一五二〇、10-1526　一五二一、10-1527

一五二二 一五二三 一五二四 一五二五 一五二六 一五二七 一五二八 一五二九 一五三〇 一五三一 一五三二 一五三三 一五三四 一五三五 一五三六 一五三七 一五三八 一五三九 一五四〇

一五二二、10-1528 一五二三、10-1529 一五二四、10-1530 一五二五、10-1532 一五二六、10-1531
一五二七、10-1533 一五二八、10-1535 一五二九、10-1534 一五三〇、10-1536 一五三一、10-1539
一五三二、10-1537 一五三三、10-1538 一五三四、10-1543 一五三五、10-1540 一五三六、10-1541
一五三七、10-1542 一五三八、10-1544 一五三九、10-1545 一五四〇、10-1546

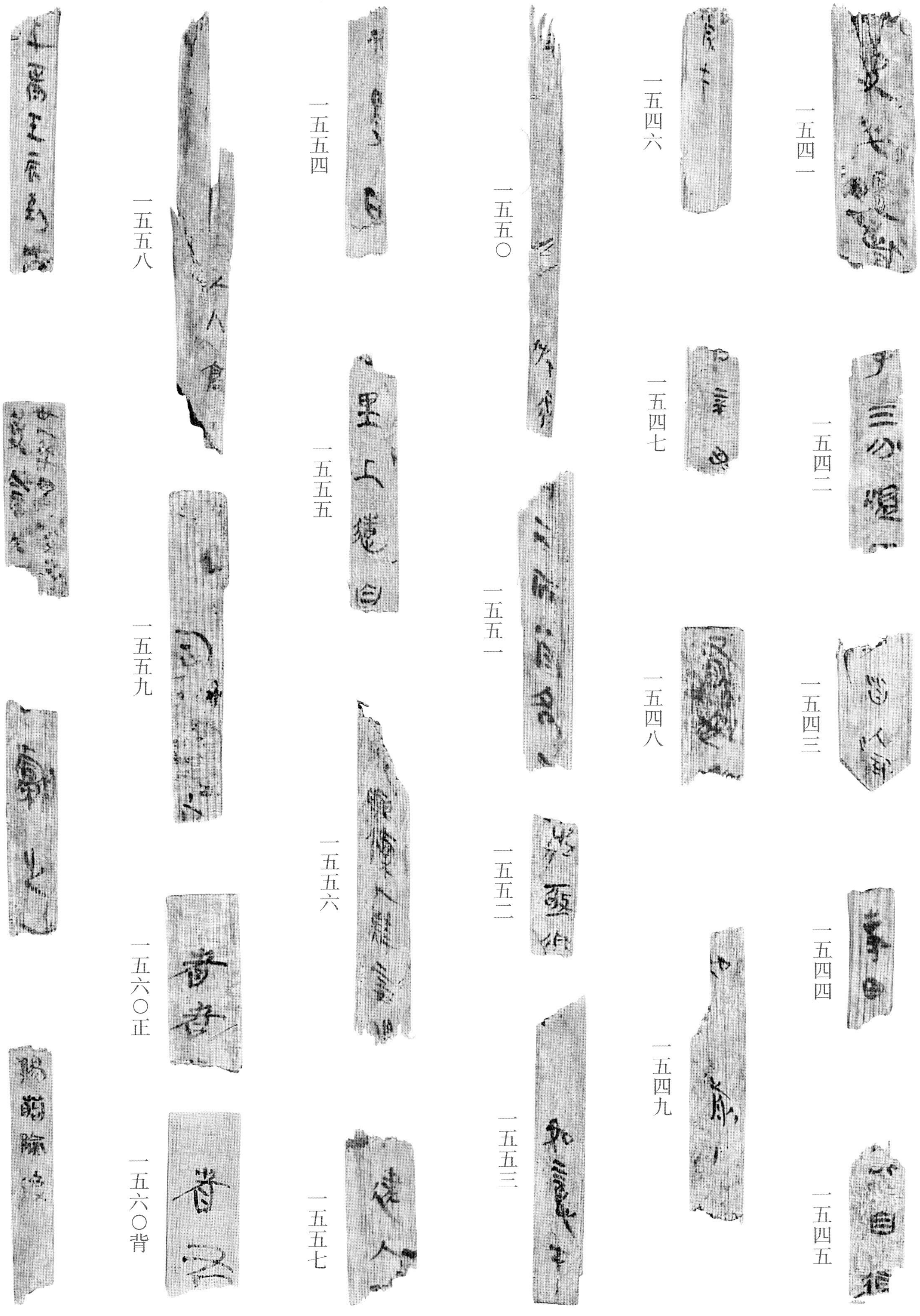

一五四一 一五四二 一五四三 一五四四 一五四五

一五四六 一五四七 一五四八 一五四九

一五五〇 一五五一 一五五二 一五五三

一五五四 一五五五 一五五六 一五五七

一五五八 一五五九 一五六〇正 一五六〇背

一五六一 一五六二 一五六三 一五六四

一五四一、10-1547	一五四二、10-1548	一五四三、10-1549	一五四四、10-1550	一五四五、10-1551	一五四六、10-1552
一五四七、10-1553	一五四八、10-1554	一五四九、10-1555	一五五〇、10-1556	一五五一、10-1557	一五五二、10-1558
一五五三、10-1559	一五五四、10-1560	一五五五、10-1561	一五五六、10-1562	一五五七、10-1563	一五五八、10-1564
一五五九、10-1565	一五六〇、10-1566	一五六一、10-1567	一五六二、10-1568	一五六三、10-1569	一五六四、10-1570

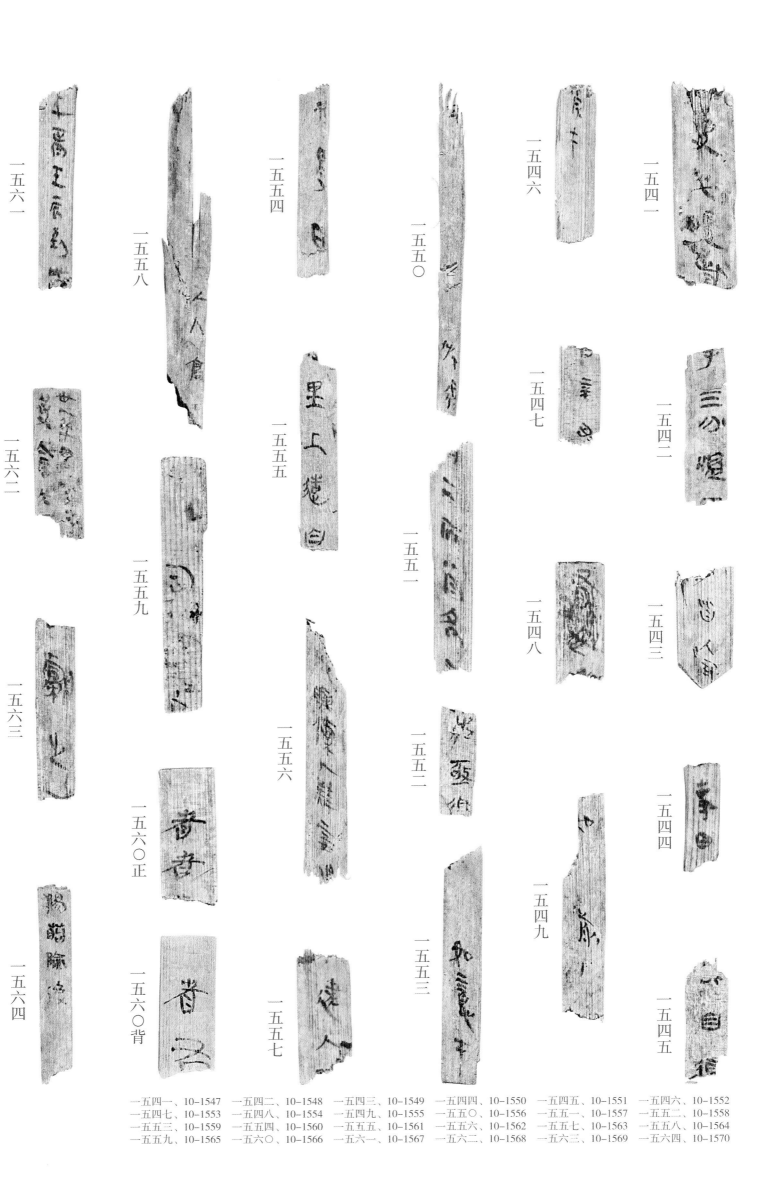

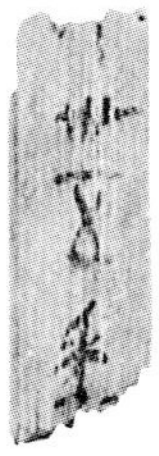
一五六五

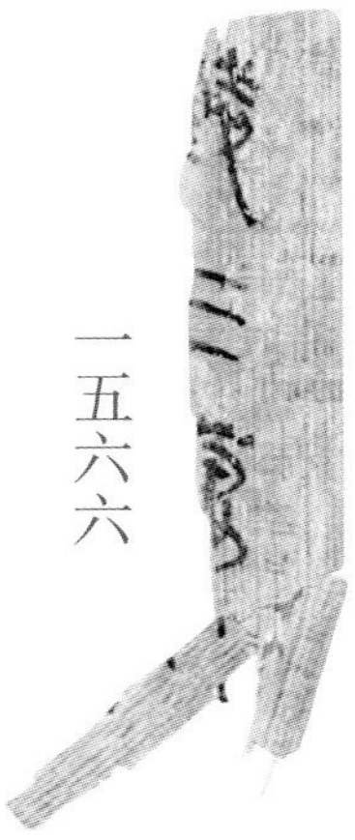
一五六六

一五六七

一五六八

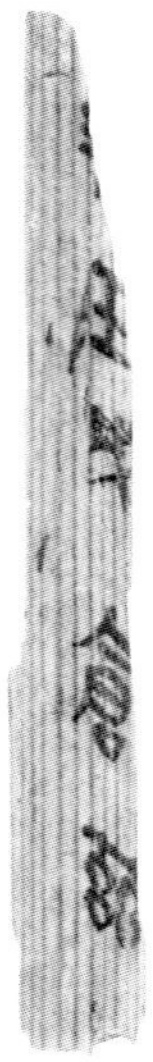
一五六九

一五七〇

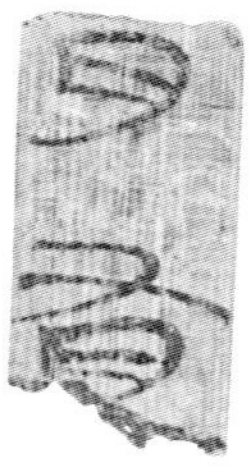
一五七一

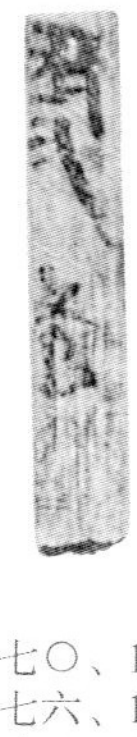
一五七二

一五七三

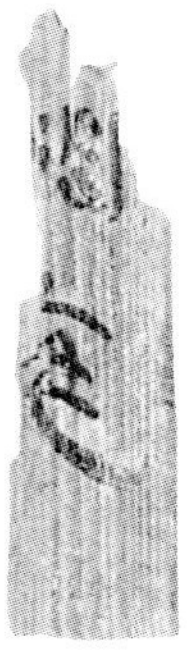
一五七四

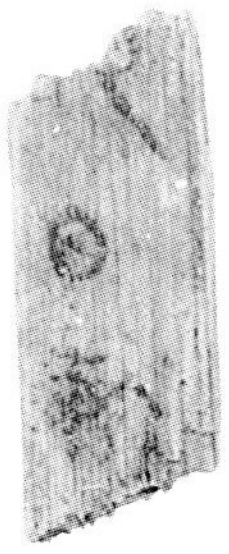
一五七五

一五七六

一五七七

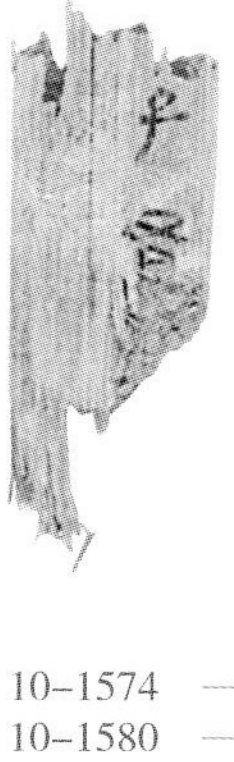
一五七八

一五七九正

一五七九背

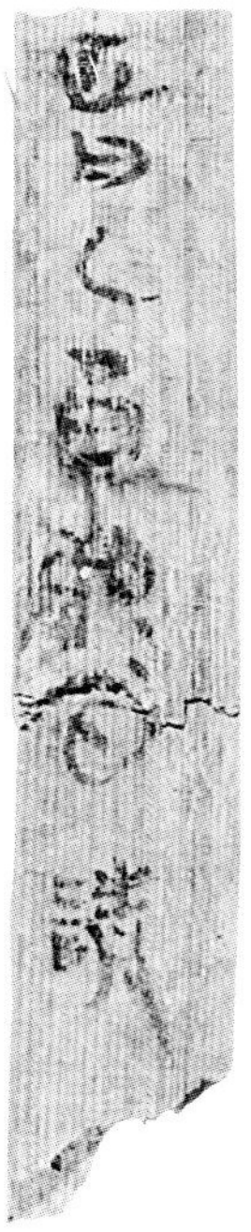
一五八〇正

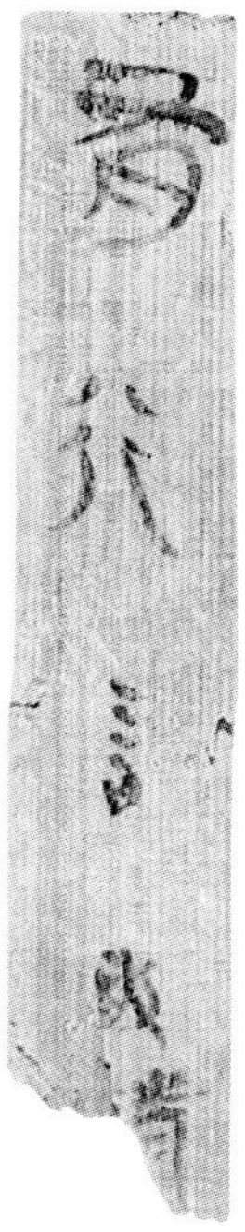
一五八〇背

一五八一正

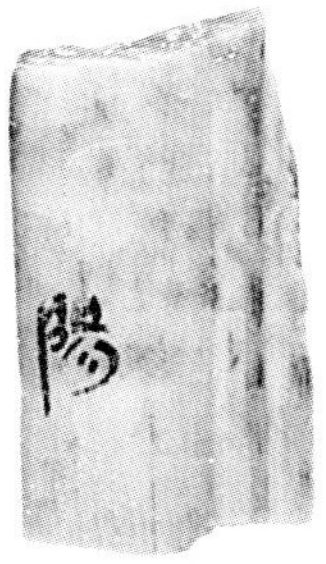
一五八一背

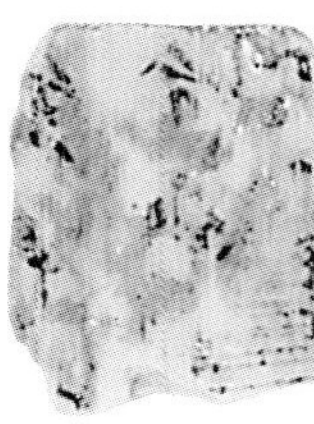
一五八二正

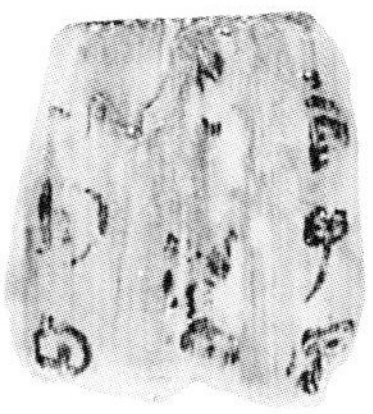
一五八二背

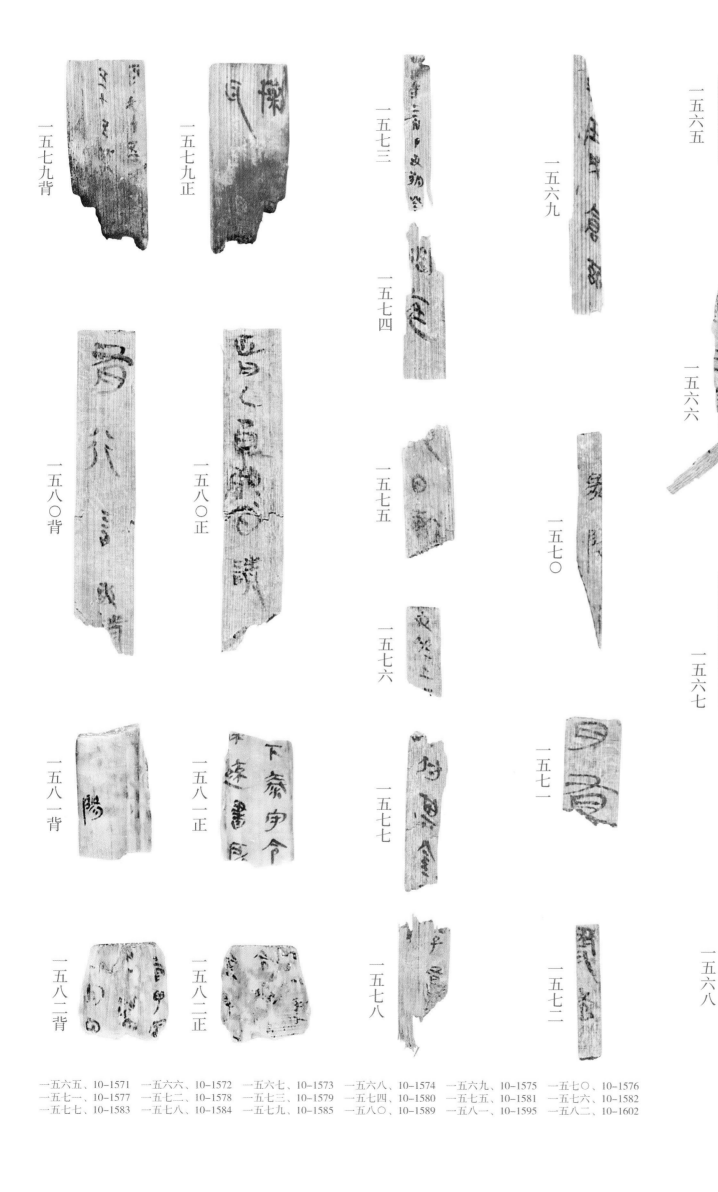

一五六五、10-1571　一五六六、10-1572　一五六七、10-1573　一五六八、10-1574　一五六九、10-1575　一五七〇、10-1576
一五七一、10-1577　一五七二、10-1578　一五七三、10-1579　一五七四、10-1580　一五七五、10-1581　一五七六、10-1582
一五七七、10-1583　一五七八、10-1584　一五七九、10-1585　一五八〇、10-1589　一五八一、10-1595　一五八二、10-1602

一五八三正

一五八三背

一五八四正

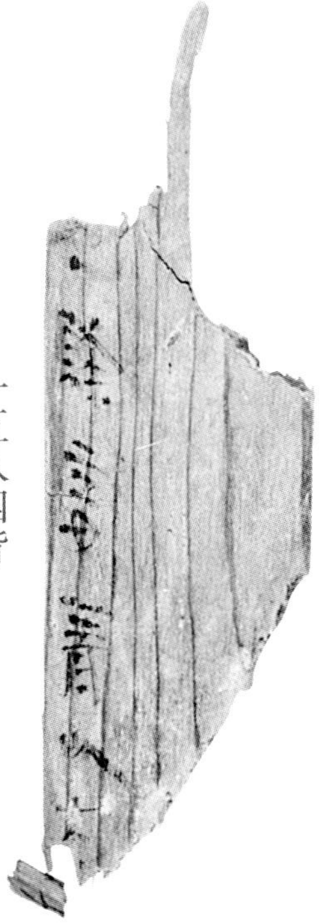
一五八四背

一五八五正

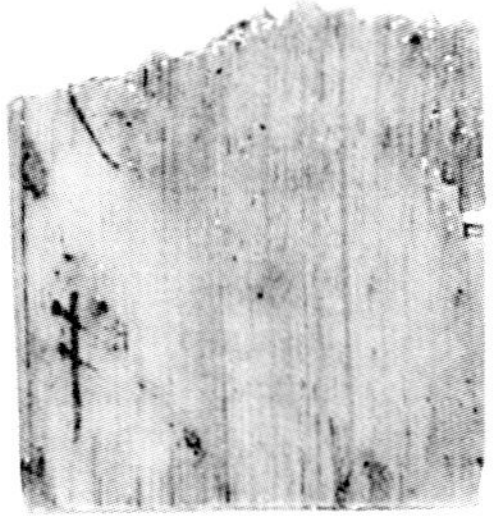
一五八五背

一五八六正

一五八六背

一五八七正

一五八七背

一五八八正

一五八八背

一五八九正

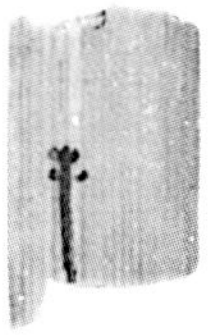
一五八九背

一五九〇正

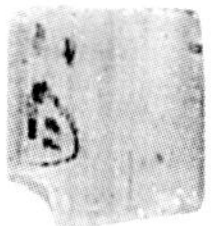
一五九〇背

一五九一正

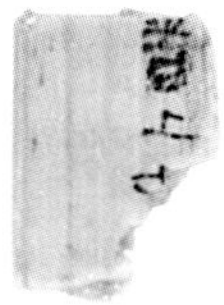
一五九一背

一五九二正

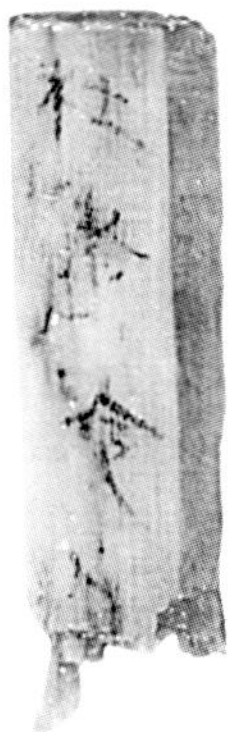
一五九二背

一五八三、10-1586　一五八四、10-1587　一五八五、10-1600　一五八六、10-1604　一五八七、10-1588
一五八八、10-1590　一五八九、10-1591　一五九〇、10-1592　一五九一、10-1593　一五九二、10-1594

一五九三正

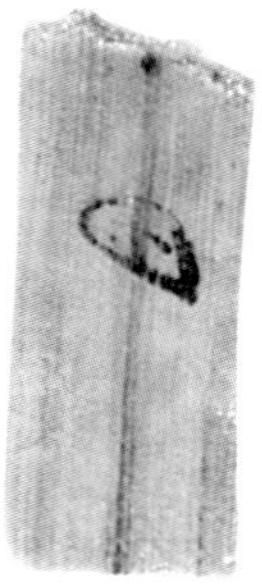
一五九三背

一五九六正

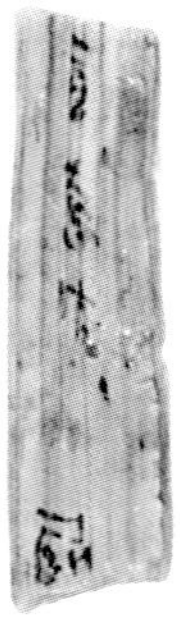
一五九六背

一五九九正

一五九九背

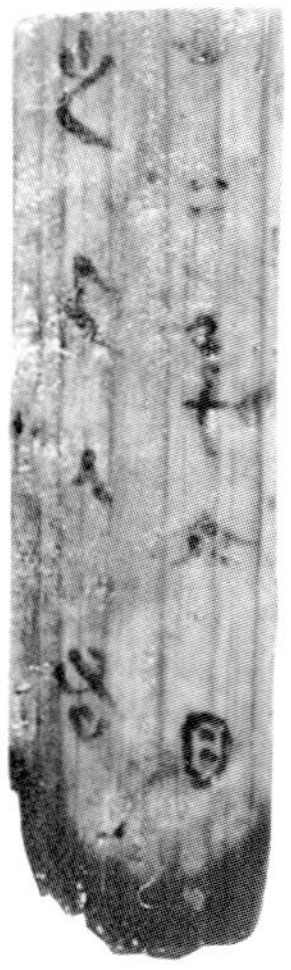
一五九四正

一五九四背

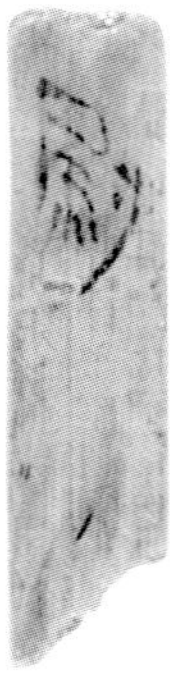
一五九七正

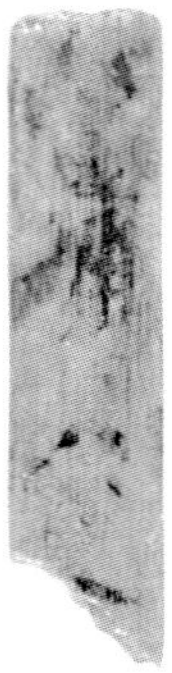
一五九七背

一六〇〇正

一六〇〇背

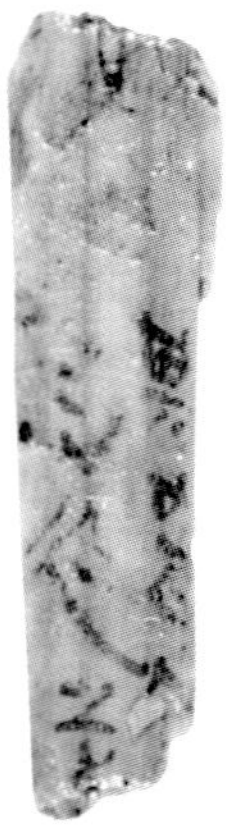
一五九五正

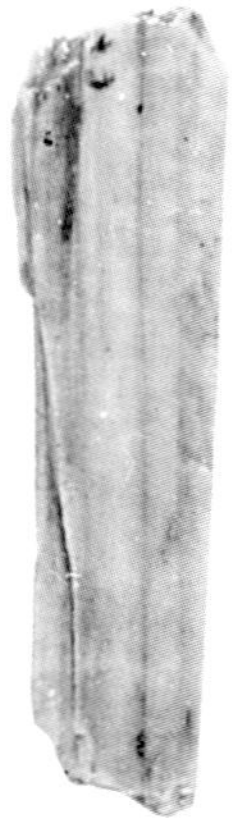
一五九五背

一五九八正

一五九八背

一六〇一正

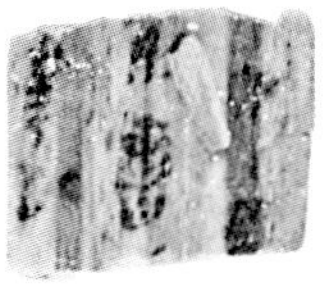
一六〇一背

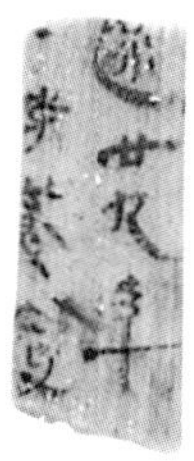
一六〇二正

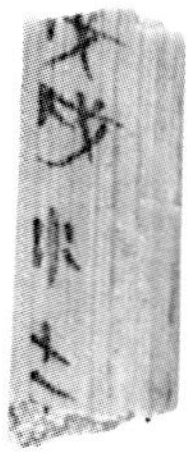
一六〇二背

一五九三、10-1601　一五九四、10-1605　一五九五、10-1597　一五九六、10-1598　一五九七、10-1599
一五九八、10-1603　一五九九、10-1606　一六〇〇、10-1607　一六〇一、10-1608　一六〇二、10-1596

一六〇三

一六〇四

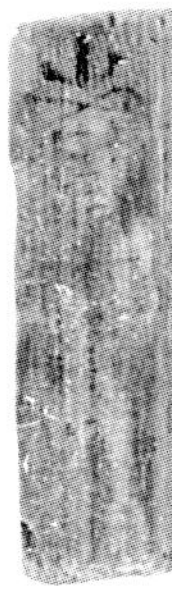

一六〇五

一六〇六

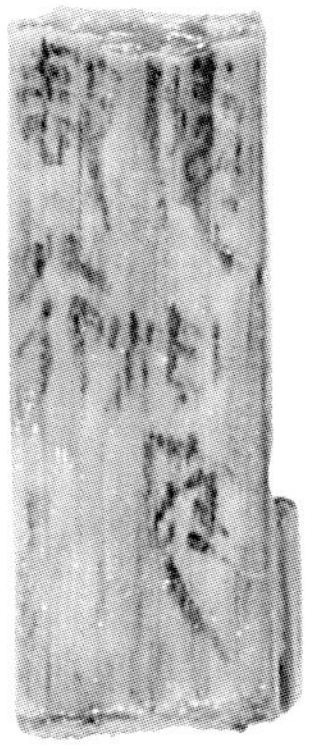

一六〇七

一六〇八

一六〇九

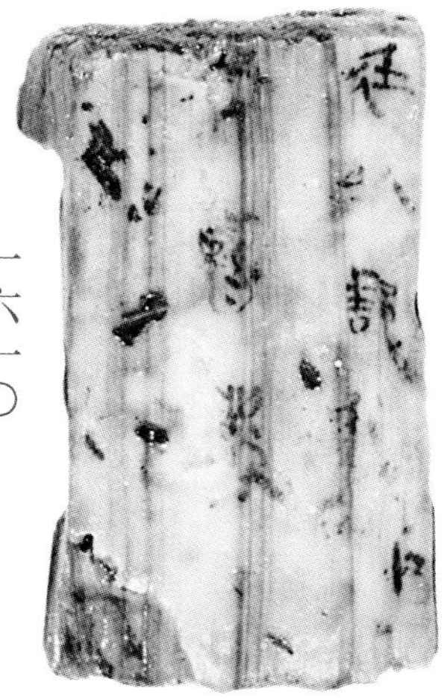

一六一〇

一六〇三、10–91 封　一六〇四、10–93 封　一六〇五、10–94 封　一六〇六、10–813　一六〇七、10–932
一六〇八、10–89 封　一六〇九、10–90 封　一六一〇、10–92 封

第十一層簡牘圖版

一

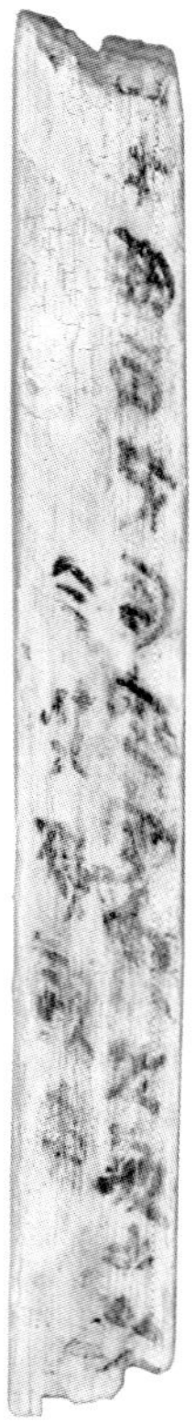
二

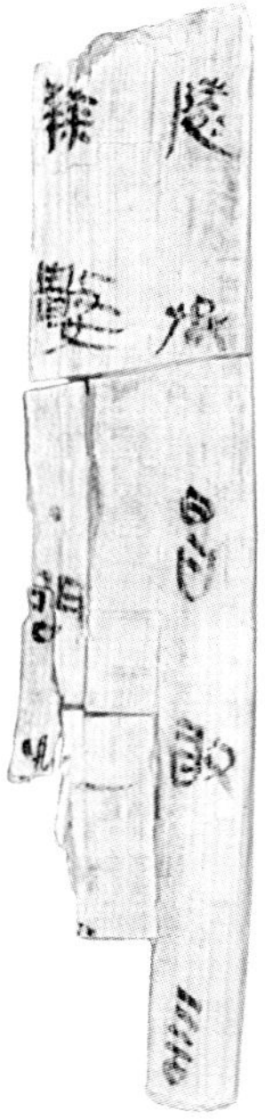
三正

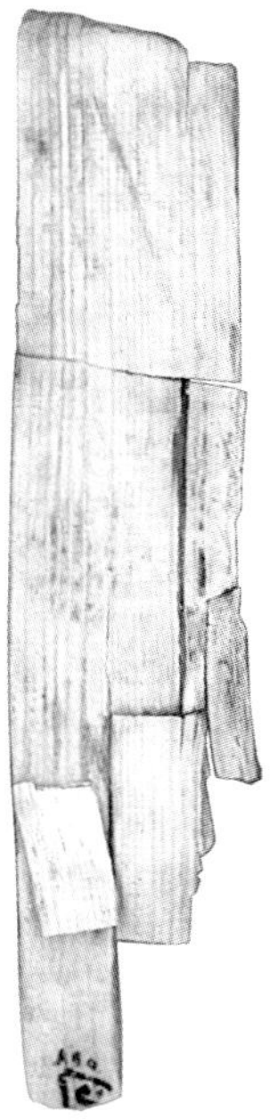
三背

五正

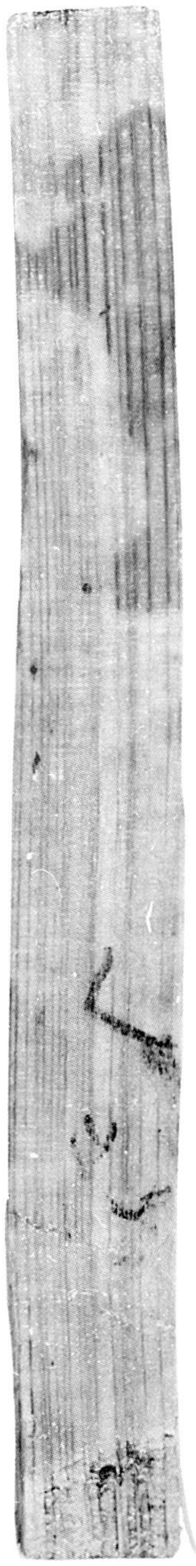
六

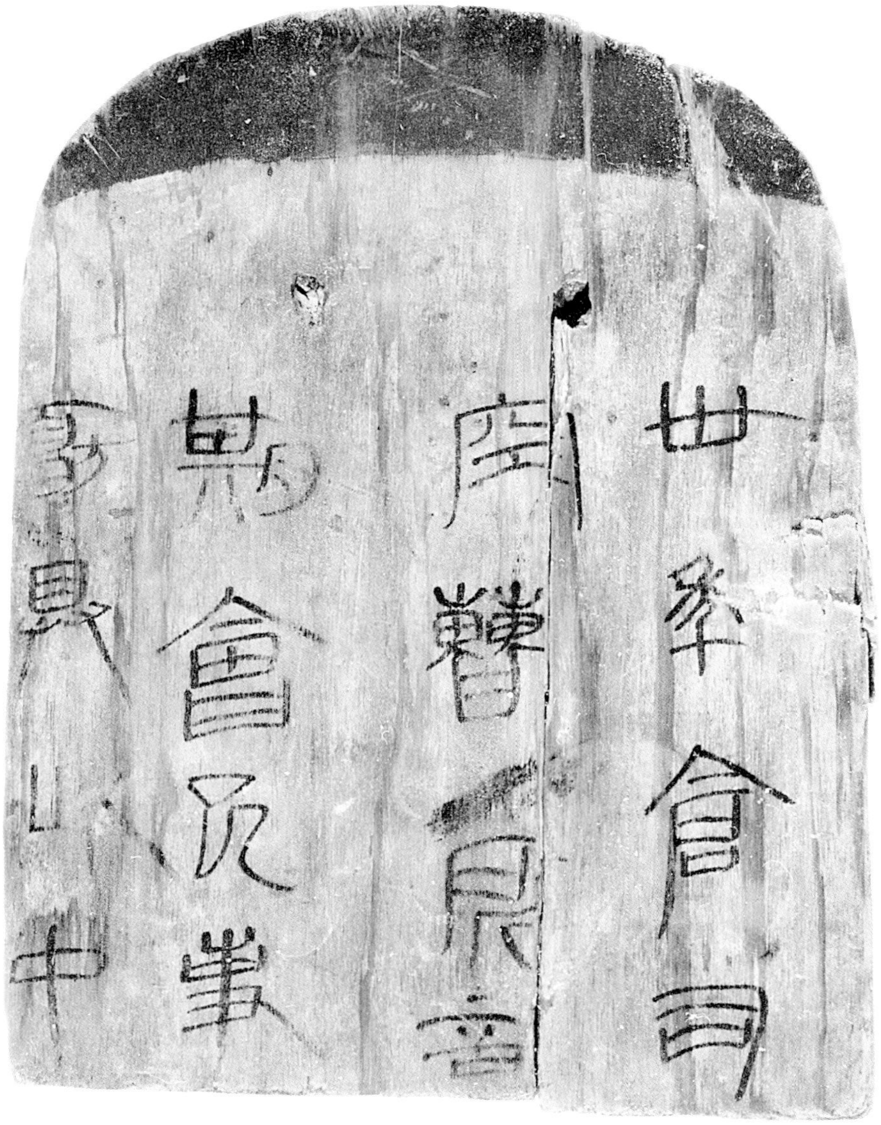
四

五背

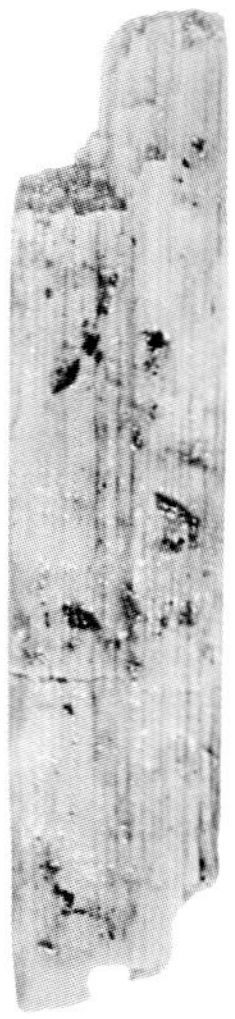
七

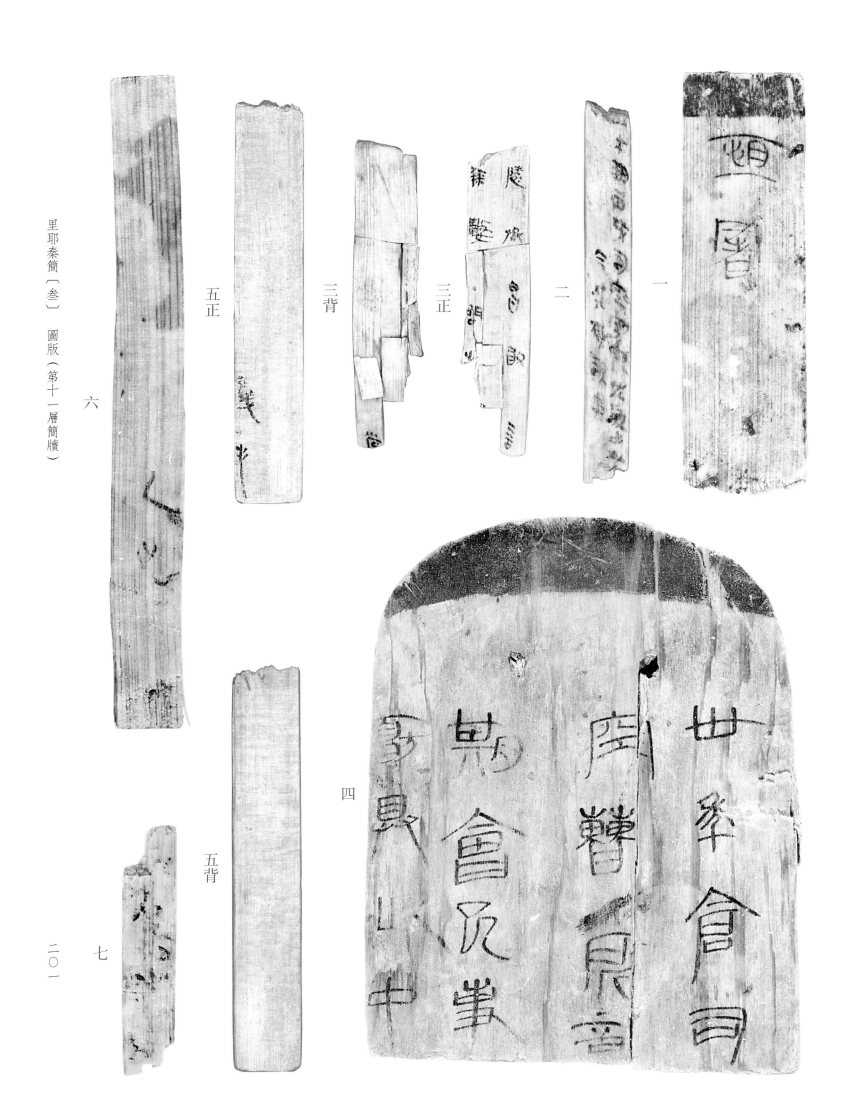

一、11-5　二、11-3　三、11-4　四、11-1　五、11-2　六、11-6　七、11-7

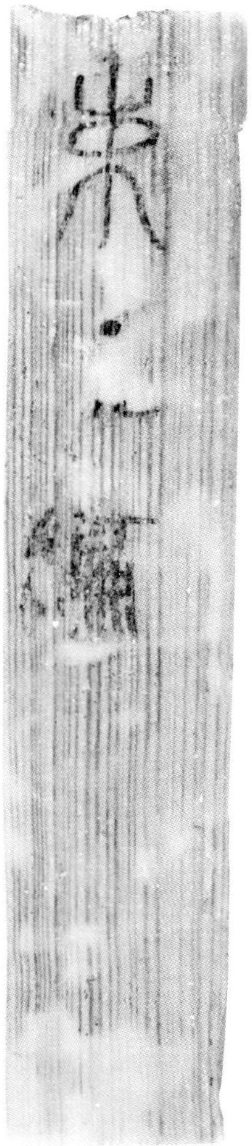

八

九

一〇

一一

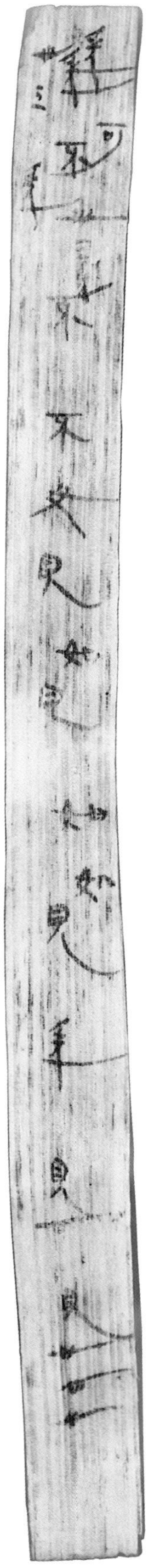

一二

一三正

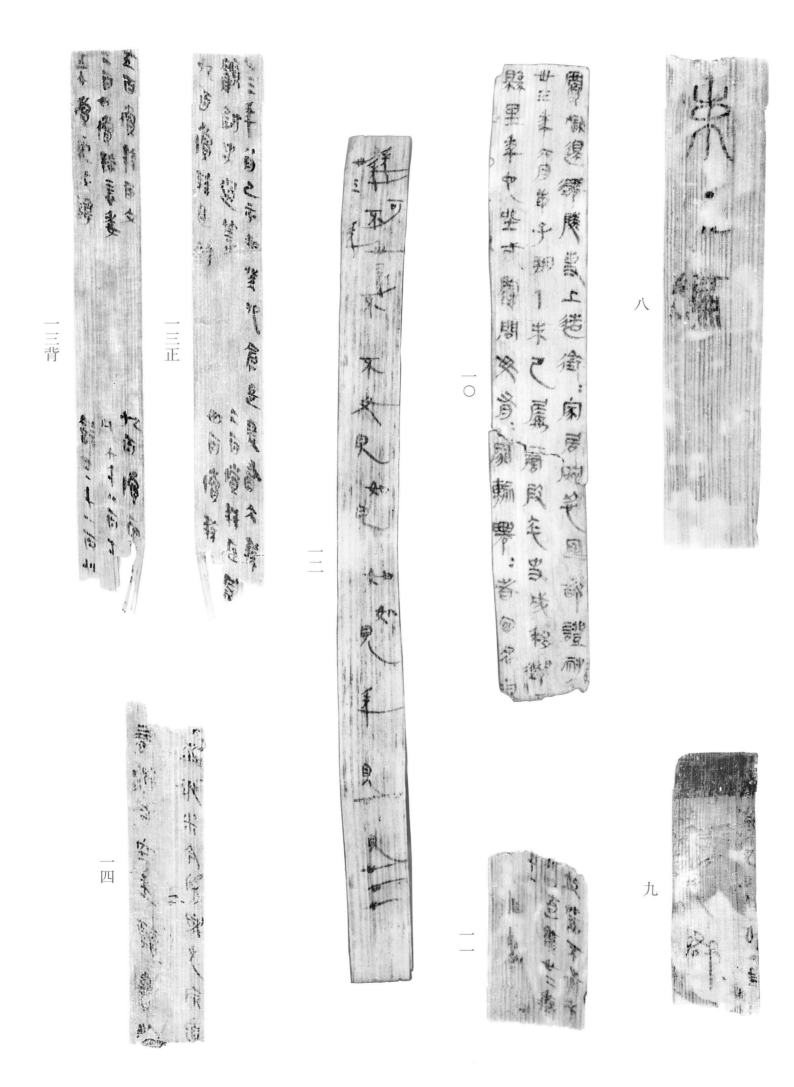

一三背

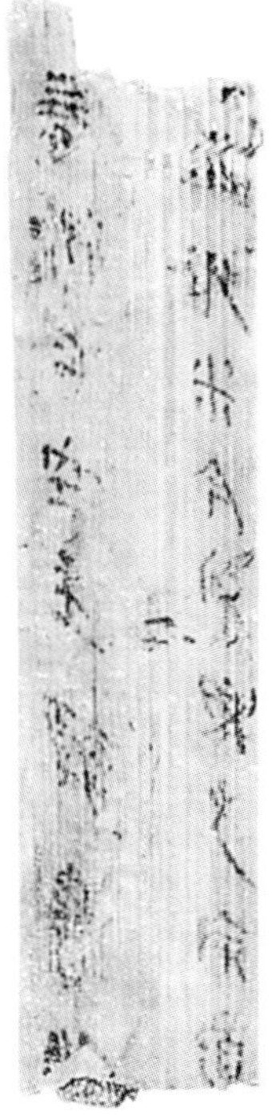

一四

八、11-8 九、11-14 一〇、11-10 一一、11-11 一二、11-12 一三、11-13 一四、11-9

一五

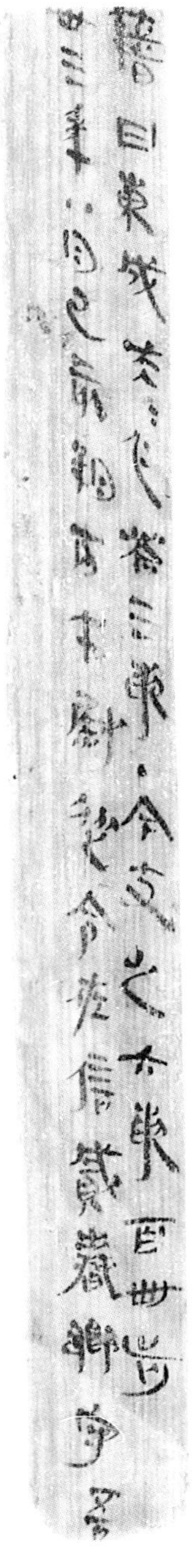

一六

一七

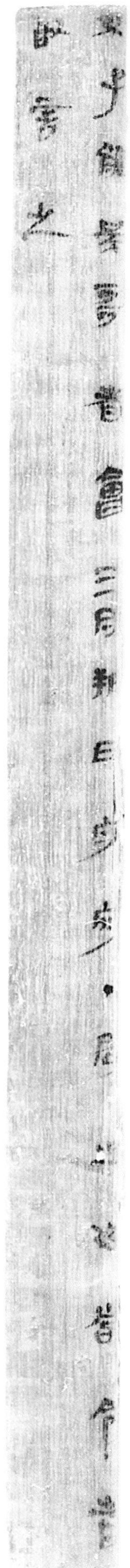

一八

一九

二〇正

二〇背

一五、11-16 一六、11-15 一七、11-18 一八、11-19 一九、11-20 二〇、11-17

二一

二二

二三

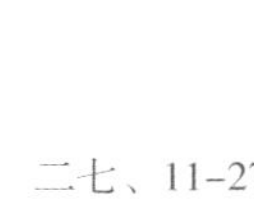
二四

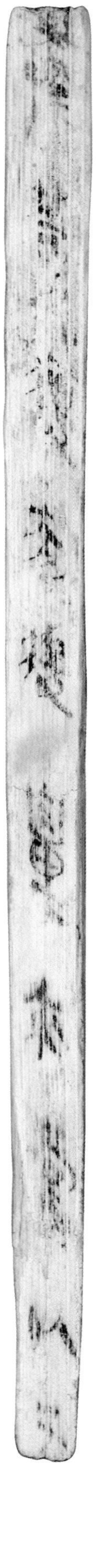
二五

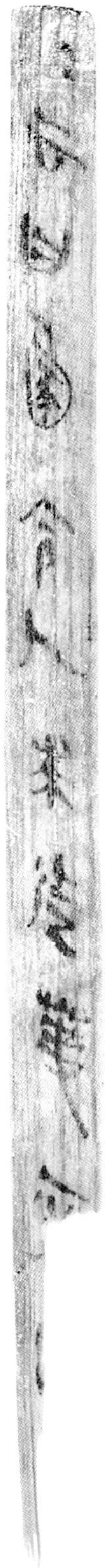
二六

二七

二八

二九

二一、11-21　二二、11-22　二三、11-23　二四、11-25　二五、11-24　二六、11-26　二七、11-27　二八、11-28
二九、11-29

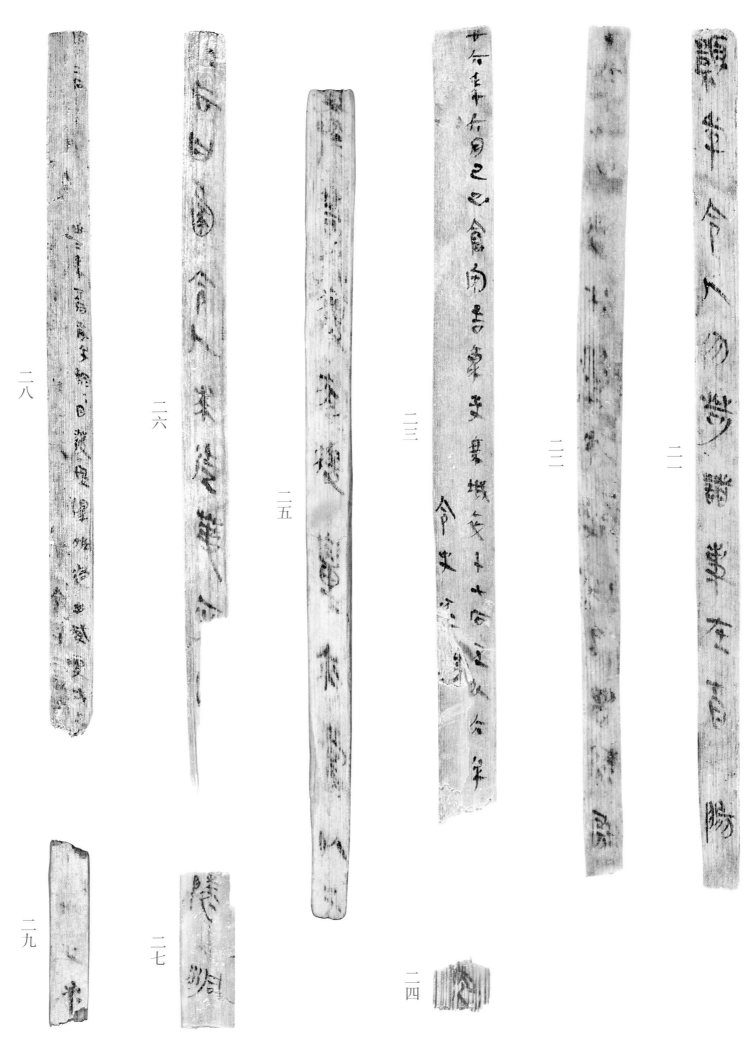

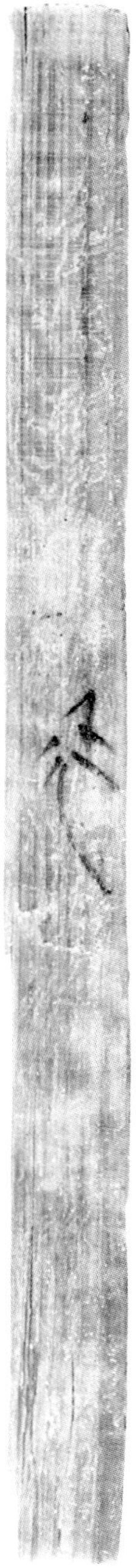
三〇

三二

三四

三七

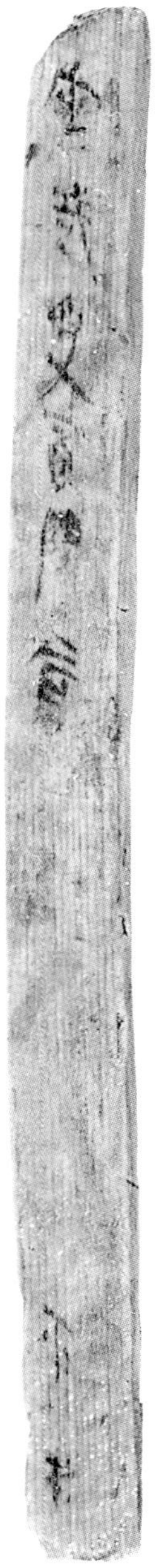
三六

三三

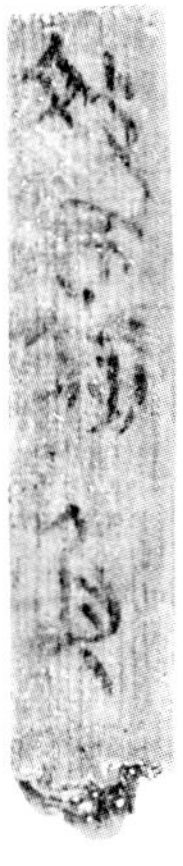
三一

三五

三八

三〇、11–30　三一、11–31　三二、11–33　三三、11–32　三四、11–34　三五、11–35　三六、11–36　三七、11–37　三八、11–38

三九

四〇
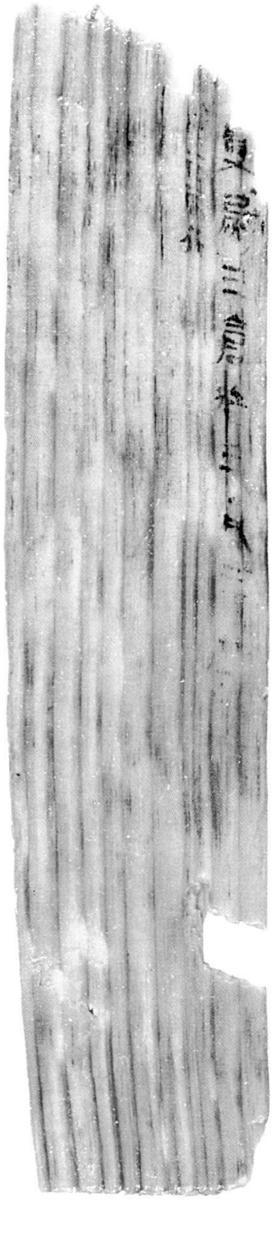

四一
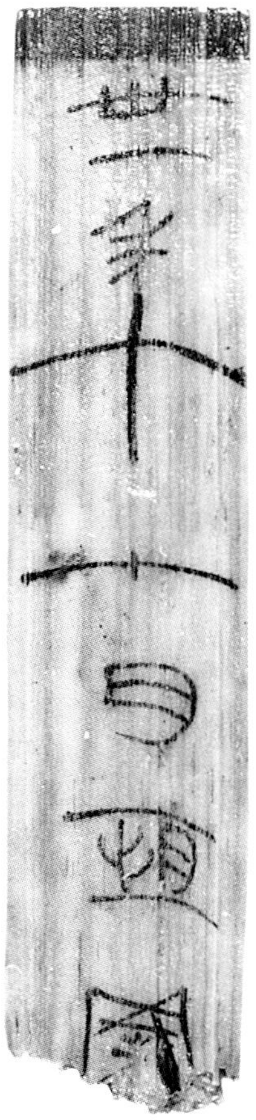

四二
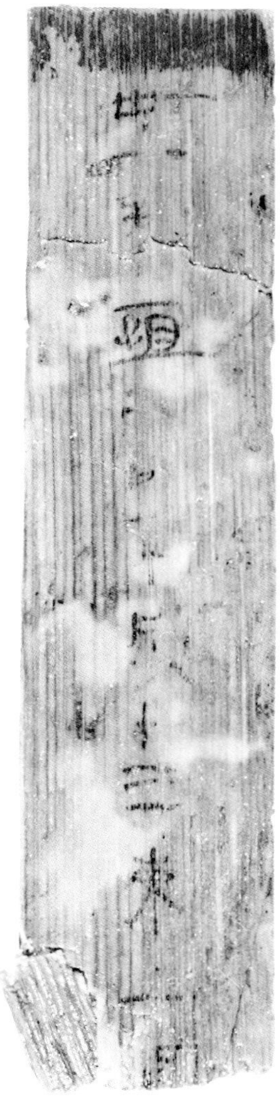

四三
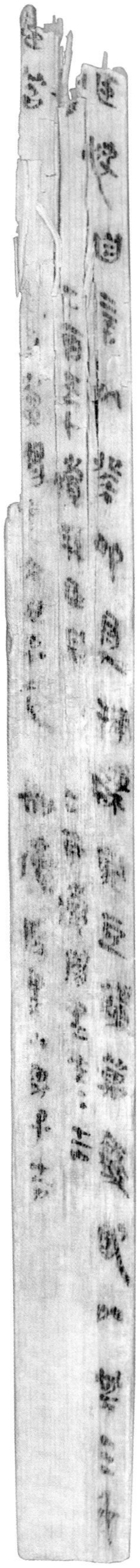

四四

四五

三九、11-40　四〇、11-39　四一、11-41　四二、11-42　四三、11-43　四四、11-44　四五、11-45

五四

五二

五〇

四八

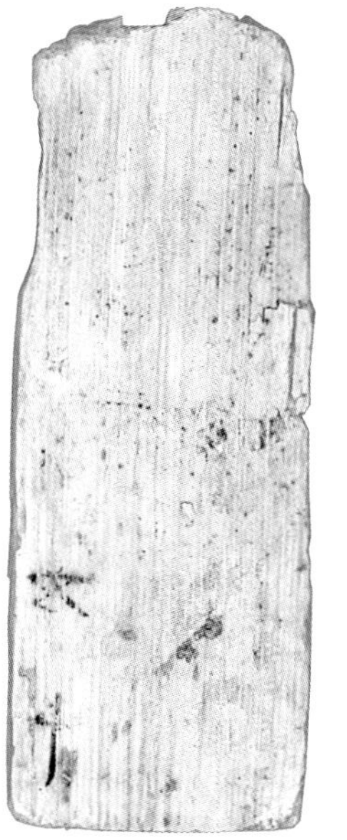
四六背

四六正

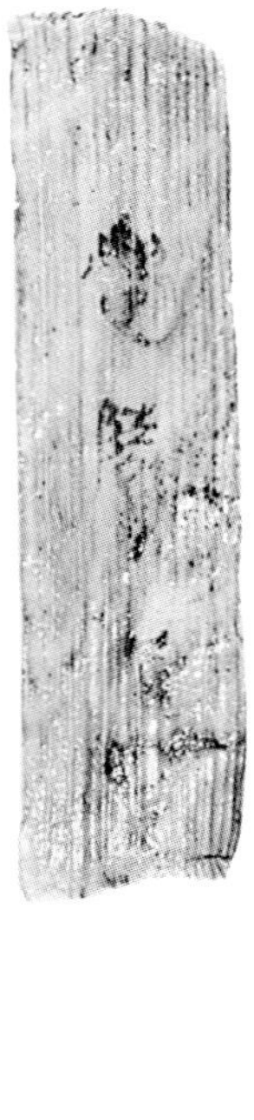
五五

五三

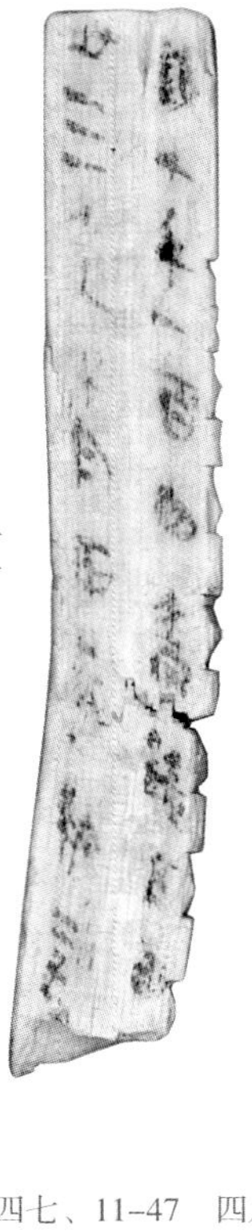
五一

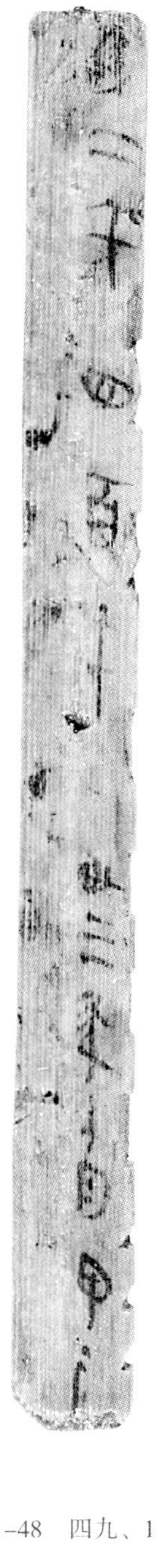
四九

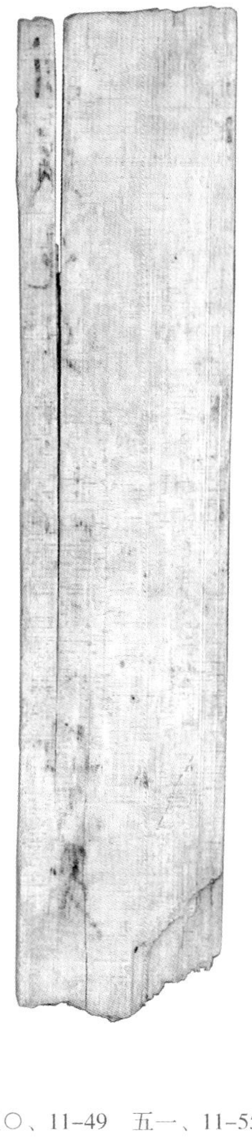
四七背

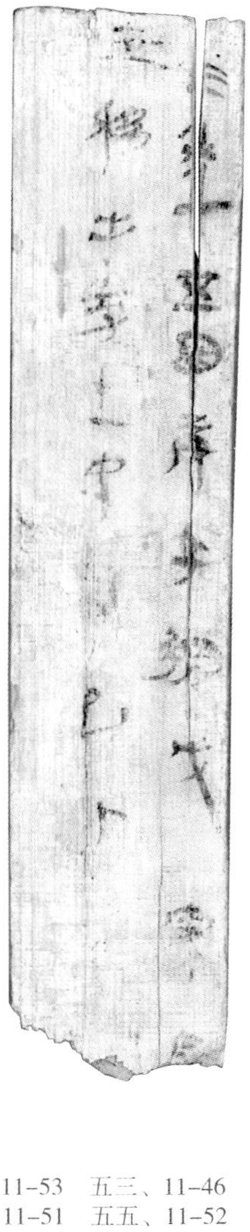
四七正

四六、11-50　四七、11-47　四八、11-48　四九、11-54　五〇、11-49　五一、11-55　五二、11-53　五三、11-46
五四、11-51　五五、11-52

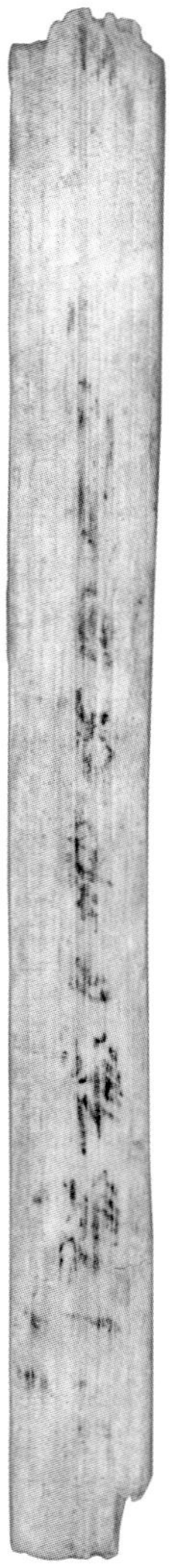
五六

五七

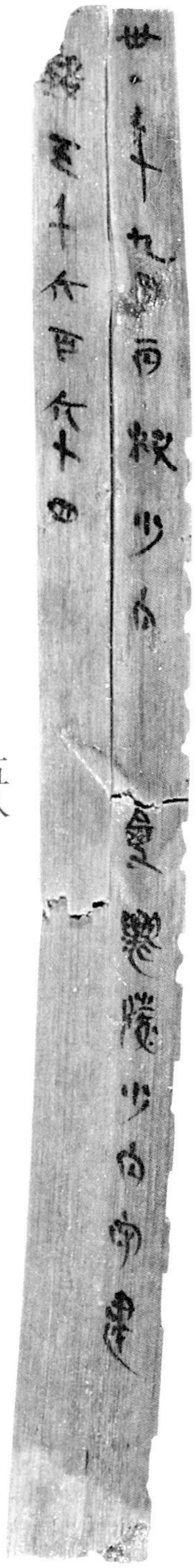
五八

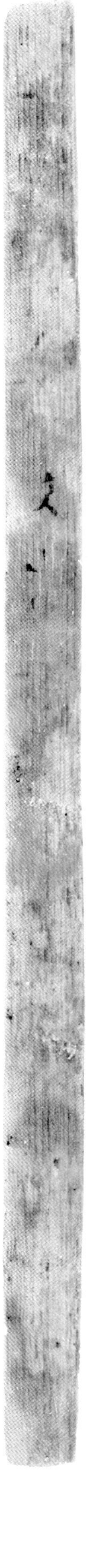
五九

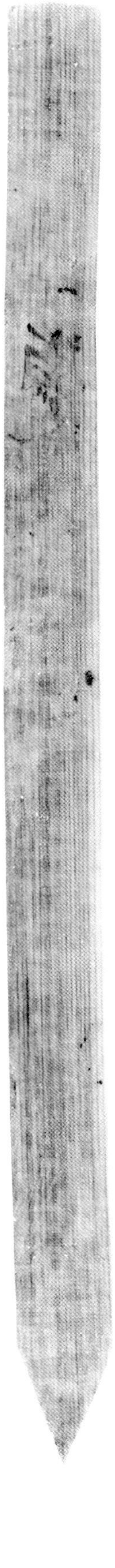
六〇

六一

六二

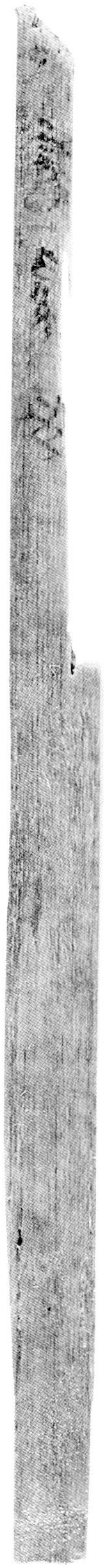
六三

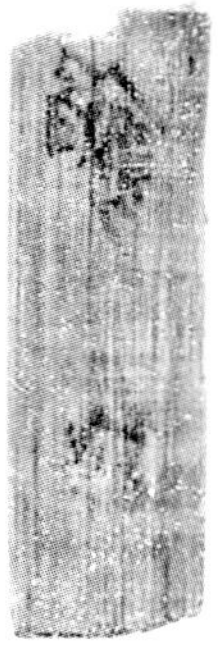
六四

五六、11-56　五七、11-61　五八、11-58　五九、11-59　六〇、11-60　六一、11-62　六二、11-65　六三、11-63
六四、11-57

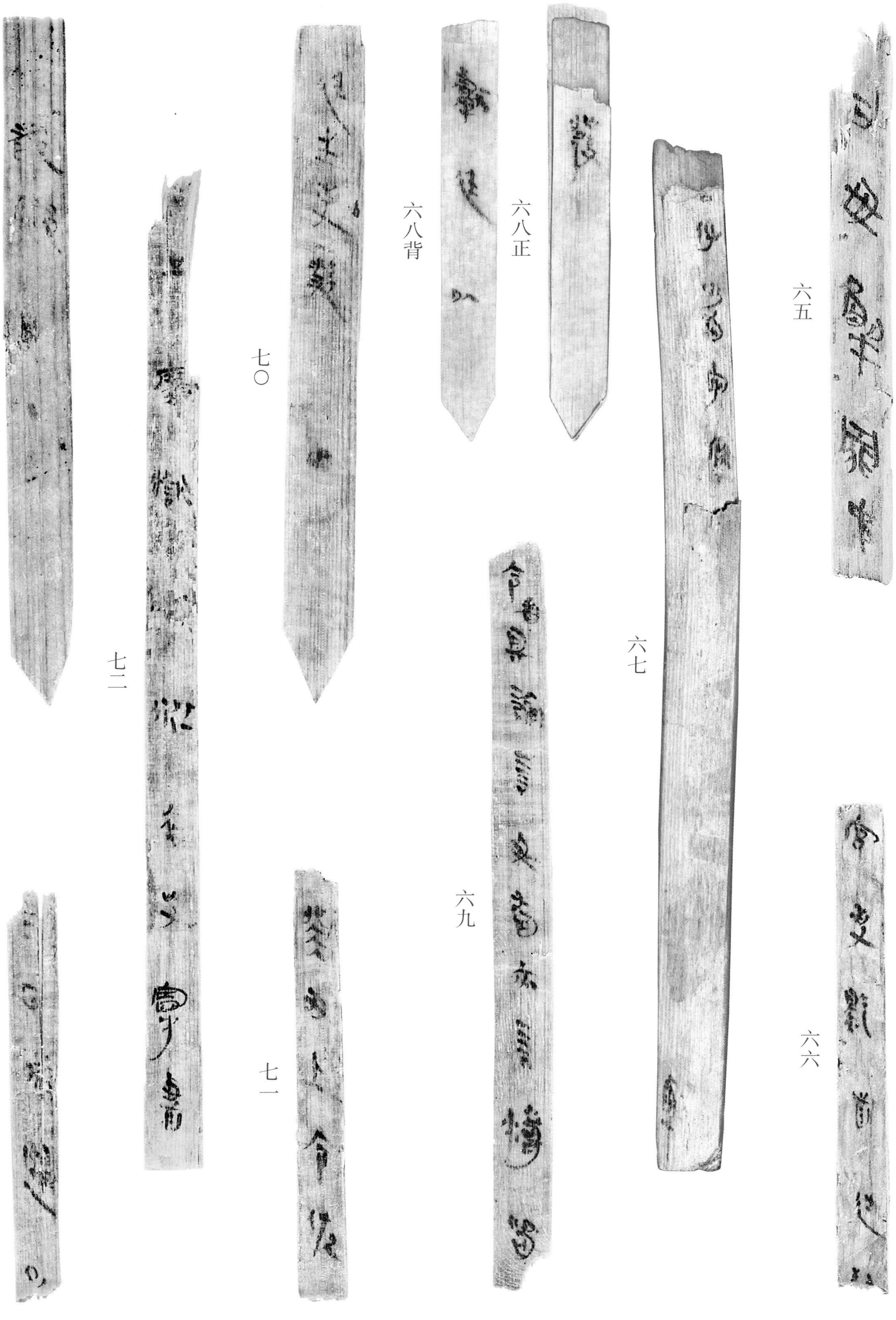

六五、11-66　六六、11-69　六七、11-64　六八、11-68　六九、11-67　七〇、11-70　七一、11-72　七二、11-73
七三、11-71　七四、11-74

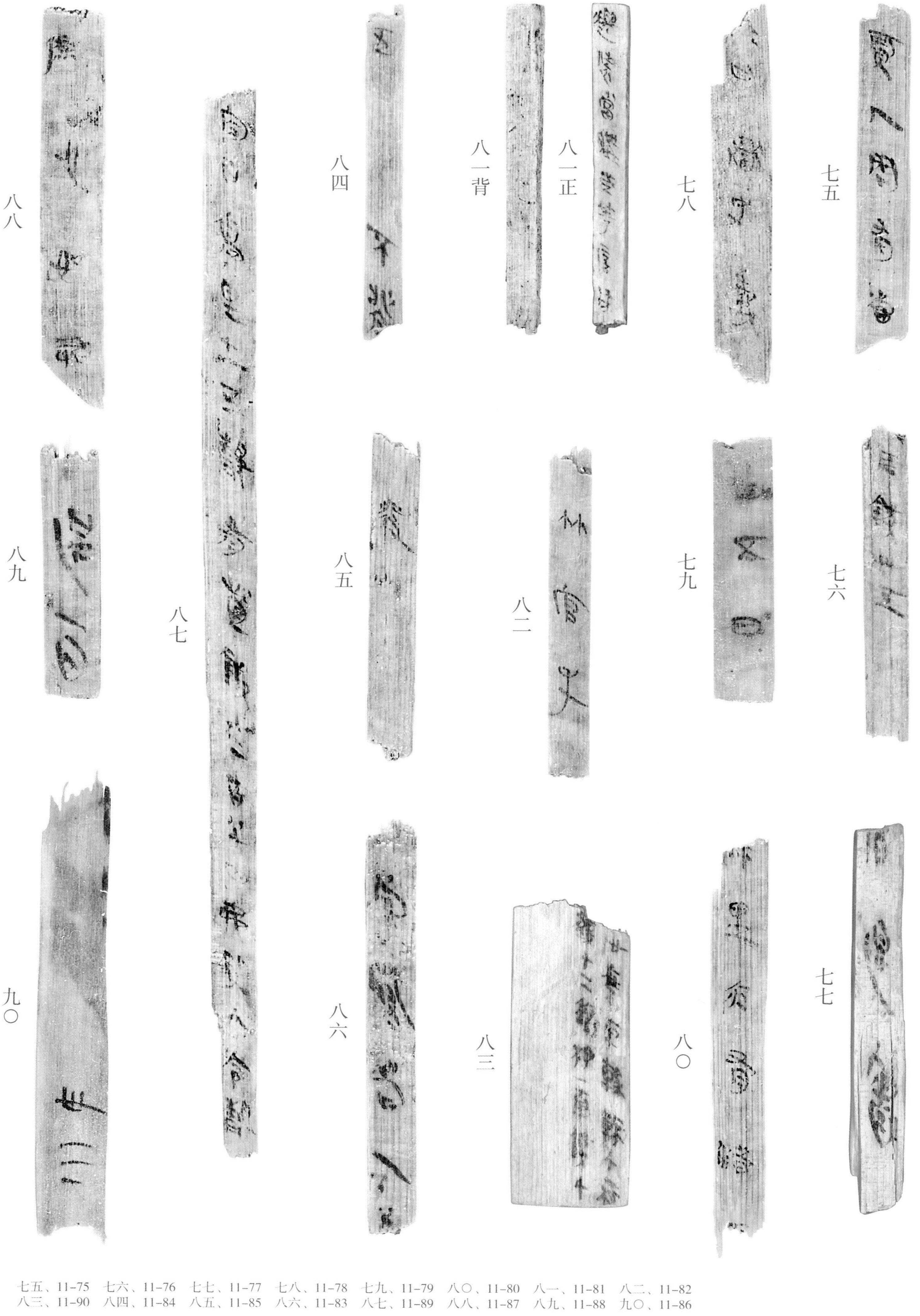

七五、11-75　七六、11-76　七七、11-77　七八、11-78　七九、11-79　八〇、11-80　八一、11-81　八二、11-82
八三、11-90　八四、11-84　八五、11-85　八六、11-83　八七、11-89　八八、11-87　八九、11-88　九〇、11-86

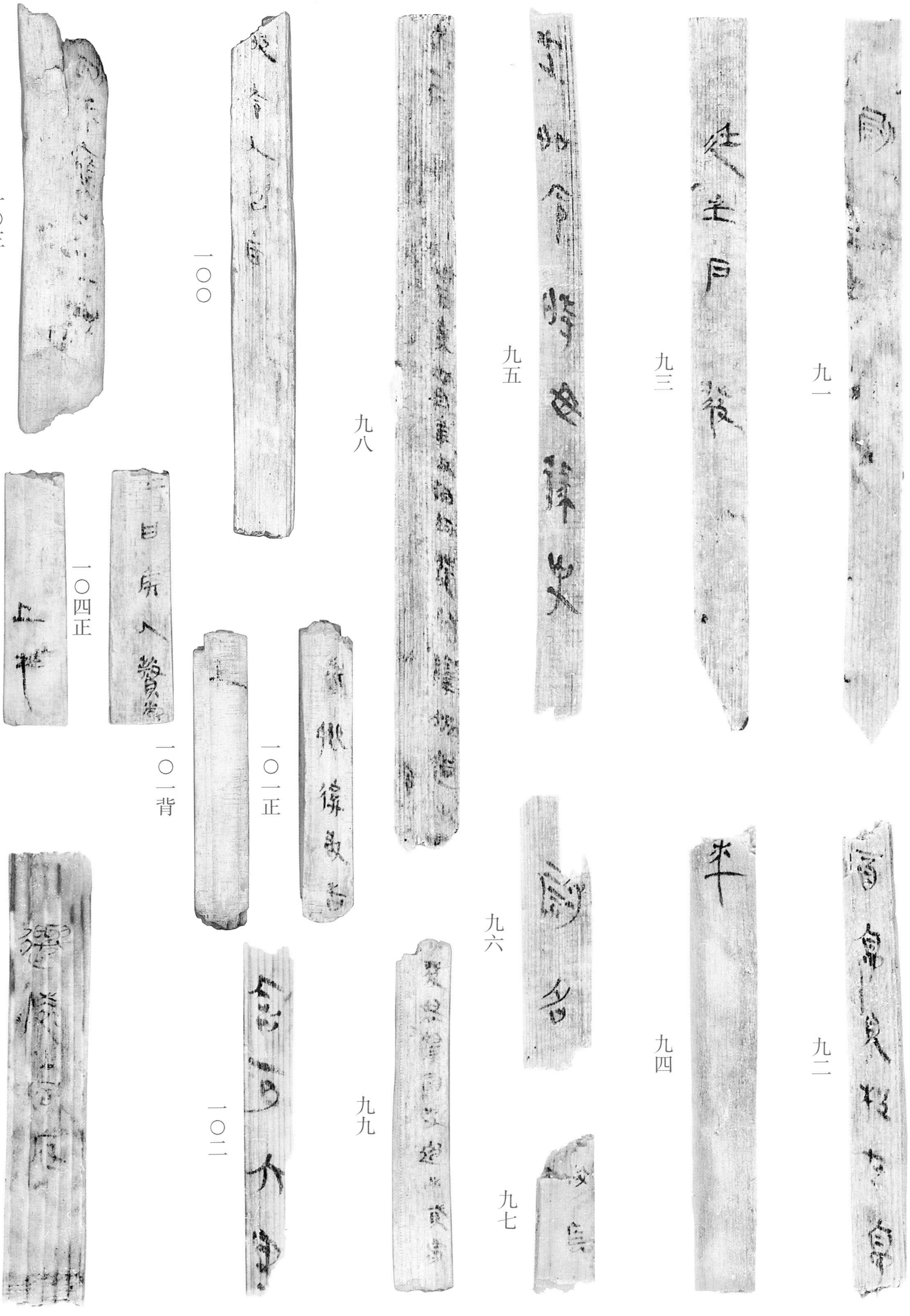

九一、11–91　九二、11–92　九三、11–93　九四、11–94　九五、11–95　九六、11–97　九七、11–99　九八、11–96
九九、11–98　一〇〇、11–100　一〇一、11–101　一〇二、11–104　一〇三、11–103　一〇四、11–102　一〇五、11–106

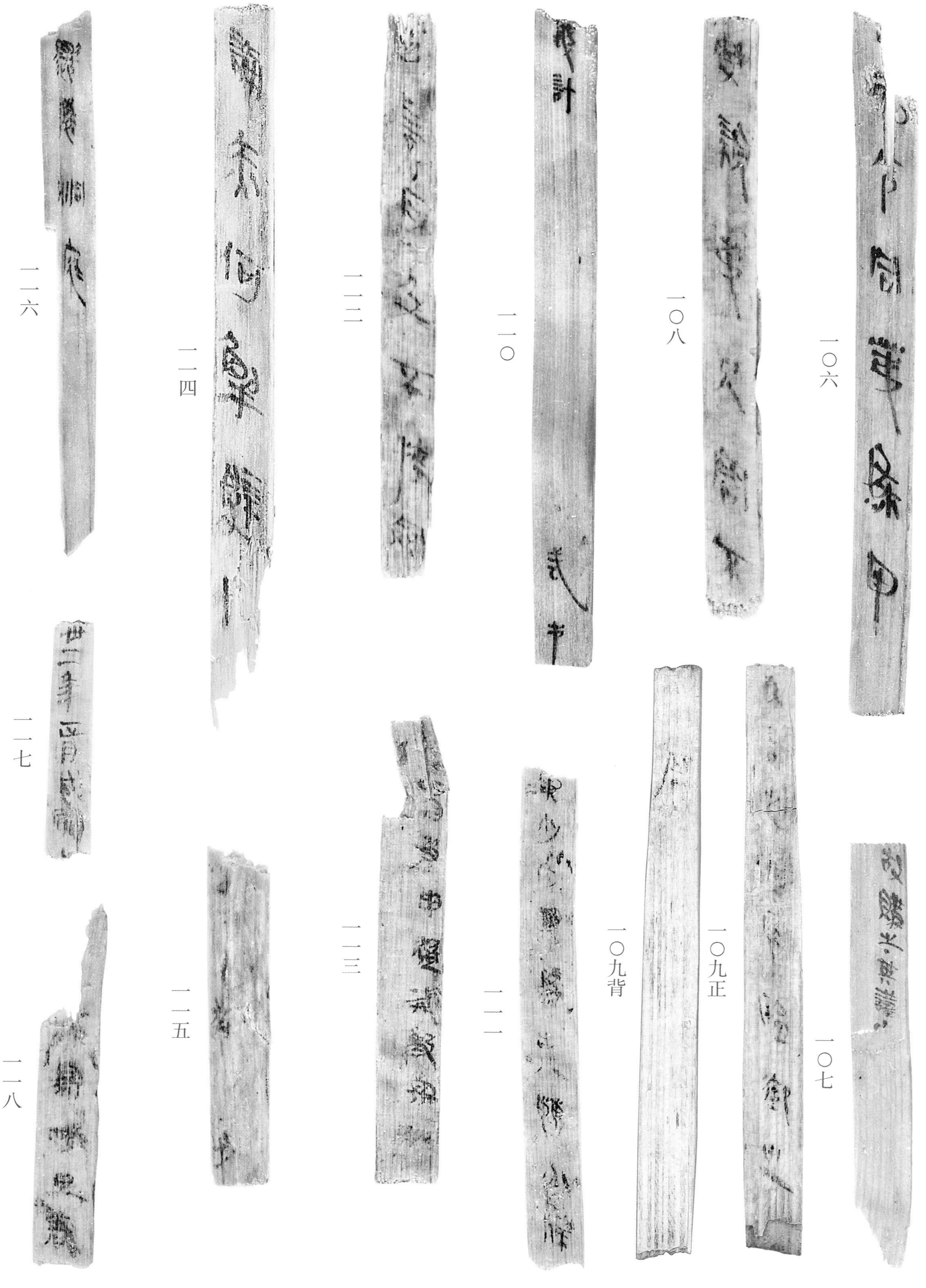

一〇六、11-105　一〇七、11-109　一〇八、11-107　一〇九、11-110　一一〇、11-108　一一一、11-111
一一二、11-112　一一三、11-113　一一四、11-114　一一五、11-115　一一六、11-116　一一七、11-118
一一八、11-117

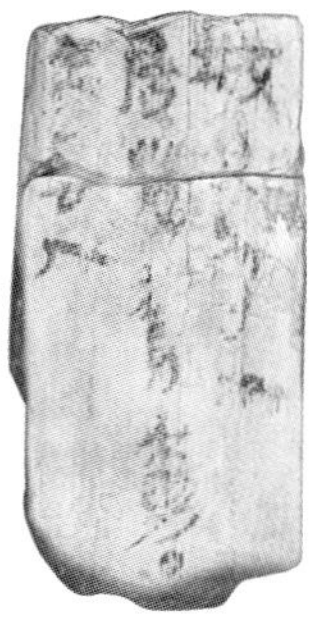
一二八背

一二八正

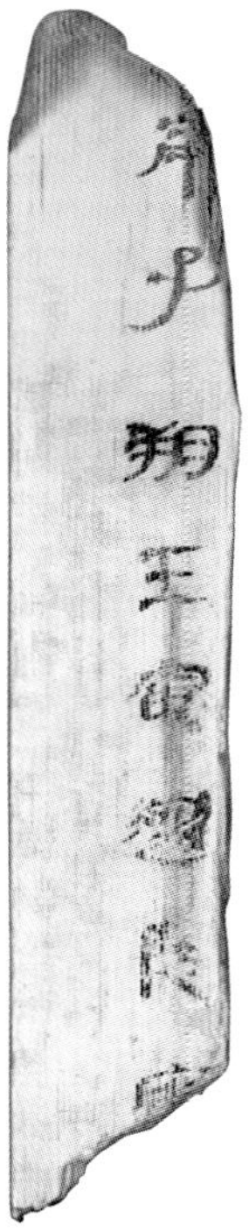
一二六

一二四

一二一

一一九

一三一

一二九

一二七

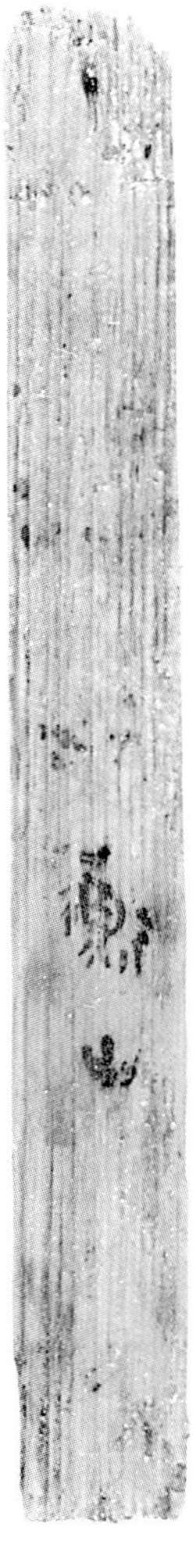
一二五

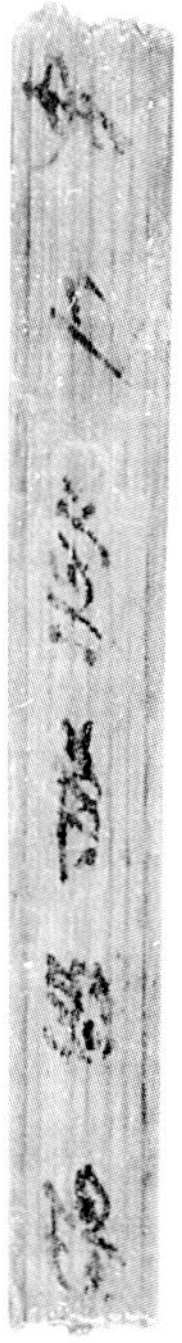
一二二

一二三

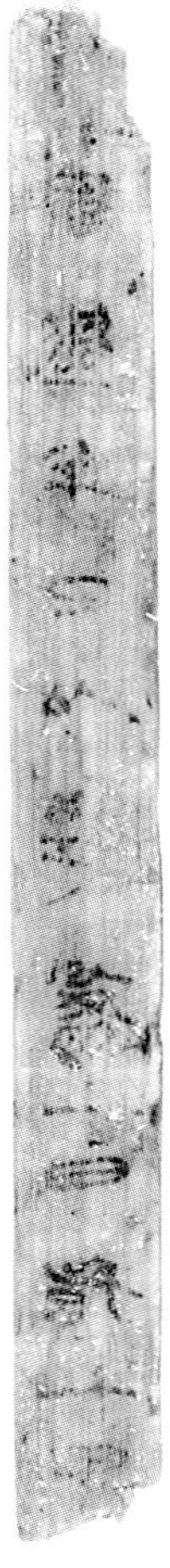
一二〇

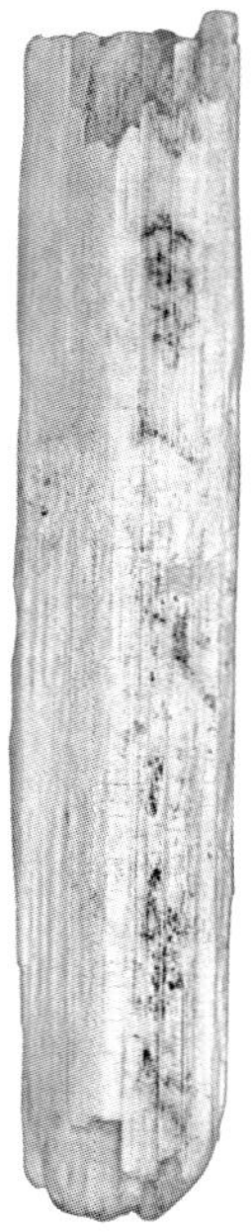
一三二

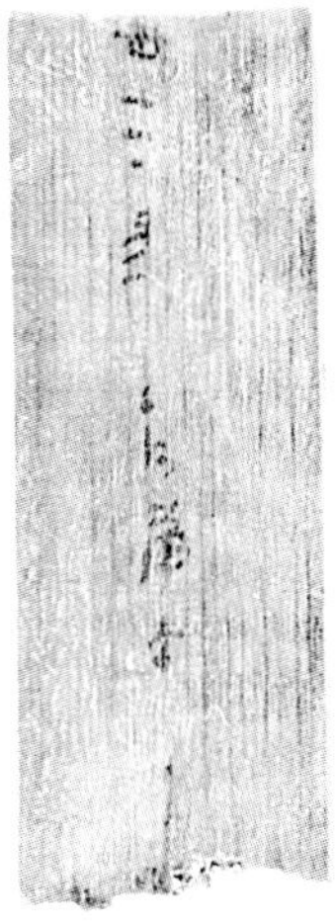
一三〇

一一九、11-119　一二〇、11-120　一二一、11-121　一二二、11-122　一二三、11-123　一二四、11-124
一二五、11-129　一二六、11-126　一二七、11-131　一二八、11-127　一二九、11-125　一三〇、11-132
一三一、11-128　一三二、11-130

一三三

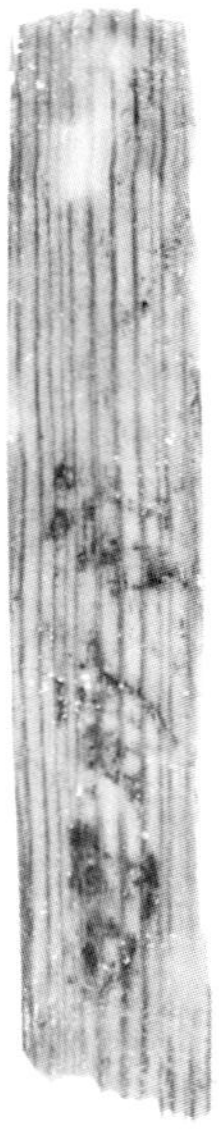

一三五

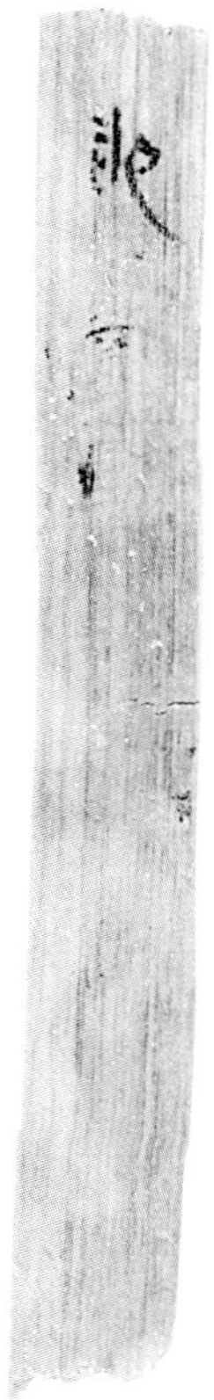

一三七

一三九

一四一

一四三

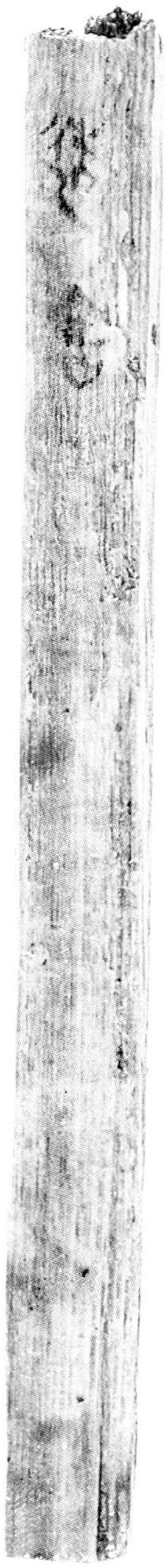

一三四

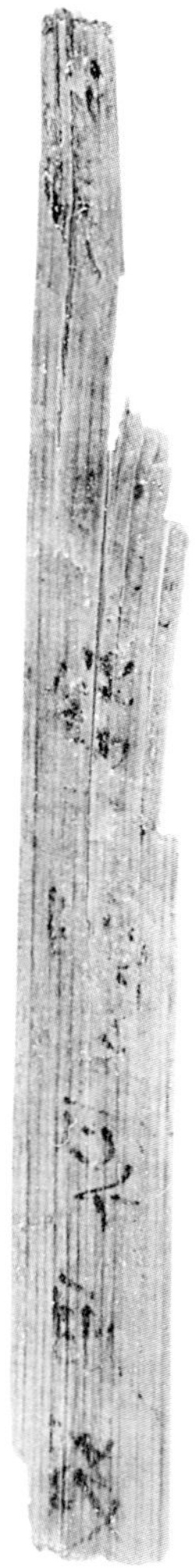

一三六

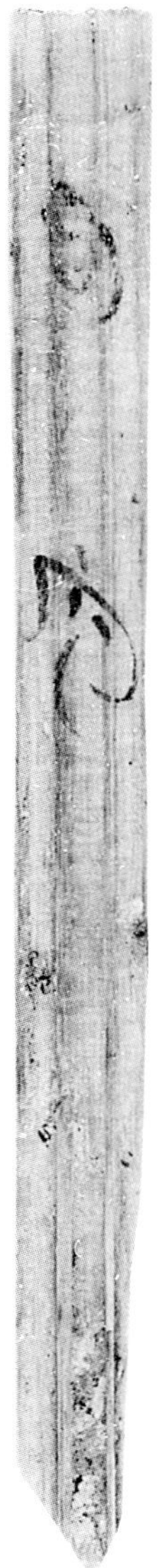

一三八

一四〇

一四二

一四四

一三三、11-133　一三四、11-135　一三五、11-134　一三六、11-136　一三七、11-137　一三八、11-144
一三九、11-139　一四〇、11-140　一四一、11-141　一四二、11-142　一四三、11-143　一四四、11-138

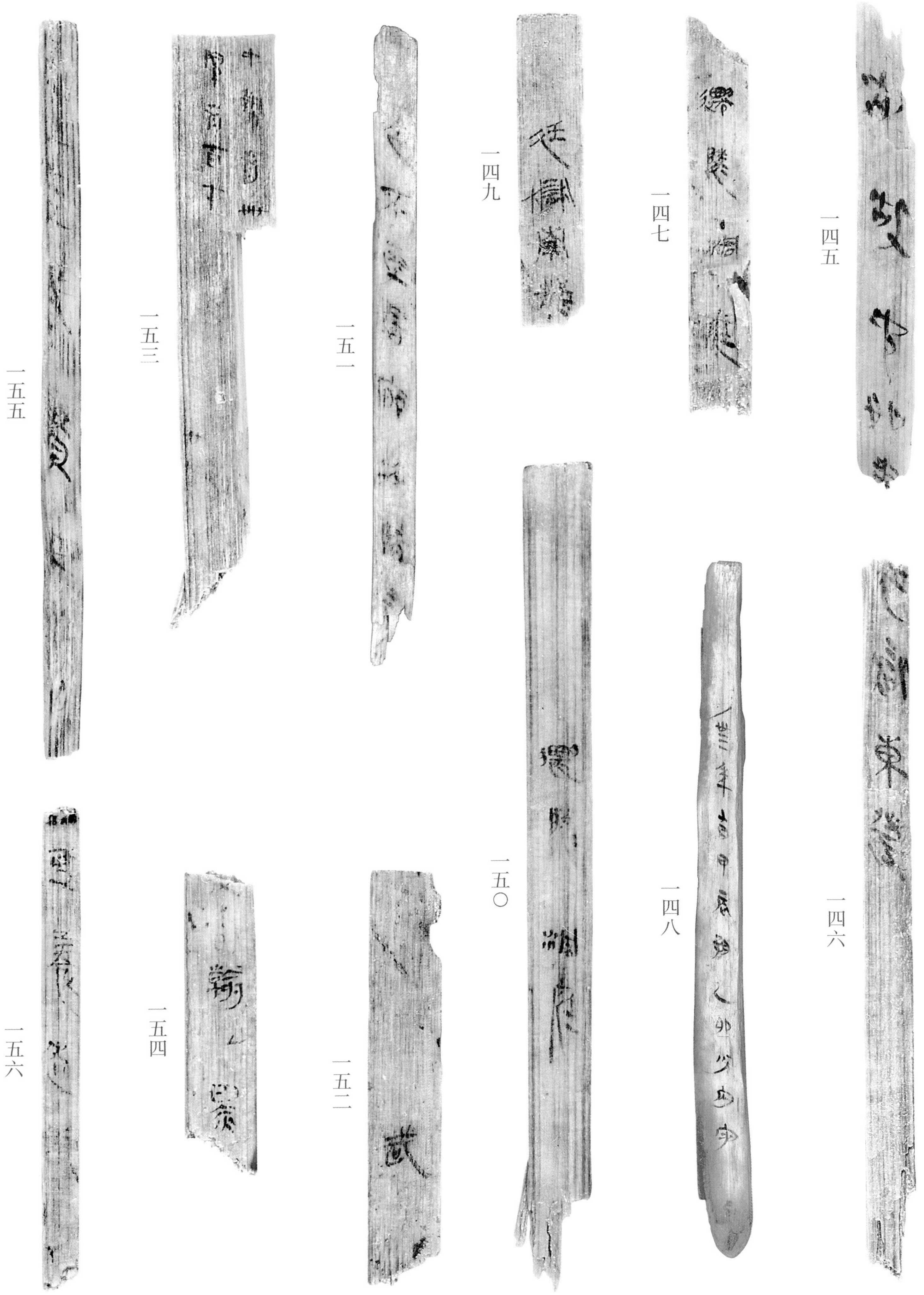

一四五、11-145　一四六、11-146　一四七、11-147　一四八、11-148　一四九、11-149　一五〇、11-152
一五一、11-156　一五二、11-151　一五三、11-155　一五四、11-153　一五五、11-150　一五六、11-154

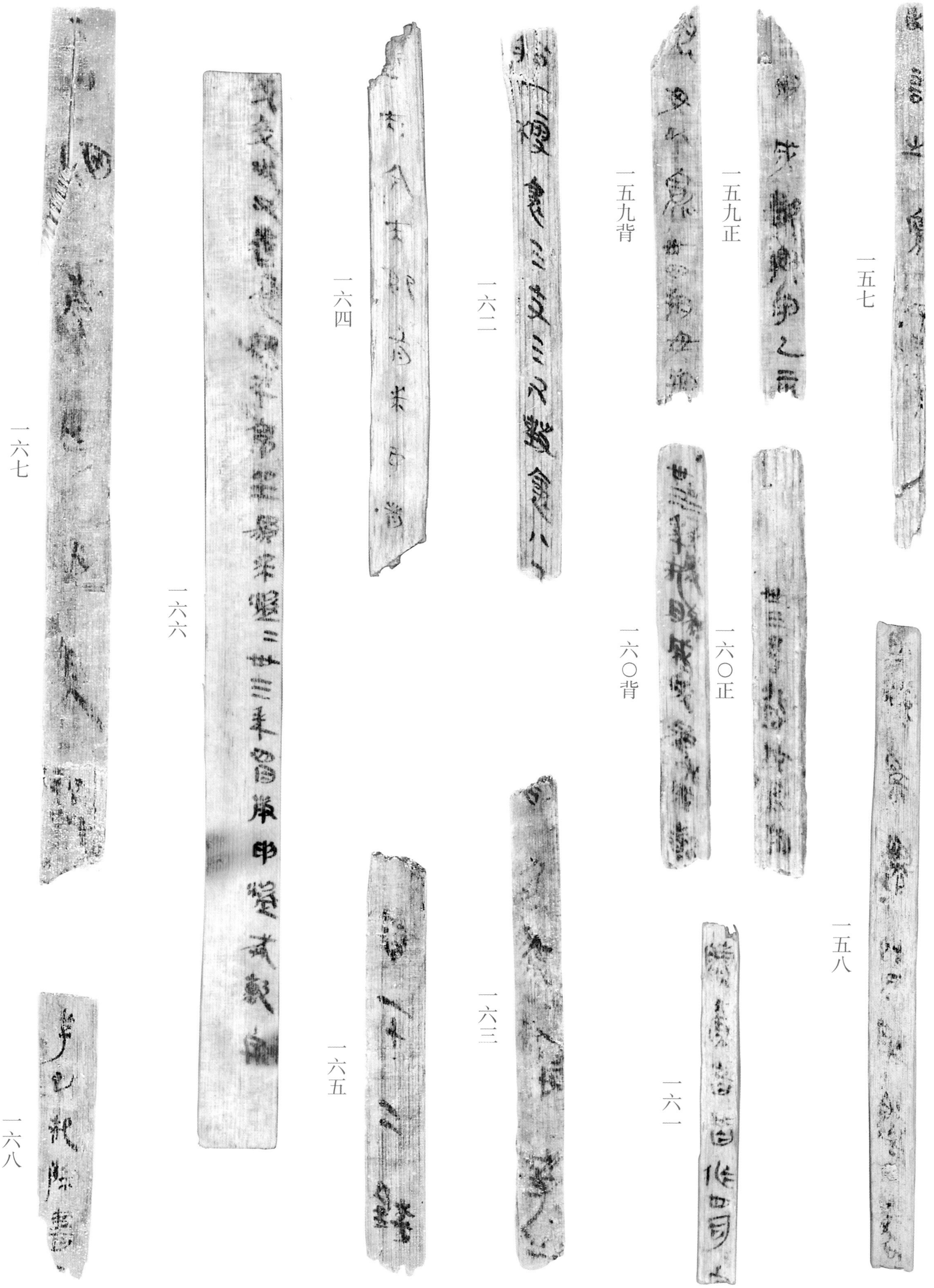

一五七、11-158　一五八、11-164　一五九、11-157　一六〇、11-163　一六一、11-159　一六二、11-160
一六三、11-161　一六四、11-162　一六五、11-165　一六六、11-166　一六七、11-167　一六八、11-168

一六九

一七二正

一七二背

一七〇

一七三

一七一

一七四

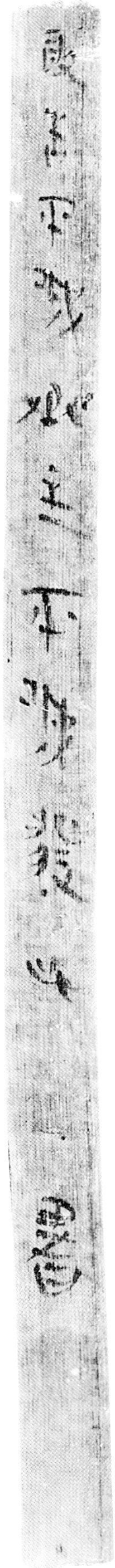
一七五

一七六

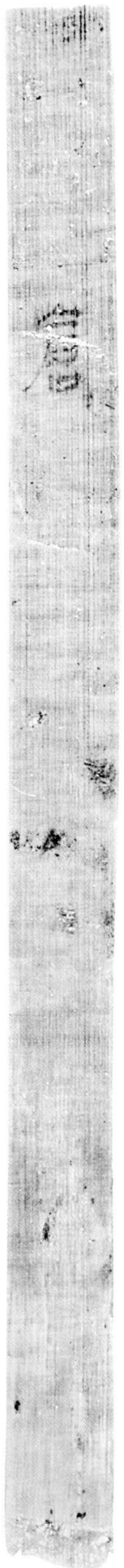
一七七

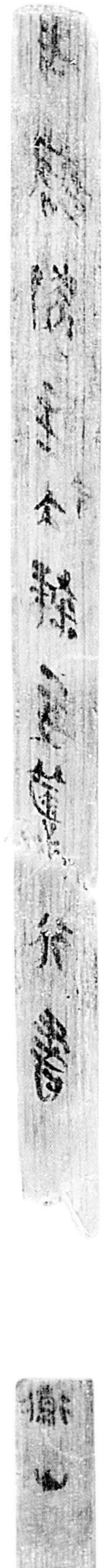
一七八

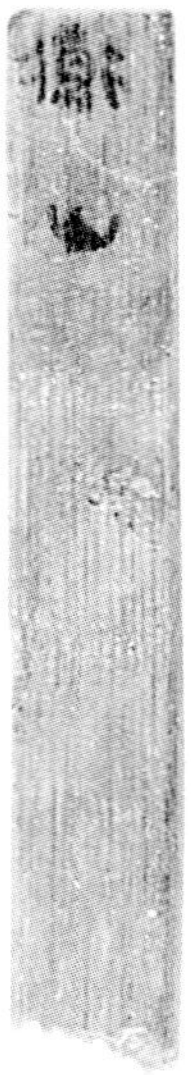
一七九

一六九、11-171　一七〇、11-170　一七一、11-173　一七二、11-169　一七三、11-172　一七四、11-174
一七五、11-177　一七六、11-178　一七七、11-179　一七八、11-175　一七九、11-176

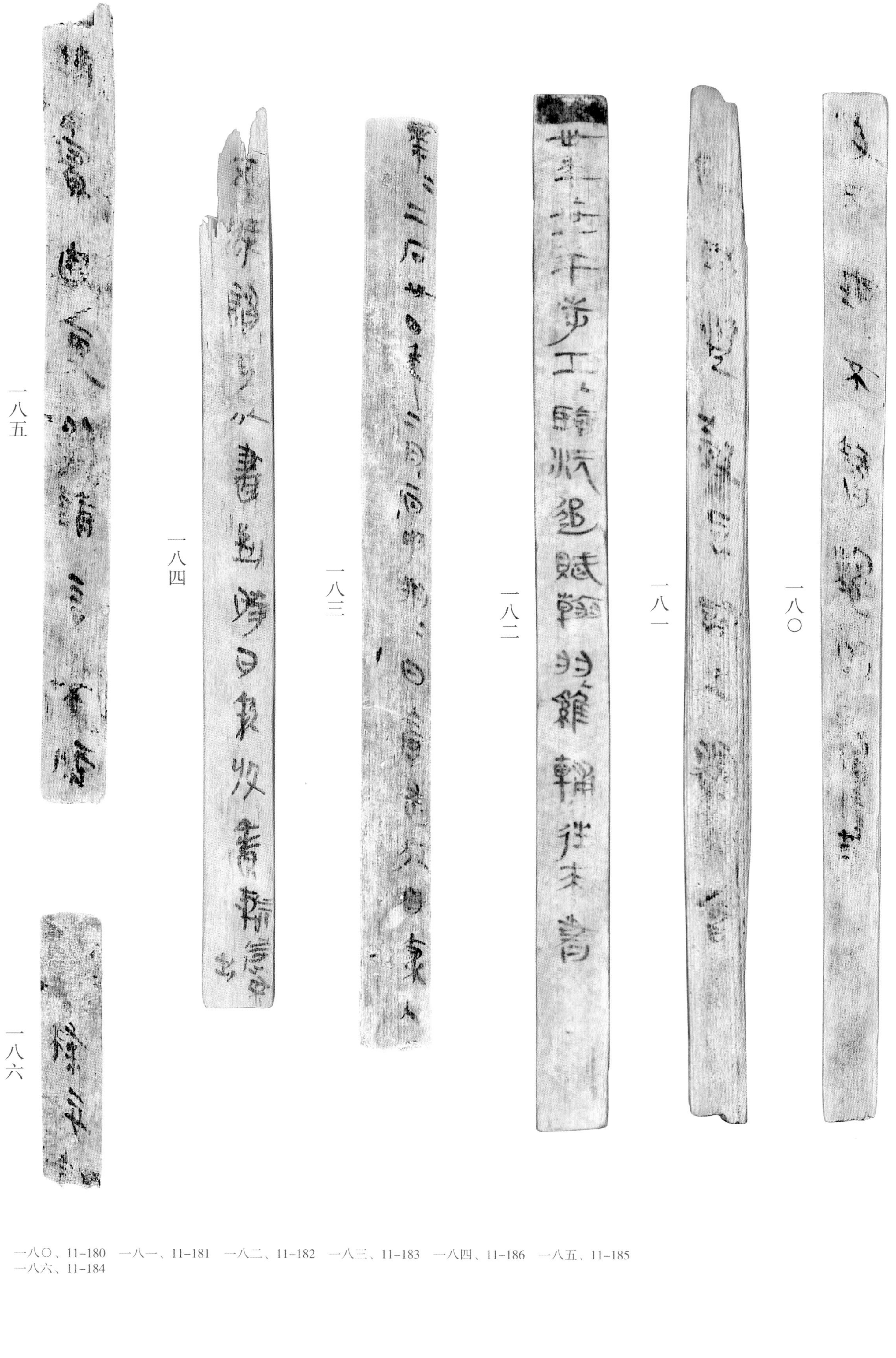

一八〇、11-180　一八一、11-181　一八二、11-182　一八三、11-183　一八四、11-186　一八五、11-185
一八六、11-184

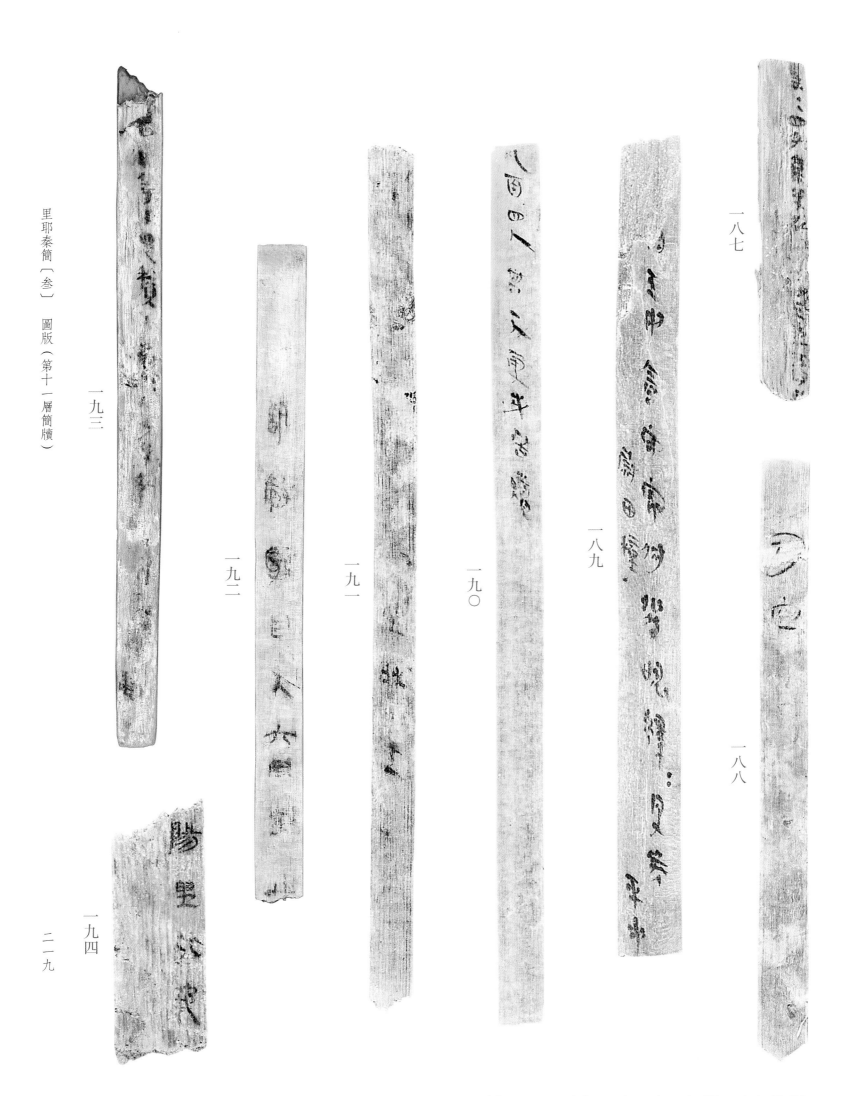

一八七

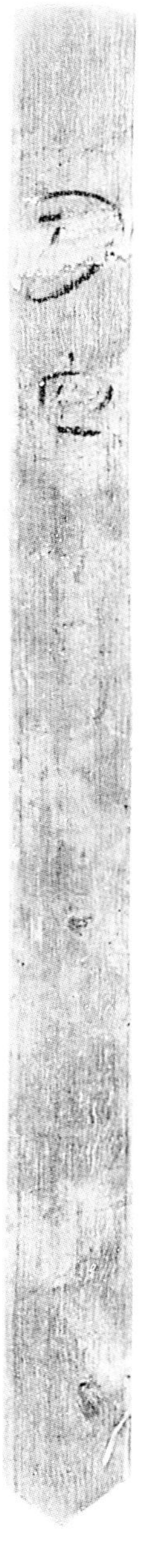
一八八

一八九

一九〇

一九一

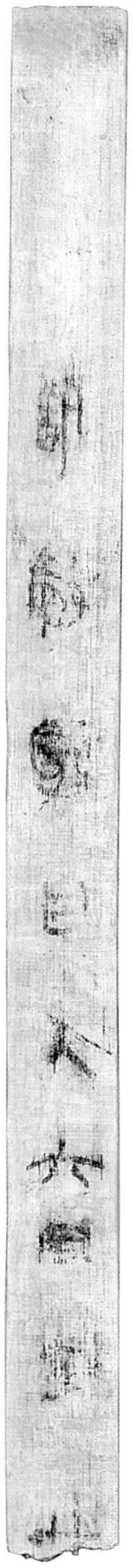
一九二

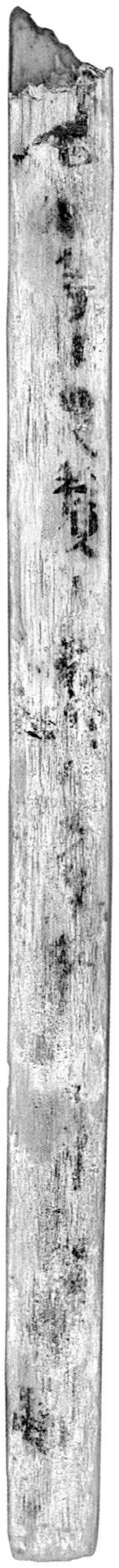
一九三

一九四

一八七、11-190　一八八、11-191　一八九、11-187　一九〇、11-188　一九一、11-189　一九二、11-192
一九三、11-194　一九四、11-193

一九五
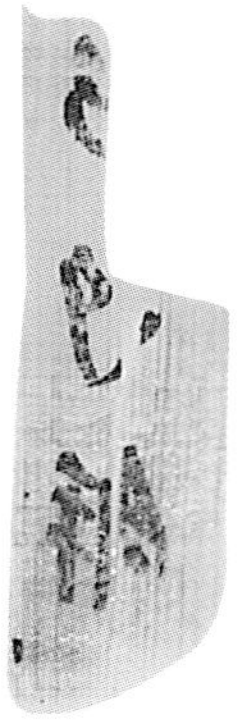

一九六
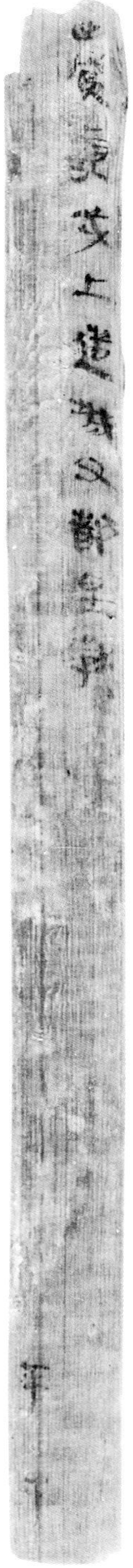

一九七
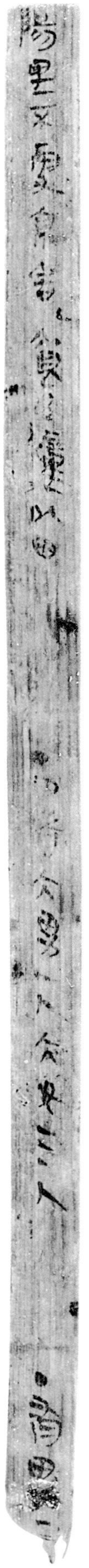

一九八

一九九

二〇〇
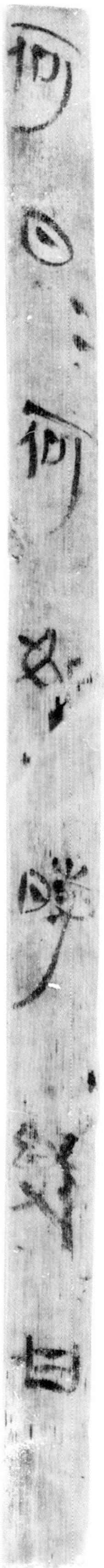

二〇一
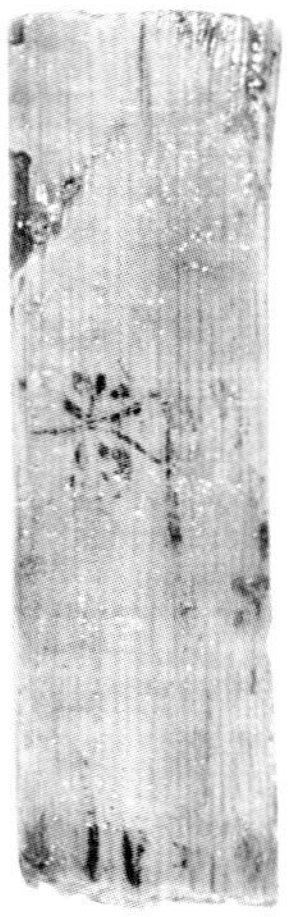

二〇二
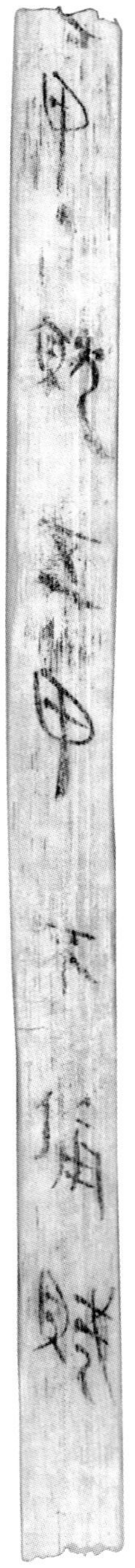

一九五、11-197 一九六、11-198 一九七、11-195 一九八、11-196 一九九、11-201 二〇〇、11-202
二〇一、11-199 二〇二、11-200

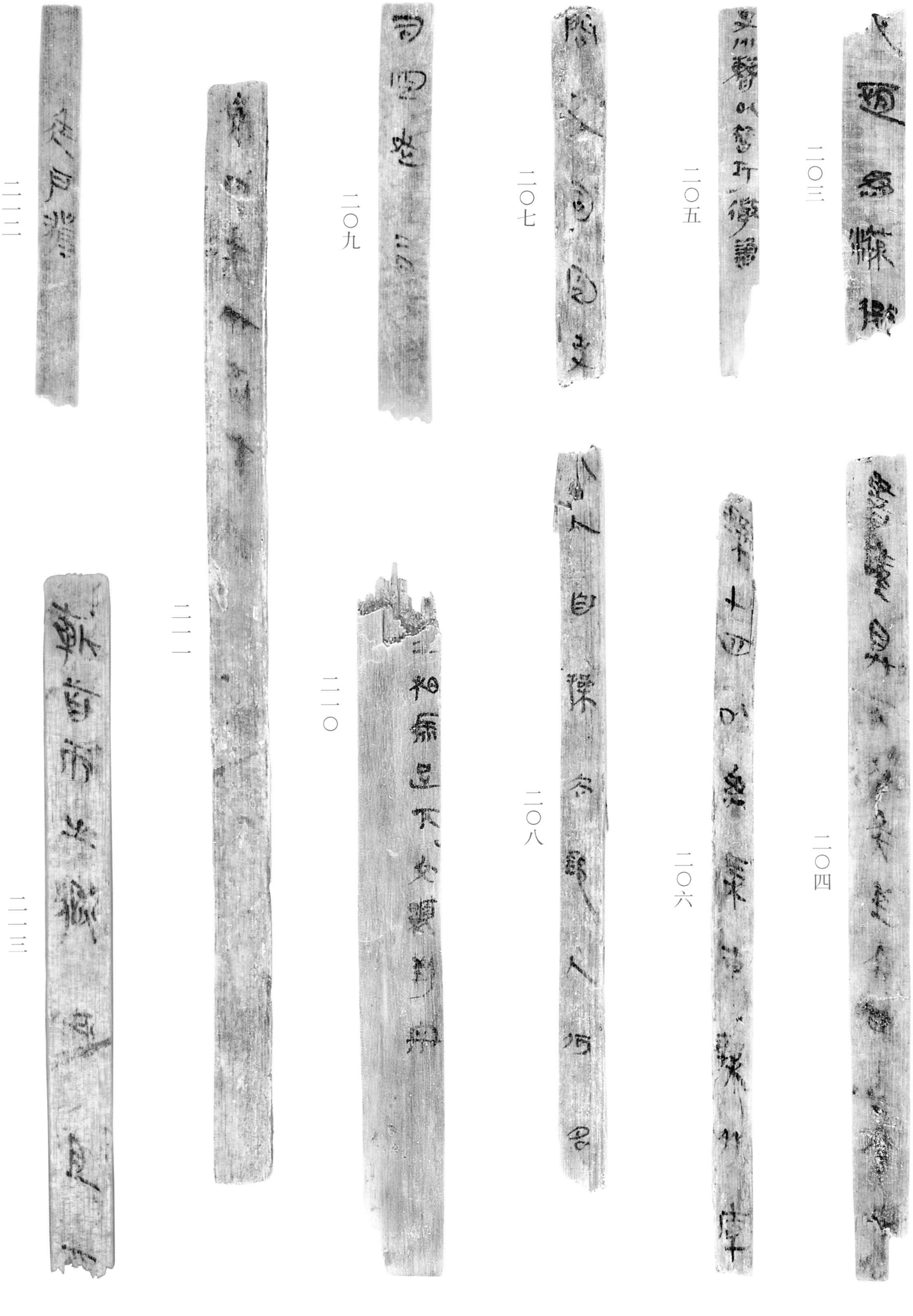

二〇三、11-203　二〇四、11-204　二〇五、11-205　二〇六、11-206　二〇七、11-207　二〇八、11-208
二〇九、11-209　二一〇、11-210　二一一、11-213　二一二、11-211　二一三、11-212

二一四、11–214　二一五、11–220　二一六、11–215　二一七、11–216　二一八、11–218　二一九、11–217
二二〇、11–219　二二一、11–222　二二二、11–221　二二三、11–223　二二四、11–224　二二五、11–225

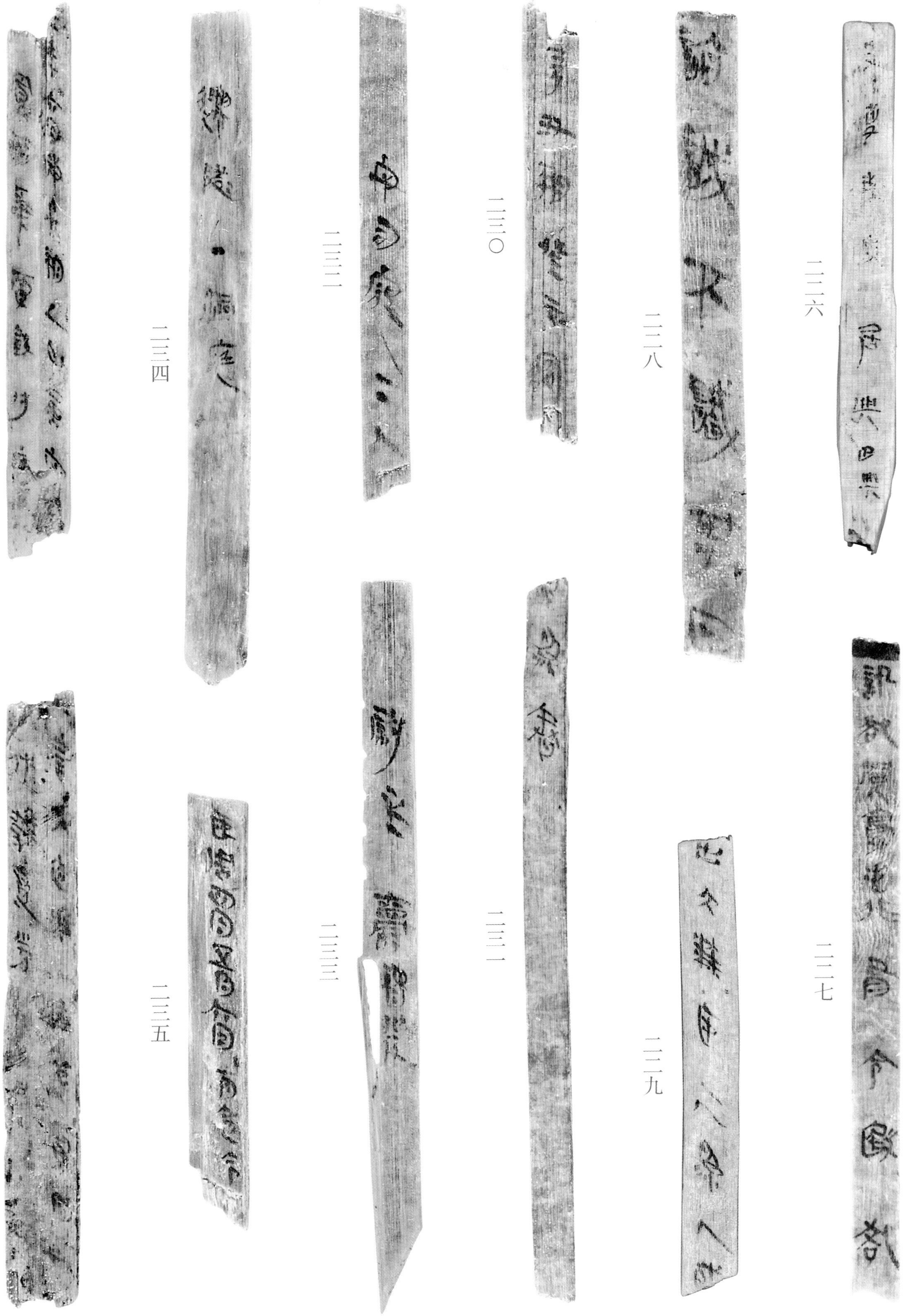

二二六、11-226 二二七、11-229 二二八、11-227 二二九、11-228 二三〇、11-230 二三一、11-231
二三二、11-232 二三三、11-235 二三四、11-233 二三五、11-234 二三六、11-236 二三七、11-237

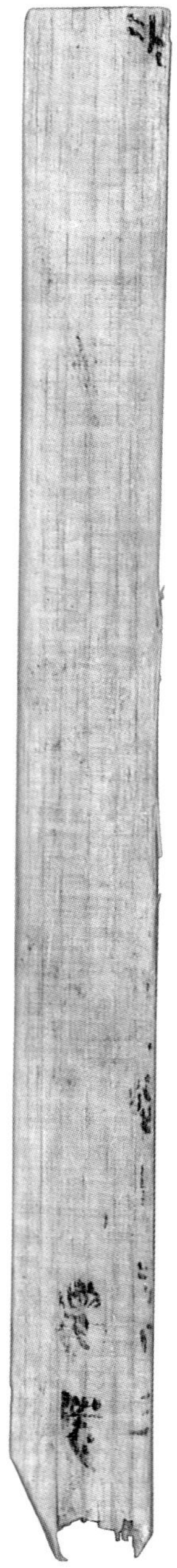
二三八正

二三八背

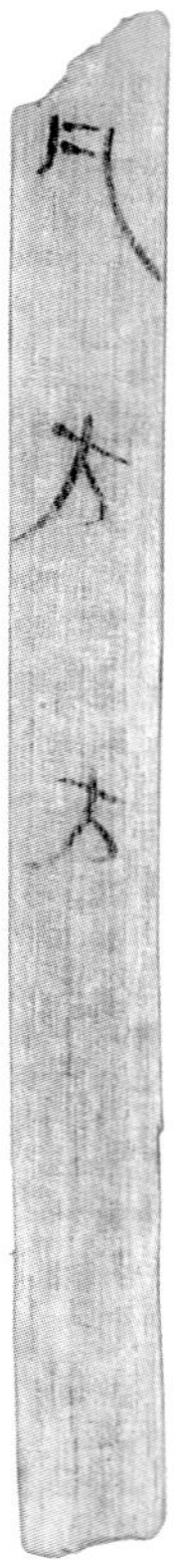
二三九正

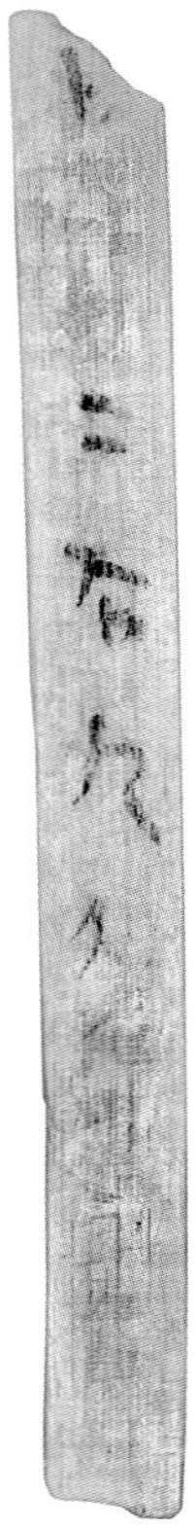
二三九背

二四〇正

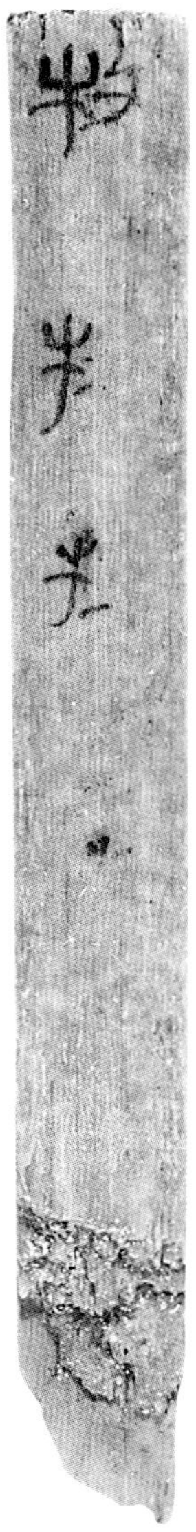
二四〇背

二三八、11-238　二三九、11-240　二四〇、11-239

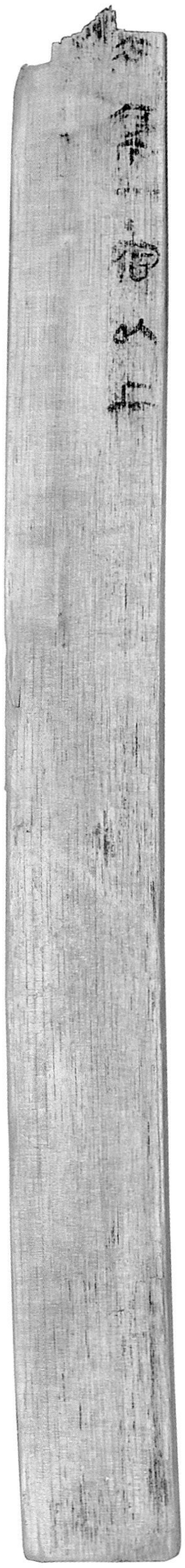
二四三背

二四三正

二四二背

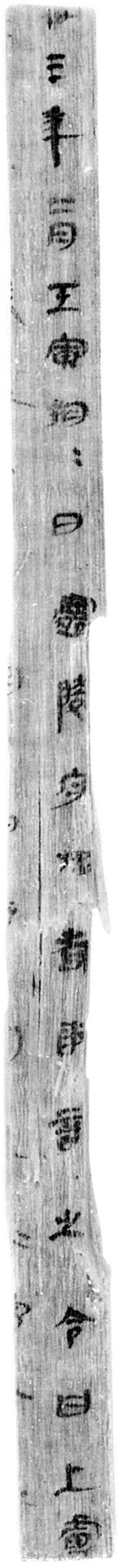
二四二正

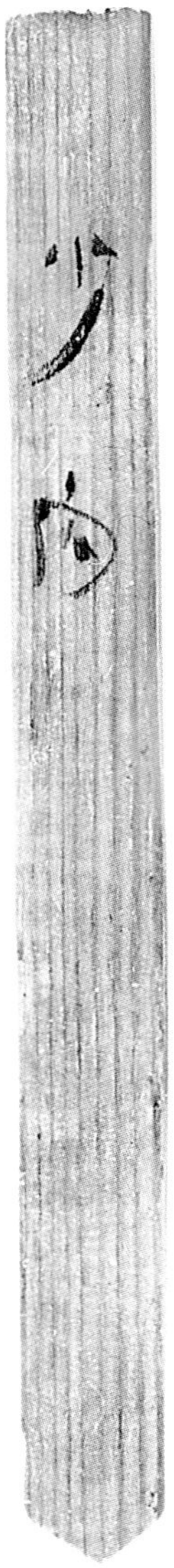
二四一背

二四一正

二四一、11-241　二四二、11-242　二四三、11-243

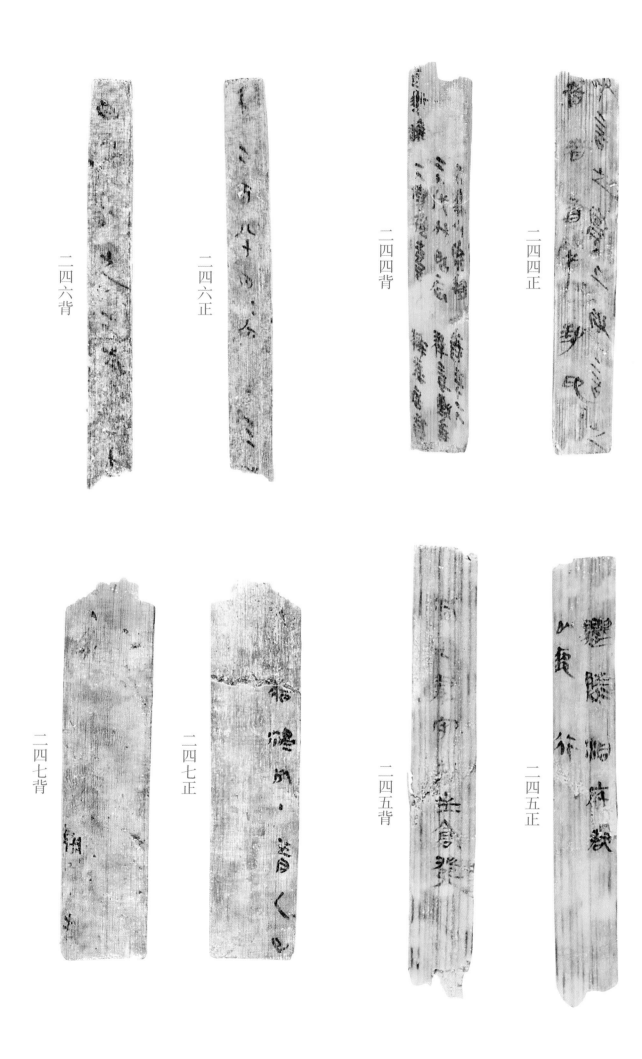

二四四正

二四四背

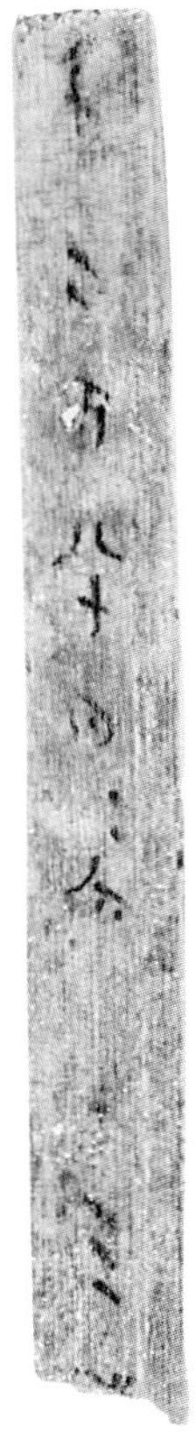
二四六正

二四六背

二四五正

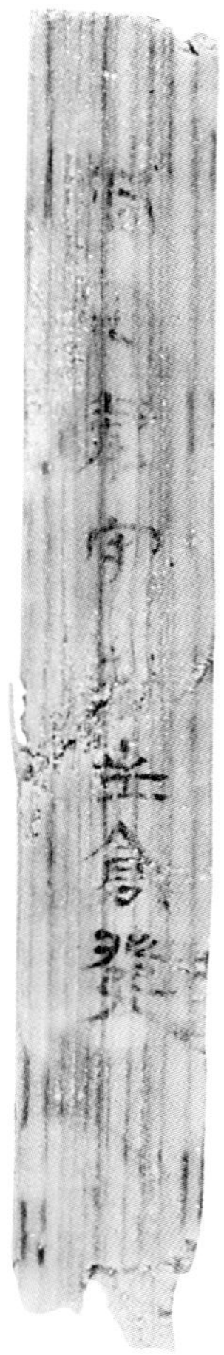
二四五背

二四七正

二四七背

二四四、11-244　二四五、11-246　二四六、11-247　二四七、11-245

二四八正

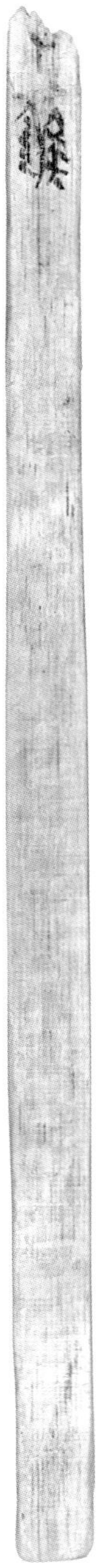
二四八背

二四九

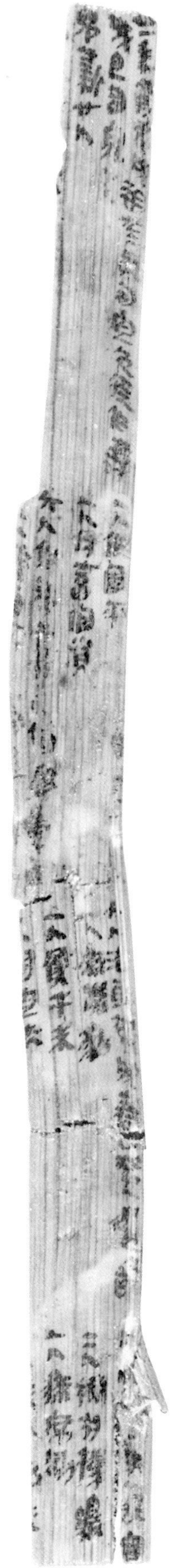
二五〇正

二五〇背

二五一

二五二

二五三

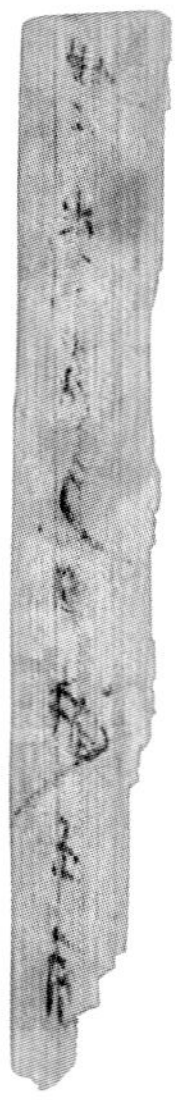
二五四

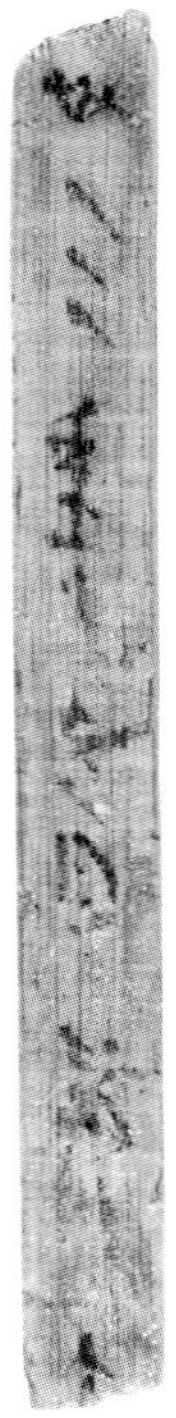
二五五

二四八、11-248　二四九、11-259　二五〇、11-249　二五一、11-250　二五二、11-251　二五三、11-252
二五四、11-253　二五五、11-254

二五六

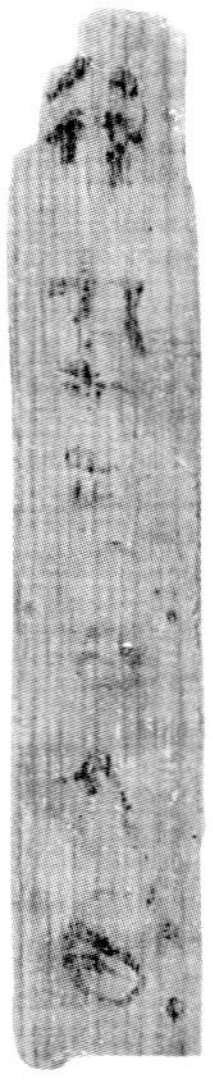
二五七

二五八

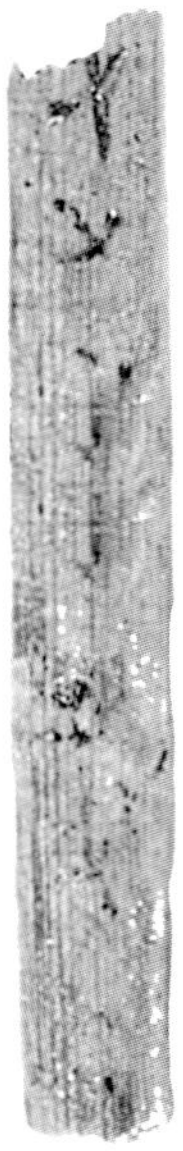
二五九

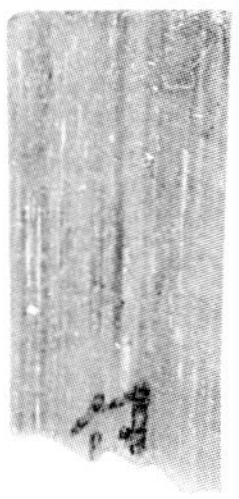
二六〇

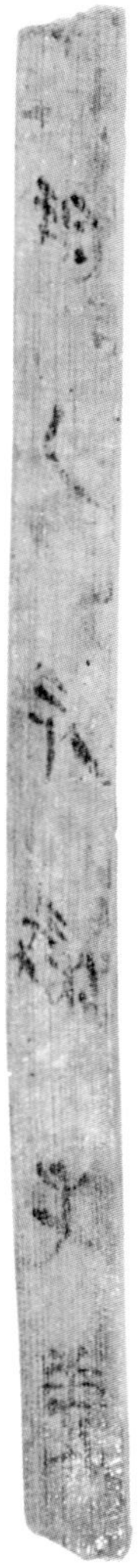
二六一

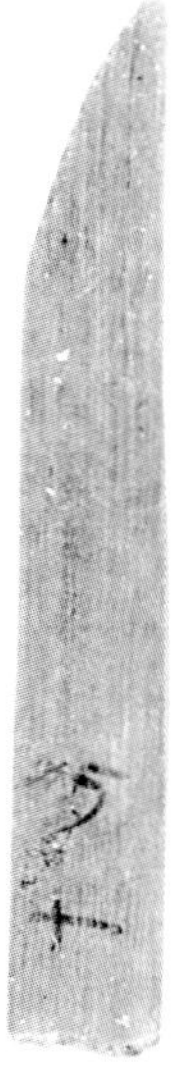
二六二

二六三

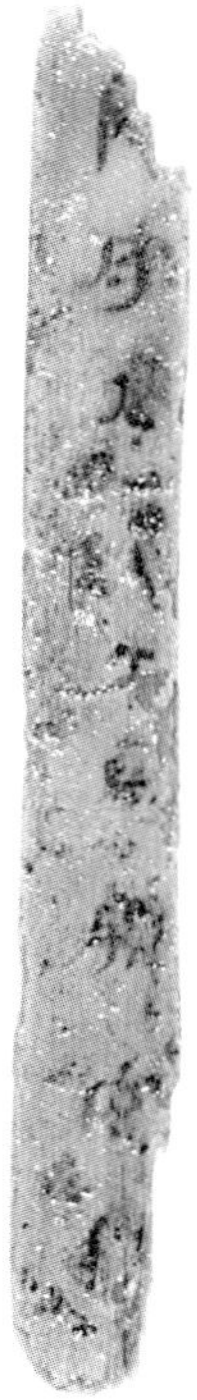
二六四

二六五

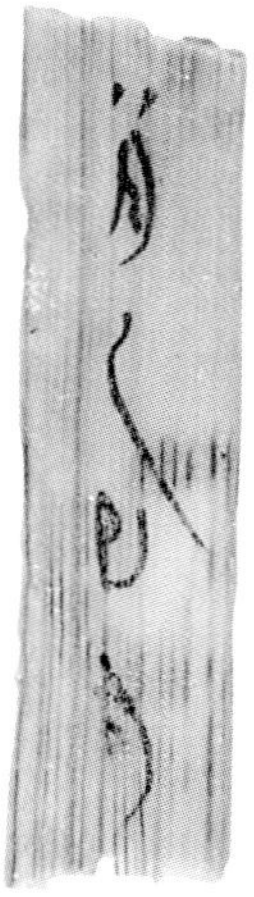
二六六

二六七

二六八

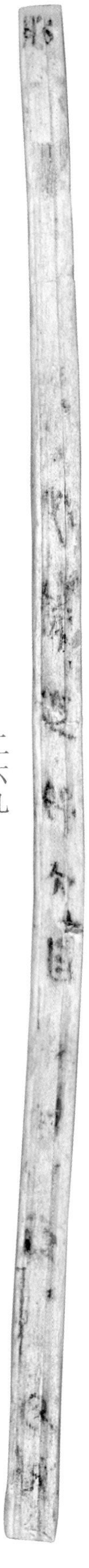
二六九

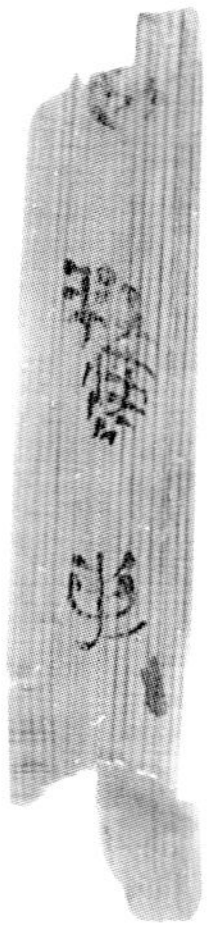
二七〇

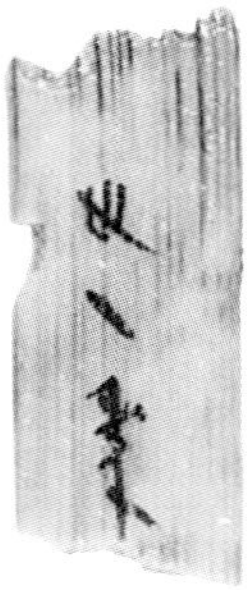
二七一

二七二

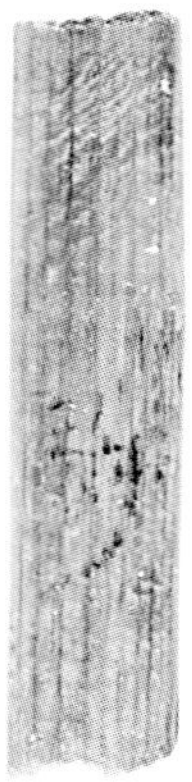
二七三

二五六、11-255 二五七、11-256 二五八、11-257 二五九、11-258 二六〇、11-263 二六一、11-261
二六二、11-260 二六三、11-262 二六四、11-265 二六五、11-264 二六六、11-266 二六七、11-267
二六八、11-268 二六九、11-273 二七〇、11-269 二七一、11-270 二七二、11-271 二七三、11-272

二七四正上

二七四正下

二七四背上

二七四背下

二七四、11-274

二七五正上

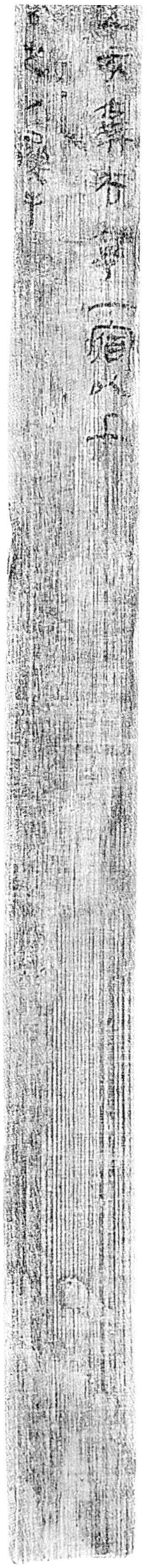
二七五正下

二七五背上

二七五背下

二七五、11-276

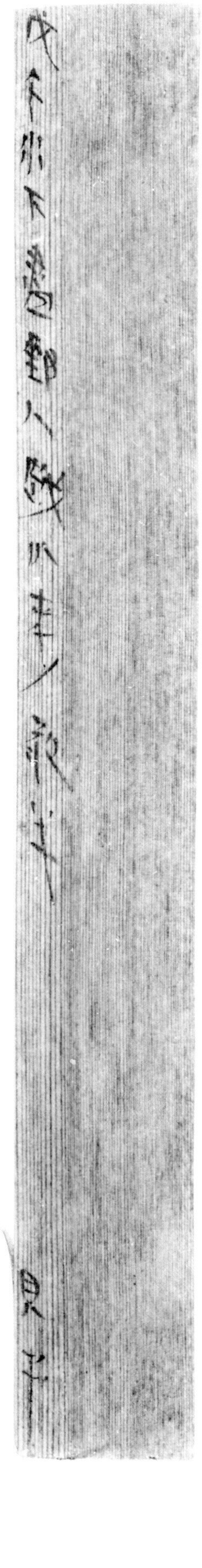

二七七背

二七七正

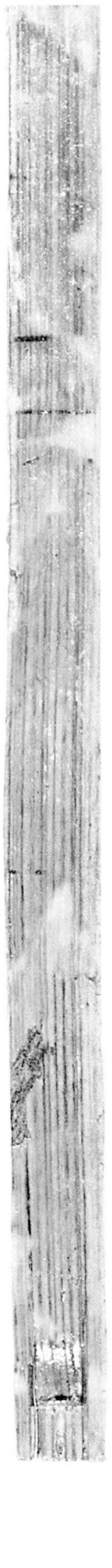

二七六下

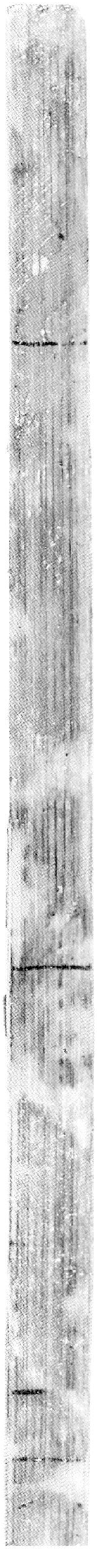

二七六上

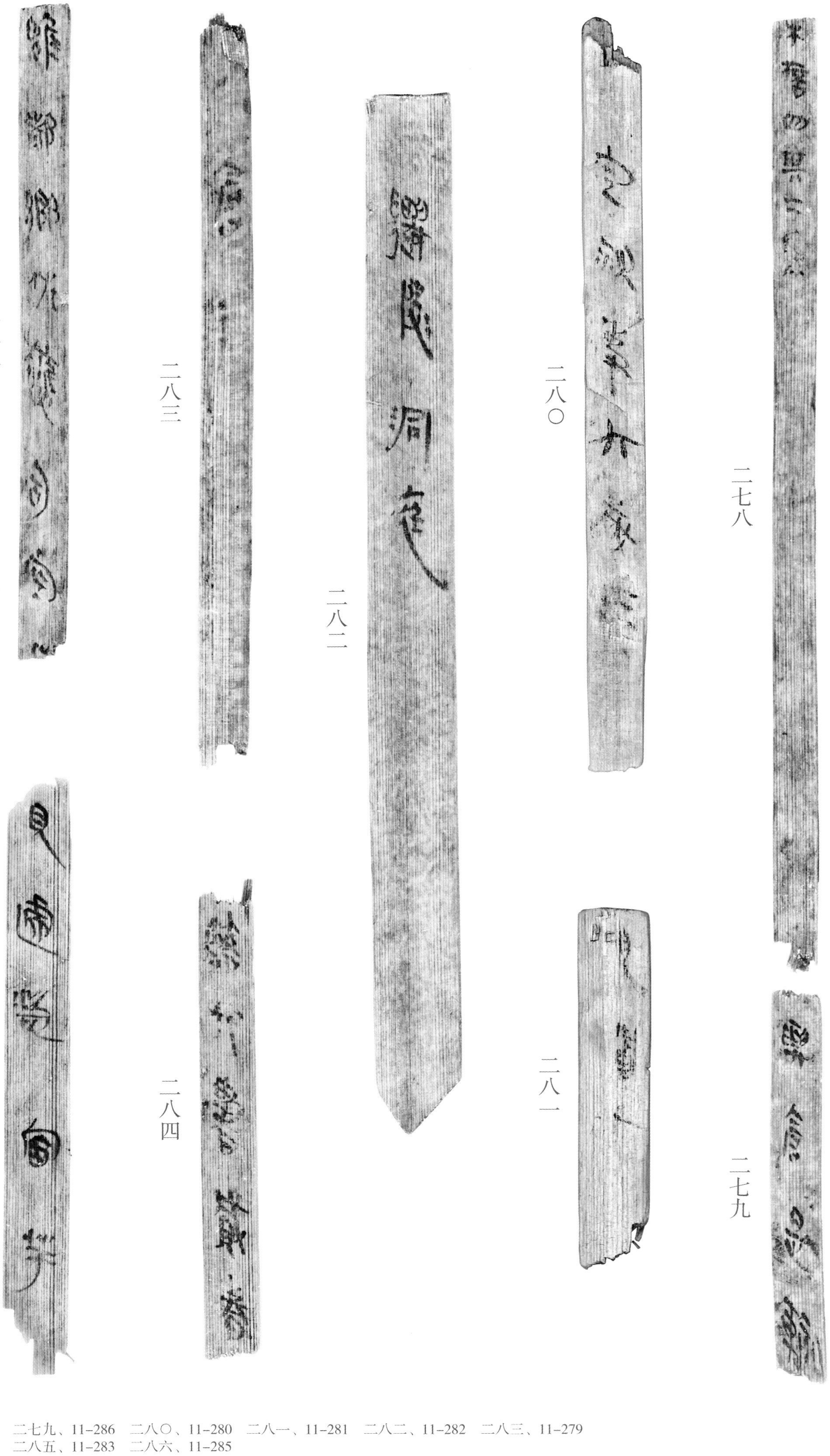

二八五 二八三 二八二 二八〇 二七八 二八六 二八四 二八一 二七九

二七八、11–278　二七九、11–286　二八〇、11–280　二八一、11–281　二八二、11–282　二八三、11–279
二八四、11–284　二八五、11–283　二八六、11–285

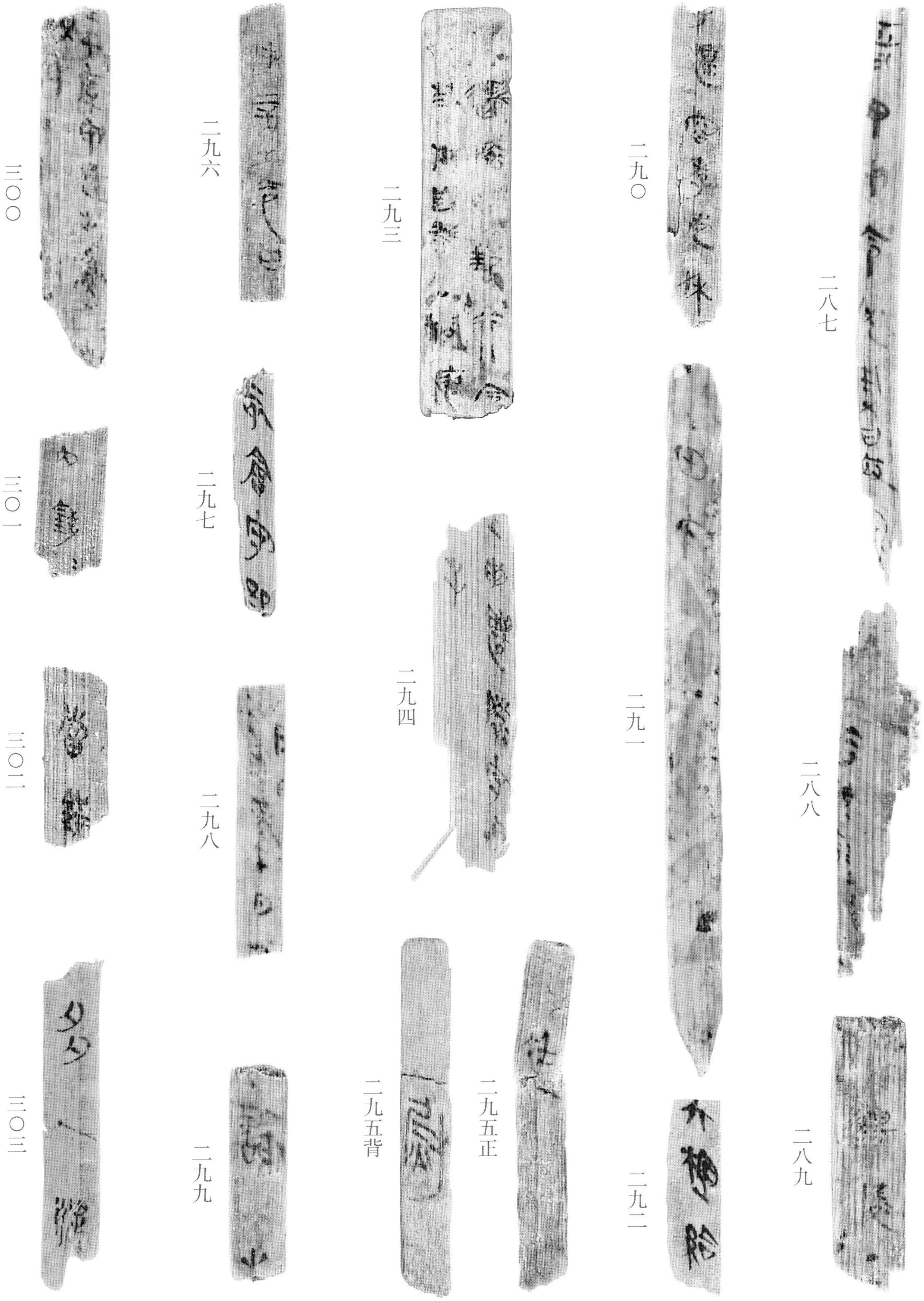

二八七、11-287	二八八、11-290	二八九、11-293	二九〇、11-288	二九一、11-289	二九二、11-299
二九三、11-291	二九四、11-292	二九五、11-300	二九六、11-294	二九七、11-295	二九八、11-296
	二九九、11-297	三〇〇、11-298	三〇一、11-301	三〇二、11-302	三〇三、11-308

三〇四、11-306　三〇五、11-307　三〇六、11-310　三〇七、11-303　三〇八、11-305　三〇九、11-304
三一〇、11-311　三一一、11-312　三一二、11-317　三一三、11-319　三一四、11-316　三一五、11-313
三一六、11-314　三一七、11-315　三一八、11-309　三一九、11-318

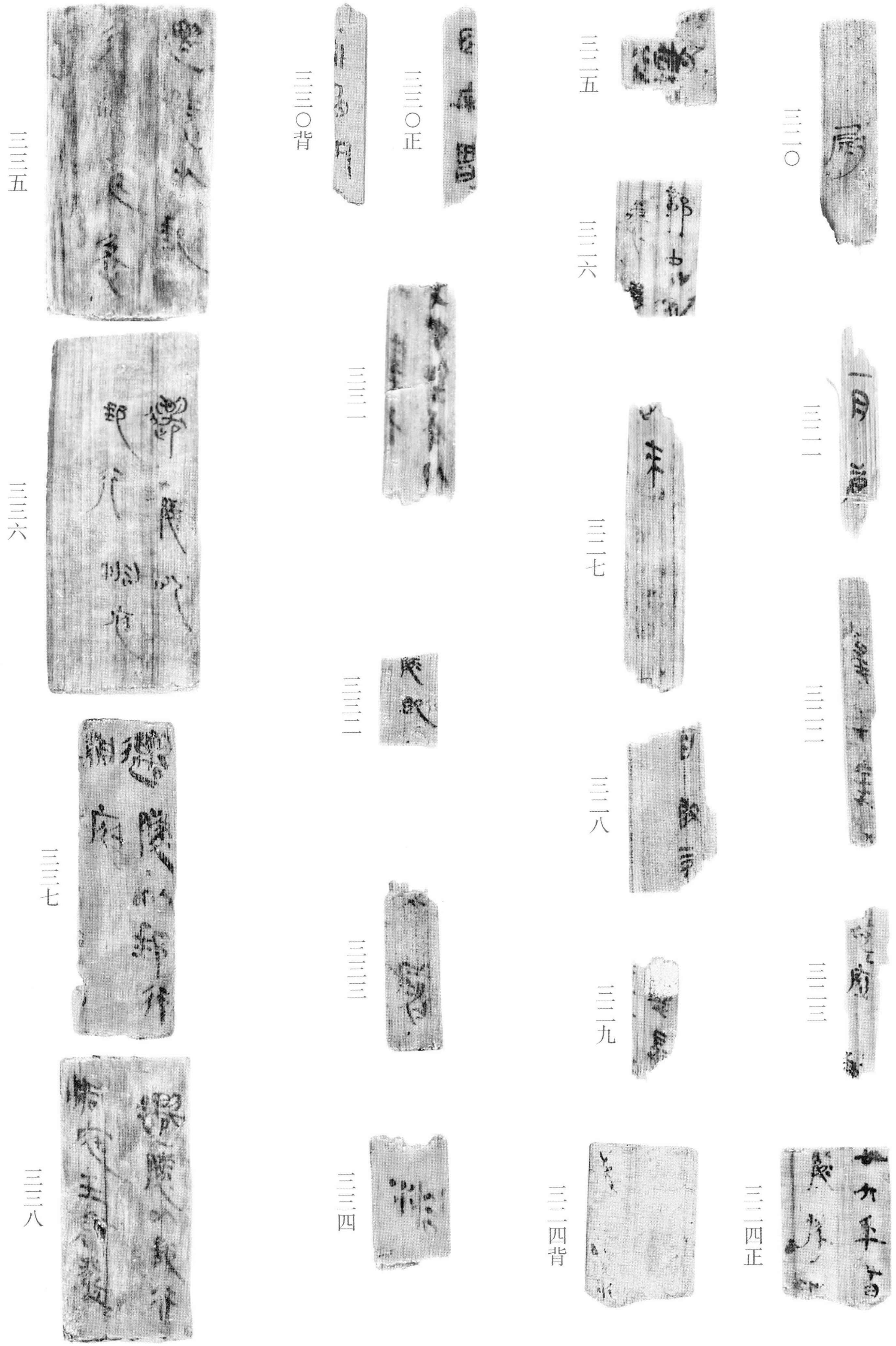

三二〇、11-332 三二一、11-320 三二二、11-327 三二三、11-326 三二四、11-323 三二五、11-324 三二六、11-325
三二七、11-329 三二八、11-331 三二九、11-334 三三〇、11-328 三三一、11-321 三三二、11-330 三三三、11-333
三三四、11-322 三三五、11-108封 三三六、11-109封 三三七、11-110封 三三八、11-111封